Jörg Böttcher und Anja Wiebusch (Hrsg.)

Krise und Sanierung von Projektfinanzierungen

Krise und Sanierung von Projektfinanzierungen

Herausgegeben von

Jörg Böttcher und Anja Wiebusch

DE GRUYTER
OLDENBOURG

ISBN 978-3-11-044745-3
e-ISBN (PDF) 978-3-11-044978-5
e-ISBN (EPUB) 978-3-11-044752-1

Library of Congress Cataloging-in-Publication Data
A CIP catalog record for this book has been applied for at the Library of Congress.

Bibliografische Information der Deutschen Nationalbibliothek
Die Deutsche Nationalbibliothek verzeichnet diese Publikation in der Deutschen Nationalbibliografie; detaillierte bibliografische Daten sind im Internet über http://dnb.dnb.de abrufbar.

Einbandabbildung: shujaa_777/iStock/Thinkstock
Satz: Konvertus, Haarlem
Druck und Bindung: CPI books GmbH, Leck
♾ Gedruckt auf säurefreiem Papier
Printed in Germany

www.degruyter.com

Inhaltsverzeichnis

Abbildungsverzeichnis

Tabellenverzeichnis

Vorwort

Projektfinanzierungen sind eine übliche Finanzierungsmethode, wenn es darum geht, großvolumige Vorhaben zu realisieren, die einen gut prognostizierbaren Cashflow versprechen. So sind etwa Mobilfunknetze, Windparks oder auch privat betriebene Straßenprojekte über diese Methode erfolgreich umgesetzt worden. Die Lebenswirklichkeit zeigt aber auch, dass die Realität häufig von der Planung abweicht und die Projekte in eine finanzielle Schieflage geraten können. Wie dann Anpassungsmaßnahmen aussehen können, weicht in Teilen von dem Vorgehen bei Unternehmensfinanzierungen ab. Das ist Grund genug, sich mit der Schieflage von Projektfinanzierungen zu beschäftigen.

Zu Beginn steht die Frage, was unter einer Projektfinanzierung zu verstehen ist. Hierzu haben Nevitt/Fabozzi die wahrscheinlich beste Definition gegeben:

> Projektfinanzierung ist die Finanzierung eines Vorhabens, bei der ein Darlehensgeber zunächst den Fokus der Kreditwürdigkeitsprüfung auf die Cashflows des Projektes als einzige Quelle der Geldmittel, durch die die Kredite bedient werden, legt.[1]

In dieser Definition ist das zentrale Prinzip der Cashflow-Orientierung (*Cashflow Related Lending*) verankert: Die Projektkredite werden im Vertrauen darauf zur Verfügung gestellt, dass die Cashflows des Projektes so stabil sind, dass der Kapitaldienst sicher bedient werden kann. Da die Stabilität der Cashflows voraussetzt, dass sich die Projektbeteiligten im Sinne des Projektes verhalten, untersuchen die Darlehensgeber im Rahmen ihrer Kreditprüfung genau die vertraglichen und gesetzlichen Grundlagen, unter denen ein Projekt agiert. Das ist mit „zunächst" gemeint: Während zu Beginn der Projektprüfung regelmäßig die Wirtschaftlichkeit des Projektes bewertet wird, wird dann im Laufe der weiteren Projektprüfung die Ausgestaltung der Risikoposition der verschiedenen Projektbeteiligten bewertet (*Risk Sharing*).

Die obige Begriffsbestimmung legt nahe, dass eine Projektfinanzierung nur dann in Frage kommt, wenn die vom Projekt erwirtschafteten Cashflows als weitgehend sicher gelten. Diese Erwartungshaltung verhindert aber nicht, dass in der Realität Risiken schlagend werden können, die das Vorhaben in eine Schieflage bringen. Und weiter ist die Definition keine Garantie dafür, dass nur Vorhaben realisiert werden,

1 Vgl. P. K. Nevitt; F. J. Fabozzi 2000, S. 1. Auch wenn durch die Definition eine klare Betonung auf die Rolle der Kreditgeber gelegt werden, wird im Folgenden die Methode der Projektfinanzierung aus dem Blickwinkel der verschiedenen Projektbeteiligten vorgenommen. Die deutliche Betonung der Rolle der Kreditgeber macht allerdings gleichwohl Sinn, da sie den mit Abstand größten Anteil an der Gesamtfinanzierung übernehmen sollen und damit ihre Akzeptanz dafür entscheidend ist, ob eine Projektfinanzierung zustande kommt oder nicht.

die für eine Projektfinanzierung nach den üblichen Maßstäben in Frage kommen. Es gibt genug publizierte Beispiele, die die Schieflage oder das Scheitern einer Projektfinanzierung dokumentieren.

Beschäftigt man sich mit dem Thema der Krise einer Projektfinanzierung, trifft man auf folgende Herausforderungen:

- Über Probleme oder gar das Scheitern eines Projektes spricht keiner der Beteiligten gerne. Dies verbindet sich damit, dass es aufgrund von Vertraulichkeitsvereinbarungen regelmäßig den Projektbeteiligten untersagt ist, über Projektinterna zu sprechen. Wenn also in der Literatur dennoch über gescheiterte Projektfinanzierungen gesprochen wird, so sind dies meist ausgesprochen öffentlichkeitswirksame Vorhaben. Vorhaben unterhalb dieser Wahrnehmungsschwelle werden regelmäßig nicht behandelt, obwohl sie das Gros der Projektfinanzierungen ausmachen.
- Tatsächlich gibt es eine Reihe von Publikationen, die sich mit der Krise und Sanierung von Unternehmen beschäftigen. Allerdings beziehen sich diese Fachbücher regelmäßig auf Unternehmen und Unternehmensfinanzierungen. Und hier steckt ein zweites Problem: Die Erkenntnisse aus dem Bereich der Unternehmensfinanzierung lassen sich nicht ohne Weiteres auf Projektfinanzierungen übertragen: Projektfinanzierungen sind Einzweckgesellschaften, für deren Etablierung im erheblichen Maße Vorlaufkosten aufgewendet werden mussten. Möglichkeiten, wie eine Ausweitung oder Fokussierung des Geschäftsmodells bestehen – von Ausnahmen abgesehen – nicht.

Der Begriff der Krise muss zunächst erläutert werden: Uns interessieren kurzfristige oder langfristige Abweichungen der tatsächlichen Wirtschaftlichkeit und Belastbarkeit eines Projektes, die den Projekterfolg aus Sicht mindestens der Sponsoren oder der Banken in Frage stellen. Hier verbergen sich zwei wesentliche Aspekte, die wir etwas näher erläutern wollen:

- In diesem Zusammenhang wollen wir von einer Krise sprechen, wenn es sich um eine kurzfristige negative Planabweichung handelt und von einer Schieflage, wenn dieser Zustand über einen längeren Zeitraum andauert. Die Unterscheidung ist insoweit wichtig, als die Lösungssuche in beiden Situationen unterschiedlich verläuft und auch jeweils andere Instrumente angezeigt sind, um dem Problem zu begegnen.
- Die Kapitalgeber haben beide das gleichgerichtete Interesse an einem gut funktionierenden Projekt. Aber: Sie haben eine durchaus unterschiedliche Risikoneigung und befinden sich im Wettbewerb um die Cashflows des Projektes. Diese zum Teil konfligierenden Interessen müssen auch in einer Krise wieder neu austariert werden.

Uns interessieren zwei zentrale Fragen: Lassen sich Krisen bei Projektfinanzierungen vermeiden? Und zweitens: Wie sanieren wir eine Projektfinanzierung?

Zu diesem Zwecke werden ausgewiesene Experten Teilaspekte dieser übergeordneten Fragestellungen untersuchen, die in ihrer Gesamtbetrachtung Hinweise für ein professionelles Risikomanagement von Projektfinanzierungen bieten können. Zwei Aspekte ziehen sich wie ein roter Faden durch alle Beiträge:

- Für die Handlungsmöglichkeiten in der Krise sind zwei Fragen elementar: Ist die Fertigstellung erreicht oder nicht? Erst mit Fertigstellung ist das Vorhaben in der Lage, einen eigenen Cashflow zu erwirtschaften, so dass sich die Risikoposition aller Beteiligten verbessert. Und die zweite Frage: Liegt bereits eine Insolvenz des Projektes vor oder nicht? Mit Eröffnung eines Insolvenzverfahrens tritt der Insolvenzverwalter als neuer Spieler auf, dessen Ziele von denen einzelner Stakeholder abweichen können.
- Weiter ist es zentral, dass alle Stakeholder auf der Vertrags- und Beziehungsebene in das Vorhaben eingebunden sind. Fehler und Defizite im internen und externen Projektmanagement kann man sich gerade dann, wenn es wirtschaftlich eng wird, nicht leisten. Und Konflikte auf der Beziehungsebene werden eine Sanierung einer Projektfinanzierung regelmäßig wesentlich erschweren.

Die Arbeit ist wie folgt aufgebaut: Im ersten, einführenden Kapitel beschreibt Prof. Dr. Anja Wiebusch, was eine Projektfinanzierung ausmacht und wie ein effizientes Risikomanagement aussehen sollte.

Der erste Hauptteil beschäftigt sich mit der Frage, wie es überhaupt zu Krisen bei Projektfinanzierungen kommt. Den Auftakt gestaltet Prof. Dr. Andreas Polk, der sich mit den Grundprinzipien strategischen Verhaltens mit Hilfe der Spieltheorie beschäftigt. Dabei spielen statische Spiele bei Projektfinanzierungen, die sich durch eine Einmaligkeit der Ausführung auszeichnen, eine besondere Rolle. Prof. Dr. Andreas Reuter beschäftigt sich mit den Grenzen von rückwirkenden Maßnahmen am Beispiel von Erneuerbare-Energien-Projekten. Damit spricht er ein Themengebiet an, das wie kein anderes in den letzten Jahren eine Reihe von Projektfinanzierungen in eine Schieflage gebracht hat. Gleichzeitig zeigt er auch auf, welche Möglichkeiten bestehen, sich gegen derartige Maßnahmen zu wehren.

Im zweiten Teil gehen wir der Frage nach, was zu tun ist, wenn ein Projekt in wirtschaftliche Probleme geraten ist. Den Auftakt dieses Hauptteils gestaltet Dr. Daniel Reichert-Facilides: Er stellt im Überblick dar, welche rechtlichen Möglichkeiten bestehen, um eine Krise einer Projektfinanzierung mit finanzwirtschaftlichen Instrumenten zu lösen. Dr. Wolfram Distler und Dr. Dietmar Schulz beschäftigen sich mit der Frage, welche rechtlichen Aspekte bei der Krisenbewältigung zu beachten sind und unterscheiden dabei zwischen der Bauphase und der Betriebsphase. Dr. Franz Bernhard Herding beschreibt die Möglichkeiten einer konsensualen Restrukturierung unter Einbezug aller wesentlichen Stakeholder. Dazu erläutert er die Instrumente und beschreibt verschiedene Sanierungskonzepte. Prof. Andreas Crone stellt im folgenden Beitrag die Grundsätze dar, die bei der Erstellung eines Sanierungskonzepts zu beachten sind. Dazu bearbeitet er systematisch die Anlässe, die Anforderungen und die Grundsätze, die an ein Sanierungskonzept zu stellen sind. Michael Baur und Patrik Sven Jakob bringen uns die Rolle des Interim Managers nahe: Welche Rolle kann und sollte er übernehmen? Wie erfolgt die Umsetzung des Interim Managements und wie können die verschiedenen Stakeholder mit einbezogen werden? Prof. Dr. Tobias Schulze und Prof. Dr. Bernd Romeike behandeln das Thema „Projektfortführung in der Insolvenz" – sie beschäftigen sich mit den Folgen, die die Insolvenz eines Projektbeteiligten oder des Projektes für das Projekt hat. Daniel Marhewka untersucht die Möglichkeiten und beschreibt den Prozess, der sich durch die Veräußerung von Distressed-Loan-Portfolien ergibt. Dr. Jörg Böttcher beschreibt und bewertet die Instrumente, eine finanzielle Restrukturierung von Vorhaben vorzunehmen.

Im dritten und letzten Teil beschäftigen wir uns mit der Frage, ob es Hinweise gibt, wie Krisen bei Projektfinanzierungen vermieden können. Auch wenn klar ist, dass Krisen zum Projektalltag dazu gehören, lassen sich doch Risiko reduzierende Maßnahmen in den Bereichen Projektführung, Stakeholder-Management und Vertragsausgestaltung ausmachen: Prof. Dr. Carl Schütte beschäftigt sich zunächst mit der Frage, wie interdisziplinäre Projekt-Teams geführt werden sollten, um Konflikte und Krisen so zu beeinflussen, dass sie die Projektziele unterstützen. Katharina Beyersdorfer und Caroline Krohn betonen die Bedeutung des Beziehungsmanagements für die Stabilität einer Beziehung im Allgemeinen und einer Projektfinanzierung im Besonderen. Dr. Jörg Böttcher beschäftigt sich zum Abschluss mit der Risikoallokation bei einer Projektfinanzierung: Die zentrale Fragestellung ist, wie Projektverträge gestaltet werden sollen, damit ein hinreichender Anreiz für alle Projektbeteiligten besteht, eine Projektfinanzierung zum Erfolg zu führen. Hierzu wird zwischen einmaligen und mehrfachen Transaktionen unterschieden.

Der guten Ordnung halber sei angemerkt, dass die Autoren ihre individuelle Meinung vertreten. Ihre Aussagen und Wertungen müssen weder notwendigerweise die Meinung der Unternehmen oder Institutionen widerspiegeln, für die die Autoren arbeiten, noch die Auffassung der übrigen Autoren treffen.

Unser aufrichtiger Dank gilt den Autorinnen und Autoren dieses Buches, die mit großem Enthusiasmus und Engagement seine Realisierung erst ermöglicht haben.

Kiel, im August 2016

Prof. Dr. Anja Wiebusch
Dr. Jörg Böttcher

1 Grundlagen einer Projektfinanzierung: Charakteristika und Risikomanagement

Prof. Dr. Anja Wiebusch

1.1 Einführung

Die Finanzierung von Großprojekten befindet sich im Umbruch. Auf der einen Seite werden immer mehr Finanzmittel für die Durchführung großer Projektvorhaben beispielsweise im Infrastruktur- oder Energiebereich benötigt. Auf der anderen Seite haben sich seit der Finanzmarktkrise die makroökonomischen und politischen Rahmenbedingungen, aber auch die Regulierung der Banken grundlegend geändert. Ein unsicheres Projektumfeld bewirkt, dass die Finanzierung und Umsetzung von Projekten mit erheblichen Risiken einhergehen. Um Krisen im Vorwege zu vermeiden gilt es, diese Risiken rechtzeitig zu erkennen, die Projektbeteiligten frühzeitig einzubinden und die Projektfinanzierung so zu strukturieren, dass das Projekt erfolgreich finanziert werden kann.

Das erste Kapitel dieses Buches soll einen Überblick über die Grundlagen der Projektfinanzierung geben und den generellen Ablauf erläutern. Des Weiteren werden die potenziellen Risiken, die den Projekterfolg negativ beeinflussen können, betrachtet und Möglichkeiten vorgestellt, mit denen die Risiken auf die Projektbeteiligten verteilt werden können. Den Abschluss bildet eine kurze Einführung in die Cashflow-Modellierung sowie die für die Projekt-Evaluation maßgeblichen Kennzahlen der Projektfinanzierung.

1.1.1 Was kennzeichnet eine Projektfinanzierung?

Es gibt unterschiedliche Möglichkeiten, Projekte zu finanzieren. Wenn ein Unternehmen über die Finanzmärkte Gelder aufnimmt, um ein Projekt zu realisieren, handelt es sich dabei noch nicht um eine Projekt-, sondern um eine klassische Unternehmensfinanzierung. Die Kreditwürdigkeit des Unternehmens und seine Fähigkeit, den Kapitaldienst leisten zu können sowie adäquate Kreditsicherheiten zu stellen, sind hierbei für die Bewilligung der Finanzierung ausschlaggebend. Der zur Verfügung gestellte Kredit sowie das im Zuge der Realisierung des Projekts entstehende Anlagevermögen sind in der Bilanz des Unternehmens auszuweisen und belasten bei Großprojekten die Finanzkennzahlen des Unternehmens. Der Möglichkeit des Unternehmens, zukünftig weitere Kredite aufzunehmen, ist daher bei der Unternehmensfinanzierung Grenzen gesetzt. Projekte mit größerem Finanzierungsvolumen können daher häufig nicht mehr über die klassische Unternehmensfinanzierung realisiert werden, zumal

DOI 10.1515/9783110449785-001

die mit der Realisierung des Projekts einhergehenden Risiken nicht mehr von dem finanzierenden Unternehmen allein getragen werden können.

Im Gegensatz dazu bietet die Projektfinanzierung die Möglichkeit, auch Projekte mit einem hohen Finanzierungsvolumen zu realisieren, die aufgrund der dargestellten Restriktionen in der klassischen Unternehmensfinanzierung nicht zur Umsetzung kämen. Nach Nevitt/Fabozzi ist Projektfinanzierung eine Methode zur Finanzierung sich selbst tragender wirtschaftlicher Einheiten, bei der die Fremdkapitalgeber entweder keine oder nur beschränkte Rückgriffsmöglichkeiten auf die Eigenkapital gebenden Projektinitiatoren haben. Den Kreditgebern stehen lediglich die durch das Projekt generierten Cashflows für die Rückführung des Kapitaldienstes sowie die Projektaktiva als Besicherung zur Verfügung.[1]

Eine Projektfinanzierung zeichnet sich daher durch drei wesentliche Kennzeichen aus:
- *Off-balance*-Finanzierung
- Cashflow-Orientierung und
- Risikoverteilung unter den am Projekt beteiligten Stakeholdern.

Die Projektfinanzierung spielt sich außerhalb der Bilanz der Projektinitiatoren ab (Off-balance-Finanzierung). Hierzu gründen diese eine Projektgesellschaft, die gegenüber den Banken als Kreditnehmerin auftritt und von den Projektträgern mit Eigenkapital ausgestattet wird. Das im Zuge der Projektrealisierung entstehende Anlagevermögen sowie die für die Finanzierung aufgenommenen Fremdmittel werden dann in der Bilanz der Projektgesellschaft ausgewiesen. Die Projektträger haften im Falle einer *Limited-Recourse*-Finanzierung neben ihrer Eigenkapitaleinlage auch mit weiteren Zusicherungen, wie z. B. Garantien und Nachschussverpflichtungen. Sind nach Inbetriebnahme des Projekts keine weiteren Rückgriffsmöglichkeiten auf die Sponsoren über die Eigenkapitaleinlage hinaus vorgesehen, handelt es sich um eine *Non-Recourse*-Finanzierung. Die Besicherung von Projektfinanzierungen ist i. d. R. auf die Projektaktiva beschränkt und erstreckt sich dann nicht mehr auf die Vermögensgegenstände der Sponsoren.

Da das Projekt eine separate Wirtschaftseinheit bildet, wird die Finanzierung so strukturiert, dass sich die Projekte eigenständig tragen und den Kapitaldienst für die gestellten Kredite aus den erwirtschafteten Cashflows begleichen können (Cashflow-Orientierung). Diese werden im Vorwege mit Hilfe von Cashflow-Modellen prognostiziert.

Projektfinanzierungen zeichnen sich durch hohe Finanzierungsvolumina, höhere Verschuldungsgrade und aufgrund der Komplexität der Vorhaben auch durch hohe Risiken aus. An der Realisierung der Projekte wirken neben Eigen- und

1 Vgl. P. K. Nevitt; F.J. Fabozzi 2000, S. 3.

Fremdkapitalgebern zahlreiche Projektbeteiligte, wie beispielsweise Anlagenbauer, Betreibergesellschaften, Lieferanten und Kunden, Berater, Gutachter und staatliche Institutionen mit. Die Projektrisiken werden im Zuge der Vertragsverhandlungen auf die einzelnen Projektbeteiligten verteilt (Risikoverteilung). Mit der Risikoverteilung soll einem opportunistischen Verhalten einzelner Stakeholder entgegengewirkt und ein gemeinsames Interesse gefördert werden, das Projekt zum Erfolg zu führen.[2]

1.1.2 Beurteilung aus Initiatorensicht

Steht ein Projektträger vor der Entscheidung, ein Projekt wahlweise im Rahmen einer Unternehmensfinanzierung oder alternativ einer Projektfinanzierung zu realisieren, so sind folgende Unterschiede zwischen diesen Finanzierungsformen zu berücksichtigen:[3]

- Die Projektfinanzierung wird nicht mehr in der Bilanz des Unternehmens, sondern in der Bilanz der Projektgesellschaft ausgewiesen.
- Für die Kreditgewährung sind nicht mehr die Finanzkennzahlen des Unternehmens, sondern die prognostizierten Cashflows aus dem Projekt maßgeblich.
- Das finanzierte Projekt hat relativ geringe Auswirkungen auf die zukünftigen Finanzierungsmöglichkeiten des Sponsors, und es können vergleichsweise höhere Verschuldungsgrade realisiert werden als in der klassischen Unternehmensfinanzierung.
- Die Besicherung der Kredite ist auf die Projektaktiva beschränkt.
- Eine Risikoverteilung unter den Projektbeteiligten kann im Rahmen der Vertragsverhandlungen unter den Stakeholdern erfolgen, so dass der Projektträger nicht mehr allein das Risiko zu tragen hat.
  Aufgrund der besonderen Finanzierungsstruktur lassen sich größere Projekte verwirklichen als über die klassische Unternehmensfinanzierung.

Da es sich bei der Projektfinanzierung um eine strukturierte Finanzierung handelt, muss der Projektinitiator einen komplizierten und auch kostenintensiven Arrangierungsprozess durchlaufen und auch nach der Gewährung der Mittel hohe Transparenzanforderungen inklusive der hierfür notwendigen Dokumentation erfüllen.

2 Vgl. B. Wolf et al. 2011, S. 140. Siehe hierzu auch den Beitrag von Jörg Böttcher in Kapitel 4.3.
3 Vgl. S. Gatti 2008, S. 4.

1.2 Phasen einer Projektfinanzierung

Die Realisierung eines Projekts sowie die damit einhergehende Projektfinanzierung durchlaufen mehrere Phasen, in denen unterschiedliche Aktivitäten koordiniert und verschiedene Projektbeteiligte involviert werden müssen. Grundsätzlich ist zwischen den Phasen, die auf Projektebene und denen, die auf Finanzierungsebene hierzu durchlaufen werden müssen, zu unterscheiden. Da jedes Projekt und damit auch jede Projektfinanzierung individuell ausgestaltet wird, kann an dieser Stelle nur ein allgemeiner Projekt- und Finanzierungablauf dargestellt werden, der für das jeweils betrachtete Projekt dann entsprechend adjustiert werden muss. Die einzelnen Aktivitäten auf Projekt- und Finanzierungsebene bedingen einander, d. h. es müssen erst bestimmte Aktionen auf Projektebene umgesetzt sein, damit der nächste Schritt auf Finanzierungsebene durchgeführt werden kann und umgekehrt.

1.2.1 Phasen auf Projektebene

Abb. 1.1 zeigt die wesentlichen Phasen der Projektumsetzung.

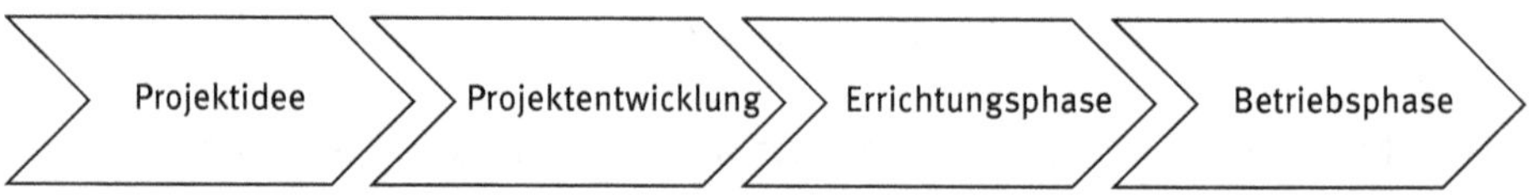

Abb. 1.1: Phasen auf Projektebene

Im ersten Schritt wird eine **Projektidee** entwickelt, welche in der Regel von einem oder mehreren Projektinitiatoren ausgeht, die im weiteren Verlauf auch als Projektträger auftreten. Die Projektinitiatoren prüfen im Rahmen einer ersten Machbarkeitsstudie (sog. *Feasibility*-Studie), ob die Projektidee umsetzbar ist. Hierzu werden unterschiedliche Analysen durchgeführt: Im Rahmen von Marktstudien werden die potenziellen Kunden- und Lieferantenstrukturen betrachtet und die Struktur der Mitbewerber analysiert, um die gegenwärtigen und zukünftigen Absatzpotenziale und die Versorgung mit Vorleistungen abschätzen zu können. Darüber hinaus sind Länderstudien durchzuführen, um u. a. auch Risiken, die aus dem institutionellen Umfeld des Projekts einwirken, evaluieren zu können.[4] Des Weiteren sind

4 So können beispielsweise durch ein schwaches institutionelles Umfeld die für die Umsetzung des Projekts erforderlichen Genehmigungen mit starker zeitlicher Verzögerung erfolgen und so zu einer verspäteten Generierung der Cashflows führen. Rechtliche Ansprüche können gegebenenfalls nicht zeitnah durchgesetzt werden und so zu einer Minderung der Cashflows beitragen.

technische Analysen einzuplanen, um durch Vergleich der technischen Ausstattung und den damit verbundenen Anschaffungs- und Betriebskosten diejenige Technologie auszuwählen, die später eine verlässliche Generierung der Cashflows zu akzeptablen Kosten gewährleistet. Hierbei wird – insbesondere wenn Banken im weiteren Verlauf der Projektfinanzierung hinzugezogen werden – darauf Wert gelegt, dass nur etablierte Technologien, die verlässliche Cashflows über einen längeren Zeitraum erwarten lassen, zum Einsatz kommen.[5] Diese Analysen fließen schließlich als Datengrundlage für Wirtschaftlichkeitsberechnungen im Rahmen erster Cashflow-Modelle ein. Der zu erreichende Meilenstein der Initialphase ist eine positive Feasibility-Studie als Voraussetzung für die weitere Entwicklung des Projekts. Die Analyseschwerpunkte einer Feasibility-Studie umfassen im Wesentlichen folgende Punkte:

- Markteinschätzung
- technische Durchführbarkeit
- rechtliche und politische Rahmenbedingungen
- Umweltaspekte
- wirtschaftliche Kennzahlen samt Cashflow-Modellierung
- Stärken/Schwächen-Analyse
- Risikoanalyse

Erweist sich das Projekt in dieser Phase als wirtschaftlich tragfähig, ist dies der Ausgangspunkt für die weitere **Projektentwicklung**, mit deren Beginn dann auch die ersten größeren Vorlaufkosten anfallen. Es werden Kontakte zu Beratern aufgenommen, die im weiteren Verlauf die rechtlichen, finanziellen und technischen Details des Projekts evaluieren. Darüber hinaus wird in dieser Phase auch die Projektgesellschaft gegründet und die Einbringung des erforderlichen Eigenkapitals geregelt. Unter Einbeziehung der Berater werden die Vorabstudien weiter konkretisiert und fließen anschließend in die Entwicklung des Risikomanagements ein. Hierzu werden die einzelnen Risikoquellen identifiziert und mit Hilfe weiterer Cashflow-Modelle quantifiziert und bewertet. Darauf aufbauend werden Maßnahmen abgeleitet, die die mit dem Projekt einher gehenden Risiken reduzieren und diese auf weitere Projektbeteiligte entsprechend deren Risikotragfähigkeit verteilen. In dieser Phase werden auch erste Sondierungsgespräche mit den übrigen Stakeholdern des Projekts, mit denen im weiteren Verlauf die Verträge verhandelt und ausgestaltet werden müssen, geführt und dabei auch die erforderliche Risikoübernahme durch die Stakeholder diskutiert. Hierzu werden erste Ausschreibungen für die zu erbringenden Lieferungen und Dienstleistungen getätigt sowie die Genehmigungen für die weitere Durchführung des Projekts eingeholt. Parallel hierzu finden erste Finanzierungsgespräche mit den Banken statt mit dem Ziel, eine Bank auszuwählen, die im weiteren Verlauf

5 Vgl. J. Böttcher 2010, S. 63.

der Kreditverhandlungen die Arrangierung der Finanzierung übernimmt und hierzu mandatiert wird (sog. *Mandated Lead Arranger*). Dies vollzieht sich auf der Finanzierungsebene des Projekts, auf die im folgenden Abschnitt 1.2.2 noch detaillierter eingegangen wird. Nachdem die Detailplanungen auf Projektebene finalisiert worden sind und die Vertragsverhandlungen mit den involvierten Stakeholdern zur Unterschriftsreife geführt wurden, schließt die Projektentwicklungsphase mit dem Meilenstein der Unterzeichnung der Verträge (sog. *Signing*) und damit der Entscheidung aller Stakeholder, das Projekt durchzuführen, ab. Auf Finanzierungsebene werden in der Projektentwicklungsphase zeitgleich die Vorbereitung, die *Due Diligence* und der *Financial Close* durchgeführt, so dass mit Abschluss dieser Phase die liquiden Mittel für die Realisierungsphase abrufbar bereitstehen. Mit dem Abschluss der Projektentwicklungsphase steht somit fest, wer, wann und unter welchen Voraussetzungen finanzielle Mittel erbringen muss.

In der **Errichtungsphase** erfolgen die Standorterschließung und die Erstellung des Projekts unter Auszahlung der finanziellen Mittel entsprechend des Baufortschritts. Im Rahmen des Projektcontrollings ist die Erreichung bestimmter Projektfortschritte seitens der Kapitalgeber zu überwachen. Die Projekterrichtung erfolgt je nach vertraglicher Ausgestaltung entweder durch einen Generalunternehmer, oder die Projektgesellschaft vergibt einzelne Gewerke an einzelne Unternehmen mit dem Risiko, die Projektrisiken in der Bauphase nur unzureichend zu externalisieren, dafür aber die Bauphase besser beeinflussen zu können.[6] Ist die Anlage erstellt worden, so werden im Anschluss vertraglich definierte Testläufe durchgeführt, um die Funktionsfähigkeit der Anlage sicher zu stellen. Nach erfolgreichem Abschluss der Tests wird die Anlage schließlich zusammen mit technischen Gutachtern abgenommen. Ein wichtiger Meilenstein hierbei ist die Unterzeichnung des Abnahmeprotokolls. Nach der Abnahme beginnen die vertraglich vereinbarten Garantiefristen, und das Projekt kann in Betrieb genommen werden.

Nach Inbetriebnahme werden bis zur Einstellung des Projektbetriebs Einzahlungen generiert, aus denen gemäß des Wasserfallprinzips zunächst die Auszahlungen des laufenden Geschäftsbetriebs (für Rohstoffe, Betrieb und Wartung der Anlage, Versicherungen, etc.) und Steuern sowie Auszahlung für die Erhöhung des Umlaufvermögens und Investitionen geleistet werden. Aus dem verbleibenden Cashflow werden im Anschluss die Zins- und Tilgungsleistungen an die Fremdkapitalgeber beglichen, bevor schließlich die Ausschüttung an die Sponsoren erfolgen kann. Die Kapitalgeber werden daher auch während der gesamten **Betriebsphase** Kontrollen anhand vordefinierter Finanzkennzahlen durchführen, um die Rückzahlung und Verzinsung des eingebrachten Kapitals über den Finanzierungs- bzw. Projektlaufzeitbereich sicherzustellen (siehe hierzu Abschnitt 1.4.3). Mit Hilfe dieser Kontrollen können für den Fall, dass die Cashflows hinter den Erwartungen zurückbleiben, auch zeitnah

6 Vgl. M. Hupe (1995), S. 39.

geeignete Maßnahmen initiiert werden, die die Zahlung der vertraglich vereinbarten Leistungen sicherstellen.

1.2.2 Phasen auf Finanzierungsebene

Abb. 1.2 zeigt die wesentlichen Phasen einer Projektfinanzierung. Die ersten drei Phasen auf Finanzierungsebene finden dabei in der Phase der Projektentwicklung auf Projektebene statt.

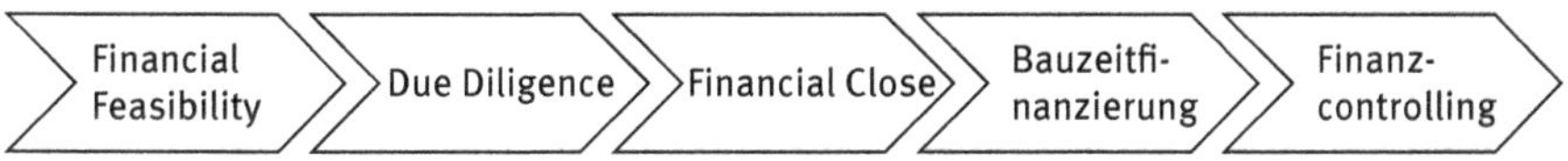

Abb. 1.2: Phasen auf Finanzierungsebene

Zeitgleich zur Feasibility Studie auf Projektebene und der Durchführung erster Cashflow-Berechnungen werden bei der **Financial Feasibility** auch Gespräche mit Finanzberatern aufgenommen, mit dem Ziel, die Finanzierung zu strukturieren und ein Finanzierungskonzept zu erarbeiten. Der Finanzberater (*Financial Advisor*) wird im Rahmen weiterer Projektstudien potenzielle Risikoquellen identifizieren und deren Einfluss auf die zukünftig erwirtschafteten Cashflows mit Hilfe von Szenario- und Sensitivitätsanalysen (siehe Abschnitt 1.4.4) quantifizieren. Aus den Berechnungen wird im Anschluss das Szenario selektiert, welches den Banken als Grundlage für die Strukturierung der Finanzierung dienen soll (*Banking Case*). Dieses kann durchaus von dem erwarteten Szenario der Initiatoren (*Base Case*) abweichen. Die Dienstleistungen des Financial Advisors beziehen sich im Wesentlichen auf die weitere Analyse der technischen und rechtlichen Aspekten des Projekts unter Einschaltung von technischen Beratern und Rechtsanwälten, Entwicklung von Annahmen für Cashflow-Modelle und Durchführung von Cashflow-Berechnungen und Sensitivitätsanalysen, Abschätzung des Finanzbedarfs und Identifikation von Finanzierungsquellen sowie der Mitwirkung und Beratung bei der Arrangierung der Finanzierungsverhandlungen. Am Ende dieser Vorbereitungsphase steht das finale Finanzierungskonzept. Die Rahmenbedingungen der Finanzierung werden hierbei zunächst in einem *Term Sheet* festgehalten, welches als Diskussionsgrundlage für die weiteren Kreditverhandlungen dienen soll.

Im Rahmen der **Due Diligence** werden sowohl das Finanzierungskonzept als auch alle bisher getroffenen Vereinbarungen und ausgehandelten Verträge auf Projektebene geprüft, um sicherzustellen, dass das Projekt unter den zugrunde liegenden Prämissen auch realisiert werden kann und tragfähig ist. Hierzu werden alle Dokumente aus der Projektentwicklungsphase und der Financial Feasibility einer eingehenden Prüfung unterzogen. Folgende Dokumente sind für die Due Diligence relevant:[7]

- Projektbeschreibung
- Marktanalyse
- Feasibility Studie
- Cashflow-Modelle und Finanzierungskonzept
- Term Sheet
- Verträge oder Vertragsentwürfe mit den Stakeholdern (Bauverträge, Dienstleistungsverträge, etc.)
- Genehmigungen/Lizenzen
- Versicherungspaket

Eine positive Due-Diligence-Prüfung ist ein weiterer Meilenstein, der aus Finanzierungssicht erreicht werden muss, um die finanziellen Mittel freizugeben bzw. am Markt zu arrangieren.

Um weitere potenzielle Fremdkapitalgeber im Markt ansprechen zu können, erarbeitet die mit der Arrangierung beauftragte Bank ein Informationsmemorandum, aus dem die wesentlichen Informationen über das zu finanzierende Projekt ersichtlich sind. Dieses wird an andere Banken weitergeleitet, die anhand der Information entscheiden können, ob sie an der Finanzierung des Projekts mitwirken wollen. Darüber hinaus übernimmt die arrangierende Bank die führende Rolle bei der Bildung des Bankenkonsortiums sowie der Syndizierung im Markt. Ziel der Syndizierung ist es, ein hohes Kreditvolumen zur Finanzierung des Projekts aufzubringen sowie die Risiken der Kreditvergabe unter den beteiligten Banken zu streuen. Hierbei nehmen die Banken, die das Konsortium bilden, unterschiedliche Rollen ein. Die Bank, die als *Lead Arranger* mandatiert wurde, ist für die weitere Strukturierung sowie Administration der Finanzierung verantwortlich. Für die Bereitstellung des hohen Kreditvolumens werden weitere Großbanken als *Co-Arranger* gesucht, die zusammen mit dem Lead Arranger in erster Instanz die Kreditsumme unterzeichnen. Der Kreditnehmer erhält somit die Zusicherung von den Arrangeuren, dass das beantragte Kreditvolumen in voller Höhe zur Verfügung gestellt wird (*Fully underwritten proposal*).[8] Da Lead- und Co-Arranger hierbei große Kreditpakete und damit hohe Kreditrisiken übernehmen, werden sie im weiteren Verlauf zusätzliche Banken suchen, die als

7 Vgl. S. Gatti (2008), S. 77.

8 Eine weitere Möglichkeit der Kreditaufnahme ist die *Best-effort*-Methode. Hierbei würden die Arrangeure nicht mehr in erster Instanz die volle Kreditsumme zusagen, sondern sich lediglich bei der Syndizierung im Markt bemühen, genügend Banken zu finden, die das benötigte Kreditvolumen gewähren wollen. Ist das Kreditangebot am Markt nicht so hoch, so besteht für die Projektgesellschaft die Gefahr, dass nicht der volle Kreditbetrag arrangiert und damit das Projekt nicht umgesetzt werden kann. Der Vorteil der Best-effort-Methode besteht darin, dass dieses Verfahren für den Kreditnehmer kostengünstiger ist als die Variante, bei der die Arrangeure den Kreditbetrag in voller Höhe zusichern.

Participants in die Finanzierung eintreten und Kreditpakete von diesen übernehmen, so dass die Finanzierungrisiken weiter im Bankenbereich gestreut werden können.

Sobald das benötigte Kreditvolumen am Markt aufgebracht werden kann, werden die Verträge im Rahmen der Dokumentation ausgearbeitet und im Rahmen des **Financial Close** durch die Vertragsparteien unterzeichnet. Der Financial Close steht am Ende der Projektentwicklungsphase, da mit diesem Meilenstein die finanziellen Mittel für die Errichtungsphase bereitstehen. In Tab. 1.1 werden die wesentlichen Dokumente einer Syndizierung erläutert.

Tab. 1.1: Übersicht über die Dokumente einer Syndizierung

Dokument	Funktion
Mandatsbrief	Mit dem Mandatsbrief erhält der Arrangeur den Auftrag, den Syndizierungsprozess zu organisieren.
Term Sheet	Im Term Sheet werden die wesentlichen Finanzierungsbedingungen, die die Vertragsparteien aushandeln müssen, schematisch aufgestellt.
Informations-Memorandum	Das Informationsmemorandum bietet wesentliche Informationen über das Projekt. Es wird den Banken mit dem Ziel zur Verfügung gestellt, eine Teilnahme am Konsortium zu erwirken.
Fee Letter	Im Fee Letter werden die Gebühren für die an der Syndizierung teilnehmenden Banken festgehalten.
Syndicated Loan Agreement	Dies ist der ausgehandelte Konsortialkreditvertrag, der von den Vertragsparteien beim Financial Close unterzeichnet wird.

Mit Beginn der Errichtung des Projekts werden entsprechend des Baufortschrittes die finanziellen Mittel ausgezahlt. Die Kapitalgeber haben für die **Bauzeitfinanzierung** sicherzustellen, dass die erforderlichen Auszahlungsvoraussetzungen beachtet und die zeitlichen und budgetären Planungen sowie sonstigen Vereinbarungen eingehalten werden. Eine Nichtbeachtung hätte zur Folge, dass der vereinbarte Kapitaldienst an die Fremdkapitalgeber sowie Ausschuttungen an die Sponsoren gefährdet sind. Sowohl die Bauzeitphase als auch die sich anschließende Betriebsphase auf Projektebene werden daher seitens der Kapitalgeber durch ein Finanzcontrolling begleitet. Ziel des **Finanzcontrollings** ist es, die wirtschaftlichen Verhältnisse des Projekts während der Kreditlaufzeit überwachen zu können. Hierzu werden Finanzkennzahlen im Kreditvertrag definiert, die das Projekt während der Kreditlaufzeit nicht über- oder unterschreiten sollte. Diese Finanzkennzahlen werden auch als *Financial Covenants* bezeichnet und in Abschnitt 1.4.3 noch näher thematisiert. Neben den Financial Covenants werden in den Kreditverträgen auch vertragliche Zusicherungen fixiert, die während der Kreditlaufzeit eingehalten werden müssen. Diese werden auch als *Legal Covenants* bezeichnet. Die Einhaltung der Covenants ist i. d. R. Voraussetzung dafür, dass eine Kreditziehung erfolgen kann. Kann der Kreditnehmer einen Covenant nicht einhalten, ist er vertragsbrüchig geworden. Banken definieren dies als Ausfallereignis (sog. *event of default*) und halten sich für diesen Fall die Möglichkeit offen, ihr

Kreditengagement fällig zu stellen. Hierzu wird es im Regelfall nicht kommen, da der Kreditnehmer die Möglichkeit hat, bei dem Lead Arranger eine Vertragsänderung (sog. *Waiver*) zu beantragen, dem das Bankenkonsortium mit der im Kreditvertrag fixierten Mehrheit zustimmen muss, um die Vertragsänderung wirksam werden zu lassen.

Für die Planung der Finanzierung von Großprojekten müssen häufig mehr als zwei Jahre von der ersten Projektidee bis zum Financial Close angesetzt werden.

1.3 Risikomanagement bei Projektfinanzierungen

Bei der Realisierung von Projekten muss ein adäquates Risikomanagement implementiert werden, da andernfalls alle verbleibenden Risiken auf die Projektgesellschaft und damit auch auf die Projektträger und die Banken zurückfallen. Bleiben Risiken unerkannt oder werden sie nicht entsprechend der Risikotragfähigkeit und –steuerbarkeit auf die einzelnen Projektbeteiligten verteilt, führt dies während der Bauphase von Projekten zu Verzögerungen und Budgetüberschreitungen aufgrund zeitraubender Nachverhandlungen oder rechtlicher Auseinandersetzungen. Aber auch während der Betriebsphase können Risiken, die nicht adäquat den einzelnen Stakeholdern zugewiesen wurden, Probleme bereiten. Diese haben i. d. R. eine Verminderung des prognostizierten Cashflows zur Folge. Im schlimmsten Fall reichen die Cashflows nicht mehr aus, um den Kapitaldienst zu bedienen und den Sponsoren die erwarteten Ausschüttungen zu gewährleisten. Im Rahmen der Vertragsausgestaltung (vgl. Abschnitt 1.3.4) wird seitens der Kapitalgeber anhand aller verfügbarer Informationen über die Rahmenbedingungen des Projekts versucht, die Risiken zu identifizieren, zu quantifizieren und im weiteren Projektverlauf auch auf andere Projektbeteiligte zu verteilen. Im Folgenden wird zunächst der Risikobegriff sowie der Risikomanagementprozess erläutert, bevor auf das Risikomanagement bei Projektfinanzierungen detailliert eingegangen wird.

1.3.1 Risiko und Risikomanagement

Für den Begriff Risiko existieren in der Literatur unterschiedliche Definitionen, auf die an dieser Stelle nicht im Einzelnen näher eingegangen werden soll. Im weiteren Verlauf wird unter Risiko die Gefahr verstanden, dass das Ergebnis aufgrund falsch eingeschätzter oder nicht berücksichtigter Faktoren von der erwarteten Zielgröße abweicht.[9] Diese Abweichungen können sowohl positiv als auch negativ sein, wobei in der Projektfinanzierung die negativen Abweichungen die Verlustgefahren widerspiegeln und damit für die Stakeholder einer Projektfinanzierung von eigentlichem

9 Vgl. Thommen, J.-P./Achleitner, A.-K. (2009), S. 1091.

Interesse sind. Um die Risiken von Projekten zu beherrschen, muss mit der Projektentwicklung auch ein Risikomanagement implementiert werden. Unter Risikomanagement sind dabei sämtliche Tätigkeiten, Prozesse, Strukturen und Instrumente zu verstehen, die der Bewältigung der Risiken dienen.[10] Abb. 1.3 zeigt den Risikomanagementprozess bei Projektfinanzierungen.

Abb. 1.3: Risikomanagementprozess bei Projektfinanzierungen[11]

Ziel des Risikomanagements ist es sicherzustellen, dass die prognostizierten Cashflows, auf deren Basis die Projektfinanzierung strukturiert worden ist, auch verlässlich generiert werden können und so die Wirtschaftlichkeit des Projekts gewährleistet ist.

In den folgenden Kapiteln werden die einzelnen Prozessschritte des Risikomanagements behandelt.

1.3.2 Risikoanalyse

Ziel der Risikoanalyse ist es, zunächst alle Faktoren zu identifizieren, die einen negativen Einfluss auf die Generierung des Cashflows haben können. Die Risikoanalyse

10 Vgl. Thommen, J.-P./Achleitner, A.-K. (2009), S. 1092.
11 Eigene Darstellung in Anlehnung an B. Wolf et al. (2011), S. 99.

wird dabei nicht nur von den Sponsoren, sondern insbesondere auch von den Gläubigern einer Projektfinanzierung betrieben. Die Banken müssen sich zusammen mit den Beratern einen Überblick über die Risiken verschaffen, die in den einzelnen Phasen der Projektrealisierung den Projekterfolg negativ beeinflussen können. Dies ist gerade in der Phase der Projektentwicklung äußerst bedeutsam, da hier lediglich die Projektvorlaufkosten, die i. d. R. von den Sponsoren getragen werden, aber noch keine größeren Kredit finanzierten Investitionsauszahlungen getätigt werden. Für die Kapitalgeber ist es daher zwingend erforderlich, alle Risiken vor dem Financial Close zu identifizieren, zu bewerten und durch die Ausgestaltung der Verträge mit den übrigen Stakeholdern des Projekts die Risiken entsprechend zu verteilen. Während der Errichtungsphase müssen hingegen die finanziellen Mittel für das Projekt entsprechend des Baufortschrittes aufgebracht werden, ohne dass im Gegenzug bereits Cashflows erwirtschaftet werden können. Diese Phase ist daher gerade für die Fremdkapitalgeber mit größeren Risiken verbunden. Erst in der Betriebsphase werden durch das Projekt Einzahlungsüberschüsse generiert, die zur Rückführung und Verzinsung des Fremdkapitals genutzt werden können. Aber auch in dieser Phase können Risiken dazu führen, dass die aus dem Verkauf der Produkte generierten Einzahlungen nicht hoch genug sind, um die Auszahlungen für den laufenden Projektbetrieb und den Kapitaldienst an die Gläubiger zu decken sowie eine adäquate Ausschüttung an die Sponsoren zu gewährleisten.

Im Folgenden wird ein kurzer Überblick über die hauptsächlichen Risikoquellen gegeben, die bei Projektfinanzierungen zu berücksichtigen sind. Dabei ist zu bedenken, dass die Risiken von Projekt zu Projekt andersartig gelagert sind und eine Risikoanalyse somit immer projektindividuell durchgeführt werden muss.

Technische Risiken können in allen Projektphasen auftreten und dazu führen, dass die geplanten Cashflows verspätet, gar nicht oder nur in reduziertem Umfang erwirtschaftet werden können. Um die Risiken rechtzeitig erkennen und bewerten zu können, werden bereits in der Projektentwicklungsphase technische Berater und Gutachter hinzugezogen. Während der Errichtungsphase besteht die Gefahr, dass es zu Verzögerungen bei dem Bau der Anlage kommt oder dass bei der Erstellung des Projekts die geplanten Kosten überschritten werden und eine Fertigstellung innerhalb der vorgesehenen Zeit unter Berücksichtigung der budgetären Vorgaben nicht möglich ist. Nach der Inbetriebnahme kann die technische Ausstattung der Anlage hinter den Erwartungen zurückbleiben, so dass die gewünschten Leistungsparameter, auf die auch die Kalkulation der zukünftigen Cashflows basiert, nicht erreicht werden können. Um dieses Risiko zu reduzieren, bevorzugen Fremdkapitalgeber in der Regel die Finanzierung bereits etablierter Technologien, bei denen Erfahrungswerte vorliegen. In der Betriebsphase des Projekts können unterschiedliche Faktoren Störungen im Betrieb verursachen, die zu erhöhten Auszahlungen aufgrund steigender Betriebskosten sowie sinkenden Einzahlungen aufgrund eines durch die Störzeiten verringerten Outputs führen und so den Cashflow erheblich reduzieren können.

Managementfehler, wie beispielsweise eine unzureichende Wartung oder Instandhaltung, Fehler in der Betriebsführung, der Einsatz minderwertiger oder nicht Anlagen kompatibler Rohstoffe, aber auch technische Probleme der Anlage selbst können zu einer Betriebsunterbrechung bzw. mangelhaften Produkten führen. Um Betriebsunterbrechungen aufgrund von Managementfehlern zu verhindern, werden die Kapitalgeber eher Betreibergesellschaften mit hoher Expertise als Vertragspartner auswählen. Für Projekte, die auf eine Nutzung natürlicher Ressourcen angewiesen sind, muss die Ressourcenverfügbarkeit am Standort bereits in der Projektentwicklungsphase durch entsprechende Gutachten sichergestellt werden. Dies ist bei Projekten zur Förderung von Rohstoffen, wie beispielsweise Kohle, Erdgas oder Erdöl bedeutsam, um das Ausmaß der Rohstoffvorkommen sowie die Geologie des Standorts im Vorwege abschätzen zu können. Der erfolgreiche Betrieb von Projekten im Erneuerbare-Energien Bereich, wie beispielsweise Wind- oder Solarparks, ist sehr stark abhängig von den Windverhältnissen und Sonneneinstrahlungen an den gewählten Standorten, so dass hierzu ebenfalls Gutachter mit deren Einschätzung beauftragt werden müssen. Eine geringe Ressourcenverfügbarkeit führt in den genannten Beispielen dazu, dass nicht die erwartete Outputmenge gefördert bzw. produziert werden kann und so die Cashflows entsprechend geringer als geplant ausfallen.

In der Betriebsphase des Projekts sind die **Kontrahentenrisiken** auf Lieferanten- und Kundenseite zu prüfen. Bei Projekten, die von einer kontinuierlichen Zuführung von Rohstoffen abhängig sind, ist auf der Inputseite das Lieferrisiko zu berücksichtigen. Hierbei ist sicherzustellen, dass die Rohstoffe in der geplanten Menge, Qualität und zu dem geplanten Preis zu beziehen sind. In Vorabstudien des Beschaffungsmarkts ist daher zu analysieren, welche Lieferanten auf dem Markt als potenzielle Vertragspartner in Frage kommen können und ob ggf. bei Lieferengpässen auf andere Lieferanten ausgewichen werden kann. Das Abnahmerisiko besteht hingegen darin, dass die mit der Anlage erstellten Produkte nicht in dem geplanten Ausmaß und zu den erwarteten Preisen am Markt abgesetzt werden können. Um das Abnahmerisiko zu reduzieren, ist auf der Outputseite der zukünftige Absatzmarkt abzuschätzen, um die erwarteten Einzahlungen aus den Umsatzerlösen besser kalkulieren zu können. Hierzu müssen Marktstudien durchgeführt werden, um das Angebot und die Nachfrage auf den relevanten Markt zu prognostizieren. Polypolistische Märkte mit vielen Anbietern und Nachfragern haben den Nachteil, dass die Möglichkeiten zur Durchsetzung eigener Preisvorstellungen begrenzt sind und sich die Vereinbarung langfristiger Abnahmeverträge schwieriger gestaltet als in Märkten mit weniger Konkurrenz.

Finanzielle Risiken sind vielschichtig und in allen Projektphasen zu berücksichtigen. Zu den finanziellen Risiken zählen Zins- und Währungsrisiken, Inflations- und Ausfallrisiken sowie Liquiditätsrisiken. Zinsrisiken treten auf, wenn sich die Zinskonditionen während der Projektlaufzeit verschlechtern. Projektfinanzierungen basieren in der Regel auf einer variablen Zinsbasis, d. h. der Kreditzinssatz wird an einen üblichen Marktzinssatz gebunden.[12] Die Projektgesellschaften erhalten dann von den Banken Kredite zu diesem Referenzzinssatz zuzüglich einer vertraglich ausgehandelten Marge.[13] Erhöht sich der Referenzzinssatz aufgrund veränderter Marktbedingungen, steigen auch der Kreditzinssatz der Projektfinanzierung und damit die Finanzierungskosten der Projektgesellschaft. Wechselkursrisiken entstehen bei unvorteilhaften Änderungen von Wechselkursen zwischen verschiedenen Währungen. Das Projekt ist Währungsrisiken ausgesetzt, wenn Projekteinnahmen oder – ausgaben in anderen Währungen empfangen oder beglichen werden müssen. Darüber hinaus kann die Wettbewerbsfähigkeit darunter leiden, wenn beispielsweise die heimische Währung für ein Export orientiertes Unternehmen im Vergleich zur der des Importlandes aufwertet und dadurch die Ware im Importland teurer werden. Inflationsrisiken führen zu einem Anstieg des Preisniveaus, die besonders dann den Cashflow belasten können, wenn die Preise für Vorleistungen von den Inflationsentwicklungen stärker betroffen sind als die Preise für die mit der Anlage erstellten Erzeugnisse. Ausfallrisiken treten auf, wenn sich die Bonität der für den Projekterfolg relevanten Stakeholder eines Projekts derart verschlechtert, dass diese für den weiteren Verlauf des Projekts ausscheiden. Sind Anlagenbauer oder Anlagenbetreiber ausfallgefährdet, so besteht die Gefahr einer verspäteten Fertigstellung und Inbetriebnahme der Anlage bzw. einer Betriebsunterbrechung. Die Folge wäre auch hier wieder eine verspätete oder verringerte Erwirtschaftung der für die Rückführung des Kapitaldienstes benötigten Cashflows. Gleiche Konsequenzen sind zu erwarten, wenn Kunden oder Lieferanten ausfallen, und so die Produkte nicht vertragsgemäß abgenommen bzw. die Vorleistungen nicht geliefert werden können. Die Projektgesellschaft hat ihrerseits die eigene Zahlungsfähigkeit sicherzustellen, um Liquiditätsrisiken entsprechend vorzubeugen.

Die **Länderrisiken** umfassen Regierungsmaßnahmen sowie das regulatorische und rechtliche Umfeld, die das Projekt negativ beeinflussen können. Regierungsmaßnahmen können beispielsweise dazu führen, dass die Projektgesellschaft wesentliche Eigentumsrechte an den Projektaktiva durch Enteignung verliert, dass sich die Besteuerung zu Ungunsten der Projektgesellschaft entwickelt, Preiskontrollen den wirtschaftlichen Betrieb der Anlage verhindern oder ein Handelsembargo dazu führt, dass notwendige Rohstoffe nicht mehr ein– und Fertigprodukte nicht ausgeführt werden können. Darüber hinaus ist zu prüfen, inwieweit das institutionelle und regulatorische Umfeld in dem Land entwickelt ist. Sind Institutionen nicht adäquat implementiert oder werden bestehende Institutionen nicht umgesetzt, kann dies den

---

12 Ein häufig genutzter Referenzzinssatz ist der EURIBOR (*European Interbank Offered Rate*). Es ist der Zinssatz, zu dem sich die Banken untereinander auf dem Interbankenmarkt auf Euro lautende Kreditbeträge zur Verfügung stellen.

13 Die Marge ist dabei abhängig vom Rating der Projektgesellschaft. Der Margenaufschlag wird dabei umso niedriger ausfallen, je besser das Rating der Projektgesellschaft ist. Im Regelfall werden Zinsänderungsrisiken durch Zinssicherungsgeschäfte aufgefangen.

Projekterfolg stark beeinträchtigen. Exemplarisch ist hier Korruption zu nennen oder eine Verzögerung von Genehmigungen, die dringend für die zeitnahe Fertigstellung und den Betrieb des Projekts benötigt werden. Ein nicht verlässliches oder komplex ausgestaltetes rechtliches Umfeld würde den Projekterfolg ebenfalls beeinträchtigen, wenn beispielsweise die Durchsetzung von Ansprüchen vor Gericht Jahre dauern kann.

Unter **Force-Majeure-Risiken** sind alle Risiken höherer Gewalt zu subsumieren. So können Feuer, Überschwemmung, Sturm oder andere Naturkatastrophen wie Vulkanausbrüche oder Erdbeben, aber auch politische Unruhen und (Bürger-)kriege sowie Terroranschläge, Diebstahl oder Sabotage das Projekt zerstören oder die Erwirtschaftung des geplanten Cashflows zumindest stark beeinträchtigen.

Großprojekte können erhebliche Auswirkungen auf die **Umwelt** haben. So ist beispielsweise der Bau eines Flughafens mit erheblichen Lärmbelästigungen für die umliegende Bevölkerung verbunden, der Bau eines Offshore-Windparks kann zur Beeinträchtigung des Vogelzuges oder des Fischbestands führen, um nur einige Beispiele zu nennen. Aus diesen Gründen ist bei Projekten immer mit Protesten und Klagen von Bürgern und Umweltschützern zu rechnen, die dazu führen können, dass das Projekt nur unter verschärften Auflagen, verspätet oder gar nicht realisiert werden kann.

1.3.3 Risikoquantifizierung und –bewertung

Nachdem die einzelnen Risikoquellen für ein Projekt identifiziert worden sind, erfolgt eine Quantifizierung und Bewertung der Risiken. Durch Ableitung verschiedener Szenarien, in denen einzelne Risikoparameter variiert werden, überprüfen die Kapitalgeber, ob die Projekt-Cashflows auch unter ungünstigeren Rahmenbedingungen hoch genug sind, um den Kapitaldienst an die Fremdkapitalgeber und eine angemessene Rendite an die Investoren zu gewährleisten. Die Fremdkapital gebenden Banken haben dabei i. d. R. eine größere Risikoaversion als die Sponsoren des Projekts. Auch die übrigen Projektbeteiligten (wie Anlagenbauer, Betreiber, Lieferanten und Kunden) werden sich im weiteren Projektverlauf durch vertragliche Zusicherungen einzubringen haben und müssen daher auch in der Projektentwicklungsphase für sich beurteilen, welche Chancen und Risiken mit ihrem Engagement verbunden sind.

Die Risikoquantifizierung verfolgt somit für alle Projektbeteiligten das Ziel, die Wirtschaftlichkeit und Belastbarkeit des Vorhabens zu ermitteln und durch sachgerechte Zuweisung der Chancen und Risiken eine Projektstruktur zu erarbeiten, die den Projekterfolg nachhaltig sichert.[14] Auch im weiteren Projektverlauf wird der Einfluss der Risiken auf den erwirtschafteten Cashflow anhand von Kennzahlen überwacht,

14 Vgl. J. Böttcher (2010), S. 103.

um bei Über- oder Unterschreiten bestimmter vordefinierter Schwellenwerte rechtzeitig Anpassungsmaßnahmen einleiten zu können.

1.3.4 Risikoallokation

Nachdem die Stakeholder, und hier insbesondere die Kapitalgeber des Projekts, die Risiken bewertet haben, wird im Rahmen der Vertragsverhandlungen über die sachgerechte Verteilung der Chancen und Risiken auf die einzelnen Projektbeteiligten entschieden. Dabei werden die Risiken des Projekts auf die einzelnen Stakeholder verteilt, um sicherzustellen, dass alle Beteiligten ein Interesse daran haben, das Projekt erfolgreich zu erstellen und zu betreiben. Die Risikoallokation verfolgt somit das Ziel, dass die Projektbeteiligten eine Interessensgemeinschaft bilden und nicht bestrebt sind, durch Ausnutzung von Informationsasymmetrien gegenüber anderen Stakeholdern oder durch opportunistisches Verhalten einen eigenen Vorteil auf Kosten des Projekterfolgs zu erzielen.

Im Rahmen der Risikoallokation sollte sichergestellt werden, dass eine Vertragspartei nicht einseitig belastet wird, sondern dass alle Projektbeteiligten in der Lage sind, die übernommenen Risiken auch tragen zu können (Prinzip der Risikotragfähigkeit) und über die Möglichkeit verfügen, die Risiken auch beeinflussen und managen zu können (Prinzip der Beeinflussbarkeit von Risiken).[15] Wenn die Risiken durch die Stakeholder eines Projekts beeinflusst werden können, handelt es sich um projektendogene Risiken; projektexogene Risiken liegen vor, wenn keiner der Stakeholder die Projektrisiken aktiv steuern kann, da diese nicht von ihm beeinflusst werden können (siehe Tab. 1.2).

Tab. 1.2: Endogene und exogene Risiken einer Projektfinanzierung[16]

Endogene Risiken	Exogene Risiken
Fertigstellungsrisiko	Ressourcenrisiko
Betriebs- und Managementrisiko	Kontrahentenrisiko
Technisches Risiko	Technisches Risiko
Liquiditätsrisiko	Zinsrisiko
	Währungsrisiko
	Inflationsrisiko
	Ausfallrisiko
	Länderrisiko
	Force Majeure Risiko
	Umweltrisiko

15 Vgl. E.R. Yescombe (2002), S. 138.
16 Eigene Darstellung in Anlehnung an M. Gröhl 1990, S. 81.

Da endogene Risiken aus Sicht der Projektinitiatoren wesentlich besser beeinflusst werden können als exogene Risiken, wird während der Vertragsverhandlungen versucht, die einzelnen Risiken auf die einzelnen Projektbeteiligten entsprechend ihrer Risikotragfähigkeit zu verteilen. Durch entsprechende Vertragsausgestaltung können auch ursprünglich exogene Risiken in endogene überführt werden. Hierbei muss eine gute Balance zwischen der Übernahme von Risiken durch die Projektgesellschaft und den übrigen Projektbeteiligten gefunden werden. Verbleiben zu viele Risiken bei der Projektgesellschaft, erschwert dies im weiteren Verlauf für diese die Möglichkeit, Kredite zur Finanzierung des Vorhabens aufzunehmen. Werden hingegen fast alle Risiken auf die übrigen Stakeholder transferiert, so dass kaum Risiken bei der Projektgesellschaft verbleiben, kann diese einseitige Risikoverteilung ebenfalls zu einer Gefährdung des Projekterfolgs führen.[17]

Im folgenden Abschnitt werden zunächst die Stakeholder einer Projektfinanzierung vorgestellt, bevor auf die Möglichkeiten der Risikoallokation auf die Projektbeteiligten durch entsprechende Vertragsausgestaltung eingegangen wird.[18]

Rolle der Stakeholder

Bei Projektfinanzierungen sind verschiedene Stakeholder beteiligt, zu denen während der unterschiedlichen Phasen eines Projekts Beziehungen bestehen, die seitens der Projektgesellschaft aktiv gepflegt werden müssen.

Die Initiatoren sind für die Planung und Umsetzung des Projekts verantwortlich, gründen die Projektgesellschaft und treten im weiteren Verlauf als Eigenkapital gebende **Sponsoren** auf. Das Engagement und die Erfahrung der Sponsoren sind entscheidende Erfolgsfaktoren, da gerade in der Verhandlungsphase die optimale Risikoallokation unter den übrigen Stakeholdern durch diese Gruppe vorangetrieben werden muss. Der Gesellschaftsvertrag zwischen den Sponsoren der Projektgesellschaft legt dabei neben der Eigenkapitalausstattung auch insbesondere das Management der Projektgesellschaft fest.

Banken nehmen bei Projektfinanzierung neben der Finanzierung der Vorhaben auch eine beratende Funktion ein. Bei großvolumigen Projektfinanzierungen erfolgt die Arrangierung durch ein Bankenkonsortium. Ist eine Bank als Lead Arranger mandatiert worden, nimmt sie im weiteren Verlauf die Strukturierung der Finanzierung sowie die Administration des Kredits vor. Banken in der Rolle der Co-Arranger sind dafür verantwortlich, dass die Projektgesellschaft das benötigte Fremdkapital entsprechend des Baufortschrittes zur Verfügung gestellt bekommt. Darüber hinaus können weitere Banken in der Rolle der Participants Teilvolumina des syndizierten Kredites übernehmen. Diese Übernahme trägt zur weiteren Risikoverteilung unter den Banken bei und sorgt dafür, dass nicht eine Bank allein das komplette Finanzierungsrisiko

17 Vgl. E.R. Yescombe (2002), S. 138.
18 Siehe hierzu auch den Beitrag von Jörg Böttcher in Kapitel 4.3.

zu tragen hat. In dem zwischen der Projektgesellschaft und dem Bankenkonsortium geschlossenen Kreditvertrag werden die Konditionen der Kreditvergabe (wie z. B. Kreditvolumen, Tranchen und Anzahl der Ziehungen, Kreditkosten, Verwendungszweck, Auszahlungsvoraussetzungen, Sicherheiten und Covenants) geregelt.

Der **Anlagenbauer** wird durch den Anlagenerrichtungsvertrag auf technische, monetäre und zeitliche Rahmenbedingungen bei der Errichtung der Anlage verpflichtet. Unerlässlich sind hierbei die konkrete Festlegung der technischen Ausstattung und der Leistungsparameter der Anlage sowie die präzise Darlegung des zu erbringenden Leistungspakets. Darüber hinaus müssen auch die vor der endgültigen Abnahme der Anlage durchzuführenden Testläufe vertraglich fixiert werden. Vertragsstrafen und Garantien sowie die Einbringung von Eigenkapital in die Projektgesellschaft sollen dabei für den Anlagenbauer die notwendigen Anreize schaffen, das Projekt erfolgreich zu erstellen.

Im Betriebs- und Wartungsvertrag wird zwischen der Projekt- und der **Betreibergesellschaft** geregelt, welche Leistungen durch den Betreiber konkret zu erbringen und welche Gewährleistungsgarantien und Vertragsstrafen vorgesehen sind, um das Betriebsunterbrechungsrisiko zu minimieren. Neben einer ausgewiesenen Managementqualifikation ist der Betreiber häufig dazu gehalten, Anteile am Eigenkapital der Projektgesellschaft zu halten, um den Zuschlag zu bekommen.

Qualität, Quantität und Preis der Vorleistungen und Rohstoffe sind in Lieferverträgen mit den **Lieferanten** konkret zu spezifizieren. Banken achten darauf, dass die Lieferverträge möglichst langfristig bindend sind und so mindestens über die Laufzeit des Kreditvertrags eine verlässliche Planungsgrundlage besteht. Darüber hinaus besteht die Möglichkeit, die Lieferanten ebenfalls zu Eigenkapitalbeteiligungen an der Projektgesellschaft zu verpflichten.

Auch auf Seiten der **Abnehmer** müssen Qualität, Quantität und Preis der zu erbringenden Leistung möglichst langfristig im Rahmen von Abnahmeverträgen festgelegt werden. Auch hier sind die Banken bestrebt, die Laufzeit der Abnahmeverträge mindestens mit der Laufzeit des Kreditvertrags in Einklang zu bringen.

Staatliche Institutionen gehören ebenfalls zu den Stakeholdern, die einen maßgeblichen Einfluss auf den Projekterfolg haben können, da sie wesentliche Rahmenbedingungen für Projekte mit beeinflussen. Sie können durch Auflagen oder durch entsprechende Investitionsanreize (wie die Stellung von Garantien oder die Inaussichtstellung von Steuererleichterungen oder Subventionen) die finanziellen Rahmenbedingungen des Projekts mit gestalten. Aus diesen Gründen werden von den Behörden bzw. Institutionen eines Landes während der Projektentwicklungsphase sog. *Letters of Support* eingeholt. Dies sind Interessensbekundungen der jeweiligen Institutionen in einem Land für das zu erstellende Projekt.

Um eine möglichst umfassende Risikoanalyse durchführen zu können, werden häufig **Gutachter** hinzugezogen, die die Projektgesellschaft durch Erstellung entsprechender Gutachten unterstützen. Gerade bei bislang noch weniger etablierten Technologien und innovativen Projektvorhaben sind **Berater** unerlässlich, um rechtliche, technische und finanzielle Aspekte im Vorfeld besser beleuchten zu können. Für die Einschätzung der technischen Rahmenbedingungen (beispielsweise bei der Beurteilung technischer Innovationen, aber auch bei der Standortwahl) werden technische Berater, bei der Strukturierung der Finanzierung werden Finanzberater und bei der Ausgestaltung von Verträgen oder Begutachtung und Stellungnahme zu internationalen Rechtsfragen werden Rechtsberater hinzugezogen.

Vertragsausgestaltung zur Bildung einer Interessensgemeinschaft

Nachdem die wesentlichen Risikoquellen identifiziert und die Stakeholder einer Projektfinanzierung bekannt sind, wird im Folgenden der Frage nachgegangen, wie die einzelnen Risiken durch die Ausgestaltung der Verträge auf die Projektbeteiligten verteilt werden können. Da die Risiken eines Großprojekts zu hoch sind, um von einem Stakeholder allein getragen zu werden, ist ein wesentliches Ziel, die Risiken durch entsprechende Vertragsausgestaltung so auf alle Projektbeteiligten zu verteilen, dass die Risikotragfähigkeit einer einzelnen Partei nicht überschritten wird. Ein weiterer wesentlicher Aspekt der Risikoallokation ist es, dass die Stakeholder des Projekts durch die Übernahme von Risiken den Anreiz erhalten, das Vorhaben vollumfänglich zu unterstützen, da der Partei andernfalls finanzielle Nachteile entstehen können. Da ungeklärte Risikoverteilungen im Nachhinein den Projekterfolg gefährden können, trägt die Risikoverteilung im Rahmen der Vertragsausgestaltung maßgeblich zum Projekterfolg bei. Die in Abschnitt 1.3.2 dargestellten Risikoquellen werden daher an dieser Stelle noch einmal vor dem Hintergrund betrachtet, welche Stakeholder für diese Risiken verantwortlich sind und welche vertraglichen Maßnahmen zum Einsatz kommen können, um die Risiken adäquat unter den Verantwortlichen aufzuteilen.

Tab. 1.3: Risikoallokation bei Fertigstellungsrisiken

Risiko	Verantwortung	Maßnahmen
Fertigstellung	Sponsoren Anlagenbauer	Fertigstellungsgarantien Nachschussverpflichtung Schlüsselfertigkeitsklauseln Eigenkapitalbeteiligung Strafzahlungen Versicherung Baurisiko

Für die Fertigstellung der Anlage tragen Sponsoren und Anlagenbauer gegenüber den Kredit gebenden Banken Verantwortung (siehe hierzu Tab. 1.3). Durch Fertigstellungsgarantien, Vertragspönalen und Nachschussverpflichtungen können die Anlagenbauer den Sponsoren dafür einstehen, wenn Zeitverzögerungen oder Budgetüberschreitungen den Projekterfolg gefährden. Mit Hilfe von Schlüsselfertigkeitsklauseln können bei den Vertragsverhandlungen Risiken von der Projektgesellschaft auf den Anlagenbauer transferiert werden und damit das Risiko auf die Partei übertragen werden, die dieses auch am besten beeinflussen kann. Das Einbringen einer Eigenkapitalbeteiligung seitens der Baufirma sowie die Versicherung der Baurisiken tragen zur weiteren Risikoverteilung bei.

Tab. 1.4: Risikoallokation bei Problemen in der technischen Ausstattung

Risiko	Verantwortung	Maßnahmen
Technische Ausstattung	Anlagenbauer	Einschaltung von Gutachtern Vereinbarung des Einsatzes bewährter Technologien Leistungsgarantien

Um sicherzustellen, dass die Anlage in der Betriebsphase auch die geplanten Leistungsparameter erreicht, werden im Anlagenerrichtungsvertrag Leistungsgarantien vereinbart und in der Regel vorwiegend bewährte Technologie eingesetzt, um auf Erfahrungen aus Referenzprojekten zurückgreifen zu können (siehe Tab. 1.4).[19] Darüber hinaus können technische Gutachter zu Rate gezogen werden, wenn bei innovativen Projekten Erfahrungswerte fehlen.

Tab. 1.5: Allokation der Risiken während der Betriebsphase

Risiko	Verantwortung	Maßnahmen
Betrieb der Anlage	Betreibergesellschaft	Einsatz eines erfahrenen Managements Einbindung der Sponsoren in das Management Incentivierung des Managements Gewährleistungsgarantien Eigenkapitalbeteiligung Möglichkeit des Betreiberwechsels Versicherung Betriebsunterbrechung und Sachschäden

Betriebsunterbrechungen können die Cashflows maßgeblich negativ beeinflussen (siehe Tab. 1.5). Daher muss besonderes Augenmerk auf die Erfahrung des Managements im Betrieb vergleichbarer Anlagen gelegt und durch Gewährleistungsgarantien sichergestellt werden, dass die Betreiber für Störfälle und Betriebsunterbrechungen einzustehen haben. Auch die Möglichkeit eines Betreiberwechsels sollte in dem Vertragswerk vorgesehen sein. Leistungsbezogene Betreiberentgelte tragen in größerem Umfange zur Incentivierung der Betreiber bei als feste Vergütungsvereinbarungen.

19 Vgl. J. Böttcher 2010, S. 57.

Darüber hinaus könnte eine Eigenkapitalbeteiligung der Betreibergesellschaft an der Projektgesellschaft vertraglich vereinbart werden. Versicherungen des Betriebsunterbrechungsrisikos helfen, die Cashflow-Ausfälle bei Störungen entsprechend zu kompensieren.

Tab. 1.6: Risikoallokation auf Input- und Outputseite

Risiko	Verantwortung	Maßnahmen
Kontrahentenrisiko Inputseite	Lieferanten	Langfristige Lieferverträge Vertragliche Festlegung Qualität, Quantität und ggf. Preis Deliver-or-pay-Klauseln Eigenkapitalbeteiligung
Kontrahentenrisiko Outputseite	Kunden/Abnehmer	Langfristige Abnahmeverträge Vertragliche Festlegung Qualität, Quantität und Preis Take-or-pay-Klauseln Eigenkapitalbeteiligung

Der prognostizierte Cashflow kann nur realisiert werden, wenn Rohstoffe und sonstige Vorleistungen in dem vorgesehenen Umfang, Qualität und Preis zur Verfügung stehen und die erzeugten Produkte auch in entsprechendem Umfang, Qualität und Preis durch die Kunden abgenommen werden (siehe Tab. 1.6). Wie bereits durch die bisherigen Ausführungen zu den Stakeholdern deutlich wurde, müssen diese Aspekte in langfristigen Verträgen festgelegt und die Durchsetzung durch entsprechende Klauseln sichergestellt werden.

Tab. 1.7: Behandlung finanzieller Risiken

Risiko	Verantwortung	Maßnahmen
Zinsrisiken	Projektgesellschaft	Festzinsvereinbarung Einsatz von Derivaten
Wechselkursrisiken		Devisentermingeschäfte Einsatz von Derivaten
Inflationsrisiken		Berücksichtigung von Inflationsrisiken bei der Vertragsausgestaltung
Ausfallrisiken		Rating der Kunden Kreditversicherungen
Liquiditätsrisiken		Finanzplanung und Szenarioanalysen Strukturierung der Finanzierung Risikoallokation auf die Projektbeteiligten

Tab. 1.7 gibt einen Überblick über die wesentlichen finanziellen Risiken. Zins- und Wechselkursrisiken können mit Hilfe von Derivaten[20] abgesichert werden, während Inflations- und Liquiditätsrisiken durch vorsichtige Kalkulation und Risikoverteilung im Rahmen der Vertragsausgestaltungen begegnet werden kann. Ausfallrisiken lassen sich durch entsprechende Evaluation der Kunden und ggf. Kreditversicherungen begrenzen. Liquiditätsrisiken entstehen in der Projektfinanzierung dann, wenn die Projekt bezogenen Auszahlungen nicht mehr fristgerecht oder im vollen Umfang durch die Sponsoren bzw. die Projektgesellschaft geleistet werden können. Die Ursachen hierfür sind vielfältig. So können beispielsweise Kostenüberschreitungen in der Bauphase dazu führen, dass eine Finanzierungslücke entsteht, oder bereits vereinbarte Kredite nicht fristgerecht ausgezahlt werden können, da bestimmte Auszahlungsvoraussetzungen noch nicht erfüllt wurden. Auch nicht vertragskonformes Verhalten der anderen Projektbeteiligten kann dazu führen, dass der Cashflow nicht fristgerecht oder in geplanter Höhe erwirtschaftet wird. Um das Liquiditätsrisiko zu minimieren, werden in der Projektentwicklungsphase umfangreiche Finanzplanungsrechnungen und Szenarioanalysen durchgeführt. Durch diese Vorabstudien soll sichergestellt werden, dass auch unter schlechteren Rahmenbedingungen die Zahlungsfähigkeit der Projektgesellschaft gewährleistet ist. Die in diesem Abschnitt erläuterte Risikoallokation unter den Projektbeteiligten trägt auch in entscheidendem Maße dazu bei, dass die Zahlungsfähigkeit der Projektgesellschaft erhalten bleibt. Auch die Ausgestaltung und Strukturierung der Finanzierung haben erheblichen Einfluss darauf, ob die Projektgesellschaft in der Lage ist, die fälligen Zahlungen fristgerecht leisten zu können.

Zu den Länderrisiken (siehe Tab. 1.8) zählen alle staatlichen Einflüsse, die den Projekterfolg negativ beeinflussen können. Eine Einschränkung des freien Devisenverkehrs, die Beschränkung des Außenhandels sowie ein instabiles rechtliches und regulatorisches Umfeld, Verzögerung von Genehmigungsverfahren, einer Verschärfung von Projektauflagen oder ein Konzessionsentzug sind nur einige Beispiele, die den Projekterfolg gefährden können.

Tab. 1.8: Maßnahmen zur Reduktion von Länderrisiken

Risiko	Verantwortung	Maßnahmen
Regierungsmaßnahmen regulatorisches Umfeld rechtliches Umfeld	Projektgesellschaft	Letters of Support Legal Opinions Genehmigungen und Lizenzen (Import, Export, Devisentransfer) Exportkreditversicherungen Länderratings Regelungen weiterer Rahmenbedingungen (Besteuerung, Garantien, Subventionen)

20 Derivate sind Termingeschäfte, deren Preis sich von einem anderen Finanzinstrument (sog. Basiswert) ableitet. Derivate können genutzt werden, um Preise bzw. Kurse für die Zukunft abzusichern.

Die Projektinitiatoren werden daher die benötigten Genehmigungen zeitnah bei den Behörden beantragen und durch entsprechende Absichtserklärungen versuchen, die staatlichen Institutionen zu Mitgliedern der Interessensgemeinschaft zu machen. Auch Rechtsgutachten und Länderratings helfen, die Rahmenbedingungen in den Ländern besser einschätzen zu können. Darüber hinaus werden weitere Regelungen mit staatlichen Institutionen vereinbart, die die Rahmenbedingungen des Projekts auch hinsichtlich potenzieller Investitionsanreize (Besteuerungen, staatliche Garantien, Subventionen) ausgestalten. Den Transfer- und Konvertierungsrisiken kann mit Hilfe von Versicherungen von Exportförderinstitutionen begegnet werden.[21]

Tab. 1.9 bietet einen Überblick über die wesentlichen Risiken von höherer Gewalt. Derartige Force-Majeure-Risiken, wie Naturkatastrophen, Schäden durch Feuer und Hochwasser oder politische Unruhen und Kriege sind dadurch charakterisiert, dass die Eintrittswahrscheinlichkeit dieser Ereignisse sehr gering ist, das Schadensausmaß im Falle des Eintritts dann aber extrem hoch ausfallen kann. Aus diesem Grunde werden für einige Force-Majeure-Risiken keine Versicherungen angeboten bzw. sie werden nur gegen Zahlung äußerst hoher Versicherungsprämien versichert.

Tab. 1.9: Maßnahmen zur Bewältigung von Force-Majeure-Risiken

Risiko	Verantwortung	Maßnahmen
Feuer Hochwasser Naturkatastrophen Politische Unruhen und Kriege	Projektgesellschaft	Abschluss von Versicherungen gegen höhere Gewalt (wenn möglich)

Projektierte Anlagen beeinträchtigen häufig das direkte Umfeld. Darüber hinaus können von den Anlagen Gefahren bzw. Belästigungen ausgehen, die zu entsprechenden Bürgerprotesten und Klageverfahren führen können. Dieses Umweltrisiko wird häufig unterschätzt oder erst berücksichtigt, wenn sich die ersten Protestbewegungen formiert haben, obwohl dies die Fertigstellung und den Betrieb einer Anlage sehr stark verzögern und beeinträchtigen kann. Frühzeitige Umweltgutachten sowie die Information und Einbindung der Bürger zu Beginn des Planungsprozesses können dazu beitragen, die Umweltrisiken zu reduzieren (siehe Tab. 1.10).

Tab. 1.10: Maßnahmen zur Bewältigung von Umweltrisiken

Risiko	Verantwortung	Maßnahmen
Umweltrisiken	Projektgesellschaft	Gutachten Frühzeitige Kommunikation Abschluss von Versicherungen (wenn möglich)

21 Vgl. B. Wolf et al (2011), S. 104.

1.3.5 Risikomonitoring

Nach der Analyse und Verteilung der Projektrisiken auf die beteiligten Stakeholder müssen auch während der Bau- und Betriebsphase des Projekts die Risiken permanent überwacht werden. Vor Auszahlung der einzelnen Kredittranchen wird von Bankenseite geprüft, ob die im Kreditvertrag vereinbarten Auszahlungsvoraussetzungen auch vollständig erfüllt werden. Während der Betriebsphase wird von Bankenseite die Einhaltung der vertraglich fixierten Covenants geprüft, um die wirtschaftlichen Verhältnisse während der Kreditlaufzeit überwachen und bei einer Verschlechterung rechtzeitig Anpassungsmaßnahmen durchführen zu können. Zu den Legal Covenants zählen die Zusicherungen, die der Kreditnehmer während der Kreditlaufzeit einzuhalten hat. Geläufige Legal Covenants im Kreditgeschäft sind:
- Verpflichtung, das Eigenkapital nicht herabzusetzen
- Verzicht, Dritten Kredite zu gewähren oder bei weiteren Kapitalgebern Kredite aufzunehmen
- Einhaltung des Verwendungszwecks
- Gewährleistung des Versicherungsschutzes
- Management von Zins- und Währungsrisiken
- Verpflichtung zur Transparenz gegenüber den Kapitalgebern

Im Kreditvertrag werden zudem Finanzkennzahlen (sog. Financial Covenants) definiert, die während der Kreditlaufzeit in vertraglich vereinbarten Grenzen gehalten werden müssen. I. d. R. stellen diese Kennzahlen die aus dem Projektbetrieb generierten Rückflüsse den an die Banken abzuführenden Zahlungen gegenüber. Wird ein vertraglich fixierter Grenzwert dieser Deckungsrelationen unterschritten, besteht Handlungsbedarf, da die Rückführung der Kreditmittel gefährdet sein kann. Darüber hinaus werden die Kredit gebenden Banken überwachen, ob zu den Fälligkeitsterminen der Kapitaldienst fristgerecht und vollumfänglich geleistet wurde. Die wesentlichen Finanzkennzahlen, die für die Evaluation von Projektfinanzierungen relevant sind, werden in Abschnitt 1.4.3 näher erläutert.

1.4 Cashflow-Modellierung

Die Quelle für die Leistung des Kapitaldiensts und die Befriedigung der Renditeansprüche der Investoren sind bei Projektfinanzierungen die durch den Betrieb des Projekts erwirtschafteten Rückflüsse. Die Höhe und zeitliche Verteilung dieser Rückflüsse sind mit Unsicherheit behaftet und können daher nicht im Vorwege exakt berechnet werden. Die Kapitalgeber müssen daher sämtliche Faktoren, die das Projekt beeinflussen können, identifizieren und die Auswirkungen der Variation einzelner Faktorausprägungen sowie deren Kombination auf die Höhe und Verteilung der zukünftigen

Rückflüsse anhand von Cashflow-Modellen abschätzen. Im Folgenden wird dargelegt, wie die Projekt-Cashflows modelliert und analysiert werden können.

1.4.1 Ermittlung des Cashflows

Ausgangsbasis für die Berechnung der Rückflüsse aus dem Projekt ist der Cashflow, der für die Leistung des Kapitaldiensts an die Fremdkapitalgeber zur Verfügung steht. Dieser *Cashflow-Available-for Debt-Service* (CFADS) ergibt sich als Differenz zwischen den prognostizierten Betriebseinnahmen und den für die Generierung der Einnahmen benötigten erwarteten Betriebsausgaben inklusive Steuern aber ohne Finanzierungskosten. [22] Grundsätzlich existiert eine Vielzahl von Ansätzen, den für die Leistung des Kapitaldiensts zur Verfügung stehenden Cashflow zu berechnen.[23] Die Vertragsparteien haben sich daher zunächst auf die Methode der Cashflow-Ermittlung zu verständigen und diese vertraglich zu fixieren.

1.4.2 Aufbau eines Cashflow-Modells

Die Entwicklung eines Cashflow-Modells verfolgt das Ziel, komplexe Zusammenhänge zu vereinfachen und Annahmen sowie Wirkungszusammenhänge zu veranschaulichen, die die Projekt-Performance und damit den zu erwartenden Cashflow beeinflussen. Durch Identifikation und Variation der Risikoparameter sowie Berechnung von Finanzkennzahlen lässt sich mit Hilfe des Cashflow-Modells die Stabilität des erwarteten Cashflows auch unter ungünstigeren Rahmenbedingungen bewerten. Die Ergebnisse der Cashflow-Modellierung bilden somit die Entscheidungsgrundlage für Kapitalgeber, ob ein Projekt unter den gegebenen Rahmenbedingungen finanziert und wie eine potenzielle Finanzierung strukturiert werden sollte.

Cashflow-Modelle werden i. d. R. mit Hilfe von Tabellenkalkulationsprogrammen erstellt. Um die Übersichtlichkeit und Nachvollziehbarkeit eines Cashflow-Modells zu gewährleisten, empfiehlt es sich, für die Eingabe der Projektdaten und Annahmen, die Durchführung der Kalkulationen (wie z. B. Einnahmen und operative Ausgaben, Finanzierung mit Zins und Tilgungsplänen, etc.), die Ausgabe (Cashflow, Gewinn- und Verlustrechnung etc.) sowie die Zusammenfassung und graphische Aufbereitung der Ergebnisse und Kennzahlen separate Arbeitsblätter zu nutzen. Abb. 1.4 zeigt den Modellaufbau eines Cashflow-Modells mit Trennung von Input-, Kalkulations- und Ergebnisblättern.

22 Siehe B. Wolf et al. (2011), S. 86.

23 Nach R. Tinsley (2000) existieren bis zu zwanzig unterschiedliche Berechnungsweisen des Cashflows.

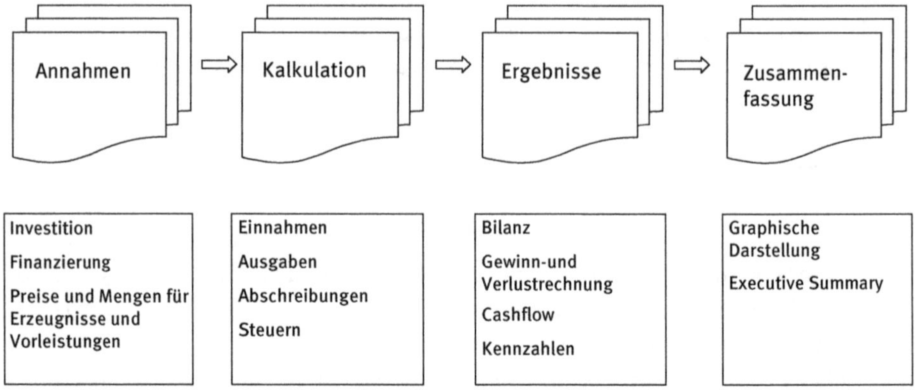

Abb. 1.4: Aufbau eines Cashflow-Modells

Ein *Financial Modeller* steht immer vor der Problematik, die Realität im Modell bestmöglich abzubilden, dabei aber gleichermaßen darauf zu achten, dass das Modell nicht zu komplex und für Dritte zu unübersichtlich wird.

Die Bedienung der Ansprüche der Fremdkapitalgeber und Sponsoren erfolgt aus dem CFADS nach dem Wasserfallprinzip (vgl. Abb. 1.5). Dabei wird aus dem CFADS zunächst der Schuldendienst an die Fremdkapitalgeber geleistet. Wurde vertraglich vereinbart, dass zur Deckung möglicher zukünftiger Liquiditätsengpässe eine Schuldendienstreserve aufgebaut werden muss, so sind entsprechend der Vereinbarungen Zahlungen auf das Schuldendienstreservekonto zu leisten. Die Residualgröße würde dann das mögliche Ausschüttungspotenzial an die Eigenkapitalgeber darstellen.

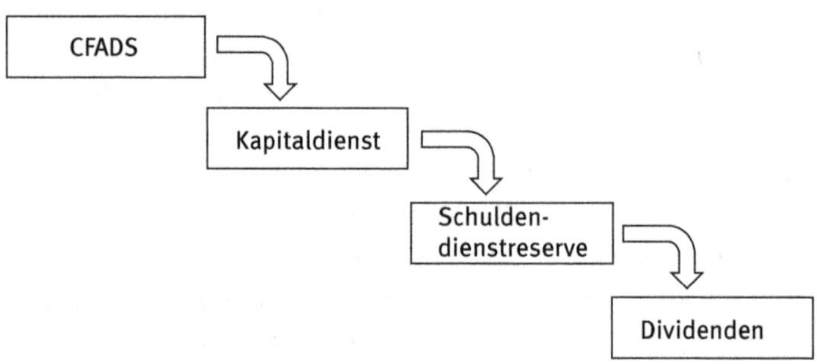

Abb. 1.5: Wasserfallprinzip zur Bedienung der Ansprüche der Kapitalgeber

Um ein Projekt finanzieren zu können, muss der aus dem Projekt generierte Cashflow eine Größenordnung aufweisen, die die Rückführung und Verzinsung der durch die Fremdkapitalgeber gewährten Kredite gewährleistet und eine angemessene Dividende für die Sponsoren sicherstellt. Der Financial Modeller ermittelt hierzu Kennzahlen, mit denen auf Basis des Cashflow-Modells abgeschätzt werden kann, ob die Ansprüche aller Kapitalgeber hinreichend befriedigt werden können.

1.4.3 Cashflow relevante Kennzahlen

Die zentrale Kennzahl zur Optimierung der Finanzierungsstruktur ist der *Annual Debt Service Cover Ratio* (ADSCR). Aus Bankensicht lässt sich mit Hilfe dieser Kennzahl ermitteln, ob das Projekt in jeder Periode genug Cashflow generiert, um den Kapitaldienst an die Banken leisten zu können. Aus Sponsorensicht ist der ADSCR ebenfalls interessant, da Rückschlüsse darauf gezogen werden können, ob nach Leistung des Kapitaldiensts aus dem erwarteten Cashflow noch genügend Mittel übrig sind, um die Renditeansprüche der Investoren decken zu können. Der ADSCR kann auch als Schuldendienstdeckungsgrad übersetzt werden und zeigt dabei an, ob und in welchem Ausmaß die durch das Projekt erwirtschafteten Cashflows den Kapitaldienst an die Fremdkapitalgeber decken können (Formel 1).

$$ADSCR_t = \frac{CFADS_t}{DS_t}$$

mit

$ADSCR_t$	Annual Debt Service Cover Ratio in der Periode t
$CFADS_t$	Cashflow-Available-for-Debt-Service in der Periode t
DS_t	Kapitaldienst (Zinsen und Tilgung) in der Periode t

Der ADSCR muss grundsätzlich größer als 1 sein, damit aus dem laufenden Cashflow einer Periode zumindest der Kapitaldienst geleistet werden kann. Banken fordern eine gewisse Überdeckung als Risikopuffer bei dieser Kennzahl, deren Größenordnung von der jeweiligen Branche abhängig ist, in der das Projekt realisiert werden soll. Der ADSCR dient als wesentliche Grundlage zur Strukturierung und Optimierung der Projektfinanzierung. Aus der mit ihr ermittelten Deckungsrelation kann auch das Ausschüttungspotenzial an die Sponsoren abgeleitet werden.

Neben dieser kurzfristigen und periodenweisen Betrachtung der Cashflows dienen Kennzahlen wie der *Loan Life Cover Ratio* (LLCR) oder der *Project Life Cover Ratio* (PLCR) zur Einschätzung, ob sich das Projekt auch auf lange Sicht rechnet. Der LLCR setzt dabei den Barwert der über den restlichen Kreditlaufzeitraum anfallenden Cashflows vor Schuldendienst in Relation zu dem bis zum Ende der Kreditlaufzeit noch ausstehenden Kreditbetrag (Formel 2). Mit Hilfe des LLCR lässt sich beantworten, inwieweit der Barwert der über die Restlaufzeit des Kredits anfallenden Cashflows vor Schuldendienst die noch ausstehende Kreditsumme abdecken kann.

$$LLCR_t = \frac{\sum_t^T CFADS \cdot (1+i)^{-t}}{L_t}$$

Der PLCR bildet eine ähnliche Deckungsrelation ab. Bei dieser Kennzahl wird der Berechnungszeitraum nicht auf die Kreditlaufzeit begrenzt, sondern bis zum Ende der Projektlaufzeit betrachtet (Formel 3).

$$PLCR_t = \frac{\sum_t^N CFADS \cdot (1+i)^{-t}}{L_t}$$

mit

$LLCR_t$	Loan Life Cover Ratio in der Periode t
$PLCR_t$	Project Life Cover Ratio in der Periode t
$CFADS_t$	Cashflow-Available-for-Debt-Service in der Periode t[24]
i	Diskontierungszinssatz
L_t	ausstehender Kreditbetrag am Anfang der Periode t
T	Kreditlaufzeit
N	Projektlaufzeit

Der PLCR zeigt auf, inwieweit eine Tilgungsstreckung aus den während der Projektlaufzeit erwirtschafteten Cashflows möglich ist.[25] Die Zielwerte der für die Strukturierung der Finanzierung wesentlichen Cover Ratios sind branchenspezifisch und liegen für den ADSCR und den LLCR in einer Bandbreite zwischen 1,5 und 2.[26] Neben den Deckungsrelationen sind für die Kapitalgeber die Relationen zwischen Eigen- und Fremdkapitalanteil interessant, um eine adäquate Risikoverteilung zwischen Banken und Sponsoren zu gewährleisten und um sicherzustellen, dass keine Überschuldung des Projekts droht.

1.4.4 Szenario- und Sensitivitätsanalysen

Mit Hilfe von Szenarioanalysen werden unterschiedliche Ausprägungen der relevanten Projektparameter entwickelt und ihre Auswirkungen auf die entscheidungsrelevanten Kennzahlen im Rahmen der Cashflow-Modellierung untersucht. Für die unterschiedlichen Szenarien werden dann Eintrittswahrscheinlichkeiten ermittelt. Das Ergebnis der Szenarioanalysen gibt den verhandelnden Parteien eine Vorstellung, ob für das Projekt auch unter ungünstigeren Rahmenbedingungen eine Kreditrückzahlung möglich ist und eine angemessene Rendite für die Sponsoren erwirtschaftet werden kann.

Zunächst wird das Cashflow-Modell mit den Daten und Annahmen gespeist, deren Eintrittswahrscheinlichkeiten am höchsten sind und daher auch von den Projektbeteiligten in der Form erwartet werden. Dieser Base Case dient dann als Ausgangsbasis

24 Der Term im Zähler stellt den Barwert der CFADS von der jeweils betrachteten Periode bis zum Ende der Kreditlaufzeit dar.

25 Vgl. B. Wolf et al. (2011), S. 109.

26 Vgl. R. Tinsley (2000), S. 59.

für die weiterführenden Verhandlungen mit allen Projektbeteiligten. Vor allem die Fremdkapitalgeber möchten aber auch vor einer Finanzierungszusage prüfen, ob die Leistung des Kapitaldiensts auch unter ungünstigeren Rahmenbedingungen noch gegeben ist. Daher wird in *Downside*-Szenarien geprüft, ob eine Finanzierung auch dann noch möglich ist, wenn wesentliche Treiber des Geschäftsmodells allein oder in Kombination miteinander vom Base Case abweichen. Kann dies auch in Worst-Case-Szenarien sichergestellt werden, so sehen sich die Kapitalgeber eher in der Lage, das Projekt zu finanzieren. Der Banking Case wäre schließlich das Szenario, auf dem die Finanzierung des Projekts am Ende strukturiert wird.

Sensitivitätsanalysen verdeutlichen, wie sich die Änderungen einzelner Projektparameter auf die Höhe des Cashflows und die in Abschnitt 1.4.3 dargestellten Kennzahlen auswirken. Dabei können auch *Break-Even*-Werte für die Parameter berechnet werden. Die Modellierungen verfolgen das Ziel zu bestimmen, welche Ausprägung ein Parameter oder eine Kombination von Parametern annehmen darf, um die entscheidungsrelevanten Kennzahlen auf einem für die Kapitalgeber vertretbaren Niveau zu halten. Die Ergebnisse dieser Analysen fließen dann als Entscheidungsgrundlage für die Strukturierung der Finanzierung ein.

Die Kapital gebenden Sponsoren und Banken müssen sich dabei im Rahmen ihrer Verhandlungen auf die Rahmenbedingungen festlegen, unter denen die Projektfinanzierung anhand der generierten Cashflow-Modelle strukturiert werden soll. Dabei bestimmen neben der Höhe des Kreditzinssatzes auch die Höhe des einzubringenden Eigenkapitals, die Anzahl der Tilgungsfreijahre, die Kreditlaufzeit sowie die Einführung einer Schuldendienstreserve die Finanzierungsbedingungen der beiden Parteien. Diese Parameter werden im Laufe der Vertragsverhandlungen im Rahmen von Szenario- und Sensitivitätsanalysen variiert, um eine für beide Seiten annehmbare Finanzierung zu strukturieren.

In diesem Kapitel wurde dargestellt, welche grundsätzlichen Aspekte bei der Planung und Umsetzung von Projektfinanzierungsvorhaben zu berücksichtigen sind, um ein Projekt erfolgreich zu finanzieren.

Literaturverzeichnis

Böttcher, J., *Projektfinanzierung*, 2. Aufl., München 2010.

Gatti, S., *Project Finance in Theory and Practice – Designing, Structuring, and Financing Private and Public Projects*, London 2008.

Gröhl, M., *Bankpolitische Konsequenzen der Projektfinanzierung – Lösungsansätze für bankbetriebliche Probleme bei der Einführung von Finanzdienstleistungen für große, rechtlich selbständige Investitionsvorhaben*, Diss., Marburg 1990.

Hupe, M., *Steuerung und Kontrolle internationaler Projektfinanzierungen*, Diss., Frankfurt am Main 1995.

Nevitt, P. K., Fabozzi, F. J., *Project Financing*, Seventh Edition, London 2000.

Tinsley, R., *Advanced Project Financing – Structuring Risk*, London 2000.

Thommen, J-P., Achleitner, A-K., *Allgemeine Betriebswirtschaftslehre- Umfassende Einführung aus managementorientierter Sicht*. 6. Auflage, Wiesbaden 2009.

Yescombe Consulting, *Principles of Project Finance*. London 2002.

Wolf, B., Hill, M., Pfaue, M., *Strukturierte Finanzierungen – Grundlagen des Corporate Finance, Technik der Projekt- und Buy-out-Finanzierung, Asset-Backed-Strukturen*, 2. Aufl., Stuttgart 2011.

2 Ursachen einer Krise

2.1 Krisen- und Chancenmanagement – Erkenntnisse der Spieltheorie

Prof. Dr. Andreas Polk

Die Spieltheorie liefert ein mathematisches Konzept zur Analyse strategischen Verhaltens. Sie geht im Wesentlichen auf frühe Arbeiten von Morgenstern und von Neumann (1944) und John Nash (1951) zurück, der im Jahre 1994 den Wirtschaftsnobelpreis gemeinsam mit John Harsanyi und Reinhard Selten – dem bisher einzigen deutschen Wirtschaftsnobelpreisträger – erhalten hat.

Die Spieltheorie analysiert Wettbewerb, Konflikte und das Entstehen von Kooperation. Sie unterstellt, dass das Handeln der Akteure interdependent ist und die Teilnehmer wissen, dass sie sich in einer strategischen Situation befinden. Interdependenz bedeutet, dass die Spieler in ihren Handlungsoptionen und -konsequenzen von anderen Spielern beeinflusst werden, die Spieler also aufeinander reagieren. Rationales Verhalten setzt dann voraus, dass die Spieler die Reaktionen der jeweils anderen in ihrer Handlungsweise berücksichtigen. Die Spieltheorie stellt hierzu das notwendige Analyseinstrumentarium bereit.

Anwendungsbeispiele für die Spieltheorie finden sich im Bereich des Managements und der Volkswirtschaftslehre, aber auch im Bereich der Politik, im Sport oder in alltäglichen Situationen. Ziel ist es, die grundsätzlichen Ideen und Konzepte der Spieltheorie darzustellen und den Leser in die Lage zu versetzen, sie auf Konzepte des strategischen Verhaltens in der Projektfinanzierung anzuwenden. Auch wenn dieser Beitrag vereinzelt konkrete Fragen der Projektfinanzierung thematisiert, werden hauptsächlich Anregungen gegeben, wie sich Grundideen und Konzepte auf die konkreten Fragen der Projektfinanzierung anwenden lassen. So kommt den Fragestellung zur Entstehung von Kooperation eine besondere Rolle zu, da die Projektfinanzierung ja gerade dadurch gekennzeichnet ist, dass die Akteure einmalig zur Finanzierung eines einzelnen Projekts zusammenfinden.

Der Aufbau dieses Kapitels ist wie folgt: Nach einer kurzen Diskussion der zugrunde gelegten Annahmen in der klassischen Spieltheorie widmet sich der Beitrag der Analyse statischer Spiele. Dies sind Spiele, in denen zeitliche Aspekte keine Rolle spielen, weil alle Spieler gleichzeitig handeln oder aus den Handlungen der anderen keine Information extrahiert werden kann. Das Verständnis über soziale Dilemmata und die Darstellung des Nash-Gleichgewichts stehen im Vordergrund. Anschließend widmet sich ein weiterer Abschnitt der dynamischen Spieltheorie. Hier kommen zeitliche Abläufe ins Spiel, indem unterstellt wird, dass Akteure aus Beobachtung des Handelns voneinander lernen können.

DOI 10.1515/9783110449785-002

In Hinblick auf Fragen der Projektfinanzierung finden sich sowohl statische als auch dynamische Elemente: In der Fertigstellungsphase geht es beispielsweise darum, einen Akteur, den Generalunternehmer, anzuhalten, das Vorhaben fristgerecht und gemäß der Kostenplanung fertigzustellen. Dies ist deshalb so wichtig, da mit erfolgter Fertigstellung die Sponsoren und der Generalunternehmer aus ihrer Haftung gegenüber der projektfinanzierenden Bank freiwerden. Es handelt sich dabei um eine einmalige – wenn auch möglicherweise länger andauernde – Interaktion zwischen dem Projekt und dem Generalunternehmer, die aus Projektsicht unbedingt funktionieren sollte. Im Rahmen der sich anschließenden Betriebsphase gibt es eine Vielzahl wiederkehrender Transaktionen zwischen dem Projekt und seinen Abnehmern oder Lieferanten. Auch wenn eine Projektfinanzierung regelmäßig zeitlich befristet ist, sind die verschiedenen Akteure doch zumeist in der Branche etabliert und müssen sich gut überlegen, ob sie ihre Reputation durch ein nicht-kooperatives Verhalten zu einem früheren oder späteren Zeitpunkt gefährden wollen.

2.1.1 Erklärungsansatz der Spieltheorie

Die Spieltheorie sollte nicht als Wissenschaft verstanden werden, die in konkreten Situationen geeignet wäre, „richtige" Handlungsanweisungen zu liefern oder gar überlegenes Verhalten herzuleiten. Gäbe es eine solche Wunderwaffe, würden sich ihr aller bedienen, ihr Vorteil wäre rasch dahin. Sie ist auch kein Werkzeug, das es erlaubt, nach einer geeigneten Darstellung aller entscheidungsrelevanten Aspekte das beste Verhalten mathematisch herzuleiten, so dass ein Spieler für sich das Optimale aus einer Situation herausholt oder gar als Gewinner hervorgeht.[1]

Die Spieltheorie sollte als Disziplin verstanden werden, die Unterstützung dabei liefert, komplexe Situation zu strukturieren, soziale Dilemmata zu erkennen, Handlungsoptionen auf Konsistenz hin zu überprüfen und den Prozess der analytischen Entscheidungsfindungen zu schärfen. Indirekt werden damit sehr wohl bessere, d. h. weniger naive Entscheidungen möglich, dies jedoch nicht im Sinne der Anwendung eines universellen Rezepts.

Ziel des vorliegenden Kapitels ist es, verschiedene Grundeinsichten der Spieltheorie darzulegen. Dabei werden sieben Handlungsmaximen vorgestellt, die für Akteure in strategischen Situationen relevant sind. Auch wenn einzelne dieser Handlungsmaxime nicht sehr komplex erscheinen mögen, zeigt die Erfahrung des Autors im Rahmen zahlreicher Klassenexperimente, dass viele der zum Teil grundlegenden Hinweise in echten strategischen Situationen häufig ignoriert werden. Und zwar auch selbst dann, wenn sie zuvor mit den Teilnehmern ausführlich diskutiert wurden! Sofern es diesem Beitrag gelingt, die Relevanz dieser Maximen herauszuarbeiten und

1 Einen solchen Ansatz verfolgt beispielsweise de Mesquita (2009).

den Blick des Lesers in Hinblick auf strategische Entscheidung zu schärfen, ist ein wichtiges Ziel erreicht.

2.1.2 Annahmen der klassischen Spieltheorie

Die klassische Spieltheorie basiert auf folgenden Annahmen:

- **Nutzenmaximierung als Handlungsmotiv der Spieler**: In der Realität sind Handlungsmotive in der Regel sehr unterschiedlich. Manche Menschen sind optimistisch, andere eher pessimistisch eingestellt und tendieren dazu, negative Erlebnisse zu vermeiden. Manche Menschen handeln moralisch motiviert, wobei es eine Vielzahl möglicher Normen gibt, andere Menschen wiederum sind durch stark reziprokes Verhalten geleitet. Um strategische Verhalten zu analysieren, geht die klassische Spieltheorie von nutzenmaximierenden Individuen aus und abstrahiert von der Vielzahl möglicher alternativer Handlungsmotive. Unterstellt wird, dass es ein nutzenbringendes individuelles Handlungsziel gibt, das es zu maximieren gilt. Diese Annahme sollte nicht verengt werden auf das Handlungsziel egoistischen Verhaltens (auch wenn wir dies im Folgenden tun), da nutzenmaximierendes Verhalten bspw. auch das Wohlergehen anderer Spieler berücksichtigen kann. So lassen sich Handlungsziele wie Fairness oder Altruismus durchaus im Konzept des nutzenmaximierenden Individuums abbilden.[2]
- **Eigennutz als Handlungsziel**: Trotz der vielfältigen möglichen Handlungsziele unterstellt die klassische Spieltheorie zunächst, dass die Spieler rein egoistisch handeln, also ausschließlich daran interessiert sind, ihren eigenen Nutzen zu maximieren. Dies bedeutet, dass die Nutzenniveaus der anderen Spieler, in der Spieltheorie Auszahlungen genannt, im eigenen Handeln nicht berücksichtigt werden. Menschliche Verhaltensweisen wie bspw. Neid, Missgunst oder Fairnesserwägungen spielen damit keine Rolle. Diese Annahme stellt eine mitunter starke Vereinfachung dar, die sich in dieser Strenge sicherlich als realitätsfern entpuppt, da sich Spieler nicht immer und allumfänglich egoistisch verhalten. Dennoch erweist sich die Annahme als sehr hilfreich, um menschliches Verhalten grundlegend zu analysieren. Dies spielt insbesondere im wirtschaftlichen Umfeld eine starke Rolle, wo alternative Handlungsziele weniger stark im Vordergrund stehen als zum Beispiel im privaten Umfeld.
- **Rationalität**: Diese Annahme unterstellt, dass die Spieler ihre individuellen Ziele auf bestmögliche Art und Weise verfolgen. Dies impliziert auch, dass sie in der Wahl der strategischen Handlungen keine Fehler machen. Diese Annahme ist offensichtlich realitätsfern, denn menschliches Verhalten ist stark durch Fehler und Lernprozesse geprägt. Die klassische Spieltheorie wird daher auch als

2 Vergleiche dazu bspw. Angner (2012), Kap. 11.

normative Spieltheorie bezeichnet, weil ihr Zweck darin besteht aufzuzeigen, wie sich Individuen verhalten sollten, gegeben, dass sie sich in bestimmten Situationen befinden und bestimmte Ziele verfolgen. Im Abgleich mit realem Verhalten, das Spieler beispielsweise in Experimenten oder in der Realität zeigen, zeigt sich zudem, dass die Vorhersagen der klassischen Spieltheorie durchaus zum tatsächlichen Verhalten passen, sofern den Spielern Gelegenheit gegeben wird, aus vergangenen Fehlern zu lernen und ihr Verhalten anzupassen.
- Jeder Spieler hat Kenntnis über die Spielsituation. Diese als „common knowledge" oder „allgemeines Wissen" bezeichnete Annahme unterstellt, dass die relevanten Informationen allen Spielern zur Verfügung stehen. Dies bedeutet, dass die Spieler nicht nur ihre eigenen Handlungsoptionen und Auszahlungen kennen, sondern auch die der anderen Spieler. Zudem wird unterstellt, dass alle Spieler wissen, dass sie sich in einer Situation strategischer Interdependenz befinden, und auch, dass sie wissen, dass alle anderen dies wissen.

Zwei Anmerkungen ergänzen diese Ausführungen:
Im Folgenden wird perfekte und vollständige Information unterstellt. Dies bedeutet, dass alle Spieler über die Auszahlungen und Handlungsoptionen der anderen Spieler vollständig informiert sind, es diesbezüglich also keine Unsicherheiten gibt. In dynamischen Spielen wird zudem unterstellt, dass die nachfolgenden Spieler die bereits getätigten Spielzüge der anderen beobachten. Die Annahme der perfekten und vollständigen Information ist nicht zu verwechseln mit der Annahme des allgemeinen Wissens, da es auch allgemeines Wissen sein kann, dass einige Spieler besser informiert sind als andere. Anzumerken ist auch, dass die Annahme perfekter und vollständiger Information nicht Teil der Annahmen der klassischen Spieltheorie ist, die auch Spiele imperfekter oder unvollkommener Information analysiert. In diesem Beitrag wird diese Annahme alleine der Einfachheit halber aufgestellt, um im Rahmen dieser Einführung auf die wichtigsten Einsichten der Spieltheorie zu fokussieren.

Die Annahme des rationalen und egoistischen Nutzenmaximierers wird häufig als „homo oeconomicus" Annahme bezeichnet. Dies ist jedoch zumindest missverständlich, streng genommen sogar falsch. Die Annahme des homo oeconomicus beruht alleine auf einer bestimmten Annahme über die individuelle Präferenzordnung.[3] So lassen sich auch Motive wie Fairness, Gerechtigkeit oder Altruismus in das Konzept des homo oeconomicus integrieren.[4] Eine Reduktion dieses Konzepts auf egoistisches Verhalten ist verkürzt. Obwohl wir uns im Folgenden dennoch auf dieses

3 Die Präferenzordnung beschreibt, wie ein Individuum Wahlalternativen in Beziehung zueinander setzt. Sofern die sog. Annahmen der Vollständigkeit und Transitivität der individuellen Präferenzordnung erfüllt ist, lassen sich die Präferenzen der Individuen wie beschrieben darstellen (Mas-Colell et al. 1995).

4 Eine empfehlenswerte Diskussion dieser Fragestellung findet sich Angner (2012).

enge Konzept einschränken werden, bedeutet es nicht, dass die Aussagen der Spieltheorie allein für egoistische Handlungsmotive gelten.

2.1.3 Statische Spieltheorie

Betrachten wir zur Einführung das folgende Problem, das – in einer sehr vereinfachten Form – die Abgabe eines Angebots von Geschäftsbanken zur Finanzierung eines Projekts thematisiert. Wir betrachten zwei Geschäftsbanken, die in Hinblick auf das zu finanzierende Projekt jeweils ein Angebot unterbreiten. Zur Vereinfachung nehmen wir an, dass die Angebotsabgabe zeitgleich stattfinden muss, die Banken das Angebot der jeweils anderen Bank also nicht kennen. Darüber hinaus unterstellen wir, dass eine Nachbesserung nicht möglich ist.

Beispiel 1

Zwei Banken müssen zeitgleich ein Angebot zur Projektfinanzierung abgeben. Dabei haben sie zwei Optionen: Entweder machen sie ein kompetitives Angebot, das zwar zu niedrigen Gewinnen führen wird, aber die Chance erhöht, dass das Angebot besser ist als das des Wettbewerbers und damit akzeptiert wird. Ein Angebot hingegen, das auf hohe Gewinne abzielt, steigt die Auszahlung im Falle des Zuschlags, senkt allerdings die Chance des Zuschlags. Wir unterstellen, dass die Bank mit dem besseren Angebot den Zuschlag erhält. Für den Fall, dass beide Banken gleiche Angebote abliefern, ist die Chance für den Zuschlag gleichverteilt.

Wir unterstellen die folgende Gewinnstruktur, die für beide Banken gilt: Geben beide Banken kompetitive Angebote ab, betragen die erwarteten Gewinne 400 Tsd. Euro. Spekulieren beide Banken auf hohe Gewinne (d. h. sie „pokern" und riskieren den Zuschlag), beträgt der erwartete Gewinn jeweils 600 Tsd. Euro. Sofern eine Bank ein kompetitives Angebot abgibt und nur die andere Bank pokert, gewinnt die kompetitive Bank mit Sicherheit und erhält einen erwarteten Gewinn von 800 Tsd. Euro. Die andere Bank erzielt dann einen Gewinn von Null.[5]

Sie sind die Managerin in einer dieser Geschäftsbanken. Welches Angebot unterbreiten Sie?

Die dargestellte Situation entspricht einem statischen Spiel, da beide Banken gleichzeitig handeln. Dabei spielt keine Rolle, ob die Banken tatsächlich faktisch zeitgleich handeln oder nacheinander agieren, sofern das Handeln des anderen nicht beobachtet werden kann. Konzeptionell zeichnen sich statische Spiele dadurch aus, dass das

5 Die erwarteten Gewinne ergeben sich aus der Zuschlagswahrscheinlichkeit multipliziert mit dem Gewinn aus der Finanzierung des Projekts. Die Auszahlungen lassen sich wie folgt motivieren: Sofern beide Banken identische Konditionen anbieten, beträgt die Zuschlagswahrscheinlichkeit aus Sicht einer Bank 50 % (alternativ lässt sich dies auch als Mischfinanzierung durch beide Banken interpretieren). Sofern eine Bank ein aus Sicht des Projektträgers günstigeres Angebot unterbreitet, erhält es mit Sicherheit den Zuschlag (bzw. die volle Finanzierung). Wenn für den Fall der kompetitiven Projektfinanzierung ein Bankengewinn von 800 Tsd. Euro unterstellt wird, und für den Fall der (erfolgreichen) nicht-kompetitiven Finanzierung 1.2 Mio. Euro, ergeben sich die dargestellten Werte.

Handeln eines Akteurs nicht von den anderen beobachtet werden kann, bevor diese ziehen, also keine Reaktion darauf möglich ist. Trotz dieser fehlenden Reaktionsmöglichkeit sind statische Spiele dennoch durch strategische Interdependenz gekennzeichnet, da die Spieler abwägen müssen, wie sich die Mitspieler verhalten werden.

Statische Spiele mit einer endlichen Anzahl von Handlungsmöglichkeiten lassen sich in der sog. Normalform gewinnbringend darstellen, die ein Spiel als Handlungsmatrix kompakt reflektiert (Tab. 2.1). Die jeweils erste Zahl der Auszahlungsfelder entspricht der Auszahlung des Zeilenspielers (A-Bank), die zweite den Auszahlungen des Spaltenspielers (B-Bank).

Tab. 2.1: Ein einfaches Beispiel zur Lösung strategischer Situationen

		B-Bank	
		Kompetitives Angebot	„Pokern“ um hohe Gewinne
A-Bank	Kompetitives Angebot	400 ; 400	800 ; 0
	„Pokern“ um hohe Gewinne	0 ; 800	600 ; 600

Die Lösung des Spiels bestimmen wir aus der Sichtweise der A-Bank. Viele Spieler beginnen nun zu überlegen, was die Managerin der A-Bank tun sollte. Diese Herangehensweise ist allerdings fehleranfällig, da die Auszahlung des Unternehmens von der Handlung des anderen abhängt, die momentan noch unbestimmt ist. Strategisch gesehen sollte der Denkansatz darin bestehen, sich in die Lage des jeweils anderen Spielers zu versetzen und dessen Handlungsoptionen zu betrachten. Betrachten wir als Spieler der A-Bank das Spiel aus Sicht der B-Bank, so wird deutlich, dass dieses Unternehmen ein kompetitives Angebot unterbreiten oder pokern könnte. Dies bedeutet wiederum, dass sich die A-Bank in zwei verschiedenen Spielsituationen wiederfinden könnte: Entweder pokert die andere Bank, oder nicht. Für beide Fälle lässt sich die beste Reaktion darstellen, die auch als „beste Antwort“ bezeichnet wird. Für den Fall, dass die B-Bank ein kompetitives Angebot abgibt, sollte die A-Bank ebenfalls ein kompetitives Angebot abgeben, da die Auszahlung mit 400 Tsd. Euro höher ausfällt als im Falle des Pokerns um hohe Gewinne, da man in diesem Fall verliert (Auszahlung von Null). Für den Fall, dass die B-Bank pokert, sollte sich die A-Bank ebenfalls kompetitiv verhalten. In diesem Fall beträgt die Auszahlung 800 Tsd. Euro (im Gegensatz zu 600 Tsd. Euro im Falle des eigenen Pokerns), da man den Auftrag mit Sicherheit gewinnt.

Die Analyse zeigt, dass die A-Bank in jedem Fall ein kompetitives Angebot abgeben sollte, und zwar unabhängig davon, was die andere Bank tut. Eine Strategie, die sich unabhängig vom Verhalten aller anderen Spieler als optimal darstellt, wird als „dominante Strategie“ bezeichnet. Existiert für einen Spieler eine dominante Strategie, ist die Spielempfehlung einfach, da die optimale Wahl vom Verhalten der anderen Spieler unabhängig ist. Trotz dieser relativ einfachen Handlungsempfehlung handelt es sich dennoch um eine strategische Situation, denn um herauszufinden, ob es eine dominante Strategie gibt, ist es notwendig, sich in die Situation der anderen Spieler zu versetzen, d. h. strategisch zu denken.

Spätestens mit Darstellung in Normalform wird auch deutlich, dass das Spiel symmetrisch ist, da in diesem stark vereinfachten Beispiel alle Spieler dieselben Handlungsoptionen und Auszahlungen haben. Damit gelten die Ausführungen für die A-Bank auch aus Sicht der B-Bank: Für den Fall, dass sich die andere Bank kompetitiv verhält, sollte sich die B-Bank auch kompetitiv verhalten, da die erwartete Auszahlung 400 Tsd. Euro im Vergleich zu Null beträgt. Für den Fall, dass die A-Bank pokert, sollte sich die B-Bank kompetitiv verhalten, da 800 Tsd. Euro als Auszahlung 600 Tsd. Euro vorzuziehen ist. Auch die B-Bank verfügt über die dominante Strategie zu investieren.

Grafisch ist es üblich, die Auszahlungen der jeweils besten Antworten in der Normalformdarstellung zu markieren, bspw. zu unterstreichen. Elemente, in denen alle Auszahlungen unterstrichen sind, stellen eine Strategiekombination gegenseitig bester Antworten dar. Dieses strategische Gleichgewicht wird markiert, bspw. durch fett dargestellte Auszahlungen (siehe Tab. 2.2). Im strategischen Gleichgewicht werden beide Spieler investieren und in den jeweils anderen Markt eindringen.

Tab. 2.2: Das Investitionsspiel als soziales Dilemma

		B-Bank	
		Kompetitives Angebot	„Pokern" um hohe Gewinne
A-Bank	Kompetitives Angebot	**400 ; 400**	800 ; 0
	„Pokern" um hohe Gewinne	0 ; 800	600 ; 600

Die Analyse des Spielergebnisses überrascht: Wenn beide Spieler die dominante Strategie spielen, erhalten sie aufgrund des kompetitiven Verhaltens nur eine erwartete Auszahlung von 400 Tsd. Euro. Würden sie sich darauf einigen und gemeinsam auf hohe Gewinne abzielen, gingen sie dem Wettbewerb aus dem Weg und jeder erhielte eine erwartete Auszahlung von 600 Tsd. Euro. Das strategische Gleichgewicht führt zu einer Pareto-inferioren Lösung,[6] da es eine andere Lösung gibt, die

6 Ein Pareto-Optimum besteht aus einer Lösung, in der es nicht mehr möglich ist ein Individuum besser zu stellen ohne ein anderes dadurch schlechter zu stellen. Ein Zustand ist Pareto-superior gegenüber einem anderen Zustand (der als Pareto-inferior bezeichnet wird), wenn in diesem mindestens ein Individuum besser und kein Individuum schlechter gestellt werden kann.

mindestens einen Spieler besser stellt, ohne einen anderen schlechter zu stellen. In diesem Fall würde die Lösung, gemeinsam nicht zu investieren, beide Spieler besser stellen.

Eine strategische Situation, in der individuell-rationales Verhalten zu einem sozial sub-optimalen Ergebnis führt, wird als soziales Dilemma bezeichnet.[7] In diesem Fall verhindern individuelle Anreize und rationales Verhalten das Entstehen sozial wünschenswerter Lösungen. In sozialen Dilemma-Situationen besteht ein Zielkonflikt zwischen individueller Rationalität und gemeinschaftlicher Ratio.

Das individuelle Verhalten, das sozial wünschenswerte Lösungen verhindert, ist nicht als naiv zu bezeichnen. Zwar ließe sich argumentieren, dass die Spieler ihre Situation erkennen können und gemeinsam aus dem sozialen Dilemma rausfinden. Allerdings würde gerade diese Unterstellung naive Spieler voraussetzen. Denn es ist nicht nur individuell-rational sich nicht-kooperativ zu verhalten, sondern jeder Spieler erkennt, dass dies auch für alle anderen gilt. Damit muss jeder Spieler befürchten, selbst in die Falle zu tappen und vom nicht-kooperativen Verhalten der anderen überrumpelt zu werden. Ein Verhalten, das diese Erkenntnis ignoriert (und damit die Koordinationslösung unterstellt), muss von einer starken Naivität der Spieler ausgehen.

Der Pessimismus in der Aussage über das Verhalten der anderen Spieler macht die nicht-kooperative Spieltheorie sehr aussagekräftig.[8] Sie zeigt auf, unter welchen Bedingungen kooperative Lösungen entstehen können, selbst wenn wir nicht von sozial denkenden Individuen ausgehen. Die so gefundenen Kooperationslösungen – sofern sie denn existieren – sind sehr robust. Eine Analyse in dieser Hinsicht schützt zudem vor Enttäuschungen, die dadurch entstehen können, weil die anderen Spieler möglicherweise nicht das sozial wünschenswerte Verhalten zeigen. Allerdings ist auch festzuhalten, dass individuell-rationales Verhalten zu Lasten der Gemeinschaft gehen kann. Damit sind alle Spieler in einem sozialen Dilemma gefangen; das Durchschauen dieser Situation verschärft es eher, als dass es dies abmildert. Beispiele zu sozialen Dilemma-Situationen finden sich in der Realität zuhauf, bspw. im Bereich des Schwarzfahrens in öffentlichen Verkehrsmitteln, in Fragen der Steuerhinterziehung, oder auch in der Dopingproblematik im Radsport.[9]

Damit stellt sich die Frage, unter welchen Voraussetzungen soziale Koordinierung möglich wird. Denkbar wäre Kommunikation, also ein Gespräch zwischen den Beteiligten, in dem sie übereinkommen nicht zu investieren. Diese Übereinkunft wäre jedoch nicht aufrecht zu erhalten, wenn beide Spieler dem Handlungsmotiv folgen,

7 Der Begriff Gefangenendilemma ist ebenfalls sehr gebräuchlich. Er bezieht sich auf die Urform, in der diese Spielstruktur üblicherweise dargestellt wird. Zwei Gefangene werden in dem Spiel dem Anreiz ausgesetzt, sich gegenseitig zu verraten.

8 Der Zweig der kooperativen Spieltheorie geht per Annahme davon aus, dass Koordinierungsprobleme durch Absprachen überwunden werden können (Holler und Illing, 2009).

9 Vergleiche hierzu beispielsweise Polk (2016).

ausschließlich die eigene Auszahlung zu maximieren. So zeigt gerade die Eigenschaft der dominanten Strategie, dass die Investitionsentscheidung unter allen Umständen optimal ist. Mit anderen Worten: Hält sich die Gegenseite an die Abmachung, ist es besser, das Abkommen einseitig zu brechen, da dies zu einer höheren Auszahlung führt. Hält sich die andere Seite nicht an das Abkommen, ist es besser, sich ebenfalls nicht daran zu halten. Aufgrund der Symmetrie hat damit kein Spieler einen Anreiz sich an die Abmachung zu halten, die Kooperation ist nicht rationalisierbar. Kommunikation löst das Koordinierungsproblem also nicht.

Hierzu erscheinen zwei Anmerkungen sinnvoll: Erstens wird deutlich, dass die Argumentation über das Entstehen von sozialen Dilemma-Situationen maßgeblich auf der unterstellten Handlungsprämisse des egoistischen und nutzenmaximierenden Verhaltens aufbaut. Unter anderen Handlungsmotiven wäre eine Kooperation durchaus rationalisierbar. Wenn die Spieler beispielsweise moralisch motiviert handeln, könnte das Brechen getroffener Absprachen den Nutzen reduzieren.[10] Auch wäre denkbar, dass soziale Beziehungen eine wichtige Rolle spielen, die Individuen also wiederholt in verschiedenen Situationen interagieren. In diesem Fall wäre kooperatives Verhalten leichter aufrecht zu erhalten. Das Zutreffen der Aussage hängt also maßgeblich davon ab, dass die unterstellten Handlungsprämissen zum Analysegegenstand passen. In Hinblick auf Fragen der Projektfinanzierung spielt sicherlich eine Rolle, dass es sich definitionsgemäß um Einzelprojekte handelt, das Aufbauen von Vertrauen und soziale Aspekte daher weniger stark in den Vordergrund treten. Zudem ist es sicherlich nicht falsch anzunehmen, dass soziale Aspekte und moralisches Verhalten tendenziell stärker in den Hintergrund treten, wenn die finanziellen Gewinnmöglichkeiten hoch sind. Beide Aspekte deuten eher darauf hin, dass das Problem des sozialen Dilemmas auch in Hinblick auf die Projektfinanzierung eine Rolle spielen dürfte.

Zweitens ist in Hinblick auf eine mögliche Koordinierung anzumerken, dass zwar die bloße Kommunikation nicht hinreichend ist, um das soziale Dilemma zu umgehen. Sofern sich die Abmachung jedoch in Form eines bindenden Vertrags umsetzen lässt, besteht durchaus das Potential zur erfolgreichen Koordination. Der Vertrag müsste so gestaltet sein, dass die erwartete Strafe eines Vertragsbruchs seinen Nutzen übersteigt. Dies ist wahrscheinlicher, je höher die Aufdeckungs- und Verfolgungswahrscheinlichkeit und je höher die Strafe ausfällt.[11] Allerdings setzt dies voraus, dass es möglich ist, bindende Verträge aufzusetzen. Dies ist nicht immer der Fall, beispielsweise im Bereich des internationalen Völkerrechts. Auch das Wettbewerbsrecht untersagt Verträge, die geeignet sind, den Wettbewerb auszusetzen. Sie sind nach europäischem Wettbewerbsrecht nichtig, d. h. nicht einklagbar.

---

10 Es ließe sich argumentieren, dass dann allerdings auch die Auszahlungen des Spiels modifiziert werden müssten und das Spiel damit nicht mehr eine soziale Dilemma-Situation darstellt.

11 Den Grundstein zur ökonomischen Analyse des Rechts legte Becker (1968).

Die Analyse des vorgestellten Beispiels führt zu der folgenden Einsicht:

Erste Einsicht:

Denke logisch und strategisch.

Diese Einsicht impliziert, dass der Spieler realisiert, dass er sich in einer strategischen Situation befindet, und analysiert, wie diese aussieht. Hierzu ist es unabdingbar, die Elemente eines Spiels genau zu definieren, d. h. wichtige Elemente der strategischen Situation zu identifizieren. Während die Spielsituation in den hier vorgestellten Beispielen klar definiert wird, erfordert die Beschreibung der Spielsituation in der Realität mitunter einen beträchtlichen Analyseaufwand. An die korrekte Darstellung der strategischen Situation sollten jedoch hohe Anforderungen gestellt werden, da auf ihr die folgende spieltheoretische Analyse beruht. Ohne eine richtige Einschätzung der strategischen Situation bringt die darauf aufbauende strategische Analyse mit großer Wahrscheinlichkeit falsche Einsichten.

Zur Darstellung einer strategischen Situation in Spielform gehören die folgenden Elemente:

- Identifikation aller relevanten Spieler: Dies impliziert, nicht relevante Spieler aus der Analyse heraus zu nehmen. Werturteile sind hierzu unvermeidbar, da selten trennscharf abzugrenzen ist, ob ein Spieler von einer strategischen Situation betroffen ist. Auf Produktmärkten sind die teilnehmenden Wettbewerber beispielsweise in Abhängigkeit der Substituierbarkeit der Produkte mehr oder weniger starke Wettbewerber. Wie die Grenze zu ziehen ist, ist Gegenstand der Marktdefinition und häufig ein auf Erfahrung beruhendes Werturteil, das nahe Wettbewerber in das strategische Kalkül einbezieht und ferne ausschließt.
  In Hinblick auf das Verfahren zur Identifikation der Spieler sollten zunächst alle potentiellen Spieler aufgelistet und ihrer Relevanz nach geordnet werden. Möglicherweise lassen sich Spielertypen zu Gruppen zusammenfassen, wenn sie über ähnliche Handlungsmotive und Auszahlungsstrukturen verfügen. Anschließend ist es eine Ermessensfrage, welche Spieler in die Analyse einbezogen werden sollten. Mit der Anzahl der Spieler steigt in der Regel die Genauigkeit, aber auch die Komplexität. Gleichzeitig dürfen keine relevanten Spieler außen vor gelassen werden. Zur Analyse gehört ebenfalls kritisch zu hinterfragen, ob sich die Spieler bewusst sind, dass sie sich in dieser strategischen Situation befinden.
  Relevante Spieler einer Projektfinanzierung sind praktisch in jedem Fall die Sponsoren, der Generalunternehmer und die projektfinanzierende Bank. Die Zielsetzung, ein Vorhaben fristgerecht und mit den geplanten Kosten errichtet zu haben, ist für eine Projektfinanzierung von überragender Bedeutung: Mit Übergang von der Fertigstellungs- in die Betriebsphase kommen der Sponsor und der Generalunternehmer aus ihrer Haftung gegenüber der projektfinanzierenden

Bank frei. Entsprechende Überlegungen zur Ausgestaltung des Fertigstellungsvertrages finden sich in Abschnitt 4.3.2.

- Handlungsmotive: Handeln die Spieler egoistisch motiviert und gewinnmaximierend? In professionellen Fragestellungen der Projektfinanzierung wird dies häufig eine zutreffende Annahme sein. Mitunter spielen andere Handlungsmotive eine Rolle, bspw. Fragen des Neids, der Missgunst oder auch kulturelle Motive. Auch ist zu überlegen, ob es Spieler gibt, die eher pessimistisch oder optimistisch eingestellt sind, ob Spieler Verluste vermeiden möchten oder risikofreudig sind.
- Handlungsoptionen: Spieltheoretisch betrachtet handelt es sich um die Identifikation der Strategiemenge jedes einzelnen Spielers. Dabei ist es zentral, keine relevanten Handlungsalternativen zu übersehen, da dies das Spiel unvollständig beschreiben würde und Fehler wahrscheinlich werden lässt. Auch in Hinblick auf die Handlungsoptionen lassen sich mitunter verschiedene Alternativen zusammenfassen, um die Analyse zu vereinfachen.
- Auszahlungen: Zuletzt ist es notwendig, für alle Kombinationen der Spielergebnisse die individuellen Auszahlungen sämtlicher Spieler zu identifizieren. Da das Verhalten der Spieler von den individuellen Auszahlungen und den Handlungsanreizen abhängt, kann das Spiel ohne diesen Schritt nicht verstanden werden. Strategisches Denken ist also maßgeblich davon geprägt, sich nicht nur über die eigenen Handlungsoptionen und Konsequenzen bewusst zu sein, sondern auch über die aller anderen Spieler.

  Als letztes Element wären die Regeln des Spiels zu identifizieren. Hierzu gehört der Zeitablauf des Spiels, d. h. die Frage, wer zu welchem Zeitpunkt agiert. Handeln alle Spieler zeitgleich oder nacheinander? Was lernen Spieler aus den vorangegangenen Spielzügen? Handelt es sich um ein statisches Spiel, weil die Spieler zwar nacheinander handeln, aber nichts über das Verhalten der vorherigen Züge lernen? Oder ist eine dynamische Analyse relevant? In diesem Falle ist festzulegen, in welcher Reihenfolge die Spieler agieren und welche Informationen offenbart werden. Dabei ist auch zu klären, ob sich alle Spieler dieser Spielregeln bewusst sind, ob es sich also um allgemeines Wissen handelt.

Basierend auf diesen Erkenntnissen lautet die zweite Einsicht:

Zweite Einsicht:

Starte in der Analyse mit der anderen Seite.

Diese Einsicht impliziert im Wesentlichen zwei Aspekte: Wie bereits dargestellt ist es notwendig, alle relevanten Spieler, ihre Handlungsmotive und – optionen, sowie die Auszahlungen zu identifizieren. Strategisches Verhalten zeichnet sich dadurch aus, die Analyse basierend auf diesen Informationen bei den anderen Spielern anzusetzen. Anstatt die naheliegende Frage „Was sollte ich tun?“, zu beantworten, setzt die strategische Analyse zuerst bei den anderen Spielern und ihren Handlungsoptionen an. Strategisches Denken zeichnet sich dadurch aus, für jede relevante Handlungsoption der anderen Spieler die eigene beste Antwort zu identifizieren. Dies impliziert, dass sich ein Spieler in die Situation der Mitspieler versetzt und die Analyse aus ihrer Sicht durchführt. Auf diese Weise lassen sich die Handlungskalküle der anderen Spieler erkennen und eigene beste Antworten identifizieren.

In manchen Spielsituationen kann diese Vorgehensweise eine Handlungsoption identifizieren, die alle Wahlalternativen dominiert, d. h. unabhängig von den Handlungen der anderen Spieler das beste Ergebnis liefert. Existiert eine dominante Strategie (wie im genannten Beispiel), gibt sie die Handlungsempfehlung vor. Oftmals lässt sich eine dominante Strategie jedoch nicht identifizieren, weil je nach Spielsituation unterschiedliche Wahlhandlungen rational gespielt werden. Dies führt zu der dritten Einsicht:

Dritte Einsicht:

Ignoriere irrelevante Handlungsalternativen.

Die Idee, dass Spieler irrelevante Handlungsalternativen erkennen und ggf. ignorieren sollten, lässt sich am besten anhand eines Beispiels veranschaulichen: Zur Darstellung dieses Prinzips dient ein einfaches abstraktes Spiel, das wir der Kürze halber nur in seiner Grundstruktur wiedergeben: Zwei Spieler stehen sich gegenüber, von denen einer zwei und der andere drei Wahlalternativen hat. Spieler 1 hat als Zeilenspieler nur die Wahlalternativen „hoch“ und „runter“, Spieler 2 kann als Spaltenspieler zwischen den drei Alternativen „links“, „mitte“ und „rechts“ wählen. Die Auszahlungen dienen hier nur zur Anschauung des Prinzips, sie sollen nicht weiter motiviert werden (siehe Tab. 2.3):[12]

Tab. 2.3: Ein abstraktes Beispiel zur Eliminierung dominierter Strategien

		Spieler 2		
		links	mitte	rechts
Spieler 1	hoch	1 ; 0	1 ; 2	0 ; 1
	runter	0 ; 3	0 ; 1	2 ; 0

Versetzen wir uns in dem folgenden Spiel in die Lage von Spieler 1. Um zu entscheiden, ob Spieler 1 „hoch“ oder „runter“ wählen sollte, muss er sich zunächst in die

12 Auf eine Motivation der Handlungsmöglichkeiten und der Auszahlungen soll an dieser Stelle verzichtet werden. Dieses Beispiel folgt Gibbons (1992, S. 5).

verschiedenen Handlungsoptionen von Spieler 2 versetzen. Spielt Spieler 2 links, sollte Spieler 1 mit „hoch" reagieren. Dies gilt auch für den Fall, dass Spieler 2 „mitte" wählt. Für den Fall, dass Spieler 2 „rechts" wählt, sollte Spieler 1 „runter" als beste Antwort geben. Der Spieler verfügt damit nicht über eine dominante Strategie, da in Abhängigkeit der Wahl von Spieler 2 mehrere Handlungsalternativen rationalisierbar sind.

Hier sollte die Analyse jedoch nicht enden. Versetzen wir uns als Spieler 1 noch einmal in die Lage des anderen Spielers 2. Geht Spieler 2 davon aus, dass Spieler 1 „hoch" wählt, lautet seine beste Antwort „mitte". Geht Spieler 2 davon aus, dass Spieler 1 „runter" wählt, lautet seine beste Antwort „links". Damit kann Spieler 1 erkennen, dass Spieler 2 die Option „rechts" unter keinen Umständen rational wählen wird. Er sollte diese Option für Spieler 2 daher streichen. In der so reduzierten Form des Spiels[13] besitzt Spieler 1 eine dominante Strategie. Gegeben, dass „rechts" von Spieler 2 nie gespielt wird, dominiert „hoch" für Spieler 1 die Wahlalternative „runter". Dies wiederum impliziert, dass Spieler 2 „mitte" als beste Antwort wählen wird.

Das strategische Gleichgewicht besteht also in der Wahl „hoch" für Spieler 1, und „mitte" für Spieler 2 (siehe Tab. 2.4). Beide Spieler erkennen im Rahmen der strategischen Analyse das Spielverhalten des anderen und wählen darauf aufbauend die individuell besten Antworten. Damit wird deutlich, dass die Analyse einer strategischen Situation immer die Lösung des gesamten Spiels voraussetzt, also notwendig alle optimalen Antworten aller Spieler identifiziert. Daher ist es zur Lösung einer strategischen Situation auch irrelevant, in wessen Lage man sich versetzt, da das Spiel für alle Spieler vollständig gelöst werden muss.

Tab. 2.4: Reduktion des Spiels nach Eliminierung strikt dominierter Strategien

		Spieler 2		
		links	mitte	rechts
Spieler 1	hoch	1 ; 0	**1 ; 2**	0 ; 1
	runter	0 ; 3	0 ; 1	2 ; 0

Der Lösungsansatz zur Identifizierung dominanter Strategien ist intuitiv verständlich und leicht umzusetzen. Allerdings besteht der Nachteil darin, dass viele Spiele sich auf diese Weise nicht lösen lassen, weil sich auch nach einer möglichen Löschung dominierter Strategien keine dominanten Strategien als eindeutige Handlungsempfehlung identifizieren lassen.

13 Spieltheoretisch spricht man von der Eliminierung schwach oder strikt dominierter Strategien.

Es war die Leistung von John Nash (1951), ein Lösungskonzept vorzuschlagen, dass intuitiv verständlich ist und in nahezu allen Spielen mindestens eine Lösung identifizieren lässt. Betrachten wir hierzu das folgende Beispiel:

Beispiel 2 – Preisangebote von Zulieferbetrieben an einen Projektträger

Zwei Zulieferer in einem Projekt stehen im Wettbewerb zueinander. Die Produkte der Zulieferer sind imperfekte Substitute, d. h. aus Sicht der Projektgesellschaft sind sie in Hinblick auf Qualität, Produkteigenschaften und Reputation ähnlich, aber nicht identisch. Um den Wettbewerb zu intensivieren, schreibt die Projektgesellschaft den Vertrag als Preiswettbewerb aus, in dem die Zulieferer nur einmalig ein Angebot unterbreiten können. Damit stellt sich die Frage, welchen Preis jeder Zulieferer anbieten sollte, gegeben dass das Management des Wettbewerbers um die Konstellation weiß. Das Management des Zulieferers A erhält von der Abteilung zur strategischen Marktanalyse folgende Information: „Unsere optimale Preissetzung in Abhängigkeit des Preises unseres Wettbewerbers sieht wie folgt aus: Wir sollten niemals den Preis unter einen Euro setzen, selbst für den Fall, dass Zulieferer B sein Produkt kostenlos abgibt ($p_B = 0$), da wir zumindest unsere Kosten decken sollten. Ausgehend von diesem Preis sollten wir für jeden Euro, den das Produkt des Zulieferers B zusätzlich kostet, unseren Preis um einen Euro erhöhen, ausgehend von $p_B = 0$ jede Preiserhöhung unseres Wettbewerbers also Eins zu Eins mitgehen."

Diese Information reicht nicht aus, um die strategische Situation zu lösen, da hierzu Informationen über die Handlungsmotive, die Handlungsoptionen und Auszahlungen der anderen Seite erforderlich sind. Hierzu liefert die Marktanalyse folgende Einschätzung: „Wir haben herausgefunden, dass sich der Wettbewerber folgendermaßen verhält: Wenn wir unser Produkt kostenlos abgeben würden (was wir aber – wie erwähnt – nicht tun werden), wäre die beste Preissetzung des Zulieferers B das Preisangebot von einem Euro. Für jeden Euro, um den wir unseren Preis erhöhen, reagiert der Wettbewerber, indem er sein Preisangebot um 0,50 Euro erhöht. Jede Preiserhöhung von uns übersetzt sich also in eine Preiserhöhung um die Hälfte bei unserem Wettbewerber." Auf die Nachfrage, ob auch das Management des Zulieferers über diese Information verfügt, antwortet die Marktanalyse: „Ja, davon gehen wir aus."

Um zu analysieren, welchen Preis das Management setzen sollte, ist es hilfreich, die Definition des Nash-Gleichgewichts heranzuziehen: Ein Nash-Gleichgewicht besteht aus einer Strategiemenge für alle Spieler, so dass sich alle Spieler gegenseitig beste Antworten geben.

Diese Gleichgewichtsdefinition hat eine attraktive Eigenschaft: Sofern sich alle Spieler gegenseitig beste Antworten geben, hat kein Spieler einen Anreiz, seine Handlung zu ändern. Mit anderen Worten: Gegeben, dass alle Spieler ihre Strategie gemäß des Nash-Gleichgewichts wählen und anschließend das Spielergebnis sehen, gibt es niemanden, der seine Wahl bedauert. Dies ist der Fall, da für die im Nash-Gleichgewicht gewählten Strategien niemandem eine bessere Alternative zur Verfügung steht, als die tatsächlich gespielte. Damit hat kein Spieler einen Anreiz, seine Wahl zu korrigieren oder sein gewähltes Verhalten zu bedauern.

In Hinblick auf das Beispiel fordert das Nash-Gleichgewicht, dass die Preissetzung von Zulieferer A eine beste Antwort auf die Preissetzung von Zulieferer B ist, und gleichzeitig muss der Preis von B eine beste Antwort auf den Preis von Spieler A sein.

Um das Nash-Gleichgewicht aus der Sicht eines Spielers zu bestimmen, ist damit eine Prämisse über das Verhalten des anderen Spielers notwendig. Auch hier wird wieder deutlich, dass strategische Situationen nicht zu lösen sind, ohne das vollständige Gleichgewicht, d. h. das Verhalten aller Spieler, zu bestimmen.

Zu lösen ist das Spiel aus Sicht von Zulieferer A. Da der optimale Preis des Wettbewerbers zunächst nicht bekannt ist, starten wir mit einer (willkürlich gewählten) Annahme über das Verhalten von Unternehmen B, beispielsweise $p_B = 2$. In diesem Falle besteht die beste Antwort von Zulieferer A in einem Preis von 3 Euro (1 Euro als Basispreis zzgl. 2 Euro, da sich jede Preiserhöhung von Zulieferer B Eins zu Eins auf Unternehmen A überträgt). Im nächsten Schritt ist zu überprüfen, ob die Annahme, dass Spieler B tatsächlich $p_B = 2$ setzt, mit dem Verhalten von Spieler A konsistent ist. Dies ist dann der Fall, wenn $p_B = 2$ für Zulieferer B auch eine beste Antwort auf $p_A = 3$ für Unternehmen A ist. Für $p_A = 3$ lautet die beste Antwort für Spieler B jedoch $p_B = 2{,}50$ (1 Euro Basispreis zzgl. 0,5 x 3 Euro). Die Lösung $p_A = 3$ Euro und $p_B = 2$ Euro kann damit kein Nash-Gleichgewicht sein, da zwar Spieler A eine beste Antwort auf den Preis von Spieler B gibt, der Preis von Spieler B aber keine beste Antwort auf den Preis von Spieler A darstellt. Das Nash-Gleichgewicht fordert, dass sich alle Spieler gegenseitig beste Antworten geben, mithin niemand einen Anreiz hat abzuweichen, und diese Anforderung ist für die Preiskombination $p_A = 3$ und $p_B = 2$ nicht erfüllt.

Die Verneinung dieses Lösungskandidats lässt sich auf zwei Arten interpretieren: Die Lösung stellt kein Gleichgewicht dar, weil Spieler B einen Anreiz hat abzuweichen, gegeben, dass Spieler A $p_A = 3$ setzt, denn für $p_A = 3$ stellt $p_B = 2$ keine beste Antwort dar. Intuitiv verständlicher ist vielleicht die zweite Interpretation, die allein auf das logische Denken von Spieler A abzielt: Wenn Spieler A denkt, dass Spieler B einen Preis von 2 Euro setzt und er deshalb 3 Euro wählt, so sollte er merken, dass sein Verhalten auf einem Denkfehler beruht. Die Prämisse über das Verhalten von Spieler B, auf Basis dessen Spieler A seine Entscheidung gefällt hat, ist nämlich falsch. Gegeben, dass Spieler A $p_A = 3$ wählt (weil er denkt, dass Spieler B einen Preis von 2 Euro setzt), sollte er erkennen, dass Spieler B keinen Anreiz hat, tatsächlich den Preis von 2 Euro zu setzen. Die Annahme, die A über das Verhalten von Spieler B stellt (und auf der sein eigenes Verhalten beruht), ist damit inkonsistent zu dem Verhalten, das Spieler B tatsächlich zeigen würde, gegeben, dass sich Spieler A rational verhält. Die Anforderung, die das Nash-Gleichgewicht an das Verhalten aller Spieler stellt, kann damit intuitiv als Konsistenzcheck verstanden werden, den jeder Spieler über das angenommene Verhalten der anderen durchführen muss.

Wie lautet nun die Lösung, gegeben, dass $p_A = 3$ und $p_B = 2$ zu verwerfen sind? Da Spieler B für $p_A = 3$ einen Anreiz hätte auf $p_B = 2{,}50$ Euro abzuweichen, wäre die Kombination $p_A = 3$ und $p_B = 2{,}50$ ein möglicher Lösungskandidat. Nun gibt zwar Spieler B eine beste Antwort auf Spieler A, allerdings stellt der Preis von A nun keine beste Antwort mehr auf den Preis von Spieler B dar ($p_A = 3{,}50$ wäre optimal). Die folgende Tab. 2.5 veranschaulicht diese Überlegungen:

Tab. 2.5: Identifikation des Nash-Gleichgewichts durch Iteration

p_A	p_B	**Beste Antwort A auf B?**	**Beste Antwort B auf A?**
3	2	Ja	Nein → 2,50
3	2,50	Nein → 3,50	Ja
3,50	2,50	Ja	Nein → 2,75
⋮	⋮	⋮	⋮
4	3	Ja	Ja

Das Finden des Nash-Gleichgewichts lässt sich wie ein Trial-and-Error-Prozess vorstellen, der jedoch nur gedanklich durchgespielt wird.

Im Nash-Gleichgewicht bietet Spieler A einen Preis von 4 Euro und Spieler B einen Preis von 3 Euro an. Nur in diesem Fall geben sich beide Spieler gegenseitig beste Antworten, und kein Spieler hat einen Anreiz von seiner Strategie abzuweichen. Gäbe es noch einen Abweichungsanreiz für mindestens einen Spieler, würde der Lösungskandidat kein Nash-Gleichgewicht darstellen können.[14]

Zur Interpretation des Nash-Gleichgewichts in Hinblick auf die Konsistenz der aufgestellten Annahmen über das Verhalten der anderen bedeutet dies: Aus Sicht von Spieler A gibt es nur eine Annahme über das Verhalten von Spieler B, das konsistent mit dem eigenen Verhalten ist. Sofern Spieler A annimmt, dass Spieler B einen Preis von 3 Euro setzt, wird er selbst 4 Euro setzen wollen. Gegeben, dass er dies tut (weil er annimmt, dass sich Spieler B so verhält), wird sich Spieler B auch tatsächlich so verhalten wollen, da $p_B = 4$ eine beste Antwort auf das Verhalten von Spieler A darstellt.[15] Die folgende Abb. 2.1 veranschaulicht die Abweichungslogik grafisch.
Das Verständnis über das Nash-Gleichgewicht bringt uns zur vierten Einsicht:

Vierte Einsicht:

Wähle die eigene Handlung basierend auf der Annahme, dass alle anderen Spieler plausible Handlungen wählen.

Nur wenn die Annahme über das Verhalten der anderen Spieler, auf der die eigene Strategie beruht, aus Sicht aller anderen Spieler tatsächlich rationalisierbar ist, steht

---

14 Unterschiedliche Preisangebote können sinnvoll sein, weil die Produkte imperfekte Substitute zueinander sind, sich also in Hinblick auf Qualität, Produkteigenschaften und Reputation unterscheiden. Damit ist nicht sichergestellt, dass das Produkt mit dem niedrigeren Preis vom Projektträger auch tatsächlich ausgewählt wird, was im Falle des Preiswettbewerbs mit homogenen Gütern jedoch der Fall wäre.

15 Mathematisch bestimmt sich die Lösung wie folgt: Die Funktion, die das optimale Verhalten von Spieler A in Abhängigkeit von Spieler B beschreibt, lautet $p_A(p_B) = 1 + p_B$. Das optimale Verhalten von Spieler B in Abhängigkeit von Spieler A lautet $p_B(p_A) = 1 + 0.5p_A$. Die Lösung dieses Gleichungssystems (beispielsweise durch Substitution) lautet $p_A = 4$ und $p_B = 3$.

die eigene Entscheidung auf einem soliden Fundament. Wäre dies nicht der Fall, würde die eigene Wahlentscheidung auf einer falschen Annahme über das Verhalten der anderen Spieler aufbauen und damit zu fehlerhaften Entscheidungen führen.

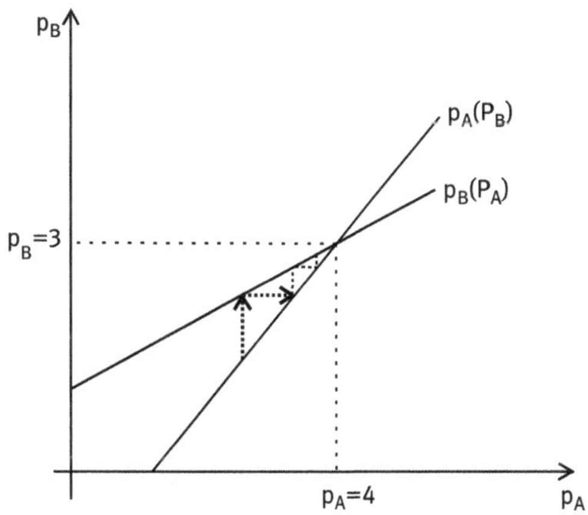

Abb 2.1: Graphische Darstellung zur Identifizierung des Nash-Gleichgewichts

Anschaulich wird das Konzept des Nash-Gleichgewichts auch in dem in Beispiel 2 beschriebenen Spiel. Die Strategiekombination „oben“ für Spieler 1 und „mitte“ für Spieler 2 ist ein Nash-Gleichgewicht, weil sich beide Spieler gegenseitig beste Antworten geben, mithin niemand einen Anreiz hat abzuweichen. Anders ausgedrückt: Wenn Spieler 2 denkt, dass Spieler 1 „oben“ wählt und er deshalb „mitte“ wählt, dann ist die Annahme über das Verhalten von Spieler 1 tatsächlich konsistent. Denn gegeben, dass Spieler 2 „mitte“ wählt, wird Spieler 1 tatsächlich „oben“ wählen wollen.[16] Ein Gegenbeispiel veranschaulicht die Logik: Die Kombination „runter“ für Spieler 1 und „rechts“ für Spieler 2 stellt kein Nash-Gleichgewicht dar. Wenn Spieler 1 denkt, dass Spieler 2 „rechts“ wählt, sollte Spieler 1 tatsächlich „runter“ wählen. Allerdings ist die Annahme über das Verhalten von Spieler 2 in diesem Falle nicht konsistent mit dem Verhalten von Spieler 1. Wenn Spieler 1 „runter“ wählt, wird Spieler 2 lieber „links“ wählen, Spieler 1 geht also von einer falschen Annahme über das Verhalten von Spieler 2 aus.

Das Nash-Gleichgewicht ist ein so zentrales Gleichgewichtskonzept, nicht nur, weil es intuitiv verständlich und überzeugend ist. Es ist auch deshalb so zentral, weil es (im Gegensatz zu Gleichgewichten in dominanten Strategien) in einer großen Klasse von Spielen existiert.[17] Mithin ist jedes Gleichgewicht in dominanten Strategien auch ein Nash-Gleichwicht (wie die ersten beiden Beispiele veranschaulichen), allerdings ist nicht jedes Nash-Gleichgewicht ein Gleichgewicht in dominanten Strategien

16 Auf die gleiche Art lässt sich auch die Annahme von Spieler 1 über das Verhalten von Spieler 2 auf Konsistenz prüfen.
17 Vgl. Nash (1951).

(wie das letztes Beispiel beweist). Die Anforderungen, die das Nash-Gleichgewicht an die Gleichgewichtsstrategien der Spieler stellt, sind geringer als im Falle des Gleichgewichts in dominanten Strategien: Während eine Gleichgewichtsstrategie im Nash-Gleichgewicht nur eine beste Antwort auf die optimalen Strategien der anderen Spieler sein muss, muss eine dominante Strategie die beste Antwort auf alle möglichen Strategien der anderen Spieler sein. Diese letzte Anforderung ist stärker, mithin sind Gleichgewichte in dominanten Strategien nicht so zuverlässig zu finden wie Nash-Gleichgewichte.

2.1.4 Dynamische Spieltheorie

Vor dem Hintergrund des sozialen Dilemmas stellt sich die Frage, wie kooperative Lösungen entstehen können, wenn Spieler individuell-rational eigennützige Ziele verfolgen. Für den Fall, dass das statische Spiel mehrmals wiederholt wird, könnten Spieler möglicherweise Anreize besitzen, Reputation aufzubauen, um als kooperativer Spieler wahrgenommen zu werden. Die Idee ist, kurzfristig niedrige Auszahlungen in Kauf zu nehmen, um langfristig höhere Auszahlungen in der Kooperationslösung zu realisieren. Denkbar wäre beispielsweise, dass ein Spieler die Strategie verfolgt, zunächst kooperativ zu beginnen, um dem anderen Spieler zu signalisieren, dass er an der Kooperationslösung interessiert ist. Selbst wenn der andere zunächst nicht selbst kooperieren sollte (und das Signal für den kooperierenden Spieler zu einer geringeren Auszahlung führt), könnte es sein, dass der andere Spieler aus dem Signal lernt und in Zukunft ebenfalls kooperiert. Diese Idee ist zwar grundsätzlich richtig, sie gilt allerdings nur unter Einschränkungen. Hierzu ein Beispiel:

Beispiel 3

Zwei Zulieferer in einem Projekt müssen simultan ein Preisangebot für ein homogenes, d. h. vollkommen gleichwertiges, Gut abgeben. Wählen beide denselben Preis (hoch oder niedrig), teilt sich die Marktnachfrage auf beide Unternehmen auf. Der Gewinn fällt dann jeweils hoch bzw. niedrig aus. Setzt jedoch nur ein Unternehmen den hohen Preis, das andere aber den niedrigen, gewinnt das Unternehmen mit dem niedrigen Preis die gesamte Nachfrage aus dem Projekt für sich. Es macht damit einen sehr hohen Gewinn, der Gewinn des anderen Unternehmens fällt sehr niedrig aus (siehe Tab. 2.6).

Tab. 2.6: Wettbewerb als wünschenswertes soziales Dilemma

		Unternehmen 2	
		Hoher Preis	Tiefer Preis
Unternehmen 1	Hoher Preis	Hoch ; Hoch	Sehr niedrig ; sehr hoch
	Tiefer Preis	Sehr hoch ; sehr niedrig	niedrig ; niedrig

In diesem Beispiel existiert ein Gleichgewicht in dominanten Strategien. Das Setzen eines tiefen Preises maximiert für jeden Spieler unabhängig von der Strategie des jeweils anderen die Auszahlung. Beide Unternehmen befinden sich in einem sozialen Dilemma, da das individuell rationale Verhalten zu insgesamt niedrigen Gewinnen führt. Eine Koordination auf hohe Preise wäre aus Sicht beider Unternehmen wünschenswert. Individuell-rationales Verhalten steht dem jedoch entgegen. Eine vertragliche Koordinationslösung, die einer Kartellbildung entspräche, ist wettbewerbsrechtlich nicht erlaubt.[18]

Wird das statische Spiel mehrmals wiederholt und lernen die Spieler nach jeder Runde die gewählten Handlungen, wäre es denkbar, dass die Unternehmen ihr Interesse zur Kooperation signalisieren. Tun dies beide von Beginn an, würde sich die kooperative Lösung sogar unmittelbar einstellen.

Ob dies der Fall ist, hängt kritisch von der Struktur der Wiederholungen ab. Sofern diese endlich sind, ist die Schlussfolgerung zur Entstehung von Kooperation falsch. Ein Beispiel verdeutlicht dies: Sofern es eine endliche Zahl von Spielrunden gibt und die Spieler bis zur vorletzten Runde kooperiert hätten, reduziert sich der Rest des dynamischen Spiels mit der letzten Runde auf das statische Spiel. In diesem wählen rationale Spieler die dominante Strategie, d. h. sie kooperieren nicht, weil sie von der Kooperation in der letzten Spielrunde nicht mehr profitieren. Die Spieler wissen, dass eine mögliche Kooperation in der letzten Runde zusammenbricht. Damit fehlen jedoch auch die Anreize, in der vorletzten Runde zu kooperieren, da in der letzten Runde mit Sicherheit keine Kooperation mehr entstehen wird. Das Wissen über das Zusammenbrechen der Kooperation in der letzten Runde lässt auch die mögliche Kooperation in der vorletzten Runde zusammenbrechen. Diese Logik lässt sich bis zur ersten Runde zurückführen. Es wird deutlich, dass im Falle einer endlichen Wiederholung des statischen Spiels keine Kooperationslösung entstehen kann. Intuitiv gesehen bedeutet dies, dass sich jeder Spieler aufgrund des Zusammenbruchs einer möglichen Kooperation zum Ende hin entscheidet, so früh wie möglich aus der Kooperation auszubrechen. Da alle Spieler diesen Anreiz besitzen, kommt die Kooperationslösung erst gar nicht zustande.

Für den Fall einer hohen Anzahl von Wiederholungen bleibt diese Intuition schwer nachvollziehbar. Warum sollten Spieler nicht „zunächst“ kooperieren, um die Kooperation dann „gegen Ende“ zusammenbrechen zu lassen? Das Problem besteht darin, dass – sofern es keine Unklarheit über das Ende gibt (auch wenn dies weit entfernt liegen sollte) – jeder Spieler einen Anreiz hat, so früh wie möglich aus

18 Dieses Beispiel zeigt exemplarisch, wie Wettbewerb funktioniert. Er entspricht einer Situation, in der sich Unternehmen in einem sozialen Dilemma befinden. Wettbewerb ist volkswirtschaftlich wünschenswert, und die dargestellte Dilemma-Situation widerspricht dem auch nicht. Das Konzept des sozialen Dilemmas bezieht sich allein auf die im Spiel analysierten Spieler, hier also auf die Angebotsseite eines Marktes. Davon profitieren aber die Nachfrager, die in der hier vorgestellten Analyse außen vor gelassen sind. Insgesamt entsteht aus der dargestellten Dilemma-Situation auf der Angebotsseite ein gesamtgesellschaftlich wünschenswerter Effekt, den wir als Wettbewerb bezeichnen.

der Kooperation auszubrechen, da sie dessen Ende antizipieren. Intuitiv ist es aber schwierig anzuerkennen, dass sich Spieler in einem so hohen Maße weit vorausschauend verhalten.

Bei einer unendlichen Wiederholung eines statischen Spiels ändert sich die Lösungslogik, und sie wird auch intuitiv überzeugender. Da es bei einer unendlichen Wiederholung des statischen Spiels keine letzte Periode gibt, besteht zu jedem Zeitpunkt ein Anreiz zur Kooperation. Oder mit anderen Worten: Der Anreiz, die Kooperation aufgrund des nahenden Endes zusammenbrechen zu lassen, ist im Falle einer unendlichen Wiederholung nicht mehr gegeben. In unendlich wiederholten Spielen gibt es viele dynamische Nash-Gleichgewichte.

Was bedeutet dies jetzt für eine Projektfinanzierung? In der Betriebsphase eines Projektes kommt es im Regelfall zu einem wiederholten Austausch des Projektes mit Zulieferern bzw. Abnehmern. Da eine Projektfinanzierung regelmäßig eine zeitliche Befristung aufweist, könnte man den Fall einer endlichen Wiederholung mit den gerade beschriebenen Konsequenzen vermuten. Tatsächlich treten die Konsequenzen in der Praxis aber nicht allzu häufig auf. Dies liegt daran, dass entweder die Beteiligten selber weitere Projektfinanzierungen innerhalb derselben Beteiligtenkonstellation verfolgen, sich das Einzelprojekt also in ein unendlich oft wiederholtes Spiel zahlreicher Einzelprojekte einbettet, oder aber zumindest die Beteiligten in ihrer Tätigkeit und Branche gegenüber anderen Akteuren etabliert sind. Würde nun bekannt, dass Beteiligte nicht kooperiert haben, müssten sie mit einer branchenweiten Rufschädigung rechnen, die für sie disziplinierend wirken sollte. Vorsichtig sollte ein Projekt aber bei Konstellationen sein, bei denen nicht klar ist, ob ein Akteur dauerhaft am Markt bestehen will. Dies könnte bei etablierten Akteuren der Fall sein, die sich aus dem Markt zurückziehen möchten, oder bei Newcomern, bei denen nicht klar ist, ob sie sich überhaupt dauerhaft im Markt etablieren wollen. Sofern dies bei Newcomer die Absicht ist, sollte gerade bei ihnen eine hohe Verlässlichkeit erwartet werden. Sie müssen ihre Reputation erst aufbauen, d. h. rufschädigendes Verhalten würde den Erfolg des Unternehmens noch stärker in Frage stellen als dies bei etablierten Unternehmen der Fall ist.

Eine populäre Lösung ist die sogenannte Tit-for-Tat-Strategie, die im Deutschen wohl am besten mit „Wie Du mir, so ich Dir" übersetzt werden kann. Diese Strategie besagt: „Starte mit einer Kooperation und bleibe dabei, solange Du Kooperation aller anderen Spieler beobachtest. Weicht jemand aus der Kooperation ab, so weiche in der nächsten Periode ebenfalls ab. Sofern die anderen wieder in die Kooperation wechseln, reagiere ebenfalls wieder mit Kooperation." Die Tit-For-Tat-Strategie hat Eigenschaften, die sich allgemein als sehr menschlich bezeichnen lassen: Sie beginnt gutmütig (d. h. mit Kooperation), ist aber bereit zu bestrafen, sofern die anderen Spieler nicht wohlgesonnen sind. Gleichzeitig ist sie bereit zu vergeben, sofern die anderen Spieler wieder Kooperationsbereitschaft signalisieren.

Sofern alle Spieler diese Strategie mit unendlichem Zeithorizont spielen, stellt sich ein Kooperationsgleichgewicht ein, aus dem niemand individuell Anreize besitzt abzuweichen. Das soziale Dilemma kann also in strategischen Situationen, die über einen unendlichen Zeithorizont bestehen, überwunden werden. Dies gilt nicht, wenn der Zeithorizont endlich ist.

Interpretationsbedürftig ist, was Unendlichkeit heißt (streng genommen existiert dies im Kontext strategischer Situationen nicht). Eine Interpretationsmöglichkeit besteht darin, dass den Spielern nicht bewusst ist, dass es ein Ende gibt, oder dieses zeitlich so weit entfernt ist, dass sie es zum gegenwärtigen Zeitpunkt ignorieren. Der Zeithorizont der Spieler entspricht in diesem Fall einer unendlichen Wiederholung. Eine komplementäre Interpretationsmöglichkeit wäre, dass der Zeitpunkt des Ende des Spiels sehr ungewiss ist.

Fünfte Einsicht:

Löse das Spiel von hinten nach vorne, wenn Zeit eine Rolle spielt.

Die fünfte Einsicht ist eng verwandt mit der ersten. In statischen Spielen erfordert strategisches Denken, nicht dem Impuls zu erliegen und die Analyse bei sich selbst zu beginnen, sondern sie aus der Sicht der anderen Spieler zu starten. Analog setzt strategisches Denken in dynamischen Spielen voraus, nicht intuitiv dem Impuls zu folgen und die Gegenwart zuerst zu analysieren. Vielmehr sollte die Analyse vom zeitlichen Ende her beginnen und schrittweise zur Gegenwart hin zurückverfolgt werden. Dieser als „Rückwärtsinduktion“ bezeichneter Ansatz ist maßgeblich dafür, dass strategische Situationen, in denen Zeit eine Rolle spielt, richtig analysiert werden. Gerade weil beide Ansätze nicht dem entsprechen, was Menschen üblicherweise intuitiv tun, ist es wichtig, sich diese Grundeinsichten im Kontext strategischer Entscheidungsfindung stets zu vergegenwärtigen.

Eine weitere Einsicht liefert die Analyse in Hinblick auf Fragen der Projektfinanzierung. Aus der Einmaligkeit der durchgeführten Projekte folgt, dass kooperatives Verhalten schwieriger aufrecht zu erhalten ist als in Situationen, in denen permanent Einzelfinanzierungen durchgeführt werden. In Hinblick auf die Phasen eines Projekts sollten sich die beteiligten Personen vergegenwärtigen, ob der Zeithorizont der Spieler langfristig ausgerichtet ist, oder ob das Projekt zu einem Zeitpunkt „zum Ende hin“ kippt. Ist letzteres der Fall, könnte dies ein Hinweis darauf sein, dass einzelne Spieler ihr vormals kooperatives Verhalten ändern und in nicht-kooperative Strategien wechseln. Dies wird insbesondere dann bedeutsam, wenn Spieler die Branche verlassen wollen. Auch wenn sich diese oftmals unerwünschten Verhaltensweisen nicht verhindern lassen, sollten sich die anderen Akteure dieser Situation bewusst sein, um nicht negativ überrascht zu werden.

Dynamische Spiele zeichnen sich nicht nur durch eine Wiederholung statischer Spiele aus. Betrachten wir hierzu die folgende stilisierte Situation, die als Markteintrittsspiel bekannt geworden ist. In Hinblick auf die Projektfinanzierung könnte dieses Beispiel den Fall eines im Markt etablierten Zulieferers darstellen, der einem potentiellen Neueinsteiger auf Zulieferebene gegenübersteht. Denkbar wäre auch eine Konstellation, in der etablierte Sponsoren potentiell neuen Sponsoren in Hinblick auf gewinnbringende Projekte gegenüberstehen, oder etablierte „Contractors" aus Europa neuen Wettbewerb (bspw. aus China) abwehren möchten.

Beispiel 3a

In einem Markt steht ein etabliertes Unternehmen dem Markteintritt eines potentiellen Wettbewerbers gegenüber. Entscheidet sich der Wettbewerber einzutreten, hat das etablierte Unternehmen die Möglichkeit, den Wettbewerber hart zu bekämpfen oder den Markteintritt zu akzeptieren und sich eher kooperativ zu verhalten. Sofern das etablierte Unternehmen kämpft, induziert der harte Wettbewerb einen niedrigen Gewinn für beide. Kämpft es nicht, erhält der Wettbewerber einen hohen und das etablierte Unternehmen einen mittleren Gewinn. Ohne Markteintritt wählt der potentielle Wettbewerber eine andere Option mit mittlerer Auszahlung, das etablierte Unternehmen kann in diesem Fall sehr hohe Gewinne realisieren.

Strategische Situationen, in der die Spieler nacheinander agieren und über das Handeln der vorherigen Spieler lernen, lassen sich in einer Baumstruktur, der sogenannten Extensivform, darstellen. Knotenpunkte bezeichnen Zeitpunkte, zu denen Spieler ziehen. Die Äste der Struktur weisen die verschiedenen Handlungsoptionen der Spieler zum jeweiligen Zeitpunkt aus. Durch das Lesen des Spiels von links nach rechts wird deutlich, welcher Spieler zu welchem Zeitpunkt zieht. Rechts werden die Auszahlungen abgetragen (siehe Abb. 2.2).

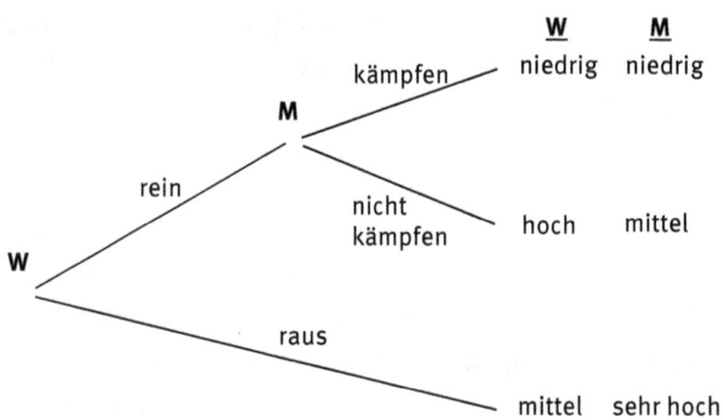

Abb. 2.2: Darstellung eines dynamischen Spiels in Extensivform

Versetzen wir uns in die Lage des potentiellen Wettbewerbers, dessen Handlung davon abhängt, wie das etablierte Unternehmen auf seine Wahl reagiert. Sofern der Wettbewerber in den Markt eintritt, ist es für das etablierte Unternehmen rational, sich nicht aggressiv zu verhalten, da der Preiskampf zu einem niedrigen Gewinn führt. Ohne Kampf kann das etablierte Unternehmen zumindest einen mittleren Gewinn erzielen. Der potentielle Wettbewerber kann erkennen, dass das etablierte

Unternehmen für den Fall des Markteintritts nicht kämpfen wird. Damit sollte der potentielle Wettbewerber in den Markt eintreten. Die Idee, dass ihn das etablierte Unternehmen bekämpft, ist bei Betrachtung der strategischen Optionen nicht rationalisierbar.

Diese Spielsituation ist für das etablierte Unternehmen nicht vorteilhaft. Es besitzt ein Interesse, den potentiellen Wettbewerber von dem Markt fern zu halten. Denkbar wäre eine Drohung auszusprechen, den Wettbewerber auf jeden Fall bekämpfen zu wollen, selbst wenn dies zum eigenen Nachteil sei. Bei näherer Betrachtung der strategischen Situation wird aber deutlich, dass eine solche Drohung nicht glaubwürdig ist, weil sie unter den gegebenen Umständen nicht rational gespielt wird. Drohungen, die nicht rationalisierbar sind und deren Äußerung nichts kostet, werden als „cheap talk" bezeichnet. Sie sollten in strategischen Situationen ignoriert werden. Hieraus leitet sich die sechste Einsicht ab:

Sechste Einsicht:

Ignoriere Drohungen, die nicht glaubwürdig sind, d. h. von rationalen Spielern nicht gespielt werden.

An dieser Stelle wird noch einmal deutlich, wie wichtig es ist, zutreffende Prämissen über die zu analysierende Spielsituation aufzustellen. Die Idee, leere Drohungen (oder Versprechen)[19] zu erkennen, beruht auf der Annahme, dass die Spieler rational und egoistisch motiviert sind und die dargestellte Auszahlungsstruktur der tatsächlichen strategischen Situation entspricht. Existieren beispielsweise egoistische Handlungsmotive jenseits der Auszahlungsmaximierung, sollten diese in der Darstellung Berücksichtigung finden. Handlungsmotive jenseits egoistischer Motive sollten sich in den Entscheidungsfindungen an den einzelnen Knoten niederschlagen.[20] Sofern sich die Spieler in der Realität durch starke Elemente nicht-rationalen Handelns auszeichnen, ist die Analyse generell mit Vorsicht zu genießen. Allerdings ist in diesem Falle zu überlegen, welche Handlungsmotivation im Rahmen von Unternehmensentscheidungen die Annahme der rationalen Gewinnmaximierung als Alternative dominiert.

Da eine Drohung glaubwürdig und rationalisierbar sein muss, um Wirkung zu entfalten, kann es für Spieler Sinn machen, sich vorab an Handlungen zu binden, damit es zum allgemeinen Wissen wird, dass in bestimmten Spielsituationen keine Wahloption mehr zur Verfügung steht. Es kann also rationalisierbar sein, sich ex ante

19 Ein Beispiel ist das Versprechen von Studierenden, „auf jeden Fall richtig zu lernen, auch ohne Klausur". Für ein großes Spektrum an unterstellten Präferenzen stellt sich dieses Versprechen als unglaubwürdig heraus.

20 Das Buch von Peterson (2009) bietet eine hervorragende Einführung zu diesem Thema.

Handlungsoptionen in der Zukunft zu verbauen, mit dem Ziel, diese Situationen erst gar nicht eintreten zu lassen.

Beispiel 3b

Um dies an einem Beispiel darzustellen, modifizieren wir das Spiel um eine vorgelagerte Stufe. Das etablierte Unternehmen kann zunächst entscheiden, sich selbst zu binden und in harten Wettbewerb einzutreten für den Fall, dass Markteintritt stattfindet. Eine solche Selbstbindung könnte beispielsweise in Preisgarantien bestehen, die ex ante gegenüber den Kunden ausgesprochen werden und insbesondere dann gelten, wenn Wettbewerb auftritt. Als Beispiel entfalten Bestpreisgarantien nur dann eine Wirkung, wenn Wettbewerb auftritt. Auch wäre denkbar, dass das Unternehmen in Produktionskapazitäten oder Innovationen investiert, die nur dann auf den Markt gebracht werden, wenn Wettbewerb entsteht (siehe Abb. 2.3).

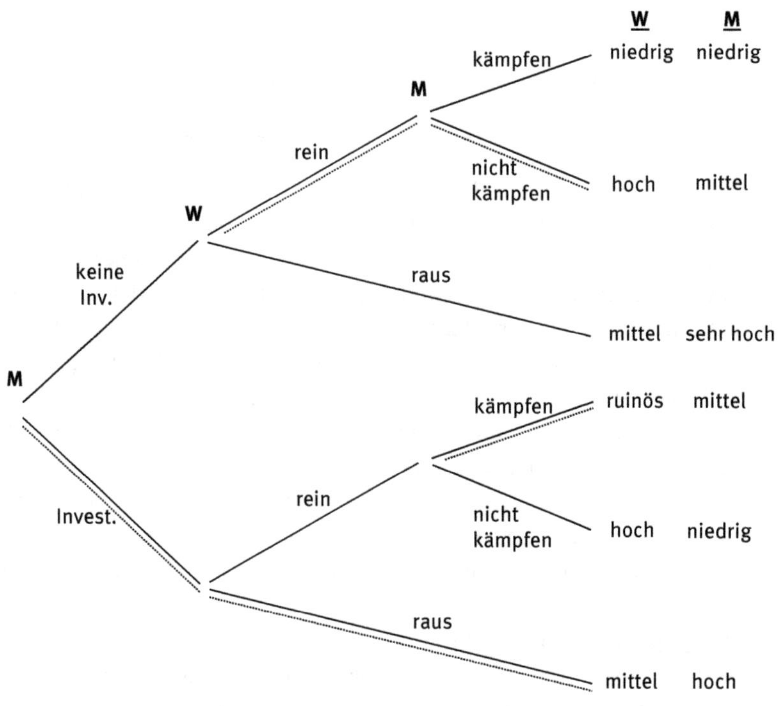

Abb. 2.3: Selbstbindung als Mittel zur Markteintrittsabschreckung

In diesem Beispiel sind die rationalen Handlungsoptionen in jeder Spielsituation mit einer gestrichelten Linie markiert. Die Investition zu Spielbeginn führt dazu, dass die Strategie des Kämpfens für das etablierte Unternehmen im Falle des Markteintritts rationalisierbar wird. Der potentielle Wettbewerber antizipiert dies, Markteintritt findet rational nicht mehr statt. Das Beispiel verdeutlicht auch, dass es wesentlich ist, die Drohkulisse öffentlich kund zu tun. Nur wenn die ex ante Entscheidung zum

allgemeinen Wissen wird, der potentielle Wettbewerber die Modifikation des Spiels also kennt, kann sie ihre Wirkung entfalten.
Dies bringt uns zur siebten und letzten Einsicht:

Siebte Einsicht:

Wenn möglich, bestimme das Timing des Spiels selbst.

Wenn es in strategischen Situationen eine Rolle spielt, zu welchem Zeitpunkt ein Spieler spielt, sollten die Spieler versuchen, den Zeitablauf des Spiels zu beeinflussen. Derjenige, der die Struktur erkennt und das Timing des Spiels bestimmt, kann von diesem Vorteil profitieren. Dies setzt voraus, dass erkannt wird, ob der Vorteil im frühen oder späten Handeln besteht. Im gegebenen Beispiel erlangt das etablierte Unternehmen einen Vorteil durch die frühe Handlungsoption. Dies ist nicht immer der Fall. In bilateralen Verhandlungssituationen verliert oftmals der Spieler, der zuerst agiert und ein Gebot abgibt und so Signale über seine Präferenzen aussendet. Das Verhalten von Käufer und Verkäufer auf Flohmärkten demonstriert diesen Aspekt anschauungsvoll. Es gibt allerdings auch Situationen, in denen die Fähigkeit früh oder spät zu ziehen keine Auswirkungen hat. Wer Kindern schon einmal die Regel „Der eine teilt, der andere sucht aus“ vorgeschlagen hat, hat Spieltheorie intuitiv angewendet.

2.1.5 Fazit

Die Spieltheorie ist ein faszinierender Forschungsgegenstand, der auch im Alltag Bedeutung entfalten kann. Ihre Relevanz besteht weniger darin, richtiges Verhalten mathematisch überlegen herzuleiten. Sie ist vielmehr geeignet, strategische Situationen zu strukturieren und sie der logischen Analyse zugänglich zu machen. Die vorgestellten Grundprinzipien strategischen Verhaltens helfen, klassische Fehler zu vermeiden. In Hinblick auf die Projektfinanzierung kommt sicherlich der Tatsache eine besondere Bedeutung zu, dass diese Großprojekte einmalig durchgeführt werden. Fragen der Reputation und des Aufbaus von Kooperation spielen eine besondere Rolle.

Diese Einführung in die Spieltheorie schließt mit kommentierten Literaturempfehlungen zur weiteren Lektüre. Eine hervorragende, kompakte und sehr versierte Einführung zur Spieltheorie, die auch neue Entwicklungen zur Verhaltensökonomie und evolutionären Spieltheorie berücksichtigt, liefert Dinmore (2007). Das äußerst lesenswerte Büchlein ist nicht nur spannend und kompakt beschrieben, es öffnet die Spieltheorie hin zu interessanten Nachbardisziplinen wie der Biologie. In Hinblick auf die Anwendung im Management ist Dixit und Nalebuff (2010) ein weltweiter Klassiker zur Spieltheorie. Es ist der Nachfolger des Bestsellers „Thinking Strategically“ desselben Autorenteams (Dixit und Nalebuff, 1997), intuitiv verständlich und setzt keine Vorkenntnisse voraus.

Zahlreiche Beispiele veranschaulichen die Konzepte. Die Ausführungen sind etwas länglich, die Struktur richtet sich an Leser, die das Buch von vorne bis hinten durcharbeiten möchten. Mit einem ähnlichen Fokus, direkt in Deutsch verfasst und ebenfalls sehr empfehlenswert sind Holler und Klose-Ullmann (2007), sowie Dieckmann (2013). Zahlreiche Bücher zur Mikroökonomie enthalten kurze und prägnante, jedoch manchmal etwas akademisch angehauchte Einführungskapitel zur Spieltheorie. Empfehlenswert sind beispielsweise die Kapitel in Pindyck und Rubinfeld (2015), Varian (2016) oder Bernheim und Whinston (2008).

Zahlreiche akademische Bücher beschäftigen sich mit der Spieltheorie. Im Deutschen ist beispielsweise das Buch von Winter (2014) zu empfehlen. Es bietet eine gute Einführung in die Spieltheorie, erklärt wichtige Fachbegriffe und empfiehlt weiterführende Literatur. Im Englischen sind beispielsweise die Bücher von Gintis (2009) und Tadelis (2013) empfehlenswert. Wer eine mathematisch basierte Einführung vorzieht, sollte mit Fudenberg und Tirole (1991) zu einem der Klassiker greifen.

Literaturverzeichnis

Angner, E. 2012. *A Course in Behavioral Economics*. Basingstoke: Palgrave Macmillan.

Becker, G. S. 1968. Crime and Punishment: An Economic Approach. *Journal of Political Economy*, 76(2), 169–217.

Bernheim, B. D. & Whinston, M. D. 2008. *Microeconomics*. Boston, Mass: McGraw-Hill Irwin.

Binmore, K. 2007. *Game Theory: A Very Short Introduction*. Oxford: Oxford University Press.

De Mesquita, B. B. (2009). *The Predictioneer's Game: Using the Logic of Brazen Self-Interest to See and Shape the Future*. New York: Random House.

Diekmann, A. 2013. *Spieltheorie: Einführung, Beispiele, Experimente*. Reinbek bei Hamburg: Rowohlt Taschenbuch-Verlag.

Dixit, A. K. & Nalebuff, B. J. 1997. *Spieltheorie für Einsteiger: strategisches Know-how für Gewinner*. Stuttgart: Schäffer-Poeschel.

Dixit, A. K. & Nalebuff, B. J. 2010. *The Art of Strategy: A Game Theorist's Guide to Success in Business and Life*. New York: W. W. Norton & Company.

Fudenberg, D. & Tirole, J. 1991. *Game theory*. Cambridge, Mass: MIT Press.

Gibbons, R. 1992. *A primer in game theory*. Harlow: Prentice Hall Financial Times.

Gintis, H. 2009. *Game theory evolving: a problem-centered introduction to modeling strategic interaction*. Princeton: Princeton University Press.

Holler, M. J. & Illing, G. 2009. *Einführung in die Spieltheorie*. Berlin: Springer.

Holler, M. J. & Klose-Ullmann, B. 2007. *Spieltheorie für Manager: Handbuch für Strategen*. München: Vahlen.

Mas-Colell, A. & Whinston, M. D. & Green, J. R. 1995. *Microeconomic theory*. New York: Oxford University Press.

Morgenstern, O. & Von Neumann, J. 1944. *Theory of games and economic behavior*. Princeton: Princeton University Press.

Nash, J. 1951. Non-cooperative games. Annals of mathematics, 286–295.

Peterson, M. 2009. *An Introduction To Decision Theory*. Cambridge: Cambridge University Press.

Pindyck, R. S. & Rubinfeld, D. L. 2015. *Mikroökonomie*. Hallbergmoos: Pearson.

Polk, A. 2016. *Doping im Radsport aus spieltheoretischer Sicht. WiSt – Wirtschaftswissenschaftliches Studium*, 45(6), 311–316.

Tadelis, S. 2013. *Game theory: an introduction*. Princeton: Princeton University Press.

Varian, H. R. 2016. *Grundzüge der Mikroökonomik*. Berlin: De Gruyter Oldenbourg.

Winter, S. 2014. *Grundzüge der Spieltheorie: Ein Lehr- und Arbeitsbuch für das (Selbst-)Studium*. Berlin, Heidelberg: Springer Gabler.

2.2 Externe Schocks – Rechtliche Grenzen von rückwirkenden Maßnahmen am Beispiel von Erneuerbare-Energien-Projekten

Prof. Dr. Alexander Reuter

2.2.1 Einleitung

Projektfinanzierungen leben von den Zahlungsüberschüssen, die das finanzierte Projekt abwirft (*Cashflow*). Projekt-Cashflows hängen freilich nicht nur von der inneren Leistungsfähigkeit des betreffenden Projekts ab, sondern von den politischen und gesetzlichen Rahmenbedingungen. Das gilt umso stärker, je umfangreicher der betreffende Industriesektor „reguliert", also Gegenstand öffentlich-rechtlicher Vorgaben ist. Musterbeispiel für eine solche Abhängigkeit sind Projekte im Bereich der erneuerbaren Energien. Da es im Regelfall teurer ist, Strom aus erneuerbaren Energien statt auf konventionelle Weise zu erzeugen, werden erneuerbare Energien („EE") in Deutschland, vielen Ländern der EU und in zahlreichen anderen Ländern gefördert, und zwar durch ganz unterschiedliche, meist gesetzlich verankerte Fördersysteme (Einspeisetarife, Green Certificates etc.), in Deutschland beispielsweise durch das Erneuerbare-Energien-Gesetz (EEG).

Gesetze können sich jedoch zum Nachteil der betreffenden Anlagenbetreiber ändern. Einige Länder, insbesondere Spanien und Tschechien, haben Einspeisetarife gekürzt (so z. B. Spanien) oder Zusatzsteuern auf die Erlöse erhoben (so z. B. Tschechien), und zwar auch für Anlagen, die bereits im Betrieb waren („EE-Bestandsanlagen"). Diese Eingriffe (insgesamt „Förderkürzungen") führen regelmäßig zu erheblichen Erlöseinbußen. Entsprechend der klassischen Risikoverteilung zwischen Eigen- und Fremdkapital gehen diese Erlöseinbußen in erster Linie zu Lasten der Eigenkapitalgeber. Reicht der „Puffer" des Eigenkapitals nicht mehr aus, so dass die betreffenden Unternehmen den Schuldendienst auf ihre Fremdkapital-Finanzierungen nicht mehr erbringen können, sind auch die betreffenden Banken betroffen. In jedem Fall geraten die Projekte regelmäßig in die Krise und bedürfen der Restrukturierung. Sowohl für Eigenkapital-, als auch für Fremdkapitalgeber stellt sich dabei die Frage, ob sie gegen solche Verschlechterungen rechtlich geschützt sind. Etwaige Entschädigungsansprüche sind gegebenenfalls bei der Restrukturierung des Projekts zu berücksichtigen, auch wenn rechtliche Auseisandersetzungen mit dem betreffenden Staat regelmäßig viel Zeit in Anspruch nehmen.

Der vorliegende Beitrag geht der gestellten Frage insbesondere für *grenzüberschreitende* Investitionen nach, in denen also Eigen- und Fremdkapitalgeber aus einem Staat (z. B. Deutschland) die betreffenden EE-Anlagen in einem anderen Staat (z. B. Spanien oder Tschechien) investiert und finanziert haben. Hierbei richtet der Artikel sein Augenmerk auch auf die Perspektive der Banken, die bei Projektrestrukturierungen eine tragende Rolle haben, aber im investitionsschutzrechtlichen Schrifttum kaum in den Blick genommen werden.

2.2.2 Investitionsschutz im Völkerrecht

Der Schutz von Investitionen und des Vertrauens der Investoren in den nachhaltigen Genuss ihrer Investition sind seit alters her Gegenstand des Verfassungsrechts. Das innerstaatliche Verfassungsrecht wird bei Investitionen *ausländischer* Investoren in einem anderen Staat („Gaststaat") durch ungeschriebene völkerrechtliche Regelungen ergänzt, nämlich traditionell den Regeln des Fremdenrechts und seiner Weiterentwicklung, dem internationalen Enteignungsrecht.[21] Das Anliegen des Völkerrechts liegt auf der Hand: Je nach Fall können die Regeln des innerstaatlichen verfassungsrechtlichen Investitionsschutzes hinter allgemeinen Standards oder denen des Heimatsstaats des Investors zurückbleiben oder ausländische Investoren schlechter behandelt werden als einheimische Investoren. Nun besteht in vielen Staaten freilich Interesse an grenzüberschreitenden Investitionen, auch wenn die Staaten unterschiedliche Wirtschaftsordnungen aufweisen oder unterschiedliche Vorstellungen zum innerstaatlichen Investitionsschutz hegen. Da das ungeschriebene völkerrechtliche Fremden- und Enteignungsrecht der zwischenstaatlichen Investitionstätigkeit keine ausreichende Rechtssicherheit bot, ist im Laufe der vergangenen Jahrzehnte eine Fülle bi- und multilateraler völkerrechtlicher Abkommen zum Schutz grenzüberschreitender Investitionen zwischen den betreffenden Vertragsstaaten geschlossen worden.[22]

Diese Investitionsschutzabkommen (*Investment Treaties*) haben den völkerrechtlichen Investitionsschutz erheblich verstärkt. Insbesondere räumen sie – für das Völkerrecht außergewöhnlich – *den Investoren*, also privaten Unternehmen, die grundsätzlich keine Völkerrechtssubjekte sind, Ansprüche gegen die betreffenden Gaststaaten ein, die in Schiedsverfahren zwischen Investor und Gaststaat durchgesetzt werden können. Sachlich erfassen sie nicht nur klassische Enteignungen, sondern auch wirtschaftlich wirkende Nachteilszufügungen des Gaststaats.[23]

2.2.3 Die Bankenperspektive

Schutzberechtigte der Investitionsschutzabkommen sind (ausländische) „Investoren". Im Vordergrund stehen hierbei die Parteien, die das Eigenkapital zur Verfügung stellen, also typischerweise die (direkten oder indirekten) ausländischen Gesellschafter der Gesellschaft, die Inhaberin der Investition (Anlage, Unternehmen etc.) ist, die vom Gaststaat belastet wird. Wie unten im Einzelnen dargestellt wird, fallen aber auch

21 *Herdegen*, Internationales Wirtschaftsrecht, 9. Aufl. 2011, S. 299, m.w.N.
22 Übersicht über die Entwicklung bei *Dolzer/Schreuer*, Principles of International Investment Law, 2. Auflage 2012, S. 11 ff.; *Griebel*, Internationales Investitionsrecht, S. 7 ff., 14 ff. und 38 ff.
23 Näher unten Abschnitt 2.2.6.

(ausländische) Darlehensgeber unter den Investorenbegriff. Grund und Grenzen ihres Schutzes durch Investitionsschutzabkommen und dem Verhältnis von Banken- und Gesellschafteransprüchen widmet der vorliegende Artikel besonderes Augenmerk. Denn die Interessen von Eigen- und Fremdkapitalgebern sind nicht in jeder Hinsicht identisch, sondern können kollidieren.

2.2.4 Die Sachverhalte

2.2.4.1 Förderkürzungen

Die Förderkürzungen, die in Abschnitt 2.2.1 beschrieben worden sind, haben ihren politischen Grund regelmäßig darin, dass die staatlichen Fördersysteme hohe Anziehungskraft auf Investoren ausüben und es zu einem starken Zubau von EE-Kapazitäten kommt. Da die EE-Entgelte (unabhängig von der Ausgestaltung des Fördersystems im Einzelnen) über dem Marktpreis liegen, werden die Stromverbraucher, auf die die betreffenden Kosten zumeist übergewälzt werden (so z. B. in Deutschland, Spanien und Tschechien) mit Zusatzkosten belastet. Diese werden häufig als unzumutbar betrachtet[24] und gehen wegen des massiven Zubaus über die Beträge hinaus, mit denen der betreffende Gesetzgeber bei Erlass des betreffenden Fördersystems gerechnet hat. Die Förderkürzungen treffen im Übrigen auch nicht nur EE-Anlagen ausländischer Investoren, sondern alle Anlagen in den betreffenden Ländern. Demgemäß lassen sich die betreffenden Maßnahmen auf den ersten Blick weder als politische Willkür noch als Ausländerdiskriminierung einstufen.

2.2.4.2 Projektfinanzierung als typische Gestaltung grenzüberschreitender EE-Investitionen

Grenzüberschreitende EE-Investitionen werden häufig als Projektfinanzierungen gestaltet. Hierbei wird eine Projektgesellschaft im Gaststaat gegründet, deren ausschließlicher Geschäftszweck Anschaffung, Finanzierung und Betrieb der EE-Anlage ist (Einzweckgesellschaft). Die Gründer legen als Gesellschafter Eigenkapital in die Gesellschaft ein (als gezeichnetes Kapital, als Rücklagen oder als nachrangige Gesellschafterdarlehen). Daneben stellen Banken der Einzweckgesellschaft Darlehen zur Verfügung, für deren Schuldendienst nur die Einzweckgesellschaft haftet, nicht aber die Gesellschafter (*non-recourse lending*/Projekfinanzierung). Sowohl Gesellschafter als auch Banken stellen ihre Mittel daher im Vertrauen darauf zur Verfügung, dass die Einzweckgesellschaft als Inhaberin und Betreiberin der Anlage den Kapitaldienst aus

24 In Deutschland versucht das EEG, die Kostenlast industrieller und anderer großer Stromverbraucher durch geeignete Tarifsysteme mit Kostenobergrenzen etc. abzufedern, was nach Presseberichten wiederum zu Erwägungen der EU-Kommission geführt hat, ein beihilferechtliches Prüfverfahren nach dem Vorbild des Prüfverfahrens zur Netzentgeltbefreiung für stromintensive Unternehmen (ABl. EU vom 04.05.2013, C 128/43 ff.) einzuleiten.

den Erlösen der EE-Anlage decken kann. Bei Beurteilung der Frage, ob die Projektgesellschaft hierzu in der Lage sein wird, stellen die (Eigen- und Fremd-) Kapitalgeber ganz wesentlich auf die Erlöse ab, die nach dem einschlägigen Fördersystem des Gaststaates für die Amortisationszeit der Anlage vorgesehen sind.[25]

Anders liegen die Fälle, in denen die EE-Anlage nicht von einer Einzweckgesellschaft, sondern einem größeren Unternehmen mit weiteren Aktivitäten angeschafft und finanziert wird. In diesem Fall stehen den finanzierenden Banken regelmäßig nicht nur die EE-Anlage, sondern auch die anderen Aktiva des Kreditnehmers als Haftungsmasse zur Verfügung, so dass sie bei Vergabe des Kredits nicht in erster Linie auf die Bonität der EE-Anlage, sondern auf die des Gesamtunternehmens abstellen (Unternehmensfinanzierung statt Projektfinanzierung). Bei derartigen Unternehmensfinanzierungen gefährden Förderkürzungen in aller Regel nicht den Schuldendienst; die folgenden Ausführungen gelten daher vor allem für Projektfinanzierungen.

2.2.4.3 Gang der Darstellung

Im Folgenden werden zunächst einige Grundlagen des Investitionsschutzes dargestellt (unten Abschnitt 2.2.5), sodann deren Anwendung auf Förderkürzungen der hier diskutierten Art (unten Abschnitt 2.2.6) sowie die besondere Perspektive, die sich aus Sicht der Fremdkapitalgeber ergibt (unten Abschnitt 2.2.7).

2.2.5 Grundlagen des Investitionsschutzes

2.2.5.1 Zwischenstaatliche (völkerrechtliche) Investitionsschutzabkommen

Vertragliche Bestimmungen zum Investitionsschutz finden sich zum einen in kurzen und allgemeinen Bestimmungen in Anlehnung an das völkergewohnheitsrechtliche Fremdenrecht in klassischen Handels- Schiffahrts-, Niederlassungs- und Freundschaftsverträgen[26] sowie in viel ausführlicherer Weise in Investitionsschutzabkommen, seien sie bilateral[27] (*Bilateral Investment Treaties*, „BITs") oder multilateral

25 Zu den Strukturen einer Projektfinanzierung *Reuter*, Projektfinanzierung, 2. Aufl. 2010, S. 9 ff., und zur Projektbewertung und Risikomessung S. 68 ff., m.w.N.

26 Z. B. im Niederlassungsvertrag zwischen Spanien und Deutschland vom 23.04.1970, BGBl. II 1972, 1042 ff.

27 Eine Übersicht über die bilateralen Investitionsschutzverträge Deutschlands findet sich bei *Griebel*, a.a.O. (Fn. 50), S. 163 ff.; alle Verträge lassen sich über die Website der Deutschen Institution für Schiedsgerichtsbarkeit, http://www.dis-arb.de/de/53/bit/uebersicht-id0, herunterladen. Deutschland hat beispielsweise ein BIT mit der Tschechischen Republik (weitergeltender Vertrag mit der Tschechoslowakei vom 02.10.1990, BGBl. II 1992, 294 ff.; vgl. *Griebel*, a.a.O. (Fn. 50), S. 165, zu Tschechien sowie OLG Frankfurt, Beschluss vom 10.05.2012, Az. 26 SchH 11/10, Rn. 8 f., zur Slowakei); zwischen Deutschland und Spanien besteht demgegenüber nur der Niederlassungsvertrag (Tratato de Establecimiento) vom 23.04.1970, Bundesgesetzblatt II 1972, 1042 ff.; dieser enthält in Art. 1 nur die allgemeinen fremdenrechtlichen Regelungen.

(*Multilatereral Investment Treaties*, „MITs"). Zu den multilateralen Verträgen zählt der Energy Charter Treaty[28] („ECT"), zu dessen Vertragsstaaten unter anderem Deutschland, Spanien und Tschechien gehören.[29] Bei Unterschieden in der Ausgestaltung sehen BITs und MITs typischerweise unter anderem vor, dass ein Vertragsstaat (der „Gaststaat") Investoren aus einem anderen Vertragsstaat (dem „Heimatstaat"[30] des Investors)

- „gerechte und billige Behandlung" (*fair and equitable treatment; „FET"*) sowie
- Schutz und Sicherheit (full protection and security)

zuteil werden lassen und willkürliche und diskriminierende Maßnahmen (*arbitrary and discriminatory measures*) unterlassen muss. Ferner sind Enteignungen sowie Maßnahmen, die Enteignungen wirtschaftlich gleich kommen, nur zulässig, wenn sie im öffentlichen Interesse, in nicht diskriminierender Weise, in einem rechtsstaatlichen Verfahren und gegen unverzügliche, angemessene und wirksame Entschädigung (*prompt, adequate and effective compensation*) durchgeführt werden (vgl. z. B. Art. 10 Abs. 1–3, Art. 13 ECT).[31] Die Vorgaben des ECT sind teilweise günstiger als die des BIT Deutschland-Tschechien und reichen wesentlich weiter als die des Niederlassungsvertrages Deutschland-Spanien. Da Deutschland, Tschechien und Spanien – wie erwähnt – Vertragsstaaten des ECT sind, konzentrieren sich die folgenden Ausführungen auf den ECT.

2.2.5.2 Investitionsschutzverträge zwischen EU-Mitgliedstaaten

Die EU-Kommission hat in mehreren Verfahren zu Investitionsschutzabkommen zwischen EU-Mitgliedstaaten die Zuständigkeit von Schiedsgerichten sowie die Anwendbarkeit und Bestandskraft von Investitionsschutzabkommen zwischen EU-Mitgliedstaaten in Frage gestellt.[32] Die gerichtliche Praxis ist den Überlegungen

---

28 Annex 1 to the Final Act of the European Energy Charter Conference as opened for signature on 17 December 1994 and corrected by the Protokol of Correction of 2 August 1996, http://www.encharter.org/index.jsp.

29 http://www.encharter.org/index.jsp.

30 *Mclachlan/Shore/Weiniger*, a.a.O. (Fn. 65), Rn. 6.71; hier wird auch der größere Umfang des Investitionsschutzes nach Investitionsschutzabkommen im Vergleich zum Völkergewohnheitsrecht deutlich. Denn nach Entscheidungen des IGH gewährt Völkergewohnheitsrecht (Fremdenrecht) ist es indirekten Gesellschaftern und deren Heimatstaat *nicht* möglich, Ansprüche auf Eingriffe des Gaststaates einer Tochtergesellschaft zu stützen, ebda., Rn. 6.73 mit Verweis auf IGH, Case Concerning the Barcelona Traction, Light and Power Co. Limited (new application: 1962) (Belgium v. Spain) [1970] ICJ Rep. 3, Rn. 46.

31 Überblick zu den materiell-rechtlichen Schutzbestimmungen z. B. bei *Griebel*, a.a.O. (Fn. 50), S. 67 ff.; *Dolzer/Schreuer*, a.a.O. (Fn. 50), S. 89 ff. und 119 ff.

32 Vgl. z. B. die Hinweise in OLG Frankfurt, Beschluss vom 10.05.2012, Az. 26 SchH 11/10, Rn. 27 ff., sowie in Electrabel S. A. v. The Republic of Hungary, ICSID Case No. ARB/07/19, Decision on Jurisdiction, Applicable Law and Liability, 30.11.2012, Rn. 4.33, 4.89 ff., 5.8 ff.; Eastern Sugar B.V. v. The Czech Republic, SCC 088/2004, UNCITRAL, Partial Award, 27.03.2007, Rn. 119 ff.; Eureko v. The Slovak Republic, Award on Jurisdiction, Arbitrability and Suspension, 26.10.2010, Rn. 175 ff.

der Kommission im Ergebnis jedoch mit überzeugenden Argumenten nicht gefolgt, berücksichtigt aber EU-Recht in materiell-rechtlicher Weise im Rahmen der völkerrechtlichen Vorgaben.[33] Das überzeugt, wie an anderer Stelle dargelegt,[34] und soll hier nicht vertieft werden. Der Bundesgerichtshof hat sich jüngst dieser Position angeschlossen, die Frage aber dem EuGH zur Vorabentscheidung vorgelegt.[35] Damit ist in ein bis zwei Jahren mit einer definitiven Beantwortung der Frage zu rechnen.

2.2.5.3 Sachlicher und persönlicher Schutzbereich

2.2.5.3.1 Investitionsbegriff

Der sachliche Schutzbereich von Investitionsschutzverträgen reicht weit. Nach Art. 1 (6) ECT beispielsweise ist Investition „jede Art von Vermögensgegenstand, die einem Investor gehört oder direkt oder indirekt von ihm kontrolliert wird, einschließlich

- materielles und immaterielles sowie bewegliches und unbewegliches Vermögen sowie jedwede Vermögensrechte wie Nutzungsrechte, Grundlasten, Pfandrechte und Zusagen,
- Gesellschaften oder Unternehmen oder Anteile, Aktien, oder andere Formen von Eigenkapitalanteilen an einer Gesellschaft oder an einem geschäftlichen Unternehmen und Anleihen oder andere Schulden einer Gesellschaft oder eines Unternehmens,
- Zahlungsansprüche und Leistungsansprüche nach einem Vertrag, die einen wirtschaftlichen Wert haben und mit einer Investition in Verbindung stehen,[36]
- gewerbliche Schutzrechte,
- Erträge aus einer Investition gleich welcher Form sowie
- jedes Recht, das nach Gesetz oder Vertrag oder Kraft einer Lizenz oder Gestattung zur Ausübung einer wirtschaftlichen Aktivität verliehen worden ist".

---

33 OLG Frankfurt, Beschluss vom 10.05.2012, Az. 26 SchH 11/10, Rn. 27 ff., sowie in Electrabel S. A. v. The Republic of Hungary, ICSID Case No. ARB/07/19, Decision on Jurisdiction, Applicable Law and Liability, 30.11.2012, Rn. 4.33, 4.89 ff., 5.8 ff.; Eastern Sugar B.V. v. The Czech Republic, SCC 088/2004, UNCITRAL, Partial Award, 27.03.2007, Rn. 119 ff.; Eureko v. The Slovak Republic, Award on Jurisdiction, Arbitrability and Suspension, 26.10.2010, Rn. 175 ff.

34 Vgl. *Reuter*, Die nachträgliche Kurzung der Förderung erneuerbarer Energien auf dem Prüfstand völkerrechtlicher Investitionsschutzabkommen, RIW 2014, 43, 44 ff.; zustimmend auch *Kulick*, SchiedsVZ 2013, 81 ff.

35 Bundesgerichtshof, 03.03.2016, I ZB 2/15, http://juris.bundesgerichtshof.de/cgi-bin/rechtsprechung/document.py?Gericht=bgh&Art=en&client=12&nr=74612&pos=0&anz=1&Blank=1.pdf.

36 Ausführlich hierzu Perkams, International Investitionsschutzabkommen im Spannungsfeld zwischen effektivem Investitionsschutz und staatlichem Gemeinwohl, Studien zum internationalen Investitionsrecht, Bd. 3, 2011, S. 185 ff. Hierauf kommt es vorliegend freilich nicht an, weil „Anleihen und andere Schulden" gesondert erfasst sind.

Die Definition schließt *indirekte* Beziehungen über mehrere Stufen hinweg ausdrücklich ein, d. h. auch indirekte Anteile ausländischer Investoren an der Gesellschaft im Gaststaat. Es schadet also nicht, wenn eine oder mehrere Gesellschaften im Gaststaat oder in anderen Staaten, die nicht Vertragsstaaten sind, zwischengeschaltet sind.[37] Zu Investitionen zählt Art. 1 (6) etc. aber auch *Darlehen*, seien es Bankdarlehen oder subordinierte Gesellschafter-Darlehen. Ganz allgemein beziehen BITs und MITs Anleihen, Schuldscheine und Darlehen ein.[38]

2.2.5.3.2 Begriff des Investors

Investitionsschutzabkommen schützen nur Investitionen von Investoren aus den jeweils *anderen Vertragsstaaten* (vgl. z. B. Art. 1 (7) (a) (ii) ECT). In den Genuss des Investitionsschutzes kommt also *nicht* die Einzweckgesellschaft, weil diese ja in den oben 2.2.4. skizzierten Fällen im *Gaststaat* errichtet worden ist, sondern nur deren indirekte Gesellschafter oder Finanzgeber, soweit diese in einem *anderen* Vertragsstaat, dem *Heimatstaat*, ansässig sind (näher unten 2.2.7).

2.2.6 EE-Förderkürzungen im Investitionsschutzrecht am Beispiel des ECT

Wie oben in Abschnitt 2.2.5 dargelegt, unterscheiden sich Investitionsschutzabkommen im Detail, folgen aber vergleichbaren Grundregeln. Da der ECT vergleichsweise detailliert ist und einen hohen Schutzstandard gewährt,[39] konzentriert sich die Darstellung im Folgenden auf den ECT.

2.2.6.1 Enteignungsschutz

Unter *expropriation* oder *nationalization* sind Maßnahmen zu verstehen, die die *Rechtsposition* des Investors hinsichtlich seines Investments einschränken (*direct expropriation*).[40] EE-Förderkürzungen wirken sich aber auf die *Rechtsinhaberschaft* an den Darlehensforderungen der Banken (ebensowenig wie auf die Rechtsposition

---

37 Ausführlich zum Schutz direkter und indirekter Investitionen und den prozeduralen Schwierigkeiten, die sich prozedural daraus ergeben, dass Gesellschafter mehrere Stufen anspruchsberechtigt sind, z. B. *McLachlan/Shore/Weiniger*, International Investment Arbitration 2010, Rn. 6.71 ff.

38 *Dolzer/Schreuer*, a.a.O. (Fn. 50), S. 66 f., m.w.N.

39 Dies gilt freilich nicht durchweg: Art. 21 ECT nimmt steuerliche Maßnahmen von der FET-Verpflichtung des Gasstaates aus (Art. 21 Abs. 1) und schränkt ihn hinsichtlich des Enteignungsschutzes verfahrensmäßig ein (Art. 21 Abs. 5). Soweit der Investor die Verletzung des Gleichbehandlungsgrundsatzes durch Steuern rügt, verweist Art. 21 Abs. 5 (ii) auf die Gleichbehandlungsvorgaben des zwischen den betreffenden Vertragsstaaten bestehenden Doppelbesteuerungsabkommens, und, falls ein solches nicht besteht, auf die betreffenden Vorschriften des OECD Muster-Doppelbesteuerungsabkommens.

40 *Dolzer/Schreuer*, a.a.O. (Fn. 50), S. 92; *Griebel*, a.a.O. (Fn. 50), S. 77.

hinsichtlich der Investition selbst oder an den Anteilen an der Einzweckgesellschaft) nicht aus. Eine *direct expropriation* liegt also nicht vor.

Art. 13 Abs. 1 ECT erfasst jedoch auch Maßnahmen, die einer Enteignung gleichkommen (*measures having effect equivalent to nationalization or expropriation*), also sogenannte enteignungsgleiche Maßnahmen („*indirect expropriations*"). Ob eine EE-Förderkürzung eine enteignungsgleiche Maßnahme ist, hängt stark von den Umständen des Einzelfalls ab. Notwendig ist, dass die Förderkürzung in der Sache zu einem wesentlichen Verlust der Kontrolle oder des ökonomischen Wertes („*substantial loss of control or economic value*") führt.[41] Es ist jedoch umstritten, ob eine enteignungsgleiche Maßnahme allein auf der Grundlage der *wirtschaftlichen Wirkung* der betreffenden Maßnahme bejaht werden kann (Sole-Effect-Doktrin)[42] oder ob zusätzliche Elemente in die Beurteilung einfließen. Folgen Schiedsgerichte der letzteren Linie, so berücksichtigen sie, ob der Gaststaat im normalen Geschäftsgang in gutem Glauben und diskriminierungsfrei wirtschaftsverwaltungsrechtliche Dispositionen trifft, die im allgemeinen Interesse liegen (Police-Powers-Doktrin) und wägen die gegenseitigen Interessen ab.[43]

Folgt man der Police-Powers-Doktrin, ist im Einzelfall eine umfangreiche Abwägung der Interessen des Investors mit öffentlichen Interessen erforderlich, die im Rahmen des vorliegenden Artikels nicht geleistet werden kann, sondern vom Einzelfall abhängt. Hier ist nur anzufügen, dass die Abwägung für Gesellschafter und Banken grundsätzlich parallel zu verlaufen hat.

2.2.6.2 Verpflichtung zu gerechter und billiger Behandlung (FET-Verpflichtung)

Effektiver und daher praktisch bedeutsamer ist zumeist die FET-Verpflichtung, d. h. die Verpflichtung der Gaststaaten, den ausländischen Investoren gerechte und billige Behandlung (*fair and equitable treatment*, „FET") zuteilwerden zu lassen.[44] Die Schiedsgerichtspraxis zu den FET-Verpflichtungen der verschiedenen Investitionsschutzabkommen lässt sich mit Blick auf EE-Förderkürzungen wie folgt zusammenfassen,[45] wobei auch hier zu betonen ist, dass die Abwägung für Gesellschafter und Banken grundsätzlich parallel zu verlaufen hat.

---

41 *Schreuer*, The Concept of Expropriation under the ECT, Essays in Honour of Christian Tomuschat (2006), S. 115, 144; *Griebel*, a.a.O. (Fn. 50), S. 77 f.

42 *Dolzer/Bloch*, International Law FORUM du droit international 5, 2003, S. 161.

43 Saluka Investments B.V. v. The Czech Republic, Permanent Court of Arbitration, Partial Award, 17.03.2006, Rn. 255, 262; Tecmed v. Mexico, ICSID Case No. AF/00/2, Award, 29.05.2003, Rn. 154; Occidental v Republic of Ecuador, London Court of International Arbitration Administered Case No. UN 3467, Final Award, Rn. 183; CMS v Argentine Republic, ICSID Case No. ARB/01/8, Award, 12.05.2005, Rn. 276.

44 *Griebel*, a.a.O. (Fn. 50), S. 69; *Schreuer*, Fair and Equitable Treatment (FET), Gutachten, veröffentlicht unter http://www.univie.ac.at/intlaw/92_fair_equitable.pdf, m.w.N., S. 357; *Subedi*, International Investment Law, 2008, S. 7 ff.

45 Ausführlicher *McLauchlan/Shore/Weiniger*, a.a.O. (Fn. 65), Rn. 7.99 ff.; Griebel, a.a.O. (Fn. 50), S. 71 f.

Nach einer ganzen Reihe von Schiedsentscheiden, so z. B. im Tecmed-Fall, darf ein ausländischer Investor vom Gaststaat gemäß der FET-Verpflichtung eine Behandlung erwarten, wonach die Erwartungen, die der Investitionsentscheidung des ausländischen Investors zugrunde lagen, nicht berührt werden dürfen.[46] Höhere Anforderungen stellt jedoch eine Linie anderer Entscheidungen, die im Saluka-Fall pointiert wie folgt formuliert wurde:

> No investor may reasonably expect that the circumstances prevailing at the time the investment is made remain totally unchanged. In order to determine whether frustration of the foreign investor's expectations was justified and reasonable, the Host State's legitimate right subsequently to regulate domestic matters in the public interest must be taken into consideration as well.[47]

In jedem Fall entscheidet bei EE-Förderkürzungen also, ob die Investoren (Banken bzw. Gesellschafter) bei ihrer Investitionsentscheidung darauf vertrauten und auch darauf vertrauen durften (*legitimate expectation*), dass sich das bestehende EE-Förderregime über die Amortisationszeit der Investition nicht verschlechtern würde. Nach dem Stand der Schiedsgerichtspraxis ist diese Frage anhand folgender Leitlinien zu entscheiden.

2.2.6.2.1 Tecmed-Linie

Folgt das betreffende Schiedsgericht der oben skizzierten Linie der Tecmed-Entscheidung, so darf ein Investor grundsätzlich darauf vertrauen, dass ein EE-Förderregime unverändert bleibt. Mit den Worten der *Occidental*-Entscheidung: „*The stability of the legal and business framework is thus an essential element of fair and equitable treatment*".[48] Anders lägen die Dinge nach dieser Entscheidungslinie nur dann, wenn die Investoren nach den Rechtsverhältnissen zum Zeitpunkt der Investitionsentscheidung nicht von der Nachhaltigkeit des bestehenden Förderregimes ausgehen durften, z. B. weil in den einschlägigen gesetzlichen Regelungen oder in den Gesetzesmaterialien bereits die Revision und Adjustierung des Fördersystems angekündigt wurde oder weil ein beihilferechtliches Prüfverfahren der EU-Kommission anhängig war.

---

46 Tecmed v. Mexico, ICSID Case No. AF/00/2, Award, 29.05.2003, Rn. 154; im gleichen Sinne Occidental v. Republic of Ecuador, London Court of International Arbitration Administered Case No. UN 3467, Final Award, Rn. 183.

47 Saluka Investments B.V. v. Czech Republic, Permanent Court of Arbitration, Partial Award, 17.05.2006, Rn. 305.; ebenfalls in diesem Sinne z. B. Parkerings-Companiet AS v. Lithuania, ICSID Case No. ARB/05/08, Award, 11.09.2007, Rn. 332; EDF (SERVICES) LIMITED v Romania, ICSID Case No. ARB/05/13, Award, 08.10.2009, Rn. 216 ff.;

48 *Occidental v Republic of Ecuador*, London Court of International Arbitration Administered Case No. UN 3467, Final Award, Rn. 183.

2.2.6.2.2 Saluka-Linie

Folgt das Schiedsgericht demgegenüber der oben skizzierten Linie der *Saluka*-Entscheidung,[49] dann müssen die gegenseitigen Interessen abgewogen werden. In diese Abwägung ist insbesondere einzustellen

1. die Festigkeit der Vertrauensbasis (vgl. oben 2.2.6.2),
2. der Umfang des Eingriffs in die Erlöserwartungen der Investoren einerseits und der Zusatzbelastungen für die Stromverbraucher im betreffenden Land (vgl. oben Abschnitt 2.2.1) andererseits und
3. die Mittel, die dem betreffenden Land zur Verfügung standen, die öffentlichen Ziele (d. h. typischerweise die Verringerung der Kostenlast der Stromverbraucher) auf eine Weise zu erreichen, die die Interessen der Investoren weniger als die Förderkürzung belasten würde, z. B. durch entsprechende Tarifgestaltungen zugunsten besonders belasteter Stromverbraucher oder staatliche Unterstützungsmaßnahmen (vgl. dazu aber auch oben Fn. 51).

Vorausgesetzt, die Vertrauensbasis der Investoren war bei der Investitionsentscheidung nicht durch Revisionsankündigungen oder dergleichen bereits brüchig, spricht viel dafür, dass auch eine Abwägung auf Grundlage der Saluka-Linie zugunsten der Investoren (Gesellschafter bzw. Banken) ausgehen muss:

1. Es ist der betreffende Gaststaat, der die betreffende EE-Förderung installiert, und wenn die hierdurch verursachten Kostenbelastungen für die Stromverbraucher die Einschätzungen des Gaststaates überschreiten, so liegt dieses Einschätzungsrisiko in der Sphäre des planenden Gesetzgebers, nicht in der des Investors: Der Investor ist Ausländer und hat weit weniger Einblick in die volkswirtschaftliche und politische Lage des Gaststaates als dessen Regierung. Er darf sich grundsätzlich auf die Gesetzgebung verlassen.
2. Dem Gaststaat ist bekannt, dass EE-Strom teurer als Strom aus konventionellen Quellen ist. Zweck staatlicher EE-Förderung ist es, gerade vor diesem Hintergrund Investoren zu Investitionen *anzureizen*. Der Gaststaat weiß auch, dass es sich bei EE-Anlagen um langlebige Vermögensgegenstände handelt, deren Amortisationsdauer zwischen 15 und 25 Jahren liegt, und dass Investoren die Investitionen, wenn sie einmal ausgelöst sind, nicht mehr rückgängig machen kann, weil die Anlage ja dann errichtet ist und sich nicht mehr aus der Welt schaffen lässt. Anders als in anderen Industrien hat der EE-Investor auch regelmäßig keine Möglichkeit, seinen EE-Strom in anderer Weise abzusetzen als nach der EE-Förderung vorgesehen. Er ist also auf die EE-Förderung angewiesen. Lockt ein Gaststaat also einen ausländischen Investor in dieser Lage an, ist es *widersprüchlich*, wenn der

49 *Saluka Investments B.V. v. Czech Republic*, Permanent Court of Arbitration, Partial Award, 17.03.2006, Rn. 305

Gaststaat die EE-Förderung kürzt, bevor die Amortisationszeit der Investition abgelaufen ist.

3. Die zusätzliche Kostenbelastung für jeden einzelnen Stromverbraucher ist begrenzt, weil die Belastung von Vielen getragen wird; akkumuliert sie sich bei einzelnen Stromverbrauchern zu sehr, kann dies durch geeignete Tarifierungen oder staatliche Unterstützungsmaßnahmen abgefedert werden.
4. Eine Banken- oder Finanzkrise würde EE-Förderkürzungen nicht rechtfertigen, denn Finanzinstitute verbrauchen wenig Strom und werden von erhöhten Stromkosten nicht signifikant getroffen. Hinzu kommt, dass allgemeine staatliche Notlagen nicht die Schmälerung des Vertrauensschutzes einzelner ausländischer Investoren beeinträchtigen dürfen:[50] Sie fallen in die Risikosphäre des Gaststaates.
5. Investitionsschutzabkommen enthalten häufig *Ordre Public*-Vorbehalte. Diese Vorbehalte zugunsten des *Ordre Public* dienen dem Schutz öffentlicher Interessen, sind aber eng formuliert: Art. 24 Abs. 3 Buchst. c ECT verlangt beispielsweise, dass der betreffende Eingriff zur Aufrechterhaltung der öffentlichen Ordnung erforderlich ist. Die Voraussetzungen dieser *Ordre Public*-Ausnahmen erfüllen EE-Förderkürzungen aber nicht.

Nach allem sprechen (jedenfalls, wenn eine unbeeinträchtigte Vertrauensgrundlage vorliegt) starke Argumente dafür, dass EE-Förderkürzungen vor Ablauf der Amortisationszeit jedenfalls dann die FET-Verpflichtung des Gaststaates verletzen, wenn die Förderkürzung erheblich ist. In allen Fällen, in denen die Einzweckgesellschaft ihren Schuldendienst auf die Bankfinanzierungen nicht mehr in vollem Umfang erbringen kann, ist die wirtschaftliche Erheblichkeit in diesem Sinne ohne weiteres zu bejahen.

2.2.6.2.3 Schiedsspruch Charanne B.V. u. a. gegen Spanien

Am 21.01.2016 hat ein Schiedsgericht unter der Verfahrensordnung der Stockholm Chamber of Commerce den ersten Schiedsspruch in den vielen anhängigen Schiedsverfahren erlassen, die gegenwärtig gegen das Königreich Spanien anhängig sind.[51] Gegenstand der Ansprüche, die in den Verfahren geltend gemacht wurden, waren nicht die massiven Förderkürzungen Spaniens von 2013 und 2014, sondern eine Reihe früher Maßnahmen, die den Photovoltaik-Sektor betrafen und nur begrenzte Auswirkungen hatten.

Enteignung

Zunächst verneinte das Schiedsgericht eine Enteignung, da die betreffenden Maßnahmen nach Ansicht des Schiedsgerichts keinen Eingriff in die Eigentumsrechte der

---

50 CMS v Argentine Republic, ICSID Case No. ARB/01/8, Award, 12.05.2005, Rn. 267

51 SCC Arbitration Case no. 062/2012, https://www.transnational-dispute-management.com/legal-and-regulatory-detail.asp?key=15994; dissenting opinion des Schiedsrichters Tawil, http://www.italaw.com/sites/default/files/case-documents/italaw7097_0.pdf.

Investoren darstellten, da in ihnen weder eine umfassende oder teilweise Wegnahme der Investition lag, noch der Eingriff Verluste einer Größenordnung nach sich zog, die den Wert der Investition für die Schiedskläger vernichtet hätte (Schiedsspruch Rn. 461, 464). Die Parteien waren sich in dem Verfahren einig, dass Spanien in der Tat nicht die Gesellschaftsrechte der Schiedskläger berührt hatte und dass die betroffene Projektgesellschaft nach wie vor in Betrieb war, mit Gewinn arbeitete und uneingeschränkten Besitz der Projektanlagen genoss. Demgemäß ging es in dem Fall lediglich um eine beschränkte Verringerung der Ertragsaussichten der Gesellschaft, die das Schiedsgericht nicht als direkte oder indirekte Enteignung einstufte (Rn. 463, 465). Dies bestätigt die obige Erkenntnis, dass Investitionsschutzansprüche vom Umfang der betreffenden Förderkürzungen abhängen.

Gerechte und billige Behandlung (fair and equitable treatment)

In erster Linie hatten die Schiedskläger argumentiert, dass die angegriffenen Förderkürzungen ihr berechtigtes Vertrauen in die Stabilität der betreffenden Fördermaßnahme verletzt hätte; Spanien habe die Schiedskläger durch die Fördergesetzgebung einschließlich der Gesetzgebungsmaterialien angelockt, zumal sich den Gesetzgebungsmaterialien habe entnehmen lassen, dass die Investoren mit einer Gewinnmarge von 15 % p.a. während der betriebsgewöhnlichen Nutzungsdauer der Anlage hätten rechnen können. Obwohl das Schiedsgericht anerkannte, dass Vertrauensschutz (legitimate expectations) nicht individuelle Zusagen voraussetzt, sondern auf der Gesetzeslage des Gaststaates aufsetzen können, brachte es zum Ausdruck, dass der Vertrauensschutz in letzterem Fall niedriger ist. Andernfalls würde die gesetzgeberische Souveränität des Gaststaates (right to regulate) zu stark eingeschränkt (Schiedsspruch, Rn. 490 ff.). Darüber hinaus wies das Schiedsgericht darauf hin, dass die Investoren im vorliegenden Falle nicht hätten erwarten können, dass sich die Fördergesetzgebung überhaupt nicht ändern werden; dies gelte insbesondere in einem hoch regulierten Bereich wie dem Energiesektor (Rn. 507).

Hinzu kam nach Ansicht des Schiedsgerichts, dass die angegriffenen Maßnahmen im konkreten Fall sich in einem vernünftigen Rahmen gehalten hätten und dass die Förderkürzungen im öffentlichen Interesse gelegen seien (Schiedsspruch, Rn. 526 ff.).

Zum Zweiten hatten die Schiedskläger die Rückwirkung der betreffenden Maßnahmen angegriffen. Dieses Argument wies das Schiedsgericht mit folgender Überlegung zurück: Da die Schiedskläger aus den darlegten Gründen nicht von der einschränkungslosen Weitergeltung der ursprünglichen Förderregelungen hätten ausgehen dürfen (keine *legitimate expectations*), liege auch in einer Veränderung kein Verstoß gegen den Energy Charter Treaty vor, soweit dieser ein bereits investiertes Projekt betreffe.

Schlussfolgerung

Der Schiedsspruch ist aus mehreren Gründen kein zuverlässiger Indikator dafür, wie die weiteren Schiedsverfahren ausgehen werden, die derzeit gegen Spanien und andere Länder der EU wegen EE-Förderkürzungen anhängig sind: Zum Ersten betraf das Verfahren lediglich eine Reihe früherer, nicht wesentlicher Förderkürzungen. Zum Zweiten sind die Ausführungen des Schiedsgerichts zum Vertrauensschutz nicht in zuverlässiger Weise in der oben dargelegten, umfangreichen Spruchpraxis des internationalen Investitionsschutzrechts zu den *legitimate expectations* und ihren Voraussetzungen verankert.

2.2.7 Die Bankenperspektive

2.2.7.1 Auswirkung von EE-Förderkürzungen auf das Vertragswerk einer Projektfinanzierung

Typischerweise werden EE-Förderkürzungen das Recht der Banken nach sich ziehen, ihre Projektfinanzierungs-Darlehen zu kündigen, sei es, weil der Kreditvertrag nachteilige Änderungen des regulatorischen Umfelds oder allgemein die Verschlechterung der Bonität des Kreditnehmers als Kündigungsgrund aufführt, sei es, weil die Einzweckgesellschaft infolge der EE-Förderkürzung die *financial covenants* im Kreditvertrag (insbesondere Debt Service Cover Ratios) bricht, sei es, weil es zu Zahlungsausfällen kommt.[52] Ferner werden die Banken früher oder später in der Lage sein, die ihnen eingeräumten Sicherheiten zu verwerten, insbesondere also die Sicherheiten an der EE-Anlage selbst und an den Geschäftsanteilen an der Einzweckgesellschaft.[53] Der Zugriff auf EE-Anlage oder Anteile nützt den Banken jedoch zunächst einmal nichts, weil der Wert der Anlage durch die EE-Förderkürzung ja gerade geschmälert ist. Im Folgenden wird den Besonderheiten nachgegangen, die sich aufgrund des Investitionsschutzrechts im vorliegenden Zusammenhang ergeben.

2.2.7.2 Investitionsschutzrechtliche Ansprüche der Gesellschafter aus Bankensicht

Wie oben in den Abschnitten 2.2.2 und 2.2.3 dargelegt, können den Gesellschaftern investitionsschutzrechtliche Ansprüche zustehen,[54] jedoch nur, soweit es sich um – direkte oder indirekte – Gesellschafter aus *anderen* Vertragsstaaten handelt. Damit stellt sich zunächst die Frage, ob die Banken Rechte an den Investitionsschutzansprüchen dieser (direkten oder indirekten) ausländischen Gesellschafter zustehen. Diese Frage ist bei Projektfinanzierungen, wie sie oben in Abschnitt 2.2.3 beschrieben sind, nicht ohne weiteres zu bejahen:

---

52 Zur Struktur von Projektfinanzierungsverträgen und den dort vorgesehenen Kündigungsregeln z. B. *Reuter*, a.a.O. (Fn. 53), S. 204 f., S. 70 ff. Siehe zu Covenants beispielhaft Abschnitt 1.4.3.

53 Zur Besicherung bei Projektfinanzierungen statt aller Reuter, a.a.O. (Fn. 53), S. 17, S. 209 ff.

54 Zu den investitionsschutzrechtlichen Ansprüchen der *Banken* unten Abschnitt 2.2.7.3.

2.2.7.2.1 Forderungsabtretungen

Zwar treten Einzweckgesellschaften als Kreditnehmer bei Projektfinanzierungen in aller Regel sämtliche Forderungen aus ihrer Geschäftstätigkeit an die Banken ab (Globalabtretung). Da die Einzweckgesellschaften jedoch praktisch immer im Gaststaat selbst ansässig sind, stehen ihnen selbst aus den Investitionsschutzabkommen keine Ansprüche zu. Mangels investitionsschutzrechtlicher Ansprüche der Einzweckgesellschaften verschafft die Globalabtretung der Einzweckgesellschaft den Banken vorliegend keinen Vorteil.

2.2.7.2.2 Anteilsverpfändung

Auch die Verpfändung oder Sicherheitsabtretung (im Folgenden gemeinsam kurz „Verpfändung“) der Anteile der Gesellschafter an der Einzweckgesellschaft verschafft den Banken in aller Regel keinen Zugriff auf investitionsschutzrechtliche Ansprüche der Gesellschafter. Denn die betreffenden Verträge erfassen in aller Regel nur die Geschäftsanteile als solche sowie (gesellschaftsrechtliche) Nebenansprüche der Gesellschafter *gegen die Einzweckgesellschaft*. Auch wenn den Gesellschaftern der Einzweckgesellschaft also investitionsschutzrechtliche Ansprüche zustehen, so richten sich diese nicht gegen die Gesellschaft, sondern *gegen den Gaststaat*. Es handelt sich daher nicht um gesellschaftsrechtliche Nebenansprüche, wie sie häufig von den Anteilsverpfändungen erfasst werden.

Dies gilt erst recht für weiter entfernte, indirekte Gesellschafter der Einzweckgesellschaft, denen ebenfalls Investitionsschutzansprüche zustehen können. Denn in aller Regel werden bei Projektfinanzierungen Geschäftsanteile nur auf Ebene der Einzweckgesellschaft oder allenfalls einer darüber liegenden Holding-Gesellschaft verpfändet, nicht Geschäftsanteile auf höheren Stufen der betreffenden Konzernorganisation.

2.2.7.2.3 Ergänzende Auslegung des Verpfändungs- oder Darlehensvertrages

Nun sollen investitionsschutzrechtliche Ansprüche *Ersatz* für Wertschmälerungen bieten, die durch Maßnahmen des Gaststaates ausgelöst werden. Die Ansprüche treten gleichsam an die Stelle des Verlustes der EE-Anlage an innerem Wert und sind wirtschaftlich deren (Teil-) Surrogat. Nun ist es bei projektfinanzierten (*non-recourse-*finanzierten)[55] Vorhaben stets Konsens aller Beteiligten, dass in der Krise *ausnahmslos alle* Werte aus dem Projekt zunächst den Fremdkapitalgebern zu deren Befriedigung und erst nachrangig den Eigenkapitalgebern zustehen sollen.[56] Entsprechend umfasst das Sicherheitenpaket bei Projektfinanzierungen restlos alle zum Projekt

---

55 Vgl. dazu *Reuter*, a.a.O. (Fn. 53), S. 11 ff.
56 Statt aller *Reuter*, NZI 2001, 393 f., 395 und 402 f.

gehörenden Vermögenswerte[57] und es entspricht dieser Logik, dass das Risiko der EE-Förderkürzung zuerst vom Eigenkapital zu tragen ist.

Hiernach ist im Einzelfall zu prüfen, ob die Verpfändung der Geschäftsanteile an der Einzweckgesellschaft nicht doch Investitionsschutzansprüche der Gesellschafter erfasst, weil diese wirtschaftlich ein *Surrogat* für Wertminderungen der betreffenden Geschäftsanteile infolge der Förderkürzung sind. Dies ist nach dem Verpfändungsvertrag und dem Recht zur beurteilen, dem die Verpfändung unterliegt, also regelmäßig dem Zivilrecht des Gaststaates. Daneben stellt sich die Frage, ob der Verpfändungsvertrag oder der Darlehensvertrag nicht eine Verpflichtung enthalten, den Banken (nachträglich) Sicherheiten an investitionsschutzrechtlichen Ansprüchen einzuräumen. Hierfür sprechen salvatorische Klauseln, die Grundsätze ergänzender Vertragsauslegung sowie der dargelegte wirtschaftliche Konsens, wonach den Banken Sicherheiten an *allen* Werten des Projektes zustehen sollen. Ob sich solche Verpflichtungen begründen lassen, ist eine Frage des Einzelfalles. Freilich können die betreffenden Verpflichtungen von vornherein nur die (auf Kreditnehmerseite stehenden) Parteien der betreffenden Verträge treffen, nicht aber Dritte, die gar nicht Vertragsparteien sind. Dazu gehören aber regelmäßig, wie bereits dargelegt, die indirekten Gesellschafter der Einzweckgesellschaft.

2.2.7.2.4 Zwischenergebnis: Risiko aus Bankensicht

Nach allem besteht nach den vertraglichen Gegebenheiten bei Projektfinanzierungen für die Banken das Risiko, dass ihre Sicherheiten die investitionsrechtlichen Ansprüche der Gesellschafter nicht erfassen. Soweit die Ansprüche tatsächlich nicht erfasst sind, besteht das weitere Risiko, dass die Gesellschafter ihre (direkten oder indirekten) investitionsschutzrechtlichen Ansprüche eigenständig verfolgen und die Entschädigung vereinnahmen, ohne die Banken hieran zu beteiligen.

2.2.7.3 Eigene Ansprüche der Banken

2.2.7.3.1 Ausgangspunkt

Wie oben (Abschnitt 2.3.5.2) dargelegt, sind nach Investitionsschutzrecht Banken aus anderen Vertragsstaaten als dem Gaststaat „Investoren“ und sind Darlehensansprüche „Investitionen“. Daher können Banken investitionsschutzrechtliche Ansprüche aus Projektfinanzierungen zustehen. Kein Problem liegt ferner darin, dass eine EE-Förderkürzung nicht in den *rechtlichen* Bestand der betreffenden Darlehensforderungen eingreift. Zwar liegt, soweit ersichtlich, keine Schiedsrechtsprechung zu einer Projektfinanzierung vor. Aber zum einen unterscheiden sich die Verhältnisse beim Darlehen insoweit nicht von den Verhältnissen bei den Gesellschaftsanteilen an der Einzweckgesellschaft. Auch dort reichen (nach Maßgabe der Ausführungen

57 Ebda.

unter Abschnitt 2.2.6.) aber wirtschaftliche Eingriffe aus. Und zum anderen haben Schiedsgerichtsentscheidungen die investitionsschutzrechtliche Aktivlegitimation von Banken bei Unternehmensfinanzierungen bejaht, wenn die *Schuldnerunternehmen* Maßnahmen des Gaststaates ausgesetzt waren, die gegen die FET-Verpflichtung verstießen und ihre Wirtschaftskraft so stark einschränkten, dass sie die Bankverbindlichkeiten nicht mehr bedienen konnten.[35a]

2.2.7.3.2 Anspruchskonkurrenzen

Gegen die Bejahung eigenständiger Ansprüche der Banken spricht auch nicht, dass hierdurch konkurrierende Ansprüche entstehen, die auf den Ausgleich von Wertminderungen gerichtet sind, die sich teilweise überlappen. Denn auch insoweit unterscheidet sich die Lage nicht gegenüber den Verhältnissen auf Gesellschafterseite.[58]

2.2.7.3.3 Berechnung des Schadensersatzes

Investitionsschutzrecht gewährt den Investoren Ausgleich der Einbußen, die die abkommenswidrige Maßnahme des Gaststaates bei ihnen verursacht hat. Dessen Bemessung wiederum folgt den wirtschaftlichen Gegebenheiten.[59] Es gibt vor allem die folgenden vier Bewertungsmethoden: Liquidationswert, Zeit-/Substitutionswert, Buchwert und Wert nach der Discounted Cashflow-Methode, d. h. den Barwert der entgangenen Erlöse.[60] In den vorliegenden Fällen bietet sich die DCF-Methode an, weil sie es am einfachsten ermöglicht, den Wert der Erlösschmälerungen über die verbliebene Amortisationszeit der betreffenden EE-Anlage zu berechnen.[61]

Bei Minderungen des Schuldendienstes (Kosten, Zinsen und Kapital) wiederum, die eine EE-Förderkürzung auslöst, lässt sich der Schaden einfach bestimmen: Zu erstatten ist die Differenz zwischen den Zahlungen vor und nach der betreffenden EE-Förderkürzung, sei es als Barwert, sei es entsprechend den ursprünglichen Fälligkeitstakten.[62]

---

58 CSOB v. Slovakia, Decision on Jurisdiction, 24.5.1999, Rn. 72; ausführlicher und m.w.N. Dolzer/Schreuer, a.a.O. (Fn. 2), S. 231 f. Die betreffenden Überlegungen werden dort zwar im Zusammenhang mit verfahrensrechtlichen Fragen angestellt, setzen aber voraus, dass in den diskutierten Konstellationen die Berechtigung von Banken materiell ohne weiteres zu bejahen ist. Für Projektfinanzierungen muss das erst recht gelten.

59 *McLachlan/Shore/Weiniger*, a.a.O. (Fn. 58), Rn. 9.14; *Dolzer/Schreuer*, a.a.O. (Fn. 2), S. 271 ff.; ausführlich zur Bemessung der Entschädigung *Hammes*, SchiedsVZ 2007, 169, 172 ff.

60 World Bank Guidelines on the Treatment of Foreign Direct Investment, IV. 6., http://italaw.com/documents/WorldBank.pdf; *Hammes*, SchiedsVZ 2007, 169, 174 ff.; *McLachlan/Shore/Weiniger*, a.a.O. (Fn. 58), Rn. 9.14 ff.

61 Vorliegend soll nicht der Frage nachgegangen werden, ob der Gaststaat anstatt sofortiger Zahlung des Barwertes auf laufende Zahlungen über die Laufzeit bestehen kann, wie dies beispielsweise bei Erstattungen aus Hermesdeckungen der Fall ist.

62 Vgl. vorstehende Fußnote.

Rechnerisch lässt sich bei alledem zwischen den Ansprüchen von Gesellschaftern und Banken ohne weiteres unterscheiden. Wenn jedoch die Gesellschafter ihre Ansprüche „brutto" geltend machen, also im investitionsschutzrechtlichen Schiedsverfahren Erlöse *vor* Schuldendienst erstattet verlangen (und eines solche Antragstellung dürfte die Regel sein), umfasst ihr Begehr auch den Teil der EE-Förderkürzung, der kalkulatorisch, wie hier unterstellt, für die Bedienung des Schuldendienstes vorgesehen ist, also nach den obigen Ausführungen rechtlich den Banken zusteht.

2.2.7.3.4 Kein Einwand gegen Eigenständigkeit von Bankenansprüchen

Hierin liegt jedoch kein Einwand gegen die Eigenständigkeit von Bankenansprüchen. Denn das Investitionsschutzrecht nimmt auch im Gesellschafterbereich Anspruchskonkurrenzen in Kauf, weil nach den betreffenden Regeln zum einen nicht nur die direkten, sondern auch alle *indirekten* (ausländischen) Gesellschafter anspruchsberechtigt sind (vgl. Art. 1 (6) ECT) und zum anderen, weil es neben (direkten und indirekten) Mehrheitsgesellschaftern auch (direkt und indirekte) *Minderheits*gesellschaftern Ersatzansprüche einräumt.[63]

Das Investitionsschutzrecht benennt als anspruchsbegünstigte Investoren also (direkte und indirekte) Gesellschafter und Banken, verzichtet jedoch angesichts der Vielgestaltigkeit gesellschafts- und finanzrechtlicher Gestaltungen auf Regeln zum Verhältnis der verschiedenen Ansprüche. Damit wird das Ziel des *lückenlosen* Investitionsschutzes verfolgt. Die verfahrensrechtlichen Schwierigkeiten, die infolgedessen bei unkoordinierter Geltendmachung überlappender Schäden entstehen können, nimmt das Investitionsschutzrecht in Kauf.[64] Diese Unzuträglichkeiten müssen die Investoren untereinander beseitigen, wobei die Eigenständigkeit der konkurrierenden Ansprüche und die prozessualen Schwierigkeiten, die die unkoordinierte Anspruchsverfolgung mit sich bringt, die verschiedenen Anspruchsberechtigten zu zweckmäßiger Kooperation anreizt.

2.2.8 Zusammenfassung

Die vorstehenden Überlegungen lassen sich zu folgenden Thesen zusammenfassen:

1. Banken, die EE-Projekte finanziert haben, können nach den völkerrechtlichen Investitionsschutzabkommen eigenständige Entschädigungsansprüche gegen den Gaststaat, in dem sich die EE-Anlage befindet, zustehen, soweit die

---

63 Grubenmann, Der Begriff der Investition in Schiedsgerichtsverfahren in der ICSID-Schiedsgerichtsbarkeit, Baseler Studien zur Rechtswissenschaft, Bd. 11, 2010, S. 243–246, m.w.N.; *Schreuer*, Shareholder Protection in International Investment Law, Festschrift für Tomuschat, 2006, S. 601, 608 ff.

64 *McLachlan/Shore/Weiniger*, a.a.O. (Fn. 58), Rn. 4.117 ff.; *Dolzer/Schreuer*, a.a.O. (Fn. 50), S. 58 f.; beide m.w.N.

EE-Förderkürzung den Schuldendienst des Kreditnehmers/EE-Anlagebetreibers beeinträchtigt.

2. Diese Ansprüche sind gegenüber den Ansprüchen der (direkten und indirekten) Gesellschafter rechtlich eigenständig und können selbstständig geltend gemacht werden.
3. Ob Banken (Sicherheits-)Rechte an den investitionsschutzrechtlichen Ansprüchen der Gesellschafter zustehen, hängt von den vertraglichen Vereinbarungen und davon ab, ob sich nach dem Recht, nach dem die Geschäftsanteile an der Projektgesellschaft verpfändet worden sind, das Pfandrecht auf derartige Ansprüche der Gesellschafter erstreckt, z. B. weil es sich um mitverpfändete Nebenansprüche oder um (dem Pfandrecht unterfallende) Surrogate handelt oder weil sich dies aus der (ergänzenden) Auslegung der betreffenden Verträge ergibt.
4. Ob EE-Förderkürzungen eine enteignungsgleiche Maßnahme (*indirect expropriation*) im Sinne des Investitionsschutzrechts darstellen, hängt von den Umständen des Einzelfalls ab. Wo die Grundlage für das Vertrauen der Investoren (Eigen- und Fremdkapitalgeber) in den Bestand der betreffenden EE-Förderung zum Zeitpunkt der Investition nicht (z. B. durch Revisionsankündigungen in den gesetzlichen Regelungen oder den Gesetzesmaterialien) beeinträchtigt war, sprechen jedoch starke Argumente dafür, dass EE-Förderkürzungen während der Amortisationszeit einer EE-Anlage gegen die in den Investitionsschutzabkommen enthaltene Verpflichtung der Gaststaaten verstoßen, ausländische Investoren gerecht und billig (fair und equitable) zu behandeln.
5. Eine solche Verpflichtung enthält auch der Energy Charter Treaty von 1994. Soweit die EE-Förderkürzung durch steuerliche Maßnahmen bewirkt worden ist, sind jedoch die Privilegien des Art. 21 Energy Charter Treaty für steuerliche Maßnahmen zu berücksichtigen.
6. Ob investitionsschutzrechtliche Ansprüche im Einzelfall gegeben sind, beantwortet sich bei Projektfinanzierungen für Gesellschafter (Eigenkapitalgeber) und Banken (Fremdkapitalgeber) grundsatzlich parallel.

Literaturverzeichnis

Dolzer/Bloch, *International Law FORUM du droit international* 5, 2003, S. 161 ff.

Dolzer/Schreuer, *Principles of International Investment Law*, 2. Aufl., 2012.

Griebel, *Internationales Investitionsschutzrecht*, 2008.

Grubenmann, *Der Begriff der Investition in Schiedsgerichtsverfahren in der ICSID-Schiedsgerichtsbarkeit, Baseler Studien zur Rechtswissenschaft*, Bd, 11, 2010, S. 234 ff.

Herdegen, *Internmationales Wirtschaftsrecht*, 9. Aufl. 2011.

McLachlan/Shore/Weiniger, *International Investment Arbitration*, 2010.

Perkams, *International Investitionsschutzabkommen im Spannungsfeld zwischen effektivem Investitionsschutz und staatlichem Gemeinwohl, Studien zum internationalen Investitionsrecht*, Bd. 3, 2011, S. 185 ff.

Reuter, *Die nachträgliche Kürzung der Förderung erneuerbarer Energien auf dem Prüfstand völkerrechtlicher Investitionsschutzabkommen*, RIW 2014, S. 43 ff.

Reuter, *Projektfinanzierung*, 2. Aufl. 2010.
Schreuer, Fair and Equitable Treatment (FET), veröffentlicht unter www.univie.ac.at/intlaw/92_fair_equitable.pdf
Schreuer, *Shareholder Protection in International Investment Law, Festschrift für Tomuschat*, 2006, S. 601 ff.
Schreuer, *The Concept of Expropriation under the ECT, Essays in Honour of Christian Tomuschat*, 2006, S. 115 ff.
Subedi, *International Investment Law*, 2008.

3 Was tun in der Krise? Ursachenbezogene und wirkungsbezogene Maßnahmen

3.1 Rechtliche Instrumente der Krisenbewältigung durch finanzwirtschaftliche Maßnahmen

Dr. Daniel Reichert-Facilides

3.1.1 Krise der Projektfinanzierung – Finanzwirtschaftliche Maßnahmen im Überblick

Wie der Titel des 3. Hauptteils verdeutlicht, kann der Krise einer Projektfinanzierung entweder mit ursachenbezogenen oder mit wirkungsbezogenen – d. h. finanzwirtschaftlichen – Maßnahmen begegnet werden.

Aus der Sicht der Projektbeteiligten sind ursachenbezogene Maßnahmen allgemein vorzugswürdig, weil damit die Ertragsfähigkeit des Projektes wieder hergestellt wird. Ihrer Natur nach sind ursachenbezogene Maßnahmen ebenso vielfältig wie die Risiken, die sich in der Krise realisieren: technischen Fehlern ist am besten mit technischen Maßnahmen zu begegnen, operativen Missständen mit einem Wechsel des Betriebsführers, Sachschäden mit der Geltendmachung von Versicherungsansprüchen und Schadensansprüchen usw. Auch die Geltendmachung von Vertragsstrafen wegen verspäteter Fertigstellung und die rechtliche Abwehr hoheitlicher Eingriffe fallen in diese Kategorie, weil sie gleichermaßen darauf gerichtet sind, die wirtschaftliche Leistungsfähigkeit des Projektes wiederherzustellen.

Wirkungsbezogene, d. h. finanzwirtschaftliche Maßnahmen zielen demgegenüber nicht auf die Wiederherstellung der Ertragsfähigkeit des Projektes, sondern betreffen das Verhältnis der Projektgesellschaft zu ihren Gläubigern und Gesellschaftern, also die Passivseite der Bilanz und wirken dann über eine Entlastung des Kapitaldienstes bzw. der Zinszahlungen liquiditätsverbessernd. Krisenursachen, die finanzwirtschaftliche Maßnahmen häufig unausweichlich machen, sind etwa die Realisierung von Marktrisiken oder Fehlannahmen zu natürlichen Ressourcen. Finanzwirtschaftliche Maßnahmen werden meist auch dann erforderlich, wenn ursachenbezogene Maßnahmen ganz oder teilweise fehlschlagen oder erst mit zeitlicher Verzögerung zum Erfolg führen, etwa weil der wirtschaftliche Schaden einer verspäteten Fertigstellung durch Vertragsstrafen nicht vollständig ausgeglichen wird. In all diesen Fällen stellt sich für die Projektbeteiligten die Frage nach den Auswirkungen der verringerten Ertragsfähigkeit auf die Fortführung des Projektes. Kann der planmäßige Schuldendienst nicht mehr geleistet werden, dann führt dies im gesetzlichen

DOI 10.1515/9783110449785-003

Regelfall zur Beendigung des Projektes durch Liquidation, wenn die Insolvenz nicht durch finanzwirtschaftliche Maßnahmen abgewendet wird.

Das Spektrum der finanzwirtschaftlichen Maßnahmen, das zur Krisenbewältigung in einer Projektfinanzierung zur Verfügung steht, entspricht grundsätzlich demjenigen der allgemeinen Unternehmensfinanzierung: Stundung, Rangrücktritt, Sanierungskredit, Teilverzicht gegen Anteilserwerb, Unternehmensveräußerung oder Liquidation, jeweils innerhalb[1] oder außerhalb[2] eines förmlichen Insolvenz- oder Sanierungsverfahrens. Aus der typischen Projektfinanzierungsstruktur ergeben sich aber verschiedene Besonderheiten, die eine erfolgreiche Sanierung[3] des Projektes anstelle der Liquidation wahrscheinlicher machen als bei anderen Unternehmen:

1. Durch die vergleichsweise geringere Zahl der Projektbeteiligten reduziert sich die Komplexität der Restrukturierungsverhandlungen, so dass sich die Einigungschancen erhöhen.[4]
2. Die Ertragsfähigkeit des Projektes beruht typischerweise auf langfristigen Vertragsbeziehungen, die im Falle der Liquidation nicht fortgeführt werden können.[5]
3. Dingliche Sicherheiten an einzelnen Gegenständen des Anlagevermögens lassen sich aus regulatorischen und technischen[6] Gründen häufig nur mit sehr geringen Erlösen realisieren.
4. In den meisten Fällen haben sich die Ertragsprognosen zum Zeitpunkt der Krise weitgehend stabilisiert, so dass bei erfolgreicher Umsetzung finanzwirtschaftlicher Maßnahmen mit relativ stabiler Schuldendienstfähigkeit gerechnet werden kann.

Wegen der guten Sanierungschancen gelten Projektfinanzierungen als in Krisensituationen vergleichsweise robuste Investitionen mit hohem Realisierungswert (*Recovery Value*), was sich in entsprechend hohen Bonitätsnoten widerspiegelt. Darüber hinaus wird die Bewältigung finanzwirtschaftlicher Krisen in einer typischen Projektfinanzierung durch eine Reihe von vertraglichen Regelungen erleichtert:

1. Ausschüttungssperren (*Distribution Lock-ups*) zur Stärkung der Liquiditätsreserven bei erheblichen negativen Abweichungen vom Unternehmenskonzept oder von der langfristigen Finanzplanung.

1 Zu den rechtlichen Rahmenbedingungen der Projektfortführung in der Insolvenz siehe unten Kapitel 3.6.

2 Zur konsensualen Restrukturierung als We g aus der Krise siehe unten Kapitel 3.3.

3 Zur Erstellung von Sanierungskonzepten siehe unten Kapitel 3.4.

4 Typischerweise müssen außer Fremd- und Eigenkapitalgebern vor allem der Konzessionsgeber oder Abnehmer und, abhängig von der Projektphase, der Generalunternehmer oder Wartungsunternehmer einbezogen werden.

5 Dies gilt insbesondere für Infrastrukturprojekte auf Konzessionsbasis.

6 Dies gilt sogar für eine vergleichsweise einfach installierbare Technik wie Photovoltaikanlagen.

2. Reservekonten für Schuldendienst (*Debt Service Reserve Account*) und Instandhaltungsinvestitionen (*Maintenance Reserve Account*) zur Vermeidung kurzfristiger Zahlungsunfähigkeit.
3. Krisenbezogene Kündigungstatbestände (*Events of Default*), mit deren Hilfe die Fremdkapitalgeber faktisch die frühzeitige Aufnahme von Restrukturierungsverhandlungen erzwingen können.
4. Investitionskostenreserven (*Headrooms/Contingencies*) zur Vermeidung drohender Zahlungsunfähigkeit bei regulären Baukostenüberschreitungen vor Fertigstellung.

Die folgende Darstellung orientiert sich an der rechtlichen Einordnung der einzelnen finanzwirtschaftlichen Maßnahmen im deutschen Recht, wobei in der Praxis fast immer mehrere Maßnahmen miteinander kombiniert werden. Vorangestellt ist eine kurze Darstellung der gesetzlichen Insolvenzgründe und vertraglichen Kündigungstatbestände als rechtliche Ausgangspunkte finanzwirtschaftlicher Krisenszenarien. Im Hinblick auf den grenzüberschreitenden Kontext vieler Projektfinanzierungen endet jedes Unterkapitel mit einigen Hinweisen zum internationalen Privat- und Verfahrensrecht.

3.1.2 Insolvenzgründe und Kündigungstatbestände als rechtlicher Maßstab der Krise

Am Anfang jeder Unternehmenskrise steht eine negative Abweichung von der betriebswirtschaftlichen Planung. Wie bereits erwähnt, wird die Geschäftsführung zunächst versuchen, die Krise durch ursachenbezogene Maßnahmen zu bewältigen. Erst wenn diese Maßnahmen ganz oder teilweise fehlschlagen, wird aus der operativen eine finanzielle Krise und damit zugleich eine Krise im Sinne des Unternehmens- und Insolvenzrechtes. Maßstab der Unternehmenskrise im Rechtssinne ist deswegen der tatsächliche oder absehbare Eintritt eines zwingenden Insolvenzgrundes, der im gesetzlichen Regelfall die Liquidation des Unternehmens zur Folge hat.

(a) Insolvenzgründe

Das deutsche Insolvenzrecht sieht für haftungsbeschränkte Unternehmen, d. h. für alle Gesellschaftsformen, für deren Schulden keine natürliche Person unbeschränkt haftet, zwei zwingende Insolvenzgründe vor, nämlich die Zahlungsunfähigkeit und die Überschuldung.

- Gemäß § 17 Abs. 2 InsO liegt **Zahlungsunfähigkeit** vor, wenn der Schuldner, d. h. der Unternehmensträger, nicht in der Lage ist, seine fälligen Zahlungsverpflichtungen zu erfüllen. Eine Ausnahme hat der Bundesgerichtshof allerdings für Einzelfälle anerkannt, in denen der Anteil der nicht erfüllten Verbindlichkeiten 10 %

der fälligen Schulden nicht übersteigt.[7] Andererseits ist Zahlungsunfähigkeit in der Regel anzunehmen, wenn der Schuldner seine Zahlungen eingestellt hat.

- Während die Zahlungsunfähigkeit allein auf die aktuelle Liquiditätslage des Unternehmens abstellt, liegt **Überschuldung** gemäß § 19 InsO bereits vor, ‚*wenn das Vermögen des Schuldners die bestehenden Verbindlichkeiten nicht mehr deckt, es sei denn, die Fortführung des Unternehmens ist nach den Umständen überwiegend wahrscheinlich.*‘ Die Überschuldung setzt damit deutlich früher an und beruht notwendig auf einer prognostischen Betrachtung.[8] Zudem wird die Überschuldung nicht anhand der Handelsbilanz festgestellt, sondern aufgrund eines besonderen Überschuldungsstatus, bei dem Gesellschafterdarlehen und Verbindlichkeiten von Gläubigern, mit denen ein Rangrücktritt gemäß § 39 InsO vereinbart worden ist, unberücksichtigt bleiben. Wegen der Komplexität der gesetzlichen Regelung sind Insolvenzanträge aufgrund Überschuldung selten. Bei professionell beratenen Geschäftsführern hat die Antragspflicht bei Überschuldung aber jedenfalls den präventiven Effekt, dass die externe Validierung der Fortführungsprognose frühzeitig in Auftrag gegeben und die zur Umsetzung erforderlichen finanzwirtschaftlichen Maßnahmen frühzeitig vereinbart werden.

Neben den Geschäftsführern, die als organschaftliche Vertreter des Schuldners gemäß § 15a InsO verpflichtet sind, ‚*ohne schuldhaftes Zögern, spätestens aber drei Wochen nach Eintritt der Zahlungsunfähigkeit oder Überschuldung einen Eröffnungsantrag zu stellen,*‘ kann in diesen Fällen auch jeder Gläubiger das Insolvenzverfahren beantragen.

Beantragt der Schuldner die Eröffnung des Insolvenzverfahrens selbst, dann kann dieses gemäß § 18 InsO auch eröffnet werden, wenn der Schuldner ‚*voraussichtlich nicht in der Lage sein wird, die bestehenden Zahlungspflichten im Zeitpunkt der Fälligkeit zu erfüllen.*‘ Im Gegensatz zu Zahlungsunfähigkeit und Überschuldung ist die Antragstellung wegen drohender Zahlungsunfähigkeit freiwillig. Der Insolvenzgrund der drohenden Zahlungsunfähigkeit soll dem Schuldner die frühzeitige Einleitung insolvenzrechtlicher Restrukturierungsmaßnahmen, insbesondere eines Insolvenzplanverfahrens in Eigenverwaltung ermöglichen. Durch die Einführung des Schutzschirmverfahrens in § 270b InsO, die dem Schuldner erheblich mehr Autonomie verleiht als das bisherige Recht, hat der Insolvenzgrund der drohenden Zahlungsunfähigkeit in den letzten Jahren stark an Bedeutung gewonnen, ist aber weiterhin ein Ausnahmefall.

7 BGHZ 163, 139 ff.

8 Nach allgemeiner Auffassung ist bei der Fortführungsprognose regelmäßig ein Zeitraum von 12 bis 24 Monaten zugrunde zu legen. Ob dieser für Unternehmen im Wettbewerb sinnvolle Zeitraum auch für Projektfinanzierungen angebracht ist, bei denen sowohl Sponsoren als auch Fremdkapitalgeber im Rahmen ihrer Finanzmodelle erheblich längere Betrachtungszeiträume zugrunde legen, war bislang – soweit erkennbar – noch nicht Gegenstand öffentlich zugänglicher Analysen.

(b) Kündigungstatbestände

Aus der eben dargestellten Systematik der Insolvenzgründe folgt, dass eine gläubigerschützende Pflicht zur Abwendung der Krise streng genommen erst drei Wochen vor dem spätesten Zeitpunkt der Antragstellung einsetzt.[9] Wenn die Verständigung über finanzwirtschaftliche Maßnahmen in diesem Zeitraum überhaupt noch möglich ist, begründet die drohende Insolvenzantragspflicht in Anbetracht der Risiken eines Liquidationsszenarios jedenfalls einen taktischen Vorteil für den Schuldner und ein zusätzliches Erschwernis für die Ausarbeitung und Verhandlung eines ausgewogenen Sanierungskonzeptes.

Um diesem Dilemma zu entgehen, vereinbaren die Fremdkapitalgeber bei Projektfinanzierungen regelmäßig einen umfangreichen Katalog von Kündigungstatbeständen (*Events of Default*), mit dem operative Krisenszenarien frühzeitig abgebildet werden, bevor sich diese insolvenzrechtlich in einer Zahlungsunfähigkeit oder Überschuldung manifestiert haben. Typische Beispiele für Kündigungstatbestände sind ein niedriger Schuldendienstdeckungsgrad (*Debt Service Cover Ratio*) oder – deutlich seltener – das Unterschreiten einer bestimmten *Loan Life Cover Ratio („Barwertdeckungsgrades“)*,[10] eine Unterkapitalisierung in der Bauphase (*Funding Shortfall*), die Enteignung des Projektes, die Betriebsaufgabe oder schwerwiegende Rechtsstreitigkeiten usw.

Von den genannten Beispielen eigenen sich die drei folgenden Finanzkennzahlen besonders gut als Krisenindikatoren, weil die diesbezügliche Analyse jeweils liquiditätsbasiert ist und damit konzeptionell Ähnlichkeit mit den gesetzlichen Insolvenztatbeständen hat:

1. Der Schuldendienstdeckungsgrad, bei dem Einnahmen abzüglich Betriebskosten für die vergangenen bzw. zukünftigen zwölf Monate durch den Schuldendienst geteilt werden, gibt Auskunft über die laufende Zahlungsfähigkeit unter Einberechnung eines sektor- und projektabhängigen Überdeckungserfordernisses, das erfahrungsgemäß bei 10 % und höher liegt.
2. Der Barwertdeckungsgrad stellt die zum durchschnittlichen Fremdkapitalzins abgezinsten zukünftigen Einnahmen nach Betriebskosten dem ausstehenden Fremdkapital gegenüber und hat damit Ähnlichkeit mit einem Überschuldungsstatus,[11] zumal da bei Projektfinanzierungen eine Liquidation aus den oben genannten Gründen vorzugsweise im Wege des Verkauf des gesamten Projektes anstelle einer Verwertung einzelner Vermögensgegenstände erfolgt.

---

9 Gesellschaftsrechtlich sind die Geschäftsführer jederzeit verpflichtet, auf den Fortbestand der Gesellschaft hinzuwirken, vgl. etwa die Pflicht zur Einberufung einer außerordentlichen Gesellschafterversammlung bei Verlust der Hälfte des Stammkapitals gemäß § 49 Abs. 3 GmbHG. Im Unterschied zur Antragspflicht nach § 15a InsO sind die gesellschaftsrechtlichen Pflichten aber nicht gläubigerschützend.

10 Siehe hierzu die Definitionen in Kapitel 1.

11 Da die *Loan Life Cover Ratio* nur die Einnahmen bis zur vereinbarten Endfälligkeit reflektiert, ist die Analogie für die *Project Life Cover Ratio* noch etwas treffender.

3. Die Unterkapitalisierungsanalyse für die Bauzeit schließlich entspricht für diesen Zeitraum in etwa einer Prüfung der drohenden Zahlungsunfähigkeit.

Liegt ein Kündigungstatbestand vor, dann neutralisiert die mit dem Kündigungsrecht einhergehende Möglichkeit, den Eintritt der Liquiditätskrise zu beschleunigen das erst später einsetzende Drohpotential der Insolvenzantragspflicht.[12] Denn der Geschäftsführer ist grundsätzlich verpflichtet, den Fortbestand des Unternehmens zu sichern, indem er ein als Alternative zur Kündigung vorgeschlagenes Restrukturierungsangebot auf dessen Tragfähigkeit hin prüft und gegebenenfalls auch annimmt. Einen weitergehenden taktischen Vorteil für die Fremdkapitalgeber begründen krisenbezogene Kündigungstatbestände insbesondere dann, wenn neben der Kündigung auch differenzierte Sanktionen vorgesehen sind, etwa die nur teilweise Fälligstellung, die Verwertung von Sicherheiten wegen rückständiger Zahlungsansprüche ohne Kündigung, Dividendensperren oder die Sperrung verpfändeter Konten.[13]

Zusammenfassend lässt sich sagen, dass eine finanzwirtschaftliche Unternehmenskrise vorliegt, wenn entweder ein Insolvenz- oder ein vertraglicher Kündigungstatbestand erfüllt ist.

c) Internationales Privat- und Verfahrensrecht

Bei grenzüberschreitenden Projekten beurteilt sich das Vorliegen von Insolvenzgründen nach dem Recht des Staates, in dem das Verfahren eröffnet wird.[14] Zuständig für die Eröffnung des Verfahrens sind grundsätzlich die Gerichte des Staates, in dem der Schuldner den Mittelpunkt seiner hauptsächlichen Interessen[15] hat. Bei Projektgesellschaften ist dies praktisch immer der Staat, in dem das Projekt physisch belegen ist. Dessen Insolvenzrecht bildet damit zugleich den gesetzlichen Maßstab der Krise.

Für die Auslegung von Kündigungstatbeständen der Fremdfinanzierungsverträge gilt demgegenüber das allgemeine Vertragsstatut, typischerweise also das von den Parteien gewählte Recht.[16] Daneben kann dem Recht des Staates, in dem das Projekt belegen ist, für die Anwendung und Auslegung der Kündigungstatbestände

12 Daneben dienen die Kündigungstatbestände der Fremdkapitalfinanzierung natürlich auch anderen Zwecken, insbesondere der Generalprävention (vor allem im Falle des Kündigungsgrundes wegen Verletzung sonstiger Vertragspflichten) oder schlicht der vorzeitigen Rückzahlung (etwa im Falle geänderter Beherrschungsverhältnisse).

13 Die Kontensperrung unter Freigabevorbehalt im Einzelfall begründet für die Fremdkapitalgeber allerdings ein erhebliches Haftungsrisiko wegen faktischer Geschäftsführung.

14 Vgl. Art. 4 Abs. 2 S. 1 EuInsVO.

15 Vgl. Art. 3 Abs. 1 EuInsVO für Insolvenzverfahren in der EU; für Schuldner mit Sitz außerhalb der EU gilt gemäß §§ 3 und 343 Abs. 1 Nr. 1 ein ähnlicher Maßstab.

16 Vgl. Art. 3 Abs. 1 und 12 Abs. 1 Nr. 1 Rom I-VO.

Bedeutung zukommen, etwa wenn es um die Frage geht, ob eine staatliche Genehmigung für die Durchführung des Projektes vorliegt oder entfallen ist.[17]

3.1.3 Stillhaltevereinbarungen und Überbrückungsdarlehen

Wie bereits erwähnt, reicht die gesetzliche Dreiwochenfrist zwischen Eintritt des Insolvenzgrundes bis zum spätesten Zeitpunkt für den Eigenantrag für die Erarbeitung eines Sanierungskonzeptes und die vertragliche Umsetzung der darin vorgesehenen finanzwirtschaftlichen Maßnahmen regelmäßig nicht aus. In der Praxis haben sich deswegen verschiedene von der Rechtsprechung anerkannte Instrumente entwickelt, mit denen die gesetzlichen Insolvenzgründe vorübergehend beseitigt oder ihr Eintritt verhindert werden kann, bis eine Restrukturierung verhandelt und umgesetzt werden kann oder die Restrukturierungsbemühungen als gescheitert gelten müssen.

Während es dabei aus Sicht des Schuldners vor allem darauf ankommt, den Beginn der Antragsfrist hinauszuzögern, müssen die Gläubiger den Vorwurf vermeiden, durch temporären Maßnahmen zu Lasten anderer Gläubiger ihre eigene Position in der bereits unausweichlichen Insolvenz zu verbessern: ist dieser Vorwurf berechtigt, dann haftet der Kreditgeber, der die rechtzeitige Antragstellung verhindert hat, den benachteiligten Gläubigern wegen vorsätzlich sittenwidriger Schädigung.[18] In der deutschen Restrukturierungspraxis haben sich zur Vermeidung der erwähnten Risiken in der Krise des Unternehmens folgende Grundsätze herausgebildet:[19]

1. Verzicht auf das ernsthafte Einfordern fälliger Forderungen, häufig auf Wunsch des Schuldners dokumentiert durch den Abschluss einer Stillhaltevereinbarung; da dies ausreicht, um die Antragspflicht wegen Zahlungsunfähigkeit entfallen zu lassen, der Gläubiger aber durch bloßes Stehenlassen fälliger Forderungen kein Haftungsrisiko läuft, bieten sich solche Regelungen in komplexeren Krisensituationen als erster Schritt an.
2. Überbrückungskredite zur Deckung des laufenden Liquiditätsbedarfs werden praktisch nur gewährt, wenn der Schuldner einen unabhängigen Sachverständigen mit der Erstellung eines Gutachtens nach IDW S 6[20] über ein bereits vorliegendes oder noch in Verhandlung befindliches Sanierungskonzept[21] beauftragt hat.
3. Temporäre Stundungsvereinbarungen vermitteln dem Schuldner im Verhältnis zum bloßen Stillhalten größere Sicherheit, werden wegen der ihnen immanenten Finanzierungsentscheidung aber wie Überbrückungskredite behandelt;

17 Vgl. Art. 12 Abs. 1 und 3 Rom I-VO und Art. VIII(2)(b) des IWF-Abkommens.

18 Vgl. § 826 BGB und BGH NJW 1984, 1893/1900.

19 Vgl. im einzelnen *Uhlenbruck*, InsO, 14. Aufl., § 17 Rz. 108 – 144.

20 IDW S 6 (2012), IDW Fachnachrichten Nr. 12/2012, S. 721. Siehe hierzu auch die Ausführungen von Andreas Crone in Abschnitt 3.4.2.

21 Vgl. im Einzelnen unten Kapitel 3.4.

folgerichtig wird auch hierfür typischerweise die Beauftragung eines Sachverständigung zur Voraussetzung gemacht.

Allen drei Instrumenten ist gemein, dass die temporären Maßnahmen zur Insolvenzabwendung mit sofortiger Wirkung gekündigt werden können, wenn die Restrukturierungsbemühungen aus Sicht des jeweiligen Gläubigers gescheitert sind. Solange dies nicht geschieht, kann derartigen Vereinbarungen neben der temporären Beseitigung der Zahlungsunfähigkeit auch im Rahmen der Überschuldungsprüfung Bedeutung zugemessen werden. Denn die Bereitschaft der betreffenden Gläubiger, den Fortbestand des Unternehmens im Hinblick auf eine mögliche Sanierung zu ermöglichen, ist auch ein Indiz für eine mittelfristig positive Fortführungsprognose.

Die oben genannten temporären Maßnahmen eignen sich grundsätzlich auch für Projektfinanzierungen. Überbrückungskredite sind bei Projektfinanzierungen allerdings selten, weil alle Betriebskosten nach der üblichen Verwendungsreihenfolge (Cashflow Waterfall) vorrangig zu bedienen sind und Kostenüberschreitungen in der Bauphase eher dazu führen, dass die Fertigstellung bis zur Verständigung über die langfristige Finanzierung zurückgestellt werden. Zudem haben die bereits erwähnten vertraglichen Regelungen – krisenbezogene Kündigungstatbestände, Ausschüttungssperren und Reservekonten – zur Folge, dass Restrukturierungsverhandlungen früher eingeleitet werden und dem Schuldner während dieser Verhandlungen höhere Liquiditätsreserven zur Verfügung stehen. Gleichwohl sind Stillhaltevereinbarungen und temporäre Stundungen in der Praxis auch bei Projektfinanzierungen nicht ungewöhnlich, weil Restrukturierungsverhandlungen ungeachtet der vertraglichen Kündigungstatbestände oft erst dann ernsthaft geführt werden, wenn die ursachenbezogene Maßnahmen zur Krisenbewältigung sich als unzureichend erwiesen haben. Zudem regeln Stillhaltevereinbarungen typischerweise auch den temporären Verzicht der Gläubiger auf die Geltendmachung krisenbezogener Kündigungsgründe. Auch diesem Aspekt kommt für die Fortführungsprognose im Rahmen der Überschuldungsprüfung aus Sicht des Schuldners typischerweise erhebliche Bedeutung zu.

Für die Behandlung in grenzüberschreitenden Fällen gelten zunächst die oben skizzierten Grundsätze: ob ein Insolvenzgrund temporär beseitigt worden ist, beurteilt sich nach dem Insolvenzstatut, wohingegen die Parteien das auf die diesbezügliche vertragliche Vereinbarung anwendbare Recht im Übrigen frei wählen können. Nicht abschließend geklärt ist demgegenüber die Frage, welches Recht auf die deliktsrechtliche Haftung anderen Gläubigern gegenüber wegen sanierungszweckfremder Kredite und Stundungen anwendbar ist. Nach allgemeinen Grundsätzen gilt das Recht des Staates, in dem der Schaden primär eintritt.[22] Da sich der Schaden in der Verschlechterung der Insolvenzquote manifestiert, dürfte das anwendbare Deliktsrecht typischerweise mit dem Insolvenzstatut zusammenfallen.

22 Art. 4 Abs. 1 Rom II-VO.

3.1.4 Stundungsvereinbarungen

Die Streckung des Tilgungsprofils durch eine langfristige Stundungsvereinbarung ist die am häufigsten verbreitete finanzwirtschaftliche Maßnahme zur Krisenbewältigung in der Projektfinanzierung. Tatsächlich wird diese Restrukturierungsvariante regelmäßig bereits in der ursprünglichen Finanzierungsdokumentation dahingehend berücksichtigt, dass die regelmäßige Tilgung des Fremdkapitals mehrere Jahre vor dem planmäßigen Projektende – z. B. dem Laufzeitende des Abnahme- oder Konzessionsvertrages – abgeschlossen ist (*Tail*).

Im Falle der Krise kann dieser zeitliche Puffer genutzt werden, um Ertragsschwächen zugunsten der Fremdkapitalgeber auszugleichen. Andererseits impliziert die feste Projektlaufzeit, dass die Möglichkeit einer Stundung – anders als bei einem auf unbestimmte Dauer ausgerichteten Unternehmen – klar begrenzt ist: praktisch umfasst die tilgungsfreie Restlaufzeit selten mehr als 10 % der gesamten Projektdauer, deren wirtschaftlicher Wert sich durch die infolge der Stundung erhöhte Zinslast noch einmal verringert. In Anbetracht dieser Beschränkungen treffen Stundungsregelungen häufig mit anderen finanzwirtschaftlichen Maßnahmen in Form von Zinssubventionen und laufenden Pflichtsondertilgungen (*Cash Sweeps*) zusammen:

Der Ausdruck Zinssubvention bezeichnet in diesem Zusammenhang eine Vereinbarung über die Herabsetzung des Zinssatzes für bestehende Fremdkapitalforderungen. Eine solche Regelung ist zunächst kontraintuitiv, weil sich die Risikoprämie als Zinselement sowohl infolge der Krise als auch wegen der Laufzeitverlängerung typischerweise erhöhen würde. Bilanzpolitisch kann dies dennoch sinnvoll sein, wenn Abschreibungen auf das Kapital vermieden werden sollen, obwohl sich die Ertragsfähigkeit des Projektes über seine Gesamtlaufzeit verringert hat. Wirtschaftlich vorteilhafter für den Fremdkapitalgeber ist allerdings ein teilweiser Rangrücktritt der Kapitalforderung, weil ihm dadurch das Potential einer zukünftigen Ertragsverbesserung erhalten bleibt.

Eine weitere typische Ergänzungsregelung zu Stundungsvereinbarungen ist eine laufende Pflichtsondertilgung aus der freien Liquidität. Damit soll vermieden werden, dass die Projektgesellschaft freie Liquidität an ihre Gesellschafter ausschüttet, obwohl der *Tail* als Risikopuffer für die vollständige Rückzahlung infolge der Streckung des Tilgungsprofils nicht mehr zur Verfügung steht.

Zur Vermeidung der bereits erwähnten Haftungsrisiken werden die Fremdkapitalgeber einer Stundungsvereinbarung typischerweise erst dann zustimmen, wenn die Tragfähigkeit des Sanierungskonzeptes insgesamt durch ein Sachverständigengutachten nach IDW S 6 nachgewiesen ist.

In grenzüberschreitenden Projekten gilt für die Stundungsvereinbarung und ergänzenden Vereinbarungen wiederum Rechtswahlfreiheit, wobei die Anknüpfung an das Vertragsstatut der gestundeten Forderung in aller Regel sinnvoll ist und im Zweifel vermutet wird.[23] Für die materiellen Anforderungen an die Beseitigung der

---

23 *Reithmann/Martiny* 2015, Tz. 3.255.

Insolvenzgründe und die Voraussetzungen zur Verhinderung von Haftungsrisiken der Fremdkapitalgeber ist wiederum das Insolvenzstatut maßgeblich.

3.1.5 Rangrücktritt

Übersteigt die bestehende Verschuldung infolge der Krise die Ertragsfähigkeit des Projektes bis zu dessen Laufzeitende, dann reicht eine Stundungsvereinbarung – gegebenenfalls in Verbindung mit einer Zinssubvention – zur langfristigen Sanierung nicht aus. In diesen Fällen bleibt den Fremdkapitalgebern die Möglichkeit, für einen Teil ihrer Forderungen den Nachrang im Insolvenzverfahren i.S.v. § 39 Abs. 2 InsO zu vereinbaren, um die Überschuldung abzuwenden.

Gegenüber einem Teilverzicht hat der bloße Rangrücktritt den Vorteil, dass dem Gläubiger die Möglichkeit erhalten bleibt, seine Forderung bei positiver Ertragsentwicklung in voller Höhe zu realisieren.[24] Zudem wird bei der Projektgesellschaft die Entstehung eines außerordentlichen bilanziellen Ertrages verhindert, der vorbehaltlich einer Einzelfallentscheidung der Finanzverwaltung zu versteuern wäre.[25] Andererseits muss die Regelung den Anforderungen der Rechtsprechung an eine Nachrangvereinbarung i.S.v. § 39 Abs. 2 InsO genügen.[26]

Praktisch geht ein Rangrücktritt typischerweise mit der Aufteilung der bestehenden Fremdkapitalfinanzierung in zwei Tranchen einher, von denen die vorrangige Tranche die Schuldendienstfähigkeit des Projektes unter Berücksichtigung der Krise mit festem Tilgungsprofil abbildet. Demgegenüber wird die Nachrangtranche meist nur über laufende Pflichtsondertilgungen zurückgeführt. Gelegentlich ist darüber hinaus eine weitere Tranche vorgesehen, unter der rückständige Zinsen auf die Nachrangtranche gebucht werden können.

Für die Beseitigung der Überschuldung als Insolvenzgrund kommt der Nachrangvereinbarung vor allem insoweit Bedeutung zu, als der Schuldendienst auf die nachrangige Tranche für die Fortführungsprognose nach § 19 InsO außer Betracht bleiben kann. Folgerichtig bestehen Fremdkapitalgeber auch für den Abschluss einer Nachrangvereinbarung regelmäßig auf der Validierung des Sanierungskonzeptes nach IDW S 6.

Für die Ermittlung des anwendbaren Rechts gelten die bereits oben für Stundungsvereinbarungen skizzierten Grundsätze.

---

24 Daher auch der Ausdruck ‚Besserungsschein'.

25 BMF vom 27.03.2003, BStBl I 2003, 240; bei Erfüllung der dort genannten Voraussetzungen werden Ertragssteuern auf den Sanierungsgewinne regelmäßig erlassen.

26 Vgl. BGHZ 204, 231 und die auf dieser Entscheidung aufbauenden die Formulierungsvorschläge bei *Westpfahl/Kresser* DB 2016, 33, 41.

3.1.6 Sanierungskredite

Die erfolgreiche Überwindung einer Unternehmenskrise erfordert in vielen Fällen die Aufnahme neuer Kreditmittel zur Verbesserung der Ertragsfähigkeit und zur vorübergehenden Finanzierung des laufenden Betriebes bis zur Umsetzung operativer Sanierungsmaßnahmen. Demgegenüber sind Sanierungskredite in der Projektfinanzierung eine seltene Ausnahme:

Während der Bauphase wird das Kostenüberschreitungsrisiko durch die Verwendung von Generalunternehmerverträgen mit Festpreisklauseln weitgehend begrenzt und im Übrigen durch weitergehende Finanzierungszusagen (*Headrooms/Contingencies*) Vorsorge getroffen. Extreme Baukostenerhöhungen, die zur Aufnahme weiterer Finanzierungsmittel zwingen, haben ihren Grund deswegen meistens in der Verwendung unausgereifter Technologien, die sich konzeptionell ohnehin kaum für die Projektfinanzierung eignen. Praktisch stellt sich in diesen eher seltenen Fällen oft die Frage, ob die Umsetzung als Projektfinanzierung überhaupt möglich ist, oder ob die verbleibenden Fertigstellungsrisiken nur durch Übernahme der Anlage im Bau in eine Konzern- oder Risikokapitalfinanzierung realistisch ist.

Während der Betriebsphase sind Sanierungskredite tendenziell noch seltener, weil mittels *All-Risk*-Versicherungen und Reservekonten Vorsorge für die Finanzierung aller typischen Ersatzinvestitionen getroffen wird und eine Verbesserung der Ertragslage durch Zusatzinvestitionen im Unternehmenskonzept einer Projektfinanzierung nicht angelegt ist. Verursachen Sachschäden einen Ertragsausfall, wird dieser typischerweise durch eine Betriebsunterbrechungsversicherung ausgeglichen. Im Übrigen werden die laufenden Betriebskosten nach der durchweg vereinbarten Verwendungsreihenfolge gegenüber dem Schuldendienst vorrangig bedient, so dass Stundung und Rangrücktritt als finanzwirtschaftliche Maßnahmen zur Überwindung der Krise in aller Regel ausreichen.

Kommt ein Sanierungsdarlehen dennoch in Betracht, dann ist auch hier zum Schutz der Fremdkapitalgeber vor Haftungsrisiken ein Gutachten nach IDW S 6 erforderlich.

In grenzüberschreitenden Situationen gilt für das Sanierungsdarlehen wiederum Rechtswahlfreiheit, für die Beseitigung der Insolvenzgründe und etwaige Haftungsrisiken dagegen das Insolvenzstatut.

3.1.7 Teilverzicht gegen Anteilserwerb (Debt-to-Equity Swap)

Den bislang dargestellten finanzwirtschaftlichen Maßnahmen zur Krisenbewältigung – Stundung, Rangrücktritt und Sanierungskredit – ist gemeinsam, dass die Beteiligungsstruktur an der Projektgesellschaft unverändert bleibt. Dies entspricht der typischen Interessenlage aller Beteiligten: Da Krisen in der Projektfinanzierung selten auf unternehmerische Fehlentscheidungen zurückzuführen sind und die bisherigen Sponsoren aufgrund ihres Informationsvorsprungs meist am besten positioniert sind, das Projekt in und nach der Krise zu leiten, haben die Fremdkapitalgeber regelmäßig kein Interesse an einem Verkauf an Dritte. Andererseits erlaubt die Haftungsbeschränkung auf das Eigenkapital den Sponsoren, sich die langfristigen Chancen eines Projektes ohne das Risiko einer Nachschusspflicht zu erhalten, zumal da die Kosten der laufenden Unternehmensführung als Teil der Betriebskosten vorrangig getragen werden. Zugleich ist der Erhalt dieser langfristigen Chancen – d. h. der vollständige Erhalt der eigenen Beteiligung – aus Sicht der Sponsoren regelmäßig Voraussetzung für die Bereitschaft, der Projektgesellschaft weiterhin Managementkapazitäten zur Verfügung zu stellen.

Eine Übernahme der Eigenkapitalbeteiligungen an der Projektgesellschaft durch die Fremdkapitalgeber kommt deswegen nur dann ernsthaft in Betracht, wenn der bisherige Gesellschafter seinerseits in die Insolvenz gefallen ist oder sich als fachlich ungeeignet für die Durchführung des Projektes erwiesen hat. Sind diese Voraussetzungen erfüllt, dann lässt sich die Übernahme der Eigenkapitalbeteiligungen in der Krise meist effizient umsetzen. Denn die Beteiligungen der Sponsoren an der Projektgesellschaft und etwaige Gesellschafterdarlehen sind den Fremdkapitalgebern in der Regel als weitere Sicherheit verpfändet. Dies ermöglicht es den Fremdkapitalgebern, nach Fälligstellung ihrer Finanzierung die öffentliche Versteigerung zu betreiben, bei der die eigenen Forderungen gemäß §§ 1239 Abs. 1 S. 2 und 1247 BGB zugleich als Währung für den Kaufpreis eingesetzt werden können (*Debt-to-Equity Swap*). Macht der betreibende Gläubiger dabei deutlich, dass er seine Forderung nur für Zwecke der Pfandrechtsverwertung in die Beteiligung fällig gestellt hat und seine Zahlungsansprüche vorerst nicht von der Projektgesellschaft einfordern will, dann kann die Zahlungsunfähigkeit und damit auch die Insolvenz auf dieser Ebene vermieden werden.

Ungeachtet der klaren rechtlichen Rahmenbedingungen ist die Übernahme im Wege der öffentlichen Versteigerung ein komplexer Prozess.[27] Wenn der Gesellschafterwechsel wirtschaftlich unausweichlich geworden ist, verständigen sich Fremdkapitalgeber und Sponsoren deswegen meist auf eine einvernehmliche Anteilsübertragung, um Kosten und Anfechtungsrisiken zu reduzieren bzw. zu vermeiden. Dabei richtet sich der Kaufpreis, den der Fremdkapitalgeber für das bilanziell wertlose Eigenkapital der Projektgesellschaft aufbringen muss, idealtypisch nach dem Kostenrisiko einschließlich der gerichtlichen Abwehr etwaiger Anfechtungsversuche,

27 In der Praxis sind neben den sachen- und verfahrensrechtlichen Aspekten der Pfandverwertung vor allem insolvenzrechtliche, gesellschaftsrechtliche, steuerrechtliche und fusionskontrollrechtliche Fragen sowie die Auswirkungen eines Gesellschafterwechsels auf die Projektverträge zu berücksichtigen; vgl. zu einer Reihe der genannten Aspekte *Maier-Reimer/Webering* BB 2003, 1630 und *Westpfahl/Siepmann*, Die Verwertung von Pfandrechten an GmbH-Anteilen, in: Corporate Governance nach der Finanz- und Wirtschaftskrise: Vorbilder und Ziele eines modernen Wirtschaftsrechts, 2011, S. 265.

das für den Fremdkapitalgeber mit der Durchführung der öffentlichen Versteigerung verbunden ist.

Da die restlichen Forderungen des Fremdkapitalgebers durch den *Debt-to-Equity Swap* zu Gesellschafterdarlehen werden, wird auch vor Durchführung dieser finanzwirtschaftlichen Maßnahme nahezu immer ein Sanierungsgutachten nach IDW S 6 eingeholt. Denn andernfalls hätte der Anteilserwerb gemäß § 39 Abs. 4 S. 2 InsO einen gesetzlichen Rangrücktritt zur Folge.

In grenzüberschreitenden Situationen gilt für die Pfandrechtsverwertung das auf das Pfand – also die gesellschaftsrechtliche Beteiligung und etwaige Gesellschafterdarlehen – anwendbare Recht. Jedenfalls für die gesellschaftsrechtliche Beteiligung wird das Gesellschaftsstatut regelmäßig mit dem Insolvenzstatut zusammenfallen. Für die schuldvertraglichen Aspekte eines einvernehmlichen Beteiligungserwerbs gilt demgegenüber Rechtswahlfreiheit.

3.1.8 Unternehmensverkauf und stille Liquidation

Verkörpert das Unternehmen ungeachtet der Krise noch einen Wert als Organisation, ohne dass eine Sanierung durch den bisherige Unternehmensträger realistisch erscheint, dann bleibt als finanzwirtschaftliche Maßnahme zur Überwindung der Krise nur der Unternehmensverkauf mit anschließender Liquidation.

Wegen des Einzweckcharakters der Projektgesellschaft handelt es sich in der Projektfinanzierung regelmäßig um die einzig sinnvolle Form der Verwertung dinglicher Sicherheiten auf Projektebene.[28] Da der Wert eines Projektes meist in erheblichem Maße auf bestehenden Vertragsbeziehungen beruht, lassen sich die Fremdkapitalgeber von den wichtigsten Vertragsparteien regelmäßig im Rahmen sogenannter Direktvereinbarungen Eintrittsrechte für den Verwertungsfall einräumen.[29]

Da eine Sanierung des bisherigen Unternehmens nicht mehr angestrebt ist, erübrigt sich in diesen Fällen die Einholung eines Sanierungsgutachtens. Allerdings werden die Fremdkapitalgeber ein Insolvenzverfahren im Zweifel ungeachtet ihrer Position als dinglich besicherter Hauptgläubiger vermeiden wollen: einerseits, um die mit dem Insolvenzverfahren verbundenen Kosten und Anfechtungsrisiken zu vermeiden, zumal da sich letztere typischerweise negativ auf die Höhe des Kaufpreises auswirken werden; und andererseits, weil die Ansprüche ungesicherter Drittgläubiger insgesamt meist so gering sind, dass die Kosten einer stillen Liquidation auch

28 Vgl. zu einzelnen Aspekte näher Abschnitt 3.6.4 und Kapitel 3.7.

29 In der Insolvenz der Projektgesellschaft als dem ausgewechselten Vertragspartner haben solche Eintrittsrechte gemäß §§ 104, 119 und 129 ff. InsO nur Bestand, wenn ihre Ausübung für die Masse wirtschaftlich neutral ist, etwa weil alle Rechte aus dem Vertrag den Fremdkapitalgebern insolvenzfest verpfändet sind; vgl. etwa BGH NJW-RR 2012, 1513. In Infrastrukturprojekten sind bei der Ausübung von Eintrittsrechten regulatorische Vorgaben insbesondere des Vergaberechts zu berücksichtigen.

bei vollständiger Abfindung der Drittgläubiger geringer ausfallen als diejenigen eines Insolvenzverfahrens.[30]

In grenzüberschreitenden Situationen gilt für die Sicherheitenverwertung grundsätzlich das auf den Sicherungsgegenstand anwendbare Recht. Ebenso wie bei der Verwertung von Pfandrechten an der Projektgesellschaft wird dies typischerweise mit dem Insolvenzstatut zusammenfallen. Für die Liquidation der Projektgesellschaft gilt deren Gesellschaftsstatut, für die schuldvertraglichen Aspekte des Unternehmenskaufvertrages Rechtswahlfreiheit.

3.1.9 Insolvenzplanverfahren

In Anbetracht der vielfältigen und effizienten Instrumente zur Überwindung der Krise durch finanzwirtschaftliche Maßnahmen und der ergänzenden vertraglichen Regelungen zu deren Erleichterung stellt die Durchführung des Insolvenzverfahrens in Projektfinanzierungen eine seltene Ausnahme dar. Kommt es dennoch zur Eröffnung eines Insolvenzverfahrens, dann liegt die Sanierung im Insolvenzplanverfahren besonders nahe, weil auf diesem Wege die bestehenden Vertragsbeziehungen fortgeführt werden können und der nach der Krise verbleibende Wert des Projektes am besten erhalten bleibt.

In grenzüberschreitenden Situationen beurteilt sich die Möglichkeit der Durchführung eines gerichtlichen Sanierungsverfahrens wie des Insolvenzplanverfahrens grundsätzlich nach dem Insolvenzstatut.

Literaturverzeichnis

IDW S 6 (2012), IDW Fachnachrichten Nr. 12/2012, S. 721

Obermüller M., *Insolvenzrecht in der Bankpraxis*, 8. Auflage, 2011

Reithmann C. / Martiny D., *Internationales Vertragsrecht*, 8. Auflage, 2015

Uhlenbruck W., *Insolvenzordnung*, 14. Auflage, 2015

Westpfahl L./ Kresser M., *Rangrücktrittsvereinbarungen in der Beratungspraxis*, DB 2016, 33–42

Westpfahl L./ Siepmann S., Die Verwertung von Pfandrechten an GmbH-Anteilen, in: *Corporate Governance nach der Finanz- und Wirtschaftskrise: Vorbilder und Ziele eines modernen Wirtschaftsrechts*, 2011, S. 265–294

30 Anders, wenn erhebliche Steuerschulden zu begleichen sind.

3.2 Rechtliche Maßnahmen zur Gefahrenabwehr – von Ad-Hoc-Maßnahmen bis zur Durchsetzung von Sicherheiten

Dr. Wolfram Distler und Dr. Dietmar Schulz

3.2.1 Einleitung

Nachdem in Hauptteil 2 bereits ausführlich die möglichen Ursachen von Krisen bei Projektfinanzierungen behandelt worden sind, soll es in diesem Hauptteil 3 um die Darstellung von möglichen Maßnahmen der Projektbeteiligten gehen, die Krise zu überwinden und eine Insolvenz des Projektes zu vermeiden.[31]

Es versteht sich von selbst, dass jeder, der rechtlich und/oder wirtschaftlich an einem projektfinanzierten Projekt beteiligt ist, ein eigenes Interesse an einer möglichst raschen Beendigung einer krisenhaften Situation hat:

- **Sponsoren** haben Eigenkapital in die Projektgesellschaft investiert, das sich angemessen verzinsen soll – Krisen können zumindest die Eigenkapitalrendite deutlich schmälern, im schlimmsten Fall (der Insolvenz) sogar dazu führen, dass das investierte Eigenkapital insgesamt uneinbringlich verloren ist. Auch ein potentieller Exit durch Veräußerung der Beteiligung an der Projektgesellschaft wird durch eine Krise erschwert bzw. unmöglich gemacht.
- **Vertragspartner** der Projektgesellschaft, also in der Bauphase Lieferanten von Baukomponenten (wie etwa von Windturbinen, Solarpanels, etc.), oder Generalunternehmer und in der Betriebsphase Zulieferer bspw. von Energie und von Brennstoffen (etwa bei Kohle- oder Gaskraftwerken) sowie Abnehmer (etwa von Strom, Wärme, etc.) verlassen sich auf pünktliche Abnahme und Bezahlung bzw. Lieferung. Eine Nichtzahlung bzw. Nichtlieferung aufgrund einer Krise der Projektgesellschaft kann im schlimmsten Fall eine existenzgefährdende Krise auch bei den Vertragspartnern der Projektgesellschaft auslösen, jedenfalls aber zu enormen wirtschaftlichen Schäden führen.
- Kaum näher zu begründen ist das Interesse der **Darlehensgeber** der Projektfinanzierung, an die Projektgesellschaft ausgereichte Kredite zurückzuerhalten, einschließlich der vereinbarten Zinsen und sonstigen Gebühren. Da jede Krise des Projekts unmittelbar zu einer Gefährdung des Schuldendienstes führt, kommt bei der Projektfinanzierung in der Krise den Darlehensgebern eine zentrale Rolle bei der Krisenbewältigung zu: wie noch auszuführen sein wird, sollte eine Überwindung der Krise vor allem in der Bauphase nur *mit* und nicht *gegen* die

31 Sollte dies nicht gelingen, muss über Möglichkeiten und Grenzen der Projektfortführung in der Insolvenz bzw. einen möglichen Exit der Darlehensgeber nachgedacht werden – Ausführungen hierzu folgen in den Kapiteln 3.6, 3.7 und 3.8.

Darlehensgeber erfolgen. Neben den Sponsoren haben die Darlehensgeber rechtlich, wirtschaftlich und tatsächlich umfassend Möglichkeiten, durch geeignete Maßnahmen eine Krise zu lösen und im eigenen, wie im Interesse der übrigen Beteiligten einen Neuanfang durchzusetzen. Allerdings sind mögliche Lösungen, wie noch zu zeigen ist, rechtlich nicht ohne Risiken für die Kreditgeber.

Die nachfolgende Darstellung unterteilt sich in drei Abschnitte, wobei die ersten beiden den grundsätzlichen Phasen einer Projektfinanzierung in der Praxis entsprechen: die **Bauphase** (Abschnitt 3.2.2) und die **Betriebsphase** (Abschnitt 3.2.3).[32] Schließlich sollen zusammenhängend typische rechtliche Fragestellungen erläutert werden, die sich bei der proaktiven Sanierung bzw. im Falle des Scheiterns bei Vollstreckung von Sicherheiten bzw. dem Eintritt in Direktverträge stellen (Abschnitt 3.2.4).

3.2.2 Gefahrenabwehr in der Bauphase

Fertigstellungsrisiko als zentrales Thema in der Bauphase

Kommt es bereits in der Bauphase zu einer krisenhaften Situation, ist dies für die Kreditgeber heikel: Die klassische Projektfinanzierung, die bereits mit Beginn der Bauphase einsetzt, durchlebt ihre kritische Phase gerade bis zu dem Zeitpunkt der Projektfertigstellung bzw. zu dem Zeitpunkt, zu dem erstmals das finanzierte Projekt einen Cashflow erwirtschaftet, mit dem der Kredit bedient werden kann. Es ist wichtig, sich zu vergegenwärtigen, dass es während der Bauphase nach und nach zu den einzelnen Auszahlungen der Kreditgeber kommt – also zu einem Zeitpunkt, zu dem diesen weder ein fertiges Projekt als haftender Vermögenswert zur Verfügung steht, noch die ausgereichten Darlehensbeträge kurzfristig von der Projektgesellschaft zurückgeführt werden könnten, denn diese Beträge werden unmittelbar an Dritte (etwa Lieferanten bzw. den Generalunternehmer) weitergereicht. Die Fähigkeit zur Bedienung des Schuldendienstes kann erst dem *fertigen* Projekt zugesprochen werden. Die Strukturierung, die Risikoabwägung, das Pricing, im Grunde sämtliche Parameter der Finanzierung werden von den Kreditgebern wie auch von den übrigen Projektbeteiligten ausschließlich in Hinblick auf das *fertige* Projekt vorgenommen – die plangemäße Projektfertigstellung ist daher das zentrale Anliegen sämtlicher Beteiligter während der Bauphase.

Ein in der Bauphase gescheitertes Projekt, das die Projektfertigstellung niemals erlebt, ist vor diesem Hintergrund der „Größte Anzunehmende Unfall" einer Projektfinanzierung: Aus Sicht der Investoren wird das investierte Eigenkapital uneinbringlich verloren sein, aus Sicht der finanzierenden Banken das bereits ausgereichte

32 Zu den Phasen von Projektfinanzierungen vgl. die Darstellung von *Wiebusch* oben, Abschnitt 1.2.

Darlehen niemals zurückgeführt werden können und aus Sicht der übrigen Vertragspartner ihre Leistung während der Bauphase nicht abgenommen und bezahlt bzw. ein angestrebter Leistungsaustausch während der Betriebsphase hinfällig werden, da es niemals zu einem Betrieb des Projektes kommt. Das **Projektfertigstellungsrisiko** tragen somit sämtliche Projektbeteiligte, wenn auch in unterschiedlichem Umfang: Während Sponsoren und Finanzierer das Risiko der Nichtfertigstellung in vollem Umfang[33] trifft, kann es sein, dass übrige Projektbeteiligte etwas glimpflicher davon kommen, etwa wenn für einzelne Leistungen jeweils Vorkasse vereinbart wird, und demgemäß beim Ausbleiben von Zahlungen keine Vorausleistung erfolgt.

Dieses Prinzip, wonach ein Projekt aus Sicht der Kreditgeber fast unausweichlich fertiggestellt werden muss, sobald eine Projektfinanzierung einmal begonnen hat, wird als **„Going-Project"-Prinzip** bezeichnet.

Was heißt dies nun aber für die Krisenbewältigung während der Bauphase?

Wenn aus Sicht der Kreditgeber eine Rückzahlung des ausgereichten Darlehens einschließlich angefallener Zinsen sowie sonstiger Gebühren praktisch nur bei Fertigstellung des Projektes gewährleistet ist, so wird es das Ziel der Kreditgeber sein, die Krise auf eine Art und Weise zu lösen, die diese Fertigstellung ermöglicht: Vorrangig kommen hierbei Lösungsansätze auf der Ebene der Projektverträge sowie auf der Ebene der Finanzierung in Betracht.[34] Erst wenn entsprechende Lösungsversuche nicht erfolgreich sind, werden die Kreditgeber eine Vollstreckung von Sicherheiten erwägen, zusätzlich evtl. die Geltendmachung von Eintrittsrechten unter den Direktverträgen.[35]

Ursachen der Krise als Entscheidungshilfe für mögliche Lösungsansätze

Bei der Frage, welche Maßnahmen zur Überwindung einer möglichen Krise überhaupt in Frage kommen, muss zunächst untersucht werden, welche Ursachen die Krise hat.[36]

---

33 Besonderes Augenmerk ist aus Sicht der projektfinanzierenden Banken auf die Frage zu richten, wie hoch das wirtschaftliche Ausfallrisiko der Sponsoren *wirklich* ist: rechtlich gesehen ist die Stellung als Gesellschafter naturgemäß deutlich ungünstiger als die eines Fremdkapitalgebers, da Gesellschafterforderungen auf Rückgewähr eines Darlehens oder einer vergleichbaren Rechtshandlung in der Insolvenz nur nachrangig nach den übrigen Insolvenzgläubigern (Fremdkapitalgebern) befriedigt werden. Allerdings werden Projekte in der Praxis von erfahrenen Entwicklern bzw. Sponsoren meist so strukturiert, dass aufgrund des hohen Fremdkapitalanteils am Gesamtfinanzierungsvolumen eines Projektes *faktisch* die Banken das deutlich größere Risiko tragen. Darüber hinaus lassen sich Sponsoren (direkt oder über Gruppengesellschaften) häufig für erbrachte Leistungen in der Entwicklungs- bzw. Bauphase von der Projektgesellschaft (finanziert durch die Banken) entlohnen, was dazu führen kann, dass wirtschaftlich gesehen das anfangs investierte Eigenkapital schon nach kurzer Zeit wieder in der wirtschaftlichen Sphäre der Sponsoren landet. Faktisch ist damit das eigentliche Ausfallrisiko der Sponsoren für den Fall einer Insolvenz der Projektgesellschaft minimiert bzw. gar nicht vorhanden.

34 Vgl. hierzu die nachfolgenden Ausführungen.

35 Vgl. hierzu die Ausführungen am Ende dieses Abschnitts.

36 Vgl. ausführlich die Ausführungen von *Wiebusch* und *Reuter* zu möglichen Krisenursachen in Kapitel 1 bzw. Kapitel 2.2.

- **Bauverzögerung aus rechtlichen Gründen**: Die Fertigstellung des Projektes kann sich aus rechtlichen Gründen ergeben – etwa wenn Teilgenehmigungen verweigert bzw. angegriffen und damit deren Rechtskräftigkeit verhindert wird.
- **Bauverzögerung aus tatsächlichen/technischen Gründen**: Es kann in einem rechtlich einwandfreien bzw. unproblematischen Projektumfeld aus rein tatsächlichen, meist technischen, Gründen zu einer Bauverzögerung bzw. (vorübergehenden) Baueinstellung kommen: Etwa wenn der Baugrund wider Erwarten nicht für die plangemäße Projekterstellung geeignet ist, wenn Baukomponenten nicht zusammenpassen, Rohstoffe oder Hilfsstoffe nicht rechtzeitig geliefert werden, etc.
- **Bauverzögerung wegen Insolvenz eines Zulieferers, eines Subunternehmers bzw. des Generalunternehmers**: Auch wenn rechtlich und technisch keine Probleme auftreten, kann es zu einer (erheblichen) Bauverzögerung kommen, wenn etwa ein Zulieferer, ein Subunternehmer oder gar der Generalübernehmer in die Insolvenz fällt.

Lösungsansätze auf der Ebene der Projektverträge

Sofern die *Umstände*, die zu einer Krise des Projektes führen, auf Ebene des Projektes selbst bzw. auf Ebene der Projektverträge auftauchen, liegt eine *Lösung* der Krise auf derselben Ebene nahe.

Planwidrige Ereignisse in der Bauphase sind im Regelfall schon unter dem jeweiligen Projektvertrag relevant und führen in einem ersten Schritt grundsätzlich zu den dort niedergelegten Rechtsfolgen:

Kommt es zu **Verzug** auf Seiten des Lieferanten bzw. Werkunternehmers (wobei die Frage, ob hierfür Verschulden notwendig ist oder nicht, der jeweiligen vertraglichen Vereinbarung unterliegt), sieht der Projektvertrag gegenüber dem Auftraggeber im Regelfall eine Höchstgrenze für den Ersatz des evtl. daraus resultierenden Schadens vor. Für den Fall, dass der tatsächlich entstandene Schaden diese Grenze übersteigt, wird im Regelfall ein Kündigungsrecht des Auftraggebers vereinbart sein. Daneben bzw. darüber hinaus finden sich meist die Vereinbarung einer pauschalierten Vertragsstrafe bzw. einer Verzugspauschale.[37]

Falls es zu einem **Gewährleistungsfall**, also einer mangelhaften Leistung des Werkunternehmers bzw. Verkäufers kommt, richten sich die möglichen Rechtsfolgen nach den gesetzlichen Regelungen in der Form, wie sie von den Parteien in dem jeweiligen Liefer- und Errichtungsvertrag bzw. Kaufvertrag vereinbart worden sind.[38]

---

37 Vgl. *Schulz/Rohrer*, Projektverträge, Rn. 200 ff., in Schulz, Handbuch Windenergie, Berlin 2015.

38 Die gesetzlich vorgesehenen Rechte des Auftragnehmers gemäß § 634 Nr. 1 BGB i.V.m. § 635 BGB (Nacherfüllung), § 634 Nr. 2 BGB i.V.m. § 637 BGB (Recht zur Mangelbeseitigung und Aufwendungsersatz), § 634 Nr. 3 i.V.m. §§ 636, 323 und 326 Abs. 5 BGB (Recht zum Rücktritt von dem Vertrag bzw. Minderung) und § 634 Nr. 4 BGB i.V.m. §§ 636, 280, 281, 283 und 311a BGB (Schadensersatz) sowie, bei

Die Geltendmachung dieser Rechte hinsichtlich eines etwaigen Verschuldens muss allerdings in der Praxis noch lange nicht dazu führen, dass eine Krise vermieden bzw. beendet wird. Unabhängig von der Vorfrage, ob der schlecht oder nicht leistende Vertragspartner überhaupt wirtschaftlich in der Lage ist, Ersatzansprüche auszugleichen, ist in jedem Fall mit Verzögerungen zu rechnen. Zum einen ist davon auszugehen, dass über den Sachverhalt unterschiedliche Auffassung besteht und dass der Werkunternehmer, Verkäufer bzw. Generalunternehmer die Zahlung der Vertragsstrafe bzw. des Schadensersatzes zurückweisen und es evtl. sogar auf ein Gerichts- bzw. Schiedsverfahren ankommen lassen wird. Zum anderen hilft auch eine Kündigung des Vertrages durch die Projektgesellschaft im Regelfall nicht weiter, um die Krise kurzfristig zu beenden. Denn selbst wenn erfolgreich der Projektpartei gekündigt werden kann und diese Kündigung entweder unstrittig rechtens ist oder vor einem Gericht oder Schiedsgericht Bestand hat, ist der Projektgesellschaft nur bedingt geholfen. Schließlich muss die von der nichtleistenden bisherigen Projektpartei geschuldete Leistung nun von einem Dritten erbracht werden. Wenn auch subalterne Hilfstätigkeiten eines Subunternehmers sicherlich in den meisten Fällen zügig und problemlos von einem Dritten übernommen werden können, so gilt dies sicherlich nicht für den Generalunternehmervertrag. Hier muss ein gewisser zeitlicher Vorlauf eingeplant werden, denn zunächst muss erst einmal die angeforderte Leistung ausgeschrieben, müssen Angebote eingeholt und verglichen werden, bevor man in die Verhandlung der Vertragsdetails mit dem neuen Vertragspartner einsteigen und zu einem Abschluss der Verhandlungen kommen kann. Eine offene Frage ist hierbei stets, wie viel teurer der neue Generalunternehmer sein wird, denn es ist kaum damit zu rechnen, dass Wettbewerber günstiger in ein (fast) gescheitertes Projekt einsteigen als der ursprüngliche Vertragspartner. Die Drucksituation für den Auftraggeber, eine gekündigte Leistung bzw. Lieferung zu ersetzen, ist in der Praxis unerträglich, da jeder neue Dritte unter Ausnutzung der Situation sich eine bessere Entlohnung erhofft und häufig auch erhält. Zudem ist auch die Werthaltigkeit von Schadensersatzansprüchen häufig fraglich.

Noch komplizierter stellt sich der Austausch des Lieferanten einer Hauptkomponente, etwa einer Maschine oder bspw. einer Windturbine für einen Windpark, dar: Die Entscheidung für eine konkrete Turbine eines bestimmten Herstellers stellt eine der zentralen Investitionsentscheidungen der Sponsoren dar, die abhängig gemacht wird von dem konkreten Leistungsprofil der auf dem Markt erhältlichen Turbinen für den konkreten Windstandort, von den bisherigen Erfahrungen, die im Markt (evtl. von den Sponsoren selbst) mit den einzelnen Turbinen gemacht worden sind, und natürlich von den wirtschaftlichen Bedingungen, die die einzelnen Hersteller zu gewähren bereit sind. Da u. a. das Finanzmodell auf die Leistungsfähigkeit der konkreten Turbinen

---

reinen Kaufverträgen, die gesetzlich vorgesehenen Gewährleistungsrechte des Käufers, werden im Regelfall von den Parteien deutlich modifiziert (vgl. hierzu ausführlich *Schulz/Rohrer* aaO, Rn. 375 ff.).

abstellt, führt ein Austausch der ursprünglich geplanten Turbine durch einen anderen Typ zu der Notwendigkeit, das Finanzmodell komplett neu zu erstellen – die Sponsoren müssen überlegen und kalkulieren, inwiefern sich das Projekt für sie überhaupt noch lohnt bzw. was der Austausch der Turbine für sie wirtschaftlich bedeutet.

In jedem Fall ist zu beachten, dass bei einem projektfinanzierten Projekt jede Krise von Bedeutung, und damit auch jegliche Lösungsansätze der Krise, auf die Finanzierung durchschlagen werden, selbst wenn vorrangig eine Lösung auf Projektvertragsebene gesucht und gefunden wird. Im Regelfall sehen marktübliche Projektfinanzierungsverträge etwa vor, dass die Änderung von (wesentlichen) Projektverträgen in wesentlicher Hinsicht ebenso von der Mehrheit der Darlehensgeber abgesegnet werden muss wie die Kündigung von wesentlichen Projektverträgen bzw. der Austausch von Projektvertragsparteien. Üblich sind selbst Gewährleistungen, wonach bei keinem (wesentlichen) Projektvertrag ein Kündigungsgrund bzw. ein streitiges Verfahren vorliegen darf, das zumindest einen gewissen Mindeststreitwert übersteigt.

Mit anderen Worten: Im Rahmen eines projektfinanzierten Projektes wird es der Projektgesellschaft im Regelfall nicht gelingen, das Problem bzw. die Krise ohne Einschaltung der Finanzierer zu lösen. Dadurch, dass die Kündigung von Projektverträgen, wesentliche Vertragsänderungen bzw. das Ersetzen einer Projektpartei nur mit Zustimmung der Kreditgeber möglich sind, ja selbst bei größeren Streitigkeiten zwischen Projektgesellschaft und einem ihrer Vertragspartner die Banken informiert und gegebenenfalls eingebunden werden müssen, um einen drohenden Kündigungsgrund unter der Projektfinanzierung zu vermeiden, ist in jedem Fall anzuraten, die Banken rechtzeitig, d. h. von Anfang an, in die Gespräche mit den Projektpartnern einzubeziehen. Falls die Projektgesellschaft durch mangelnde Abstimmung mit den Darlehensgebern einen Kündigungsgrund unter der Finanzierung provoziert, wird sich ein ursprünglich evtl. rein punktuelles Problem erst recht zu einer richtigen Krise des Projektes ausweiten.

Im Ergebnis wird es nicht nur häufig um einen „Waiver“, d. h. einen Verzicht der Finanzierungsparteien auf ein evtl. durch die Krise entstandenes Kündigungsrecht gehen, sondern um eine Änderung der Finanzierungsdokumentation, die den geänderten Umständen Rechnung tragen soll und in jeder Hinsicht die Krise und ihre geplante Lösung miteinbezieht. Hierauf soll am Ende dieses Abschnittes näher eingegangen werden.

Ziehung von Reservekonten bzw. -linien

Nachdem wir gerade gesehen haben, dass praktisch jede Lösung einer Krise des Projektes in der Bauphase über die Projektverträge indirekt stets auch auf die Finanzierungsparteien und -dokumente Auswirkungen hat, stellt sich die Frage, inwiefern eine Lösung der Krise auch *ausschließlich* auf Finanzierungsebene möglich ist.

Ausgangspunkt möglicher Maßnahmen auf Finanzierungsebene muss die Erkenntnis sein, dass praktisch jede Verzögerung des Baufortschritts wirtschaftlich negative Auswirkungen hat, die früher oder später die Projektfinanzierung betreffen, etwa durch erhöhten Finanzierungsbedarf in der Bauphase oder aufgrund der Tatsache, dass durch die Verzögerung Finanzkennzahlen, die in dem Kreditvertrag festgesetzt worden sind, nicht eingehalten werden können, oder Verzögerungen übrige Verstöße gegen den Kreditvertrag zur Folge haben.

Vor dem Hintergrund, dass – zumindest bei größeren und komplexeren Projekten – sehr häufig mit Verzögerungen in der Bauphase zu rechnen ist, sollten die Projektbeteiligten zur Verhinderung von Krisen während der Bauphase stets gewisse Spielräume („*contingencies*") in die Finanzierungsstruktur einbauen.[39] Häufigstes und sinnvollstes Strukturierungselement sind hierfür Reservekonten und Reservelinien:

- Zum einen kann es sein, dass die Projektgesellschaft sich mit den finanzierenden Banken von vornherein auf die Bereitstellung von **Reservekonten**[40] verständigt hat, die evtl. bereits in der Bauphase auftretende Probleme[41] wirtschaftlich abfedern sollen. Damit diese auf den Reservekonten vorzuhaltenden Mittel von Anfang an dem Projekt zur Verfügung stehen können, müssen die Bauphase-Reservekonten bereits bei Financial Close voll aufgefüllt sein.[42]
- Im Ergebnis ähnlich ist die Bereitstellung von **Reservelinien**, die als Teil der Finanzierungsstruktur von vornherein in der Dokumentation angelegt sind und für den Fall, dass es zu zusätzlichem Finanzierungsbedarf während der Bauphase kommt, von der Projektgesellschaft in Anspruch genommen werden können, ohne dass eine Änderung der Finanzierungsdokumente sowie eine erneute Gremienentscheidung bei den finanzierenden Banken erforderlich wäre.[43] Hier muss

39 Neben der Höhe der Finanzierung ist auch stets anzuraten, in Hinblick auf den Ziehungsplan und die Länge der Bauphase insgesamt Spielräume zuzulassen. Eine gewisse zeitliche Verzögerung einzelner Ziehungen bzw. der Projektfertigstellung sollte sinnvollerweise nicht gleich zu einer Kündigung der Finanzierung führen können.

40 Die Inanspruchnahme von Beträgen aus diesen Reservekonten führt gerade nicht zu einem Kündigungsgrund unter der Finanzierung, sondern ist ausdrücklich erlaubt und führt nur dazu, dass bis zu einem Wiederauffüllen der Reservekonten keine Entnahmen an die Gesellschafter zu zahlen sind.

41 Hierfür kommt das am häufigsten anzutreffende Reservekonto, das Wartungskostenreservekonto, freilich nicht in Frage, da dieses im Regelfall erst ab Projektfertigstellung voll aufgefüllt sein muss und nur für unvorhergesehene Wartungskosten (die naturgemäß erst nach Projektfertigstellung auftreten können) benutzt werden darf.

42 Die hierfür erforderlichen Mittel müssen dem Projekt als Eigenkapital zugeführt werden, falls die Finanzierungsparteien nicht bereit sind, die Auffüllung des Reservekontos zu finanzieren. Im letzteren Fall besteht praktisch eine große strukturelle Ähnlichkeit zu einer Reservelinie, auf die sogleich einzugehen ist.

43 Wesentlicher Unterschied zwischen beiden Konstrukten ist freilich, dass die Beträge auf den Reservekonten vom Darlehensnehmer bereitzustellen sind, während die Reservelinien von den finanzierenden Banken gewährt werden müssen, also der Kreditgenehmigung unterliegen und auch insgesamt den Fremdfinanzierungsanteil an der Gesamtfinanzierungssumme entsprechend erhöhen. Reservekonten sind daher aus Finanzierersicht der konservativere und vorzugswürdige Lösungsansatz, während Reservelinien aus Sicht der Investoren kostengünstiger und praktischer sind.

in der konkreten Situation nur genau geprüft werden, ob die Reservelinien auch wirklich das jeweilige Risiko abdecken sollten, das sich nun materialisiert hat – oder ob die Voraussetzungen für die Inanspruchnahme nicht erfüllt sind, da ein ganz anderes, von den Parteien ursprünglich nicht bedachtes Problem aufgetaucht ist. In einem solchen Fall kann die Reservelinie nicht in Anspruch genommen werden und die Parteien müssen sich über eine Änderung bzw. Erhöhung der Finanzierung unterhalten.

Zuführung zusätzlicher Mittel durch Sponsoren und Darlehensgeber

Sollten evtl. vorgesehene Reservekonten und -linien nicht ausreichen, den tatsächlich entstandenen Finanzierungsbedarf abzudecken, müssen zur Vermeidung einer Insolvenz der Projektgesellschaft und dem endgültigen Scheitern des Projektes zusätzliche Mittel investiert werden. Die entscheidende Frage ist hierbei, welcher der Projektbeteiligten – Sponsoren oder Fremdkapitalgeber – sich an der Bereitstellung der zusätzlichen Finanzierungsmittel beteiligt bzw. in welchen Umfang.

Je nachdem, was in der Finanzierungsdokumentation vereinbart worden ist, könnte es sein, dass die Sponsoren sich verpflichtet haben, in bestimmten Situationen zusätzliches Eigenkapital einzuschießen. Im Regelfall wird dies allerdings nur dann vereinbart, wenn die Fremdkapitalgeber sich ihrerseits zu der Bereitstellung weiterer Reserve-/Stand-By-Linien verpflichtet haben. Während unmittelbar nach der großen Finanzkrise 2008/2009 Banken generell sehr vorsichtig mit der Bereitstellung weiterer Stand-By-Linien waren, wurde – wenn solche Stand-By-Linien überhaupt gewährt wurden – sehr häufig eine *hälftige* Beteiligung der Sponsoren an zusätzlichen Finanzmitteln gefordert, d. h. dass die Bereitstellung eines entsprechenden Eigenkapital-Betrages als Auszahlungsvoraussetzung der zusätzlichen Fremdkapital-Linien von vornherein im Kreditvertrag festgeschrieben wurde. Aus Sicht der Sponsoren vorzugswürdig ist freilich eine Orientierung am ursprünglichen Verschuldungsgrad, die meist weitaus mehr Fremdkapital als Eigenkapital vorsieht, also beispielweise ein Verhältnis von 70/30. Letzteres Verhältnis sieht man in den letzten Jahren wieder häufiger in Projektfinanzierungen.

Falls die Parteien eine solche Regelung nicht in die Dokumentation aufgenommen haben oder wenn sogar der Fall eintritt, dass evtl. vorhandene Reservekonten bzw. Reservelinien nicht ausreichen, um unvorhergesehenen zusätzlichen Finanzierungsbedarf abzudecken, sind die Parteien grundsätzlich frei zu vereinbaren, wer sich in welchem Umfang an den erhöhten Kosten beteiligt.

Aus Sicht der projektfinanzierenden Banken ist es praktisch nicht akzeptabel, dass die Sponsoren sich nicht an der Finanzierung beteiligen und die Banken jeglichen erhöhten Finanzierungsbedarf komplett alleine bereitstellen sollen. Die Diskussion wird sich im Regelfall daher um die Frage drehen, wie hoch der zusätzliche Finanzierungsbedarf ist und in welchem Umfang die Sponsoren bereit (und in der Lage) sind, zusätzliches Eigenkapital in das Projekt einzuschießen.

Wenn auch häufig die Verhandlungen schwierig sein werden, hat sich in der Praxis gezeigt, dass sich die Eigenkapital- und die Fremdkapitalgeber meist relativ zügig einigen: Für beide Gruppen steht während der Bauphase zu viel auf dem Spiel. Wenn die zusätzlichen Mittel nicht bereitgestellt werden, besteht die Gefahr, dass beide Gruppen sämtliche bisherig investierten Summen komplett verlieren.

Stillhalte-Vereinbarung in der Bauphase

Sollte es durch die krisenhafte Situation bereits zu einem Kündigungsgrund unter dem Kreditvertrag gekommen sein, etwa weil vertraglich vereinbarte „Milestones" nicht erfüllt worden sind, der Generalunternehmer als zentrale Projektpartei Insolvenz angemeldet hat oder ein zentraler Projektvertrag (wie etwa der Turbinenliefervertrag bei einem Windparkprojekt) gekündigt worden ist, könnte man theoretisch auch an den Abschluss einer „Standstill-Vereinbarung" zwischen Projektgesellschaft und Darlehensgebern denken, wie sie häufig bei Unternehmen, die sich in einer vorübergehenden Krise befinden, mit den finanzierenden Banken abgeschlossen wird.[44]

Im Bereich der Projektfinanzierung allerdings macht eine klassische Stillhalte-Vereinbarung, die im Wesentlichen die Selbstverpflichtung der Darlehensgeber enthält, während der Laufzeit der Vereinbarung die Finanzierung nicht fällig zu stellen, wenig Sinn, da es der Projektgesellschaft vor allem darauf ankommt, den weiteren Finanzierungsbedarf durch weitere Ziehungen in der Bauphase zu decken. Die Banken müssen sich also nicht nur verpflichten, trotz Vorliegen eines Kündigungsrechts nicht von ihrem Recht, weitere Auszahlungen zu verweigern, Gebrauch zu machen, sondern gerade weitere Ziehungen zulassen. Eine solche Verpflichtung wird in der Praxis meist in eine umfassende Änderung des Kreditvertrages münden, der evtl. die Erhöhung der Fremdkapital-Linien, den Zuschuss weiteren Eigenkapitals sowie weitere Änderungen vorsieht.

Änderung der Finanzierungsdokumente

Wie bereits mehrfach erwähnt, wird eine Erhöhung des Finanzierungsvolumens, eine Änderung auf Ebene der Projektverträge, die Verpflichtung zum Einschuss weiteren Eigenkapitals o. ä. in jedem Fall eine Änderung der Finanzierungsdokumente notwendig machen.

Unabhängig von den eben genannten Themen und über diese hinaus kann es aus anderen Gründen erforderlich sein, die Finanzierungsdokumente zu ändern: Je nachdem, wie komplex die Ursachen der Krise sind, ist es unabdinglich, dass der *eigentliche Grund der Krise* angegangen und das Problem gelöst wird. Wenn etwa die Fortführung des Baus des Projektes aufgrund von plötzlich auftretenden Problemen

44 Ausführlich zu Standstill-Vereinbarungen vgl. *Schulz/Danielewsky* in Schulz (Hrsg.), Restrukturierungspraxis, Stuttgart 2010, 65 f.

mit dem Baugrund stark verzögert wird, so muss zwischen Projektgesellschaft und Banken geklärt werden, wie dieses Problem konkret angegangen wird, um welchen Zeitraum sich der Bau verzögert, wie hoch genau die zu erwartenden Mehrkosten sein werden, etc.

Die Projektgesellschaft muss sich mit den Banken auf ein Verfahren einigen, wie die Probleme zu lösen sind und muss sich an dieser einmal gefundenen „Roadmap" festhalten lassen. Wenn also die Projektgesellschaft sich nicht an die Vereinbarung hält bzw. weitere Probleme auftauchen, wird die einmal gefundene Lösung hinfällig mit dem Ergebnis, dass die evtl. zugesagten weiteren Kreditmittel nicht bereitstehen und die Finanzierung insgesamt wieder durch eine Kündigung der Darlehensgeber kündbar sein kann. Falls die Banken sich zur Bereitstellung weiterer Mittel bereiterklären und der Projektfinanzierungsvertrag entsprechend geändert wird, werden diese zusätzlichen Themen als neue Auszahlungsvoraussetzungen, Gewährleistungen, Nebenpflichten sowie ggf. erweiterte Kündigungsgründe ausdrücklich in den geänderten Kreditvertrag aufgenommen.

3.2.3 Gefahrenabwehr in der Betriebsphase

Auch nach Fertigstellung des Projekts, also in der Betriebsphase, kann es zu krisenhaften Situationen kommen, die einer Lösung bedürfen. Solche möglichen Lösungsansätze sollen im Mittelpunkt der folgenden Überlegungen stehen.

Kein Fertigstellungsrisiko mehr in der Betriebsphase

Beginnen sollen unsere Überlegungen zur Gefahrenabwehr in der Betriebsphase mit der grundlegenden Feststellung, dass das für die Bauphase zentrale Risiko der (Nicht-) Fertigstellung des Projekts in der Betriebsphase nicht mehr relevant ist. Das Projekt ist zu diesem Zeitpunkt bereits komplett fertiggestellt und erwirtschaftet grundsätzlich Cashflow, nur eben weniger als ursprünglich angenommen.[45]

Die möglichen Risiken, die sich aus der Krise ergeben könnten, sind gegenüber einer Krise in der Bauphase für sämtliche Projektbeteiligten eindeutiger kalkulierbar – es kann nämlich relativ eindeutig berechnet werden, wie viel Cashflow das Projekt erwirtschaften müsste, um sich im Rahmen der Base Case-Annahmen des Finanzmodells zu bewegen, bzw. wie viel zumindest eingenommen werden muss, damit der Schuldendienst geleistet bzw. die vereinbarten Finanzkennzahlen eingehalten werden können.

45 Sollte das Projekt trotz offizieller Inbetriebnahme keine Einnahmen erwirtschaften, wird dies wohl an technischen Mängeln liegen, die sich erst nach Inbetriebnahme abzeichnen, so dass für die Zwecke dieser Betrachtung nicht von einer ordnungsgemäßen Fertigstellung des Projektes ausgegangen werden kann.

Daher werden die Projektbeteiligten auch viel eher als bei einer Krise in der Bauphase in der Lage sein, das Für und Wider der nachfolgend dargestellten Lösungsansätze für das Projekt bzw. sie selbst abzuschätzen. Wenn etwa die finanzierenden Banken häufig bei einer Krise während der Bauphase aufgrund des „going project"-Prinzips ein überdimensional großes Interesse an der Rettung des Projektes und einer Vermeidung des Vollstreckungsfalles bzw. der Insolvenz haben, kann sich die Situation in der Betriebsphase deutlich anders darstellen: eine Rettung des Projektes quasi „um jeden Preis" steht dann sicherlich nicht mehr im Zentrum der Überlegungen. Vielmehr wird abzuwägen sein, ob ein Entgegenkommen (etwa durch Waiver- und Verzichtserklärungen bzw. die Bereitstellung weiterer Darlehensmittel) oder nicht doch die Verwertung des Projektes für die Darlehensgeberseite sinnvoller erscheint. Dieselben Überlegungen werden natürlich auch die Sponsoren bzw. die sonstigen am Projekt beteiligten Parteien, etwa Zulieferer oder Abnehmer, haben.

Ursachen der Krise als Entscheidungshilfe für mögliche Lösungsansätze

Auch in der Betriebsphase gilt, dass eine sorgfältige Analyse der Ursachen der Krise die beste Entscheidungshilfe bei der Auswahl möglicher Lösungsansätze ist.

- **Einnahmenausfall aus rechtlichen Gründen**: Es kann aus rechtlichen Gründen zu Einnahmeausfällen bei dem Projekt kommen – etwa wenn staatlich garantierte Fördersätze retroaktiv verringert werden, wenn Sondersteuern eingeführt, zeitlich befristete Betriebsgenehmigungen nicht oder nur gegen technisch und wirtschaftlich aufwändige Auflagen verlängert werden, etc.[46]
- **Einnahmenausfall aus tatsächlichen/technischen Gründen**: Es kann in einem rechtlich einwandfreien bzw. unproblematischen Projektumfeld aus rein tatsächlichen, meist technischen, Gründen zu einer Reduzierung der Einnahmen kommen: Etwa wenn technische Komponenten mangelhaft sind und ersetzt bzw. repariert werden müssen, wenn eine Naturkatastrophe wie ein Brand, eine Flut etc. das Projekt beeinträchtigt, oder wenn – ganz lapidar – nicht genug Wind weht, bzw. die Sonneneinstrahlung nicht intensiv genug ist.
- **Einnahmenausfall wegen Ausfall von Abnehmern**: Schließlich kann die Krise ihren Grund darin haben, dass Abnehmer der erzeugten Energie ausfallen, etwa wegen veränderter Marktgegebenheiten oder aufgrund von Insolvenz.

Lösungsansätze auf der Ebene der Projektverträge

In der Betriebsphase wird es – anders als evtl. in der Bauphase – kaum gelingen, die krisenhafte Situation auf der Ebene der Projektverträge zu lösen. Wenn Abnehmer ausfallen, nicht genug Wind weht oder Betriebsgenehmigungen verweigert bzw. nicht verlängert werden, so lässt sich dies nicht auf der Ebene der Projektverträge lösen.

46 Siehe hierzu die Ausführungen von A. Reuter in Kapitel 2.2.

Einzig für den Fall, dass Einnahmenausfälle wegen der Mangelhaftigkeit von gelieferten Baukomponenten bzw. mangelhafter Wartung entstehen, ist an eine Problemlösung auf Ebene der Projektverträge zu denken: Falls von einem **Gewährleistungsfall** auszugehen ist, richten sich die möglichen Rechtsfolgen wie bereits in der Bauphase nach den gesetzlichen Regelungen in der Form, wie sie von den Parteien in dem jeweiligen Liefer- und Errichtungsvertrag, Kaufvertrag oder Wartungsvertrag vereinbart worden sind.

Doch auch hier gilt, dass die Geltendmachung dieser Rechte in der Praxis noch lange nicht dazu führen muss, dass eine Krise vermieden bzw. beendet wird. Falls über den Sachverhalt unterschiedliche Auffassung besteht und der Werkunternehmer, Verkäufer bzw. Wartende die Zahlung der Vertragsstrafe bzw. des Schadensersatzes zurückweist und es evtl. sogar auf ein Gerichts- bzw. Schiedsverfahren ankommen lässt, besteht das Problem zunächst einmal einfach fort.

Sollte bei schlechter Wartung theoretisch die Projektgesellschaft berechtigt sein, im Extremfall sogar den Wartungsvertrag zu kündigen, so muss die elementare Aufgabe der Wartung der Projektkomponenten nun von einer anderen, dritten Partei übernommen werden. Wie bereits im Zusammenhang mit der Lieferung der Hauptkomponenten erwähnt, ist es nicht ohne weiteres möglich, dass eine dritte Partei einfach an die Stelle des bisherigen Herstellers tritt und die Wartung etwa für ein „fremdes" Bauteil übernimmt.

Da die Kündigung von Projektverträgen, wesentliche Vertragsänderungen von Projektverträgen sowie das Ersetzen einer Projektpartei durch eine andere in marktüblichen Projektfinanzierungen auch in der Betriebsphase nur mit Zustimmung der Kreditgeber möglich sind, ist auch nach Projektfertigstellung in diesen Fällen anzuraten, die Banken rechtzeitig, d. h. von Anfang an, in die Gespräche mit den Projektpartnern einzubeziehen.

Ziehung von Reservekonten bzw. -linien

Nicht nur in der Bau-, sondern auch in der Betriebsphase stellt sich die Frage, ob eine Krise des Projektes nicht durch die Ziehung von Reservekonten bzw. -linien gelöst werden kann. Wir hatten bereits zu Beginn dieses Abschnittes 3.2.3 festgestellt, dass eine Projektkrise in der Betriebsphase stets Einnahmenausfälle nach sich zieht – solche fehlenden Einnahmen könnten evtl. dadurch ausgeglichen werden, dass die Projektgesellschaft Mittel nutzt, die auf Reservekonten bereitgestellt werden, bzw. Reservelinien in Anspruch nimmt:

– Das klassische **Reservekonto**[47] für die Betriebsphase ist sicherlich das Wartungskostenreservekonto; es dient der Finanzierung von Wartungskosten, die von dem

47 Wie bereits für die Bauphase dargestellt, führt die Inanspruchnahme von Beträgen aus diesen Reservekonten gerade nicht zu einem Kündigungsgrund unter der Finanzierung, sondern ist ausdrücklich erlaubt und führt nur dazu, dass bis zu einem Wiederauffüllen der Reservekonten keine Entnahmen an die Gesellschafter zu zahlen sind.

Wartungsvertrag nicht abgedeckt werden und für welche wirtschaftlich die Projektgesellschaft einstehen muss. In größeren und komplexeren Finanzierungen findet man evtl. noch ein zweites Wartungskostenreservekonto für „heavy maintenance", also für außergewöhnliche und aufwändigere Wartungs- und Reparaturkosten. Daneben findet sich häufig das Schuldendienstreservekonto, das verwendet werden kann, um in Phasen fehlender bzw. reduzierter Liquidität den Schuldendienst zu begleichen. Das Schuldendienstreservekonto ist meist in Höhe eines Schuldendienstes von maximal sechs Monaten vorzuhalten.

- **Reservelinien** speziell für die Betriebsphase hingegen sind eher selten. Hier würde sich im Einzelfall evtl. eine separate Linie für die Finanzierung von „heavy maintenance" anbieten, wenn sich die Parteien nicht auf ein entsprechendes Reservekonto einigen können. Das Grundproblem einer Reservelinie bei Einnahmeausfällen in der Betriebsphase ist allerdings, dass auch die Reservelinie zurückgeführt werden muss und zuzüglich noch Zinsen und evtl. weitere Gebühren zu zahlen sind. Wenn nicht nur vorübergehende Einnahmenausfälle vorliegen, wird die Projektgesellschaft allerdings gerade nicht in der Lage sein, Schuldendienst für eine zusätzliche Linie zu leisten. Daher wird eine Reservelinie nur ausnahmsweise wirklich zur Lösung einer Krise beitragen können.

Zuführung zusätzlicher Mittel durch Sponsoren und Darlehensgeber

Auch in der Betriebsphase gilt, dass evtl. zur Vermeidung einer Insolvenz der Projektgesellschaft und dem endgültigen Scheitern des Projektes zusätzliche Mittel investiert werden müssen und die Frage zu entscheiden ist, welcher der Projektbeteiligten – Sponsoren oder Fremdkapitalgeber – sich in welcher Höhe an der Bereitstellung der zusätzlichen Finanzierungsmittel beteiligt. Die oben in Abschnitt 3.2.2 gemachten Ausführungen gelten entsprechend.

Stillhaltevereinbarung in der Betriebsphase

Während oben in Abschnitt 3.2.2 darauf hingewiesen wurde, dass im Bereich der Projektfinanzierung eine klassische Stillhalte-Vereinbarung während der Bauphase kaum sinnvoll ist, kann sich die Situation in der Betriebsphase zunächst einmal ganz anders darstellen: Die Stillhalte-Vereinbarung enthält im Wesentlichen die Selbstverpflichtung der Darlehensgeber, während der Laufzeit der Vereinbarung die Finanzierung nicht fällig zu stellen. Eine solche Vereinbarung kann in der Betriebsphase durchaus sinnvoll sein, um Zeit für weitere Verhandlungen mit den Fremdkapital- wie den Eigenkapitalgebern zu gewinnen. Das gilt insbesondere dann, wenn jedenfalls Einnahmen generiert werden. Richtig ist auch hier, dass durch einen „standstill" alleine kaum ein Einnahmenausfall auszugleichen ist, aber um zu einer Lösung zu gelangen, die eine dauerhafte Beendigung der Krise sicherstellt, sollte ein vorübergehendes Stillhalten durchaus erwogen werden.[48]

Unter Stillhalten versteht man üblicherweise den Verzicht auf die Ausübung eines ordentlichen oder außerordentlichen Kündigungsrechts, auf die Beitreibung von Forderungen, die ohne Kündigung fällig geworden sind, und die Duldung der Inanspruchnahme bisher noch nicht ausgeschöpfter Kreditlinien. Nicht umfasst ist das Bestellen neuer Sicherheiten zugunsten der Bank oder die Einflussnahme auf die Geschäftsleitung durch die Bank, obgleich Stillhaltevereinbarungen in der Praxis gerade diesen Zweck verfolgen.

Das bloße Stillhalten führt hierbei in der Regel zu keiner Haftung wegen Insolvenzverschleppung. Sobald Stillhaltevereinbarungen zusätzliche Handlungspflichten der Beteiligten beinhalten, ist eine genaue Prüfung geboten. Die Grenze zwischen Stillhaltevereinbarung, Prolongation und Neukreditvergabe lässt sich nicht immer eindeutig ziehen; die Auswirkungen können aber erheblich sein, wenn unerkannt eine Neukreditvergabe erfolgt ist, die sodann in der Krise den strengen Kriterien eines Überbrückungs- oder Sanierungskredits nicht Stand halten kann. In diesem Fall bestehen Haftungsrisiken für die Finanzierer und etwaige neue Sicherheiten können unwirksam sein.[49]

Änderung der Finanzierungsdokumente

Wie bereits oben in Abschnitt 3.2.2 erwähnt, kann eine Änderung der Finanzierungsdokumente sinnvoll sein, damit der eigentliche Grund der Krise angegangen und das Problem gelöst werden kann, ohne dass dies zu einem Kündigungsgrund unter der Finanzierung führt. Die oben gemachten Ausführungen zur Bauphase gelten für die Projektphase entsprechend.

3.2.4 Vollstreckung von Sicherheiten und Eintritt in Direktverträge

Für den Fall, dass die oben dargestellten Möglichkeiten, die Krise des Projektes während der Bau- oder der Betriebsphase zu beenden, scheitern, kann es dazu kommen, dass die Kreditgeber die Finanzierung fällig stellen und die bestehenden Sicherheiten vollstrecken bzw. von dem Eintrittsrecht in die Direktverträge Gebrauch machen. Die Vollstreckung von Sicherheiten sollte jedoch nur dann in Betracht gezogen werden, wenn sämtliche Maßnahmen zur Abwendung einer krisenhaften Situation entweder nicht erfolgreich waren oder keine einvernehmliche Einigung

---

48 Vgl. Darstellung *Schulz/Danielewsky* zu Stillhalte-Vereinbarungen in Schulz (Hrsg.), Restrukturierungspraxis, Stuttgart 2010, 65 f.

49 Vgl. zur Neukreditvergabe in der Krise *Obermüller*, Insolvenzrecht in der Bankpraxis, 8. Aufl. 2011, Rn. 5.21 ff. insbesondere Rn. 5.32 ff.

hinsichtlich der Abwehrmaßnahmen mit den übrigen Beteiligten getroffen werden kann.

Die Vollstreckung der Sicherheiten dient anders als die in den Abschnitten 3.2.2 und 3.2.3 besprochenen Maßnahmen *nicht* der Krisen*bewältigung*, sondern hat vielmehr das Ziel, die Ansprüche der Kreditgeber gegen die Projektgesellschaft auf Rückzahlung der ausgereichten Kredite (einschließlich Zinsen und vereinbarter Gebühren) zu befriedigen, um den finanziellen Verlust der Kreditgeber soweit wie möglich zu minimieren. In der Regel ist das Projekt dann für die aktuell Beteiligten beendet.

Verwertung des Pfandrechts an den Geschäftsanteilen der Projektgesellschaft

Die Verpfändung der Geschäftsanteile an der Projektgesellschaft ist eine wichtige Sicherheit in dem für Projektfinanzierungen üblichen Sicherheitenpaket. Im Gegensatz zu der Verwertung der übrigen Sicherheiten (wie etwa Sicherungsübereignung oder Grundschuld) wird bei der Verwertung des Pfandrechts an den Geschäftsanteilen der Projektgesellschaft auf die Gesamtheit der Vermögenswerte der Projektgesellschaft zugegriffen.

Der Pfandverkauf – also der Anteilsverkauf – ist im Wege einer öffentlichen Versteigerung durch einen Notar oder einen Gerichtsvollzieher zu bewirken.[50] In der Praxis sind öffentliche Versteigerungen selten, da es an den Möglichkeiten einer Due Diligence fehlt. Ein freihändiger Verkauf – in Abstimmung mit den gesicherten

50 Die Verwertung des Pfandrechts erfolgt durch Pfandverkauf nach Pfandreife; das heißt, wenn die gesicherte Forderung fällig geworden ist. In der Regel ist für die Verwertung des Pfandrechts ein vollstreckbarer Titel erforderlich. Dieses Erfordernis wird allerdings in der Praxis regelmäßig abbedungen. Im Schrifttum ist allerdings umstritten, ob *vor* Pfandreife überhaupt wirksam ein Verzicht auf die Titulierung vereinbart werden kann: Dafür u.a.: *Bassenge* in Palandt, 75. Aufl. 2016, § 1277 Rn. 3; *Altmeppen* in Roth/Altmeppen, GmbHG, 8. Aufl. 2015, § 15 Rn. 54; *Gerber* in Lorz/Pfisterer/Gerber, Beck'sches Formularbuch GmbH-Recht, 1. Aufl. (2010), Rn. 1 ff.; *Maier-Reimer/Webering*, Verwertung von Pfandrechten an Unternehmensbeteiligungen, in BB 2003, 1630. Dagegen u.a.: *Damrau* in Münchener Kommentar zum BGB; *Haertlein* in Langenbucher/Bliesener/Spindler, Bankrechts-Kommentar, 1. Aufl. 2013, § 1274 Rn. 6. Daher wird z. T. im Hinblick auf fehlende obergerichtliche und höchstrichterliche Rechtsprechung empfohlen, im notariell beurkundeten Anteilsverpfändungsvertrag die Unterwerfung unter die sofortige Zwangsvollstreckung aufzunehmen und so einen Titel gemäß § 794 Abs. 1 Nr. 5 ZPO zu schaffen, so auch: *Leineweber* in Reymann (Hrsg.), beck-online Grosskommentar, Stand 15.10.2015, § 1274 Rn. 174, § 1277 Rn. 20. Zeit und Ort der Versteigerung sind öffentlich bekannt zu machen. Gemäß § 1234 BGB hat der Pfandgläubiger (also die Kreditgeber) – unabhängig von der Unterrichtung bezüglich Ort und Zeit – dem Inhaber des verpfändeten Rechts den Verkauf durch Versteigerung mindestens einen Monat vorher anzudrohen, wobei diese Frist im Fall eines beiderseitigen Handelsgeschäfts – das regelmäßig vorliegt – gemäß § 368 HGB auf sieben Tage verkürzt ist. Die Androhung kann erst nach Eintritt der Pfandreife wirksam erfolgen. Die gesetzliche Wartefrist von sieben Tagen (§ 1234 BGB i.V.m. § 368 HGB) wird in der Regel in den Verpfändungsvertrag aufgenommen und in besonderen Fällen wird gänzlich von der Pflicht der Benachrichtigung abgesehen – üblicherweise bei Einstellung der Zahlung oder bei Stellung eines Eröffnungsantrages für ein Insolvenzverfahren über das Vermögen des Inhabers des Rechts.

Gläubigern – ist daher häufig.[51] In der Praxis verständigt man sich im Rahmen der Restrukturierungsvereinbarung häufig auf die Einzelheiten, um einen bestmöglichen freihändigen Verkauf zu ermöglichen.[52]

Bei der Verwertung des Anteilsverpfändungsvertrages kann auf die Gesamtheit der Vermögenswerte der Projektgesellschaft zugegriffen werden. Daher stellt die Verwertung des Geschäftsanteilsverpfändungsvertrages grundsätzlich ein geeignetes Mittel dar, um einen hohen Verwertungserlös zu erzielen und somit den finanziellen Verlust der Kreditgeber möglichst gering zu halten.

Allerdings ist zu beachten, dass ein ganz erheblicher Unterschied hinsichtlich des realistischerweise zu erzielenden Verwertungserlöses bei einer Verwertung in der Bauphase gegenüber einem Verkauf in der Betriebsphase besteht. In der Bauphase ist das Projekt noch nicht fertig gestellt, erzielt noch keine Einnahmen, und der Erwerber trägt das volle Fertigstellungsrisiko. Der Wert der Projektgesellschaft ist daher relativ gering, auch wenn er gegen Ende der Bauphase ansteigt. Jedoch ist auch ein *fast* fertig gestelltes Projekt noch kein *vollständig* fertiges Projekt, das bereits Einnahmen erzielt, so dass der Wert selbst kurz vor Beendigung der Bauphase deutlich unter demjenigen liegt, der zu erlangen wäre, wenn das Projekt vollständig fertig gestellt ist.

In der Praxis sind daher Veräußerungen von Anteilen an Projektgesellschaften, die sich noch in der Bauphase befinden, äußerst selten anzutreffen. Gerade gegen Ende der Bauphase ist es aufgrund des eingangs bereits erwähnten „Going Project“-Prinzips sinnvoller, den Bau vollständig fertigzustellen, um erst anschließend das fertige Projekt durch eine Veräußerung der Geschäftsanteile an der Projektgesellschaft zu verkaufen.

Ist über die Insolvenz der Projektgesellschaft hinaus auch eine Insolvenz der Gesellschafter der Projektgesellschaft gegeben (in der Regel ist dies allerdings nicht der Fall), so sind die Pfandrechtsgläubiger hinsichtlich des Geschäftsanteils nur noch zur Absonderung berechtigt, was einen freihändigen Verkauf erschwert.[53]

---

51 Vgl. *Leinenweber* in Reymann (Hrsg.), beck-online Grosskommentar, Stand 15.10.2015, § 1274 Rn. 174, § 1277 Rn. 20.

52 In der Regel enthalten die Verpfändungsverträge zudem eine Klausel, wonach die Regelung des § 1230 Satz 2 BGB abbedungen wird, so dass der Pfandgläubiger auch mehr verpfändete Rechte verwerten kann, als zur Befriedigung der besicherten Forderungen erforderlich wäre. Damit wird ermöglicht, dass die verpfändeten Geschäftsanteile an der Projektgesellschaft in Gänze und nicht nur bestimmte prozentuale Beteiligungen versteigert werden können. Mit dem Zuschlag in der Versteigerung kommt zwischen dem Pfandgläubiger als Verkäufer und dem Bieter als Käufer ein Kaufvertrag zustande. Der Pfandgläubiger ist durch das Pfandrecht ermächtigt, das Pfandobjekt im eigenen Namen an denjenigen zu übereignen, der den Zuschlag erhalten hat. Der Zuschlag kann auch dem Pfandgläubiger selbst erteilt werden. In diesem Fall bewirkt der Zuschlag die Übereignung der Geschäftsanteile, vgl. die Darstellung von *Damrau* zu § 1242 BGB im Münchener Kommentar zum BGB, 6. A., München 2013.

53 Nicht höchstrichterlich entschieden ist aber, wer die Verwertung der Geschäftsanteile übernehmen soll, der Insolvenzverwalter oder die Pfandrechtsgläubiger selbst. Gesetzlich normiert sind nur die Verwertung von beweglichen Sachen und Forderungen; sonstige Rechte (Geschäftsanteile,

Verwertung einer Sicherungsübereignung beweglicher Vermögensgegenstände

Durch eine Sicherungsübereignung werden den kreditgebenden Banken die beweglichen Vermögensgegenstände der Projektgesellschaft zur Sicherheit übereignet. Anders als bei anderen dinglichen Sicherheiten (wie etwa der Verpfändung) erhält der Sicherungsnehmer[54] das Vollrecht (d. h. das Eigentum) an den übereigneten Vermögensgegenständen, dem sogenannten Sicherungsgut.[55]

Mit Eintritt des Verwertungsfalles haben die Sicherungsnehmer einen Anspruch gegen die Projektgesellschaft auf Herausgabe des Sicherungsgutes.[56]

Üblicherweise sieht der Sicherungsvertrag eine Regelung vor, wonach die Sicherungsnehmer im Verwertungsfall berechtigt sind, das Sicherungsgut im Wege des freihändigen Verkaufs zu verwerten. Soweit keine Vereinbarung im Sicherungsvertrag enthalten ist und das Sicherungsgut einen Marktpreis hat, ist im Zweifel von der Vereinbarung eines freihändigen Verkaufs auszugehen.[57] Der Vorteil des freihändigen Verkaufs ist, dass der Sicherungsnehmer nach eigenem Belieben einen Käufer für das Sicherungsgut suchen kann und nicht – wie bspw. beim Pfandrecht – im Wege einer öffentlichen Versteigerung erfolgen muss.[58]

Mitgliedschaftsrechte, Marken, Patente etc.) werden nicht in § 166 InsO erwähnt. Die Auffassungen in der Literatur sind uneinheitlich. Während die einen § 166 Abs. 1 und 2 InsO analog anwenden, sprechen sich die anderen gegen ein Verwertungsrecht des Insolvenzverwalters nach Maßgabe von § 166 InsO aus. Ein Verwertungsrecht der Gläubiger muss aber nicht unbedingt vorteilhaft sein; insbesondere für Kreditinstitute ist die Pfandverwahrung und -verwertung eine geschäftsfremde Tätigkeit. Hinzu kommt, dass dem Pfandgläubiger bei der Verwertung zeitliche Schranken durch den Insolvenzverwalter gesetzt werden können, § 173 Abs. 2 InsO, vgl. die Darstellung von *Ganter* zu § 50 InsO im Münchener Kommentar zur InsO, 3. A., München 2013.

54 Meist der Sicherheitenagent als Treuhänder für die übrigen Finanzierungsparteien.

55 Üblicherweise erfolgt das dingliche Verfügungsgeschäft durch die Vereinbarung eines Besitzkonstituts gemäß §§ 929, 930 BGB. Die Projektgesellschaft behält die tatsächliche Sachherrschaft über das Sicherungsgut als unmittelbarer Besitzer auf Zeit mit dem Willen, das Sicherungsgut für die Sicherungsnehmer (die Kreditgeber) als mittelbare Besitzer zu besitzen. Das Sicherungsgut ist entweder in einer dem Sicherungsübereignungsvertrag beizufügenden Liste aufgeführt (sog. Listenübereignung) oder auf einem dem Sicherungsübereignungsvertrag beigefügten Lageplan markiert (sog. Raumsicherungsübereignung).

56 Wie auch in den Verträgen zur Verpfändung der Geschäftsanteile ist im Fall der Sicherungsübereignung in entsprechender Anwendung des § 1234 Abs. 1 BGB i.V.m. § 368 Abs. 1 HGB die Verwertung des Sicherungsgutes durch den Sicherungsnehmer dem Sicherungsgeber eine Woche vorher anzudrohen, vgl. *Bassenge* in Palandt, Bürgerliches Gesetzbuch, 72. Aufl. 2013, § 930 Rn. 30.

57 *Meller-Hannich* in: Ring/Grziwotz/Keukenschrijver, BGB Sachenrecht, 4. Aufl. 2016, § 930 Rn. 78.

58 Wie auch in den Verträgen zur Verpfändung der Geschäftsanteile enthalten die üblichen Sicherungsübereignungsverträge Regelungen, wonach der Sicherungsnehmer dem Sicherungsgeber die Verwertung androhen muss; üblicherweise sieben Tage vor der Verwertung. Daneben enthalten die marktüblichen Sicherungsübereignungsverträge meist eine Klausel, in der § 1230 Satz 2 BGB abbedungen wird, so dass das gesamte Sicherungsgut verwertet werden kann, unabhängig von der Höhe der besicherten Forderungen.

Die entscheidende wirtschaftliche Frage ist – ebenso wie bei der Anteilsverwertung – wie sinnvoll eine Einzelverwertung von Teilkomponenten des Projektes ist. Allerdings kann bei hinreichender Besicherung – insofern anders als bei der Anteilsverpfändung – das Sicherungseigentum auch in der Insolvenz verwertet werden. Es ist überflüssig zu betonen, dass ein funktionierendes Projekt stets deutlich höhere Erlöse verspricht als die Summe seiner Einzelkomponenten, also etwa im Falle eines Windparks seiner Windturbinen, Kabel und der Umspannstation. Allerdings darf nicht vergessen werden, dass üblicherweise in einem Vollstreckungsszenario gerade *nicht* von einem funktionierenden Projekt gesprochen werden kann. Stattdessen ist es tatsächlich denkbar, dass einzelne Komponenten eben gerade doch voll funktionsfähig sein und einen ganz erheblichen Wert verkörpern können. Es kann daher Fälle geben, in denen ein Verkauf der Einzelkomponenten sinnvoll sein kann, um zumindest einen Teil der Forderungen der finanzierenden Banken zu begleichen.[59]

Ist allerdings die Projektgesellschaft erst einmal insolvent, wird in den seltensten Fällen ohne Einvernehmen mit dem Verwalter, anderen Gläubigern und etwaigen Kunden noch ein funktionierendes Projekt erreicht werden können.

Mit Verwertung des Sicherungsgegenstandes hat der Insolvenzverwalter den Erlös bis zur Höhe der Kreditforderung an den Sicherungsnehmer auszukehren; der Insolvenzverwalter kann von diesem Erlös die Kosten in Abzug bringen, welche die Feststellung des Rechts des Sicherungsnehmers und die Verwertung verursacht haben. Die Feststellungskosten belaufen sich auf pauschal vier Prozent des Bruttoerlöses, die Verwertungskosten betragen fünf Prozent, sofern sie nicht erheblich niedriger oder höher liegen.

Überdies gilt es, das Anfechtungsrisiko im Auge zu behalten. Wird das Sicherungsgut im anfechtungskritischen Zeitraum erworben, wird der Insolvenzverwalter nach der Eröffnung des Verfahrens die Sicherheitenbestellung anfechten. Soweit der Anspruch auf Sicherung in demselben Vertrag (Kreditvertrag) eingeräumt wird, mit dem der gesicherte Anspruch entsteht, liegt in der späteren Gewährung der Sicherheit eine kongruente Deckung vor. In diesem Fall sind die Anfechtungsrisiken überschaubarer – maximal drei Monate (vgl. oben). So liegt es im Regelfall der Projektfinanzierung. In der Regel werden noch vor Beginn der Bauphase die nötigen Kredit- und Sicherheitenpakete geschnürt, um das Projekt überhaupt in Gang setzen zu können. Da die Projektgesellschaft nahezu kein Vermögen besitzt, lassen sich die Kreditgeber im Rahmen des rechtlich Möglichen alle gegenwärtigen und künftigen Vermögensgegenstände der Projektgesellschaft übertragen. Wird im weiteren Verlauf des Projektes eine bestehende Verbindlichkeit nachträglich besichert, kommt eine

59 Siehe hierzu auch den Fall der Veräußerung einer Energieerzeugungsanlage zusammen mit der Abtretung eines durch eine Vormerkung abgesicherten Bestellungsanspruchs auf Eintragung einer beschränkt persönlichen Dienstbarkeit.

Anfechtung unter den erleichterten Voraussetzungen der inkongruenten Deckung oder sogar wegen Vorsatzanfechtung in Betracht.[60]

Verwertung einer Globalzession

Üblicherweise werden zwischen der Projektgesellschaft und den Finanzierern auch eine Globalzession sowie eine Abtretung von Forderungen gegen die Versicherungen des Projektes abgeschlossen. Vorteil einer Globalzession ist, dass bereits künftige Rechte mit einbezogen werden können, die im Zeitpunkt des Abschlusses des Globalzessionsvertrages von Kundenforderungen noch nicht zum Vermögen des Sicherungsgebers gehören. Sobald diese Forderungen entstehen, erwirbt der Sicherungsnehmer diese ohne ein weiteres Handeln automatisch.

Im Regelfall wird die Globalzession als sog. stille Zession vereinbart. Das bedeutet, dass die Abtretung der Forderungen den jeweiligen Drittschuldnern nicht angezeigt wird. Mit einer stillen Zession geht außerdem einher, dass der Sicherungsnehmer den Sicherungsgeber ausdrücklich oder stillschweigend zur Einziehung der abgetretenen Forderungen ermächtigt. Ab einem vertraglich zu vereinbarenden Zeitpunkt jedoch darf der Sicherungsnehmer die Abtretung offenlegen, etwa wenn der Sicherungsgeber keine Zahlungen mehr an den Sicherungsnehmer tätigt oder wenn in Bezug auf sein Vermögen ein Insolvenzantrag gestellt wird.[61] Forderungen gegen die Versicherungen des Projektes werden meist als sog. offene Zession abgetreten, d. h. die Versicherungen werden von Anfang an über die Abtretung informiert und darauf hingewiesen, dass jederzeit nach Mitteilung durch den Sicherheitenagenten Zahlungen an diesen und nicht an die Projektgesellschaft erfolgen müssen.

Die Vollstreckung von abgetretenen Forderungen ist daher in der Praxis äußerst unproblematisch und erfreut sich großer Beliebtheit. Allerdings darf nicht vergessen werden, dass ein Projekt für sein wirtschaftliches Überleben auf seine Einnahmen angewiesen ist. Das heißt, werden die abgetretenen Forderungen direkt eingezogen, ist im Regelfall die Lösung der Krise durch eine wie auch immer geartete Fortführung des Projekts bereits gescheitert, es sei denn, mit den Sicherungsnehmern ist für den Einzelfall eine besondere Regelung getroffen; bspw. werden die Einnahmen an dem Forderungseinzug geteilt.

In der Insolvenz der Projektgesellschaft ist dieses Vorgehen der Banken nahezu unvermeidlich. Ggf. kommt die Finanzierung im Wege eines sog. unechten Massedarlehens in Frage, also die Zurverfügungstellung der Erlöse aus dem Sicherungsgut des

60 Vgl. *Schmittmann* in Haarmeyer/Huber/Schmittmann, Praxis der Insolvenzanfechtung, 2. Aufl. 2013, Teil IV Rn. 493.

61 Zu diesem Zwecke ist der Sicherungsgeber üblicherweise bereits im Voraus dazu verpflichtet, sog. Blank Notifications zu unterzeichnen, mit welchen zu gegebenem Zeitpunkt den Drittschuldnern die Abtretung angezeigt wird. Ab dem Zeitpunkt der Insolvenzeröffnung erlischt außerdem die Einziehungsbefugnis des Sicherungsgebers.

Umlaufvermögens seitens des absonderungsberechtigten Sicherungsnehmers (also des Darlehensgebers) zum Zwecke der (vorläufigen) Betriebsfortführung durch die Projektgesellschaft. Grundsätzlich bedeutet die Insolvenz, dass dem Sicherungsnehmer in der Insolvenz des Sicherungsgebers dann ein Absonderungsrecht zusteht. Die Verwertung der Globalzession obliegt dem Insolvenzverwalter; er darf die Forderung einziehen oder in anderer Weise verwerten. Dafür kann der Verwalter Kostenerstattung verlangen.

Für die in der kritischen Zeit vor Insolvenzantragsstellung entstehenden Forderungen bestehen wieder Anfechtungsrisiken. Entsteht die Forderung im kritischen Zeitpunkt bzw. wird diese im kritischen Zeitpunkt werthaltig gemacht, kann die Globalzession üblicherweise nach den Grundsätzen der kongruenten Deckung angefochten werden. das gilt in der Regel auch bei Einziehung/Einzahlung auf ein debitorisches oder ein verpfändetes Konto. Ein die Anfechtung beschränkendes Bargeschäft liegt typischerweise nicht vor.[62]

Verwertung von grundbuchrechtlichen Sicherheiten

Die Bestellung einer Sicherungsgrundschuld ist nach der Anteilsverpfändung das wichtigste Sicherungsmittel in einem für die Projektfinanzierung üblichen Sicherheitenpaket.[63]

Die Grundschuld gibt dem Grundschuldgläubiger das Recht, vom Eigentümer die Duldung der Zwangsvollstreckung in den durch die Grundschuld belasteten Grundbesitz zu verlangen (§§ 1147, 1192 Abs. 1 BGB). In der Praxis ist es üblich, dass sich der Eigentümer der sofortigen Zwangsvollstreckung dinglich, und oft auch persönlich, in einer notariellen Urkunde unterwirft, so dass ein Vollstreckungstitel gemäß § 794 Abs. 1 Nr. 5 ZPO besteht. Die Sicherungsgrundschuld stellt – obgleich zur Sicherung einer Forderung bestellt – ein nicht-akzessorisches Sicherungsmittel dar, da ihre Entstehung, ihr Fortbestand und ihre Übertragung vom Bestand der gesicherten Forderung unabhängig ist.[64] Der Sicherungszweck der Grundschuld wird durch den lediglich schuldrechtlichen Sicherungsvertrag festgelegt.

Die Verwertung der Grundschuld erfolgt durch die Zwangsvollstreckung in das Grundstück sowie mithaftende Gegenstände, insbesondere Zubehör (vgl. §§ 1120 ff., 97 BGB). Durch die regelmäßige Unterwerfung des Grundstückseigentümers in die sofortige Zwangsvollstreckung stellt die Grundschuld ein für den Kreditgeber effizientes Sicherungsmittel dar, dass auf Grund des Aussonderungsrechts gemäß § 47

62 BGH Urteil vom 29.11.2007, IX ZR 30/07, BGHZ 174, 297 Rn. 26.

63 Hierfür ist allerdings erforderlich, dass die Projektgesellschaft Eigentümerin oder zumindest Erbbauberechtigte des Grundstücks ist, auf dem sich das Projekt befindet. Dies ist regelmäßig bei konventionellen Kraftwerken der Fall, nicht jedoch bei Erneuerbaren-Energie-Projekten, da bei letzteren die Projektgesellschaft meist nur Pächterin des Grundstücks ist und darüber hinaus Inhaberin einer beschränkt persönlichen Dienstbarkeit; vgl. hierzu im Einzelnen den nachfolgenden Abschnitt.

64 Vgl. *Weller*, Die Sicherungsgrundschuld, in: JuS 2009, 969, 970.

InsO auch i.d.R. insolvenzfest ist. Allerdings ist zu berücksichtigen, dass im Fall der Zwangsversteigerung oft nur eine Veräußerung unterhalb des Verkehrswerts des Grundstücks möglich ist.

Voraussetzung für die Verwertung einer Grundschuld ist, dass die Grundschuld wirksam zugunsten des Gläubigers bestellt wurde und der Sicherungsfall nach Maßgabe des Sicherungsvertrages eingetreten ist.[65] Einreden aus dem Sicherungsvertrag können vom Eigentümer, der zugleich Vertragspartei des Sicherungsvertrages oder in diesen eingetreten ist, gegenüber dem Vertragspartner und Grundschuldgläubiger und gemäß § 1192 Abs. 1a BGB auch gegenüber jedem Erwerber der Grundschuld erhoben werden (hierzu gehört die Einrede der Nicht-Valutierung, des Erlöschens der gesicherten Forderung, der fehlenden Fälligkeit der gesicherten Forderung oder der mangelnden Verwertungsreife).[66] Trotz der Nicht-Akzessorietät der Sicherungsgrundschuld ist die Durchsetzbarkeit der Sicherungsgrundschuld daher nur gewährleistet, sofern die gesicherte Forderung tatsächlich besteht.[67]

Im Rahmen der Zwangsvollstreckung nach dem Zwangsvollstreckungsgesetz (ZVG) kann der Grundschuldgläubiger die Zwangsversteigerung betreiben.

Die Zwangsversteigerung erfolgt durch öffentliche Versteigerung nach Maßgabe der §§ 66 ff. ZVG. Durch den Zuschlag im Rahmen der Zwangsversteigerung erlischt das Grundpfandrecht (§ 91 Abs. 1 ZVG) und setzt sich am Versteigerungserlös fort (§ 92 Abs. 1 ZVG). Ein etwaiger Übererlös aus der Zwangsversteigerung wird an nachrangige Grundpfandrechtsgläubiger bzw. den Eigentümer ausgekehrt.

Die Zwangsvollstreckung erfolgt außerhalb der Insolvenz und im Falle der Insolvenz gleichermaßen. Die zwangsweise Verwertung der Grundschuld ist typischerweise das zum Schluss eingesetzte Mittel. Zwar ist die Verwertung der Grundschuld simpel und folgt einem strikten Verwertungsmuster. Allerdings ist zu beachten, dass es sich bei der Projektfinanzierung typischerweise um Spezialimmobilien handelt, die nicht ohne weiteres zu verwerten sind.

Grundsätzlich von der Grundschuld erfasst sind die mit dem Grundstück dauerhaft verbundenen Gebäude und Anlagen sowie deren Zubehör, also etwa ein (fertiges) Kraftwerk selbst. Die Vollstreckung in das Grundstück sowie das Kraftwerk wird aus Sicht der Banken bzw. des potentiellen Erwerbers nur erwogen, wenn der Erwerber das Kraftwerk ökonomisch sinnvoll betreiben und er hierfür langfristige Liefer- und Abnahmeverträge abschließen kann. Die Ausübung von Eintrittsrechten in bestehende Vertragsbeziehungen aufgrund von Direktverträgen spielt daher

65 Vgl. *Rohe* in: Bamberger/Roth, Beck'scher Online-Kommentar, 37. A. (2015), § 1192 Rn. 223.

66 Vgl. *Bassenge*, in: Palandt, Bürgerliches Gesetzbuch, 73. A., (2013), § 1192 Rn. 3.

67 Da der für die Sicherungsgrundschuld geltende § 1192 Abs. 1a BGB anders als der für die Sicherungshypothek geltende § 1157 BGB einen gutgläubigen einredefreien Erwerb der Grundschuld ausschließt wird in der Literatur zum Teil die Auffassung vertreten, dass die Sicherungsgrundschuld hinsichtlich ihrer Durchsetzbarkeit nunmehr akzessorischer als die Sicherungshypothek sei, vgl. *Weller*, Die Sicherungsgrundschuld, in: JuS 2009, 969, 975.

bei einer solchen Verwertung eine große Rolle (vgl. hierzu nachfolgend Abschnitt „Beschränkte persönliche Dienstbarkeit"). Gegebenenfalls ist anstelle der Zwangsverwaltung auch die einvernehmliche Verpachtung denkbar.

Anfechtungsrisiken bestehen bei Grundschulden kaum, da die Grundschulden in der Regel zu Beginn und daher außerhalb der kritischen Zeit bestellt werden.

Risiken bestehen eher hinsichtlich der Übersicherung, wenn die Grundschuldhöhe über das (zunächst) unbebaute Grundstück in voller Höhe der während der Projektbauphase ratierlich auszuzahlenden Darlehensvaluta entspricht.

Beschränkte persönliche Dienstbarkeit

Beschränkte persönliche Dienstbarkeiten werden insbesondere bei Projekten im Bereich der Erzeugung Erneuerbarer Energien als Sicherungsmittel eingesetzt. Eine praktische Notwendigkeit zur Sicherung der kreditgewährenden Bank aus beschränkt persönlichen Dienstbarkeiten ergibt sich bei der Finanzierung von Projekten im Bereich der Erneuerbaren Energien (Photovoltaikanlagen, Onshore-Windenergieanlagen), da der Anlagenbetreiber in der Regel nicht Grundstückseigentümer bzw. Erbbauberechtigter des Grundstücks ist, auf dem diese Anlagen gelegen sind, sein Recht zum Betreiben der Anlagen jedoch regelmäßig durch beschränkte persönliche Dienstbarkeiten zu seinen Gunsten gesichert ist.[68]

Da eine beschränkte persönliche Dienstbarkeit grundsätzlich an eine bestimmte Person geknüpft und die Übertragung einer ausschließlich zugunsten des Kreditnehmers bestellten Dienstbarkeit – von spezifischen Ausnahmefällen abgesehen[69] –

---

68 Eine solche Konstruktion ist auch deswegen relevant, weil hierdurch sichergestellt werden soll, dass die Anlagen zur Erzeugung der Energie lediglich Scheinbestandteile des Grundstücks werden und nicht als Grundstückbestandteil mit Errichtung in das Eigentum des Grundeigentümers übergehen. Hierzu muss vor Errichtung der Anlage bereits zugunsten des Pächters die beschränkt persönliche Dienstbarkeit zur Nutzung des Grundstücks zur Energieerzeugung und -weiterleitung bestellt werden, so dass dieser in Ausübung eines Rechts an dem Grundstück i.S. von § 95 Abs. 1 Satz 2 BGB die Anlage errichtet. Ferner wird in diesem Zusammenhang regelmäßig in dem Pachtvertrag eine Verpflichtung des Pächters zum Rückbau der Anlage zum Ablauf der Pachtzeit aufgenommen, um deutlich zu machen, dass die Verbindung der Anlage nur einem „vorübergehenden Zweck" i.S. des § 95 Abs. 1 Satz 1 BGB dient. Näher hierzu: *Reese* in Schulz (Hrsg.), Handbuch Windenergie, 1. Aufl. 2015, S. 434, 446 ff.

69 Die Ausnahmefälle sind in § 1092 Abs. 3 BGB enumerativ aufgezählt. Gemäß dieser Vorschrift ist eine beschränkt persönliche Dienstbarkeit, die zugunsten einer juristischen Person oder rechtsfähigen Personengesellschaft bestellt wird und diese dazu berechtigt, ein Grundstück für Anlagen zur Fortleitung von Elektrizität, Gas, Fernwärme, Wasser, Abwasser, Öl oder Rohstoffen einschließlich aller hierzu gehörenden Anlagen, die der Fortleitung unmittelbar dienen, für Telekommunikationsanlagen, für Anlagen zum Transport von Produkten zwischen Betriebsstätten eines oder mehrerer öffentlicher oder privater Unternehmen oder für Straßenbahn- oder Eisenbahnanlagen zu nutzen übertragbar. Die Ausnahmeregelung ist auf Anlagen zur Energieerzeugung nicht anwendbar, vgl. OLG München Beschluss vom 20.11.2012 – 34 Wx 91/12 – NJOZ 2013, 923; *Otto* in Ring/Grziwotz/Keukenschrijver, BGB Sachenrecht, 4. Aufl. 2016, § 1092 Rn. 13.

ausgeschlossen ist, ist eine Verwertung der zugunsten des Anlagenbetreibers selbst bestellten Dienstbarkeit jedoch nicht möglich.[70]

Um eine bessere Veräußerbarkeit der sicherungsübereigneten Anlagen zu gewährleisten,[71] haben die finanzierenden Banken ein Interesse, dass der Erwerber die Möglichkeit erhält, die Anlagen am selben Ort weiter zu betreiben und hierfür eine beschränkte persönliche Dienstbarkeit zum Betreiben der Anlagen auf dem Grundstück erhält.

In der Praxis ist hierfür folgende Gestaltungsmöglichkeit am Gebräuchlichsten: Neben der dem Anlagenbetreiber gewährten beschränkten persönlichen Dienstbarkeit treffen Grundstückseigentümer und Anlagenbetreiber durch schuldrechtlichen Vertrag eine Nachfolgeregelung. Der Eigentümer verspricht hierbei im Rahmen eines unechten Vertrages zugunsten Dritter der Bank bzw. dem Sicherheitentreuhänder als Dritten und Versprechensempfänger (oder – sofern die Finanzierungsparteien noch nicht bekannt sein sollten – dem Anlagenbetreiber als Versprechensempfänger),[72] im Nachfolgefall die gleiche beschränkte persönliche Dienstbarkeit der Bank bzw. dem Sicherheitentreuhänder oder einem von diesem zu benennenden Dritten bzw. ggf. einer Vielzahl von Rechtsnachfolgern zu bewilligen.[73] Dieser schuldrechtliche Anspruch des Versprechensempfängers auf Bestellung einer beschränkten persönlichen Dienstbarkeit kann durch eine Vormerkung im Grundbuch abgesichert werden.[74] Vorsorglich sollte ferner durch vertragliche Vereinbarung die Verjährungsfrist auf 30 Jahre verlängert werden, da der Bestellungsanspruch ansonsten in 10 Jahren verjährt. Ferner kann die Bank durch die Eintragung einer Löschungsvormerkung bezüglich der dem Anlagenbetreiber bewilligten Dienstbarkeit im Sicherungsfall zugleich die Löschung von dessen (vorrangiger) Dienstbarkeit beschleunigt erreichen.[75]

Im Sicherungsfall wird die Bank somit die ihr sicherungsübereigneten Anlagen veräußern und zugleich an den Erwerber den durch die Vormerkung abgesicherten Bestellungsanspruch abtreten, wodurch auch die Vormerkung an den Erwerber übergeht.[76]

---

70 Allerdings ist es durch anfängliche oder nachträglich getroffene Vereinbarung zwischen dem Eigentümer und dem Berechtigten möglich, die Überlassung der Ausübung der Dienstbarkeit an einen Dritten zu gestatten (§ 1092 Abs. 1 Satz 2 BGB). Jedoch bleibt hierbei die Dienstbarkeit an die Person des Dienstbarkeitsberechtigten gebunden, so dass bei dessen Ausfall (Auflösung der Gesellschaft) der kreditgebenden Bank kein dinglich gesichertes Nutzungsrecht an dem fremden Grundstück zustehen würde, vgl. *Distler/Sedlacek* in Schulz (Hrsg.), Handbuch Windenergie, 1. Aufl. 2015, S. 727, 781 f.

71 Vgl. unter 2 die näheren Ausführung zur Verwertung einer Sicherungsübereignung.

72 In dem Fall wohl echter Vertrag zugunsten Dritter i.S. des § 328 BGB.

73 Vgl. *Distler/Sedlacek* in Schulz (Hrsg.), Handbuch Windenergie, 1. Aufl. 2015, S. 727, 783 ff., m.w.N.

74 BGH Urteil vom 9.7.1958 – V ZR 116/57 – (München), BGH NJW 1958, 1677, 677 f.; *Keller*, Die Rechtsnachfolge bei beschränkten persönlichen Dienstbarkeiten zur Absicherung von Energiegewinnungsanlagen, DNotZ 2011, 99, 111.

75 Vgl. *Distler/Sedlacek* in Schulz (Hrsg.), Handbuch Windenergie, 1. Aufl. 2015, S. 727, 785.

76 *Keller*, Die Rechtsnachfolge bei beschränkten persönlichen Dienstbarkeiten zur Absicherung von Energiegewinnungsanlagen, DNotZ 2011, 99, 111.

Der Erwerber erhält so einen im Grundbuch abgesicherten Anspruch gegen den Grundstückseigentümer die Energieerzeugungsanlagen für den in der ursprünglichen Dienstbarkeit festgelegten Zeitraum (in der Regel die betriebsübliche Nutzungsdauer der entsprechenden Anlangen) am bestehenden Ort und zu denselben Konditionen weiter zu betreiben, was die isolierte Veräußerung der entsprechenden Anlagen erleichtert.[77]

Verwertung einer Kontoverpfändung von Projektkonten

Die Kontoverpfändung gehört auch bei Projektfinanzierungen zum üblichen Sicherheitenpaket. Häufig verbunden ist die Kontoverpfändung mit einer Verpflichtung des Sicherungsgebers, die Konten nur bei der kreditgewährenden Bank bzw. dem Sicherheitentreuhänder zu führen.[78]

Das Pfandrecht gibt der Bank das Recht, bei Fälligkeit der gesicherten Forderung die Forderungen des Sicherungsgebers gegen die kontoführende Bank auf Auszahlung des Kontoguthabens einzuziehen.[79]

---

77 Vgl. zu weiteren Gestaltungsmöglichkeiten: *Distler/Sedlacek* in Schulz (Hrsg.), Handbuch Windenergie, 1. Aufl. 2015, S. 727, 781 ff.

78 In diesem Fall ist die sonst zur Wirksamkeit einer Kontenverpfändung erforderlichen Verpfändungsanzeige (§§ 1273 f., 1279, 1280 BGB) nicht erforderlich, da die Bank selbst Schuldner der an sie verpfändeten Forderung ist. Ständige Rechtsprechung, vgl. BGH Urteil vom 12. Februar 2004 – IX ZR 98/03 – Rn. 24, zitiert aus juris; RGZ 116, 198, 207; *Damrau* in Münchener Kommentar zum BGB, 6. Aufl. 2013, § 1280 Rn. 3, 7. Im Fall einer Fremdbank sieht die Verpfändungsanzeige regelmäßig einen in der Verpfändungsbestätigung durch die Fremdbank abzugebenden Verzicht auf die Geltendmachung eines dieser zustehenden AGB-Pfandrechts, Zurückbehaltungsrechts oder Aufrechnungsrechts vor, ausgenommen hinsichtlich Forderungen, die der Fremdbank gegen ihren Kunden in Bezug auf Gebühren und Auslagen bzgl. der verpfändeten Konten im Rahmen des ordnungsgemäßen Geschäftsbetriebs entstehen.

79 Dies bezieht sich auf das Tagesguthaben am Tag der Einziehung (Schlusssaldo), einschließlich angelaufener Zinsen (§ 1289 BGB). Im Fall einer eigenen (Geld-)Schuld kann die Bank die Einziehung durch „einfache Erklärung" gegenüber dem Sicherungsgeber ausüben, was einer Aufrechnung entspricht. Gemäß § 1234 BGB hat der Pfandgläubiger (also der Kreditgeber) die Verwertung mindestens einen Monat vorher anzudrohen, wobei diese Frist regelmäßig vertraglich auf sieben Tage (fünf Bankarbeitstage) verkürzt wird und in besonderen Fällen gänzlich hierauf verzichtet werden kann. Das Erfordernis eines Vollstreckungstitels (§§ 1282 Abs. 2, 1277 BGB) ist regelmäßig im Kontoverpfändungsvertrag abbedungen. Die Vollstreckung einer Kontoverpfändung ist somit – rein rechtlich gesehen – ein sehr einfaches und effektives Mittel, um kurzfristig an das Guthaben der Projektgesellschaft zu kommen und die Forderungen der finanzierenden Banken (teilweise) zu befriedigen. – In der Praxis ist nur meist die Tatsache problematisch, dass sich zum Vollstreckungszeitpunkt keine oder kaum Guthaben auf den verpfändeten Konten befinden, so dass die Verwertung der Kontopfandrechte allenfalls eine Vollstreckungshandlung ist, die andere, effektivere, Vollstreckungsakte begleitet und abrundet, vgl. *Merkel* in Schimansky/Bunte/Lwowski, Bankrechts-Handbuch, 4. Auflage 2011, § 92 Rn. 62 ff; OLG Düsseldorf Urteil vom 16. Juli 1992 – 6 U 140/91 – Rn. 32, zitiert aus juris; *Bassenge* in Palandt, Bürgerliches Gesetzbuch, 72. Aufl. (2013), § 1282 Rn. 4.

Im Insolvenzfall ergibt sich zudem Folgendes: Nach der insolvenzgerichtlichen Anordnung eines allgemeinen Verfügungsverbots an Zahlungseingängen auf einem Bankkonto kann kein Pfandrecht mehr entstehen.[80] Liegt ein wirksam bestelltes Pfandrecht vor, erfolgt die Verwertung der verpfändeten Konten durch die Bank. Dabei muss sich die Bank über nachfolgende Anfechtungsrisiken im Klaren sein:

Eine vor Eintritt der Krise vorgenommene Kontopfändung ist als kongruente Deckung anfechtbar, soweit sie Beträge erfasst, die nach Anbruch des Drei-Monatszeitraums eingegangen sind, nachdem der Pfändungsgläubiger von der Zahlungsunfähigkeit Kenntnis erlangt hatte. Das betrifft die Beträge, die im Wege der Vorauspfändung verpfändet wurden. Diese liefern erst dann eine anfechtungsfeste Rechtsposition, wenn der Anspruch auf Gutschrift der einzelnen Forderung durch Eingang des Überweisungsbetrags bei der Empfängerbank entsteht.

Überdies besteht auch die Gefahr der Anfechtung wegen inkongruenter Deckung, weil vor Eingang des Überweisungsbetrags kein Anspruch des Pfandgläubigers auf gerade diesen Zahlungseingang besteht.[81]

Kollision mehrerer Sicherungsgeber

Scheitern alle Maßnahmen, um die Krise des Projektes zu bewältigen, kommt es entscheidend darauf an, dass die bestellten Sicherheiten effektiv verwertet werden können. Das setzt voraus, dass eine wirksame Sicherheitenbestellung stattgefunden hat. Dabei ist es nicht immer leicht, die zahlreichen Sicherheitenrechte im Geflecht der Projektgesellschaft mit ihren Kreditgebern und Zulieferern in Ausgleich zu bringen. Während zugunsten der Kreditgeber in der Regel eine Globalzession erfolgt, liefern die Zulieferer meist nur unter (verlängertem) Eigentumsvorbehalt.

Grundsätzlich gilt bei Kollisionen zwischen Sicherheitenrechten das Prioritätsprinzip. Kollidieren verlängerter Eigentumsvorbehalt der Zulieferer mit einer Globalzession zugunsten der Kreditgeber, wirkt sich das in der Regel zu Lasten der Globalzession aus. Die Globalzession ist nach überwiegender Meinung dann sittenwidrig, wenn sie keine dingliche Teilverzichtsklausel zugunsten des Vorbehaltsverkäufers enthält.[82]

Die Konkurrenz zwischen Kreditgebern und Zulieferern kann sich auch in der Insolvenz der Projektgesellschaft auswirken. Unter Umständen kann die Insolvenzmasse aus der Beweisnot der Absonderungsgläubiger Vorteile ziehen. Denn der Rechtserwerb der Kreditgeber ist davon abhängig, dass Rechte der Lieferanten aus dem Eigentumsvorbehalt nicht entstanden oder untergegangen sind. Der Insolvenzverwalter muss darlegen, dass die Insolvenzmasse mit Eigentumsrechten belastet

80 *Merkel* in Schimansky/Bunte/Lwowski, Bankrechts-Handbuch, 4. Auflage 2011, § 92 Rn. 68.
81 Vgl. hierzu *Rogge/Leptien* in Hamburger Kommentar zum Insolvenzrecht 5. Aufl. 2015, § 130 Rn. 39.
82 Vgl. zur Kollision der Globalzession mit anderen Sicherheiten *Homann* in Ahrens/Gehrlein/Ringstmeier, Fachanwaltskommentar Insolvenzrecht, 2. Aufl. 2014, § 51 Rn. 10.

ist, was in der Regel durch Vorlage von Lieferbedingungen erfolgt, die typischerweise einen Eigentumsvorbehalt enthalten. Das Nichtbestehen der Eigentumsvorbehaltsrechte muss dagegen der Kreditgeber darlegen und beweisen, um seinen Rechtserwerb zu belegen, was sehr schwierig sein kann. Trifft der Insolvenzverwalter Vergleichsvereinbarungen mit Lieferanten über Absonderungsrechte aus Eigentumsvorbehalt ist überdies zu beachten, dass der Verwalter versuchen wird, frei werdende Erlöse für die Masse zu generieren, zum Bespiel als Massekostenbeiträge. In der Praxis wird das allerdings weitgehend akzeptiert.[83]

Geltendmachung des Eintrittsrechts bei Direktverträgen

Für den Fall, dass die finanzierenden Banken nicht daran interessiert sind, die Projektgesellschaft im Wege des *share deals* zu verwerten – z. B. weil die Projektgesellschaft Verbindlichkeiten hat, die nicht übernommen werden sollen, oder der Weg über die öffentliche Versteigerung gescheut wird[84] – können die finanzierenden Banken auch eine zweite Variante der Veräußerung des Projekts verfolgen:[85] Hierbei werden die einzelnen sicherungsübereigneten Gegenstände im Wege eines *asset deals* auf den Erwerber übereignet; zusätzlich wird der Erwerber der Einzelkomponenten die (wesentlichen) Projektverträge übernehmen und als Vertragspartei an die Stelle der bisherigen Projektgesellschaft treten. So soll gewährleistet werden, dass die wesentlichen Projektverträge als Ganzes auf eine neue Projektgesellschaft übertragen werden können. Der Erreichung dieses Ziels dient das Instrument des Direktvertrags. In ihm sind die sog. *step-in rights* zugunsten der Banken geregelt. Danach bietet die Projektgesellschaft schon vorab unwiderruflich und bedingungslos die Übertragung aller ihrer Rechte und Pflichten nebst ihrer Stellung als Vertragspartei aus dem Direktvertrag auf den von der kreditgebenden Bank zu bestimmenden Übernehmer an. Die Bank kann dieses Angebot als Vertreter ohne Vertretungsmacht für den übernehmenden Dritten annehmen; die Annahme wird später durch den Übernehmer genehmigt.

Bevor es zu einem Eintrittsrecht der finanzierenden Banken bzw. eines von den Banken vorgeschlagenen Dritten kommen kann, enthalten Direktverträge meist so genannte Stillhalteperioden.[86] Nach Ablauf dieser Stillhalteperioden können die

---

83 Vgl. *Büchler* in Schmidt (Hrsg.) Hamburger Kommentar zum Insolvenzrecht, 5. Aufl. 2015, § 51 Rn. 46, 46a.

84 *Sester*, Insolvenzfeste Direktverträge in der Projektfinanzierung und bei Public-Private-Partnership-Projekten auf der Basis eines Konzessionsvertrages, ZBB 2004, 283 (286).

85 *Riede* in Gerhard/Rüschen/Sandhövel (Hrsg.), Finanzierung Erneuerbarer Energien, 1. Aufl. 2011, S. 855.

86 Diese untersagen den Projektvertragsparteien die Ausübung ihrer vertraglichen oder gesetzlichen Rechte (vor allem das Recht zur Beendigung des Vertrags) für eine bestimmte Zeit. Je nach Projekt und Verhandlungsstärke betragen die Perioden zwischen 30 Tagen und mehreren Monaten (vgl. *Michaelsen* in Böttcher (Hrsg.), Handbuch Windenergie, Onshore-Projekte: Realisierung, Finanzierung, Recht und Technik, 2012, S. 138.). Oft werden die Stillhalteperioden kombiniert mit einer

finanzierenden Banken von ihrem Eintrittsrecht Gebrauch machen: Hiernach sind sie bzw. ein von ihnen benannter Dritter berechtigt, an Stelle der Projektgesellschaft in den Vertrag mit dem jeweiligen Vertragspartner einzutreten.[87] Der Direktvertrag regelt die Voraussetzungen eines solchen Eintritts detailliert. Häufig wird den finanzierenden Banken neben dem Eintrittsrecht alternativ das Recht zum Abschluss eines inhaltsgleichen, neuen Projektvertrages eingeräumt.[88] Diese Variante ist vor allem zur Verringerung insolvenzrechtlicher Risiken (hierzu sogleich) gedacht.

Wie bereits mehrfach erwähnt, ist die Geltendmachung des Eintrittsrechts bzw. des Rechts, einen Neuabschluss des Projektvertrages zu verlangen nur im Zusammenhang mit der Verwertung der sonstigen Vermögenswerte der Projektgesellschaft praktisch relevant. Der mögliche eintretende neue Investor wird sich allerdings sorgfältig überlegen, ob er wirklich auf der Basis eines *asset deals* das Projekt übernehmen will, oder ob nicht doch ein Erwerb der Anteile der Projektgesellschaft im Rahmen der Verwertung der Pfandrechte an diesen Anteilen der sinnvollere Weg ist.

Hierbei ist nicht zuletzt die folgende insolvenzrechtliche Problematik zu beachten:

Es ist in der juristischen Literatur umstritten, ob die Regelungen in Direktverträgen im Falle der Insolvenz einer Projektgesellschaft eine unzulässige Umgehung des Wahlrechts des Insolvenzverwalters darstellen (§§ 103, 119 InsO). Schließlich führt die Ausübung des Eintrittsrechts im Ergebnis dazu, dass der Vertrag zwischen der Projektgesellschaft und dem jeweiligen Vertragspartner automatisch beendet wird. Dem Insolvenzverwalter, der grundsätzlich das Recht haben soll zu entscheiden, ob er einen Vertrag beenden oder weiterführen will, wird dieses Wahlrecht genommen.[89]

Zudem besteht das Risiko einer insolvenzrechtlichen Anfechtung der Ausübung der Eintrittsrechte auf Basis der §§ 130, 131 InsO. Gerichtsurteile zu dieser Frage existieren nicht, was daran liegen mag, dass die Eintrittsrechte von finanzierenden Banken häufig nicht als tatsächliche Option, sondern als Verhandlungsmasse oder gar „Druckinstrument" sowohl im Verhältnis zum Vertragspartner als auch ggf. dem Insolvenzverwalter benutzt werden. Sollten die zuständigen Gerichte der Auffassung

---

Haftungsübernahme oder Sicherheitenstellung der Bank. Dies ist erforderlich, um die Risiken der Auftragnehmer durch einen zeitweisen Verzicht auf die Ausübung ihrer Rechte abzusichern. In dieser Zeit hat die finanzierende Bank die Möglichkeit, innerhalb einer bestimmten Frist nach Bekanntgabe der Kündigungsgründe den Umstand, der sie zur Vertragsbeendigung berechtigen würde, zu beseitigen (vgl. *Sester*, Insolvenzfeste Direktverträge in der Projektfinanzierung und bei Public-Private-Partnership-Projekten auf der Basis eines Konzessionsvertrages, ZBB 2004, 283, 285).

87 *Minuth/Stiller*, Direktverträge mit Generalunternehmern in der Projektfinanzierung, NZBau 2009, 574, 576.

88 *Sester*, Insolvenzfeste Direktverträge in der Projektfinanzierung und bei Public-Private-Partnership-Projekten auf der Basis eines Konzessionsvertrages, ZBB 2004, 283, 288; *Michaelsen* in Böttcher (Hrsg.), Handbuch Windenergie, Onshore-Projekte: Realisierung, Finanzierung, Recht und Technik, 2012, S. 139.

89 Vgl. *Riede*, in: Gerhard/Rüschen/Sandhövel (Hrsg.), Finanzierung Erneuerbarer Energien, 1. Aufl. 2011, S. 858.

folgen, dass in einem konkreten Fall §§ 130, 131 InsO Anwendung finden, besteht zumindest nach Eröffnung des Insolvenzverfahrens das Risiko, dass der Insolvenzverwalter, der von diesen insolvenzrechtlichen Anfechtungsrechten Gebrauch macht, sich durchsetzt und das Eintrittsrecht hinfällig wird.[90]

Wenn die Parteien in Hinblick auf diese Risiken von vornherein die Variante der Neuabschlussverpflichtung gewählt haben, so bestehen zwar keine insolvenzrechtlichen Bedenken hinsichtlich des neuen Vertrages – die Kündigung des „alten" Vertrages unterliegt jedoch den gleichen insolvenzrechtlichen Anfechtungsrechten. Den finanzierenden Banken ist somit nur bedingt geholfen, wenn §§ 130, 131 InsO für anwendbar erklärt werden, da ein vernünftiger Vertragspartner die wirksame Kündigung des Altvertrags zur Voraussetzung des Abschlusses eines neuen Vertrags machen dürfte, um eine doppelte Verpflichtung zu vermeiden.

Festzuhalten bleibt, dass die insolvenzrechtlichen Risiken grundsätzlich bestehen und nur rein faktisch dadurch reduziert werden können, indem die Eintrittsrechte zeitlich möglichst weit vor der Eröffnung des Insolvenzverfahrens ausgeübt werden.

Anfechtungsrisiken in der Insolvenz der Projektgesellschaft

Fallstricke bestehen nicht nur im Zusammenhang mit den Direktverträgen wegen der insolvenzrechtlichen Anfechtungsrisiken; diese ergeben sich ganz allgemein aus masseschmälernden Rechtshandlungen vor Eröffnung des Insolvenzverfahrens, sofern sie die übrigen Gläubiger benachteiligen.[91] Es ist daher entscheidend, die Entwicklung der Projektgesellschaft im Auge zu behalten, um frühzeitig bzw. außerhalb des anfechtungsrelevanten Zeitraums eingreifen zu können. Für Reservelinien heißt das bspw., dass etwaige Bereitstellungen oder Rückführungen an die Finanzierer nur außerhalb des anfechtungsrelevanten Zeitraums erfolgen dürfen, wenn sie insolvenz-/anfechtungsfest sein sollen. Das gleiche gilt grundsätzlich auch für die Globalzession. Dort kommt es für die Insolvenzfestigkeit auf den Zeitpunkt des Entstehens bzw. des sog. Werthaltigmachens der zur Sicherheit abgetretenen Forderungen an.[92]

Der anfechtungsrelevante Zeitraum lässt sich allgemein wie folgt umreißen: Bei vertragsgemäßen Leistungen (sog. kongruente Deckung) ist die zu beurteilende Rechtshandlung anfechtbar, wenn sie in den letzten drei Monaten vor dem Antrag auf Eröffnung des Insolvenzverfahrens vorgenommen wurde, wenn der Schuldner zu

---

90 BGH, Urt. v. 11.11.1993 – IX ZR 257/92, NJW 1994, 449 (451); BGH, Urt. v. 09.03.2000 – IX ZR 355/98, NJW-RR 2000, 1295 (1296 f.); *Michaelsen*, in: Böttcher (Hrsg.), Handbuch Windenergie, Onshore-Projekte: Realisierung, Finanzierung, Recht und Technik, 2012, S. 140.

91 Gläubigerbenachteiligend wirkt die Gewährung einer Sicherheit, wenn sie die Zugriffsmöglichkeiten der Insolvenzgläubiger verkürzt, es sei denn, es werden lediglich gleichwertige Sicherheiten ausgetauscht oder wertlose oder unpfändbare Gegenstände gewährt. Das auf diese Weise Erhaltene muss an den Insolvenzverwalter wieder herausgegeben werden, vgl. *Rogge/Leptien* in Schmidt (Hrsg.), Hamburger Kommentar zum Insolvenzrecht, § 129 Rn. 37 ff.

92 Vgl. *Rogge/Leptien* in Schmidt (Hrsg.), Hamburger Kommentar zum Insolvenzrecht, § 130 Rn. 40.

diesem Zeitpunkt zahlungsunfähig war und wenn der Gläubiger zu dieser Zeit die Zahlungsunfähigkeit kannte. Für nach dem Eröffnungsantrag getätigte Rechtshandlungen besteht das Anfechtungsrecht, wenn der Gläubiger zur Zeit der Handlung die Zahlungsunfähigkeit oder den Eröffnungsantrag kannte. Das heißt, besteht keine Kenntnis der Zahlungsunfähigkeit bei der Bestellung der Sicherheit bzw. der maßgeblichen Rechtshandlung, darf der andere Teil – hier die Banken – grundsätzlich darauf vertrauen, dass vertraglich geschuldet und so erbrachte Leistungen nicht mehr angefochten werden können.

Allerdings ist das Anfechtungsrecht durch die Rechtsprechung stark aufgeweicht und (über-) strapaziert. Zu beachten ist insbesondere das Folgende: Werden in der kritischen Zeit Sicherheiten bestellt, die der Gläubiger nicht oder nicht in der Art oder nicht zu der Zeit zu beanspruchen hatte (sog. inkongruente Deckung), sind die Anforderungen an die Anfechtbarkeit niedriger. Es kommt nicht auf positive Kenntnis an. Jede Bestellung von Sicherheiten während des letzten Monats vor Antrag auf Eröffnung des Insolvenzverfahrens ist anfechtbar. Wenn die Handlung innerhalb des zweiten oder dritten Monats vor dem Eröffnungsantrag vorgenommen wurde und der Schuldner zu der Zeit der Handlung zahlungsunfähig war oder wenn der Gläubiger bei einer Sicherheitsbestellung in diesem Zeitraum Kenntnis davon hatte, dass die Sicherheitsbestellung die Insolvenzgläubiger benachteiligt, besteht ebenfalls das Risiko der Anfechtbarkeit. Die Abgrenzung zwischen der kongruenten und der inkongruenten Sicherheit ist teilweise nicht abschließend geklärt und häufig vom Einzelfall abhängig.

Zudem kann eine längere Anfechtungsfrist gelten, wenn Indizien für eine Zahlungsunfähigkeit bzw. Gläubigerbenachteiligung vorliegen (sog. Vorsatzanfechtung). Eine Anfechtung in diesem Fall wegen sog. vorsätzlicher Benachteiligung betrifft nach derzeit geltendem Recht einen anfechtungsrelevanten Zeitraum von zehn Jahren vor bzw. nach Insolvenzantragsstellung, wenn ein Gläubigerbenachteiligungsvorsatz nachgewiesen werden kann und der andere Teil zur Zeit der Handlung den Vorsatz des Schuldners kannte. Die Rechtsprechung ist hier sehr kreativ im Sinne der Insolvenzmasse und deutet nahezu jede Veränderung vom ursprünglichen oder auch vom gewöhnlichen Sachverhalt als Indiz für eine Zahlungsunfähigkeit bzw. Gläubigerbenachteiligung, was die Anfechtungsrisiken grundsätzlich erhöht.

Eine Anfechtung ist ausgeschlossen, wenn die Sicherheitsleistung als sog. Bargeschäft zu qualifizieren ist. Ein solches liegt vor, wenn für die Leistung unmittelbar eine gleichwertige Gegenleistung in das Vermögen des Schuldners gelangt. Ist also die Höhe angemessen, sind lediglich künftige Leistungen abgesichert und stehen Leistung und Gegenleistung in einem engen zeitlichen Zusammenhang, ist eine Anfechtung der Sicherheitenbestellung ausgeschlossen.[93] Für die Vorsatzanfechtung gilt dies nicht.

---

93 Vgl. *De Wyl/Soetebeer* in Schneider/Theobald, Recht der Energiewirtschaft, 4. Aufl. 2013, § 11 Rn. 423 ff.

3.2.5 Zusammenfassung

Bei rechtlichen Maßnahmen der Gefahrenabwehr einer Projektfinanzierung in der Krise ist grundlegend zwischen den beiden grundsätzlichen Phasen einer klassischen Projektfinanzierung zu unterscheiden: In der Bauphase steht das Fertigstellungsrisiko im Mittelpunkt der Überlegungen von Sponsoren wie von Kreditgebern. Vorrangiges Ziel der Kreditgeber wird es sein, Mechanismen der Gefahrenabwehr durchzusetzen, die die Projektfertigstellung ermöglichen, um die Rückzahlung des ausgereichten Darlehens zu ermöglichen. In der Betriebsphase hingegen steht aus Sicht der Kreditgeber eine Rettung des Projektes „um jeden Preis" nicht mehr im Mittelpunkt der Überlegungen; vielmehr werden die Kreditgeber abwägen, ob ein Entgegenkommen (etwa durch Änderung der Finanzierungs- bzw. der Projektdokumentation) oder die Verwertung des Projektes sinnvoller erscheint.

Literaturverzeichnis

Ahrens M. / Gehrlein M. / Ringstmeier A., *Fachanwaltskommentar Insolvenzrecht*, 2. Aufl., 2014.

Bamberger H.G. / Roth H., *Beck´scher Online-Kommentar*, 37. Aufl., 2015.

Böttcher J., Handbuch Windenergie, Onshore-Projekte: Realisierung, Finanzierung, Recht und Technik, 2012.

Gerhard M. / Rüschen T. / Sandhövel A., *Finanzierung Erneuerbarer Energien*, 1. Aufl., 2011.

Haarmeyer H. / Huber M. / Schmittmann J.M:, *Praxis der Insolvenzanfechtung*, 2. Aufl., 2013.

Keller H., *Die Rechtsnachfolge bei beschränkten persönlichen Dienstbarkeiten zur Absicherung von Energiegewinnungsanlagen*, Deutsche Notar-Zeitschrift 2011, 99, 111.

Langenbucher K. / Bliesener D.H. / Spindler G., *Bankrechts-Kommentar*, 1. Aufl., 2013.

Lorz R. / Pfisterer B. / Gerber O., *Beck´sches Formularbuch GmbH-Recht*, 1. Aufl., 2010.

Maier-Reimer G. / Webering A., Verwertung von Pfandrechten an Unternehmensbeteiligungen, *Betriebs-Berater* 2003, 1630.

Minuth K. / Stiller F., *Direktverträge mit Generalunternehmern bei Projektfinanzierung, Neue Zeitschrift für Baurecht und Vergaberecht* 2009, 574–576.

Säcker F.J. / Rixecker R. / Oetker H. / Limperg B., *Münchener Kommentar zum BGB*, 6. Aufl., 2013.

Kirchhof H.P. / Stürmer R. / Eidenmüller H., *Münchner Kommentar zur Insolvenzordnung*, 3. Aufl., 2013.Obermüller M., Insolvenzrecht in der Bankpraxis, 8. Aufl., 2011.

Palandt O., *Bürgerliches Gesetzbuch*, 75. Aufl., 2016.

Palandt O., *Bürgerliches Gesetzbuch*, 72. Aufl., 2013.

Reymann C., *beck-online. Grosskommentar*, Stand 15.10.2015.

Reuter A., *Projektfinanzierung*, 2. Aufl., 2010.

Ring G. / Grziwotz H. / Keukenschrijver A., *Bürgerliches Gesetzbuch – BGB*, Band 3: Sachenrecht, 4. Aufl., 2016.

Roth G.H. / Altmeppen H., *Gesetz betreffend die Gesellschaften mit beschränkter Haftung: GmbHG*, 8. Aufl., 2015.

Sester P., Insolvenzfeste Direktverträge in der Projektfinanzierung und bei Public-Private-Partnership-Projekten auf der Basis eines Konzessionsvertrages, *Zeitschrift für Bankenrecht und Bankwirtschaft*, 2004, 283.

Schimansky H./Bunte H-J./Lwowski H.-J., *Bankrecht-Handbuch*, 4. Aufl., 2011.

Schmidt A., *Hamburger Kommentar zum Insolvenzrecht*, 5. Aufl., 2015.
Schneider J.-P./Theobald C., *Recht der Energiewirtschaft*, 4. Aufl., 2013.
Schulz T., *Handbuch Windenergie*, 1. Aufl., 2015.
Schulz D., *Restrukturierungspraxis: Sanierung und Liquiditätsbeschaffung*, 2010.
Weller M.-P., Die Sicherungsgrundschuld, in: *Juristische Schulung* 2009, 969.

3.3 Konsensuale Restrukturierung als Königsweg aus der Krise

Dr. Franz Bernhard Herding

3.3.1 Konsensuale Restrukturierung – Einführung

Eine Projektfinanzierung stellt in vielerlei Hinsicht besondere Anforderungen, so auch in der Restrukturierung. Ob eine gemeinsam getragene und damit konsensuale Restrukturierung möglich ist, wird aber auch im Falle eines krisengeschüttelten Projekts für jeden Beteiligten mit Blick auf die Alternativen entschieden: welches Risiko würde sich in einer Insolvenz der Projektgesellschaft realisieren, oder umgekehrt, welcher Mehrwert könnte durch die gemeinsame Kraftanstrengung einer konsensualen Lösung gehoben werden und sich damit aus wirtschaftlicher Perspektive lohnen.

Im Fokus – konsensuale Restrukturierung

Häufig wird eine Abweichung von den Planungen des Projekts nicht direkt in einer existenzbedrohenden Krise münden. Entweder enthält das dem Projekt zugrundeliegende konservativste Finanzierungsmodell („lenders' low case") bereits ausreichend Puffer oder die Krise kann über eine eher schlichte technische Anpassung der Finanzierungsdokumentation („amend and extend") wieder auf eine gesunde Basis gestellt werden. Allerdings kann bereits die Frage, inwieweit die Finanzkennzahlen im Einklang mit dem Finanzierungsmodell angepasst werden können, ob eine etwas längere Laufzeit bspw. den Verzögerungen in der Bauphase Rechnung tragen kann und ob das Gesamtvolumen der Finanzierung trotz explodierender Baukosten ausreichend bemessen wurde, zu schwierigen Diskussionen führen. Solange aber damit das Projekt ohne einschneidende Sanierungsbeiträge stabilisiert werden kann, wird sich in der Regel eine Lösung finden.

Falls sich eine solche Lösung durch leichte Anpassung der Struktur nicht finden lässt, da insbesondere

- substantielle Sanierungsbeiträge erforderlich werden,
- die Risikoanalyse eines Insolvenzszenarios überdurchschnittlich komplex ist, oder
- eine Partei sich einer naheliegenden Lösung verweigert,

mag in anderen Fällen die Insolvenz eine unausweichliche Konsequenz sein. Dabei bedeutet die Insolvenz in der Regel für die Sponsoren den wirtschaftlichen Totalausfall und führt für die Geschäftsführung zum Kontrollverlust an die Insolvenzverwaltung. Aus Sicht der übrigen Beteiligten allerdings, wie bspw. Fremdkapitalgeber, Abnehmer, Lieferanten oder Lizenz- oder Konzessionsgeber, muss ein gerichtliches Ordnungsverfahren nicht notwendigerweise abschreckend wirken. Ein solches

Ordnungsverfahren als zwar ungewolltes, aber doch insgesamt hinnehmbares Szenario könnte sich ergeben, wenn das operative Geschäft der Projektgesellschaft durch das Stigma der Insolvenz nicht wesentlich leidet, die Transaktionsdokumentation grundsätzlich auch in der Insolvenz aufrecht erhalten wird und/oder auf der Passivseite der Eigenkapitalgeber nur noch über negatives Eigenkapital verfügt und daher zur Umsetzung einer neuen Kapitalstruktur ohnehin die Finanzierungsparteien mehr oder weniger alleine gefordert sind und evtl. – auch dies wäre denkbar – eine sog. strategische Insolvenz neue Möglichkeiten eröffnet.

Anders verhält es sich, wenn die Struktur komplex ist und sich das Risiko einer Insolvenz auf unterschiedliche Beteiligte verteilt, eine Insolvenz die Fortführung des Projekts in Frage stellt oder die drohenden Sanierungsbeiträge zumindest wesentlich erhöht und daher als „Worst Case Szenario" gelten muss – spätestens hier könnte es sich lohnen, über eine außergerichtliche Restrukturierung nachzudenken, die durch die zur Umsetzung des Sanierungskonzept relevanten Beteiligten gemeinsam getragen wird und damit „konsensual" erfolgen kann. Denn: Die Bereitschaft zum Kompromiss, ohne welche eine konsensuale Restrukturierung nicht möglich ist, wird letztlich von einer wirtschaftlichen Analyse abhängen und das potentielle Risiko eines Alternativszenarios und die Bereitschaft zum Kompromiss stehen in einer natürlichen Wechselwirkung.

Eine konsensuale Restrukturierung sollte vor dem Hintergrund unterschiedlicher Sachverhaltskonstellationen die notwendigen Grundvoraussetzungen bereiten, um unter Einbeziehung der unterschiedlichen Betroffenen („Stakeholder") ein gemeinsames und umfassendes Sanierungskonzept zu erarbeiten und dann umzusetzen. Zu diesem Zweck stehen unterschiedliche Instrumente zur Verfügung. Neben der bereits angesprochenen Risikoanalyse für verschiedene Szenarien (z. B. Plan A: Konsensuale Restrukturierung, Plan B: Vollstreckung aus den Sicherheiten, Plan C: Insolvenz) und den zu beachtenden rechtlichen Anforderungen wird es gerade zu Beginn darum gehen:

- das Projekt zu stabilisieren, z. B. durch eine Stillhaltevereinbarung und/oder Treuhandstruktur,
- das Sanierungskonzept zu entwickeln und wesentliche Zwischenziele („Milestones") zu bestimmen, und
- ggf. die notwendige Liquidität durch einen Überbrückungs- oder Sanierungskredit bis zur Vorbereitung und Umsetzung des Sanierungskonzepts sicherzustellen.

Abhängig von der Analyse der Krisenursachen, die exogener oder endogener, operativer oder finanzieller Natur sein können und häufig auch kombiniert auftreten, kann das Sanierungskonzept Elemente enthalten, die auf der Einnahmen- oder Ausgabenseite ansetzen oder auch finanzielle Entlastung bringen (Rangrücktritt, Debt-to-Equity Swap), wobei gerade die Möglichkeit einer Restrukturierung auf der Passivseite stark von der im Einzelfall vorgesehenen Finanzierungsstruktur abhängt. Dabei ist eine Restrukturierung ein schrittweiser Prozess, der häufig die Phasen der „Stabilisierung", der „Verhandlung" und der „Umsetzung" durchläuft; entsprechend wird die Agenda gerade zu Beginn von den Notwendigkeiten des Augenblicks bestimmt und die konkrete Struktur eines möglichen Sanierungskonzepts kristallisiert sich häufig erst nach einiger Zeit heraus.

Projektfinanzierung – strukturelle Herausforderungen aus restrukturierungsrechtlicher Sicht

Jede Projektfinanzierung ist – abhängig von dem konkret finanzierten Projekt – unterschiedlich ausgestaltet. Dennoch lassen sich, gerade in Abgrenzung zu den in der Restrukturierungspraxis eher im Vordergrund stehenden Finanzierungsformen in Bezug auf ein operatives Unternehmen (Corporate Finance, Acquisition Finance oder auch Real Estate Finance), am Beispiel eines Kraftwerk-Projekts einige typische strukturelle Herausforderungen nennen:

Ringfencing

Unternehmen, die an dem aufwändigen Bau eines Kraftwerks z. B. als Zulieferer, Werkunternehmer oder Abnehmer ein natürliches Interesse haben, setzen als sog. Sponsoren, häufig als Joint Venture gemeinsam, eine Projektgesellschaft auf, welche die für die Umsetzung des Projekts notwendigen Vertragsverhältnisse und Aufgabenbereiche zentralisiert und gleichzeitig das Projekt von den übrigen Geschäftsfeldern des Sponsors abgrenzt („ringfencing"). Tritt eine finanzielle Krise ein, so sind die Chancen und Risiken in dieser Gesellschaft klar gebündelt. Der Sponsor kann als Gesellschafter einer Gesellschaft mit Haftungsschirm (z. B. GmbH) im Falle höherer Projektkosten oder verminderter Einnahmen nicht in Anspruch genommen werden, sondern sein Risiko ist auf den Verlust des eingebrachten Eigenkapitals begrenzt. Etwas komplizierter wird die Situation, wenn der Sponsor mittelbar, d. h. über mit ihm verbundene Unternehmen, als Werkunternehmer, Dienstleister oder Lieferant mit der Projektgesellschaft in vertraglichen Beziehungen steht oder Teile des laufenden Geschäfts der Projektgesellschaft (z. B. Buchführung, Rechtsabteilung, IT-Service) als Service bei mit dem Sponsor verbundenen Unternehmen eingekauft wird. In solchen Fällen hat der Gesellschafter unabhängig von seinem Eigenkapital ein starkes Interesse am Schicksal der Projektgesellschaft, insbesondere möchte er auch zukünftig mit der Projektgesellschaft Geschäfte machen. Zudem darf sicher nicht vernachlässigt werden, dass insbesondere große Projekte für den einzelnen Sponsor auch für seine zukünftige Wahrnehmung im Markt und Reputation von Bedeutung sind. Bilanziell ist die Situation meist recht übersichtlich, da die Gesellschaft ausschließlich der Umsetzung des Projekts dient und damit den Passiva (neben Eigenkapital insbesondere die Projektfinanzierung) das Projekt selbst (also bspw. das Kraftwerk, Vergütungsansprüche, etc.) als Aktiva gegenübersteht. Im Einzelnen können sich zur Aktivierung oder Passivierung einzelner Elemente aber durchaus schwierige Fragen ergeben.

Projektbezogene Finanzierungs- und Sicherheitenstruktur
Zur Umsetzung des Projekts erwirbt die Projektgesellschaft in unserem Beispielsfall eines Kraftwerkbaus das Bauland, vergibt die Planung und die Bauaufträge an die unterschiedlichen Gewerke oder an einen Generalunternehmer, verhandelt mit den Sponsoren oder Dritten die relevanten Management-, Service- und Abnahmeverträge, um auch den Betrieb des Kraftwerks abzusichern und kümmert sich um die notwendigen öffentlich-rechtlichen Genehmigungen. Gleichzeitig spricht die Projektgesellschaft (bzw. in der Dokumentationsphase noch die Sponsoren) verschiedene Banken für die Finanzierung an und wird schließlich denjenigen Finanzinstituten als Mandated Lead Arranger den Auftrag zur Arrangierung einer Finanzierung erteilen, die das attraktivste Angebot geliefert haben. In diesem Zusammenhang ist für eine Restrukturierung festzuhalten, dass sich die Perspektive der Sponsoren und der Fremdkapitalgeber fundamental unterscheidet: Während ein Sponsor die Verantwortung für das finanzierte Geschäft, also insbesondere die Machbarkeit und Wirtschaftlichkeit im Blick haben sollte, um ggf. eine Eigenkapitalrendite erwirtschaften zu können, ist für die Fremdkapitalgeber das Finanzierungsgeschäft entscheidend, also insbesondere für die eingeräumte Kapitalnutzungsmöglichkeit einen markt- und risikogerechten Zins auf Basis einer ausreichenden Besicherung zu erwirtschaften. Gerade mit Blick auf die unterschiedliche Interessenlage sollte der Fremdkapitalgeber – trotz der üblichen Wettbewerbssituation – bereits in der Strukturierungssituation auch darauf achten, dass die Finanzierungs- und Sicherheitenstruktur für den Ernstfall ausreichend Vorsorge trifft.

Non-Recourse-Finanzierung trotz Vorfinanzierung
Umfang und Struktur der Kapitalquellen („Sources") müssen auf die budgetierten Bau- und Finanzierungskosten („Uses") abgestimmt werden. In einer Projektfinanzierung liegt eine besondere Herausforderung darin, die Bauphase ohne Einnahmen, aber intensivem Finanzierungsbedarf über die sich anschließende Amortisierungsphase finanziell zu stemmen. Hierbei bringen die Sponsoren zwar Eigenkapital ein, der Löwenanteil des Finanzierungsbedarfs aber wird zur Erzielung einer auskömmlichen Eigenkapitalrendite über das Fremdkapital gedeckt. Die Kehrseite ist, dass die Fremdkapitalgeber – zumindest im Grundsatz – nicht auf Garantien der Sponsoren zurückgreifen können, sondern die Finanzierung allein auf die zu erwartenden Einnahmen der Projektgesellschaft aus dem Projekt abstellen müssen („non-recourse").[94] Für die Risikobewertung unter den Beteiligten kann es zudem entscheidend sein, ob sich das krisengeschüttelte Projekt noch in der Bauphase befindet oder ob das Projekt bereits vollständig umgesetzt ist und damit die Darlehensmittel bereits vollständig in Anspruch genommen worden sind.

94 Siehe hierzu auch die Ausführungen von Anja Wiebusch in Kapitel 1.

Lange Laufzeit und Bedeutung richtiger Prognosen

Charakteristisch für eine Projektfinanzierung ist zudem die besonders lange Laufzeit der Finanzierung mit detaillierten Tilgungsplänen sowie der Notwendigkeit einer engen Verzahnung zwischen Finanzierungsmodell und prognostizierten Einnahmeverläufen. Ist bei einer allgemeinen Unternehmensfinanzierung, abhängig von dem konkreten Finanzierungsprodukt, die Laufzeit auf 6 bis 8 Jahre, manchmal auch 10 Jahre begrenzt, so sind im Bereich der Projektfinanzierung Laufzeiten von 30 Jahren und mehr denkbar. Dies kann insbesondere dann zu substantiellen Ausfallrisiken führen, wenn sich die zugrunde gelegten Einnahmeprognosen unterhalb der Annahmen des konservativsten Finanzierungsmodells („lenders' low case") bewegen und sich statt einer Tilgung aufgrund des Zinseffekts ein immer höherer Betrag ausstehender Verbindlichkeiten aufbaut. Anderseits bleibt die Unsicherheit, ob sich ein negativer Trend evtl. in Zukunft abflachen oder umkehren wird, so dass die Beteiligten evtl. unsicher sind, wie hoch die Finanzierungslücke denn tatsächlich ist.

Ergänzende Finanzprodukte wie Hedging

Viele Projektfinanzierungen sehen Finanztermingeschäfte (Hedging) zur Eingrenzung der Risiken aus Wechselkurs- und Zinsverlauf vor, die zwar Teilbereiche planbar machen, aber auch zu zusätzlicher Komplexität und mit Blick auf die Mark-to-Market Bewertung langlaufender Zins- oder Wechselkursabsicherungsverträge zu erheblichen zusätzlichen Verbindlichkeiten führen können, falls diese bspw. als Teil einer Refinanzierung beendet werden. Sofern Versicherungen bestimmte Risiken abdecken, werden diese ebenfalls häufig als Teil der Struktur berücksichtigt.

Wesentliche Stakeholder und ihre Rolle für eine konsensuale Restrukturierung

Da eine konsensuale Restrukturierung auf die freiwillige Mitwirkung der unterschiedlichen Beteiligten baut, ist eine sorgfältige Szenarienanalyse für jeden einzelnen erforderlich. Wird ein Sanierungskonzept oder –schritt zur Entscheidung gestellt, hat jeder der Stakeholder für sich die Frage zu beantworten, ob das gemeinsame Vorgehen auf Basis des Sanierungskonzepts gegenüber einem bestimmten Alternativszenario (z. B. Insolvenz) für die eigene Position wirtschaftlich vor- oder nachteilhaft ist. Nur wenn und soweit unter dem Strich ein Sanierungskonzept wirtschaftlich vorteilhaft ist, können eigene Sanierungsbeiträge und Abstriche gegenüber den eigentlichen vertraglichen Positionen gerechtfertigt werden.[95]

Als wesentliche wirtschaftlich Beteiligte einer Restrukturierung lassen sich neben den Eigen- und Fremdkapitalgebern insbesondere die Geschäftsführung und die Geschäftspartner nennen.

95 Siehe hierzu die Ausführungen von Andreas Crone in Kapitel 3.4.

Kapitalgeber
In einer Krisensituation ringen stets die verschiedenen Kapitalgeber miteinander: Ausgehend von einem bestimmten Szenario mit prognostiziertem Erlösbetrag stellt sich die Frage, wer auf Grundlage der analysierten Position im Verteilungswasserfall mit einer (teilweisen) Rückzahlung der investierten Mittel rechnen kann oder wer mit einem (teilweisen) Ausfall seiner Ansprüche rechnen muss. Unter Beachtung der insolvenzrechtlich vorgesehenen Verteilungsreichenfolge und abhängig von der konkreten Finanzierungsstruktur (insb. aufgrund von schuldrechtlichen Vereinbarungen zwischen bestimmten Gläubigergruppen („Intercreditor Agreements")) lassen sich folgende Rangstufen beobachten:
- (i) absonderungsberechtigte Gläubiger, die ihrerseits mittels Gläubigervereinbarungen in zwei oder mehrere Rangstufen („Layers of debt") eingeteilt sein können,
- (ii) unbesicherte Gläubiger (z. B. Anleihegläubiger, Lieferanten),
- (iv) nachrangige Gläubiger (z. B. sog. „Mezzanine"-Darlehensgeber oder Gesellschafterdarlehen) und schließlich
- (vi) Einlagenrückzahlungsansprüche der Gesellschafter.

Aufgrund der langen Laufzeit können in diesem Zusammenhang insbesondere Ansprüche unter den Hedging-Arrangements in substantieller Höhe bestehen, die – aufgrund von Gläubigervereinbarungen – als gleichrangig („pari passu") besicherte Verbindlichkeiten gelten können.

Neben der Rangstellung im Verteilungswasserfall blicken Eigen- und Fremdkapitalgeber auch mit Blick auf ihre rechtliche Stellung unterschiedlich auf die Projektgesellschaft und sehen daher traditionell ihre Rollen auch in einer Restrukturierung unterschiedlich:
- Der Gesellschafter bestimmt maßgeblich die strategisch-operative Ausrichtung und die finanzielle sowie personelle Ausstattung der Gesellschaft über die Ausübung seiner Gesellschafterrechte und insbesondere die Ernennungs- und Weisungsrechte gegenüber der Geschäftsführung der Gesellschaft. Aufgrund seiner Stellung genießt er einen Wissensvorsprung und ist von dem unternehmerischen Erfolg oder Misserfolg der Gesellschaft in seinen Rechten unmittelbar betroffen, da der Wert seiner Anteile und etwaige Renditeerwartungen in Bezug auf das eingelegte Eigenkapital von dem unternehmerischen Erfolg der Gesellschaft abhängen.
- Der Fremdkapitalgeber stellt der Projektgesellschaft dagegen nach Maßgabe der Finanzierungsdokumentation eine Kapitalnutzungsmöglichkeit gegen Entgelt (Zins) für eine bestimmte Zeit zur Verfügung und ist – aufgrund des Trennungsprinzips – weder für die Strategie der Gesellschaft noch die nachhaltige Verwendung der ausgereichten Mittel verantwortlich, auch wenn er durch vertragliche Vorgaben („representations" und „covenants") für kommerzielle Entscheidungen des Kreditnehmers einen Rahmen vorgibt. Er hat aufgrund der vertraglichen Berichts- und Informationspflichten („information undertakings") der

Projektgesellschaft einen gewissen Einblick in die laufenden Geschäfte. Unabhängig vom Erfolg des Geschäfts des Kreditnehmers ist sein vereinbarter Zinsanspruch und Tilgungsanspruch fristgerecht zu bedienen.

Entsprechend ist es primär Sache des Gesellschafters bzw. der Geschäftsführung, eine drohende Krise zu erkennen und nach Möglichkeit durch vorbeugende operative oder finanzielle Maßnahmen frühzeitig abzuwenden. Dabei wird er häufig von denjenigen Kapitalgebern aktiv unterstützt oder sogar angetrieben, die in dem einen oder anderen Szenario etwas zu verlieren glauben, also mit der Restrukturierung auch für eine für sie vorteilhafte Lösung kämpfen. Häufig sind dies die besicherten Finanzgläubiger, deren Ansprüche teilweise bedient werden, aber eine möglichst weitgehende Rückführung der ausgereichten Mittel nur durch Verhinderung einer Zerschlagung erreichen können und daher den Erhalt (und ggf. Verkauf) des operativen Geschäftsbetriebs („going concern") unterstützen, auch wenn dies bedeutet, einen eigenen Sanierungsbeitrag erbringen zu müssen.

Eher passiv oder sogar destruktiv können sich dagegen diejenigen verhalten, deren wirtschaftliches Interesse an einer Restrukturierung gegen Null tendiert, da die eigenen Investitionen unrettbar verloren sind oder die Einflussmöglichkeiten schwinden. Hier kann es zu Konflikten zwischen den Fremdkapitalgebern in den unterschiedlichen Verteilungsrangstufen oder zwischen den Sponsoren und den Fremdkapitalgebern kommen, wenn der Gesellschafter von den Vorteilen einer Restrukturierung in Form einer Aufwertung der Gesellschaftsanteile profitieren möchte, ohne neue Mittel zu investieren, bzw. seine wirtschaftlich wertlosen Gesellschaftsanteile als Druckmittel einsetzt, um zumindest einen Lästigkeitswert zu generieren.[96]

Geschäftsführung

Von essentieller Bedeutung für eine Gesellschaft in der Krise ist zudem das Management, also diejenigen Personen, die in Organverantwortung stehen und als solche neben ihren Geschäftsführungsaufgaben, auch in einer Krisensituation die Interessen der Gesellschaft wahrnehmen. Zu ihren Pflichten gegenüber der Gesellschaft zählt auch die sorgfältige Vorbereitung und Umsetzung geeigneter Maßnahmen, um eine Krise zu überwinden und damit eine Insolvenz zu vermeiden. Andererseits sehen sich die Geschäftsführer oder Vorstände einer strengen Insolvenzantragspflicht und der aus einer Verschleppung dieser Pflicht resultierenden persönlichen zivilrechtlichen Haftung und strafrechtlichen Verantwortung ausgesetzt. Während der Vorbereitung oder Verhandlung einer Restrukturierung sollte ein Geschäftsführer fortwährend für sich ausschließen können, dass ein zwingender Insolvenzantragsgrund in Form der

96 Konstellation eines sog. „Moral Hazard", da Entscheidungskompetenz und wirtschaftliches Interesse an den Folgen auseinanderfallen können. Siehe hierzu auch den Beitrag von Andreas Polk in Kapitel 2.1.

Zahlungsunfähigkeit (§ 17 InsO) oder der Überschuldung (§ 19 InsO) vorliegt. Unter Berücksichtigung der unterschiedlichen Anforderungen und des Haftungsrisikos sollte das Management möglichst frühzeitig durch die Expertise eines Restrukturierungsexperten bzw. Interim-Managers unterstützt werden (sog. „Chief Restructuring Officer" oder „CRO").[97]

Weitere Beteiligte
Je nach Struktur des Projekts und der Finanzierung sind dann weitere Beteiligte in die Überlegungen einzubeziehen, entweder als Generalunternehmer für den Bau, Service-Dienstleister, wichtige Abnehmer oder Lieferanten oder sonstige Geschäftspartner, die für die Aufrechterhaltung des operativen Geschäfts bzw. die Umsetzung des Projekts unverzichtbar sind und die nur durch ausreichend Information und konsistente Einbindung in die unterschiedlichen Sanierungsschritte für eine Aufrechterhaltung der Beziehungen gewonnen werden können. Besonders kritisch können in diesem Zusammenhang Versicherer oder Aval-Kreditgeber sein, die für das operative Geschäft zwingend notwendig, andererseits aber aufgrund der Natur ihres Geschäfts auf die Verschlechterung der Bonität (und damit der Ausweitung des Risikos) durch die Einschränkung des Versicherungsschutzes oder Reduzierung der Linien reagieren können.

3.3.2 Rechtsprechung zum Sanierungskredit als wesentliche Richtschnur

Der Instrumentenkoffer einer Restrukturierung ist mit unterschiedlichsten Maßnahmen oder Konzepten zur Überwindung der Krise bestückt, die sich jeweils entlang der praktischen und rechtlichen Herausforderungen im Laufe der Zeit entwickelt haben. Eine wesentliche Richtschnur ist die höchstrichterliche Rechtsprechung zum Sanierungskredit, die insbesondere aus Sicht der Fremdkapitalgeber zu beachten ist, wenn eine Stützungsmaßnahme als eigennützige Einräumung neuer Kredite an eine Gesellschaft in der Krise angesehen werden könnte. Diese Thematik sollte zur Vermeidung von Haftungsrisiken bei der Beratung entlang der folgenden Leitlinien berücksichtigt werden, wobei es sich aufgrund der recht übersichtlichen Zahl an höchstrichterlichen Urteilen und einer häufig vage bleibenden Kommentierung empfiehlt, im Einzelfall genauer hinzusehen.

Anwendungsbereich und Voraussetzungen

Vorliegen einer Krisensituation
Entscheidend ist zunächst, dass ein Kredit während einer Unternehmenskrise vergeben wird. Eine solche Krise liegt nicht schon dann vor, wenn unrentabel oder mit

---

97 Siehe zur Einbindung eines Sanierungsmanagers den Beitrag von Michael Baur und Patrik Sven Jacob in Kapitel 3.5.

Verlusten gewirtschaftet wird.[98] Die Grenze ist nach Ausführungen des BGHs erst überschritten, wenn der Kreditnehmer „insolvenzreif" ist.[99] Das ist spätestens bei seiner Zahlungsunfähigkeit oder Überschuldung der Fall, wird nach der Ansicht Obermüllers aber auch schon bei Sanierungsbedürftigkeit als gegeben angesehen.[100] Der genaue Inhalt des Begriffs der Sanierungsbedürftigkeit ist deshalb schwer zu fassen und wird in der Literatur diskutiert. Von seinem Vorliegen wird in Übereinstimmung mit der Rechtsprechung aber dann ausgegangen werden können, wenn ohne Stützungsmaßnahmen die für eine erfolgreiche Weiterführung des Betriebs und die Abdeckung der bestehenden Verpflichtungen erforderliche Betriebssubstanz nicht erhalten werden kann.[101] Diese Lage sei – wiederum nach der Einschätzung von Obermüller – schon in der Situation gegeben, in der abzusehen sei, dass das Unternehmen in gewisser Zeit zahlungsunfähig oder überschuldet sein wird und wenn eine rechtzeitige Änderung dieser Entwicklung nicht mit hinreichender Sicherheit zu erwarten ist.[102]

Eigennützigkeit des Kredits

Laut BGH sind die besonderen Anforderungen, die für einen Sanierungskredit im Hinblick auf die Vermeidung einer sittenwidrigen Insolvenzverschleppung oder Gläubigergefährdung entwickelt wurden, insbesondere dann zu beachten, wenn der eingeräumte Kredit eigennützig vergeben wird.[103] Dies sei immer dann der Fall, wenn der Kreditgeber bereits engagiert ist und sich gegenüber den übrigen Gläubigern des Kreditnehmers eine besondere Stellung verschafft, vor allem wenn die Befriedigung alter Kredite ermöglicht wird (z. B. wenn nur in sehr geringem Umfang Kredit gegeben wird, damit sich der Kreditgeber aus Lieferungen und Leistungen Dritter befriedigen kann, die auf die Solvenz des Schuldners vertrauen).[104, 105]

Vergabe eines Neukredits

Unter den Begriff des Sanierungskredits fallen nur neu eingeräumte Kredite, also die Aufstockung bestehender Linien oder die sonstige Vereinbarung über zusätzliche Darlehen.[106] Im Einzelfall kann eine Abgrenzung schwierig sein, insbesondere wenn

98 Obermüller, Insolvenzrecht in der Bankpraxis, 8. Aufl. (2011), Rdnr. 5.28.

99 BGH, Urt. v. 12.2.1959 – VII ZR 70/58, WM 1959, 628.

100 *Obermüller*, Insolvenzrecht in der Bankpraxis, 8. Aufl. (2011), Rdnr. 5.28; *Schönfelder*, WM 2013, 112, 113; vgl. – auch die Wertungen in den steuerrechtlichen Entscheidungen des BFH, Urteil vom 27.01.1998 – VII R 64/96, NZI 1999, 39; ders., Urt. v. 10.4.2003 – IV R 63/01, WM 2004, 543.

101 BFH, Urt. v. 25.10.1963 – I R 259/60, BStBl. 1964 III 123.

102 *Obermüller*, Insolvenzrecht in der Bankpraxis, 8. Aufl. (2011), Rdnr. 5.28.

103 BGH, Urt. v. 7.9.1953 – IV ZR 242/52, BGHZ 10, 228.

104 *Obermüller*, Insolvenzrecht in der Bankpraxis, 8. Aufl. (2011), Rdnr. 5.28.

105 BGH, Urt. v. 9.12.1969 – VI ZR 50/68, WM 1970, 399.

106 *Obermüller*, Insolvenzrecht in der Bankpraxis, 8. Aufl. (2011), Rdnr. 5.29.

im Grundsatz lediglich von einem „Stillhalten" der Bank auszugehen ist[107] (s. hierzu konkreter unten unter „Stabilisierung durch‚Freeze and See'"). So liegt nach Ansicht von Obermüller kein Sanierungskredit beim Verzicht auf die Ausübung eines Kündigungsrechts oder bei einer Rangrücktrittserklärung vor.[108] Zudem scheidet nach obergerichtlicher Rechtsprechung eine Haftung dann aus, wenn nur eine bereits teilweise geduldete Überziehungspraxis festgeschrieben wird.[109] Weitergehend soll laut Obermüller die Auszahlung früher zugesagter Kredite oder die volle Inanspruchnahme einer nur teilweise ausgenutzten Kreditlinie außerhalb des Anwendungsbereichs liegen.[110] Gleiches soll auch gelten, wenn eine gesperrte oder gekündigte Kreditlinie wieder eröffnet wird[111] sowie bei der bloßen Prolongation (vor allem von Roll-over-Krediten), selbst wenn sie mit einer Änderung der Konditionen oder des Verwendungszweckes verbunden ist.[112] Im konkreten Einzelfall, z. B. der Gewährung weiterer Ziehungen unter einer Reservelinie, empfiehlt sich die genauere Prüfung unter Berücksichtigung auch der obergerichtlichen Rechtsprechung und weiterer Literaturquellen.

Sonderfall des Überbrückungskredits
Für die Zeit zwischen Eintritt einer finanziellen Krise und der Vorlage eines Sanierungsgutachtens ist zu berücksichtigen, dass der Vorwurf eines sittenwidrigen Handelns auch dann nicht gerechtfertigt ist, wenn die Bank innerhalb des Zeitraums der Prüfung der Sanierungsfähigkeit dem Kreditnehmer neue Kredite einräumt, um dadurch seine Zahlungsunfähigkeit abzuwenden.[113] Die Rechtsprechung des BGH ist dahingehend zu verstehen, dass der Bank solange das Recht zugestanden werden müsse, (eigennützige) Neukredite zu vergeben, wie die Prüfung andauert.[114]

Risiko und Risikoabschirmung durch Sanierungsgutachten

Drohende Rechtsfolgen bei der Vergabe eines Sanierungskredits
Sofern davon auszugehen ist, dass ein Kreditnehmer sich in einer finanziellen Krise befindet oder darauf zusteuert und daher jetzt oder mit Blick auf zukünftig erforderliche Entscheidungen und Maßnahmen die Rechtsprechung zum Sanierungskredit zu

107 BGH, Urt.v. 9.12.1969 – VI ZR 50/68, NJW 1970, 657.
108 *Obermüller*, Insolvenzrecht in der Bankpraxis, 8. Aufl. (2011), Rdnr. 5.29; *Schäffler*, BB 2006, 56, 58.
109 OLG Köln, Urt. v. 9.1.2002 – 13 U 22/01, WM 2003, 1070.
110 *Obermüller*, Insolvenzrecht in der Bankpraxis, 8. Aufl. (2011), Rdnr. 5.29.
111 Ebd.; *Schäffler*, BB 2006, 56, 58.
112 OVG Rheinland-Pfalz, Urt. v. 26.9.1972 – 2 B 131/72, BB 1972, 1293.
113 BGH, Urt. v. 9.7.1953 – II ZR 224, 66, BGHZ 10, 228; ders., Urt. v. 20.1.1971 – VIII ZR 129/69, WM 1971, 441.
114 *Uhlenbruck*, WpG 1978, 661, 674; *Waldburg* ZInsO 2014, 1406, 1406; insoweit zustimmend für einen Zeitraum von bis zu 3 Monaten auch KG, Urt. v. 15.12.2015 – 14 U 79/14.

beachten ist, sollten die Vorgaben der höchstrichterlichen Rechtsprechung zur Vermeidung der folgenden Risiken eingehalten werden:

- Unterlässt der Kreditgeber die Einholung eines gebotenen Sanierungsgutachtens oder
- entspricht das Sanierungsgutachten nicht den Voraussetzungen der Rechtsprechung oder
- überprüft der Kreditgeber das Sanierungsgutachten nicht hinsichtlich seiner Plausibilität oder
- setzt sich der Kreditgeber über das Ergebnis des Sanierungsgutachtens hinweg und
- fällt der Kreditnehmer später in die Insolvenz,

drohen ihm Ansprüche dritter Gläubiger aus § 826 BGB wegen Gläubigergefährdung und die Anfechtbarkeit der Besicherungen des Kredits wegen sittenwidriger Insolvenzverschleppung.[115]

Dies gilt nach der Rechtsprechung insbesondere, wenn der Zusammenbruch des Kreditnehmers nur hinausgeschoben werden sollte, damit sich der Kreditgeber gegenüber den übrigen Gläubigern Sondervorteile mit Blick auf sein bestehendes Kreditengagement verschaffen konnte.[116] Außerdem ist der Sanierungskredit und die mit dem Kreditvertrag in Zusammenhang stehende Sicherheitenbestellung dann gemäß § 138 BGB nichtig, wenn hierdurch andere Gläubiger über die Kreditfähigkeit des Schuldners getäuscht werden können und sich der Kreditgeber dieser Erkenntnis zumindest leichtfertig verschließt.[117]

Anforderungen an ein Sanierungsgutachten[118]

Die Rechtsprechung des BGH nennt die Anforderungen an ein Sanierungsgutachten nur punktuell und fallbezogen.[119] Darauf basierend wurden Standards zur Erstellung von Sanierungsgutachten entwickelt, die sich an den geforderten Prämissen orientieren. Insbesondere das Institut der Wirtschaftsprüfer hat im IDW S6 ein Standardkonzept entwickelt.[120] Vorausgesetzt wird eine sorgfältige, objektive Analyse durch einen unvoreingenommenen branchenkundigen Wirtschaftsfachmann,[121] der nicht

115 *Obermüller*, Insolvenzrecht in der Bankpraxis, 8. Aufl. (2011), Rdnr. 5.49; *Uhlenbruck*, WpG 1978, 661, 673.

116 BGH, Urt. v. 9.4.1932 – VII ZR 238/62, MDR 64, 743; ders., Urt. v. 14.5.1975 – VIII ZR 254/73, BGHZ 64, 312.

117 BGH, Urt. v. 9.4.1964 – VII ZR 238/62, WM 1964, 674; ders., Urt. v. 24.5.1965 – VII ZR 46/63, WM 1965, 919.

118 Siehe hierzu auch ausführlich Andreas Crone in Kapitel 3.4

119 Zuletzt: BGH, Urt. v. 12.5.2016 – IX ZR 65/14, WM 2016, 1182.

120 Vgl. *Solmecke*, Fachnachrichten IDW 2012, 719 ff.

121 BGH, Urt. v. 9.4.1953 – IV ZR 242/52, NJW 1953, 1665; BGH, Urt. v. 4.12.1997 – IX ZR 47–97, NJW, 1998, 1561, 1564; BGH, Urt. v. 12.5.2016 – IX ZR 65/14, WM 2016, 1182, 1184, Tz. 19.

unbedingt ein unabhängiger Dritter sein muss. Die Beauftragung eines Externen stellt aber den sichersten Weg dar, um verlässlich die oben dargestellten Haftungsrisiken auszuschließen.[122] In diesem Falle muss der Kreditgeber selbst lediglich die Plausibilität des Sanierungsgutachtens überprüfen, d. h. danach, ob dies etwa auffällige Fehler oder Lücken enthält bzw. undurchführbar oder unschlüssig ist.[123] Dabei müssen die Kreditgeber das Sanierungsgutachten des Unternehmens oder seines Sanierungsberaters nicht fachmännisch überprüfen lassen oder selbst prüfen.[124] Ansonsten muss die Begutachtung insbesondere folgende Punkte beinhalten:

- Beschreibung der betroffenen Gesellschaft und ihrer Stellung am Markt sowie ihrer Finanzen (Anteilsinhaber, Konzept, Vermögens- und Ertragslage, Liquidität);[125]
- Gründe für die Krise und Darstellung des Sanierungskonzeptes unter Nennung der konkreten (bereits begonnenen) Sanierungsmaßnahmen unter Prognose ihrer Erfolgsaussichten;[126] und
- Bestätigung der Sanierungsfähigkeit aufgrund der Maßnahmen des Sanierungskonzepts sowie, dass das Gutachten den rechtlichen Anforderungen entspricht und das Unternehmen durchfinanziert ist.[127]

Praxishinweise

Folgende Punkte sollten in der Praxis beachtet werden:

Analyse der Krisenursachen

Die Analyse der Krisenursachen und die Entwicklung eines Sanierungskonzepts stehen primär in der Verantwortung des Kreditnehmers und sollten durch diesen frühzeitig beauftragt werden, um eine ausreichende Entscheidungsgrundlage für die übrigen beteiligten Parteien zu schaffen und auch in eigener Sache (Stichwort: Liquiditätsmanagement, Forbestehensprognose etc.) ausreichend präpariert zu sein. Das Sanierungsgutachten wird dann im Rahmen eines im Einzelfall mit dem Sanierungsgutacher auszuhandelnden Reliance-Schreibens den einzelnen Kreditgebern für ihre Kreditentscheidung zur Verfügung gestellt. Letzteres sollte bei der Beauftragung des Sanierungsgutachters durch den Kreditnehmer bereits ausdrücklich vereinbart werden. Der „branchenkundige Dritte“, der das Sanierungsgutachten erstellen sollte, ist üblicherweise ein Wirtschaftsprüfungsunternehmen, das auch bei der Validierung

122 *Schönfelder*, WM 2013, 112, 114; *Wallner*, NZI 2006, 553, 557.

123 BGH, Urt. v. 4.12.1997 – IX ZR 47/97, NJW 1998, 1561.

124 BGH, Urt. v. 12.5.2016 – IX ZR 65/14, WM 2016, 1182, 1184, Tz. 27.

125 Vgl. BGH, Urt. v. 4.12.1997 – IX ZR 47/97, NJW 1998, 1561; BGH, Urt. v. 12.5.2016 – IX ZR 65/14, WM 2016, 1182, 1184, Tz. 19; *Schönfelder*, WM 2013, 112, 114.

126 BGH, Urt. v. 5.9.1985 – 7 C 40/84, NJW 1986, 337; ders., Urt. v. 4.12.1997 – IX ZR 47/97, NJW 1998, 1561.

127 Vgl. *Solmecke*, Fachnachrichten IDW 2012, 719 720 ff.

des Zahlenmaterials (grundsätzlich „bottom-up“),[128] der Erstellung eines integrierten Business- und Liquiditätsplanes sowie der Liquiditätskontrolle helfen kann. Etwaige zusätzliche Konzepte oder Gutachten, auf denen das Sanierungsgutachten aufsetzen muss, sollten ebenfalls frühzeitig in Auftrag gegeben werden.

Konkretisierung der Annahmen

Die Aussage des Sanierungsgutachtens zur Sanierungsfähigkeit und Durchfinanzierung setzt voraus, dass die zugrundeliegenden wesentlichen Annahmen (bspw. Prognosen über den Projektverlauf oder zugrundeliegende Rahmenbedingungen) und die Umsetzung der Sanierungsbeiträge (bspw. Fortführung von Abnahme- oder Lieferverträgen, anderer Tilgungsplan, zusätzliche Liquidität während der Sanierungsphase, aber auch eine etwaige Reduzierung von Zahlungsverpflichtungen) hinreichend konkret benannt und jeweils als „überwiegend wahrscheinlich“ eingeschätzt werden. Auf Basis dieser Annahmen und Maßnahmen kann dann ein aus Sicht der Kreditgeber belastbarer integrierter Business- und Liquiditätsplan entwickelt werden (Stichwort: „Banking Case“).[129] Ohne die Verantwortung für die Erstellung des Sanierungsgutachtens zu übernehmen, ist es mit Blick auf die weiterhin erforderliche eigenverantwortliche Plausibilitätsprüfung des Sanierungsgutachtens durch den Kreditgeber üblich, dass die Kreditgeber in die Erstellung des Sanierungsgutachten einbezogen werden und sie vor Ausfertigung die Möglichkeit haben, Fragen zu stellen oder aus ihrer Sicht offene Punkte zu adressieren.

Entwicklung eines Sanierungskonzepts

Für die Zeitplanung ist festzuhalten, dass die Entwicklung eines Sanierungskonzepts seitens des Unternehmens bzw. die Vereinbarung der Sanierungsbeiträge mit den einzelnen Stakeholdern bereits eine Voraussetzung für die Einschätzung der Sanierungsfähigkeit und damit für die Erstellung eines Sanierungsgutachtens ist und daher möglichst frühzeitig und parallel zur Erstellung des Sanierungsgutachtens verhandelt und vorbereitet werden sollte.

Rollierende Liquiditätsvorschau

Üblicherweise wird während der Restrukturierung eine rollierende Liquiditätsvorschau vorgesehen, um auf etwaige Liquiditätsfragen frühzeitig reagieren zu können. Dieser Punkt ist auch bei Projektfinanzierungen nicht zu vernachlässigen, obschon

---

128 Bottom-Up meint in diesem Zusammenhang, dass die Analyse des Zahlenmaterials bei untergeordneten und konkreten Einheiten einsetzt und erst im späteren Verlauf zu übergeordneten Einheiten zusammengefasst wird.

129 Banking Case meint in diesem Zusammenhang ein Szenario, das die fremdfinanzierende Bank als das für die weitere Entwicklung des Projektes wahrscheinlichstes Szenario ansieht.

hier in der Regel mit Blick auf das Zusammenspiel von „Sources“ und „Uses“ sowie der Modellierung der Finanzierung entlang der unterschiedlichen Projektphasen ein detailliertes Finanzierungsmodell zugrunde liegt. Während der Erstellung des Sanierungsgutachtens und der anschließenden Umsetzung sollte ausreichend Liquidität zur Verfügung stehen.

3.3.3 Stabilisierung durch Stillhaltevereinbarung und Treuhand

Laufen die dem Finanzierungsmodell zugrunde gelegten prognostizierten Einnahmen und budgetierten Ausgaben der Projektgesellschaft auseinander, hat dies in der Regel die Verletzung der unter den Finanzierungsverträgen vereinbarten Finanzkennzahlen („financial covenants“) als erstes Frühwarnsystem für eine aufziehende Krise zur Folge, insbesondere das Verhältnis des zum Schuldendienst verfügbaren Cashflow („Available Cash Flow“) zum Schuldendienst („Debt Service“) für eine bestimmte Berechnungsperiode, die sog. „Debt Service Cover Ratio“, oder das Verhältnis zwischen dem erwarteten zum Schuldendienst verfügbaren Cashflow über die gesamte Laufzeit zur Gesamtsumme der zu erbringenden Zahlungsverbindlichkeiten unter den Finanzierungsdokumenten (Kapital, Zinsen und Gebühren), sog. „Loan Life Cover Ratio“).[130] Eine Verletzung dieser Finanzkennzahlen löst einen Kündigungsgrund im Kreditvertrag aus und führt daher in der Regel zu Gesprächen mit dem Konsortialführer.

Im Rahmen dieser Gespräche wird es häufig um die bereits eingangs angesprochene minimal-invasive Lösung durch einen Verzichtsantrag („waiver request“) oder eine Anpassung der Finanzierungsdokumentation („amend and extend“) gehen, insbesondere, wenn es sich um einen einmaligen Covenant-Bruch handelt oder davon ausgegangen wird, dass eine positive Entwicklung zu einer Behebung der materiellen Krisensituation führen wird.

Falls tatsächlich eine finanzielle Krise vorliegt, steht zunächst häufig die Stabilisierung der Projektgesellschaft im Vordergrund, um für alle Beteiligten für die notwendige Transparenz und Transaktionssicherheit zu sorgen und eine wertvernichtende Insolvenz durch Kurzschlussreaktionen Einzelner zu vermeiden. Wichtige Instrumente können in dieser Phase insbesondere die Stillhaltevereinbarung und die doppelnützige Treuhand sein, die im Folgenden jeweils grob skizziert werden:

Stillhaltevereinbarung

Um Zeit für die Klärung des Sachverhalts und die Vorbereitung einer Entscheidung über die nächsten Schritte zu gewinnen, muss die Gesellschaft stabilisiert und

130 Siehe zur Definition der Kennziffern DSCR und LLCR die Ausführungen von Anja Wiebusch in Abschnitt 1.3.

unabgestimmte und dadurch auch schadensgeneigte Einzelmaßnahmen müssen verhindert werden. Eine entsprechende Stillhaltevereinbarung (im Folgenden auch „Standstill") zwischen den wesentlichen Finanzgläubigern und den Verpflichteten ist in unterschiedlichen Abstufungen denkbar und wird in der Praxis in Abhängigkeit von den Notwendigkeiten des Einzelfalls aufgesetzt. Die Spannbreite geht von einer unverbindlichen und einseitigen Absichtserklärung, über zukünftige Restrukturierungsschritte wohlwollend zu befinden („Comfort Letter"), über eine Erklärung, bis auf weiteres von einer Geltendmachung fälliger Forderungen abzusehen („nicht ernstliches Einfordern" oder „Non-Action Letter") bis zu einem verbindlichen mehrseitigen Vertrag mit materieller Stundungswirkung.

Im Zentrum steht auf der einen Seite die Vermeidung einer ungeplanten Insolvenz der Projektgesellschaft, deren Geschäftsführer angesichts der Krise fortwährend das Vorliegen eines zwingenden Insolvenzantraggrundes prüfen müssen. Eine Erklärung der wesentlichen Gläubiger, wie Sie mit ihren Forderungen und Rechten unter den Finanzierungsdokumenten verfahren (wollen), kann für die Erstellung einer positiven Fortbestehensprognose im Rahmen der Überschuldungsprüfung nach § 19 InsO und auch eines Liquiditätsstatus im Rahmen der Zahlungsunfähigkeitsprüfung nach § 17 InsO von entscheidender Bedeutung sein. Zum anderen erwartet aber auch jeder einzelne Finanzgläubiger, dass im Gegenzug für seine Bereitschaft, sich den Verpflichtungen eines Standstill zu unterwerfen, ein Wettlauf der Gläubiger im allgemeinen Interesse vermieden wird, also während der Zeit des Stillhaltens, niemand versucht, seine individuelle Position auf Kosten der übrigen Kapitalgeber zu verbessern und jeder Finanzgläubiger durch den Kreditnehmer grundsätzlich gleich behandelt wird.

Typische Regelungsgegenstände einer Stillhaltevereinbarung können sein: (i) Verpflichtungen der Finanzgläubiger nicht zu kündigen, nicht aus Sicherheiten zu vollstrecken, fällige Forderungen nicht geltend zu machen bzw. ggf. zu stunden oder auch revolvierende Linien offen zu halten, (ii) Verpflichtungen des Kreditnehmers, keine unabgestimmten Zahlungen an einen Kreditgeber zu tätigen, die Finanzgläubiger gleich zu behandeln, eine Liquiditätskontrolle einzusetzen, bestimmte Informationen zu liefern, auf vorabgestimmte Meilensteine der Restrukturierung (sog. „Milestones" wie bspw. die Bestellung eines „Chief Restructuring Officer" oder die Einrichtung einer Treuhandstruktur) hinzuarbeiten. Ergänzt wird das Regelungspacket durch Kündigungsrechte, die auch die Nichteinhaltung der Milestones sanktionieren können.

Doppelnützige Treuhand

Auch wenn in der finanziellen Krise sowohl Eigen- als auch Fremdkapitalgeber um ihre Vermögensposition fürchten müssen, sorgt dies nicht notwendigerweise für eine Schicksalsgemeinschaft, sondern es tritt häufig das Spannungsverhältnis zwischen Gesellschafter und Finanzgläubiger deutlich hervor. Die wirtschaftliche Entwertung des Eigenkapitals als notwendige Manifestation des unternehmerischen Risikos lässt die gesellschaftsrechtlichen Weisungsrechte des Gesellschafters grundsätzlich unberührt, ohne dass dieser noch einen Anreiz sieht (oder gar verpflichtet wäre), über das registrierte Stammkapital hinaus weiteres Kapital in die Gesellschaft zu investieren. Demgegenüber hat der (besicherte) Finanzgläubiger zwar aufgrund seiner vorrangigen Position im Verwertungswasserfall noch etwas zu verlieren, wird aber im Rahmen der Restrukturierung damit konfrontiert, dass er einerseits um einen Beitritt zur Stillhaltevereinbarung oder gar Beiträge zur Sanierung des Kreditnehmers gebeten wird, andererseits aber trotz etwaigem Verlust des Vertrauens in das Management und/ oder die dahinter stehenden Gesellschafter auf seine Rechte unter den Finanzierungsdokumenten (z. B. Kündigung und Fälligstellung der Kredite oder Verwertung der Sicherheiten) verwiesen wird.

Gerade in Fällen, in denen von Seiten der Gesellschaft zu lange vermieden wurde, über sich ankündigende Krisenanzeichen mit den Finanzierern zu sprechen oder die vorgelegten Informationen zum Finanzstatus als nicht belastbar erscheinen, gestaltet sich die weitere Zusammenarbeit schwierig. Häufig ist aber auch die Bewilligung neuer Mittel (z. B. im Rahmen eines Überbrückungs- oder Sanierungskredits) und die damit einhergehenden neuen Risiken für einen Kreditgeber nur zu rechtfertigen, wenn die Einflussmöglichkeiten der Gesellschafter begrenzt und weitere, vereinbarte Restrukturierungs-Milestones auch strukturell abgesichert werden.

In solchen Fällen machen die Fremdkapitalgeber die Übertragung der Gesellschaftsanteile in eine sogenannte doppelnützige Treuhand zur Auflage weiterer Schritte im Rahmen einer konsensualen Restrukturierung. Zur Einrichtung einer solchen Treuhand wird das Eigentum an den Gesellschaftsanteilen durch den Gesellschafter als Treugeber an einen vertrauenswürdigen Treuhänder übertragen, der über diese nach Maßgabe des Treuhandauftrags verfahren darf und – hier liegt das doppelnützige Element – im Falle des Eintritts des Sicherheits- oder Verwertungsfalls die Erlöse aus einer etwaigen Verwertung der Gesellschaftsanteile an die besicherten Finanzgläubiger ausschüttet. Die Einzelheiten des Treuhandauftrags, insbesondere ob und unter welchen Voraussetzungen die Gesellschaftsanteile verwertet werden und in welcher Rangfolge die Forderungen der Begünstigten zu bedienen sind, werden durch die Gegebenheiten des Einzelfalls bestimmt. Grob unterscheiden lassen sich die Verwahr- und die Verwertungstreuhand, die – wie es der Name sagt – primär entweder auf die Verwahrung oder die Verwertung der Anteile ausgerichtet sind.

Stabilisierung durch „Freeze and See"

Gerade im Bereich der Projektfinanzierungen mag es mit Blick auf die langen Laufzeiten auch Situationen geben, in welchen ein Sanierungskonzept praktisch noch nicht erarbeitet werden kann, eine akute Krise der Projektgesellschaft aber bereits absehbar ist. Falls erwogen wird, die Projektgesellschaft vorläufig finanziell zu stabilisieren, ohne sich auf das Konzept des Brückenkredits berufen zu können oder gar den Schutz durch ein Sanierungsgutachten[131] zu haben, ist zu berücksichtigen, dass vorläufige Stillhalte-Lösungen („freeze and see") insbesondere die bereits engagierten Darlehensgeber vor rechtliche Unwägbarkeiten stellen.

Graubereich für die Geschäftsführung und die Kreditgeber

Die Geschäftsführung der Projektgesellschaft trifft die gesetzliche Prüfungspflicht, ob die zwingenden Insolvenzantragsgründe in Form der Zahlungsunfähigkeit oder Überschuldung im Sinne der §§ 17, 19 InsO vorliegen. Bei Vorliegen einer der genannten Insolvenzeröffnungsgründe trifft die Geschäftsführung eine strafbewehrte Insolvenzantragspflicht, ohne schuldhaftes Zögern, spätestens aber drei Wochen nach Eintritt der Zahlungsunfähigkeit oder Überschuldung, einen Insolvenzeröffnungsantrag zu stellen (siehe § 15a Abs. 4 InsO). Falls also kein finales Sanierungskonzept verhandelt wird, wird ab einem gewissen Zeitpunkt zwangsläufig Handlungsdruck auf Seiten der Projektgesellschaft zur Abwendung der Insolvenzeröffnungsgründe „Zahlungsunfähigkeit" (§ 17 InsO) oder „Überschuldung" (§ 19 InsO) entstehen.

Neben der für die Frage der Zahlungsunfähigkeit im Sinne des § 17 InsO entscheidenden Liquiditätsprüfung ist für den Ausschluss der insolvenzrechtlichen Überschuldung die Stellung einer sog. positiven Fortbestehensprognose entscheidend. Eine „positive Fortbestehensprognose" ist in erster Linie eine liquiditätsbezogene Aussage im Rahmen der Prüfung des Insolvenzgrundes der Überschuldung (§ 19 InsO) und kann nach der überwiegenden Literaturmeinung bereits dann gestellt werden, wenn es auf Basis eines integrierten Finanzplanes der Gesellschaft überwiegend wahrscheinlich ist, dass die Gesellschaft ihren Zahlungsverbindlichkeiten im laufenden und folgenden Geschäftsjahr nachkommen kann, wobei über Einzelheiten, wie bspw. den im konkreten Fall anzulegenden Prognosezeitraum, durchaus gestritten wird.

Besteht die Geschäftsführung auf eine tragfähige Grundlage, um eine positive Fortbestehensprognose stellen zu können, werden die Finanzierer früher oder später um den Abschluss eines Standstill gebeten werden. So hilfreich ein verbindlicher Standstill für die Stellung der positiven Fortbestehensprognose ist und damit der Geschäftsführung das Leben erleichtert, umso mehr treten für die Darlehensgeber Fragen nach rechtlichen Risiken eines Standstill in einer solchen Konstellation in den Vordergrund. Denn eine positive Fortbestehensprognose ist kein Sanierungsgutachten, das die Darlehensgeber vor dem Vorwurf der Eigennützigkeit und Sittenwidrigkeit schützen könnte. Ein Sanierungsgutachten umfasst über die „positive Forbestehensprognose" hinaus die gutachterliche Prüfung und Bestätigung der Sanierungsfähigkeit nach umfassender Krisenanalyse und auf Basis eines umfassenden Restrukturierungskonzepts im Sinne einer nachhaltigen Refinanzierungsfähigkeit am Ende des betrachteten Prognosezeitraums.

---

131 S.o. Abschnitt 3.3.2 (Rechtsprechung zum Sanierungskredit als wesentliche Richtschnur).

Im Fokus der Darlehensgeber, welche grundsätzlich bereit und in der Lage wären, die Projektgesellschaft zu stützen, wird regelmäßig die potentielle Haftung aus Insolvenzverschleppung/Gläubigergefährdung (§ 826 BGB) stehen. Hierbei stellen sich dann notwendigerweise Fragen zur haftungsrelevanten Grenze im Zusammenhang mit Stillhaltevereinbarungen sowie nach möglichen Instrumenten zur Risikominimierung.

Versuch einer Grenzziehung

Ausgangspunkt der haftungsrechtlichen Analyse auf Finanzierungsseite sind zunächst die Vorgaben der höchstrichterlichen Rechtsprechung. Zur Illustration hierzu im Folgenden zwei Aussagen in diesem Kontext, die insbesondere verdeutlichen, dass der Vorwurf der Sittenwidrigkeit (§ 826 BGB (Haftung wegen Insolvenzverschleppung/Gläubigergefährdung)) nicht bereits bei jeder Wahrnehmung berechtigter Interessen, sondern erst unter besonderen Anforderungen, wie bei eigennütziger rücksichtsloser Motivation, erhoben wird.

Der Bundesgerichtshof[132] führt einerseits aus, dass

> [...] alleine die Kenntnis eines Kreditgebers von der wirtschaftlich aussichtslosen Lage seines Kreditnehmers und das Unterlassen einer früheren Kündigung eines bestehenden Kredits [...] grundsätzlich noch nicht aus[reicht], um eine Haftung des Kreditgebers nach § 826 BGB zu begründen. Einer Bank bleibt es in der Regel überlassen, ob und gegebenenfalls wann sie ein notleidendes Unternehmen, dem sie Kredit gegeben hat, fallenlassen will [...]. Um das Verhalten der Bank als sittenwidrige Schädigung anderer Gläubiger erscheinen zu lassen, müssen vielmehr weitere Umstände hinzutreten.[133]

Andererseits hat der Bundesgerichtshof[134] klargestellt:

> Vor allem handelt eine Bank, die das Hinausschieben des nach den Verhältnissen (die sie meist am besten durchschaut) gebotenen Vergleichs- oder Konkursantrages durch ihr Stillhalten und Weitergewähren des Kredits bewirkt oder duldet, dann sittenwidrig, wenn sie das nicht mehr in der Annahme tut, daß es sich nur um eine überwindbare und vorübergehende Krise gehandelt habe, sondern deshalb, um in rücksichtsloser und eigensüchtiger Weise ihre Stellung bei dem in Kürze erwarteten Zusammenbruch auf Kosten der anderen Gläubiger zu verbessern. Das gilt vor allem dann, wenn sie dem konkursreifen Unternehmen nicht (mehr) Kredit in der Höhe geben oder belassen will, den es zur Sanierung braucht, sondern nur einen solchen, der den wirtschaftlichen Todeskampf des Unternehmens lediglich verlängert, damit sie sich in der so gewonnenen Zeit aus ihren Sicherheiten zum Nachteil der anderen Gläubiger ungehindert und besser befriedigen kann. Das hat bereits das Reichsgericht ausgesprochen.[135]

Vor diesem Hintergrund hat sich ein breitgefächertes Spektrum an Meinungen zur Zulässigkeit von Stillhaltevereinbarungen in Krisensituationen entwickelt; die Frage,

132 BGH, Urt. v. 29.05.2001 – VI ZR 114/00.
133 BGH, Urt. v. 29.05.2001 – VI ZR 114/00, Rdnr. 10 – zitiert nach juris.
134 BGH, Urt. v. 09.12.1969– VI ZR 50/68.
135 BGH, Urt. v. 09.12.1969 – VI ZR 50/68, Rdnr. 11 – zitiert nach juris.

welches Handeln/Unterlassen noch als reines, und daher haftungsrechtlich unproblematisches, Nichtstun oder Stillhalten auf Finanzierungsseite angesehen werden könne, ist umstritten.

Gemeinhin als unproblematisch anerkannt gelten wohl der Verzicht auf die Ausübung eines gesetzlichen oder vertraglichen Kündigungsrechtes, die Aufrechterhaltung einer Kreditlinie sowie die Duldung der Inanspruchnahme eines bisher noch nicht ausgeschöpften Kreditrahmens.[136] Als weitgehend gesichert kann wohl auch gelten, dass der Bereich des reinen Stillhaltens verlassen würde, wenn und sobald von Seiten der Finanzierer (mit gewisser Erheblichkeit) in die Geschäftsführung der Projektgesellschaft eingriffen oder auf Vertragspartner der Projektgesellschaft Einfluss genommen würde.[137] Prolongationen, also grundsätzlich eine Verlängerung der Vertragslaufzeit (wobei die jeweiligen Autoren, hier nicht immer trennscharf zur Stundung abzugrenzen scheinen), scheinen als eher weniger haftungsrelevant angesehen zu werden, soweit es sich um sog. Roll-over-Kredite[138] handelt.[139] Handelt es sich dagegen nicht um solche, wird deren haftungsrechtliche Zulässigkeit überwiegend angezweifelt.[140] Als sehr umstritten stellt sich die Frage nach der Zulässigkeit von Stundungen bzw. der Verzicht auf die Eintreibung fälliger Forderungen. Teilweise werden diese gerade als ein Verlassen des haftungsrechtlich unbedenklichen Rahmens angesehen – ein Stillhalten liege danach nur vor, soweit keine fälligen Forderungen bestünden.[141] Auch scheinen einige Autoren Stundungen (teilweise unter

136 So etwa *Ahnert*, BKR 2002, 254, 255; *Schäffler*, BB 2006, 56, 58; *Obermüller/Kuder*, in: Gottwald, Insolvenzrechts-Handbuch, 5. Aufl. (2015), § 97 Rdnr. 26f.; *Richter*, in: Langenbucher/Bliesener, Bankrechtskommentar, 2. Aufl. (2016), 31. Kapitel Rdnr. 32; *Obermüller*, Insolvenzrecht in der Bankpraxis, 8. Aufl. (2011), Rdnr. 5.229; Kuder/*Unverdorben*, in: Schmidt/Uhlenbruck, GmbH in Krise, Sanierung und Insolvenz, 5. Aufl. (2016), Rdnr. 2.407, *Huber*, NZI 2015, 489, 493ff.; a.A. im Hinblick auf den Verzicht auf Kündigungsrechte wohl (unter bestimmten Voraussetzungen) *Häuser*, in: Schimansky/Bunte/Lwowski, Bankrechts-Handbuch, 4. Aufl. (2011), § 85 Rdnr. 8f.; *Bitter/Alles*, WM 2013, 537, 539 f.; sowie *Kemper*, in: Buth/Hermanns, Restrukturierung, Sanierung, Insolvenz, 4. Aufl. (2014), § 3 Rdnr. 18–20.

137 *Dhonau/Velden*, in: Knops/Bamberger/Reimer, Recht der Sanierungsfinanzierung, Berlin 2005, Kap. II, § 10 Rdnr. 41 f.; *Kuder/Unverdorben*, in: Schmidt/Uhlenbruck, GmbH in Krise, Sanierung und Insolvenz, 5. Aufl. (2016), Rdnr. 2.408; *Obermüller*, Insolvenzrecht in der Bankpraxis, 8. Aufl. (2011), Rdnr. 5.229 ff.

138 Von einem Roll-Over-Kredit spricht man, wenn der Zinssatz nicht für die gesamte Laufzeit des Kreditvertrages fixiert ist, sondern periodisch an die aktuell geltenden Marktverhältnisse angepasst wird.

139 *Ahnert*, BKR 2002, 254, 255; *Kuder/Unverdorben*, in: Schmidt/Uhlenbruck, GmbH in Krise, Sanierung und Insolvenz, 5. Aufl. (2016), Rdnr. 2.408; *Dhonau/Velden*, in: Knops/Bamberger/Reimer, Recht der Sanierungsfinanzierung, Berlin 2005, Kap. II., § 10 Rdnr. 39.

140 Für deren Unzulässigkeit: *Zuleger/Wegmann*, in: Beck/Depré, Praxis der Insolvenz, 2. Aufl. (2010), § 25 Rdnr. 12f.; a.A. *Schäffler*, BB 2006, 56, 58; differenzierend: *Häuser*, in: Schimansky/Bunte/Lwowski, Bankrechts-Handbuch, 4. Aufl. (2011), § 85 Rdnr. 8 f., *Bitter/Alles*, WM 2013, 537, 539 f.

141 *Theewen*, BKR 2003, 141 f.; so wohl auch *Kemper*, in Restrukturierung, Sanierung, Insolvenz, 4. Aufl. (2014), § 3 Rdnr. 19; auch *Oechsler*, in: Staudinger, BGB, Neubearbeitung 2014, § 826 Rdnr. 353 f., der den zulässigen Bereich verlassen sieht sobald eine „Finanzierungsentscheidung“ getroffen wird – wobei *Oechsler* wohl dahingehend verstanden werden muss, dass eine solche bereits bei einer Stundung über einen länger als drei Wochen andauernden Zeitraum vorliegen soll.

bestimmten Voraussetzungen)[142] regelmäßig als Sanierungskredit qualifizieren zu wollen.[143] Eine nicht minder breite Front scheint Stundungen bzw. den Verzicht auf die Eintreibung fälliger Forderungen dagegen als zulässige, sprich haftungsrechtlich grundsätzlich unproblematische, Variante des Stillhaltens verstehen zu wollen.[144]

Verlust von Kündigungsrechten

Etwaige Stabilisierungsmaßnahmen, also auch Standstill oder Waiver,[145] können sich unter Umständen auch negativ auf mögliche Kündigungsrechte der Finanzierer auswirken. Denkbar ist hier, dass eine Kündigung u.a. durch Schaffung eines Vertrauenstatbestandes gegenüber dem Kreditnehmer oder aufgrund einer Verwirkung eigener Rechte behindert werden oder (zumindest zeitweise) ausgeschlossen sein kann.[146] Soweit z. B. ein Standstill als Sanierungskredit qualifiziert werden sollte, wäre eine Kündigung des Kredites auf Grundlage der Umstände, welche zu dem entsprechenden Standstill geführt haben, wahrscheinlich ausgeschlossen.[147]

Praxishinweise

Gehen Stützungsmaßnahmen über ein reines Nichtstun hinaus, begeben sich die Finanzierer in einen haftungsrechtlichen Graubereich, zu welchem keine klaren oder nur wenige allgemein anerkannte Leitlinien existieren, so dass generell ein Sanierungsgutachten vorgesehen sein sollte. Erscheint eine Restrukturierung der Projektgesellschaft auf mittel- oder langfristige Sicht möglich und erfolgversprechend, so mag aber ein Eintreten in den Graubereich einer vorläufigen Stillhalte-Lösung im Sinne eines „Freeze and See" im Einzelfall erwogen werden, um eine für alle Beteiligten wirtschaftlich sinnvolle Lösung zu erreichen bzw. sich einer solchen nicht zu

---

142 Dahingehend müssen wohl *Bitter/Alles*, WM 2013, 537, 539f. sowie *Häuser*, in: Schimansky/Bunte/Lwowski, Bankrechts-Handbuch, 4. Aufl. (2011), § 85 Rdnr. 8 f. verstanden werden.

143 So wohl *Dhonau/Velden*, in: Knops/Bamberger/Reimer, Recht der Sanierungsfinanzierung, Berlin 2005, Kap. II., § 10 Rdnr. 62; ähnlich *Oechsler*, in: Staudinger, BGB, Neubearbeitung 2014, § 826 Rdnr. 353 f.; vgl. auch *Knops*, in: Derleder/Knops, Handbuch zum deutschen und europäischen Bankrecht, Berlin 2008, § 18 Rdnr. 11.

144 *Zuleger/Wegmann*, in: Beck/Depré, Praxis der Insolvenz, 2. Aufl. (2010), § 25 Rdnr. 12 f.; *Obermüller/Kuder*, in: Gottwald, Insolvenzrechts-Handbuch, 5. Aufl. (2015), § 97 Rdnr. 26 f.; *Richter*, in: Langenbucher/Bliesener/Spindler, Bankrechtskommentar, 2. Aufl. (2016), 31. Kap. Rdnr. 32; *Obermüller*, Insolvenzrecht in der Bankpraxis, 8. Aufl. (2011), Rdnr. 5.206; *Bornheimer*, in: Münchener Anwaltshandbuch, Insolvenz und Sanierung, 2. Aufl. (2012), § 7 Rdnr. 44 ff.; *Kuder/Unverdorben*, in: Schmidt/Uhlenbruck, GmbH in Krise, Sanierung und Insolvenz, 5. Aufl. (2016), Rdnr. 2.407; *Bauer*, Die GmbH in der Krise, 4. Aufl. (2013), Rdnr. 383 ff.

145 Siehe hierzu die Ausführungen von Anja Wiebusch in Kapitel 1.

146 Vgl. *Zuleger/Wegmann*, in: Beck/Depré, Praxis der Insolvenz, 2. Aufl. (2010), § 25 Rdnr. 12 f.; *Richter*, in: Langenbucher/Bliesener/Spindler, Bankrechtskommentar, 2. Aufl. (2016), 31. Kap. Rdnr. 33a.

147 *Bamberger*, in: Knops/Bamberger/Reimer, Recht der Sanierungsfinanzierung, Berlin 2005, Kap. III., § 16 Rdnr. 110.

frühzeitig zu berauben. Dabei sollte jedoch mit besonderem Augenmaß bezogen auf den individuellen Fall vorgegangen und sollten insbesondere Maßnahmen zur Risikominimierung getroffen werden, etwa:

- Sicherstellung ausreichender Liquidität der Projektgesellschaft auf Basis einer transparenten Liquiditätsplanung und eines engmaschigen Liquiditäts-Reporting, welche eine unerwartete Insolvenz vermeiden;
- Absicherung der Ansprüche der Drittgläubiger gegenüber der Projektgesellschaft, so z. B. über entsprechende Wasserfallregelungen[148] in der Dokumentation der Stillhaltevereinbarung;
- eine Zeitplanung („Milestones"), die aufzeigt, dass die vorläufigen Stabilisierungsmaßnahmen Teil eines schlüssigen Konzeptes sind, für dessen Umsetzung die Finanzierer Sorge tragen;
- Bestellung eines erfahrenen Chief Restructuring Officer und/oder Einführung einer Treuhandstruktur, um die Gesellschaft zu stabilisieren;
- Abgabe eines Letter of Comfort, mit dem die Finanzierer ihre aktuell bestehende grundsätzliche Bereitschaft dokumentieren, an einer Restrukturierung auch über die vorläufigen Stabilisierungsmaßnahmen hinaus mitzuwirken; und
- Vorbehalt von außerordentlichen Kündigungsrechten in einer etwaigen Stillhaltevereinbarung, falls sich herausstellen sollte, dass die Sanierung keine Aussicht mehr auf Erfolg hat.

3.3.4 Verhandlung und Umsetzung eines Sanierungskonzepts

Die Einigung auf risikoadäquate Sanierungsbeiträge und die Umsetzung eines Sanierungskonzepts durch alle beteiligten Parteien sind der Königsweg, um die Krisenursachen effektiv und kostenschonend zu überwinden und das Unternehmen durchgreifend zu sanieren.

Steering Committee

Die Finanzierer werden in komplexen und damit auch arbeitsaufwändigen Restrukturierungen – auch im Interesse der Projektgesellschaft – überlegen, einen Koordinator zwischen Unternehmen und Finanzierer zu berufen. Sind auf der Kreditgeberseite ein heterogenes Konsortium (z. B. deutsche und nicht-deutsche Institute, Fonds oder institutionelle Investoren, ausschließliche Kreditgeber oder Kreditgeber, die gleichzeitig ein Hedging bereit gestellt haben etc.) und diese ggf. mit unterschiedlichen Finanzierungsinstrumenten anzutreffen, sollte eine Koordinierung, wie im internationalen Kreditgeschäft üblich, durch einen arbeitsfähigen Ausschuss der Finanzierer

148 Siehe hierzu die Ausführungen von Anja Wiebusch in Kapitel 1.

erfolgen. Häufig wird in diesem Fall von einem Lenkungsausschuss oder einem Steering Committee gesprochen.

Der Lenkungsausschuss wird aus dem Kreise der Kreditgeber gebildet und sollte eine arbeitsfähige Größe von ca. fünf bis sieben Mitgliedern nicht überschreiten. Die Kreditgeber schlagen aus ihrem Kreis die Mitglieder vor, die einerseits die unterschiedlichen Interessen der Kreditgebergruppen repräsentieren und andererseits über die erforderliche Expertise und Kapazität zur Begleitung der Restrukturierung über oftmals mehrere Monate verfügen. Für die effektive Bewältigung der anstehenden Aufgaben ist eine enge Verzahnung mit den Verwaltungsstellen und Sicherheitentreuhänder, den sog. Agenten, wichtig. Daneben kann es sich anbieten, dass einem Kreditgeber ein Mitglied des Lenkungsausschusses als erster Ansprechpartner zugewiesen wird, um quasi als „Pate“ die einzelnen Interessen und Themen dieses Kreditgebers besser aufnehmen und adressieren zu können. Gehören internationale Kreditgeber dem Lenkungsausschuss an, ist die Arbeitssprache nicht selten Englisch.

Im Innenverhältnis sind die Mitglieder des Lenkungsausschusses in der Regel gleichberechtigt, ggf. empfiehlt es sich aus Effizienzgründen auch, die laufenden Vor- und Nacharbeiten oder die Sprecherrolle bei einem Mitglied im Steering Comittee zu konzentrieren („Steering Committee Principal“). Die Meinungsbildung ist nach einer offenen Diskussion der unterschiedlichen Positionen und Perspektiven auf die Erzielung einer einstimmig von allen Mitgliedern mitgetragenen Position ausgerichtet, so dass ein Steering Committee die wichtige Funktion eines „Sounding Board“ wahrnimmt: Widerstreitende Interessen sollten kompromisshaft ausgeglichen werden und die idealerweise von allen Mitgliedern des Steering Committee mitgetragene Position dann den übrigen Kreditgebern vorgestellt werden.

Szenarien

Für die Risikoanalyse und die erfolgreiche Verhandlung der entsprechenden Sanierungsbeiträge mit den anderen Beteiligten („Stakeholdern“) ist entscheidend, welche Alternativszenarien denkbar sind und wie sich diese auf die eigene Position auswirken. Umgekehrt: Kann ein Stakeholder davon ausgehen, sogar im Fall einer Insolvenz voll befriedigt zu werden, sieht er grundsätzlich keine Notwendigkeit, einen Sanierungsbeitrag zu leisten. Sofern und soweit noch nicht geschehen, sollten also die unterschiedlichen Szenarien und die jeweils bestehenden Handlungsoptionen der Konsortialbanken rechtlich und wirtschaftlich analysiert werden, insbesondere also die konsensuale Restrukturierung, die Vollstreckung aus den Sicherheiten und das Insolvenzszenario.

Plan A: Konsensuale Restrukturierung

Eine konsensuale Restrukturierung setzt die Bereitschaft aller Beteiligten voraus, die notwendigen Sanierungsbeiträge zu leisten.

Eine solche Finanzierungsentscheidung ist nur auf einer belastbaren Grundlage denkbar, also insbesondere, wenn das operative Geschäft des Kreditnehmers zukünftig im Rahmen der Budgetplanung und bspw. die Projektphasen innerhalb der geplanten Zeitabschnitte abgewickelt werden können, das vertragliche Berichtswesen gegenüber den Kreditgebern zu Jahresabschlüssen, Finanzkennzahlen und Liquiditätsstatus („Reporting“) auf belastbaren Zahlen aufbaut und fristgerecht geliefert werden kann sowie eine transparente Unternehmensführung im Einklang mit den gesellschaftsrechtlichen Vorgaben („Corporate Governance“) gegeben ist. Entsprechend müssen etwaige Schwächen in diesen Bereichen abgestellt werden und wird ein Sanierungsgutachten entlang der vorgestellten Kriterien vorbereitet werden müssen.

Die eigentliche Krisenursache liegt aber häufig in der unzureichenden Kapitalausstattung der Gesellschaft, so dass die nachhaltige Sanierung nur dann gelingen kann, wenn die finanziellen Belastungen der operativen Leistungsfähigkeit angepasst werden. Dies kann insbesondere durch Desinvestitionen und damit einhergehenden Schuldenabbau (sog. Verkürzung der Bilanz) gelingen oder durch die Reduzierung der Schuldenlast. Eine Reduzierung der Zinsbelastung, eine Streckung des Tilgungsplans oder gar ein sog. Haircut[149] z. B. im Wege eines Rangrücktritts, einer Einlage der Forderungen im Rahmen einer (Sach-)Kapitalerhöhung oder einer sonstigen Form eines Debt-to-equity Swaps[150] ist aus Sicht der Finanzgläubiger nur als Ultima Ratio denkbar.[151]

Ob und inwieweit ein Finanzgläubiger bereit ist, freiwillig einen Sanierungsbeitrag zu leisten, ist im Wesentlichen eine wirtschaftliche Entscheidung, z. T. auch unter Berücksichtigung regulatorischer Implikationen (z. B. Bilanzierungsanforderungen oder Eigenkapitalkosten). Die Belastung durch einen Sanierungsbeitrag kann insbesondere gerechtfertigt sein, wenn andere Alternativen wirtschaftlich zu noch schlechteren Ergebnissen führen würden oder größere Unsicherheiten mit sich bringen. Bei der Ausgestaltung von konsensualen Sanierungskonzepten, die den unterschiedlichen Kapitalgebern einen Sanierungsbeitrag abverlangen, sollte stets darauf geachtet werden, dass sich jeder auch im Vergleich mit anderen in seiner Vergleichsgruppe „gerecht“ behandelt fühlt. Dabei kann die Analyse des Insolvenzszenarios häufig als Lackmustest dienen.

Plan B: Vollstreckung aus den Sicherheiten oder sonstige Ausübung vertraglicher Rechte

Ob für einen Stakeholder ein valides Plan B-Konzept aufgestellt werden kann, sollte möglichst frühzeitig geklärt werden, um diese Option praktisch zu erhalten und ggf. in einer Verhandlung einsetzen zu können. Sind die besicherten Finanzgläubiger

---

149 Ein Haircut ist ein Abschlag auf einen Nominalwert oder eine Forderung.

150 Siehe hierzu die Ausführungen von Daniel Reichert-Facilides in Kapitel 3.1.

151 Siehe hierzu den Beitrag von Jörg Böttcher in Kapitel 3.8.

durch die Vollstreckung ihrer Sicherheiten in der Lage, ihren Willen notfalls auch gegen den Willen anderer Beteiligter durchzusetzen, ohne ihre Position damit insgesamt zu schwächen und sich ins eigene Fleisch zu schneiden, stärkt dies ihre Verhandlungsposition enorm.

Ein typisches Plan B-Konzept kann bspw. in der Vollstreckung aus einer Geschäftsanteilsverpfändung gesehen werden, durch welche der Pfandgläubiger gegen den Willen des Gesellschafters in die gesellschaftsrechtliche Struktur eingreift, indem er die Anteile an dieser Gesellschaft kraft Zwangsversteigerung und Zuschlag an einen Treuhänder oder Investor übertragen lässt. Im Falle der Projektfinanzierung könnte auch über die Ausübung eines in der Projektdokumentation häufig vorgesehenen Rechts der Kreditgeber, einen Austausch des Sponsors zu erzwingen (sog. „Step-in Right"), nachgedacht werden. In beiden Fällen ist allerdings die Umsetzung rechtlich sehr aufwändig und praktisch nicht ohne Risiko. Häufig wird aus diesen Gründen ein Plan B-Szenario nur entwickelt, wenn eine konsensuale Restrukturierung durch einzelne Beteiligte blockiert wird und eine Insolvenz vermieden werden soll.

Plan C: Das Insolvenzszenario[152]

Mit Eintritt der Zahlungsunfähigkeit oder Überschuldung im Sinne der §§ 17 ff. InsO ist die Geschäftsführung verpflichtet, den Insolvenzantrag ohne schuldhaftes Zögern zu stellen und damit die Gesellschaft im Interesse einer Gleichbehandlung der Gläubiger dem Regime des Insolvenzrechts zu unterstellen. Damit stellt das Insolvenzszenario das gesetzliche Standard-Szenario dar, mit dem jeder Gläubiger rechnen sollte, wenn es zu keiner Einigung auf ein konsensuales Restrukturierungskonzept kommt oder auch keine individuelle Strategie bspw. auf Basis einer Sicherheitenverwertung oder eines Step-in Right verfolgt werden kann.

Für das richtige Verständnis der eigenen Position in einem Insolvenzszenario sollte insbesondere die Rangfolge der Erlösverteilung in einer Insolvenz als Insolvenzgläubiger und absonderungsberechtigter Gläubiger ggf. unter Beachtung von vertraglichen Wasserfallregelungen sowie die Anfechtungs-, Verwertungs- und Wahlrechte eines Insolvenzverwalters beachtet werden. Die wirtschaftliche Analyse ist häufig nur eingeschränkt möglich, da nur partielle Informationen zur Verfügung stehen und eine wirtschaftliche Einordnung zudem auf eine rechtliche Analyse angewiesen ist, die mit Unsicherheiten belastet ist bzw. nur hypothetisch auf Basis bestimmter Annahmen erfolgen kann.

Analysiert man das Insolvenzszenario mit der gebotenen Vorsicht, stellt es häufig ein Worst-Case Szenario dar, da mit der Insolvenz die Fortführung der Geschäfte bzw. die Umsetzung des Projekts in Frage stehen und damit die Einnahmenquellen der Gesellschaft im Risiko stehen. Droht eine Liquidation im Wege des Abverkaufs der einzelnen Vermögenswerte, ist der Erlös für die (besicherten) Gläubiger regelmäßig

152 Siehe hierzu auch den Beitrag von Tobias Schulze und Bernd Romeike in Kapitel 3.6.

erheblich niedriger als die Verkaufserlöse aus einem Verkauf des Gesamtunternehmens („going concern“) an einen Investor.

Verhandlungsposition der Finanzierer und Umsetzung des Sabierungskonzepts
Um die Verhandlungsposition der Finanzierer zu stärken, sollten die Finanzierer die aus ihrer Sicht zentralen Eckpunkte für eine konsensuale Restrukturierung definieren, einschließlich der Voraussetzungen für etwaige Zugeständnisse und den Umfang der notwendigen Sanierungsbeiträge der einzelnen Beteiligten, und versuchen, diese Position möglichst einstimmig gegenüber den anderen Beteiligten zu vertreten.

Parallel zur Erstellung des Sanierungsgutachtens durch den unabhängigen Restrukturierungsexperten und der Verhandlung des entsprechenden Sanierungskonzepts und der dazugehörigen Sanierungsbeiträge mit allen Stakeholdern muss noch die erforderliche Restrukturierungsdokumentation vorbereitet werden. Diese Dokumentation ist durch alle Beteiligten zu unterzeichnen, die Partei zu den jeweiligen Dokumenten ist, also sowohl die Projektgesellschaft(en) und in Bezug auf bestimmte Dokumente ggf. durch die Gesellschafter als auch durch die Finanzierungsparteien (einschließlich der Agenten).

An diesem Punkt wird deutlich, dass die Verhandlung eines Sanierungskonzepts und der dafür notwendigen Sanierungsbeiträge zwar häufig zwischen der Gesellschaft und dem Steering Committee stattfinden, es aber sowohl auf Gesellschafts- als auch Finanziererseite notwendig ist, die Verhandlungsschritte und wesentlichen Weichenstellungen mit allen Beteiligten fortlaufend abzustimmen, um sie schließlich als Partei der neuen Finanzierungs- und/oder Projektdokumentation zu gewinnen. Dies ist insbesondere für die Erstellung eines Zeitplans zu beachten, der dem Restrukturierungsweg die richtige Struktur gibt und für die Aussprache und Information der etwas weiter entfernt stehenden Finanzierer an den richtigen Stellen ein Forum bietet, z. B. im Rahmen eines Präsenzmeetings oder einer Telefonkonferenz, an dem bzw. an der alle Kreditgeber teilnehmen, um Fragen zu stellen oder Anmerkungen zu machen.

3.3.5 Fazit

Nicht alle Projektfinanzierungen in der Krise sind Fälle, die eine konsensuale Restrukturierung erfordern; häufig lässt sich die Finanzierungs- oder Projektdokumentation durch wenig einschneidende Änderungen an die neue Situation anpassen oder steht die Lösung nicht im Streit, da das Ausfallrisiko klar einer Partei zugewiesen ist. In den Fällen jedoch, in denen sich diese gemeinsame Kraftanstrengung lohnen könnte, empfiehlt es sich, frühzeitig entsprechende Restrukturierungsexpertise an Bord zu holen.

Eine konsensuale Restrukturierung durchläuft idealtypisch die Phasen „Stabilisierung“, „Verhandlung“ und „Umsetzung“. Es empfiehlt sich, während der Phase der Stabilisierung bereits die wesentlichen, auch vertrauensbildenden oder vorbereitenden Maßnahmen anzustoßen. Hierzu gehört neben einer Stillhaltevereinbarung und ggf. der Einrichtung einer doppelnützigen Treuhand insbesondere auch ein transparentes Reporting, die Bestellung eines Interim-Managers bzw. CRO sowie ggf. die Beauftragung eines Sanierungsgutachtens. Auf Seite der Finanzierer ist zu überlegen, die Kräfte in einem Steering Committee zu bündeln.

Die strukturellen Besonderheiten einer Projektfinanzierung, insbesondere die Bedeutung von Prognosen für das Finanzmodell sowie die häufig lange Laufzeit, die für eine Amortisierung der ausgereichten Kreditmittel erforderlich ist, mögen teilweise eine gestufte Vorgehenswese im Sinne eines „freeze and see" wirtschaftlich sinnvoll erscheinen lassen, um nicht zu früh auf Basis zu ungenauer Vorhersagen zu weitgehende Zugeständnisse machen zu müssen. In diesem rechtlichen Graubereich empfiehlt sich eine genaue Prüfung der Rechtslage im Einzelfall und nach Möglichkeit, die Grundlagen für ein Sanierungsgutachten zu schaffen und Strukturelemente zu vermeiden, die als Gefahr für Dritte oder eigennützige Optimierungen der eigenen Position gewertet werden könnten.

Für die Verhandlung eines Sanierungskonzepts, das von allen Beteiligten mitgetragen wird, ist es wichtig, die unterschiedlichen Szenarien und die jeweilige Position darin einschätzen zu können. Gerade Eigenkapital- und Fremdkapitalgeber, also Sponsoren und Kreditgeber, können sehr unterschiedliche Wahrnehmungen haben und nach Möglichkeit sollte eine klare Kommunikation aufgebaut werden, die von den rechtlichen und wirtschaftlichen Gegebenheiten ausgeht, damit – und dies sollte das gemeinsame Ziel sein – ein Mehrwert durch die gemeinsame Kraftanstrengung einer konsensualen Lösung gehoben wird.

Literaturverzeichnis

Ahnert, S, *Zivilrechtliche Haftungsrisiken für Kreditinstitute bei krisenbehafteten Unternehmen*, in: BKR 2002, S. 254–260.

Bauer, J, *Die GmbH in der Krise*, 5. Aufl., Bonn 2016.

Bitter, G/Alles, M, *Schadensersatzpflichten bei unberechtigter Kündigung von Sanierungskrediten*, in: WM 2013, S. 537–544.

Derleder, P/Knops, K-O (Hrsg.), *Handbuch zum deutschen und europäischen Bankrecht*, Berlin 2008.

Häuser, F, in: Schimansky, Herbert/Bunte, Hermann-Josef/Lwowski, Hans Jürgen, *Bankrechts-Handbuch*, 4. Aufl., München 2011.

Kemper, R, in: Buth, Andrea/Hermanns, Michael, *Restrukturierung, Sanierung, Insolvenz*, 4. Aufl., München 2014.

Knops, K-O/Bamberger, H. G/Reimer, G, *Recht der Sanierungsfinanzierung*, Berlin 2005.

Langenbucher, K/Bliesener, D (Hrsg.), *Bankrechtskommentar*, 2. Aufl., München 2016.

Nerlich, J/Kreplin, G (Hrsg.), *Münchener Anwaltshandbuch Insolvenz und Sanierung*, 2. Aufl., München 2012.

Obermüller, M/Kuder, K, in: Gottwald, Peter, *Insolvenzrechts-Handbuch*, 5. Aufl., München 2015.

Oechsler, J, in: Staudinger, Julius von, *Kommentar zum BGB – Buch 2: Recht der Schuldverhältnisse; Produkthaftungsgesetz*, 13. Aufl., Berlin 2014.

Schäffler, F, Bankenhaftung wegen Insolvenzverschleppung bei Auskehrung von Krediten in der Unternehmenskrise, in: BB 2006, S. 56–59.

Schmidt, K/Uhlenbruck,W (Hrsg.), *Die GmbH in Krise, Sanierung und Insolvenz*, 5. Aufl., Köln 2016.

Schönfelder, M, *Sanierungskredite und Verschleppungshaftung – Sinn und Unsinn von Sanierungsgutachten*, in: WM 2013, S. 112–119.

Solmecke, H, Klare Anforderungen an die Erstellung von Sanierungskonzepten, in: *Fachnachrichten IDW* 2012, S. 719–741.

Theewen, E, *Haftungsrisiken der Kreditinstitute in der Krise ihrer Schuldner*, in: BKR 2003, S. 141–148.

Uhlenbruck, W, *Überlegungen vor einer Eröffnung und bei Abwicklung gerichtlicher Insolvenzverfahren*, in: WPg 1978, S. 661–680.

Waldburg, O, *Überbrückungskredite und Sanierungskredite*, ZInsO 2014, S. 1405–1423.

Wallner, C/Neuenhahn, S, *Der Sanierungskredit – ein Überblick*, in: NZI 2006, S. 553–560.

Zuleger, R/Wegmann, F, in: *Beck, Siegfied/Depré, Peter, Praxis der Insolvenz*, 2. Aufl., München 2010.

3.4 Erstellung von Sanierungskonzepten

Prof. Andreas Crone

3.4.1 Sanierungskonzepte im Rahmen von Projektfinanzierungen

Sanierungskonzepte bilden die Entscheidungsgrundlage für Banken und andere Finanzierer, wenn es darum geht, in Krisensituationen ihr finanzielles Engagement aufrechtzuerhalten oder gegebenenfalls zu erweitern. Aufgabe eines Sanierungskonzepts ist es, die notwendige Transparenz über das Krisenunternehmen und die Krisensituation zu schaffen, die Krisenursachen zu identifizieren und geeignete operative und finanzielle Maßnahmen zur Restrukturierung zu definieren, die eine nachhaltige Gesundung des Unternehmens gewährleisten.

Unternehmen reagieren in der Regel erst dann auf eine sich anbahnende (Erfolgs- und Liquiditäts-)Krise, wenn diese bereits unmittelbar bevorsteht oder bereits eingetreten ist. Frühe Anzeichen und Warnsignale, die z. B. auf wesentliche Veränderungen im Marktumfeld hinweisen, werden meist ignoriert. Erst wenn der Marktanteil zurück gegangen ist sowie Umsatz und Erträge sich deutlich geschmälert haben und die Überschuldung zunimmt, wird die missliche Lage erkannt und reagiert.[153] In diesem Fall gilt es zunächst neue Liquidität zu schaffen, um eine Zahlungsunfähigkeit zu vermeiden. In dieser Situation wird oftmals ein externer Sanierungsberater beauftragt, der eine Bestandsaufnahme des Unternehmens vornimmt und die bestehende (Vermögens-)Lage analysiert. In der Folge werden Handlungsoptionen ermittelt und Sofortmaßnahmen eingeleitet, welche zur Lösung des Liquiditätsproblems beitragen können.[154]

Auch im Rahmen von Projektfinanzierungen kann eine Krisensituation entstehen, wobei die (Liquiditäts-)Krise in unterschiedlichen Stadien auftreten kann. Folgende Stadien sind zu unterscheiden:

1. Während der Erstellungsphase kommt es zu einem Liquiditätsengpass, den es zu überwinden gilt.
2. Nach Fertigstellung des Projekts kommt es zu einem Liquiditätsengpass, da z. B. keine kosten- und kapitaldienstdeckenden Cashflows generiert werden können.

Je nach Art des Projekts können unterschiedliche Handlungsansätze verfolgt werden, um den Problemen entgegenzutreten.

153 Vgl. Niggemann, K. A./Simmert, D. B. (2009): Möglichkeiten des Liquiditätsmanagements in der Unternehmenskrise, in: Krisen-, Sanierungs- und Insolvenzberatung (KSI), Heft 01/2009, S. 19.

154 Vgl. Niggemann, K. A./Simmert, D. B. (2009): Möglichkeiten des Liquiditätsmanagements in der Unternehmenskrise, in: Krisen-, Sanierungs- und Insolvenzberatung (KSI), Heft 01/2009, S. 19.

Kommt es in der Erstellungsphase zu einem Kapitalmehrbedarf, gibt es verschiedene Alternativen, um der Liquiditätslücke entgegenzuwirken. In erster Linie besteht die Möglichkeit, mit den kreditgebenden Banken über eine Erhöhung des Finanzierungsrahmens zu verhandeln. Sollten keine gravierenden Veränderungen bei der Einschätzung der künftig zu erwartenden Erträge vorliegen und sind die Höhe sowie die Gründe für den erhöhten Finanzierungsbedarf nachvollziehbar, ist die Deckung des Liquiditätsbedarfs in der Regel darstellbar. Ein Scheitern der Nachfinanzierung würde das Scheitern des Projekts in der Bauphase und somit i.d.R. einen Totalausfall des Eigenkapitalanteils der Initiatoren und des Kreditengagements der Finanzierer (unabhängig von gewährten Sicherheiten) bedeuten.

Eine weitere (oftmals parallele) Maßnahme ist die Erweiterung der Eigenkapitalbasis durch die Projektinitiatoren oder Investoren. Für gewöhnlich wird der Initiator allerdings zuerst versuchen, eine Erhöhung des Kreditrahmens zu erreichen, während die Bank als Fremdkapitalgeber eine Erhöhung der Eigenkapitalbasis oder weitere Sicherheitsleistungen voraussetzen wird. Auf ein Sanierungskonzept im klassischen Sinne kann in dieser Krisensituation verzichtet werden, da Sanierungskonzepte i.d.R. für am Markt tätige Unternehmen erstellt werden, während es sich hier um die Frage der Finanzierung einer einzelnen Investition handelt. Insoweit spielen die Stakeholderkrise, die Strategiekrise, die Produkt- und Absatzkrise und die Erfolgskrise in den meisten Fällen keine wesentliche Rolle, sondern das Problem reduziert sich vornehmlich auf die Beseitigung der Liquiditätskrise und damit einhergehend der Insolvenzgefährdung.

Ist das Projekt fertiggestellt und erfolgreich realisiert, ist zu unterscheiden, ob die Projektgesellschaft selbst mit der Investition operativ tätig wird (z. B. Phase 1: Planung und Erstellung einer Büroimmobilie; Phase 2: Vermietung der Büroimmobilie) oder diese nach Realisierung (sofort) veräußert. Im ersten Fall gelten dann für die Projektgesellschaft die gleichen Maßgaben wie für jedes andere am Markt tätige Unternehmen. Das Unternehmen kann z. B. in eine Krise geraten, weil sich die Erwartungen bezüglich der Vermietung nicht wie geplant realisieren lassen und der erwartete Cashflow somit ausbleibt. Ist die Zahlungsfähigkeit und Kapitaldienstfähigkeit der Besitzgesellschaft nur noch durch finanzielle Unterstützung Dritter möglich, ist ein Sanierungskonzept zu erstellen.

Beispiel 1: Immobilien

Die Errichtung von Immobilien bedingt i.d.R. einen hohen Kapitalbedarf. Ferner unterliegt das Projekt besonderen Gegebenheiten, da es an eine feste Lage gebunden ist und eine lange Nutzungsdauer besitzt. Für das Gelingen des Vorhabens sind somit die Lage und die Nutzungsmöglichkeiten (z. B. Wohn- oder Gewerbeimmobilie) die entscheidenden Faktoren, da letztlich die Mieteinnahmen zur Deckung des Kapitaldienstes und zur Generierung einer auskömmlichen Rendite ausreichen müssen.

Auch auf diese Form der Projektfinanzierung lassen sich zwei Phasen des potenziell zusätzlichen Kapitalbedarfs projizieren:

1. Kostenüberschreitungen während der Bauphase führen zu einem ungeplanten Liquiditätsmehrbedarf.
2. In der Vermietungsphase kommt es zu Liquiditätsproblemen.

Bei einer Kostenüberschreitung während der Bauphase ist die Liquiditätslücke nur durch Kapitalmaßnahmen der Eigner oder der Finanzierer zu schließen. Operative Sanierungsschritte sind mangels aktiver Markttätigkeit in dieser Phase nicht möglich.

Ist die Immobilie fertiggestellt und vermietbar, können erneut finanzielle Probleme auftreten. Diese resultieren zumeist aus einer Unterauslastung der zur Verfügung stehenden Räumlichkeiten durch fehlende Vermietungen. Um eine adäquate Entschuldung der Immobilie und eine angemessene Rendite für die Investoren zu gewährleisten, ist der Projektträger ausschließlich auf die Mieteinnahmen angewiesen. Lagen Fehleinschätzungen bezüglich der Vermietbarkeit der Immobilie (Faktoren: Standort, geplanter Leerstand, erzielbarer Mietpreis, Dauer der Vermietung u. a.) zu Projektbeginn vor oder hat sich der Kapitalbedarf durch Baukostenüberschreitungen oder verzögerte Fertigstellung im Vergleich zur Ursprungsplanung erhöht, kommt es in der Folgezeit fast zwangsweise zu einer Krisensituation. In solch einem Szenario sind nun wiederum alle bekannten Krisenstadien denkbar und anzutreffen, angefangen von der Stakeholderkrise (z. B. Uneinigkeit zwischen Eigentümer und den finanzierenden Kreditinstituten bezüglich weiterer finanzieller Beiträge), über die Strategiekrise (z. B. Fehler bei der Standortwahl), über die Produkt- und Absatzkrise (z. B. fehlende Vermietbarkeit aufgrund eines Nachfragemangels, fehlende Eignung der Immobilie für bestimmte Vermietungen u. a.), über die Erfolgskrise (z. B. Mieterträge decken die Verwaltungskosten nur unzureichend) bis hin zur Liquiditätskrise (z. B. Kapitaldienst kann mangels Mieteinnahmen nicht geleistet werden) und Insolvenzgefährdung.

Aufgabe des Sanierungskonzepts ist es, phasengenau die Krisenursachen zu identifizieren und umsetzbare Lösungsvorschläge zu entwickeln, um kurzfristig das finanzielle Gleichgewicht und mittel- bis langfristig die Renditefähigkeit der Gesellschaft (wieder) herzustellen. Die Erfahrung zeigt, dass im Bereich „Immobilien“ die wesentlichen Ergebniseffekte aus der Restrukturierung der Passivseite resultieren (Anpassung Kapitaldienst, Anpassung Laufzeit der Refinanzierung, ggf. Nachschusspflicht der Gesellschafter und Anleger, Forderungsverzicht „hair-cut“ der Finanzierer u.a.), da es i.d.R. nur wenige beeinflussbare interne operative Einflussfaktoren gibt (Kostensenkungen durch Personalanpassungen, Verbesserung der Auslastung durch Wechsel des Maklers, Mietreduktion zur Nachfragesteigerung u. a.), deren Ergebniswirkungen in Summe aber oftmals nicht zur Wiederherstellung der Kapitaldienstfähigkeit oder Renditefähigkeit ausreichen.

Beispiel 2: Einschiffgesellschaften

Ein weiterer Bereich, in dem Projektfinanzierungen üblich sind, ist der Schiffbau. Für den Bau von Containerschiffen werden in Deutschland häufig Einschiffgesellschaften gegründet, die als Projektgesellschaften fungieren. Einen Hauptgesellschafter oder Verbund starker Unternehmen hinter der Projektgesellschaft gibt es für gewöhnlich nicht. Die Finanzierung erfolgt überwiegend nur über Bankdarlehen und die zukünftig erwarteten Cashflows ergeben sich aus den zukünftigen Charterraten für das jeweilige Schiff. Im Gegensatz zu anderen Projektgesellschaften, hinter denen Unternehmen mit weiteren funktionierenden Geschäftsfeldern stehen, steht oder fällt der wirtschaftliche Erfolg einer Einschiffgesellschaft mit dem planmäßigen Bau des Schiffs und der anschließenden Vercharterung. Nachfolgende Krisenstadien sind dabei denkbar:

1. Kostenüberschreitungen während der Bauphase führen zu einem ungeplanten Liquiditätsmehrbedarf.
2. In der Nutzungsphase kommt es zu Liquiditätsproblemen.

Bei einer Kostenüberschreitung während der Bauphase ist die Liquiditätslücke nur durch Kapitalmaßnahmen der Eigner oder der Finanzierer zu schließen. Operative Sanierungsschritte sind mangels aktiver Markttätigkeit in dieser Phase nicht möglich.

Eine Liquiditätskrise nach Inbetriebnahme entsteht i. d. R. aufgrund von ausbleibenden oder ungenügenden Einnahmen aus der Vercharterung. Hierfür kann beispielsweise eine allgemein schlechte Marktlage ausschlaggebend sein. Seit Beginn der Wirtschafts- und Finanzkrise Ende 2007 befindet sich der Markt für Containerschiffe nahezu durchgängig in einer Krise. Mit dem drastischen Einbruch der Nachfrage nach Kapazitäten ab Ende 2007 sind geplante oder begonnene Bauvorhaben stillgelegt bzw. zeitlich verschoben worden. Nach und nach werden nun diese Schiffe fertigstellt und vergrößern das ohnehin vorhandene Überangebot. Es kommt somit zu einem deutlichen Kapazitätsüberschuss am Markt, der zu weiter fallenden Charterraten oder dem Verlust von Anschlussverträgen führt, so dass einerseits der Kapitaldienst nicht mehr erbracht werden kann, andererseits aber auch teilweise operative Kosten (Personalkosten, Liegeplatz, Hafengebühren, Treibstoffkosten u. a.) nicht mehr gedeckt werden können. Auch hier sind i. d. R. die Möglichkeiten der Senkung operativer Kosten im Verhältnis zu den entstehenden Finanzierungslücken von eher untergeordneter Bedeutung. Somit erfolgt die Sanierung überwiegend durch eine Anpassung des Schuldendienstes, indem beispielsweise Covenants zur Schuldentilgung außer Kraft gesetzt und die Tilgungsstrukturen der gegebenen Situation angepasst werden. Eine weitere Möglichkeit ist der Verzicht auf Ausschüttungen, um die Liquidität zu verbessern.[155]

---

155 Vgl. Rindfleisch, S. (2015): Die Restrukturierung von Einschiffgesellschaften, in: Handelsblatt Journal, Sonderveröffentlichung zum Thema „RESTRUKTURIERUNG – SANIERUNG – INSOLVENZ". November 2015, S. 10 f.

Unter Beachtung der jeweiligen Projektart sind unterschiedliche Sanierungsmaßnahmen notwendig, um eine Restrukturierung effektiv voranzutreiben. Nicht bei jedem Projekt bestehen die gleichen Rahmenbedingungen für entsprechende Sanierungsmaßnahmen, was die Beispiele aus dem Immobilien- und Schiffsbereich aufzeigen sollten.

Das konkrete Vorgehen zur Erstellung eines Sanierungskonzepts orientiert sich in der Praxis weitestgehend an dem Standard des Instituts der Wirtschaftsprüfer e.V. zu den „Anforderungen an die Erstellung von Sanierungskonzepten", kurz IDW S 6. Dieser Standard wird in den nachfolgenden Abschnitten übersichtsartig dargestellt.

3.4.2 Ausgangssituation

Erfahrungsgemäß wird die Erstellung eines Sanierungskonzepts nur selten durch den Unternehmer oder die Geschäftsleitung eines Krisenunternehmens proaktiv beauftragt. Wird die Krise erkannt, leitet das Management i. d. R. eine Eigensanierung ohne professionelle Unterstützung von außen ein. Dabei sind erste Sanierungsmaßnahmen zumeist nur auf Kostensenkungen gerichtet, ohne dass vorab eine intensive und vollumfängliche Analyse der Krisenursachen, vor allem im Hinblick auf die strategische Ausrichtung des Unternehmens und mögliche interne Krisenursachen, stattgefunden hat.

Werden im Rahmen der Restrukturierung Beiträge von dritter Seite notwendig, z. B. Beiträge der Finanzierer (Kreditinstitute, Factorer, Leasinggeber, Warenkreditversicherer), so sind diese nicht ohne ein tragfähiges, mit externer Unterstützung erstelltes oder zumindest durch einen sachverständigen Dritten überprüftes Sanierungskonzept zu erhalten. In der Praxis wird häufig die Erstellung durch einen neutralen sachkundigen Wirtschaftsfachmann gefordert, so dass durch einen Dritten „plausibilisierte" Konzepte des Managements aus Sicht der Finanzierer mittlerweile oftmals nicht für die Kreditentscheidungen ausreichend sind.

Der durch die Finanzierer erzeugte Handlungsdruck begründet sich aus Bankensicht aus den „Mindestanforderungen an das Risikomanagement" (MaRisk) der Bundesanstalt für Finanzdienstleistungsaufsicht (BaFin), die einerseits die Bearbeitung von Problemkrediten, bzw. Not leidenden Krediten in organisatorisch gesonderten Abteilungen (Intensivbetreuung) fordert, andererseits auch die Prolongation oder Neuvergabe von Krediten im Rahmen der bankinternen Risikosteuerung von der Erfüllung konkreter Voraussetzungen abhängig macht.

Hierzu gehört die Vorlage eines Sanierungskonzepts zur Beurteilung der Sanierungsfähigkeit des Kreditnehmers.

Zieht ein Institut die Begleitung einer Sanierung in Betracht, hat es sich ein Sanierungskonzept zur Beurteilung der Sanierungsfähigkeit des Kreditnehmers vorlegen zu lassen und auf dieser Grundlage seine Entscheidung zu treffen. Die Umsetzung des Sanierungskonzepts sowie die Auswirkungen der Maßnahmen sind vom Institut zu überwachen.[156]

Somit ist ein Sanierungskonzept nicht nur eine wesentliche Entscheidungsgrundlage, sondern letztendlich Finanzierungsvoraussetzung für Kreditgeber in einer Krisensituation.

3.4.3 Allgemeine Erstellungsanlässe

In der Praxis dienen Sanierungskonzepte als Entscheidungsgrundlage und Basis für:
- die Verlängerung oder Vergabe von Sanierungskrediten,
- Verhandlungen mit Finanzierern bei erfolgten oder drohenden Covenant-Brüchen,
- Verhandlungen mit weiteren Stakeholdern (z. B. über Gesellschafterbeiträge, Darlehensverzichte, Stundungsabreden, u. a.),
- Verhandlungen mit Gewerkschaften oder Arbeitnehmervertretern (z. B. bei Personalabbau, Standortschließungen oder Sanierungstarifverträgen),
- die Erlangung von Sanierungsbeiträgen der Finanzbehörden, z. B. Stundung und Erlass der Steuer auf Sanierungsgewinne,[157]
- die Erarbeitung und Überleitung auf Insolvenzpläne,
- die Gewährung von Sanierungsbeihilfen durch die öffentliche Hand (Subventionsrichtlinie),
- Befreiung von der Verpflichtung zur Abgabe eines Übernahmeangebots (§ 37 Abs. 1 WpÜG),
- Entlastung der handelnden Organe im Hinblick auf straf- und haftungsrechtliche Aspekte (z. B. ordnungsgemäße Geschäftsführung, Insolvenzverschleppung, u. a.),
- die Kontrolle und Überwachung der Sanierung als „Sanierungsleitfaden".

Darüber hinaus dient ein Sanierungskonzept aus Finanzierersicht zudem der Vermeidung
- von Anfechtungsrisiken bei der Sicherheitenbestellung (§§ 129 ff. InsO),
- von Schadensersatzansprüchen wegen möglicher Beihilfe zur Insolvenzverschleppung und sittenwidrigem Verhalten (§§ 823, 826 BGB),
- des Nachrangs beim Anteilserwerb zu Sanierungszwecken (§ 39 Abs. 4 InsO).

---

156 Bundesanstalt für Finanzdienstleistungsaufsicht, Bonn, Rundschreiben 10/2012 (BA) vom 14.12.2012, Mindestanforderungen an das Risikomanagement – MaRisk, BTO 1.2.5., Nr. 2 und 3.

157 Vgl. BMF Schreiben vom 27.3.2003.

3.4.4 Rechtliche Anforderungen

Begriff, Inhalt und Anforderungen an die Ausgestaltung von Sanierungskonzepten sind gesetzlich nicht definiert. Gleichwohl lassen sich aus der umfangreichen Rechtsprechung zum Themenkreis „Sanierungskonzepte“ allgemeine Anforderungen ableiten, ohne dass diese jedoch hinreichend konkretisiert sind und über grundsätzliche Aussagen hinausgehen. Die Kernanforderungen der Rechtsprechung sind:

- Das Sanierungsgutachten geht von den erkannten und erkennbaren tatsächlichen Gegebenheiten aus und ist durchführbar.[158]
- Dem Gutachter/Ersteller lagen die erforderlichen Buchhaltungsunterlagen des Unternehmens vor.[159]
- Das Sanierungsgutachten enthält eine Analyse der wirtschaftlichen Lage des Unternehmens im Rahmen seiner Wirtschaftsbranche und erfasst die Krisenursachen.[160]
- Das Sanierungsgutachten beurteilt die Vermögens-, Ertrags- und Finanzlage des Unternehmens zutreffend.[161]
- Das Unternehmen ist objektiv sanierungsfähig und die für seine Sanierung konkret in Angriff genommenen Maßnahmen sind insgesamt objektiv geeignet, das Unternehmen in überschaubarer Zeit durchgreifend zu sanieren.[162]
- Die geplanten Sanierungsmaßnahmen sind jedenfalls in den Anfängen schon in die Tat umgesetzt, d. h. die Sanierungsaktivitäten wurden objektiv sachgerecht eingeleitet.[163]

Daneben finden sich weitere (nicht rechtsverbindliche) Anforderungen und Hinweise zur inhaltlichen Ausgestaltung von Sanierungskonzepten in verschiedenen Ausarbeitungen unterschiedlicher Interessengruppen. Mittlerweile hat sich in der Praxis der ebenfalls nicht rechtsverbindliche Berufsstandard IDW S 6 des Instituts der Wirtschaftsprüfer in Deutschland e.V., Düsseldorf, „Anforderungen an die Erstellung von Sanierungskonzepten“[164] als Leitfaden für die Erstellung oder Beurteilung von Sanierungskonzepten durchgesetzt. Durch die explizite Berücksichtigung der vorab dargestellten Leitsätze der BGH-Rechtsprechung gewährleistet die Anwendung des IDW S 6, dass nicht nur die betriebswirtschaftlichen Anforderungen an die nachhaltige Sanierung des Krisenunternehmens, sondern auch die Anforderungen der

158 BGH-Urteil vom 12.11.1992 – IX ZR 236/91, ZIP 1993, S. 279 f.
159 BGH-Urteil vom 04.12.1997 – IX ZR 47/97, ZIP 1998, S. 251 f.
160 BGH-Urteil vom 04.12.1997 – IX ZR 47/97, ZIP 1998, S. 251 f.
161 BGH-Urteil vom 04.12.1997 – IX ZR 47/97, ZIP 1998, S. 251 f.
162 BGH-Urteil vom 21.11.2005 – II ZR 277/03, ZIP 2005, S. 281 f.
163 BGH-Urteil vom 12.11.1992 – IX ZR 236/91, ZIP 1993, S. 279 f.
164 IDW S 6 (2012), Anforderungen an die Erstellung von Sanierungskonzepten, IDW Fachnachrichten Nr. 12/2012, S. 719 ff.

Rechtsprechung im Rahmen der Konzepterstellung erfüllt werden, was insbesondere für die kreditgebenden Parteien aus Exkulpations- und Haftungsgründen von höchster Bedeutung ist.

Unabhängig von den zu erfüllenden inhaltlichen, rechtlichen und betriebswirtschaftlichen Anforderungen an Sanierungskonzepte hat der Ersteller eines Sanierungskonzepts stets in eigenem Ermessen zu entscheiden, ob und in welchem Umfang er die Anforderungen gem. IDW S 6 im Rahmen seiner Tätigkeit umsetzt. Bei kleineren und mittleren Unternehmen (KMU) kann das Ausmaß der Untersuchungen und die Berichterstattung gegebenenfalls an die geringere Komplexität (nicht Größe!) des Unternehmens angepasst werden.

3.4.5 Das Sanierungskonzept

Der Begriff des Sanierungskonzepts

Ein Sanierungskonzept zeigt die strategischen und operativen Ziele der Sanierung sowie die zur Zielerreichung notwendigen Maßnahmen auf. Die Beschreibung erfolgt sowohl qualitativ als auch quantitativ und endet mit einer abschließenden Beurteilung der Sanierungsfähigkeit des Krisenunternehmens. Das Sanierungskonzept umfasst dabei inhaltlich:[165]

- Aussagen über tatsächliche, wesentliche Unternehmensdaten, Ursachen- und Wirkungszusammenhänge und rechtliche und ökonomische Einflussfaktoren,
- die Beschreibung der einzuleitenden Maßnahmen auf Basis einer systematischen Lagebeurteilung vor dem Hintergrund des Leitbilds des sanierten Unternehmens,
- die Quantifizierung der Maßnahmeneffekte im Rahmen einer integrierten Unternehmensplanung.

Das Sanierungskonzept und die darin enthaltenen Maßnahmen müssen, insbesondere vor dem Hintergrund bestehender zeitlicher oder finanzieller Restriktionen, je nach Fortschritt der Krise, mit überwiegender Wahrscheinlichkeit realisierbar und umsetzbar sein. Ziel der Sanierung ist dabei die nachhaltige Wiederherstellung der Wettbewerbsfähigkeit und damit einhergehend der Ertragskraft des Krisenunternehmens.

Der Begriff der Sanierungsfähigkeit

Das Ziel des Sanierungskonzepts ist die Ableitung einer intersubjektiv nachvollziehbaren „plausiblen“ und schlüssigen Aussage zur Sanierungsfähigkeit eines

165 Vgl. IDW S 6 (2012), IDW Fachnachrichten Nr. 12/2012, S. 721, Rz. 2.

Unternehmens.[166] Als sanierungsfähig ist ein Unternehmen nur dann anzusehen, wenn nicht nur die Fortführungsfähigkeit i.S.d. § 252 Abs. 1 Nr. 2 HGB bejaht, sondern wenn darüber hinaus nachhaltig die Wettbewerbsfähigkeit und Renditefähigkeit zurückgewonnen werden kann (nachhaltige Fortführungsfähigkeit).[167] Kriterien der nachhaltigen Fortführungsfähigkeit sind dabei das Erreichen einer branchenüblichen Rendite und der Ausweis einer angemessenen Eigenkapitalausstattung am Ende der Sanierungsphase.

Nach IDW S 6 ist ein Unternehmen sanierungsfähig, wenn folgende Punkte kumulativ erfüllt werden:
- Es besteht eine positive Fortführungsprognose i.S.d. § 252 Abs. 1 Nr. 2 HGB.
- Das Unternehmen ist nachhaltig wettbewerbsfähig.
- Das Unternehmen ist nachhaltig renditefähig (branchenübliche Rendite, angemessene Eigenkapitalausstattung).

Eine „schwarze Null" reicht somit nicht aus, um die Sanierungsfähigkeit zu bestätigen.

Die Rechtsprechung des BGH setzt für die Ableitung einer positiven Beurteilung der Sanierungsfähigkeit zudem Folgendes voraus:[168]
- Vorliegen eines schlüssigen, durchführbaren (Sanierungs-)Konzepts auf Basis der Ist-Situation des Unternehmens,
- Konzeptbeurteilung aus Sicht eines branchenkundigen Fachmanns,
- Analyse der wirtschaftlichen Lage des Unternehmens im Kontext seiner Branche,
- Erfassung der Krisenursachen und der Vermögens-, Finanz- und Ertragslage des Unternehmens.

Allgemeine Grundsätze zur Erstellung von Sanierungskonzepten

Bei der Erstellung von Sanierungskonzepten sind die nachfolgend erläuterten allgemeinen Grundsätze zu beachten.

Vollständigkeit

Ausgangspunkt für die Erstellung eines Sanierungskonzepts ist die vollständige Erfassung aller für das Unternehmen wesentlichen Daten.[169] Das Sanierungskonzept hat alle Angaben zu enthalten, die für eine Gesamtbeurteilung der wirtschaftlichen Verhältnisse sowie der Risiken der zukünftigen Entwicklung des Unternehmens erforderlich sind. Die Informationen im Sanierungskonzept müssen dem Konzeptadressaten

166 Vgl. IDW S 6 (2012), IDW Fachnachrichten Nr. 12/2012, S. 720, Rz. 2.
167 Vgl. IDW S 6 (2012), IDW Fachnachrichten Nr. 12/2012, S. 722, Rz. 11.
168 WP Handbuch (2008), Band II, Institut der Wirtschaftsprüfer in Deutschland e.V., F Rz. 52.
169 Vgl. IDW S 6 (2012), IDW Fachnachrichten Nr. 12/2012, S. 725, Rz. 35.

insgesamt ein zutreffendes Bild von der Ausgangslage des Unternehmens und seiner voraussichtlichen Entwicklung vermitteln.[170]

Wesentlichkeit
Der Grundsatz der Wesentlichkeit beschränkt die Forderung nach vollständiger Beschaffung und Offenlegung von Informationen auf deren inhaltliche Relevanz für die Beurteilung der Sanierungssituation. Welche Informationen als sanierungsrelevant erachtet werden, richtet sich danach, ob eine Nichtberücksichtigung der Informationen einen wesentlichen Einfluss auf den Aussagewert des Sanierungskonzepts und somit auf die Beurteilung und Einschätzung durch einen fremden Dritten hat.

Richtigkeit
Die inhaltlichen Angaben eines Sanierungskonzepts sind auf ihre Richtigkeit und Validität zu überprüfen. Dabei ist bei Angaben, die sich auf nachprüfbare Sachverhalte beziehen, zu prüfen, ob diese zutreffend sind. Getroffene Annahmen sind kritisch zu würdigen und auf Plausibilität und Widerspruchsfreiheit zu den vorhandenen Unterlagen, Auskünften und gewonnenen Erkenntnissen zu untersuchen, also daraufhin, ob sie insgesamt glaubhaft sind. Folgerungen sind darauf zu überprüfen, ob sie aus Tatsachen und Annahmen inhaltlich, sachlich sowie rechnerisch richtig abgeleitet wurden, also schlüssig sind.[171]

Klarheit und Übersichtlichkeit
Eine klare, eindeutige und verständliche Darstellung der Informationen zur Beschreibung des Unternehmens und zur Ableitung des definierten Maßnahmenpakets soll gewährleisten, dass der Berichtsadressat die Aussagen im Sanierungskonzept inhaltlich versteht und nachvollziehen kann. Um dies zu gewährleisten, ist auf mehrdeutige Informationen, die Interpretationsspielraum lassen, vage oder ausschweifende Ausführungen sowie relativierende Aussagen zu verzichten.[172] Darüber hinaus bezieht sich der Grundsatz der Klarheit auch auf das abschließende Ergebnis der Sanierungsbeurteilung. Das Sanierungsurteil muss als eindeutige Aussage die Frage nach der Fortführungsfähigkeit und Sanierungsfähigkeit des Unternehmens entweder positiv oder negativ beantworten und ebenso deutlich auf kritische Prämissen zur Erreichung des Sanierungsziels hinweisen.[173]

170 WP Handbuch (2008), Band II, Abschnitt F Rn. 534.
171 WP Handbuch (2008), Band II, Abschnitt F Rn. 540.
172 WP Handbuch (2008), Band II, Abschnitt F Rn. 543.
173 WP Handbuch (2008), Band II, Abschnitt F Rn. 543.

Der Grundsatz der Übersichtlichkeit soll sicherstellen, dass der jeweilige Informationsadressat eindeutig zwischen Tatbestand, Einschätzung des Konzepterstellers sowie getroffener Schlussfolgerung unterscheiden kann.

Datenqualität

Vor dem Hintergrund der Zielsetzung und der auf Grundlage des Sanierungskonzepts in der Regel zu treffenden existenziellen Entscheidungen für das Krisenunternehmen sind sehr hohe Anforderungen an die Qualität der verwendeten Daten zu stellen. Der Ersteller des Sanierungskonzepts muss daher die Vertrauenswürdigkeit und Richtigkeit der verwendeten Informationen überprüfen. Er hat zu beurteilen, „ob das Material zur Herstellung des Gutachtens tauglich ist".[174] Kommt er zur Einschätzung, dass die vorhandene Datenqualität nicht ausreichend ist, muss er Maßnahmen zur Absicherung der Datenqualität ergreifen. Gegebenenfalls müssen notwendige Informationen und Daten selbst ermittelt oder erhoben werden, um valide Analysen und darauf aufbauende, sachgerechte Schlussfolgerungen zu gewährleisten. In der Praxis ergeben sich hier häufig erhebliche Probleme, da oftmals die Finanzbuchhaltung und das Controlling personell nicht adäquat besetzt sind, die Buchhaltung nicht aktuell ist, Controlling-Unterlagen und notwendige betriebliche Auswertungen (Deckungsbeitragsrechnungen pro Kunde/Auftrag, Vor- und Nachkalkulationen) fehlen oder fehlerhaft sind, Daten auf verschiedenen IT-Systemen verwaltet werden, Auswertungen manuell erstellt werden u. a.

Aufbau und Inhalt von Sanierungskonzepten

Das Institut der Wirtschaftsprüfer hat allgemeine Grundsätze für die Erstellung von Sanierungskonzepten in einem Zwei-Stufen-Konzept definiert. Ziel ist eine stadiengerechte Bewältigung der Unternehmenskrise, wobei das vorliegende Krisenstadium die jeweiligen Inhalte und Maßnahmen des Konzepts bestimmt.

Ein Unternehmen kann nur dann als sanierungsfähig angesehen werden, wenn zunächst die Annahme der Unternehmensfortführung i.S.d. § 252 Abs. 1 Nr. 2 HGB bejaht werden kann, d. h. der Annahme der Unternehmensfortführung stehen weder tatsächliche noch rechtliche Gegebenheiten entgegen und das Unternehmen kann darüber hinaus zukünftig seine Wettbewerbs- und Renditefähigkeit (nachhaltige Fortführungsfähigkeit) wiedererlangen.[175]

Je größer eine Insolvenzgefährdung ist, umso wichtiger ist das Einleiten von Sofortmaßnahmen. Liegen Insolvenzantragsgründe vor, besteht eine maximale Frist von drei Wochen, diese zu beseitigen. Dieser sehr enge Zeitrahmen erfordert eine rasche Beurteilung der finanziellen Ressourcen und Handlungsoptionen des

174 BGH-Urteil vom 13.11.1997 – X ZR 144/94, ZIP 1998, S. 556–560.

175 Vgl. IDW S 6 (2012), IDW Fachnachrichten Nr. 12/2012, S. 722, Rz. 11.

Unternehmens, um zu klären, ob die Vermeidung der Insolvenz überhaupt realistisch und möglich ist. Bis zur Fertigstellung des Sanierungskonzepts und darüber hinaus bis zur ggf. notwendigen Finanzierungsentscheidung der Stakeholder müssen mögliche Insolvenzantragspflichten ausgeschlossen werden, z. B. durch Aufnahme eines Überbrückungskredits zur Sicherung der Zahlungsfähigkeit.[176]

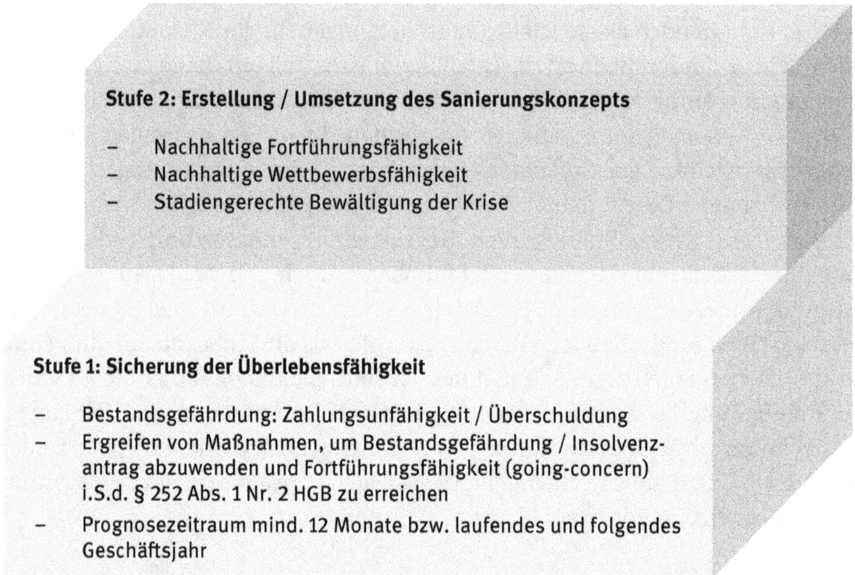

Abb. 3.1: Das Zwei-Stufen-Konzept des IDW S 6

Aus dieser Grundüberlegung heraus leitet sich die zweistufige Vorgehensweise bei der Erstellung eines Sanierungskonzepts ab (siehe Abb. 3.1).

In der ersten Stufe sind demnach zunächst Maßnahmen zur Herbeiführung bzw. Sicherstellung der Fortführungsfähigkeit zu definieren, mit denen eine akute und zukünftige Bestandsgefährdung des Unternehmens, also der Eintritt der Insolvenzreife, zumindest für das laufende und folgende Jahr abgewendet, bzw. vermieden werden kann.[177]

In einer zweiten Stufe muss definiert werden, wie das Unternehmen zukünftig nachhaltig fortgeführt werden kann. Dies setzt voraus, dass das Unternehmen in seinem Marktumfeld wettbewerbsfähig ist oder dies zukünftig mit überwiegender Wahrscheinlichkeit werden kann. Die Wettbewerbsfähigkeit basiert dabei insbesondere auf dem Wissen, den Fähigkeiten und der Motivation des Managements und der Mitarbeiter für seine Kunden einen Mehrwert durch marktfähige Leistungen und

176 Vgl. IDW S 6 (2012), IDW Fachnachrichten Nr. 12/2012, S. 722, Rz. 12.
177 Vgl. IDW S 6 (2012), IDW Fachnachrichten Nr. 12/2012, S. 722, Rz. 13.

Produkte zu schaffen. Dies setzt den Willen, die Fähigkeiten und Möglichkeiten des Managements voraus, das Unternehmen so weiter zu entwickeln und im Markt zu positionieren, dass das Unternehmen eine nachhaltige und branchenübliche Rendite bei einer angemessenen Eigenkapitalausstattung erzielt und somit wieder attraktiv für Kapitalgeber wird (Renditefähigkeit).[178]

Der Begriff der „branchenüblichen Rendite" wird im IDW S 6 nicht näher definiert. Nach überwiegender Auffassung ist unter dem Begriff „branchenübliche Rendite" die Umsatzrendite und keine EBITDA-Marge oder ROCE-Marge (Return On Capital Employed) zu verstehen.[179] In der Praxis ergeben sich aber häufig Schwierigkeiten bei der Bestimmung dieser für die Sanierungsaussage wichtigen Zielgröße, da Unternehmen oft nicht eindeutig einer Branche zugeordnet werden können und/oder valide Daten zu den Branchenkennzahlen aufgrund einer zu geringen Branchengröße nicht verfügbar sind. Mögliche Lösungsansätze liegen in der Nutzung einer durchschnittlichen Branchenrendite oder in der Definition von Renditebandbreiten. Ergeben sich aufgrund der gesamtwirtschaftlichen Entwicklung einer Branche negative durchschnittliche Renditen, so muss der Maßstab zur Beurteilung der Sanierungsfähigkeit gegebenenfalls neu definiert werden. Hilfsweise kann als geeigneter Sanierungsmaßstab das Erreichen eines positiven Jahresergebnisses in Verbindung mit der Sicherstellung der Kapitaldienstfähigkeit im Planungszeitraum in Betracht kommen. Die Herleitung des Merkmals der „branchenüblichen Rendite" ist daher aufgrund seiner besonderen Tragweite zwingend im Sanierungskonzept detailliert und nachvollziehbar zu erläutern.

Die Einschätzung der Erfolgsaussichten der Sanierung auf Basis des Kriteriums „nachhaltige Fortführungsfähigkeit" i. S. einer nachhaltigen „Wettbewerbs- und Renditefähigkeit" ist eine Zukunftsprognose und Wahrscheinlichkeitsaussage, die durch eine mangelhafte Umsetzung des Sanierungskonzepts, durch veränderte Marktbedingungen oder auch nachträglich bessere Erkenntnisse hinfällig werden kann. Die Erfolgsaussichten der Sanierung werden zudem im Wesentlichen von der Überzeugungskraft des Konzepts sowie der handelnden Personen bestimmt.[180]

„Nachhaltigkeit" ist im Rahmen eines Sanierungskonzepts nicht nur als zeitliche Komponente zu verstehen, sondern gleichzeitig als Basis für das Vertrauen von Kunden und Investoren. Durch eine wahrgenommene Stärkung der Reputation des Unternehmens und damit der Wertschätzung seiner Produkte und Dienstleistungen, wird eine nachhaltige Sanierung erst möglich.[181]

Der Eintritt der im Sanierungskonzept getroffenen wesentlichen Annahmen und Bedingungen muss aus Sicht des Konzepterstellers im Zeitpunkt der Planerstellung überwiegend wahrscheinlich sein, d. h. es müssen insgesamt mehr Gründe für den

178 Vgl. IDW S 6 (2012), IDW Fachnachrichten Nr. 12/2012, S. 722, Rz. 14.

179 Beck, M./Stannek, R. (2011): Anforderungen an Sanierungskonzepte, in: Unternehmenssanierung, Thierhoff, Müller, Illy, Liebscher (Hrsg.), Leipzig 2011, S. 456.

180 Vgl. IDW S 6 (2012), IDW Fachnachrichten Nr. 12/2012, S. 723, Rz. 15.

181 Vgl. IDW S 6 (2012), IDW Fachnachrichten Nr. 12/2012, S. 723, Rz. 16.

Eintritt der Annahmen und Bedingungen sprechen als dagegen. Dies gilt insbesondere auch für diejenigen Maßnahmen, die der Mitwirkung Dritter bedürfen.[182] Basiert das Konzept ausnahmsweise auf einzelnen Bedingungen, deren Eintrittswahrscheinlichkeit auch nicht in einer Bandbreite beurteilt werden kann, muss in der Sanierungsfähigkeitsaussage darauf hingewiesen werden, dass eine positive Gesamtaussage zur Sanierungsfähigkeit erst bei Bedingungseintritt erfolgen kann.[183]

Darüber hinaus können für die Erstellung eines Sanierungskonzepts nur objektive oder zumindest objektivierbare Kriterien zugrunde gelegt werden. Zwar unterliegen die Entscheidungen Dritter, ob sie die Sanierung des Unternehmens unterstützen, subjektiven Wertungen der eigenen Interessenlage, die getroffenen Entscheidungen bilden aber den objektiven Rahmen für die möglichen Sanierungsmaßnahmen.[184]

Im Sanierungskonzept ist ferner darzustellen, ob der Unternehmer und das Management des betroffenen Unternehmens überhaupt beabsichtigen und in der Lage sind („wollen" und „können"), die im Konzept definierten Maßnahmen umzusetzen und welche Maßnahmen bereits eingeleitet worden sind. Der Sanierungserfolg hängt in der Praxis maßgeblich von der konsequenten, konzeptgemäßen Umsetzung und einer fortlaufenden Überwachung sowie Fortschreibung des Sanierungskonzepts ab.[185]

Die nachstehenden Kernanforderungen gem. IDW S 6 bilden die allgemeinen inhaltlichen Eckpfeiler eines Sanierungskonzepts und ermöglichen eine intersubjektiv nachprüfbare Struktur. Nur auf der Grundlage dieser Kernbestandteile kann eine Aussage zur Sanierungsfähigkeit abgeleitet werden, die Beurteilung von nur einzelnen Problembereichen und Maßnahmen reicht für die Beurteilung nicht aus.[186] Zur Erreichung und Sicherstellung der Nachhaltigkeit des Sanierungserfolgs ist zudem das Zusammenwirken der einzelnen Elemente des Sanierungskonzepts zu beachten. Um dies zu erreichen, sind alle Querbeziehungen und gegenseitigen Abhängigkeiten der einzelnen Bestandteile des Konzepts unter Berücksichtigung des definierten Leitbilds des sanierten Unternehmens und den in der Planung zugrunde gelegten Prämissen zu analysieren und entsprechend stimmig auszurichten.[187]

Gemäß IDW S 6 sind folgende Kernanforderungen (Mindest-)Bestandteile eines umfassenden Sanierungskonzepts:[188]

- Beschreibung von Auftragsgegenstand und -umfang,
- Basisinformationen über die wirtschaftliche und rechtliche Ausgangslage des Unternehmens in seinem Umfeld, einschließlich der Vermögens-, Finanz- und Ertragslage,

182 Vgl. IDW S 6 (2012), IDW Fachnachrichten Nr. 12/2012, S. 723, Rz. 17.
183 Vgl. IDW S 6 (2012), IDW Fachnachrichten Nr. 12/2012, S. 723, Rz. 17.
184 Vgl. IDW S 6 (2012), IDW Fachnachrichten Nr. 12/2012, S. 723, Rz. 18.
185 Vgl. IDW S 6 (2012), IDW Fachnachrichten Nr. 12/2012, S. 723, Rz. 19.
186 Vgl. IDW S 6 (2012), IDW Fachnachrichten Nr. 12/2012, S. 722, Rz. 9.
187 Vgl. IDW S 6 (2012), IDW Fachnachrichten Nr. 12/2012, S. 722, Rz. 10.
188 Vgl. IDW S 6 (2012), IDW Fachnachrichten Nr. 12/2012, S. 721, Rz. 8.

- Analyse von Krisenstadium und -ursachen, einschließlich der Analyse, ob eine Insolvenzgefährdung vorliegt,
- Darstellung des Leitbilds mit dem Geschäftsmodell des sanierten Unternehmens,
- Maßnahmen zur Bewältigung der Unternehmenskrise und Abwendung einer Insolvenzgefahr,
- integrierter Unternehmensplan,
- zusammenfassende Einschätzung der Sanierungsfähigkeit.

Auftrag

Das Sanierungskonzept wird in der Regel durch die Unternehmensleitung in Auftrag gegeben. Daneben können aber auch Gläubigerbanken oder potenzielle Investoren, zumindest indirekt, aufgrund der Forderung nach Vorlage eines Restrukturierungs- oder Sanierungskonzepts, mögliche Initiatoren sein. Diese Gruppen haben ein großes Interesse daran, nicht zuletzt angesichts der bereits bestehenden oder zukünftigen finanziellen Verflechtungen, objektive Informationen über die aktuelle Lage und über die Sanierungsfähigkeit des Unternehmens zu erhalten.[189]

Das akute Krisenstadium und die aufgetretenen Probleme der bereits durchlaufenen Stadien prägen maßgeblich die Festlegung des Auftragsinhalts.[190] Der Konzeptersteller muss sich daher bereits im Vorfeld der Auftragsannahme ein umfassendes Bild über die Situation des Unternehmens machen. Dazu hat er zu Beginn seiner Tätigkeit das Krisenstadium indikativ zu identifizieren. Da das Sanierungskonzept Entscheidungsgrundlage für das Management, die Gesellschafter und Dritte ist, muss im Rahmen der Festlegung des Auftragsinhalts sowohl für den Auftraggeber selbst als auch für fremde Dritte deutlich erkennbar sein, welche Aufgaben der Konzeptersteller übernimmt und welchem Zweck die Arbeitsergebnisse dienen.[191] Es ist daher empfehlenswert, die Auftragserteilung und die Auftragsinhalte mit den wichtigsten Stakeholdern vor der Beauftragung abzustimmen, um deren Informationsbedürfnisse von Anfang an zu berücksichtigen. Dies vermeidet Erwartungslücken und Zeitverzögerungen, die den Sanierungsprozess gefährden können.

Darstellung und Analyse des Unternehmens (Bestandsaufnahme)

Ausgangspunkt für eine erfolgreiche Sanierung ist die sorgfältige Aufarbeitung der jeweiligen Problemfelder des Unternehmens vor dem Hintergrund der vorliegenden Krisensituation. Die Darstellung des Unternehmens im Sinne einer vollumfänglichen Bestandsaufnahme umfasst dabei die wesentlichen Eckpunkte der rechtlichen und

189 Crone, A. (2012): Erstellung von Sanierungskonzepten, in: Crone/Werner (Hrsg), Modernes Sanierungsmanagement, München 2012, S. 65.

190 Vgl. IDW S 6 (2012), IDW Fachnachrichten Nr. 12/2012, S. 724, Rz. 25.

191 Crone, A. (2012): Erstellung von Sanierungskonzepten, in: Crone/Werner (Hrsg), Modernes Sanierungsmanagement, München 2012, S. 65.

wirtschaftlichen Verhältnisse des Unternehmens. Hierbei sind insbesondere mögliche sanierungsrelevante Sachverhalte im Rahmen der Ist-Analyse zu berücksichtigen.[192] Die umfassende Bestandsaufnahme bildet die notwendige Grundlage zur Identifizierung des eingetretenen Krisenstadiums und daraus folgend zur Ableitung der einzuleitenden Sanierungsmaßnahmen.

Basisinformationen über die Ausgangslage des Unternehmens

Als Ausgangspunkt für die Konzepterstellung sind die wesentlichen Daten und Informationen über das Unternehmen zu erfassen, entsprechend geordnet und transparent darzustellen sowie auszuwerten. Dazu gehören insbesondere Informationen zu folgenden Bereichen (siehe nachfolgend Tab. 3.1):[193]

Tab. 3.1: Basisinformationen für die Erstellung eines Sanierungskonzepts

Rechtliche und organisatorische Verhältnisse	Finanzwirtschaftliche Verhältnisse	Leistungswirtschaftliche Verhältnisse	Personalwirtschaftliche Verhältnisse
Gesellschafterstruktur Beteiligungsverhältnisse Kapitalerhaltung und Kapitalersatz Unternehmensorganisation und -aufbau Steuerrechtliche Verhältnisse Dauerschuldverhältnisse Darlehensverhältnisse Sicherheiten Haftungsbrücken Rechtsstreitigkeiten Wesentliche Verträge u.a.	Vermögenslage Finanzlage Ertragslage Finanzierung Kreditsicherheiten Haftungsverhältnisse u.a.	Produktprogramm Leistungsprogramm Standorte Beschaffung Produktion Absatz Forschung und Entwicklung u.a.	Mitarbeiteranzahl Mitarbeiterentwicklung im Zeitvergleich Altersstruktur Vergütungssystem Tarifvertragliche Regelungen Arbeitsrechtliche Bedingungen u.a.

Analyse der Unternehmenslage

Im Rahmen der Unternehmensanalyse erfolgt eine systematische Datenerhebung zu allen sanierungsrelevanten Bereichen mit dem Ziel, Transparenz über die Zusammenhänge im Unternehmen selbst und über die Beziehungen des Unternehmens zu seiner Umwelt zu schaffen, damit bestehende Abhängigkeiten und Einflussfaktoren identifiziert werden können.

192 Vgl. IDW S 6 (2012), IDW Fachnachrichten Nr. 12/2012, S. 725, Rz. 33.
193 Vgl. IDW S 6 (2012), IDW Fachnachrichten Nr. 12/2012, S. 726, Rz. 46.

Dabei sind sowohl externe Faktoren zu analysieren, die Hinweise auf Chancen und Risiken des Unternehmens im Markt identifizieren als auch interne Faktoren, die Stärken und Schwächen des Unternehmens selbst beleuchten.[194] Die Ergebnisse der vorgenommenen Analysen liefern die Grundlage zur Bestimmung des notwendigen Handlungsrahmens als Basis für die Festlegung des Leitbilds des sanierten Unternehmens sowie der zur Umsetzung der Sanierung notwendigen und erforderlichen Maßnahmen.[195]

Welche Analysemethode Anwendung findet, ist abhängig von der für die Analyse zur Verfügung stehenden Zeit und den im Unternehmen verfügbaren Daten und Informationen. Die angewandten Methoden und Analyseverfahren sind im Sanierungskonzept offen zu legen, um somit die erforderliche Nachvollziehbarkeit für Dritte zu gewährleisten.[196]

Analyse des Unternehmensumfelds

Das Umfeld des Unternehmens wird durch die gesamtwirtschaftliche, die rechtlich-politische und die gesellschaftliche Lage sowie das wissenschaftlich-technische Umfeld beschrieben.[197] Die Umfeldanalyse zielt dabei auf die Frage, ob das Unternehmen unter Berücksichtigung der zu erwartenden allgemeinen Wirtschaftsentwicklung die Krise in absehbarer Zeit überwinden kann. Dies wird in der Regel wesentlich durch den erwarteten Konjunkturverlauf beeinflusst.

Analyse der Branchenentwicklung

Die Grundlage für die Ableitung eines strategischen Sanierungsplans bildet die Analyse der aktuellen Entwicklung der Branche, in der das Krisenunternehmen agiert sowie die Analyse der für die Branche relevanten Einflussfaktoren. Die Untersuchung soll Anhaltspunkte über die zukünftige Profitabilität der Branche und die mögliche Positionierung des Unternehmens innerhalb der Branche geben. Dabei ist zu untersuchen, welche Chancen und Risiken sich für das Unternehmen und seine derzeitige Wettbewerbsposition aus den nachfolgenden Faktoren ergeben:[198]

- Anzahl und Stärke der Wettbewerber,
- aktuelle und potenzielle Kunden,
- aktuelle und potenzielle Lieferanten,
- neue Wettbewerber,
- Substitutionsprodukte und neue Technologien,
- neue Geschäftsmodelle,

194 Vgl. IDW S 6 (2012), IDW Fachnachrichten Nr. 12/2012, S. 726, Rz. 48.
195 Vgl. IDW S 6 (2012), IDW Fachnachrichten Nr. 12/2012, S. 726, Rz. 49.
196 Vgl. IDW S 6 (2012), IDW Fachnachrichten Nr. 12/2012, S. 726, Rz. 50.
197 Vgl. IDW S 6 (2012), IDW Fachnachrichten Nr. 12/2012, S. 726, Rz. 51.
198 Vgl. IDW S 6 (2012), IDW Fachnachrichten Nr. 12/2012, S. 727, Rz. 54.

- Veränderungen in Nachbarbranchen,
- Verhaltensänderungen der Kapitalmärkte gegenüber der Branche.

Analyse der internen Unternehmensverhältnisse

In Rahmen der Analyse ist die Ergebnis-, Finanz- und Vermögenslage des Unternehmens zu erfassen und die weitere Entwicklung der wirtschaftlichen Situation ohne Berücksichtigung von möglichen Sanierungsmaßnahmen abzuschätzen.[199] In die Untersuchung sind neben der Umsatz- und Kostenentwicklung sowie der Entwicklung von Deckungsbeiträgen einzelner Produkte und Geschäftsbereiche auch die Erkenntnisse und Ergebnisse der Umfeld- und Branchenanalyse einzubeziehen. Ferner ist das bislang bestehende Geschäftsmodell kritisch zu hinterfragen und zu würdigen.[200] Weitere Analyseansätze bieten die Faktoren Kernauftrag bzw. die Kerngeschäfte und ihre Rentabilität, die Kernprodukte mit ihren Eigenschaften sowie die Kernfähigkeiten des Unternehmens. Basierend auf diesen umfassenden Informationen und Erkenntnissen lässt sich eine erste Beurteilung über die bisherige strategische Ausrichtung des Unternehmens sowie über mögliche Kostensenkungs- und Effizienzsteigerungspotenziale ableiten. Zusätzlich ergeben sich Hinweise auf notwendige Veränderungen der Organisation der Führungs-, Informations- und Entscheidungsprozesse.[201]

Feststellung des Krisenstadiums

Im Rahmen der Erstellung eines Restrukturierungskonzepts ist es zwingend notwendig, den bisherigen Verlauf der Krise systematisch zu analysieren, um die Probleme aller vorliegenden Krisenstadien beurteilen zu können, da Unternehmenskrisen in der Regel „nie über Nacht" entstehen, sondern die Folge eines lang anhaltenden Prozesses sind, der sich über Monate oder Jahre hinweg entwickelt.[202] Nach einer ersten Einschätzung der Unternehmenssituation und der bisherigen Krisenentwicklung ist eine systematische Ursachenanalyse vorzunehmen, die durch im Projektverlauf gewonnene Erkenntnisse fortlaufend anzupassen ist. Dabei sind die Krisenursachen für die verschiedenen Geschäftsbereiche getrennt, entsprechend der vorliegenden Krisenstadien, zu analysieren und zu dokumentieren.[203] Lediglich allgemeine Angaben und Aussagen zu den Krisenursachen, z. B. „Managementfehler" oder „Konsumzurückhaltung" reichen nicht aus, da Unternehmenskrisen zumeist das Ergebnis von

199 Vgl. IDW S 6 (2012), IDW Fachnachrichten Nr. 12/2012, S. 727, Rz. 56.
200 Vgl. IDW S 6 (2012), IDW Fachnachrichten Nr. 12/2012, S. 727, Rz. 58.
201 Vgl. IDW S 6 (2012), IDW Fachnachrichten Nr. 12/2012, S. 727, Rz. 60.
202 Crone, A. (2012): Erstellung von Sanierungskonzepten, in: Crone/Werner (Hrsg), Modernes Sanierungsmanagement, München 2012, S. 72.
203 Vgl. IDW S 6 (2012), IDW Fachnachrichten Nr. 12/2012, S. 730, Rz. 81.

komplexen Ursachen-Wirkungs-Ketten sind.[204] Daher sind auch die Unternehmensleitung und die Belegschaft in die Ursachenanalyse mit einzubeziehen.

Auf Basis der vorgenommenen Analysen erfolgen die Identifikation der Krisenursachen sowie die Feststellung des akuten Krisenstadiums. Das Krisenstadium kennzeichnet dabei den Grad der (Existenz-)Bedrohung des Unternehmens.[205] Die sachgerechte Zuordnung der Ist-Situation zu einem oder mehreren Krisenstadien ist dabei eine wesentliche Voraussetzung für eine erfolgreiche Sanierung, da nur auf Basis der Erkenntnisse über das vorliegende Krisenstadium und den damit verbundenen Krisenursachen ein zielgerichtetes, umfassendes und umsetzbares Sanierungskonzept abgeleitet werden kann, welches diejenigen Maßnahmen definiert, um alle Krisenursachen nachhaltig zu beseitigen.

Insgesamt können sechs Krisenstadien unterschieden werden (siehe Abb. 3.2):

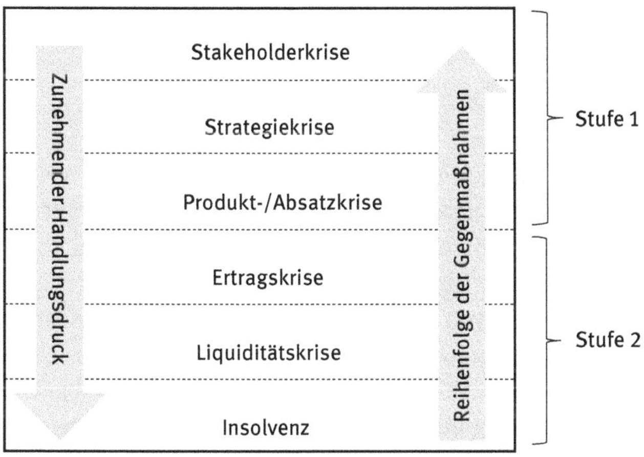

Abb. 3.2: Krisenstadien und Zwei-Stufen-Konzept

Die dargestellte Abfolge der Krisenstadien ist idealtypisch, d. h. es müssen nicht zwingend alle Krisenstadien in der vorab dargestellten Reihenfolge durchlaufen werden, sie können auch parallel, singulär oder überlappend auftreten.[206]

Feststellung der Stakeholderkrise

Eine Stakeholderkrise ist durch auftretende Unstimmigkeiten und Konflikte zwischen oder innerhalb der einzelnen Stakeholdergruppen geprägt. In der Regel unterscheiden sich dabei die Auffassungen und Zielsetzungen der Gesellschafter, des Managements,

204 Vgl. IDW S 6 (2012), IDW Fachnachrichten Nr. 12/2012, S. 730, Rz. 82.
205 WP Handbuch (2008), Band II, Absch. F Rn. 32.
206 Vgl. IDW S 6 (2012), IDW Fachnachrichten Nr. 12/2012, S. 728, Rz. 62.

der Arbeitnehmer, der Finanzierer, der Kunden und Lieferanten, so dass alleine aufgrund der unterschiedlichen Interessenlage Konflikte entstehen können.

Eine Stakeholderkrise wird selten durch Unternehmensangehörige oder durch Außenstehende bemerkt. Die Krise wirkt unterschwellig, das Unternehmen zeigt in dieser Phase noch keine erkennbaren negativen finanziellen Entwicklungen. Die Stakeholderkrise beginnt meist mit einem veränderten Führungsverhalten, welches zunehmend durch Nachlässigkeit geprägt ist. Gründe für ein nachlässiges Führungsverhalten können Konflikte in der Unternehmensleitung selbst, Konflikte zwischen den Leitungs- und Überwachungsorganen, zwischen den verschiedenen Stakeholdergruppen oder auch eine missglückte oder nicht geregelte Unternehmensnachfolge sein.[207] Bereits in der Stakeholderkrise kommt der Finanzierungsstruktur des Unternehmens eine besondere Bedeutung zu. Unangemessene und komplexe Finanzierungsstrukturen, die oft zudem durch eine Vielzahl von unterschiedlich besicherten Finanzierungspartnern mit entsprechend unterschiedlichen Interessenlagen geprägt sind, engen die Handlungsspielräume in Krisensituationen massiv ein.[208]

Feststellung der Strategiekrise

Die Ursachen einer Strategiekrise (Strukturkrise) liegen zumeist in einer unklaren oder fehlenden strategischen Ausrichtung des Unternehmens im Hinblick auf die angestrebte Wettbewerbsposition und die angestrebten Wettbewerbsvorteile sowie in Fehleinschätzungen des Managements hinsichtlich der Wettbewerbssituation und Marktentwicklung innerhalb der jeweiligen Branche.[209] Die Folge ist ein Verlust an Wettbewerbsfähigkeit und damit letztendlich ein Verlust von Marktanteilen. Ursachen hierfür sind verpasste oder falsch eingeschätzte Markt- und Technologieentwicklungen, ein mangelhaftes Marketing oder die Einführung neuer Produkte oder Verfahren durch Wettbewerber.

Häufig erzielen Unternehmen auch in der Strategiekrise noch Gewinne. In Zeiten, in denen „gute“ Erträge erwirtschaftet werden, findet selten eine Auseinandersetzung mit der Frage „warum dies eigentlich der Fall ist“ statt. Die Kenntnis über die den Erfolg bestimmenden Tätigkeiten bzw. Erfolgsfaktoren ist jedoch gerade für ein frühzeitiges Erkennen der Krise ausschlaggebend. Somit sind die ohnehin nur schwer erkennbaren Veränderungen, die Auswirkungen auf die Grundlagen des Erfolgs haben, oft nicht wahrnehmbar, mit der Folge, dass längere Zeiträume vergehen können, bis die Strategiekrise erkannt wird und Gegenmaßnahmen eingeleitet werden.[210]

207 Crone, A. (2012): Krisenarten, Krisenstadien, Krisenverlauf, in: Crone/Werner (Hrsg), Modernes Sanierungsmanagement, München 2012, S. 5.

208 Beck, M. (2009): Sanierung und Krisenstadium, in: Die Wirtschaftsprüfung (WPg), Nr. 5/09, S. 266.

209 Vgl. IDW S 6 (2012), IDW Fachnachrichten Nr. 12/2012, S. 729, Rz. 70.

210 Crone, A. (2012): Krisenarten, Krisenstadien, Krisenverlauf, in: Crone/Werner (Hrsg), Modernes Sanierungsmanagement, München 2012, S. 6.

Feststellung der Produkt- und Absatzkrise

Wird die Strategiekrise nicht erkannt, führt dies in der weiteren Entwicklung zum Eintritt einer Produkt- und Absatzkrise. Diese ist durch eine zunächst stagnierende, später rückläufige Nachfrage nach den Hauptumsatzträgern (Kernprodukten), teilweise begleitet von sinkenden Ergebnisbeiträgen (sinkende Margen) gekennzeichnet. Das Unternehmen zeigt dabei in der Regel eine mangelhafte Fokussierung auf diejenigen Kunden und Produkte, die positive und auskömmliche Deckungsbeiträge liefern. Ursachen liegen hierbei insbesondere in qualitativ nicht ausreichenden Marketing- und Vertriebskonzepten, Sortimentsschwächen, Schwächen in der Produkt- und Servicequalität, mangelnder Liefertreue, fehlerhafter Preispolitik sowie in einer mangelhaften oder fehlenden Vertriebssteuerung.[211]

Feststellung der Erfolgskrise

Eine Erfolgskrise (auch Ergebnis- oder Ertragskrise) liegt vor, wenn ein Unternehmen bedingt durch Nachfragerückgang, Preisverfall oder Kostensteigerungen, deutliche Gewinnrückgänge oder sogar Verluste zu verzeichnen hat, und diese beginnen, sukzessive das Eigenkapital aufzuzehren, mit der Folge einer sinkenden Bonität.[212] Auch wenn in dieser Situation noch nicht zwingend eine akute Insolvenzgefährdung vorliegt, weil das Unternehmen noch über ausreichendes Eigenkapital und liquide Mittel verfügt, so ist das Unternehmen jedoch oftmals nicht mehr in der Lage, die zur nachhaltigen Sanierung des Unternehmens notwendigen finanziellen Mittel selbst zu generieren. Daher ist ab Eintritt der Erfolgskrise eine Sanierung oft ohne eine Unterstützung von außen und die Zufuhr von neuem Kapital durch Dritte nicht mehr möglich.[213]

Feststellung der Liquiditätskrise

Die operativen Probleme, die sich über die Produkt- und Absatzkrise in die Ertragskrise entwickelt haben, führen im Zeitablauf in die Liquiditätskrise, wenn keine ausreichenden operativen Cashflows aus der betrieblichen Tätigkeit erwirtschaftet werden, um die bestehenden finanziellen Verpflichtungen des Unternehmens fristgerecht bedienen zu können. Dies führt in der Folge zu einem kontinuierlichen Verzehr der Liquiditätsreserven unter vollständiger Ausnutzung bestehender Kreditlinien sowie zum Auftreten von Zahlungsengpässen, oft einhergehend mit dem (nicht genehmigten) Aufbau von Lieferantenverbindlichkeiten.

Häufig tritt in der Liquiditätskrise eine krisenverschärfende Finanzierungsstruktur zu Tage, die sich in einer fehlenden Übereinstimmung zwischen Geschäftsmodell

211 Vgl. IDW S 6 (2012), IDW Fachnachrichten Nr. 12/2012, S. 729, Rz. 73.

212 Crone, A. (2012): Krisenarten, Krisenstadien, Krisenverlauf, in: Crone/Werner (Hrsg), Modernes Sanierungsmanagement, München 2012, S. 7.

213 Vgl. IDW S 6 (2012), IDW Fachnachrichten Nr. 12/2012, S. 729, Rz. 75.

und der bestehenden Eigenkapitalausstattung, in einer mangelnden Fristenkongruenz zwischen Kapitalbindung und Kapitalbereitstellung, in einem unausgewogenen Verhältnis von Eigen- und Fremdkapital sowie in komplexen Finanzierungsstrukturen, Klumpenrisiken in der Fälligkeitsstruktur von Finanzierungen oder in einem unzureichenden Working-Capital-Management zeigt.[214]

Feststellung der Insolvenzreife

Werden in den vorab beschriebenen Krisenstadien keine durchgreifenden Maßnahmen zur Gegensteuerung ergriffen, droht dem Unternehmen der Eintritt der Insolvenzreife, d. h. das Vorliegen eines Insolvenzgrunds gem. §§ 17 bis 19 InsO mit entsprechenden Folgen.

Aussagen zur Unternehmensfortführung

Die Aussagen zur Unternehmensfortführung beziehen sich inhaltlich einerseits auf die rein insolvenzrechtlich geprägten Aussagen zur eingetretenen Zahlungsunfähigkeit (§ 17 InsO), zur drohenden Zahlungsunfähigkeit (§ 18 InsO) und zur eingetretenen Überschuldung (§ 19 InsO) sowie andererseits auf die Aussagen zur handelsrechtlichen Fortführungsprognose gem. § 252 Abs. 1 Nr. 2 HGB.

Aussagen zur Zahlungsunfähigkeit nach § 17 InsO

Spätestens mit Eintritt in eine Liquiditätskrise hat die Geschäftsführung eines Unternehmens einen Liquiditätsstatus zu erstellen und zu überprüfen, ob das Unternehmen aktuell und zukünftig weiterhin zahlungsfähig bleibt. Dabei ist zu untersuchen, ob ein Liquiditätsengpass lediglich eine rechtlich unbeachtliche Zahlungsstockung darstellt und ob das Unternehmen in der Lage ist, in einem überschaubaren Zeitraum diese Zahlungsstockung nachhaltig zu beseitigen.[215]

Aussagen zur Überschuldung nach § 19 InsO

Liegen entsprechende Indizien vor, z. B. eine anhaltende Erfolgs- und Liquiditätskrise, ist eine Überschuldungsprüfung vorzunehmen. Gemäß § 19 InsO liegt keine Überschuldung vor, wenn das Unternehmen über eine positive Fortbestehensprognose verfügt. Diese ist dann gegeben, wenn das Krisenunternehmen voraussichtlich seine Zahlungsfähigkeit im Prognosezeitraum aufrechterhalten kann. Ist dies nicht sichergestellt, so ist die Fortbestehensprognose negativ, mit der Folge, dass ein Überschuldungsstatus aufzustellen ist, in dem die Vermögenswerte und Schulden zu

214 Vgl. IDW S 6 (2012), IDW Fachnachrichten Nr. 12/2012, S. 730, Rz. 78.
215 Vgl. IDW S 6 (2012), IDW Fachnachrichten Nr. 12/2012, S. 731, Rz. 84.

Liquidationswerten anzusetzen sind. Deckt das Reinvermögen nicht die Schulden, liegt eine insolvenzrechtlich relevante Überschuldung vor.

Aussagen zur Annahme der Unternehmensfortführung nach § 252 Abs. 1 Nr. 2 HGB
Während die im Rahmen der Überschuldungsprüfung zu erstellende Fortbestehensprognose eine rein liquiditätsorientierte „Zahlungsfähigkeitsprognose" ist, stellt die handelsrechtliche Fortführungsprognose zusätzlich darauf ab, dass keine rechtlichen und tatsächlichen Gegebenheiten einer Fortführung der Unternehmenstätigkeit entgegen stehen. Eine positive Fortführungsprognose ist demnach nur gegeben, wenn weder Insolvenzantragsgründe i.S.d. §§ 17, 19 InsO vorliegen, noch andere rechtliche oder tatsächliche Gegebenheiten im Prognosezeitraum einer Annahme der Unternehmensfortführung entgegenstehen.[216] Liegt eine drohende Zahlungsunfähigkeit oder eine drohende Überschuldung vor, steht dies der Annahme der Unternehmensfortführung insoweit entgegen, sofern keine geeigneten Sanierungsmaßnahmen eingeleitet oder in der Planung hinreichend konkretisiert sind. Eine positive Fortführungsprognose ist demnach die Basis für die Annahme der Sanierungsfähigkeit im Sinne einer nachhaltigen Wettbewerbs- und Renditefähigkeit.[217]

Bedeutung des Leitbilds des sanierten Unternehmens

Das Leitbild des sanierten Unternehmens beschreibt den Soll-Zustand des Unternehmens, der durch die definierten Sanierungsmaßnahmen erreicht werden soll. Im Leitbild werden dabei die Vorgehensweisen und Potenziale aufgezeigt, die dem Unternehmen Wettbewerbsfähigkeit verleihen und damit die Möglichkeit eröffnen, eine nachhaltig branchenübliche Umsatzrendite und angemessene Eigenkapitalausstattung zu erreichen, um somit zukünftig wieder attraktiv für Eigen- und Fremdkapitalgeber zu werden.[218]

Das Leitbild dient ferner der Identifizierung von geeigneten Sanierungsmaßnahmen, die notwendig sind, um das Unternehmen mit seinem Leistungsprogramm im Wettbewerb erfolgreich zu positionieren. Das Leitbild schließt damit auch ein stimmiges, realisierbares, zukunftsfähiges Geschäftsmodell ein.[219] Das Geschäftsmodell beschreibt die wesentlichen Geschäftsfelder des Unternehmens mit ihren Produkt und Marktkombinationen sowie der zugehörigen Umsatz- und Kostenstruktur, den hierfür erforderlichen Prozessen und Systemen, den Ressourcen und Fähigkeiten, die

216 Vgl. IDW S 6 (2012), IDW Fachnachrichten Nr. 12/2012, S. 731, Rz. 87.
217 Vgl. IDW S 6 (2012), IDW Fachnachrichten Nr. 12/2012, S. 731, Rz. 89.
218 Vgl. IDW S 6 (2012), IDW Fachnachrichten Nr. 12/2012, S. 731, Rz. 90.
219 Vgl. IDW S 6 (2012), IDW Fachnachrichten Nr. 12/2012, S. 731, Rz. 91.

es zu entwickeln und nutzen gilt. Für das Leitbild kommen ergänzend hinzu (siehe Abb. 3.3):[220]

- die langfristigen Zielvorstellungen und Grundstrategien des Unternehmens,
- die angestrebte Wettbewerbsposition, bzw. die angestrebten Wettbewerbsvorteile für den Kunden,
- die zu beachtenden gemeinsamen Wertvorstellungen, Grundregeln und Verhaltensweisen, die in Summe den Kern der Unternehmenskultur bilden und das interne Miteinander sowie das Auftreten nach außen maßgeblich prägen.

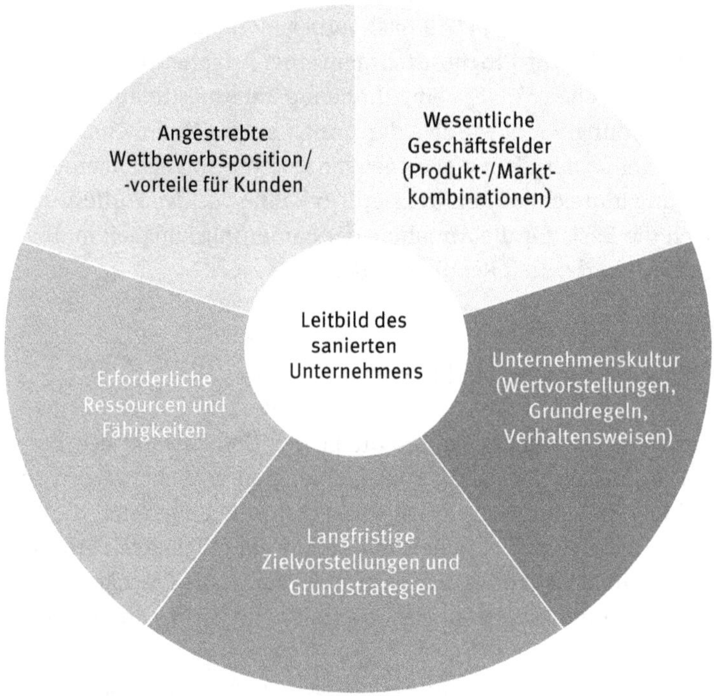

Abb. 3.3: Leitbild des sanierten Unternehmens

Maßnahmen zur Bewältigung der Krise und Abwendung einer Insolvenzgefahr

Stadiengerechte Bewältigung der Unternehmenskrise

Wie vorab dargestellt, entwickeln sich die verschiedenen Krisenstadien in der Regel nicht unabhängig voneinander, sondern bauen aufeinander auf. Daher ist ausgehend von der Einschätzung des aktuellen Krisenstadiums zu prüfen, welche vorgelagerten Krisenstadien bei der Konzepterstellung mit berücksichtigt werden müssen.

220 Vgl. IDW S 6 (2012), IDW Fachnachrichten Nr. 12/2012, S. 731, Rz. 92.

Das jeweilige Krisenstadium bestimmt dabei die Inhalte und den jeweils gebotenen Detaillierungsgrad des Sanierungskonzepts.[221]

Die Sanierungsmaßnahmen zielen aufgrund der Zweistufigkeit der Vorgehensweise in einem ersten Schritt entsprechend der zeitlichen Dringlichkeit zunächst auf die Beseitigung von möglichen Insolvenzrisiken, d. h. auf die Sicherstellung der Zahlungsfähigkeit sowie auf die Schuldendeckung, ab. In einem zweiten Schritt erstrecken sich die Maßnahmen auf die Erreichung der Gewinnzone durch Effizienzsteigerungs- und Kostensenkungsprogramme und schließlich auf die strategische (Neu-) Ausrichtung des Unternehmens.[222]

Die nachhaltige Sanierung eines Unternehmens erfordert insgesamt ein stringentes Konzept zur Stärkung bzw. Wiedererlangung der Wettbewerbsfähigkeit. Somit ist die Definition nur kurz- bis mittelfristiger Maßnahmen für sich alleine nicht ausreichend. Ein vollständiges Sanierungskonzept liegt nur dann vor, wenn darin zugleich die Probleme aller durchlaufenen Krisenstadien vollständig aufgearbeitet werden und für jede Krisenursache eine entsprechende durchführbare und umsetzbare Gegenmaßnahme definiert werden kann.

Ist die Unternehmenskrise bereits sehr weit fortgeschritten, dann ist auch die Einleitung eines Insolvenzverfahrens als mögliche Sanierungsstrategie für das Unternehmen zu prüfen und in seinen Auswirkungen der außergerichtlichen Sanierung gegenüberzustellen und aus Sicht der Gläubiger zu bewerten.[223]

Sanierung in der Insolvenz

Als Sanierungsmöglichkeiten sieht die Insolvenzordnung das Insolvenzplanverfahren, gegebenenfalls in Verbindung mit einer Eigenverwaltung oder eine übertragende Sanierung vor.[224]

Vermeidung der Insolvenz

Eine Insolvenzantragspflicht entsteht grundsätzlich mit Eintritt eines Insolvenzgrunds. Bei Vorliegen eines Insolvenzgrunds besteht für die Geschäftsführung einer Kapitalgesellschaft eine Maximalfrist von bis zu drei Wochen, um durch geeignete Sanierungsmaßnahmen den Insolvenzgrund zu beseitigen und damit die Einleitung des Insolvenzverfahrens zu vermeiden. Wesentlich für die Beurteilung der Fortführungsfähigkeit eines Unternehmens bei drohender oder vorliegender Insolvenzreife sind die tatsächlichen Handlungsoptionen (Realoptionen) des Unternehmens auf Basis verbindlicher oder ernsthaft in Aussicht gestellter Zusagen und Absicherungen

221 Vgl. IDW S 6 (2012), IDW Fachnachrichten Nr. 12/2012, S. 723, Rz. 21.
222 Vgl. IDW S 6 (2012), IDW Fachnachrichten Nr. 12/2012, S. 733, Rz. 100.
223 Vgl. IDW S 6 (2012), IDW Fachnachrichten Nr. 12/2012, S. 733, Rz. 104.
224 Vgl. IDW S 6 (2012), IDW Fachnachrichten Nr. 12/2012, S. 733, Rz. 105.

von Seiten der Gesellschafter, Finanzierer und anderer Stakeholder zur Abwendung der Zahlungsunfähigkeit oder Vermeidung der Überschuldung. Auf abstrakte, lediglich mögliche Handlungsoptionen kann eine positive Aussage zur Fortführungsfähigkeit nicht gestützt werden.[225]

Überwindung der Liquiditätskrise

Zur Überwindung einer Liquiditätskrise sind die im Unternehmen selbst noch vorhandenen Liquiditätsreserven zu mobilisieren sowie verbleibende Finanzierungslücken extern, durch Zuführung liquider Mittel oder durch Stundungsabreden mit Gläubigern, zu schließen. Mögliche kurzfristige Maßnahmen zur Sicherung der Zahlungsfähigkeit sind die Aufnahme von Gesellschafterdarlehen, Überbrückungsfinanzierungen durch Banken, ein Investitionsstopp, das Factoring von Forderungen, der Verkauf von nicht betriebsnotwendigem Vermögen, die Vereinbarung von Tilgungsaussetzungen, Teilzahlungs- und Stundungsabreden sowie ein konsequentes Working-Capital-Management.

Überwindung der Erfolgskrise

Maßnahmen zur Überwindung der Erfolgskrise können einerseits auf Kostensenkungen, andererseits auf eine Erhöhung der Umsätze oder Margen abzielen. Dabei ist darauf zu achten, dass die geplanten Sanierungsmaßnahmen nicht im Widerspruch zur strategischen Neuausrichtung des Unternehmens stehen. Als Sanierungsmaßnahmen kommen gemäß nachfolgender Tab. 3.2 in Betracht:[226]

Tab. 3.2: Sanierungsmaßnahmen zur Verbesserung der Unternehmenssituation

Verbesserung der Kostenstruktur	Steigerung der Umsatzerlöse
– Aufgabe oder Bündelung einzelner Geschäftsbereiche – Straffung des Leistungssortiments – Reduzierung der Fertigungstiefe – Verwendung von Gleichteilen – Bündelung von Funktionen/Prozessen u. a. – Senkung der Bezugspreise – Optimierung der Verbrauchsmengen – Reduktion der Variantenvielfalt – Personalmaßnahmen – Reduktion Overhead-Kosten – Senkung/Flexibilisierung von Fixkosten u. a.	– Verbesserung des Wertschöpfungsprozesses – Verbesserung des Liefer- und Leistungsprogramms – Stärkere Fokussierung auf Kundenbedürfnisse – Preisaktionen – Kundenpflege – Verbesserung im Marketing und Vertrieb u. a.

225 Vgl. IDW S 6 (2012), IDW Fachnachrichten Nr. 12/2012, S. 733, Rz. 109.
226 Vgl. IDW S 6 (2012), IDW Fachnachrichten Nr. 12/2012, S. 734, Rz. 113–115.

Überwindung der Produkt- und Absatzkrise

Die zu definierenden Maßnahmen zur Beseitigung der nachgelagerten Erfolgskrise sind eng mit den Maßnahmen zur Beseitigung der Produkt- und Absatzkrise verknüpft. Ist die Produkt- und Absatzkrise in ihrer Ausprägung zeitlich begrenzt (z. B. saisonaler Umsatzrückgang), sind lediglich Maßnahmen zu ergreifen, um die temporären Schwankungen auszugleichen, z. B. durch Kurzarbeit, Abbau von Leiharbeitern und Zeitguthaben.

Kann die Produkt- und Absatzkrise nicht durch kurzfristige Anpassungsmaßnahmen beseitigt werden, müssen strukturelle Maßnahmen im Leistungsbereich ergriffen werden. Es ist zu prüfen, ob die angebotenen Produkte und Leistungen des Unternehmens überhaupt markt- und wettbewerbsfähig sind und wie hoch das potenzielle Absatzvolumen ist. Maßnahmen zur Absatzförderung können in einem intensivierten und zielgruppenorientierten Marketing, in einem konsequenten Vertriebscontrolling sowie in Preisaktionen liegen. Ein besonderer Fokus ist auf die Rückgewinnung und den Ausbau von Bestandskunden zu legen, da erfahrungsgemäß die Neukundengewinnung das schwierigere Unterfangen ist.

Liegen die Schwächen im Leistungserstellungsprozess, so müssen entsprechende Maßnahmen in diesem Bereich definiert werden (z. B. Beseitigung von Qualitäts- und Belieferungsmängeln oder die Einführung von Produktverbesserungen/Neuprodukten).[227] Ergänzend müssen aber auch Überlegungen für eine grundsätzliche Neuausrichtung des Unternehmens in Betracht gezogen werden, wenn sich anhand der Krisenursachen- und Umfeldanalyse ergibt, dass sich generelle Veränderungen in der Nachfrage oder in den Produktionsprozessen ergeben haben. Beiden Entwicklungen kann in der Regel nur durch erhebliche finanzielle Investitionen in die Produktneuentwicklung oder in neue Herstellungsprozesse begegnet werden. Somit bedingt die leistungswirtschaftliche Restrukturierung zusätzliche finanzwirtschaftliche Maßnahmen, die im Rahmen eines ganzheitlichen Sanierungskonzepts berücksichtigt werden müssen.

Überwindung der Strategiekrise

Basis der strategischen Neuausrichtung ist das Leitbild des rendite- und wettbewerbsfähigen Unternehmens.[228] Neben den aus der integrierten Sanierungsplanung ableitbaren positiven Liquiditäts- und Erfolgsaussichten, ist das Erreichen und die Sicherung einer nachhaltigen Wettbewerbsfähigkeit und von Wettbewerbsvorteilen entscheidend für die Frage, ob das Unternehmen seine Marktposition verteidigen oder ausbauen kann, um somit nachhaltig Umsatzwachstum zu generieren.[229] Um dies zu

227 Vgl. IDW S 6 (2012), IDW Fachnachrichten Nr. 12/2012, S. 734, Rz. 118.
228 Vgl. IDW S 6 (2012), IDW Fachnachrichten Nr. 12/2012, S. 735, Rz. 120.
229 Vgl. Beck, M. (2009): Sanierung und Krisenstadium, in: Die Wirtschaftsprüfung (WPg), Nr. 5/09, S. 270.

erreichen, muss das Krisenunternehmen unter Berücksichtigung der Kundenanforderungen und der Vorgehensweisen der Wettbewerber seine Marktaktivitäten und Ressourcen aufeinander abstimmen.[230] Maßgeblich ist somit die Entwicklung geeigneter Produkt-Markt-Strategien und Ressourcen-Strategien. Wichtig ist dabei, über die Absicherung der Wettbewerbsfähigkeit hinaus, Wettbewerbsvorteile zu generieren, die durch den Kunden wahrgenommen und vor allem (finanziell) honoriert werden.

Der Schwerpunkt der strategischen Neuausrichtung liegt im Bereich der Geschäftsfeldplanung und der Ressourcenneuordnung sowie in der Formulierung der Unternehmensstrategie. Es ist zu bestimmen, wie die im Leitbild des Unternehmens definierten Ziele mittel- bis langfristig erreicht werden sollen. Dabei kommen folgende grundsätzliche Optionen für die zu definierenden Maßnahmen der Strategieplanung in Betracht, die sich im Wesentlichen mit den Begriffen Wachstumsstrategie, Stabilisierungsstrategie und Desinvestitionsstrategie umschreiben lassen (siehe Tab. 3.3).[231]

Tab. 3.3: Maßnahmen der Strategieplanung

Maßnahmen	
Stärkung des Kerngeschäfts durch:	gezielte Profilierung der Marke oder des Produkts Definition des Markensegments oder einer Nischenbelegung Profilierung durch Identifikation und Ausbau der Stärken und Eliminierung von Schwachstellen
Ausweitung des Kerngeschäfts durch:	komplementäre Produkte und Dienstleistungen integrierte Lösungen über die bisherigen Leistungen hinaus
Transfer von bestehenden Produkten, Marken, Ressourcen, Fähigkeiten und Kompetenzen auf:	neue Anwendungsfelder neue Kunden neue Regionen neue Geschäftsfelder
Entwicklung neuer Erfolgspotenziale durch:	Produkt- und Prozessinnovationen Aufbau von Kernkompetenzen Öffnung für Partnerschaften Einführung von Netzwerkstrukturen und strategischen Allianzen Einstellung von Geschäftsbereichen oder Produkten

Die Optimierung des Leistungsspektrums im Spannungsfeld von Qualität, Kosten und Zeit ist dabei ebenso wichtig wie eine detaillierte Definition von Produktportfolio,

230 Vgl. IDW S 6 (2012), IDW Fachnachrichten Nr. 12/2012, S. 734, Rz. 122.
231 Vgl. IDW S 6 (2012), IDW Fachnachrichten Nr. 12/2012, S. 734, Rz. 126.

Kerngeschäft, Kernfähigkeiten, angestrebter Marktposition und Wettbewerbsvorteilen unter der ständigen Berücksichtigung der Kundenanforderungen.[232]

Überwindung der Stakeholderkrise
Eine Stakeholderkrise kann nur dann überwunden werden, wenn es dem Management oder den Aufsichtsorganen gelingt, mit allen wesentlichen Interessengruppen eine gemeinsame Basis für eine vertrauensvolle Zusammenarbeit zu finden (siehe Tab. 3.4). In diesem Zusammenhang ist zu prüfen, ob zur Unterstützung des angestrebten Sanierungsplans und als vertrauensbildende Maßnahme entsprechende neue organisatorische Strukturen geschaffen werden müssen, um das Unternehmen durch die Krise zu begleiten, z. B. durch Bildung eines Sanierungsbeirats. Letztendlich muss die Unternehmensführung jedoch selbst in der Lage sein:[233]
- das Unternehmensleitbild entsprechend den Markt- und Wettbewerbsanforderungen zu präzisieren und weiter zu entwickeln,
- angemessene Zielvorgaben abzuleiten und der Belegschaft vorzugeben,
- durch Vorbild und Vorleben eine starke Unternehmenskultur zu prägen,
- die ständigen Wandlungsanforderungen des Unternehmens zu bewältigen,
- das erforderliche Vertrauen seiner internen und externen Stakeholder zu gewinnen.

Tab. 3.4: Beispiele für Krisenursachen und Gegenmaßnahmen

Krisenstadium	Krisenursache	Gegenmaßnahme
Stakeholderkrise	Diskrepanzen im Management Vertrauensverlust der Finanzierer Konflikte mit der Arbeitnehmerseite	Einsetzung eines CRO[234] Abschluss eines Sicherheitenpoolvertrags Abschluss von Betriebsvereinbarungen
Strategiekrise	Komplexe Unternehmensstruktur Konjunkturrückgang/Kaufkraftverlust Gesättigte/schrumpfende Märkte	Anpassung der Unternehmensorganisation Konzentration auf margenstarke Produkte Erschließung neuer Märkte
Produkt-/ Absatzkrise	Wegfall von Großkunden/-aufträgen Ausfall von Zulieferern Verzögerung bei Produktentwicklungen	Neue Markterschließung/Kunden Insourcing Einholung von externem Know-how
Ertragskrise	Ineffiziente Produktion/Prozesse Margendruck Hohes Kostenniveau	Optimierung der Fertigungsprozesse Verbesserung der Deckungsbeiträge Anpassung der Kostenstruktur

232 Vgl. IDW S 6 (2012), IDW Fachnachrichten Nr. 12/2012, S. 736, Rz. 124.
233 Vgl. IDW S 6 (2012), IDW Fachnachrichten Nr. 12/2012, S. 736, Rz. 130.
234 Chief Restructuring Officer.

Tab. 3.4: (fortgesetzt)

Krisenstadium	Krisenursache	Gegenmaßnahme
Liquiditätskrise	Unzureichendes Debitoren/Kreditorenmanagement Überfällige Debitoren	Optimierung des Forderungsmanagements und der Zahlungsziele Factoring
	Unerwarteter/ungeplanter Zahlungsmittelabfluss	Verkauf von nicht betriebsnotwendigem Vermögen
Insolvenzreife	(Drohende) Zahlungsunfähigkeit Überschuldung	Permanente Liquiditätsüberwachung/ Überbrückungskredit Investoren/Debt-to-Equity Swap[235]

Integrierter Unternehmensplan

Das Sanierungskonzept enthält in zusammengefasster Form eine zahlenmäßige Planung des Sanierungsverlaufs. Die rechnerische Verprobung dient dem Nachweis der Finanzierbarkeit der beabsichtigten Sanierungsmaßnahmen sowie der Ableitung der Aussage zur Sanierungsfähigkeit mit den Kriterien „Erreichen einer branchenüblichen Rendite und einer angemessenen Eigenkapitalausstattung“. Ausgehend von der Ist-Situation des Unternehmens und den identifizierten Problem- und Verlustbereichen, sind die geplanten Maßnahmeneffekte zu quantifizieren und im integrierten Unternehmensplan zusammenzuführen.[236] Zusätzlich sind geeignete Kennzahlen zu definieren, um die Tragfähigkeit des Sanierungskonzepts zu überprüfen.

Aufbau des integrierten Sanierungsplans

Die integrierte Sanierungsplanung umfasst die Bereiche Ertrags-, Finanz- und Bilanzplanung. Ausgehend von den betrieblichen Teilplänen (Absatzplanung, Investitionsplanung, Personalkostenplanung, etc.) sind eine Plan-Gewinn- und Verlustrechnung, eine Planbilanz und ein daraus abgeleiteter Liquiditätsplan zu erstellen. Dabei sind zumindest für das laufende und für das folgende Jahr die Planung auf Monatsbasis abzubilden.[237] In der integrierten Sanierungsplanung sind insbesondere die kritischen Planprämissen hervorzuheben, wie z. B. die Ableitung der Umsatzprognosen, die Entwicklung der Rohstoffpreise, das erwartete Wachstum von Absatzmärkten sowie die Wettbewerbsentwicklung. Da eine Planung stets mit einer Vielzahl von Unsicherheiten und Risiken behaftet ist, sind Szenariorechnungen oder

---

235 Bei einem Debt-to-Equity Swap wird eine Forderung des Gläubigers gegen den Schuldner in eine Beteiligung an dem Schuldner gewandelt, d. h. es erfolgt eine Umwandlung von Fremd- in Eigenkapital.

236 Vgl. IDW S 6 (2012), IDW Fachnachrichten Nr. 12/2012, S. 736, Rz. 132.

237 Vgl. IDW S 6 (2012), IDW Fachnachrichten Nr. 12/2012, S. 737, Rz. 135.

Simulationen durchzuführen, um Auswirkungen von Planverfehlungen auf die Liquidität und andere wichtige Kenngrößen, z. B. vereinbarte „Covenants", darzustellen.[238]

Darstellung der Problem- und Verlustbereiche

Die Darstellung der Verlust- und Problembereiche beruht auf der Analyse der Krisenstadien sowie der erkannten Krisenursachen. Es ist ein zukunftsbezogener Finanzplan zu erstellen, der die voraussichtliche Entwicklung des Unternehmens ohne Sanierungsmaßnahmen beschreibt. Somit werden in dieser Basisplanung die durch die Sanierung zu schließenden Ertragsdefizite und Liquiditätslücken quantifiziert.

Der Grad der Detaillierung der Darstellung der Problem- und Verlustbereiche ist abhängig von der Struktur und Komplexität des Krisenunternehmens. Mögliche Gliederungskriterien können Geschäftsfelder, Produkte oder Standorte sein. Ferner sind in zusammengefasster Form die Restrukturierungserfordernisse unter finanziellen Gesichtspunkten anzugeben, z. B. Kapitalbedarf und Kapitalzuführung, Maßnahmen zur Ergebnisverbesserung. Dabei liegt der Schwerpunkt dieser Zusammenfassung weniger in der Beschreibung der aktuellen Situation, sondern vielmehr in der Abschätzung der zukünftigen Unternehmensentwicklung ohne Implementierung und Umsetzung geeigneter Sanierungsmaßnahmen.[239]

Darstellung der Maßnahmeneffekte

In einem zweiten Schritt ist darzulegen, welche Effekte die geplanten Sanierungsmaßnahmen voraussichtlich auf die zukünftige Entwicklung (Vermögens-, Finanz- und Ertragslage) des Unternehmens haben. Dabei ist aufzuzeigen, welche Maßnahmen bereits eingeleitet wurden, wie hoch der Umsetzungsstand ist sowie welche Maßnahmen noch eingeleitet und realisiert werden müssen.[240] Die einzelnen Maßnahmeneffekte sind für das laufende und folgende Planjahr auf monatlicher Basis, für weitere Planjahre quartalsweise darzustellen.

In der Regel bedarf es zumindest bei Teilen der definierten Sanierungsmaßnahmen rechtlich verbindlicher Entscheidungen oder Zustimmungen Dritter, die im Zeitpunkt der Erstellung des Plans noch ausstehen, jedoch für die Planerreichung und somit die erfolgreiche Sanierung von essentieller Bedeutung sind. Dies ist im Sanierungsplan offen zu legen. Beispiele hierfür können sein:

- Eigenkapitalzufuhr durch die Gesellschafter,
- Forderungsverzicht der Gesellschafter (mit oder ohne Besserungsschein),[241]

---

238 Vgl. IDW S 6 (2012), IDW Fachnachrichten Nr. 12/2012, S. 737, Rz. 142.

239 Vgl. IDW S 6 (2012), IDW Fachnachrichten Nr. 12/2012, S. 737, Rz. 134.

240 Vgl. IDW S 6 (2012), IDW Fachnachrichten Nr. 12/2012, S. 737, Rz. 136.

241 Als Besserungsschein wird eine auflösende Bedingung innerhalb eines Schuldenerlasses bezeichnet. Sie zielt darauf ab, dass dem Schuldner zwar grundsätzlich die Schulden gegenüber einem bestimmten Gläubiger erlassen werden, aber diese Schulden bei verbesserter wirtschaftlicher Lage

- Ausreichung Überbrückungs- oder Sanierungskredit durch Kreditinstitute,
- Aufrechterhaltung der Versicherungslimite der Warenkreditversicherer,
- Entgeltverzicht der Mitarbeiter,
- Abschluss eines Sanierungstarifvertrags,
- Abschluss der Verhandlungen über einen Sozialplan u. a.

Der Erfolg der Sanierung hängt erfahrungsgemäß maßgeblich von der konzeptkonformen Umsetzung der Maßnahmen sowie der kontinuierlichen Überwachung und Fortschreibung des Konzepts durch die gesetzlichen Vertreter der Gesellschaft ab.[242] Ferner ist zu beachten, dass die Sanierung nur erfolgreich sein kann, wenn Maßnahmen nicht isoliert, sondern in ihrer Gesamtheit betrachtet werden und alle Querbeziehungen und Abhängigkeiten untereinander berücksichtigt werden. Somit ist die Stimmigkeit und inhaltliche Konsistenz der Maßnahmen eine notwendige Bedingung für den Erfolg der Sanierung.[243]

Kennzahlen

Die integrierte Planung ist insbesondere um solche Kennzahlen zu ergänzen, die die Aussage zur Sanierungsfähigkeit stützen, d. h. um Kennzahlen zur Analyse der Liquiditäts-, Ertrags- und Vermögenslage. Hinzu kommt die Berücksichtigung vereinbarter Kennzahlen im Rahmen sog. „Covenants". Dabei handelt es sich um Finanzkennzahlen, die das kreditnehmende Unternehmen bei Darlehensfinanzierungen als Kreditbedingung einhalten muss. Vertraglich ist geregelt, um welche Kennzahlen es sich handelt, wie die Kennzahlen ermittelt werden, welcher Schwellenwert maßgeblich ist und welche Konsequenzen bei Nichteinhaltung der Covenants (sog. Covenant-Bruch) drohen (z. B. Konditionenanpassung, Sonderkündigungsrecht der Bank u. a.). Hintergrund dieser Regelung ist die Absicherung der Banken gegenüber einem Darlehensausfall. Diese Kennzahlen fungieren daher als „Frühwarnsystem" und gestatten es den Gläubigerbanken bei Nichteinhaltung, die vertraglich festgelegten Konsequenzen wie z. B. eine außerordentliche Kreditkündigung oder Konditionenanpassung zu ziehen.

Die Entwicklung der Kennzahlen im Zeitlablauf (Vergangenheit, Ist, Plan) zeigt den geplanten Sanierungsverlauf und ist somit Kontrollgröße für die Messung der Zielerreichung des Sanierungskonzepts und zugleich Beurteilungsmaßstab für Dritte.[244] Damit stellen die integrierte Planungsrechnung und das Kennzahlensystem die mathematische Verprobung und Ableitung der Sanierungsfähigkeit und des Sanierungserfolgs dar.

---

des Schuldners wiederaufleben sollen. Kriterien für die „Verbesserung" der wirtschaftlichen Lage des Schuldners sind in der Praxis z. B. das Eigenkapital oder das Jahresergebnis.

242 Vgl. IDW S 6 (2012), IDW Fachnachrichten Nr. 12/2012, S. 737, Rz. 138.

243 Vgl. IDW S 6 (2012), IDW Fachnachrichten Nr. 12/2012, S. 737, Rz. 139.

244 Vgl. IDW S 6 (2012), IDW Fachnachrichten Nr. 12/2012, S. 738, Rz. 148.

Beurteilung der Sanierungsfähigkeit

Auf Grundlage des ausgearbeiteten Sanierungskonzepts kann nun die Aussage im Hinblick auf die Sanierungsfähigkeit des Unternehmens getroffen werden. Demnach basiert die Beurteilung der Sanierungsfähigkeit auf einem mehrstufigen Kriteriensystem. In einem ersten Schritt ist ein Unternehmen nur fortführungsfähig, wenn das erstellte Sanierungskonzept Maßnahmen vorsieht, mit denen sich die Gefahr des Eintritts einer Zahlungsunfähigkeit oder einer Überschuldung, mindestens für das laufende und folgende Jahr, abwenden lässt.

In einem zweiten Schritt basiert die Beurteilung der Sanierungsfähigkeit auf einer nachhaltig positiven Ertragsentwicklung des Krisenunternehmens. Somit stellt IDW S 6 klar, dass unter Sanierungsfähigkeit nicht nur das kurz- oder mittelfristige Überleben des Unternehmens zu verstehen ist, sondern vielmehr die Wiedergewinnung einer nachhaltigen Wettbewerbs- und Renditefähigkeit. Insofern wird für die Bejahung der Sanierungsfähigkeit mehr erwartet als nur eine „schwarze Null". Das Unternehmen sollte demnach mindestens eine nachhaltige, durchschnittliche und branchenübliche Umsatzrendite und angemessene Eigenkapitalausstattung aufweisen, um zukünftig wieder attraktiv für Eigen- und Fremdkapitalgeber zu sein.[245]

Das Sanierungskonzept schließt mit einem zusammenfassenden abschließenden Urteil darüber, ob das Unternehmen sanierungsfähig im vorstehend beschriebenen Sinne ist, d. h. ob auf Basis einer objektiven Beurteilung durch einen sachverständigen Dritten ernsthafte und begründete Aussichten auf eine erfolgreiche Sanierung bestehen. Das wertende Urteil ist gegebenenfalls um Hinweise auf noch ausstehende Bedingungen und Prämissen, die zur Erreichung des Sanierungserfolgs notwendig sind, zu ergänzen, muss aber in seiner Aussage eindeutig sein.

Literaturverzeichnis

Beck, M. (2009): Sanierung und Krisenstadium, in: *Die Wirtschaftsprüfung (WPg)*, Nr. 5/09

Beck, M./Stannek, R. (2011): *Anforderungen an Sanierungskonzepte*, in: Unternehmenssanierung, Thierhoff, Müller, Illy, Liebscher (Hrsg.), Leipzig 2011

Crone, A. (2012): *Krisenarten, Krisenstadien, Krisenverlauf*, in: Crone/Werner (Hrsg), Modernes Sanierungsmanagement, München 2012

IDW S 6 (2012), *Anforderungen an die Erstellung von Sanierungskonzepten*, IDW Fachnachrichten 12/2012

Niggemann, K. A./Simmert, D. B. (2009): *Möglichkeiten des Liquiditätsmanagements in der Unternehmenskrise*, in: Krisen-, Sanierungs- und Insolvenzberatung (KSI), Heft 01/2009.

Rindfleisch, S. (2015): *Die Restrukturierung von Einschiffgesellschaften, in: Handelsblatt Journal*, Sonderveröffentlichung zum Thema „RESTRUKTURIERUNG – SANIERUNG – INSOLVENZ". November 2015

WP Handbuch (2008), Band II, *Institut der Wirtschaftsprüfer in Deutschland e. V.*

3.5 Interim Management – Dos and Don’ts

Michael Baur und Patrik Sven Jacob

3.5.1 Definition und Beschreibung Interim Management

Viele Unternehmen nutzen die Möglichkeit von Interim Management (häufig wird auch der Begriff Management auf Zeit – MAZ – genutzt), um sowohl temporäre als auch fachliche Engpässe mit qualifiziertem, externem Personal zu überbrücken. Der Markt für Interim Management ist insgesamt sehr fragmentiert, Schätzungen zum Marktvolumen sind daher eher schwierig. Laut AIMP (Arbeitskreis Interim Management Provider) lag das Marktvolumen 2014 bei etwa 2,2 Mrd. EUR.[246] Marktprognosen für die Folgejahre deuten auf weiteres Wachstum.[247] Beim Interim Management arbeiten selbstständig tätige Interim Manager für einen definierten Zeitraum i. d. R. in unternehmerischer Verantwortung in einem Unternehmen in einer Führungsposition der ersten und zweiten Ebene.[248] Die zu besetzenden Rollen können sehr unterschiedlich sein, sie reichen von Top-Management-Positionen bis hin zu Linien- oder Stabsfunktionen.[249]

Dies gilt auch für die interimistische Besetzung von Positionen im Management von notleidenden Projekten, sowohl im Rahmen von operativen als auch finanziellen Problemen. Als aktuelle Beispiele können die vielzitierten Projekte Berliner Flughafen oder auch die Hamburger Elbphilharmonie angeführt werden. Im Folgenden sollen wesentliche Aspekte beim Einsatz von Interim Managern[250] bei notleidenden und sanierungsbedürftigen Projektfinanzierungen, vor allem im Hinblick auf die Praxis, beleuchtet werden.

Als wesentliche gemeinsame Merkmale weisen diese Situationen häufig die Dringlichkeit und den Bedarf an spezifischen Qualifikationen auf. Die Begründungen für den Einsatz eines Interim Managers können dabei vielschichtig sein, Beispiele sind u. a.

- vorübergehende Vakanzen im Unternehmen,
- fachliche Kompetenz ist im Unternehmen nicht vorhanden bzw. nicht verfügbar,

245 Vgl. IDW S 6 (2012), IDW Fachnachrichten Nr. 12/2012, S. 722, Rz. 14.

246 Arbeitskreis Interim Management Provider, AIMP Providerumfrage 2015, S. 9.

247 AIMP Providerumfrage 2014, S.11; Ludwig Heuse GmbH, Interim Management in Deutschland 2014, S. 4.

248 Vgl. Gabler Wirtschaftslexikon, http://wirtschaftslexikon. gabler.de/Archiv/569819/interim management/-v3.html (abgerufen am 1. Dezember 2015).

249 Vgl. oben Fußnote 340.

250 Vgl. dazu auch Eisenberg, die Rolle des Interim Managers in Umbruchphasen in Brühl/Göpfert, Unternehmensrestrukturierung, S. 241 f.

- Aufgabenstellung verlangt besonderes funktionales Wissen, z. B. Erfahrung bei der Sanierung oder Finanzierung von Großprojekten,
- Aufgabenstellung verlangt besonderes technisches Wissen, z. B. Erfahrung bei der Lösung bautechnischer Probleme,
- kurzfristige Unterstützung in operativen Teilbereichen eines Projekts,
- das Unternehmen sucht ganz bewusst einen externen Dritten zur Umsetzung drastischer Einschnitte.

Häufig wird dem Einsatz eines Interim Managers entgegen gehalten, dieser benötige als Externer eine zu lange Einarbeitungszeit. Dieser Einwand ist aber nur begrenzt stichhaltig. Interim Manager sind damit vertraut, in schwierigen und unübersichtlichen Situationen einzuspringen und benötigen aufgrund ihrer Erfahrung aus vergleichbaren Situationen eine deutlich kürzere Einarbeitungszeit.[251]

Für die Etablierung des Interim Managements spricht, dass der prozentuale Anteil der nach einem Einsatz in eine Festanstellung übernommenen Interim Manager in den Jahren 2006 bis 2012 konstant rückläufig war.[252] Der wiederum leichte Anstieg in den Jahren 2013 und 2014 von 3 % auf 4 % bzw. 6 %[253] dürfte auf den steigenden Fachkräftemangel zurück zu führen sein und auf das naturgemäße Interesse der Arbeitgeber, fachlich versierte Ressourcen dauerhaft an sich zu binden, vor allem dann, wenn man die Gelegenheit hatte, diese vor der Einstellung einem längeren Praxistest zu unterziehen.

Der Interim Manager unterliegt keinen Einschränkungen, da er mit dem entsprechenden Projekt bislang keinerlei Berührungspunkte hatte und nicht in die Projektorganisation eingebunden war. Er kann sich der anstehenden Probleme daher weitgehend unvoreingenommen annehmen und agiert als „Honest Broker" im Hinblick auf die widerstreitenden Interessen der Beteiligten.[254]

Die Ausgestaltung der Rolle[255] eines Interim Managers orientiert sich hauptsächlich entlang der projektseitigen Notwendigkeiten. In diesem Zusammenhang sind bei notleidenden Projekten unter organisatorischen Gesichtspunkten verschiedene Konstellationen denkbar (siehe Abb. 3.4).

Zum einen besteht die Möglichkeit einer Gesellschaft mit mehreren Projekten. Hier kommt der Einsatz eines Interim Managers auf der Ebene der Gesellschaft als Geschäftsführer oder Generalbevollmächtigter oder aber als Projektmanager auf Ebene des in Schwierigkeiten befindlichen Projekts in Betracht.

251 Niering/Hillebrand, Wege durch die Unternehmenskrise, Kapitel 5.3, S. 98 f.
252 Arbeitskreis Interim Management Provider, AIMP Providerumfrage 2015, S. 39.
253 Siehe oben Fußnote 343.
254 Vgl. dazu Kantowsky/Schulte, Die Rolle des Chief Restructuring Officers (CRO) in Baur, Kantowsky, Schulte, Stakeholder Management in der Restrukturierung, S. 455 f.
255 Siehe zur Frage der Rollenverteilung auch Kaufmann in Buth/Hermanns, Restrukturierung, Sanierung, Insolvenz, § 20 III 2, S. 438.

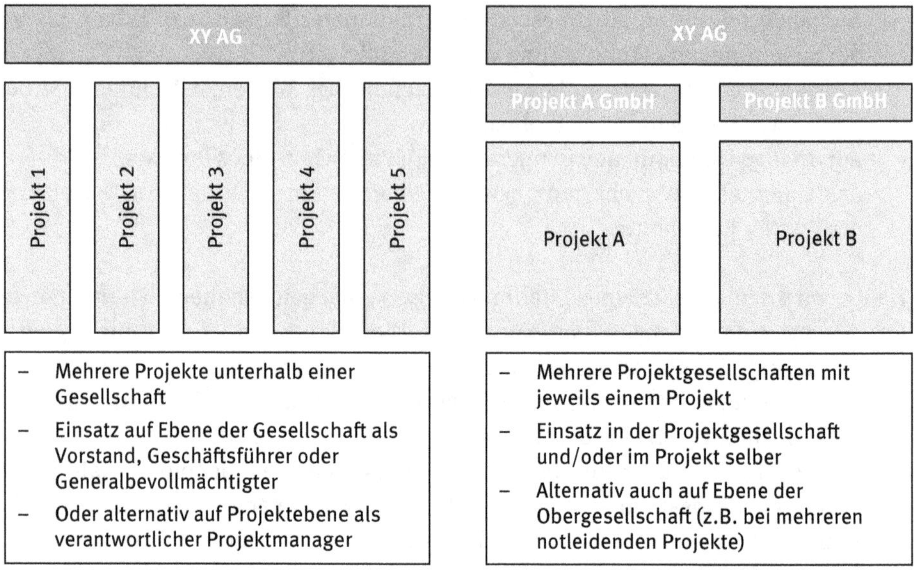

Abb. 3.4: Konstellationen beim Einsatz eines Interim Managers in Projekten (Quelle: AlixPartners)

Zum anderen könnte die Konstellation einer Obergesellschaft mit mehreren Einzelprojektgesellschaften gewählt werden. Mögliche Einsatzorte wären dann die einzelnen Projektgesellschaften oder aber ein Einsatz auf Ebene der Obergesellschaft. Dies käme in Betracht, wenn mehrere Projekte notleidend wären in Verbindung mit möglicherweise gemeinsamen Lieferanten- oder Finanzierungsstrukturen, die Management und entsprechende Weisungen aus der Obergesellschaft heraus erfordern würden.

Die entsprechenden Konstellationen sind von den Auftraggebern vorab zu analysieren und zu bewerten, um den Auswahlprozess von vornherein in die richtige Richtung zu lenken.

3.5.2 Besetzung einer Interim-Management-Rolle

Bei der Besetzung einer Position mit einem Interim Manager erfolgt im ersten Schritt die Analyse der Ausgangssituation. Dabei sollten die vorhandenen Problembereiche und die entsprechenden Ursachen eindeutig benannt werden.

Liegen die Probleme im operativen Bereich des Projekts, sind diese eher technischer Natur, spielen Finanzierungsfragen eine Rolle oder ist es eine Melange aus mehreren unterschiedlichen Problemfeldern? Danach wird man entscheiden müssen, ob man einen operativ orientierten Umsetzer, einen Techniker mit Erfahrung im Projektmanagement, einen Finanzfachmann mit Erfahrung bei problematischen Projektfinanzierungen oder einen projekterfahrenen General Manager sucht, der alle diese

Bereiche abdecken kann. Hier gilt es, einige wesentliche Kriterien vorab zu analysieren,[256] um einen klaren Rahmen zu definieren. Dazu zählen u. a.

- Inhaltliche Schwerpunkte für den geplanten Einsatz,
- notwendige Charakteristika eines möglichen Kandidaten, z. B. Kommunikations- und Durchsetzungsfähigkeit,
- Berufsausbildung und –erfahrung potentieller Kandidaten, z. B. spezifische, mehrjährige Erfahrung mit vergleichbaren Projekten und Situationen,
- für das Projekt relevante spezielle Industrieexpertise oder funktionales Know-how,
- Position in der Organisation (executive oder non-executive),
- Darstellung der wesentlichen Problemfelder,
- Definition der erwarteten Ergebnisse,
- Umfang der Ressourcen, wird eine einzelne Person oder ggf. weitere externe Ressourcen (Support-Team) benötigt?
- voraussichtliche Dauer des Einsatzes und
- vertragliche Rahmenbedingungen, u. a. fixe und/oder variable Vergütung.

Darüber hinaus müssen das Aufgabenspektrum und die damit verbundenen Kompetenzen bestimmt werden. Diese müssen klar und eindeutig definiert und abgegrenzt werden, um mögliche Überschneidungen zu vermeiden. Dies ist vor allem dann von Bedeutung, wenn Aufgaben und Kompetenzen aus anderen Bereichen herausgelöst und zukünftig durch den Interim Manager verantwortet werden sollen. Unterbleibt eine klare Abgrenzung, kann dies schnell zu größeren Missverständnissen – intern wie extern – führen.

Die detaillierte Analyse der Kriterien definiert in der Regel ein eindeutiges Suchprofil für den Auswahlprozess und wird auch im Rahmen von Gesprächen mit möglichen Kandidaten als Leitfaden für die Beantwortung vieler Fragen dienen können.

Bei der Suche nach geeigneten Kandidaten gibt es grundsätzlich unterschiedliche Möglichkeiten. Bisweilen ist es durchaus sinnvoll, diesen auch in der bestehenden Organisation zu suchen. Dies birgt den Vorteil, dass mögliche Kandidaten mit den internen Prozessen und Gepflogenheiten bereits vertraut sind. Dabei sollte man sich aber nicht von vordergründigen Kostenerwägungen leiten lassen oder bei Qualität und Know-how Abstriche machen.

Im Hinblick auf mögliche externe Quellen für Interim Manager existieren im Markt verschiedene Optionen, zum einen Beratungsgesellschaften, die entsprechende Leistungen anbieten, zum anderen spezialisierte Provider von Interim-Management-Leistungen sowie qualifizierte Einzelpersonen, die ihre Dienste im Markt anbieten (siehe Abb. 3.5).

256 Siehe zur Ausgestaltung der Rolle auch Kantowsky/Schulte, die Rolle des Chief Restructuring Officers (CRO) in Baur/Kantowsky/Schulte, Stakeholder Management in der Restrukturierung, S. 455 f.

Anbieter von Interim Management Dienstleistungen

Beratungsunternehmen
- Management-Beratungen
- Mittelständische Beratungsgesellschaften
- Häufig im Umfeld von Sanierungen bzw. notleidenden Projekten
- Aber auch im Bereich von Linien-oder Stabsfunktionen bei speziellem Bedarf

Interim Management Provider
- Unternehmen, die einen Pool von Interim Managern vorhalten
- Vermittlung von Ressourcen für spezielle Projektaufgaben in Stabs-oder Linienfunktion
- Vertragsabschluss über Leistungen erfolgt mit der Providergesellschaft
- Zusammenschluss im AIMP (Arbeitskreis Interim Management Provider)

Persönliche Netzwerke
- Einzeln im Markt aktive Interim Manager („Einzelkämpfer")
- In der Regel mit sehr fokussiertem Einsatzbereich und KnowHow
- Vermittlung via persönliche Netzwerke, Vertrag wird häufig mit Einzelperson geschlossen
- Zusammenschluss im DDIM (Dachverband deutscher Interim Manager)

Abb. 3.5: Überblick Anbieter von Interim-Management-Leistungen (Quelle: AlixPartners)

Auf der Basis der vorab definierten Kriterien können qualifizierte Anbieter angesprochen werden. Da eine Lösung in sehr vielen Fällen möglichst schnell implementiert werden muss, spielt die Verfügbarkeit möglicher Kandidaten oder Teams häufig eine entscheidende Rolle. Oft bekommt man bei zeitlich beschränkten Projektaufgaben keine hochqualifizierten Manager, da diese unbefristete Beschäftigungsverhältnisse bevorzugen.

Allerdings sollte möglicher Zeitdruck nicht zu Kompromissen im Hinblick auf die Eignung führen. Darüber hinaus ist auch zu bedenken, dass die kostengünstigste Lösung nicht zwingend die beste sein muss. Eine Entscheidung sollte daher immer zügig, aber in keinem Fall übereilt erfolgen.

Von großer Bedeutung nach Auswahl eines Kandidaten ist auch die Vertragsgestaltung. Aus Sicht beider Vertragsparteien gibt es einige wesentliche Aspekte, die es zu beachten gilt, u. a.:
- Zwischen welchen Parteien wird der Vertrag geschlossen?
- Der Charakter des Vertrags: Wird eine Dienstleistung erbracht oder werden eindeutige Erfolgskriterien vereinbart? Diese sollten dann so konkret und messbar wie möglich gestaltet werden, um spätere Konflikte zu vermeiden.
- Die Kompetenzen des Interim Managers sollten eindeutig benannt werden, dies sollte für den Fall von Organstellungen ebenfalls klar geregelt werden.

- Auch Haftungsthemen sollten – soweit möglich – geregelt werden. Hier ist u. a. die Thematik einer möglichen D&O-Versicherung[257] und die Übernahme daraus resultierender Kosten zu berücksichtigen.
- Bereits bekannte Risiken sollten benannt und beschrieben werden; ein übereinstimmendes Verständnis dazu ist von großer Bedeutung für alle Beteiligten.

Im Idealfall sollten sich beide Parteien bei der Vertragsgestaltung anwaltlich beraten lassen. Insbesondere im Rahmen von kritischen Projekten spielen Haftungsthemen auf beiden Seiten häufig eine wesentliche Rolle. Dies gilt insbesondere für spätere Zeitpunkte im Projektverlauf, wenn z. B. bislang nicht bekannte Tatsachen erkannt werden oder es um eine mögliche erfolgsabhängige Vergütung geht.

Haftungsthemen spielen vor allem dann eine übergeordnete Rolle, wenn der Interim Manager als haftendes Organ agiert. Hier sollte es in seinem ganz persönlichen Interesse liegen, Haftungsfragen klar und eindeutig geregelt zu haben und über einen entsprechenden Versicherungsschutz zu verfügen.

Darüber hinaus ist in diesen Situationen die lückenlose Dokumentation aller Vorgänge während des Einsatzes von großer Bedeutung, alle wesentlichen Informationen müssen allen Beteiligten immer zeitnah und mit allen wesentlichen Details zugänglich gemacht werden. Informationsdefizite bei einzelnen Stakeholdern bergen ein hohes Risikopotenzial für alle Beteiligten.

3.5.3 Auftakt – Übernahme der Rolle

Zu Beginn des Engagements sind einige wichtige Punkte zu bedenken.[258] Von wesentlicher Bedeutung ist dabei die Kommunikation über die in der Organisation umgesetzten Veränderungen. Diese sollte sowohl intern als auch extern erfolgen und alle wichtigen Parameter umfassen. Hierzu zählen vor allem eine kurze Vorstellung des Interim Managers mit einigen persönlichen Informationen, u. a. auch zum relevanten Erfahrungshintergrund. Daneben sollten auch seine Rolle, die Position in der Organisation und die damit verbundenen Kompetenzen eindeutig beschrieben werden, um etwaigen Missverständnissen bei Externen, in der Organisation und bei den betroffenen Mitarbeitern vorzubeugen.

Eine große Rolle spielen auch die externen Beteiligten wie z. B. Kreditgeber und wichtige Lieferanten. Mit diesen Beteiligten sollten in den ersten Tagen persönliche Termine vereinbart werden, um gleich zu Beginn den notwendigen „Gesprächsfaden" aufzunehmen. In vielen Fällen hat es bei der Kommunikation mit den wesentlichen

257 Directors-and-Officers-Versicherung (auch Manager-Haftpflichtversicherung genannt). Dies ist eine Versicherung, die ein Unternehmen für seine Organe und leitenden Angestellten abschließt.
258 Vgl. dazu auch Reischitz, Interim Manager, in Arbeit und Arbeitsrecht 2/14, S. 72.

externen Beteiligten im Vorfeld größere Versäumnisse gegeben, die zu einem Vertrauensverlust geführt haben. Hier gilt es, die Versäumnisse der Vergangenheit aufzuarbeiten und einen Neustart zu realisieren.

Wesentlich ist auch die klare Definition der Ziele des Interim Managers und der von ihm zur Erreichung dieser Ziele definierten Programme, Inhalte und Meilensteine. Diese sollten insbesondere den externen Stakeholdern in einer gewissen Detailtiefe dargestellt und erläutert werden, um den Neustart auch inhaltlich deutlich zu unterlegen und zu dokumentieren.

3.5.4 Kritische Parameter in der Umsetzung

Der Interim Manager hat für seine Tätigkeit im Rahmen der Umsetzung einige wesentliche kritische Parameter zu beachten. Dies gilt insbesondere für Situationen, in denen sein Einsatz auf die Stabilisierung oder Fertigstellung notleidender Projekte, z. B. in den Bereichen Bau oder Anlagenbau, gerichtet ist.

Die Ursache von Krisen im Projektgeschäft sind häufig technische Probleme, die im Projektverlauf auftreten. Diese können u. a. aus Fehleinschätzungen in der Entwicklungsphase oder signifikant veränderten Umfeldfaktoren resultieren, die während der Planungsphase nicht hinreichend untersucht oder unzutreffend beurteilt wurden. Darüber hinaus kommt es oft auch zu größeren Baumängeln während der Ausführung.

In vielen Fällen kommt es durch das gleichzeitige Auftreten mehrerer technischer Problemfelder zu einer deutlich gesteigerten Komplexität. Solche Situationen stellen ganz besondere Anforderungen sowohl an das Management als auch an die operativ Verantwortlichen. Sie entfalten umfangreiche Auswirkungen auf alle wesentlichen Faktoren des betroffenen Projekts und können zu signifikanten Verzögerungen und Mehrkosten führen (siehe Abb. 3.6).

Darunter fallen zusätzlicher Analyseaufwand zur Untersuchung der technischen Probleme und der daraus resultierenden Konsequenzen und weitere Aufwendungen zur Lösung der Probleme. Hier muss ggf. externe Unterstützung durch spezialisierte Ingenieurdienstleistungen in Anspruch genommen werden. Darüber hinaus werden in der Regel zusätzliche Baukosten verursacht, um einen vertragsgemäßen Zustand herzustellen. Weiterhin bedingen die häufig eintretenden Bauzeitverzögerungen Ansprüche des Auftraggebers auf Zahlung von Schadenersatz. Dies kann sowohl in Form von vertraglich fixierten Pönalen als auch aufgrund entgangener Erträge erfolgen.

Im Hinblick auf mögliche technische Probleme ist eine detaillierte Analyse notwendig. Diese sollte, falls notwendig, auch mit externer Unterstützung erfolgen. Auf der Basis der detaillierten Analyse sollte im nächsten Schritt eine Zusammenfassung der möglichen Konsequenzen erstellt werden. Diese sollte die Auswirkungen auf die Zeitpläne zur Fertigstellung des Projekts enthalten. Ergebnis sollte ein im Detail überarbeiteter Zeitplan sein, der auch die möglichen Abhängigkeiten bei der Beseitigung der technischen Probleme enthält und einen ausreichenden Puffer aufweisen sollte, um auch gegen weitere Zeitverzögerungen im Rahmen der Problembeseitigung gewappnet zu sein. Endergebnis sollte eine umfassende operative Planung sein, aus der entsprechende KPIs[259] abgeleitet werden können, um die Controllingfähigkeit sicher zu stellen.

Ursachen für drohende Zusatzkosten in Projekten im Bau oder Anlagenbau	
1	**Zusätzlicher Analyseaufwand** – Die Untersuchung technischer Probleme und der daraus resultierenden Konsequenzen erfordert weitere Analysen oder Tests
2	**Zusätzlicher Aufwand zur Problemlösung** – Die Lösung technischer Probleme bedingt externe technische Unterstützung, z.B. durch spezialisierte externe Ingenieurbüros
3	**Zusätzliche Baukosten** – Technische Lösungen erfordern weiteren Aufwand im Bereich der Baukosten, z.B. verstärkte Fundamente oder andere Absicherungen
4	**Pönale** – Bauzeitverzögerungen lösen im Vertrag pauschalierte Regelungen zum Schadenersatz aus, die vom Auftraggeber geltend gemacht werden
5	**Schadenersatz aufgrund entgangener Erträge** – Bauzeitverzögerungen führen zum Ausfall von Erträgen beim Auftraggeber, die gesondert geltend gemacht werden

Abb. 3.6: Mögliche Ursachen für drohende Zusatzkosten (Quelle: AlixPartners)

Wesentlich ist in diesem Zusammenhang auch die Feststellung der Verantwortlichkeiten für die Mehrkosten. Sollten diese in den Verantwortungsbereich externer Dritter fallen, ist auch das lückenlos aufzuarbeiten und zu dokumentieren, um entsprechende Schadenersatzansprüche gegen externe Lieferanten oder Dienstleister begründen zu können.

Weiterhin sollte eine detaillierte Aufstellung und Zusammenfassung der entsprechenden Mehrkosten erstellt werden. In diesem Zusammenhang ist es auch erforderlich, mögliche weitere Risiken und deren Auswirkungen zu quantifizieren und darzustellen.

Die Ergebnisse sollten in eine überarbeitete Ergebnis- und Liquiditätsplanung einfließen, um den Kapitalbedarf sowohl der Höhe nach als auch unter Berücksichtigung

259 Key Performance Indicator. Eine KPI ist eine Kennzahl, die den Erfüllungsgrad kritischer Erfolgsfaktoren in einer Unternehmung erfasst.

der jeweiligen Bedarfszeitpunkte darstellen zu können. Dies wird immer ein essentieller Bestandteil von Verhandlungen mit dem Auftraggeber sowie der involvierten Finanzierungspartner sein.

Ohne eine qualifizierte Analyse der Problemfelder und der daraus resultierenden Konsequenzen werden weder die Auftraggeber noch die Finanzierungspartner bereit sein, vertragliche Verpflichtungen zu modifizieren oder in größerem Umfang zusätzliches Kapital bereit zu stellen.

Von wesentlicher Bedeutung ist in diesem Zusammenhang auch die qualifizierte Einschätzung der vertraglichen Situation mit dem Auftraggeber und der Finanzierungsseite. Beiden sind die Ergebnisse im Detail vorzustellen und zu erläutern, vor allem im Hinblick auf die Projektverzögerungen sowie die Deckung des zusätzlichen Finanzbedarfs. Falls erforderlich, sind alle Ergebnisse in einem entsprechenden Gutachten nach IDW S6 darzustellen.[260]

Darüber hinaus sind auch die rechtlichen Auswirkungen im Detail zu untersuchen. Hier kommt es primär darauf an, die festgestellten zeitlichen Verzögerungen sowie die damit verbundenen Mehrkosten vertraglich mit den Auftraggebern mittels entsprechender Waiver[261] zu dokumentieren, da die lückenlose Dokumentation erfolgskritisch ist für den weiteren Prozess.

Im Rahmen der Umsetzung sollte der Interim Manager als weiteren wesentlichen Gesichtspunkt die Organisation, ihre Schnittstellen und Kernprozesse einer kritischen Analyse unterziehen. Hier liefert häufig bereits die lückenlose Analyse der technischen Probleme im Projekt erste Anhaltspunkte für notwendige Veränderungen und damit einhergehende Verbesserungen.

Die Veränderungen sollten möglichst kurzfristig und nachhaltig umgesetzt werden. Für den Fall von personellen Veränderungen sollte der Interim Manager auch in Erwägung ziehen, auf den relevanten Positionen ebenfalls Interim Manager einzusetzen, um die notwendigen Veränderungen schnell zu implementieren.

Im Rahmen der Analyse der Organisation sollte das Augenmerk auch auf der Feststellung der kritischen Ressourcen im Projekt liegen. Dies bezieht sich sowohl auf interne als auch auf mögliche externe Ressourcen und kann alle Bereiche des Projekts, sowohl technische als auch kaufmännische Bereiche, umfassen.

Kernpunkt sind in diesem Zusammenhang die internen Ressourcen. Insbesondere im Umfeld kritischer Projekte ist die Bindung wesentlicher Mitarbeiter an das Unternehmen von elementarer Bedeutung. Das gilt vor allem dann, wenn die

---

260 Zu den Details vgl. Institut der Wirtschaftsprüfer, IDW S6 – Anforderungen an die Erstellung von Sanierungskonzepten vom 20.08.2012, WPg Supplement 4/2012, S. 130 f. Siehe auch die Ausführungen ab Abschnitt 3.4.2 in diesem Buch.

261 Als Waiver bezeichnet man eine Vereinbarung zwischen Vertragsparteien, mit der ursprünglich bestehende vertragliche Verpflichtungen verändert werden, z. B. die Verschiebung von Fälligkeiten oder der Verzicht auf vereinbarte Leistungen.

Perspektive der Mitarbeiter nicht mehr gegeben ist, z. B. wenn das Unternehmen entscheidet, vergleichbare Projekte zukünftig nicht mehr umsetzen zu wollen oder die Projektgesellschaft nach Abschluss des laufenden Projekts insgesamt liquidiert werden soll.

Daher sollte zumindest in Erwägung gezogen werden, die „Schlüssel-Mitarbeiter" über die Implementierung eines Retention-Konzepts zumindest für die vorhersehbare Projektlaufzeit zu binden.[262] Dies kann auf der Basis einer Kategorisierung und Bewertung der Funktionen und Mitarbeiter vorgenommen werden. Wesentliches Kriterium ist dabei der direkte Einfluss einzelner Mitarbeiter auf die kritischen Faktoren im Rahmen der Projektrealisierung.

Auf Basis der Bewertungen können dann mit den ausgesuchten Mitarbeitern Vereinbarungen geschlossen werden, die z. B. an den Verbleib bis zum Projektende anknüpfen und zu einem festgelegten Stichtag Prämienzahlungen vorsehen. Solche Prämien- oder Bonuszahlungen können zwar den Verbleib der Mitarbeiter nicht abschließend sichern, davon profitierende Mitarbeiter werden aber zumindest etwaige Zahlungen im Rahmen einer Entscheidungsfindung berücksichtigen und für sich die optimale Lösung suchen, jedenfalls für den Fall, dass die Prämien der Höhe nach ausreichend attraktiv sind. Solche Programme sollten bei Konzeption und Umsetzung aufgrund der rechtlichen Komplexität und einiger möglicher Fehlerquellen anwaltlich begleitet werden.[263]

3.5.5 Einbeziehung der Stakeholder und Kommunikation

Eine weitere wichtige Voraussetzung für die erfolgreiche Tätigkeit eines Interim Managers ist der permanente Austausch mit den wesentlichen Stakeholdern.[264] Dies gilt umso mehr in kritischen Situationen, in denen der Informationsbedarf aufgrund der finanziellen Risiken der Beteiligten signifikant ansteigt. Informationsasymmetrien sollten daher unbedingt vermieden werden, da diese in jeder Phase zu überzogenen Reaktionen der Beteiligten führen können.

> Stakeholder Management is at the core of a turnaround: it is the engine oil that allows the turnaround process to occur.[265]

---

262 Vgl. dazu Baur/Jacob in Göpfert, Handbuch Arbeitsrecht in Restrukturierung und Insolvenz, § 2, RZ 26, S. 30 f.

263 Vgl. dazu die Rechtsprechung des BAG zu Stichtagsklauseln bei Sonderzahlungen: BAG, Urt. v. 18.1.2012 – 10 AZR 612/10, ZIP 2012, S. 938 und BAG, Urt. v. 18.1.2012 – 10 AZR 667/10, ZIP 2013, S. 1093.

264 Vgl. dazu den Überblick zu den unterschiedlichen Spannungsfeldern bei Kantowsky/Schulte in Baur/Kantowsky/Schulte, Stakeholder Management in der Restrukturierung, S. 449 f.; Schulte/Haas/Widmayer in Brühl/Göpfert, Unternehmensrestrukturierung, S. 195 f.

265 Slatter/Lovett/Barlow, Leading Corporate Turnaround, how leaders fix troubled companies, S. 113.

Aus Sicht des verantwortlichen Interim Managers hat das zur Konsequenz, dass er zu jedem Zeitpunkt über umfassende Informationen zum aktuellen Projektstatus verfügen muss. Dies umfasst sowohl alle notwendigen Informationen aus den operativen Bereichen als auch den finanziellen Status. Die Stakeholder müssen regelmäßig mit diesen Informationen versorgt werden.

Zur Sicherstellung der notwendigen Auskunftsfähigkeit sollte gleich zu Beginn ein Programm Management Office installiert werden, in dem alle laufenden Projekte, Teilprojekte und Maßnahmen mit einer möglichst hohen Detailtiefe erfasst werden sollten.

Die entsprechenden Verantwortlichen für die Maßnahmen müssen regelmäßige Aktualisierungen über den Status liefern, dies sollte jedenfalls während der Auftaktphase wöchentlich erfolgen, um möglichst nah am Umsetzungsprozess zu sein. Hier empfiehlt sich der Gebrauch von standardisierten Berichtsvorlagen, um den zeitlichen Aufwand der betroffenen Mitarbeiter in einem überschaubaren Rahmen zu halten. Die in die einzelnen Maßnahmen eingebundenen Mitarbeiter sollten nicht über Gebühr mit Reportingpflichten belastet werden, da dies schnell zu einer überproportionalen Belastung führen kann.

Die Informationen sollten darüber hinaus auch in einem wöchentlichen Bericht verdichtet werden und in jedem Fall auch Hinweise zu möglichen Problemen und daraus resultierenden finanziellen Implikationen enthalten. Damit kann sichergestellt werden, dass diese frühzeitig erkannt werden und noch ausreichend Gelegenheit zum Gegensteuern besteht.

Parallel dazu empfehlen sich regelmäßige Lenkungsausschüsse mit den wesentlichen Beteiligten. Hierzu zählen neben dem Auftraggeber beispielsweise auch die Finanzierungspartner. Ob diese Sitzungen gemeinschaftlich oder getrennt erfolgen, ist von der jeweiligen Situation abhängig. Jedenfalls sollten alle wichtigen Informationen immer weitgehend gleichzeitig den Beteiligten mitgeteilt werden. Auch diese sollten – jedenfalls zu Beginn – in möglichst kurzen Zeitabständen stattfinden, die Intervalle können dann mit weiterem Projektfortschritt bei abnehmender Problemintensität verlängert werden.

Kerninhalt der Lenkungsausschüsse ist dabei der aktuelle Projektfortschritt und eine aktualisierte Prognose für das Projektende, sowohl zeitlich als auch finanziell. Dies sollte auf der Basis der verabschiedeten operativen und finanziellen Planung sowie der daraus resultierenden KPIs erfolgen, damit alle Beteiligten einen gemeinsamen Anknüpfungspunkt haben. Darüber hinaus sollten aktuelle Schwierigkeiten und entsprechende Gegenmaßnahmen zur Behebung der Probleme dargestellt, mit den Beteiligten diskutiert und entschieden werden.

Aus Sicht eines interimistisch tätigen Managers sollten diese Sitzungen immer detailliert protokolliert werden, um die lückenlose Dokumentation zu gewährleisten. Die Protokolle sollten dabei sowohl den Inhalt der Diskussion als auch die getroffenen Entscheidungen und zugewiesenen Verantwortlichkeiten enthalten.

3.5.6 Abschluss der Interim-Phase – Übergabe an den Nachfolger

Die letzte Phase während eines Einsatzes als Interim Manager, die Übergabe an das zukünftige Management, vermag auf den ersten Blick eher zweitrangig erscheinen, sind doch zu diesem Zeitpunkt viele wesentliche Schritte zur Stabilisierung eines Projekts, sowohl operativ als auch finanziell, bereits umgesetzt bzw. unumkehrbar eingeleitet (siehe Abb. 3.7).

1
- Anforderungsprofil für potentiellen Nachfolger –Inhalt und Kompetenzen
- Abstimmung und Entscheidung über Anforderungsprofil –Management
- Festlegung Übergabezeitpunkt

2
- Überprüfung Interner Optionen –Suchprozess innerhalb interner Ressourcen
- Screening geeigneter Personalberater –ggf. Spezialisierung notwendig
- Beauftragung externer Personalberater –Suchauftrag extern anstoßen

3
- Ansprache möglicher Kandidaten
- Screening geeigneter Kandidaten –Basis Anforderungsprofil
- Verengung auf kleineren Kandidatenkreis –3 bis 5 Kandidaten

4
- Finale Gesprächsrunden mit Einbindung der wesentlichen Entscheider
- Abschließende Entscheidung –Vertragsverhandlungen
- Vertragsabschluss –Eintritt unter Berücksichtigung „Überlappungsphase"

5
- Onboarding–Umfassende Informationen zu allen wesentlichen Themen/Problemen
- „Überlappungsphase" –Interim Manager und Nachfolger arbeiten gemeinsam
- Gemeinsame Erstellung eines Fahrplans –Festlegung Termin zur Übergabe
- Übergabeprotokoll –abschließender Meilenstein der Übergabe

Abb. 3.7: Wesentliche Schritte beim Übergabeprozess (Quelle: AlixPartners)

Dennoch werden in dieser Phase alle wesentlichen Weichenstellungen für den weiteren Projektfortschritt determiniert.[266] Hier gilt es einige wesentliche Aspekte[267] zu berücksichtigen, die für die Nachhaltigkeit der bisherigen Entwicklung von großer Bedeutung sind. Dies gilt nicht zuletzt auch für den noch verantwortlichen Interim Manager, denn in vielen Fällen wird er persönlich am Erfolg gemessen. Ihm selbst sollte daher daran gelegen sein, das Geschick des phasenweise von ihm verantworteten Projekts in die richtigen Hände zu übergeben und – soweit möglich – an den relevanten Entscheidungsprozessen zu partizipieren bzw. diese mit zu gestalten.

266 Vgl. dazu Kantowsky/Schulte, die Rolle des Chief Restructuring Officers (CRO) in Baur/Kantowsky/Schulte, Stakeholder Management in der Restrukturierung, S. 457 f.
267 Siehe zum Projektabschluss und der Übergabe auch Kaufmann in Buth/Hermanns, Restrukturierung, Sanierung, Insolvenz, § 20, IV 4, S. 442.

Hinsichtlich eines Anforderungsprofils kann man in der Regel auf das bei der Suche nach einem Interim Manager verwendete Profil zurückgreifen, jedenfalls im Hinblick auf die inhaltlichen und funktionalen Anforderungen an die Tätigkeit. Das ursprüngliche Suchprofil sollte dann in einem zweiten Schritt nochmals mit den voraussichtlichen zukünftigen Anforderungen abgeglichen werden, da nicht auszuschließen ist, dass sich der primäre Fokus der Aktivitäten im Zeitverlauf geändert hat.

Der Auswahlprozess sollte mit ausreichendem Vorlauf begonnen werden, denn externe Kandidaten sind in der Regel nicht kurzfristig verfügbar. Auch die Vertragslaufzeit des Interim Managers sollte auf einen solchen Prozess abgestimmt sein.

Wesentlich ist dabei vor allem, dass ein klarer Zeitrahmen für den Übergabeprozess festgelegt wird. Dieser sollte keinesfalls zu knapp bemessen sein und alle wesentlichen Gesichtspunkte berücksichtigen. Dazu zählen u. a. das Profiling für einen Nachfolger, die Beauftragung eines Personalberaters, der Such- und Entscheidungsprozess selbst sowie idealerweise eine „Überlappungsphase“, in der altes und neues Management parallel arbeiten.

Der Zeitrahmen für den gesamten Übergabeprozess kann sich dabei durchaus über mehrere Monate erstrecken. Dazu zählt sicherlich auch ein Übergabeprotokoll, das die offenen Punkte und die noch zu erreichenden Meilensteine für den Nachfolger definiert. Dies kann daneben auch als Basis für das Ende der Tätigkeit des Interim Managers verwendet werden. Dies gilt insbesondere dann, wenn der Vertrag des Interim Managers erfolgsabhängige Komponenten beinhaltet, deren Erreichung zum Abschluss der Tätigkeit eindeutig festgestellt werden müssen. Die Erreichung oder Nichterreichung entsprechender Ziele kann ebenfalls Teil eines solchen Übergabeprotokolls sein und als Grundlage für verbindliche Vereinbarungen und Absprachen zwischen den Parteien dienen. Statt eines Übergabeprotokolls kann auch ein Management-Letter erstellt werden, der einen umfassenden Überblick über die Tätigkeiten des Interim Managers beinhaltet, die Beschreibung der Ausgangssituation, die erreichten Fortschritte sowie die noch offenen Punkte bzw. anstehenden Herausforderungen.

3.5.7 Projektbeispiel – Anlagenbau im Bereich erneuerbare Energien

Das hier beschriebene Projektbeispiel betraf ein Unternehmen des Anlagenbaus im Bereich der erneuerbaren Energien. Kern der Unternehmenstätigkeit war die Projektierung und Errichtung von schlüsselfertigen Offshore-Windenergieanlagen als Generalunternehmer. Das Unternehmen bot alle wesentlichen Teile der Wertschöpfung von der Entwicklung/Projektierung über die Herstellung von wesentlichen Komponenten bis hin zur Errichtung bzw. Inbetriebnahme der Anlagen aus einer Hand an.

An drei Standorten wurden ca. 1.000 eigene Mitarbeiter und bei Bedarf zeitweise bis zu 400 Leiharbeitnehmer beschäftigt. Die gesellschaftsrechtliche Struktur der Gruppe war überaus komplex. Der schnelle Aufbau und das Wachstum des

Unternehmens führten an vielen Stellen zu unübersichtlichen Strukturen und Prozessen.

Auslöser der Krise waren umfangreiche technische Probleme der Anlagen im laufenden Projekt in der Nordsee, die in der Konsequenz zu erheblichen Zeitverzögerungen und signifikanten Mehrkosten führten. Die unmittelbare Krise konnte zunächst durch eine Reihe von Zwischenfinanzierungen mit Unterstützung der finanzierenden Bank behoben werden. Parallel dazu erfolgte die Übertragung der Geschäftsanteile auf einen Treuhänder. Mit externer Unterstützung wurde ein Restrukturierungskonzept erarbeitet. Kern war die Fertigstellung des laufenden Projekts sowie die Veräußerung der Unternehmensgruppe an einen externen Investor. Für den Fall des Scheiterns eines Verkaufs sah das Konzept die Fertigstellung des Projekts und die schrittweise stille Liquidation des Unternehmens vor. Das verabschiedete Konzept wurde durch einen umfangreichen Sanierungskreditvertrag finanziert.

Auch nach Abschluss des Sanierungskreditvertrages gab es weiterhin große Schwierigkeiten im Rahmen der Projektrealisierung. Zusätzliche technische Themen verursachten weitere Verzögerungen und hohen finanziellen Mehraufwand. Dies führte in der Konsequenz auch zu Schwierigkeiten im laufenden M&A-Prozess. Dieser konnte nicht erfolgreich umgesetzt werden. Hauptproblem dabei war das signifikant risikobehaftete Projekt, das kein potentieller Erwerber ohne eine umfassende Risikoabsicherung übernehmen wollte. In der Folge wurde daher der Fokus der Umsetzung hin zur Fertigstellung des Projekts und der stillen Liquidation des Unternehmens verschoben.

Damit einher gingen auch Veränderungen im Management. AlixPartners übernahmen im Sommer 2012 interimistisch die Funktionen des CEO und COO mit der Aufgabe, die Fertigstellung des Projekts und die schrittweise Liquidation des Unternehmens zu realisieren. Die Aktivitäten der Interim Manager wurden durch ein qualifiziertes Beraterteam unterstützt.

Wesentliche Aktivitäten während der Interim Management Phase waren

Phase 1 – Vor Aufnahme der Tätigkeit

- Interne Analyse der Ausgangssituation, relevante Aufgaben, erreichbare Ziele und Risiken
- Definition von Kompetenzen, Aufgaben und Zielen mit den wesentlichen Stakeholdern
- Klärung und Absicherung des notwendigen externen Supports zur Erreichung der gesteckten Ziele
- Klärung und Fixierung des notwendigen Versicherungsschutzes (Versicherer, Deckungsvolumen etc.)
- Festlegung des Honorarvolumens, Aufteilung in fixe und variable Bestandteile sowie Festlegung der Ziele für die variable Vergütung
- Erstellung und Abschluss eines umfassenden Engagement Letters

- Vornahme der entsprechenden Eintragungen im Handelsregister
- Kommunikation der vorgenommenen Veränderungen an alle wesentlichen Beteiligten

Phase 2 – Implementierungsphase
- Detaillierte Aufnahme des Projekt- und Finanzstatus
- Umfangreiche Analyse der technischen Probleme im Projekt
- Erarbeitung technischer Lösungsansätze mit Unterstützung durch interne und externe Ressourcen
- Erstellung einer überarbeiteten operativen Fertigstellungsplanung für das Projekt mit entsprechenden KPIs
- Abschätzung der finanziellen Mehraufwendungen hinsichtlich Höhe und Zeitpunkt
- Detailplanung zur stillen Liquidation der einzelnen Unternehmensteile, Erstellung detaillierter Maßnahmenpläne
- Aufstellung einer neuen Businessplanung für die Fertigstellung des Projekts und die stille Liquidation der Unternehmensgruppe
- Reorganisation einiger Bereiche mit Veränderungen in den Berichtslinien sowie personellen Veränderungen
- Implementierung eines Projekt-Management-Office zur Kontrolle des Umsetzungsfortschritts in allen Bereichen
- Verhandlungen mit dem Kreditgeber über die erneute Anpassung des Sanierungskreditvertrages
- Absicherung der wesentlichen internen Ressourcen über umfangreiche Retention-Vereinbarungen mit einzelnen wesentlichen Mitarbeitern sowie Verhandlungen mit den Betriebsparteien über Interessenausgleich und Sozialplan zum Personalabbau in den einzelnen Einheiten[268]
- Verhandlungen mit den wesentlichen Lieferanten über zusätzliche Lieferungen von Komponenten und Dienstleistungen
- Umsetzung der schrittweisen Liquidation, Stilllegung aller operativen Einheiten, Carve-Out eines Servicebereichs zur Sicherstellung von Service, Wartung und Instandhaltung für den Windpark
- 14-tägige Lenkungsausschüsse mit Treuhänder, Auftraggeber und finanzierender Bank über den Projektfortschritt
- Monatliche Kommunikation an alle Mitarbeiter über den erreichten Projektfortschritt

268 Vgl. dazu Jacob/Crisolli, Case-Study zum Thema Personalabbau – solvente Liquidation im Maschinen- und Anlagenbau in Baur/Kantowsky/Schulte, Stakeholder Management der Restrukturierung, S. 333 f.

Phase 3 – Abschluss und Übergabe an das nachfolgende Management

- Auswahl eines geeigneten Nachfolgers gemeinsam mit den wesentlichen beteiligten Stakeholdern
- Umfassende Information an den Nachfolger über den Status des Projekts und die verbliebenen Problemfelder
- Festlegung des geeigneten Übergabezeitpunkts gemeinsam mit allen wesentlichen Stakeholdern
- Zusammenfassung offener Punkte, Themen und Meilensteine als Agenda für den Nachfolger
- Überlappungsphase mit dem Nachfolger – Teilnahme an allen wesentlichen Meetings und Entscheidungsprozessen
- Kommunikation aller offenen Punkte und der wesentlichen zukünftig zu beachtenden Themen sowie potentiellen Risiken an Treuhänder, Auftraggeber und die finanzierende Bank in Form eines umfassenden Management-Letters

Wesentliche Erfolgsfaktoren im Rahmen der Umsetzung waren die Erstellung einer detaillierten operativen Planung, das Beheben technischer Mängel (Trouble-Shooting), das HR Management und die vollständige Transparenz über Status und Fortgang des Projekts. Die Teilaspekte dieser vier operativen Erfolgsfaktoren haben wir in Abb. 3.8 dargestellt:

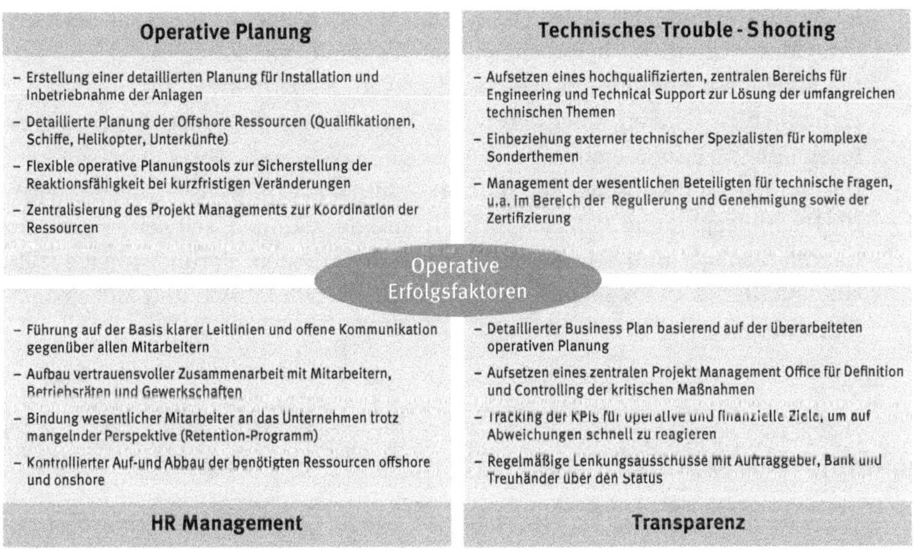

Abb. 3.8: Operative Erfolgsfaktoren im Projekt (Quelle: AlixPartners)

Der Offshore-Windpark konnte im Dezember 2013 an den Auftraggeber übergeben werden. Damit einher ging auch die Übergabe der Geschäftsführung an einen

Nachfolger. Die wesentlichen Schritte zur stillen Liquidation des Unternehmens waren zu diesem Zeitpunkt ebenfalls weit voran geschritten.

3.5.8 Fazit

Zusammenfassend lassen sich für den Einsatz von Interim Managern die folgenden Feststellungen treffen:

- Interim Management ist ein probates Mittel, um technisch oder finanziell in der Schieflage befindliche Projekte zu sanieren.
- Dabei sind unterschiedliche Konstellationen für einen Einsatz denkbar, u. a. auf Ebene des Projekts oder auf Ebene der verantwortlichen Gesellschaft.
- Mögliche Quellen für Interim Manager sind Beratungsunternehmen, Interim-Management-Provider oder auch persönliche Netzwerke, entscheidend sind dabei das passende Know-how und die schnelle Verfügbarkeit.
- Inhaltliche Schwerpunkte, organisatorische Einbindung, Kompetenzen sowie Ziele eines Interim Managers sollten in einer vertraglichen Vereinbarung eindeutig fixiert werden.
- Zu Beginn der Tätigkeit müssen alle wesentlichen Stakeholder über die Veränderungen und Ziele informiert werden.
- Im Rahmen der Umsetzung liegt das wesentliche Augenmerk auf einer lückenlosen Aufarbeitung der Ausgangssituation, einem Konzept zur Lösung der Problemfelder sowie einer überarbeiteten Zeit- und Finanzplanung.
- Die Ergebnisse sind mit den wesentlichen Vertragspartnern zu diskutieren und vertraglich zu fixieren, über den Status bzw. Umsetzungsfortschritt sind diese regelmäßig zu informieren.
- Die Verfügbarkeit kritischer Ressourcen – intern und extern – ist sicher zu stellen.
- Die Nachfolgeplanung sollte möglichst frühzeitig beginnen, zeitweise sollten der Interim Manager und sein Nachfolger parallel arbeiten, darüber hinaus sollte ein detailliertes Übergabeprotokoll die noch offenen Punkte und Meilensteine fixieren.

Literaturverzeichnis

Arbeitskreis Interim Management Provider, Providerumfrage 2015, Interim Management in Deutschland: 10 Jahre valide statistische Ergebnisse

Baur, M/Kantowsky, J/Schulte, A, *Stakeholder Management in der Restrukturierung*, 2. Auflage, Düsseldorf und München 2015

Buth, A. K./Hermanns, M, *Restrukturierung, Sanierung, Insolvenz*, 4. Vollständig neu bear-beitete Auflage, München 2014

Brühl, V/Göpfert, B, *Unternehmensrestrukturierung* (Strategien, Konzepte und Praxiserfah-rungen), 2. überarbeitete und erweiterte Auflage, Stuttgart 2014

Eisenberg, N, *Die Rolle des Interim Managers in Unternehmen*, in Brühl/Göpfert, Unternehmensrestrukturierung (Strategien, Konzepte und Praxiserfahrungen), 2. überarbeitete und erweiterte Auflage, Stuttgart 2014

Göpfert, B, *Handbuch Arbeitsrecht in Restrukturierung und Insolvenz*, 1. Auflage, Köln 2013

Heuse, L, Interim Management in Deutschland 2014, *Studie der Ludwig Heuse GmbH*

Hillebrand, C/Niering, C, *Wege durch die Unternehmenskrise*, 3. überarbeitete und erweiterte Auflage, Köln 2012

Jacob, P. S/Crisolli, C, Case-Study zum Thema Personalabbau – solvente Liquidation im Maschinen- und Anlagenbau, in Baur/Kantowsky/Schulte, *Stakeholder Management in der Restrukturierung*, S. 333 f.

Kantowsky, J/Schulte, A, Die Rolle des Chief Restructuring Officers (CRO), in Baur/Kantowsky/Schulte, *Stakeholder Management in der Restrukturierung*, S. 455 f.

Reischitz, T, Interim Management, Arbeit und Arbeitsrecht 2/2014, S. 72 ff.

Slatter, S/Lovett, D/Barlow, L, *Leading Corporate Turnaround, how leaders fix troubled companies*, Chichester (West Sussex) 2006

3.6 Rechtliche Rahmenbedingungen der Projektfortführung in der Insolvenz

Prof. Dr. Tobias Schulze und Prof. Dr. Bernd Romeike

3.6.1 Der Antrag auf Eröffnung des Insolvenzverfahrens über das Vermögen der Projektgesellschaft und die damit verbundene Störung der Projektfinanzierung

Wirtschaftliche Krisen stellen regelmäßig einen Eingriff in das System der Projektfinanzierung, wie es von den Beteiligten zu Beginn des Projektes konzipiert wurde, dar. Wie bereits ausführlich dargestellt, können Krisen, da sie Teil eines marktwirtschaftlich organisierten Gesellschaftssystems sind, nicht verhindert werden. Es ist vielmehr Aufgabe der Vertragsparteien, bereits bei der Gestaltung des rechtlichen Rahmens für die Finanzierung eines Projekts auch den Fall des Eintritts einer Krise in das vertragliche Regelungswerk einzubeziehen. Dabei werden die Beteiligten bemüht sein, auch im Krisenfall den Fortgang des Projekts zu sichern oder, soweit dies wirtschaftlich nicht möglich oder nicht sinnvoll ist, Regeln für die Abwicklung des Projekts von vornherein zu vereinbaren. Diese Grundsätze gelten insbesondere für den Fall, dass eingetretene wirtschaftliche Probleme zwischen den Beteiligten nicht gelöst werden können und eine der Vertragsparteien Insolvenzantrag stellen muss.

Bereits der Antrag der organschaftlichen Vertreter der Projektgesellschaft auf Eröffnung des Insolvenzverfahrens über das Vermögen der Projektgesellschaft zieht rechtliche Folgen nach sich, die zu einer erheblichen Störung der vertraglichen Beziehungen zwischen der Projektgesellschaft und dem Finanzierer führen. Nach Eingang des Insolvenzantrages liegt es in der Hand des Insolvenzrichters, in welchem Umfang er in die Entscheidungsbefugnis der Geschäftsführung und damit in bestehende vertragliche Beziehungen der Projektgesellschaft eingreift. Neben der Bestellung eines Sachverständigen, dessen Aufgabe es ist, zum Vorliegen von Insolvenzantragsgründen und zu den wirtschaftlichen Verhältnissen des Schuldners gutachterlich gegenüber dem Insolvenzgericht Stellung zu nehmen, wird das Insolvenzgericht insbesondere in den Fällen, in denen der Geschäftsbetrieb durch die Projektgesellschaft zunächst auch nach Insolvenzantragstellung fortgeführt wird, Sicherungsmaßnahmen nach § 21 Insolvenzordnung (InsO)[269] anordnen. Die anzuordnenden Sicherungsmaßnahmen sollen gewährleisten, dass nachteilige Veränderungen der Vermögenssituation des Schuldners im Interesse der Gläubigergesamtheit verhindert werden. Das Interesse einzelner Gläubiger hat dabei regelmäßig hinter die Interessen der Gläubigergesamtheit zurückzutreten.

---

269 Insolvenzordnung vom 5. Oktober 1994 (BGBl. I S. 2866), die zuletzt durch Artikel 16 des Gesetzes vom 20. November 2015 (BGBl. I S. 2010) geändert worden ist.

Die Anordnung der vorläufigen Insolvenzverwaltung mit der damit verbundenen Bestellung eines vorläufigen Insolvenzverwalters bildet üblicherweise den Kern der durch das Insolvenzgericht angeordneten Sicherungsmaßnahmen. Die einstweilige Einstellung von Vollstreckungsmaßnahmen oder eine Postsperre können beispielsweise als begleitende Sicherungsmaßnahmen neben der vorläufigen Insolvenzverwaltung angeordnet werden. Der Umfang des mit der Anordnung von vorläufigen Sicherungsmaßnahmen nach § 21 InsO verbundenen Eingriffs in die Befugnisse der Geschäftsführung der Projektgesellschaft und damit in die Vertragsbeziehungen zwischen der Projektgesellschaft und deren Geschäftspartner hängt von der konkreten Ausgestaltung der vorläufigen Insolvenzverwaltung ab.

Die Insolvenzordnung sieht als gesetzliches Grundmodell der vorläufigen Insolvenzordnung die Anordnung eines allgemeinen Verfügungsverbotes und den Übergang der Verwaltungs- und Verfügungsbefugnis auf den vorläufigen Insolvenzverwalter vor. Im Ergebnis dieser so genannten **starken vorläufigen Insolvenzverwaltung** rückt der vorläufige Insolvenzverwalter in die Position der bisherigen Geschäftsführung ein. Er allein ist berechtigt, die Projektgesellschaft nach außen zu vertreten, neue Verbindlichkeiten zu begründen und Verträge mit rechtlicher Wirkung für die Projektgesellschaft abzuschließen. Es liegt auch in seiner Entscheidung, ob bestehende Verträge und somit auch der Vertrag zwischen der Projektgesellschaft und dem Finanzierer weiterhin erfüllt werden. Als Konsequenzen sind Verbindlichkeiten, die der vorläufige Insolvenzverwalter eingeht, in einem später eröffneten Insolvenzverfahren als Masseverbindlichkeiten im Verhältnis zu den Insolvenzforderungen privilegiert. Da sich das Insolvenzgericht in dieser Phase des Insolvenzverfahrens immer vom Grundsatz des möglichst geringsten Eingriffs in die Rechtsposition des Schuldners leiten lässt, ist in der Praxis die Anordnung der so genannten **schwachen vorläufigen Insolvenzverwaltung** weit verbreitet. Hier ordnet das Insolvenzgericht kein allgemeines Verfügungsverbot an. Die Verwaltungs- und Verfügungsbefugnis geht nicht auf den vorläufigen Insolvenzverwalter über. Die Geschäftsführungsbefugnis der Projektgesellschaft wird allerdings insoweit eingegrenzt, als Rechtshandlungen nur mit Zustimmung des vorläufigen Insolvenzverwalters Rechtswirkung entfalten. Die Zustimmung des schwachen vorläufigen Insolvenzverwalters führt allerdings nicht zu einer Privilegierung der so begründeten Forderungen als Masseverbindlichkeiten in einem später zu eröffnenden Insolvenzverfahren. Da Vertragspartner des Schuldners nach Insolvenzantragstellung nur dann bereit sein werden, bestehende Verträge zu erfüllen bzw. trotz Insolvenzantragstellung neue vertragliche Zusagen abzugeben, wenn zumindest gesichert ist, dass diese nach Insolvenzantragstellung begründeten Verbindlichkeiten der Projektgesellschaft in einem sich anschließenden Insolvenzverfahren als Masseverbindlichkeiten privilegiert sind, hat die Praxis den **vorläufigen Insolvenzverwalter mit Einzelermächtigung** entwickelt. Hierbei wird dem vorläufigen Insolvenzverwalter, auf den die Verwaltungs- und Verfügungsbefugnis nicht übergegangen ist, durch richterlichen Beschluss die Befugnis erteilt, im Einzelfall Masseverbindlichkeiten zu begründen. Von dieser Möglichkeit macht das Insolvenzgericht auf Anregung des vorläufigen Insolvenzverwalters immer dann Gebrauch, wenn zur Aufrechterhaltung des Geschäftsbetriebes der Abschluss oder die Fortführung von Verträgen zwischen dem Schuldner und einzelnen Geschäftspartnern dringend geboten ist, ohne dass die Notwendigkeit der Anordnung eines allgemeinen Verfügungsverbots gegeben ist.

Im Ergebnis bleibt festzuhalten, dass bereits mit Insolvenzantragsstellung und dem sich anschließenden Insolvenzeröffnungsverfahren die Geschäftsführungsbefugnis der organschaftlichen Vertreter der Projektgesellschaft als Folge der Anordnung der vorläufigen Insolvenzverwaltung beschnitten bzw. gänzlich außer Kraft gesetzt wird. Der Spielraum der Vertragspartner der Projektfinanzierung für eine einvernehmliche Lösung für die Bewältigung der Unternehmenskrise wird durch das Hinzutreten des vorläufigen Insolvenzverwalters und durch die vom Insolvenzgericht angeordneten vorläufigen Sicherungsmaßnahmen erheblich eingeschränkt. Sanierungsansätze lassen sich bereits in dieser Phase nur noch in dem von der Insolvenzordnung vorgegebenen Rahmen umsetzen.

3.6.2 Die Auswahl des Insolvenzverwalters – Ausdruck wachsender Gläubigerautonomie

Bereits in der Konkursordnung aus dem Jahre 1877 war die Gläubigerautonomie als wesentliches Grundprinzip des deutschen Insolvenzrechts gesetzlich verankert. Mit der Ablösung der Konkursordnung durch die seit dem 01.01.1999 geltende Insolvenzordnung hatte eine umfassende Reform des Insolvenzrechts ihren zwischenzeitlichen Abschluss gefunden, die durch die weitere Stärkung der Gläubigerautonomie wesentlich geprägt war. Ein nur eingeschränktes Interesse der Gläubiger an dem Ablauf des Insolvenzverfahrens, das in den regelmäßig nur geringen Quoten, die auf die angemeldeten Insolvenzforderungen gezahlt werden, begründet gewesen sein mag, führte in der Praxis dazu, dass Auswahl und Bestellung von Insolvenzverwaltern bis in die jüngste Vergangenheit für weite Wirtschaftskreise eine „Black Box" waren, in die neben den regelmäßig bestellten Insolvenzverwaltern lediglich die Insolvenzrichter Einblick hatten. Die vielfachen Mythen, die sich um die Auswahl des Insolvenzverwalters rankten, haben mit dem Gesetz zur weiteren Erleichterung der Sanierung von Unternehmen vom 07. Dezember 2011,[270] das in seinen wesentlichen Teilen zum 01.01.2013 in Kraft getreten ist und unser Insolvenzrecht zumindest in Teilen reformierte, ihr Ende gefunden. Mit der Einführung des vorläufigen Gläubigerausschusses und der Ausdehnung der Befugnisse der Mitglieder des vorläufigen

270 Gesetz zur weiteren Erleichterung der Sanierung von Unternehmen vom 7. Dezember 2011 (BGBl. I. S. 2582).

Gläubigerausschusses bei der Auswahl des Insolvenzverwalters sind die Befugnisse der Gläubiger erheblich gestärkt worden. Gemäß § 22a InsO, der zum 01.01.2013 in Kraft trat, ist bei Erreichen von mindestens zwei der folgenden Schwellenwerte durch das Insolvenzgericht unverzüglich mit Insolvenzantragstellung ein vorläufiger Gläubigerausschuss einzusetzen:

- Bilanzsumme nach Abzug des auf der Aktivseite nicht durch Eigenkapital gedeckten Fehlbetrages im Sinne von § 268 Abs. 3 HGB beträgt mindestens € 4.840.000;
- Der Umsatz in den letzten 12 Monaten vor Insolvenzantragstellung betrug mindestens € 9.680.000;
- im Durchschnitt des letzten Jahres vor Insolvenzantragstellung waren mindestens 50 Arbeitnehmer beim insolventen Schuldner beschäftigt.

Selbst in den Fällen, in denen von den vorgenannten Schwellenwerten nicht mindestens zwei erreicht werden, ist durch das Insolvenzgericht ein vorläufiger Gläubigerausschuss einzusetzen, wenn ein entsprechender Antrag bei Insolvenzantragstellung gestellt, die Mitglieder des vorläufigen Gläubigerausschusses mit dem Insolvenzantrag benannt wurden und diese ihr Einverständnis schriftlich erklärt haben, in dem vorläufigen Gläubigerausschuss mitzuwirken. Mit dem ebenfalls zum 01.01.2013 in Kraft getretenen § 56a InsO sind die Mitglieder des vorläufigen Gläubigerausschusses vor der Bestellung des Insolvenzverwalters vom Insolvenzgericht anzuhören. Soweit der vorläufige Gläubigerausschuss **einstimmig** einen Insolvenzverwalter vorgeschlagen hat, darf das Insolvenzgericht von diesem Vorschlag nur abweichen, wenn die vorgeschlagene Person für die Übernahme des Amts ungeeignet, d. h. über eine allgemeine Beratung hinaus bereits in die Sanierung des insolventen Schuldners einbezogen war, oder persönliche Gründe vorliegen, die gegen die Verwalterbestellung sprechen. Dies wäre beispielsweise der Fall, wenn der vorgeschlagene Verwalter wegen eines Vermögensdelikts vorbestraft ist. Mit dem Gesetz zur weiteren Erleichterung der Sanierung von Unternehmen vom 07. Dezember 2011 sind die Gläubigerrechte nicht nur gestärkt, sondern vielmehr ist bei der Bestellung des Insolvenzverwalters, die bis dato in der alleinigen Kompetenz des Insolvenzgerichts lag, eine Dogmenänderung eingetreten. Die Gläubiger, deren Interesse das Insolvenzverfahren letztlich bestimmen soll, haben mit dem Recht der Verwalterauswahl eine Befugnis erhalten, die weit über ihre bisherigen Rechte hinausgeht und den Gestaltungsspielraum der Gläubiger in der Insolvenz erheblich erweitert. Gerade für die Projektfinanzierung, bei der die Finanzierungsentscheidung ganz wesentlich auf den wirtschaftlichen Erfolg des zu finanzierenden Projektes und gerade nicht im Vordergrund auf die Bonität des Darlehensnehmers abstellt, eröffnen sich mit dem direkten Einfluss des Finanzierers als Gläubiger auf die Auswahl des Insolvenzverwalters neue Sanierungsmöglichkeiten, da – wie im Weiteren noch zu zeigen sein wird – mit Eröffnung des Insolvenzverfahrens der Insolvenzverwalter eine zentrale Stellung einnimmt und erheblichen Einfluss auf die Frage der Fortführung oder Einstellung des Projektes hat.

3.6.3 Der Übergang der Verwaltungs- und Verfügungsbefugnis auf den Insolvenzverwalter als Folge der Eröffnung des Insolvenzverfahrens über das Vermögen der Projektgesellschaft

Mit dem Beschluss über die Eröffnung des Insolvenzverfahrens verliert die Geschäftsführung endgültig die Befugnis, die Projektgesellschaft nach außen zu vertreten, bestehende Verbindlichkeiten zu erfüllen und neu zu begründen sowie Entscheidungen über die Fortführung des Unternehmens zu treffen. Auch deren Anteilseigner werden in ihren Rechten erheblich eingeschränkt. Während die Befugnis, ihre Rechtsbeziehungen untereinander zu regeln, im Wesentlichen erhalten bleibt, verlieren sie jeglichen Einfluss auf die Geschäftsführung und damit die Möglichkeit, auf die Führung des Unternehmens Einfluss zu nehmen. Mit dem Insolvenzverwalter tritt ein weiterer Akteur hinzu, der bisher nicht in das vertragliche Gerüst der Projektfinanzierung eingebunden war. Da die Aufgabe des Insolvenzverwalters auf die bestmögliche Befriedigung aller Gläubiger gerichtet ist, liegen seine Interessen und die der Parteien der Projektfinanzierung naturgemäß häufig auseinander. Zudem schafft das Insolvenzrecht neue rechtliche Rahmenbedingungen, die den Gestaltungsspielraum sowohl der Projektgesellschaft und der sonstigen Beteiligten als auch die Entscheidungsmöglichkeiten des Finanzierers durch zum Teil zwingende gesetzliche Bestimmungen einschränken.

Mit dem Beschluss des zuständigen Insolvenzgerichts über die Eröffnung des Insolvenzverfahrens geht gemäß § 80 InsO die Verwaltungs- und Verfügungsbefugnis endgültig auf den Insolvenzverwalter über. Allein der vom Gericht bestellte Insolvenzverwalter ist ab dem im Beschluss des Amtsgerichts bestimmten Zeitpunkt berechtigt, über Vermögenswerte des Insolvenzschuldners zu verfügen. Verfügungen des Insolvenzschuldners über zur Insolvenzmasse gehörende Gegenstände nach Eröffnung des Insolvenzverfahrens sind ebenso unwirksam wie Verfügungen über Forderungen. Zudem kann vom Grundsatz her mit der Eröffnung des Insolvenzverfahrens nur noch an die Insolvenzmasse und damit an den Insolvenzverwalter mit schuldbefreiender Wirkung geleistet werden. Eine nach Verfahrenseröffnung erfolgte Leistung an den insolventen Schuldner hat nur dann gemäß § 82 InsO ausnahmsweise schuldbefreiende Wirkung, wenn der Drittschuldner zum Zeitpunkt der Leistung von dem Eröffnungsbeschluss keine positive Kenntnis hatte. Insbesondere nach öffentlicher Bekanntmachung des Eröffnungsbeschlusses, die üblicherweise auf der Internetplattform www.insolvenzbekanntmachungen.de erfolgt, dürfte der Nachweis der fehlenden Kenntnis von der Eröffnung des Insolvenzverfahrens nur schwerlich zu führen sein. Schließlich tritt mit der Eröffnung des Insolvenzverfahrens der Insolvenzverwalter als „neuer“ und alleiniger Verhandlungspartner in die Fußstapfen des insolventen Schuldners. Verhandlungen über die Erfüllung bestehender Verträge sowie deren eventuelle Modifizierung sind ebenso wie der Abschluss neuer Verträge, die im Interesse der Fortführung des Projektes erforderlich werden können, auf der Seite der Projektgesellschaft ausschließlich mit dem Insolvenzverwalter zu führen.

Mit Eintritt in das insolvente Unternehmen findet dieser die unterschiedlichsten Schuldverhältnisse vor. Die Insolvenzordnung räumt ihm dabei für noch nicht erfüllte Verträge mit § 103 InsO das grundsätzliche Wahlrecht ein, ob er die weitere Erfüllung bestehender Verträge zur Insolvenzmasse verlangt oder hiervon Abstand nimmt. Die Entscheidung hat der Insolvenzverwalter allein vor dem Hintergrund der bestmöglichen Befriedigung der Interessen aller Gläubiger zu treffen. Lehnt der Insolvenzverwalter die Erfüllung bestehender Verträge ab, so verbleibt dem anderen Vertragspartner lediglich das Recht, die bisher aufgelaufenen Forderungen aus dem Schuldverhältnis und mögliche Schadensersatzansprüche wegen Nichterfüllung zur Insolvenztabelle anzumelden. Das darüber hinausgehende Schicksal des Schuldverhältnisses war lange Zeit Gegenstand eines dogmatischen Meinungsstreits. Wurde dem Insolvenzverwalter mit seinem Wahlrecht zunächst ein einseitiges Gestaltungsrecht zugestanden, so vertrat der BGH in der Folgezeit[271] die Auffassung, dass sich im Falle der Erfüllungsablehnung das Schuldverhältnis in ein Abwicklungsverhältnis wandelt. Als Ergebnis vertrat der BGH die Auffassung, dass im Rahmen der Abwicklung des Schuldverhältnisses der Gläubiger seine Forderung zur Insolvenztabelle anmelden konnte. Im Übrigen wurden dem Gläubiger Aus- und Absonderungsrechte aus dem Schuldverhältnis zuerkannt, soweit solche vor Insolvenzantragstellung wirksam begründet worden waren. Dem Insolvenzverwalter oblag es, über die Feststellung der Forderungen des Gläubigers aus dem Schuldverhältnis zur Insolvenztabelle zu entscheiden und bestehende Aus- und Absonderungsrechte abzuwickeln. Im Übrigen war das Schuldverhältnis damit erloschen.

Mit seiner Entscheidung vom 25.04.2002[272] hat der BGH seine bis dahin geltende Rechtsauffassung aufgegeben und vertritt nunmehr die Auffassung, dass auch im Falle der Erfüllungsablehnung das bestehende Schuldverhältnis erhalten bleibt, die Rechte des Gläubigers allerdings für die Dauer des Insolvenzverfahrens gegenüber der Insolvenzmasse nicht durchgesetzt werden können und insoweit suspendiert werden.[273] Dem Gläubiger bleibt es allerdings nachgelassen, seine Ansprüche aus dem Schuldverhältnis zur Insolvenztabelle anzumelden und Aus- und Absonderungsrechte zu beanspruchen. In der Konsequenz führt die nunmehr vom BGH vertretene Rechtsauffassung allerdings dazu, dass nach Beendigung des Insolvenzverfahrens das Schuldverhältnis wieder auflebt. In den Fällen einer vollständigen Abwicklung des insolventen Schuldners im Rahmen einer Regelinsolvenz dürfte die dogmatische Neuausrichtung des BGH keine weitgehend praktische Bedeutung haben, da der Gemeinschuldner mit Abschluss des Insolvenzverfahrens ohnehin abgewickelt wird und über kein Vermögen mehr verfügt, gegen das sich die Ansprüche des Gläubigers richten könnten. In den Fällen allerdings, in denen das Insolvenzverfahren im Wege

271 BGH vom 04.05.1995 – IX ZR 256/93; NJW 1995, S. 1966 ff.
272 BGH vom 25.04.2002 – IX ZR 313/99; NJW 2002, S. 2783 ff.
273 BGH vom 04.05.1995 – IX ZR 256/93; NJW 1995 S. 1966.

eines Insolvenzplans beendet wird, kann das Wiederaufleben derartiger Schuldverhältnisse dann von Bedeutung sein, wenn der Insolvenzplan selbst hierzu keine Regelung trifft. Auf diese Fragestellung wird im Abschnitt 3.6.7 nochmals zurückzukommen sein.

Wählt der Insolvenzverwalter allerdings die Vertragserfüllung, so sind die in der Folge eintretenden Verpflichtungen der Insolvenzmasse als so genannte Masseverbindlichkeiten nach § 55 Abs. 2 InsO vorrangig vor allen Altforderungen (Insolvenzforderungen) zu erfüllen. Der Insolvenzverwalter kann sich nach der Erfüllungswahl grundsätzlich nicht mehr darauf berufen, dass die Insolvenzmasse zur Erfüllung der Verbindlichkeiten nicht ausreicht und der Schuldner nur Anspruch auf quotale Befriedigung seiner Forderungen hat. Stellt sich im Laufe des Insolvenzverfahrens heraus, dass die Insolvenzmasse wider Erwarten nicht zur Erfüllung der Kosten des Verfahrens nach § 54 InsO und der Masseverbindlichkeiten nach § 55 InsO ausreicht, so ist durch den Insolvenzverwalter unverzüglich Masseunzulänglichkeit nach § 208 InsO anzuzeigen. Nach erfolgter Anzeige der Masseunzulänglichkeit sind die Kosten des Insolvenzverfahrens, d. h. die Gerichtskosten und die Vergütung des Insolvenzverwalters vorrangig nach § 209 InsO zu befriedigen. Aus der danach verbleibenden Masse werden die Masseverbindlichkeiten in der Rangfolge des § 209 InsO lediglich quotal erfüllt. Insoweit führt das Erfüllungsverlangen des Insolvenzverwalters für den Gläubiger des Schuldverhältnisses zwar zu einer Privilegierung seiner künftigen Forderungen, da sie vor den Insolvenzforderungen zu befriedigen sind, sichert ihm allerdings keinesfalls eine volle Befriedigung seiner künftigen Forderungen zu. Im Falle der Anzeige der Masseunzulänglichkeit bleibt dem Gläubiger lediglich die Möglichkeit, sich hinsichtlich seines quotalen Forderungsausfalls beim Insolvenzverwalter schadlos zu halten, der im Falle der Nichterfüllung von durch ihn begründete Masseverbindlichkeiten gemäß § 61 InsO dem Gläubiger auf Schadensersatz haftet. Von dieser Haftung kann sich der Insolvenzverwalter nur exkulpieren, wenn er nachweist, dass die später eingetretene Masseunzulänglichkeit von ihm auch bei Beachtung der Sorgfalt eines ordentlichen Insolvenzverwalters nicht zu erkennen war.

Der BGH hat an diesen Entlastungsbeweis durchaus hohe Anforderungen gestellt.[274]

Von diesen Grundsätzen abweichend sieht die Insolvenzordnung für ausgewählte Schuldverhältnisse gesonderte Rechtsfolgen vor, die üblicherweise auch nicht im Wege der Dispositionsfreiheit der Vertragspartner abbedungen werden können. Aus der Sicht der Projektfinanzierung sind insbesondere die Bestimmungen zu den Rechtsfolgen bei Mietverträgen über Grundstücke, Geschäftsbesorgungsverträgen/Aufträgen und Vollmachten von Bedeutung.

274 Der BGH verlangt vom Insolvenzverwalter im Rahmen einer Exkulpation von der Haftung nach § 61 InsO unter anderem eine langfristige Liquiditätsplanung und stellt den Insolvenzverwalter von seiner Haftung für von ihm eingegangene Masseverbindlichkeiten nur im Ausnahmefall frei (BGH vom 06.05.2004 – IX ZR 48/03; NJW 2004, S. 3334 ff.).

Gemäß § 108 InsO bestehen **Miet- und Pachtverträge** über unbewegliche Gegenstände mit Wirkung für die Insolvenzmasse fort. Der Insolvenzverwalter kann gemäß § 109 InsO für den insolventen Mieter/Pächter ein befristetes Miet-/Pachtverhältnis unter Einhaltung einer Kündigungsfrist von drei Monaten zum Monatsende ordentlich kündigen, soweit nicht eine kürzere Frist maßgeblich ist. Als Vermieter/Verpächter ist der Insolvenzverwalter an den vorgefundenen Vertrag mit der Maßgabe gebunden, dass im Falle des Verkaufs der unbeweglichen Sache durch den Insolvenzverwalter der Käufer das bestehende Miet-/ Pachtverhältnis auch dann unter Einhaltung der gesetzlichen Kündigungsfrist für unbefristete Miet-/Pachtverhältnisse kündigen kann, wenn dieses ursprünglich befristet geschlossen war. Allerdings verwirkt der Käufer dieses Kündigungsrecht, wenn er es nicht zum nächstmöglichen Termin ausübt.

Für vom insolventen Unternehmen erteilte **Aufträge**, abgeschlossene **Geschäftsbesorgungsverträge** sowie **Vollmachten** sehen §§ 115 – 117 InsO vor, dass diese mit Eröffnung des Insolvenzverfahrens erlöschen.

Bei den vorgenannten Vorschriften der Insolvenzordnung zur Erfüllung von Rechtsgeschäften in §§ 103 bis 118 InsO handelt es sich gemäß § 117 InsO um zwingende Vorschriften, die durch die Vertragsparteien nicht abbedungen werden können. Abweichende Vereinbarungen in Verträgen sind unwirksam.

3.6.4 Die Rechtsfolgen der Insolvenz der Projektgesellschaft für die Fortführung des finanzierten Projekts

Die Insolvenz eines der Vertragspartner führt regelmäßig zu einer erheblichen Störung des ursprünglich zwischen den Beteiligten vereinbarten rechtlichen Rahmens einer Projektfinanzierung. Die Insolvenz der Projektgesellschaft selbst stellt dabei den schwerwiegendsten Eingriff in das bestehende Vertragssystem dar.

Mit dem Übergang der Verwaltungs- und Verfügungsbefugnis auf den Insolvenzverwalter vertritt dieser – wie bereits dargestellt – fortan allein die Projektgesellschaft. Der Insolvenzverwalter wird zum alleinigen Ansprech- und Verhandlungspartner für den Finanzier und die übrigen Vertragspartner der Projektgesellschaft. Mag dieser Umstand an sich schon den Interessen der übrigen Vertragsparteien zuwiderlaufen, so wird der ganze Umfang der Störung des rechtlichen Rahmens der Projektfinanzierung deutlich, wenn man sich vor Augen hält, dass der Insolvenzverwalter vorrangig für die zügige Verwertung der bei der Projektgesellschaft vorgefundenen Vermögenswerte im Interesse der bestmöglichen Befriedigung der Gläubiger zu sorgen hat. Eine Fortführung des Projekts wird für ihn immer nur dann in Betracht kommen, wenn die Aussichten auf die Befriedigung aller Gläubiger im Vergleich zur Zerschlagung und Verwertung der Vermögenswerte erheblich verbessert werden. Zudem wird der Insolvenzverwalter bei der Beurteilung der Risiken der Projektfortführung sein eigenes Haftungsrisiko für die Erfüllung von Masseverbindlichkeiten im Falle einer im Laufe des Insolvenzverfahrens eintretenden Masseunzulänglichkeit zu bewerten haben. Vor diesem Hintergrund wird sich der Insolvenzverwalter nicht selten entscheiden, den für ihn „sicheren Weg“ der Einstellung des Projekts und Verwertung der vorgefundenen Vermögenswerte zu wählen. Dabei kann er sich auf das vorstehend beschriebene Wahlrecht berufen und die Erfüllung der von der Projektgesellschaft in der Vergangenheit geschlossenen Verträge unter Verweis auf § 103 InsO ablehnen. Hieraus resultierende Schadensersatzforderungen können die betroffenen Vertragspartner der Projektgesellschaft zur Insolvenztabelle anmelden. Gleiches gilt für die sonstigen Vertragspartner der Projektgesellschaft. Soweit die Projektgesellschaft als Mieter bzw. Pächter Miet- oder Pachtverträge geschlossen hat, wird der Insolvenzverwalter, wenn er die Entscheidung getroffen hat, das Projekt nicht fortzusetzen, diese unter Einhaltung der Kündigungsfrist nach § 108 InsO kündigen, um so Masseverbindlichkeiten nach § 55 Abs. 2 Ziffer 1 gering zu halten. Da die Beendigung des finanzierten Projekts häufig mit der Einstellung des Geschäftsbetriebs einhergeht, ist hierfür die Zustimmung der Gläubigerversammlung nach § 157 InsO bzw. die Genehmigung des Gläubigerausschusses nach § 160 InsO erforderlich. Dabei wird sich die Gläubigerversammlung bzw. der Gläubigerausschuss der vom Insolvenzverwalter angestrebten Beendigung des Projekts und der damit verbundenen Unternehmensstillegung nur dann widersetzen, wenn der Insolvenzverwalter die Fortführung des insolventen Unternehmens trotz guter Erfolgsaussichten ablehnt, ein Sachverhalt, der in der Praxis kaum vorkommen dürfte.

Lehnt der Insolvenzverwalter die Fortführung des Unternehmens ab, bleibt dem Finanzierer allein die Möglichkeit der Kündigung des im Rahmen der Projektfinanzierung geschlossenen Darlehensvertrags. Zu einer solchen Kündigung wird der Finanzierer regelmäßig unter Hinweis auf die mit der Eröffnung des Insolvenzverfahrens verschlechterten wirtschaftlichen Verhältnisse der Projektgesellschaft berechtigt sein. Die mit der Kündigung des Darlehens fällig werdende Rückzahlungsverpflichtung kann allerdings lediglich als Insolvenzforderung zur Insolvenztabelle angemeldet werden und wird, wie die Forderung der anderen nicht privilegierten Gläubiger, lediglich quotal befriedigt werden. Da die klassische Projektfinanzierung allein auf das Projekt und gerade nicht auf die Bonität des Darlehensnehmers abstellt, werden dem Finanzierer in dieser Situation häufig keine zusätzlichen dinglichen oder persönlichen Sicherheiten zur Befriedigung seiner Forderung auf Darlehensrückzahlung zur Verfügung stehen. Selbst wenn der Rückzahlungsanspruch des Finanzierers durch zusätzliche Sicherheiten besichert werden konnte, steht die Sicherung der Fortführung des Projekts auch im Falle der Insolvenz im Vordergrund des Interesses des Finanzierers. Hierzu lässt sich der Finanzierer in aller Regel die Rechte aus dem von ihm finanzierten Projekt für den Fall des wirtschaftlichen Scheiterns der Projektgesellschaft abtreten. Die Wirksamkeit dieser Gestaltung für den Fall der Insolvenz der Projektgesellschaft wird im Weiteren noch näher zu untersuchen sein.

3.6.5 Wirkung der Insolvenz der Projektgesellschaft auf in der Vergangenheit liegende Erfüllungshandlungen

Neben den bereits dargestellten Folgen für den Fortgang des finanzierten Projektes entfaltet die Eröffnung des Insolvenzverfahrens über das Vermögen der Projektgesellschaft häufig auch Rechtswirkung auf Erfüllungshandlungen, die von der Projektgesellschaft bereits vor Insolvenzantragstellung erbracht wurden.

Zunächst sind Vollstreckungsmaßnahmen, die im letzten Monat vor Insolvenzantragstellung erfolgten und zu einer Befriedigung von Gläubigern geführt haben, gemäß § 88 InsO unwirksam. Das aus der Vollstreckung Erlangte ist durch den befriedigten Gläubiger wieder an den Insolvenzverwalter und damit an die Insolvenzmasse herauszugeben. Der Gläubiger kann lediglich als Insolvenzgläubiger am Insolvenzverfahren teilnehmen und eine quotale Befriedigung seiner Forderung erlangen. Während derartige Vollstreckungsmaßnahmen im Vorfeld der Insolvenz der Projektgesellschaft eher zur Ausnahme gehören werden, stellen die Anfechtungsansprüche des Insolvenzverwalters nach §§ 129 ff. InsO für die Vertragspartner der Projektgesellschaft in einem eröffneten Insolvenzverfahren ein erhebliches Risiko dar.

So sind **entgeltliche** Rechtshandlungen in den letzten drei Monaten vor Insolvenzantragstellung sowohl im Falle der **kongruenten** als auch bei **inkongruenter** Deckung[275] anfechtbar, wenn die Projektgesellschaft zu diesem Zeitpunkt bereits zahlungsunfähig war und der befriedigte Gläubiger die Zahlungsunfähigkeit kannte. Dabei reicht bei **inkongruenten** Deckungshandlungen im zweiten und dritten Monat vor Insolvenzantragstellung bereits die Zahlungsunfähigkeit der Projektgesellschaft aus. Hier kommt es nicht einmal auf die Kenntnis der Zahlungsunfähigkeit durch den befriedigten Gläubiger an. Im letzten Monat vor Insolvenzantragstellung und nach Insolvenzantragstellung sind inkongruente Deckungshandlungen in jedem Falle anfechtbar. Kongruente Deckungen unterliegen, soweit sie nach Insolvenzantragstellung erfolgen, nur dann der Anfechtung, wenn der befriedigte Gläubiger von der Zahlungsunfähigkeit oder vom Insolvenzantrag Kenntnis hatte. Besonders problematisch und Gegenstand von Überlegungen des Gesetzgebers zu einer Reform des Anfechtungsrechts ist die Möglichkeit des Insolvenzverwalters Rechtshandlungen anzufechten, die bis zu zehn Jahren zurückliegen, wenn sie mit der Absicht (Vorsatz) erfolgten, die übrige Gläubigerschaft zu benachteiligen und der befriedigte Gläubiger hiervon Kenntnis hatte. Dabei hat der Gesetzgeber in § 133 Abs. 1 Satz 2 InsO eine gesetzliche Vermutung statuiert, wonach widerlegbar angenommen wird, dass der befriedigte

275 Das Anfechtungsrecht unterscheidet zwischen kongruenter und inkongruenter Deckung. Während bei der kongruenten Deckung der Gläubiger eine Leistung oder Sicherheit erhält, die vertraglich vereinbart war und auf die er auch in der Art einen vertraglich zugesicherten Anspruch hatte, handelt es sich bei der inkongruenten Deckung um eine Leistung oder Sicherheit, die insbesondere in der Art nicht vertraglich vereinbart war und auf die der Gläubiger aus dem Schuldverhältnis heraus keinen Anspruch hatte.

Gläubiger von der Benachteiligungsabsicht Kenntnis hatte, wenn ihm die drohende Zahlungsunfähigkeit bekannt war. In der Folgezeit hat der BGH in seiner Rechtsprechung eine Reihe von Fallgestaltungen entschieden, in denen nach Auffassung des BGH davon auszugehen ist, dass einem Gläubiger die drohende Zahlungsunfähigkeit des späteren Schuldners bekannt und die Erfüllungshandlung daher anfechtbar war.[276] Ohne auf die Details der Rechtsprechung hier eingehen zu können, bleibt festzuhalten, dass insbesondere die Rechtsprechung des BGH zu einer erheblichen Unsicherheit bei den Wirtschaftskreisen hinsichtlich der Anfechtbarkeit von Rechtshandlungen im Falle eine Insolvenz eines Vertragspartners geführt hat. Die Fortführung von Projektfinanzierungen in der Krise bleibt mit einem erheblichen Anfechtungsrisiko verbunden, dem zumindest teilweise allein durch Bargeschäfte nach § 142 InsO entgegnet werden kann. Ein Rechtsgeschäft ist hiernach nicht anfechtbar, wenn Leistung und Gegenleistung gleichwertig und zeitnah, d. h. nach der Rechtsprechung des BGH innerhalb von zwei bis drei Wochen ausgetauscht werden. Allerdings findet die entlastende Regelung des Bargeschäfts gerade auf die Anfechtung nach § 133 Abs. 1 InsO keine Anwendung. Hier kann nur anempfohlen werden, dass in der Sanierungsphase durch laufende Erstellung der insolvenzrechtlichen Liquiditätskennziffer ein Nachweis geführt wird, dass die Projektgesellschaft in der Lage ist, mit ihren zum Stichtag vorhandenen und in den nächsten 21 Tagen zufließenden liquiden Mitteln mindestens 90 % der fälligen und in den nächsten 21 Tagen fällig werdenden Verbindlichkeiten zu erfüllen und daher die Zahlungsunfähigkeit der Projektgesellschaft nach der Entscheidung des BGH vom 24.05.2005 ausgeschlossen werden kann.[277] Es bleibt im Übrigen abzuwarten, inwieweit die vom Gesetzgeber angekündigte Reform des Anfechtungsrechts hier zu einer Entschärfung des Anfechtungsrisikos und insbesondere zu erhöhter Rechtssicherheit führt.

3.6.6 Insolvenz von wichtigen Vertragspartnern der Projektgesellschaft

Die Insolvenz der Projektgesellschaft stellt zweifelsohne die schwerste Störung des ursprünglich zwischen den Vertragsparteien vereinbarten rechtlichen Umfelds der Projektfinanzierung dar. Allerdings führt auch die Insolvenz wichtiger Vertragspartner der Projektgesellschaft zu erheblichen Risiken, für die bereits bei der Vertragsgestaltung zu Projektbeginn Vorsorge zu treffen ist. Im Folgenden betrachten wir das Beispiel eines Projektes zur Errichtung einer Energieerzeugungsanlage, das in seinen Grundsätzen aber analog auch für andere Projektfinanzierungen gilt.

---

276 Vgl. Ende, Hirte; Uhlenbruck Insolvenzordnung, 14. Auflage 2015, Rn. 35–46 mit Hinweisen zur Rechtsprechung des BGH.

277 BGH vom 24.5.2005 (IX ZR 123/04 Z 163, 134 = NZI 2005, 547).

Die Projektgesellschaft schließt zu Projektbeginn regelmäßig Pachtverträge mit Grundstückseigentümern zur Sicherung des Nutzungsrechts für den gewählten Standort ab, wenn sie nicht selbst Grundstückeigentümerin ist. Zudem kann zur Sicherung der Zuwegung und Versorgung des Projektstandortes ebenso wie für den Transport der im Rahmen des Projektes produzierten Produkte, beispielsweise in Pipelines oder sonstigen Leitungsnetzen, die Vereinbarung von Leitungsrechten für die Realisierung des Projektes erforderlich sein. Mit der Insolvenz der jeweiligen Grundstückseigentümer kann zunächst das Nutzungsrecht für den Projektstandort, aber auch die Nutzung von bestehenden Leitungen und Zuwegungen, die mit den jeweiligen Grundstückseigentümern schuldrechtlich vereinbart wurden, in Frage gestellt sein, wenn der Insolvenzverwalter sich nicht mehr an die Zusagen der jeweiligen Grundstückseigentümer im Falle deren Insolvenz gebunden fühlt. Schließlich stellt die Insolvenz von wichtigen Vertragspartnern, mit denen der Absatz der im Rahmen des Projektes erzeugten Produkte langfristig zu stabilen Preisen vertraglich gebunden wurde, ein erhebliches Risiko für die planmäßige Realisierung umfangreicher Projekte dar. In der Konsequenz führt die Insolvenz von wichtigen Vertragspartnern der Projektgesellschaft häufig zu zusätzlichen Kostenbelastungen und unter anderem auch zu zeitweisen Einnahmeverlusten, die das Projekt als Ganzes gefährden können, zumindest aber eine erhebliche Störung des ursprünglich vorgesehenen und der Finanzierung zu Grunde gelegten Konzepts darstellen.

Wie bereits dargestellt, begründet der mit Insolvenzeröffnung verbundene Übergang der Verwaltungs- und Verfügungsbefugnis für den Insolvenzverwalter ein Wahlrecht, ob er in bestehende Verträge eintritt und diese zu Gunsten und zu Lasten der Masse fortführt oder die Vertragserfüllung ablehnt.

Im Falle der Insolvenz der Eigentümer von Grundstücken, die von der Projektgesellschaft zur Sicherung ihres Standorts aber auch zur Sicherung von Leitungsrechten langfristig gemietet oder gepachtet wurden, besteht der Vertrag, den der Insolvenzverwalter vorfindet, zunächst unverändert fort. Sowohl die Projektgesellschaft als auch der Insolvenzverwalter sind an die vertraglich vereinbarten Konditionen auch über die Eröffnung des Insolvenzverfahrens des Grundstückseigentümers hinaus gebunden. Das mit § 103 InsO dem Insolvenzverwalter grundsätzlich eingeräumte Wahlrecht ist für Miet- und Pachtverträge suspendiert. Der Überlassungsanspruch der Projektgesellschaft als Mieter richtet sich nunmehr gegen die Masse und damit gegen den Insolvenzverwalter. Selbst wenn der Insolvenzverwalter das Grundstück vom Massebeschlag freigibt, weil beispielsweise die Grundstückskosten durch die Einnahmen aus dem Grundbesitz nicht gedeckt sind oder das Grundstück werterschöpfend belastet ist, bleibt die Insolvenzmasse mit dem Mietvertrag belastet und der Insolvenzverwalter muss dem Mieter weiterhin den Gebrauch des Mietobjekts einräumen.[278]

---

278 Vgl. Eckert; Münchener Kommentar zur Insolvenzordnung, Band 2, 3. Auflage 2013; Vorbemerkung zu §§ 103–112; Rn. 62.

Die Durchsetzbarkeit der Ansprüche aus einem auf die Insolvenzmasse übergegangenen Mietvertrag gegen den Insolvenzverwalter findet allerdings ihre Grenze in der vom Insolvenzverwalter erklärten Masseunzulänglichkeit. Insoweit kann sich die Projektgesellschaft vor die Situation gestellt sehen, dass sie die aus dem Mietvertrag fälligen Vorauszahlungen für Versorgungsträger vertragsgerecht geleistet hat, der Insolvenzverwalter die Erfüllung der Verpflichtungen der Insolvenzmasse als Grundstückseigentümer gegenüber dem Versorgungsunternehmen unter Hinweis auf eingetretene Masseunzulänglichkeit verweigert und die Versorgungsunternehmen gegebenenfalls ihre Leistungen einstellen.[279]

Zudem finden der Schutz des Mieters und damit die gesicherte Rechtsposition der Projektgesellschaft in der Insolvenz ihr Ende, wenn der Insolvenzverwalter das Grundstück veräußert. Nach einem Verkauf des zur Insolvenzmasse gehörenden Grundstücks tritt der Erwerber gemäß § 566 BGB zunächst in den Miet- bzw. Pachtvertrag ein. Allerdings gewährt § 111 InsO dem Erwerber das Recht, den Mietvertrag, in den er infolge von § 566 BGB eingetreten ist, unter Einhaltung der gesetzlichen Kündigungsfristen ordentlich zu kündigen. Diese Möglichkeit erlischt jedoch, wenn der Erwerber von ihr nicht zum frühesten zulässigen Termin Gebrauch macht. § 566 Abs. 2 BGB gewährt dem Mieter zwar einen Schadensersatzanspruch gegen den Veräußerer, der in dem Insolvenzverfahren über das Vermögen des Vermieters auch Masseverbindlichkeit ist, im Falle der angezeigten Masseunzulänglichkeit allerdings wirtschaftlich wertlos ist.

Die vorstehend aufgezeigte Privilegierung des Mieters findet auf sonstige schuldrechtliche Verhältnisse allerdings keine Anwendung. So ist der Insolvenzverwalter in der Insolvenz des Energieversorgungsunternehmens zur Ablehnung der Erfüllung des Einspeisevertrages ebenso berechtigt, wie er in der Insolvenz sonstiger Dritter die Erfüllung schuldrechtlicher Verpflichtungen, die diese vor Insolvenzantragstellung gegenüber der Projektgesellschaft eingegangen sind, ablehnen darf.

Im Ergebnis bleibt grundsätzlich festzustellen, dass mit der Insolvenz von Vertragspartnern der Projektgesellschaft schuldrechtliche Ansprüche gegen den Insolvenzverwalter nicht mehr oder, wie im Falle von Miet- und Pachtverträgen, nur sehr eingeschränkt gegen den Insolvenzverwalter durchsetzbar sind. An dieser Stelle muss auch noch darauf hingewiesen werden, dass es sich bei den vorstehend beschriebenen insolvenzrechtlichen Bestimmungen um nicht dispositives Recht[280] handelt. Von dem gesetzlichen Modell abweichende Vereinbarungen zwischen den Vertragspartnern,

---

279 Vgl. *Derleder;* Die Rechtsstellung des Wohn- und Gewerberaummieters in der Insolvenz des Vermieters, Neue Zeitschrift für Mietrecht 2004, 568, S. 572.

280 Im Schuldrecht gestattet es der Gesetzgeber den Vertragsparteien in der Regel von den gesetzlichen Bestimmung abweichende Vereinbarungen zu treffen. Nur wenn die Vertragsparteien keine Vereinbarungen zu bestimmten Sachverhalten getroffen haben, finden die gesetzlichen Bestimmungen Anwendung. Bei den gesetzlichen Bestimmungen handelt es sich um so genanntes dispositives Recht. Diese Vertragsfreiheit hat der Gesetzgeber im Insolvenzrecht häufig eingeschränkt. Durch zwingendes oder nicht dispositives Recht werden den Vertragsparteien Rechtsfolgen gesetzlich vorgeschrieben, von denen sie gerade nicht durch vertragliche Vereinbarungen abweichen dürfen.

die eine Aufhebung oder Modifizierung der Bestimmungen der §§ 103 bis 118 InsO zum Inhalt haben, sind gemäß § 119 InsO unwirksam. Die mit der Insolvenz von Vertragspartnern der Projektgesellschaft verbundenen Risiken können, selbst bei bestehender Bereitschaft der Beteiligten, daher nicht durch spezielle vertragliche Vereinbarung eingegrenzt oder ausgeschlossen werden. Die Vertragsparteien müssen insoweit nach anderen rechtlichen Instrumentarien Ausschau halten, um ihre, zumindest zu Projektbeginn, gleichlaufenden Interessen rechtlich umzusetzen.

Fortbestand dinglicher Rechte der Projektgesellschaft

Die Suspendierung des schuldrechtlichen Erfüllungsanspruchs der Projektgesellschaft gegen ihre Vertragspartner im Falle der Eröffnung des Insolvenzverfahrens über deren Vermögen ist die Konsequenz des mit der Insolvenzeröffnung einhergehenden Übergangs der Verwaltungs- und Verfügungsbefugnis auf den Insolvenzverwalter. Der Insolvenzverwalter wird so in die Lage versetzt, die Ansprüche der Insolvenzgläubiger gleichmäßig zu befriedigen, ohne dass er Belastungen der Insolvenzmasse aus wirtschaftlich unvorteilhaften Verträgen ausgesetzt wird. Der zivilrechtliche Erfüllungsanspruch weicht dem übergeordneten Prinzip der gleichmäßigen Befriedigung der ungesicherten Insolvenzgläubiger im Insolvenzverfahren.

Im Unterschied zu schuldrechtlichen Ansprüchen bleiben die dinglichen Rechte der Gläubiger, wenn man vom Anfechtungsrecht absieht, von der Insolvenz unberührt. Da der dinglich gesicherte Anspruch an die Sache anknüpft, die mit ihm belastet ist, führt der Übergang der Verwaltungs- und Verfügungsbefugnis auf den Insolvenzverwalter grundsätzlich zu keiner Änderung der Rechtsposition des aus dem dinglichen Recht Berechtigten.

Die dingliche Sicherung von Ansprüchen kommt in erster Linie für Nutzungsrechte der Projektgesellschaft an Grundstücken in Frage. Da der Projektgesellschaft sowohl bei der eingeräumten Nutzung des Betriebsgrundstücks als auch bei der Gewährung von Leitungsrechten nur ausgewählte Nutzungsrechte an dem zu belastenden Grundstück überlassen werden und die wesentlichen Nutzungsbefugnisse beim Grundstückseigentümer verbleiben, sichert die Bestellung einer persönlich beschränkten Dienstbarkeit nach §§ 1090 ff. BGB zu Gunsten der Projektgesellschaft deren Interesse in einem Insolvenzverfahren der Grundstückseigentümer grundsätzlich in ausreichendem Maße ab.

Ist eine solche persönlich beschränkte Dienstbarkeit[281] im Grundbuch eingetragen, kann die Projektgesellschaft als Begünstigte ihre Nutzungsberechtigung aus

281 Mit einer persönlich beschränkten Dienstbarkeit wird einem konkreten Berechtigten das Recht eingeräumt, ein Grundstück in einer bestimmten Art zu nutzen. Mit Eintragung in Abteilung II des Grundbuchs besteht dieses persönliche, auf eine konkrete Nutzung des Grundstücks bezogene Recht an dem Grundstück unabhängig vom Eigentümer. Bei einem vertraglich vereinbarten Eigentümerwechsel bleibt das Recht an dem Grundstück bestehen. Es erlischt mit dem Tod oder der Liquidation des Berechtigten.

dem dinglichen Recht auch gegenüber dem Erwerber des betroffenen Grundstücks geltend machen. Das dem Erwerber in § 111 InsO zustehende Sonderkündigungsrecht bezieht sich nur auf das Mietverhältnis, das auf ihn in Folge des Grundstückserwerbs übergegangen ist, nicht aber auf die Grundstücksbelastungen und damit auch die persönlich beschränkte Dienstbarkeit, die unabhängig vom jeweiligen Eigentümer an dem Grundstück haften bleibt. Sie entfaltet unabhängig vom Sonderkündigungsrecht nach § 111 InsO damit auch gegenüber dem Erwerber des Grundstücks Wirkung und verpflichtet ihn, die Nutzung durch die Projektgesellschaft zu dulden. Dies gilt sowohl für die Nutzung des Betriebsgrundstücks als Standort der finanzierten Anlage als auch für Leitungsrechte, die zu Gunsten der Projektgesellschaft durch persönlich beschränkte Dienstbarkeiten gesichert sind.

Unabhängig von den mit der Insolvenz von Vertragsparteien verbundenen Rechtsfolgen, hängt die wirtschaftliche Wirkung der zu Gunsten der Projektgesellschaft bestellten persönlich beschränkten Dienstbarkeit ganz wesentlich von ihrem Rang ab, mit der sie im Grundbuch eingetragen ist. In der Zwangsversteigerung erlöschen allerdings alle diejenigen dinglichen Rechte, die dem Recht, aus dem die Zwangsversteigerung betrieben wird, im Range nachfolgen. Für den Inhaber einer persönlich beschränkten Dienstbarkeit, die nachrangig nach Finanzierungsgrundschulden oder sonstigen Rechten in Abteilung II und Abteilung III des Grundbuchs eingetragen ist, besteht insoweit das Risiko, dass die zu seinen Gunsten eingetragene dingliche Sicherung als Folge eines Zwangsversteigerungsverfahrens erlischt, wenn die Zwangsversteigerung aus einem vorrangigen Recht betrieben wird. Die mit der Insolvenz eines Vertragspartners für die Projektgesellschaft verbundenen Risiken können mit einer persönlich beschränkten Dienstbarkeit daher nur dann wirksam eingeschränkt werden, wenn diese an rangerster Stelle eingetragen wird. Sollten vorrangige Belastungen existieren, sollten die hieraus Berechtigten mit ihrem dinglichen Rechten hinter die persönlich beschränkte Dienstbarkeit im Rang zurücktreten.

Die Besonderheit der persönlich beschränkten Dienstbarkeit besteht allerdings darin, dass sie gemäß § 1092 BGB unveräußerlich und unübertragbar ist. Die Rechte aus dieser dinglichen Belastung können einem Dritten nur mit Zustimmung des Grundstückseigentümers überlassen werden. Während der Laufzeit der Projektfinanzierung kann aber nie ausgeschlossen werden, dass Umstände eintreten, die eine Übertragung der Rechte aus der persönlich beschränkten Dienstbarkeit erforderlich werden lassen. Beispielhaft sei hier nur an den Verkauf des Projekts erinnert. Im Falle der Insolvenz des Grundstückseigentümers kann nur der Insolvenzverwalter die Überlassung der Ausübung der Rechte aus der persönlich beschränkten Dienstbarkeit gestatten. Um die damit verbundenen Unwägbarkeiten zu vermeiden, kann der Grundstückseigentümer bereits bei Bestellung der Dienstbarkeit die Ausübung der Rechte aus der Dienstbarkeit an Dritte gestatten. Doch selbst bei einer solchen Gestattung würde dieser Dritte nie ein eigenes dingliches Recht und die damit verbundene gesicherte Rechtsposition erwerben. Aus diesem Grund wird häufig gleich zu Beginn des Projekts zwischen der Projektgesellschaft und den Eigentümern des Betriebsgrundstücks bzw. den

Eigentümern der Grundstücke, auf denen Leitungsrechte benötigt werden, vereinbart, dass eine Vormerkung im Grundbuch eingetragen wird, die für den Fall des Verkaufs des Projekts dem Erwerber die Bestellung der für das Projekt notwendigen persönlich beschränkten Dienstbarkeiten sichert. Voraussetzung ist hierfür freilich, dass der künftige Erwerber des Projekts bereits bei Projektbeginn bekannt ist.

3.6.7 Eintrittsrechte des Finanzierers in Verträge der Projektgesellschaft

Die Projektfinanzierung ist im Unterschied zur klassischen Unternehmensfinanzierung nicht in erster Linie auf die Bonität des Darlehensnehmers, sondern auf die Wirtschaftlichkeit des Projekts selbst abgestellt. Vor diesem Hintergrund ist das Finanzierungsinstitut auch im Falle der Insolvenz der Projektgesellschaft als Darlehensnehmer vorrangig an den Erträgnissen aus dem Projekt zur Sicherung des Kapitaldiensts interessiert. Wie bereits dargestellt, geht jedoch mit dem Übergang der Verwaltungs- und Verfügungsbefugnis auf den Insolvenzverwalter auch die Entscheidung über die Fortführung des Projekts auf den Insolvenzverwalter über. Er wird als Interessenvertreter aller Gläubiger das Projekt jedoch nur dann fortführen, wenn das Risiko kalkulierbar und die Erträge aus dem Projekt allen und damit auch denjenigen Gläubigern zufließen, die nicht unmittelbar am Projekt beteiligt sind. Da die Erträge aus dem Projekt nicht selten an den Finanzierer im Rahmen einer Sicherungszession abgetreten sind, ist es nicht auszuschließen, dass der Insolvenzverwalter der Gläubigerversammlung vorschlägt, das Projekt einzustellen, wenn nicht seitens des absonderungsberechtigten Finanzierers Zugeständnisse an die Insolvenzmasse gemacht und zumindest ein Teil der abgetretenen Erträge freigegeben werden.

Um sich den Zugriff auf das finanzierte Projekt im Falle der Eröffnung des Insolvenzverfahrens über das Vermögen der Projektgesellschaft auch dann zu sichern, wenn das Projekt in der Insolvenz nicht fortgeführt wird, kann sich das Finanzierungsinstitut die Rechte aus dem Projekt und insbesondere die schuldrechtliche Rechtsposition der Projektgesellschaft aus den verschiedenen, zum Projekt gehörenden Verträgen, insbesondere die Rechte aus dem Mietvertrag und sonstigen für das Projekt wichtigen Verträgen abtreten lassen, wobei die Offenlegung der Abtretung in die Entscheidung des Finanzierungsinstituts gelegt wird. Mit der Abtretung wird dem Finanzierer zudem das Recht eingeräumt, die an ihn abgetretenen Rechte auch auf Dritte seiner Wahl zu übertragen.

Eine von der Entscheidung des Insolvenzverwalters im Insolvenzverfahren der Projektgesellschaft unabhängige Fortführung des Projekts ist allerdings nur dann gesichert, wenn die Abtretung der schuldrechtlichen Ansprüche durch die dingliche Sicherung der Rechtsposition des Finanzierers für den Insolvenzfall ergänzt wird. Dies gilt insbesondere für die dingliche Sicherung der Nutzungsrechte durch Bestellung einer beschränkt persönlichen Dienstbarkeit zu Gunsten der Projektgesellschaft. Da das gesetzliche Regelungsmodell der beschränkt persönlichen

Dienstbarkeit eine Übertragbarkeit auf Dritte gerade ausschließt (§ 1092 BGB), kann die dingliche Sicherung der Interessen des Finanzierungsinstituts nur im Wege eines echten Vertrags zu Gunsten Dritter gesichert werden. Bereits bei Projektbeginn hat die Projektgesellschaft mit dem Grundstückseigentümer neben der Bestellung der beschränkt persönlichen Dienstbarkeit zu ihren Gunsten auch zu Gunsten des Finanzierers ein solches dingliches Nutzungsrecht zu vereinbaren und durch eine Vormerkung sichern zu lassen. Wird die Bestellung der beschränkt persönlichen Dienstbarkeit im Wege eines echten Vertrages zu Gunsten Dritter nach § 328 BGB vereinbart, führt auch ein späterer Übergang der Verwaltungs- und Verfügungsbefugnis auf einen Insolvenzverwalter zu keiner Einschränkung der Rechtsposition des Finanzierungsinstituts.

Mit der Eröffnung des Insolvenzverfahrens gibt die Insolvenzordnung dem Insolvenzverwalter mit dem Anfechtungsrecht nach §§ 130 ff. InsO ein scharfes Schwert in die Hand, mit dem er die vorinsolvenzlichen Vertragsgestaltungen wirksam angreifen kann. Selbst im Licht der in weiten Zügen insolvenzverwalterfreundlichen Rechtsprechung des BGH sollte die vorstehend geschilderte Gestaltungspraxis unbedenklich sein. Voraussetzung für eine erfolgreiche Anfechtung ist regelmäßig, dass eine konkrete Vertragsgestaltung, die in der Krise der Projektgesellschaft oder zumindest in deren Vorfeld erfolgte, geeignet war, die Interessen einzelner Gläubiger zum Nachteil der Gesamtgläubigerschaft zu begünstigen. Soweit sowohl die Abtretung schuldrechtlicher Ansprüche als auch die dingliche Sicherung der Rechtsposition des Finanzierers bereits zu Projektbeginn erfolgt ist, dürften diese Anfechtungsvoraussetzungen nicht erfüllt sein.

Es ist bereits darauf hingewiesen worden, dass § 119 InsO die Vertragsfreiheit der Parteien im Rahmen einer Projektfinanzierung einschränkt, indem von dem Regelungsmodell der §§ 103 – 118 InsO abweichende vertragliche Vereinbarungen unwirksam sind. In seiner Entscheidung vom 15.11.2012[282] hat der BGH zur Frage von insolvenzbedingten Lösungsklauseln am Beispiel von Energielieferungsverträgen Stellung genommen. Im Leitsatz heißt es:

> Lösungsklauseln in Verträgen über die fortlaufende Lieferung von Waren und Energie, die an den Insolvenzantrag oder die Insolvenzeröffnung anknüpfen, sind unwirksam.

Der BGH stellt damit klar, dass Verträge über wiederkehrende Leistungen nicht allein mit dem Hinweis auf den Eintritt des Insolvenzereignisses gekündigt werden können und so über das Insolvenzereignis hinaus grundsätzlich zunächst Bestand haben. Dabei befasst sich der BGH in den Entscheidungsgründen ganz generell mit der Frage des Eingriffs der Bestimmung des § 119 InsO in das Prinzip der Vertragsfreiheit. Nach Auffassung des BGB erweist sich die zwischen den Vertragsparteien vereinbarte Lösungsklausel als

282 BGH vom 15.11.2012 – IX ZR 169/11 ZInsO 2013, 292 ff.

> ... unwirksam im Sinne von § 119 InsO, weil sie im Voraus das Wahlrecht des Insolvenzverwalters nach § 103 InsO ausschließt.[283]

Auch wenn der BGH in der vorgenannten Entscheidung nicht über die Wirksamkeit von im Rahmen der Projektfinanzierung zwischen den Finanzierungsparteien getroffenen Vereinbarungen zu entscheiden hatte, bleibt festzuhalten, dass § 119 InsO der Vertragsfreiheit im Verhältnis zwischen Projektgesellschaft und Finanzierer nur insoweit Grenzen setzt, wie vertragliche Vereinbarungen die Entscheidungsfreiheit des Insolvenzverwalters einschränken. Die vorstehend beschriebenen Gestaltungen zur Sicherung des Fortgangs des Projektes über das Insolvenzverfahren hinaus, schränken den Insolvenzverwalter in seinem Wahlrecht gerade nicht ein. Beabsichtigt der Insolvenzverwalter das Projekt fortzusetzen und verlangt die Erfüllung bestehender Verträge nach § 103 InsO, so ist er im Gegenzug an die im Vorfeld der Insolvenz getroffenen Vereinbarungen der Parteien gebunden und hat die von der Projektgesellschaft übernommenen Verpflichtungen zu erfüllen. Ein Anspruch auf insolvenzrechtliche Anpassung der vom Insolvenzverwalter nach § 103 InsO fortgeführten Vertragsverhältnisse räumt ihm das Insolvenzrecht nicht ein. Lehnt der Insolvenzverwalter die Fortsetzung des Projekts unter Hinweis auf § 103 InsO ab, so räumt die Abtretung von schuldrechtlichen Vereinbarungen an den Finanzierer für den Insolvenzfall dem Finanzierer die Möglichkeit ein, mit anderen Vertragspartnern ein Projekt fortzuführen, von dem sich der Insolvenzverwalter verabschiedet hat. Auch hier kann keine Einschränkung seines Wahlrechts nach § 103 InsO gesehen werden.

Es bleibt als Zwischenergebnis festzuhalten, dass dem in der Projektfinanzierung anzutreffenden System der vertraglichen Sicherung der Fortführung des Projekts über den Insolvenzfall der Projektgesellschaft hinaus keine insolvenzrechtlichen Bedenken entgegenstehen, soweit durch frühzeitige Vertragsgestaltung das Anfechtungsrisiko vermieden wird.

3.6.8 Sanierungschancen im eröffneten Insolvenzverfahren

Der Antrag auf Eröffnung des Insolvenzverfahrens über das Vermögen der Projektgesellschaft ist oft die letzte Alternative, wenn außergerichtliche Sanierungsversuche im Vorfeld erfolglos geblieben sind. Dabei scheitern außergerichtliche Sanierungsbemühungen nicht selten an dem Widerstand einzelner Gläubiger bzw. Gläubigergruppen, die entweder aus eigenen wirtschaftlichen Zwängen dem vorgelegten Sanierungskonzept nicht zustimmen können oder die auf Grund mangelhafter Kommunikation von dessen wirtschaftlichen Vorzügen nicht überzeugt werden konnten. In all diesen Fällen muss die Insolvenz der Projektgesellschaft aber nicht zwangsläufig das Ende des finanzierten Projektes bedeuten. Es ist schon darauf hingewiesen worden, dass

283 BGH vom 15.11.2012 – IX ZR 169/11, Rn. 8.

der unmittelbar nach Insolvenzantragstellung eingesetzte vorläufige Insolvenzverwalter regelmäßig bemüht ist, des Projekt zunächst bis zur Eröffnung des Insolvenzverfahrens fortzuführen, da eine abrupte Beendigung des Projektes zu einer Vernichtung des Firmenwertes der Projektgesellschaft führen würde. Eine solche für die Gläubiger der Projektgesellschaft nachteilige Veränderung der Vermögenslage soll aber gerade durch den vom Insolvenzgericht bestellten vorläufigen Insolvenzverwalter vermieden werden. Auf der anderen Seite wird der vorläufige Insolvenzverwalter sich um die Fortführung des Projektes bemühen, um der Entscheidung der Gläubigerversammlung über den Fortgang des Insolvenzverfahrens nicht vorzugreifen. Im Insolvenzeröffnungsverfahren kann daher mit hoher Wahrscheinlichkeit davon ausgegangen werden, dass das Projekt zunächst gerade mit Hilfe der vom Insolvenzgericht angeordneten Sicherungsmaßnahmen fortgesetzt wird.

Im eröffneten Insolvenzverfahren bietet sich für den Insolvenzverwalter dann regelmäßig die Möglichkeit, das Projekt auf einen neuen Unternehmensträger im Wege eines als Asset Deals[284] ausgestalteten Unternehmenskaufvertrages zu übertragen und das Projekt von dem neuen Unternehmensträger fortführen zu lassen. Als Gegenleistung fließt der Insolvenzmasse der Kaufpreis zu, aus der die Gläubiger bei Verfahrensbeendigung eine quotale Befriedigung ihrer zur Insolvenztabelle festgestellten Forderung erhalten. Zudem gestattet eine solche **übertragende** Sanierung, die der Zustimmung der Gläubigerversammlung bedarf, den bisherigen Partnern des Projektes einschließlich den Finanzierungsgesellschaften, die das Projekt finanziert haben, sich an der Fortführung des Projektes im Rahmen von neuen Vereinbarungen mit der Auffanggesellschaft zu beteiligen.

Mit dem Inkrafttreten der Insolvenzordnung hat das deutsche Insolvenzrecht den Beteiligten mit dem so genannten **Insolvenzplanverfahren** ein weiteres Sanierungsinstrument an die Hand gegeben. Im Insolvenzplanverfahren tritt die Sanierung des insolventen Unternehmens an die Stelle seiner Abwicklung, wenn damit eine bessere Befriedigung der Gläubiger im Vergleich zu einer Zerschlagung des insolventen Unternehmens und Verwertung der vorgefundenen Vermögenswerte erreicht wird. Dabei steht auch im Insolvenzplanverfahren in letzter Konsequenz die Befriedigung der Gläubiger im Vordergrund. Die Sanierung des Unternehmens des Gemeinschuldners ist nicht Selbstzweck des Insolvenzplanverfahrens und ersetzt auch nicht das Prinzip der optimalen Befriedigung der Gläubiger. Der Insolvenzplan tritt vielmehr nur dann an die Stelle der Regelinsolvenz, wenn er die besseren Möglichkeiten der Gläubigerbefriedigung bietet.

284 Der Verkauf eines Unternehmens kann sowohl in der Form des Anteilskaufes (Share Deal) als auch in der Form des Verkaufs aller zu dem Unternehmen gehörenden Vermögenswerte (Asset Deal) erfolgen. Während beim Share Deal der Käufer die Anteile an dem Unternehmensträger erwirbt, werden beim Asset Deal alle für die Fortführung des Unternehmens oder bestimmter Teile des Unternehmens erforderlichen Vermögensgegenstände auf den Käufer übertragen.

Der aus dem darstellenden und dem gestaltenden Teil sowie den Anlagen bestehende Insolvenzplan ist im Kern ein Unternehmens- oder Sanierungskonzept, mit dem die Gläubiger durch ihre Annahme einer vom gesetzlichen Modell der Regelinsolvenz abweichenden Abwicklung des Insolvenzverfahrens zustimmen. Als Voraussetzung der Abstimmung über den Insolvenzplan sind die Gläubiger in dem Insolvenzplan gemäß § 222 InsO in verschiedene Gruppen einzuteilen. Der Insolvenzplan gilt nach § 244 InsO nur dann als angenommen, wenn in jeder Gruppe die Mehrheit der stimmberechtigten Gläubiger dem Insolvenzplan zugestimmt hat und die zustimmenden Gläubiger mehr als die Hälfte der Forderungen der stimmberechtigten Gläubiger auf sich vereinen.

Mit der Annahme des Insolvenzplans durch die Mehrheit der Gläubiger und der Zustimmung des Schuldners wird der Insolvenzplan mit der Bestätigung durch das Insolvenzgericht wirksam. Die Zustimmung des Schuldners ist gemäß § 247 Abs. 2 InsO unbeachtlich, wenn der Schuldner mit dem Insolvenzplan voraussichtlich nicht schlechter als im Regelinsolvenzverfahren gestellt wird und keinem Gläubiger ein wirtschaftlicher Vorteil mit dem Insolvenzplan zugewiesen wird, der dessen Forderung übersteigt.

Mit der in Rechtskraft erwachsenen Bestätigung des Insolvenzplans durch das Insolvenzgericht wird das Insolvenzverfahren aufgehoben, soweit der Insolvenzplan nicht etwas anderes vorsieht. Der Schuldner erhält die Verwaltungs- und Verfügungsbefugnis, die mit Eröffnung des Insolvenzverfahrens auf den Insolvenzverwalter übergegangen war, zurück. Dem Insolvenzverwalter obliegt, soweit der Insolvenzplan nicht etwas anderes vorsieht, nach Aufhebung des Insolvenzverfahrens gemäß § 261 InsO lediglich die Überwachung der Umsetzung des Insolvenzplans. Stellt der Insolvenzverwalter im Rahmen seiner Überwachungsaufgaben eine Abweichung vom Insolvenzplan fest, so hat er diese dem Insolvenzgericht und dem Gläubigerausschuss mitzuteilen. Die Dauer der Überwachungsphase regelt der Insolvenzplan.

Ehe abschließend zu den Chancen und Risiken des Insolvenzplanverfahrens für die Bewältigung von Unternehmenskrisen aus der Perspektive der Projektfinanzierung Stellung genommen wird, soll im Weiteren zunächst auf zwei Besonderheiten des Insolvenzplanverfahrens, nämlich auf die rechtsgestaltende Kraft des Insolvenzplans und das Obstruktionsverbot näher eingegangen werden.

Die rechtsgestaltende Kraft des Insolvenzplans

Gemäß § 254 InsO treten die im gestaltenden Teil des Insolvenzplans vorgesehenen Rechtswirkungen für und gegen alle Beteiligten mit Rechtskraft des Insolvenzplans ein. Im Unterschied zu Sanierungskonzepten außerhalb des Insolvenzplanverfahrens bedarf es zur Umsetzung der verschiedenen Sanierungsmaßnahmen keiner gesonderten Verpflichtungs- und Verfügungsgeschäfte. Soweit einzelne Rechtsgeschäfte, wie beispielsweise die Übertragung von Grundbesitz oder Geschäftsanteilen an einer GmbH einer besonderen Form bedürfen, gilt das Formerfordernis mit dem Insolvenzplan gemäß § 254a InsO als bewirkt. Die Rechtsänderung ist dann auf Grundlage des Insolvenzplans in den jeweiligen öffentlichen Registern zu vollziehen. Gleiches gilt für eventuell notwendige Gesellschafterbeschlüsse beim Schuldner. Soweit derartige Gesellschafterbeschlüsse für Veränderungen der Anteils- und Mitgliedschaftsverhältnisse beim Schuldner erforderlich sind, gelten die in dem Insolvenzplan verankerten Gesellschafterbeschlüsse als gefasst. Der Insolvenzverwalter ist gemäß § 254a Abs. 2 InsO berechtigt, eventuell notwendige Anmeldungen beim Handelsregister unter Vorlage des Insolvenzplans vorzunehmen.

Der Insolvenzplan eröffnet den Beteiligten daher die Möglichkeit, alle für die Sanierung erforderlichen Rechtsgeschäfte einheitlich in einem Paket zu regeln. Die enge Verflechtung der verschiedenen Rechtsgeschäfte führt in der Sanierung außerhalb von Insolvenzplänen häufig dazu, dass Verträge vielfach wechselseitig unter der aufschiebenden Bedingung des Zustandekommens sämtlicher für das Sanierungskonzept erforderlichen Verträge und Rechtsänderungen geschlossen werden. Dies führt bei den Beteiligten häufig zu einer erheblichen Rechtsunsicherheit und zu zeitlichen Verzögerungen, die einer zügigen Bewältigung der Unternehmenskrise entgegenstehen.

Das Obstruktionsverbot nach § 245 InsO

Unternehmenskrisen führen zwangsläufig zu widerstreitenden Interessen unter den Beteiligten. Gläubiger müssen auf einen Teil ihrer Forderung verzichten und haben naturgemäß häufig unterschiedliche Vorstellung über den sinnvollsten Weg zur Schadensbegrenzung. Der Schuldner wird in der Suche nach Wegen zur Beseitigung der Unternehmenskrise bemüht sein, Möglichkeiten zur Erhaltung des Unternehmens zu finden und die Gläubiger hiervon zu überzeugen. Zudem unterliegen Gläubiger in ihren Entscheidungen nicht selten unterschiedlichen Zwängen. Das Zusammenführen dieser unterschiedlichen Interessen ist der Kern einer jeden Sanierung.

Für die außergerichtliche Sanierung ist die Zustimmung aller Gläubiger erforderlich. Anderenfalls droht die Sanierung an der Anfechtung des Sanierungsvergleichs durch einzelne Gläubiger zu scheitern. Außergerichtliche Sanierungen müssen heute den vom Institut der Wirtschaftsprüfer zusammengefassten „Anforderungen an Sanierungskonzepte" (IDW S 6) entsprechen, um einer gegebenenfalls notwendigen gerichtlichen Überprüfung Stand zu halten.

Dieses Problem ist vom Gesetzgeber bei der mit Inkrafttreten der Insolvenzordnung abgeschlossenen Reform des Insolvenzrechts frühzeitig erkannt worden. Das Widerspruchsrecht einzelner Gläubiger gegen den Insolvenzplan wird in § 251 InsO auf den Fall beschränkt, dass einzelne Gläubiger nachweisen, dass sie durch den Insolvenzplan voraussichtlich schlechter gestellt werden als durch die Abwicklung des Insolvenzverfahrens als Regelinsolvenz. Im Übrigen kann der Widerspruch nur bis zum Abstimmungstermin erhoben werden. Selbst für den Fall, dass der widersprechende Gläubiger eine Schlechterstellung durch den Insolvenzplan nachweist, ist der Widerspruch abzuweisen, wenn der Insolvenzplan für den Fall der nachgewiesenen Schlechterstellung im gestaltenden Teil Mittel für einen Interessenausgleich vorsieht.[285]

Darüber hinaus sieht das Obstruktionsverbot nach § 245 InsO eine Möglichkeit zur Durchsetzung des Insolvenzplans gegen den Widerstand mehrerer Gläubiger vor. Wie bereits vorstehend ausgeführt, gilt der Insolvenzplan als angenommen, wenn er in allen zu diesem Zweck gebildeten Gläubigergruppen sowohl eine Kopfmehrheit als auch eine Mehrheit der vertretenen Forderungen erhält. Erreicht der Insolvenzplan in einer dieser Gläubigergruppen diese Mehrheit nicht, kann die Zustimmung dieser Gläubigergruppe durch richterliche Entscheidung ersetzt werden, wenn:

- die Angehörigen einer solchen Gruppe durch den Insolvenzplan voraussichtlich nicht schlechter gestellt werden als in der Regelinsolvenz,
- die Gläubiger dieser Gruppe angemessen an dem wirtschaftlichen Ergebnissen des Insolvenzplans beteiligt sind und
- der Insolvenzplan die Zustimmung der Mehrheit der Gläubigergruppen erhalten hat.[286]

Mit dem Obstruktionsverbot nach § 245 InsO hält das deutsche Insolvenzrecht ein geeignetes Instrument gegen eine unangemessene Durchsetzung von Partikularinteressen einzelner Gläubiger bereit. Eine im Ergebnis für die Gesamtheit der Gläubigerschaft wirtschaftlich sinnvolle Sanierungslösung kann im Rahmen eines Insolvenzplanverfahrens mithin auch gegen die Interessen einzelner Gläubiger und sogar einzelner Gläubigergruppen durchgesetzt werden. Der in der außergerichtlichen Sanierung nicht selten auftretende Akkordstörer hat im Insolvenzplanverfahren somit seinen Schrecken verloren.

Das Insolvenzplanverfahren als wirksames Instrument zur Überwindung von Unternehmenskrisen in der Projektfinanzierung

Es ist bereits darauf hingewiesen worden, dass die Projektfinanzierung in erster Linie auf die wirtschaftliche Tragfähigkeit des jeweiligen Projekts abstellt. In der Krise der Projektgesellschaft ist aber auch dann, wenn wichtige Vertragspartner der Projektgesellschaft in wirtschaftliche Schwierigkeiten geraten, die Fortführung des Projekts, gegebenenfalls auch mit anderen Partnern, vorrangiges Ziel des Finanzierers. Dies gilt insbesondere in der Insolvenz der Finanzierungsgesellschaft. Die mit Eröffnung des Insolvenzverfahrens über das Vermögen des Schuldners auf den Insolvenzverwalter übergehende Verwaltungs- und Verfügungsbefugnis und die dem Insolvenzverwalter eingeräumten Gestaltungsrechte, stellen dabei ein erhebliches Risiko für die

285 Vgl. § 251 Abs. 2 InsO.
286 Vgl. § 245 InsO.

Durchsetzung der Interessen des Finanzierers dar. Eine weitgehende Sicherung der Rechtsposition des Finanzierers, die auch im eröffneten Insolvenzverfahren Bestand hat, ist sicherlich ein Weg, um das Insolvenzrisiko zu minimieren.

Das vorstehend geschilderte Insolvenzplanverfahren stellt gerade unter dem Aspekt der Fortführung des Projekts trotz eingetretener Insolvenz eine beachtenswerte Alternative dar. Gelingt es, die Vorstellung an der Fortführung des Projekts in einem Insolvenzplanverfahren festzuschreiben, bietet zunächst die vorstehend beschriebene rechtsgestaltende Kraft des Insolvenzplans aus der Sicht der Finanzierungsgesellschaften die Chance einer zügigen Projektfortführung. Da sämtliche mit der Projektfortführung erforderlichen Rechtsgeschäfte im Insolvenzplan in einem Paket gestaltet werden können, ist die Gefahr, dass die Fortführung am Nichtzustandekommen eines einzelnen Rechtsgeschäfts scheitert, erheblich minimiert.

Zudem gestattet das eingeschränkte Widerspruchsrecht einzelner Gläubiger gegen den Insolvenzplan und das in § 245 InsO ausgestaltete Obstruktionsverbot die Fortführung des finanzierten Projekts auch gegen den Widerstand einzelner Gläubiger und im äußersten Fall auch gegen die Interessen einzelner Gläubigergruppen. Der Insolvenzplan ist gerade im Fall der Insolvenz der Projektgesellschaft ein interessantes rechtliches Gestaltungsinstrument zur Umsetzung der Interessen der an der Projektfortführung Beteiligten.

Literaturverzeichnis

Ende, H; *Uhlenbruck Insolvenzordnung*, 14. Aufl., München 2015

Eckwert; Münchner Kommentar zur Insolvenzordnung, Band 2, 3. Aufl., München 2013

Dealender; Die Rechtsstellung des Wohn- und Gewerberaummieters in der Insolvenz in: *Neue Zeitschrift für Mietrecht* 2004, 568, S. 572

3.7 Exitszenario – Veräußerung von Non-Performing-Loan-Portfolien

Daniel Marhewka

Der Exit aus einer Projektfinanzierung in der Krise stellt eine Option dar, die unter gewissen Voraussetzungen in Betracht gezogen werden sollte. In diesem Kapitel werde ich mich mit der Frage befassen, ob ein Exit durch die Veräußerung einer Projektfinanzierung in der Krise als „Ende mit Schrecken" eine Alternative zu einer Fortführung sein kann, warum und wann ein solcher Exit in Betracht gezogen wird (3.7.1). Sofern die Entscheidung zum Exit getroffen wurde, stellt sich die Frage nach potentiellen Käufern und dem Kaufpreis (3.7.2) sowie dem Veräußerungsprozess (3.7.3). Außerdem ist aus juristischer Sicht entscheidend, welche vertragliche Dokumentation für den Verkauf benötigt wird und welche Weichen in den Verträgen zu stellen sind (3.7.4). Abschließend sollen noch mögliche alternative Strukturen zum Verkauf der Darlehen(sforderungen) dargestellt werden (3.7.5).

3.7.1 „Ende mit Schrecken" statt „Schrecken ohne Ende" – Gründe und Zeitpunkt für die Veräußerung von Non-Performing-Loan-Portfolien

Projektfinanzierungen können aus unterschiedlichsten Gründen in eine Krisensituation geraten: In Betracht kommen hier auf das einzelne Projekt bezogene Schwierigkeiten, aber auch systematische Probleme, die dann meist Auswirkungen auf eine Vielzahl von Projekten haben. Während aus Projektsicht beide Fälle meist fatale Auswirkungen haben, ist der systematische Fall für die Beteiligten meist ungleich schwerwiegender, da ein Engagement dieser sich oft auf eine Vielzahl von Projektfinanzierungen derselben Art bezieht, die dann insgesamt von dem systematischen Problem erfasst sind. Das Portfoliorisiko trifft in solchen Fällen die projektfinanzierenden Banken in einem besonderen Maße. Da in dieser Situation aber auch die Sponsoren leiden, wird der Spielraum für Lösungen und Änderungen häufig sehr gering.

Ein Beispiel für ein solches systematisches Risiko, das sich vor einigen Jahren realisiert hat und dessen Spätfolgen die Beteiligten weiterhin beschäftigt, ist der spanische Solarmarkt.[207] Die Kürzungen der Einspeisevergütungen durch den spanischen Staat haben die wirtschaftlichen Rahmenbedingungen für und die Rentabilität von spanischen Solaranlagen erheblich verschlechtert. Dies hatte unausweichlich

287 Vgl. für viele andere: *Die Welt* vom 3. September 2013 – „Das plötzliche Ende der spanischen Energiewende", http://www.welt.de/wirtschaft/article119635588/Das-ploetzliche-Ende-der-spanischen-Energiewende.html; *erneue energie* vom 17. Juli 2013, „Spanien schafft Einspeisevergütung faktisch ab", https://www.neueenergie.net/politik/europa/spanien-schafft-einspeiseverguetung-faktisch-ab; jeweils zur letzten Änderung im spanischen System der Einspeisevergütung für Solarparks.

nachteilige Auswirkungen auf das Finanzmodell dieser Projekte, auf denen auch die Projektfinanzierung der Anlagen beruht.

Die Folge waren Projektfinanzierungen in der Krise – sogenannte Non Performing Loans („**NPL**"), d. h. Kredite, bei denen es zu einem Ausfall des Kreditnehmers gekommen ist bzw. die zumindest ein hohes Ausfallrisiko aufweisen.[288] Oft reichten die Einkünfte der Projekte nicht mehr aus, um den Schuldendienst der Projektfinanzierung zu bedienen. Und da die Beteiligten meist mehrere Projekte in Spanien realisiert bzw. finanziert hatten, musste eine Lösung für diese NPL gefunden werden.

Restrukturierung von NPL

Die ersten Überlegungen und Maßnahme vor dem Hintergrund eines NPL werden meist der Restrukturierung gelten. Dies hängt maßgeblich mit den Nachteilen und Risiken der Veräußerung von NPL-Portfolien zusammen.

Der Darlehensgeber wird bei einer Veräußerung in einer Krisensituation meist erhebliche Abschläge im Hinblick auf den Kaufpreis der Darlehensforderungen in Kauf nehmen müssen. Diese resultieren aus den Risikoabschlägen, die der Investor für die NPL einplant, aber auch einer risikoadäquaten Marge, die in einem solchen Fall durch den Investor kalkuliert wird.

Soweit die Darlehensforderungen zu einem Preis verkauft werden, der unter ihrem Buchwert liegt, wird durch den Verkauf handelsbilanziell ein Buchverlust realisiert.[289] Dies hat Auswirkungen auf die Finanzkennzahlen des Verkäufers, da der Verlust in der Handelsbilanz auf einmal erfasst werden muss und nicht auf mehrere Wirtschaftsjahre verteilt werden kann.[290] Diese einmalige Wertberichtigung, die teilweise über bereits vorgenommene Abschreibungen hinaus geeignet ist, die Finanzsituation des Verkäufers erheblich zu belasten, stellt einen der Gründe dar, die Eigentümer von NPL-Portfolien lange vor einem Verkauf solcher Portfolien zurückschrecken ließ und teilweise immer noch zurückschrecken lässt. Stattdessen werden die wertberichtigten Forderungen häufig weiter im Eigentum gehalten.

Zudem sollten auch zwei psychologische Aspekte in diesem Zusammenhang nicht unterschätzt werden: Die Parteien sind stets bestrebt, das ursprüngliche Engagement zu retten und in einer Restrukturierung den notleidenden Kredit weiter bestehen zu lassen. Zudem kann ein Verkauf der NPL eine negative Presse und einen Reputationsverlust nach sich ziehen, was für die Entwicklung künftigen Geschäfts in der Projektfinanzierung der Assetklasse nachteilig sein kann.

---

288 *Dick*, Der Verkauf von Non Performing Loans, 2010, S. 1.

289 *Kirsten/Kreppel*, NPL-Transaktionen aus Sicht der Verkäufer – Risiken und Lösungsansätze, BKR 2005, 123 ff.

290 *Kirsten/Kreppel*, NPL-Transaktionen aus Sicht der Verkäufer – Risiken und Lösungsansätze, BKR 2005, 123 ff.

Motivation zum Verkauf von NPL

Die Motivationen, warum der Kreditgeber gleichwohl die Veräußerung von NPL als Alternative in Betracht ziehen dürfte, sind vielseitig:

1. Der Verkauf von NPL soll beim Verkäufer bilanzentlastende Wirkung haben.[291]
2. Damit verbunden ist das Ziel der Verringerung des für die NPL vorzuhaltenden regulatorischen Eigenkapitals.[292]
3. Nicht zu unterschätzen ist zudem, dass die Restrukturierungssituation eines NPL erhebliche personelle und finanzielle Ressourcen bei dem Kreditgeber bindet, Kosten auf Beraterseite auslöst und dies bei einem meist ungewissen Ausgang der Restrukturierungsbemühungen. Diese Restrukturierungs- und Verwaltungskosten, die durch die Abwicklung notleidender Kreditengagements entstehen, sollen reduziert bzw. vermieden werden.[293] Solche Überlegungen gelten potenziert für ein NPL-Portfolio. Zwar lassen sich bei einer Portfoliobetrachtung Synergien heben, etwa durch gleichartige Darlehens- und Sicherheitendokumentationen und durch identische Beteiligte auf Seiten der Sponsoren und anderen beteiligten Projektparteien. Ein Portfolio wird aber nur in den seltensten Fällen vollkommen gleichartig sein. Daher wird in der Regel die Komplexität in Portfoliofällen durch u. a. (i) eine Vielzahl von Projektbeteiligten, (ii) die Variationen der Darlehens- und Sicherheitenverträge in den verschiedenen Projekten, (iii) die unterschiedlichen Rechtsordnungen, denen die Darlehen und Sicherheiten unterliegen und (iv) die schiere Anzahl der Dokumente und Einzelthemen exponentiell gegenüber der Veräußerung eines NPL steigen.
4. Abschließendes Ziel einer NPL-Transaktion ist die endgültige Trennung des Verkäufers von seinen notleidenden Darlehensforderungen und der dazugehörigen Verwaltung, ein Ziel, das eng mit der Motivation unter Ziffer 3. korreliert.[294]

Alle diese Motivationsgründe mögen in einer Abwägung des Für und Wider und des Sanierungsaufwandes zum Ergebnis führen, dass der Verkauf des NPL-Portfolios die bevorzugte Variante ist. Es handelt sich meist um das sprichwörtliche Ende mit Schrecken statt weitere Zeit und Ressourcen in den Schrecken der Krise der Projektfinanzierung zu investieren, der möglicherweise kein Ende haben wird.

---

291 *Kirsten/Kreppel*, NPL-Transaktionen aus Sicht der Verkäufer – Risiken und Lösungsansätze, BKR 2005, 123 ff.

292 *Kirsten/Kreppel*, NPL-Transaktionen aus Sicht der Verkäufer – Risiken und Lösungsansätze, BKR 2005, 123 ff.

293 *Kirsten/Kreppel*, NPL-Transaktionen aus Sicht der Verkäufer – Risiken und Lösungsansätze, BKR 2005, 123 ff.

294 *Kirsten/Kreppel*, NPL-Transaktionen aus Sicht der Verkäufer – Risiken und Lösungsansätze, BKR 2005, 123 ff.

Erscheinungsformen des Verkaufs von NPL

Die Erscheinungsformen der Veräußerung von NPL-Portfolien sind mannigfaltig. Sie reichen von einem vollständigen Übergang der Chancen und Risiken aus der zukünftigen Wertentwicklung der Problemkredite im Zuge eines so genannten Outright Sale bzw. True Sale, der einen vollständigen Risikoübergang sowie eine – auch regulatorische – Bilanzentlastung bzw. Liquiditätszufuhr beim Verkäufer bewirkt bis zu einer Fortdauer der Beteiligung des Verkäufers an der Wertentwicklung der Problemkredite, indem Bank und Investor ein Joint Venture zum Workout der NPL eingehen.[295] Meist verantwortet jedoch der Erwerber nach der Transaktion – ggf. auch durch einen externen Dienstleister – das Servicing, also die Verwaltung bzw. Bearbeitung der problembehafteten Kreditengagements, im Zuge dessen durch gezielte Maßnahmen die weiteren Verluste aus NPL verringern oder gar vermieden werden sollen.[296] Solche Maßnahmen sind die Sanierung, Liquidation oder Verwertung im Zusammenhang mit Problemkreditnehmern bzw. deren Vermögen.[297]

3.7.2 Käuferselektion und Kaufpreis

Sofern die Veräußerung eines NPL-Portfolios in Betracht gezogen wird oder die Entscheidung zur Veräußerung gar bereits gefallen ist, stellen sich verschiedene prozessuale Fragen: (i) Wer kommt als Käufer in Betracht? (ii) Welcher Erlös kann aus der Veräußerung erwartet werden? (iii) Wie läuft der Veräußerungsprozess ab (Abschnitt 3.7.3)?

Potentielle Käufer von NPL-Portfolien

Käuferselektion und Kaufpreis sind insbesondere abhängig von den Projekten, die durch die Projektfinanzierung finanziert werden und der Umfang der Krise dieser Projekte bzw. noch bestehende Sicherheiten, auf die der Erwerber gegebenenfalls zurückgreifen kann.

Auf Käuferseite dürften meist Debtfonds in Betracht kommen, deren Geschäftsmodell es ist, NPL zu bewerten und unter Einbeziehung des Ausfallrisikos, von Verwaltungs- und Vollstreckungskosten einen Preis für die Forderungen zu erzielen, der aus der Sicht dieser Finanzinvestoren ein positives Risiko-/Renditeverhältnis erwarten lässt. Das vorrangige Ziel solcher Investoren ist die Reduzierung des Kaufpreises, was wiederum erheblichen finanziellen Druck auf den Verkäufer ausübt, meist in Form weiterer Abschreibungen auf den Wert der von ihm finanzierten Projekte. Diese

295 *Dick*, Der Verkauf von Non Performing Loans, 2010, S. 11 f.

296 *Dick*, Der Verkauf von Non Performing Loans, 2010, S. 11 f.

297 *Dick*, Der Verkauf von Non Performing Loans, 2010, S. 11 f.

bilanziellen Nachteile machen ein solches Angebot meist nur attraktiv, wenn der Kreditgeber die Entscheidung getroffen hat, dass er sich endgültig von den Engagements trennen will und bereit ist, erhebliche Einschnitte in Kauf zu nehmen, um die Belastung, auch die Verwaltungs- und Reorganisationsbelastung, dauerhaft abgeben zu können.

Eine weitere Art von Käufern sind Fonds, die bereits in der Assetklasse der Projekte, die durch die Projektfinanzierung finanziert werden, engagiert sind und somit ein überschießendes strategisches Projektinteresse verfolgen. Diese Käufer können den Erwerb der NPL nutzen, um über einen späteren Debt-to-Equity Swap[298] oder die Verwertung von Sicherheiten die Projekte zu erwerben und diese dann weiter zu betreiben. Dieser strategische Investor hat oft auch einen erfahreneren Blick auf etwaige Einsparpotentiale, etwa im Zusammenhang mit der Betriebsführung der Projekte. Die natürliche Grenze des Kaufpreises in diesem Fall ist aber auch die Rentabilität der Projekte, deren Reduktion meist erst zu der Krise der Projektfinanzierung geführt hat. Daher wird der Verkäufer auch hier mit empfindlichen Einschnitten rechnen müssen. Es besteht jedoch die Chance, dass diese Einschnitte bereits durch Abschreibungen abgebildet sind und somit zumindest keine weiteren, erheblichen Abschreibungen notwendig werden.

Kaufpreis

Spezifische Aussagen zur Höhe des Kaufpreises lassen sich an dieser Stelle nicht treffen. Meist wird dieser in „Cent je Euro“ des noch ausstehenden Darlehensbetrages zum Ausdruck gebracht. Immer ist der Kaufpreis aber abhängig von (i) der Assetklasse des Projekts, (ii) dem einzelnen Projekt, (iii) den verfügbaren und übertragbaren Sicherheiten im Zusammenhang mit der Projektfinanzierung und (iv) etwaigen Sondersituationen auf Seiten der Käufer. Die Zahlen variieren dabei von noch nicht einmal einem Prozent der noch ausstehenden Darlehenssumme[299] bis zu 80 Prozent[300] der zu übertragenden Forderung.

Bei der Betrachtung der Angemessenheit des Kaufpreises sollte der zu erwartende künftige Aufwand mit der Projektfinanzierung in der Krise, auch interne Kosten und Opportunitätskosten, nicht außer Betracht bleiben. Am Ende des Tages ist die Einschätzung relevant, ob die im Zusammenhang mit dem Kaufpreis in Kauf zu nehmenden finanziellen Einschnitte die zukünftig zu erwartenden Kosten und Abschreibungen, welche aus der Fortführung bzw. der Sanierung des Kredits erwachsen, überwiegen.

---

298 Siehe Abschnitt 3.7.5 – Debt-to-Equity Swap.

299 *Kirsten / Kreppel*, NPL-Transaktionen aus Sicht der Verkäufer – Risiken und Lösungsansätze, BKR 2005, 123 ff., Fn. 5.

300 *Reul*/Heckschen/Wienberg, Insolvenzrecht in der Gestaltungspraxis, 2012, Rn. 197.

3.7.3 Prozess der Veräußerung

Der Prozess der Veräußerung von NPL-Portfolien ist dem einer M&A-Transaktion oder anderen Verkaufsprozessen ähnlich. Sofern nicht bereits bilaterale Kontakte zwischen einem potentiellen Käufer und dem Verkäufer bestehen, bietet sich in den meisten Fällen ein koordinierter Bieterprozess an.

Durch eine – im Idealfall – Vielzahl von Angeboten unterschiedlicher Bieter, die sich an dem Prozess beteiligen, hat der Verkäufer zudem den Vorteil, eine Validierung seiner Kaufpreiserwartungen von dem relevanten Käufermarkt zu erhalten. Bei der Vorbereitung eines solchen Bieterprozesses ist es wichtig, (i) potentielle Käufer zu identifizieren, die dann zu dem Prozess eingeladen werden, (ii) die Parameter des Prozesses im Hinblick auf den Inhalt und den Umfang des erwarteten Angebots möglichst eng und abschließend zu definieren, um eine Vergleichbarkeit der Angebote sicherzustellen und (iii) einen Zeitplan zu fixieren. Sofern aus bereits durchgeführten Restrukturierungen Informationen zu dem NPL-Portfolio vorliegen, ist es meist ratsam, diese den potentiellen Investoren in aufbereiteter Form zur Verfügung zu stellen. Dies erhöht die Transaktionssicherheit erheblich, da ein Investor sich nicht später unter Hinweis auf die neue Informationslage aus dem Prozess zurückziehen kann oder diese Informationen in den ökonomischen oder juristischen Verhandlungen zu seinen Gunsten zu nutzen in der Lage ist. Aber auch dem Investor kann diese anfängliche Transparenz und Informationslage eine kostenintensive Prüfung des Projekts ersparen, zu einem Zeitpunkt, in dem er sich noch in einem Bieterprozess befindet und somit ein Anreiz zur Verfolgung seines Interesses am Projekt sein. Selbst wenn diese Informationen nicht vorliegen, kann es sinnvoll sein, diese vor Beginn des Verkaufsprozesses – im Zuge einer Vendors Due Diligence – zusammenzutragen.[301] Aus der Erfahrung vieler Verkaufsprozesse sind die Kosten für eine solche Überprüfung im Vergleich zu etwaigen Preisabschlägen, wenn rechtliche oder steuerliche Themen im Laufe der Verhandlungen durch den Käufer aufgedeckt werden, eher gering. Sollte im Laufe der Vorprüfung im Zuge der Vendors Due Diligence ein Problem zu Tage treten, hat der Verkäufer oft die Möglichkeit, dieses zu lösen. Üblicherweise werden solche Probleme, wenn sie später im Zuge der Prüfung der Projekte durch den Käufer zu Tage treten, von diesem dazu genutzt, seine Verhandlungssituation zu verbessern, was auf Seiten des Verkäufers meist zu einer Preisreduktion führt.

Es hat sich in solchen Verkaufsprozessen zudem etabliert, dem Kreise der potentiellen Käufern einen Entwurf des zentralen Forderungserwerbs- und –abtretungsvertrages, in der Entwurfsfassung des Verkäufers zur Verfügung zu stellen und gemeinsam mit der Angebotsabgabe eine Überarbeitung dieses Dokuments durch

301 Die Vendors Due Diligence ist eine umfassende rechtliche, technische und wirtschaftliche Prüfung des Projektes durch den Verkäufer des Projektes.

den Käufer zu fordern. Hintergrund dieses Vorgehens ist, dass die Änderungen, die der Kaufinteressent in dem Entwurf vornimmt, aufschlussreich für den Verkäufer sein können. Diese Informationen beziehen sich u. a. auf die vom Käufer angestrebte Transaktionsstruktur und den Umfang der Garantien und Sicherheiten, die dieser fordert, woraus sich wiederum die Wahrscheinlichkeit ableiten lässt, dass die Parteien schnell zu einem gemeinsamen Ergebnis hinsichtlich des Vertrages kommen können. Verhandlungstaktisch bietet es sich stets an, den ersten Entwurf der zentralen Dokumente selbst zu erstellen, da es dann der anderen Seite obliegt, basierend auf diesem Stand einen Gegenentwurf zu erstellen. Die ersten Weichen sind aber mit dem ersten Entwurf bereits gestellt und insbesondere in einem Bieterprozess wird es einem Bieter, der sich im Wettbewerb wähnt schwerfallen, den vorliegenden Vertragsentwurf zu ignorieren.

3.7.4 Notwendige Vertragsdokumentation und inhaltliche Weichenstellung

Die notwendige Vertragsdokumentation zur Veräußerung eines NPL-Portfolios und die inhaltlichen Weichenstellungen in diesen Dokumenten richtet sich insbesondere danach,

1. ob das gesamte Vertragsverhältnis übertragen werden soll, d. h. dass der Verkäufer nach der Veräußerung nicht mehr Vertragspartei ist („**Vertragsübertragung**") oder ob nur die Darlehensforderung („**Forderungsabtretung**") übertragen werden soll (siehe unten unter **Vertragsübernahme vs. Forderungsabtretung**);
2. welche Arten von Sicherheiten übertragen werden sollen. Es existieren sogenannte akzessorische Sicherheiten, d. h. Sicherheiten, die an das Schicksal der zu Grunde liegenden Forderung geknüpft sind und automatisch bei einer Abtretung der zu Grunde liegenden Forderung den Eigentümer wechseln, wie z. B. die Verpfändung und andere Sicherheiten, die gesondert übertragen werden müssen, wie z. B. die Grundschuld (siehe unten unter **Übertragung von Sicherheiten**);
3. welches Recht gewählt wird, bzw. gewählt werden muss. Grundsätzlich steht es den Parteien frei, das anwendbare Recht für den Darlehensvertrag und die Übertragungsdokumentation betreffend die Darlehensforderungen zu wählen. Jedoch ist für die wirksame Bestellung und Übertragung von einigen Sicherheiten stets das Recht des jeweiligen Landes maßgeblich, in dem sich die Sicherheit befindet (siehe unten unter **Rechtswahl**);
4. ob spezielle Umstände des Einzelfalls zusätzlicher Regelungen bedürfen. Hierzu sollen im Folgenden (siehe unten unter **Weitere Anforderungen, zusätzlicher Regelungsbedarf**) einige Spezialfälle dargestellt werden. Diese Darstellung kann sich allerdings nur auf diese Spezialthemen aus der Beratungspraxis beziehen. Im Einzelnen bedarf es hinsichtlich des jeweils abzutretenden NPL-Portfolios einer Einzelbetrachtung, welche weiteren Regelungen und Anforderungen notwendig und relevant sind.

Vertragsübernahme vs. Forderungsverkauf

NPL werden überwiegend durch Forderungsabtretung übertragen, da es hierfür grundsätzlich keiner Zustimmung des Schuldners bedarf.[302] Grundlage hierfür ist immer ein schuldrechtlicher Vertrag zwischen Bank und Erwerber (siehe unten **Forderungsabtretung**). Alternativ kommt auch eine Übertragung des gesamten Darlehensverhältnisses in Betracht (siehe unten **Vertragsübertragung**).

Forderungsabtretung

Einzelne Darlehensforderungen können gemäß § 398 ff. des Bürgerlichen Gesetzbuchs („**BGB**“) durch Forderungsabtretung übertragen werden. Dies funktioniert selbstverständlich auch für Portfolien solcher Darlehensforderungen. Bei der Abtretung ist es von erheblicher Bedeutung, die von der Rechtsprechung entwickelten Grundsätze zur Bestimmbarkeit von Forderungsmehrheiten und die Grundsätze für Abtretungen zukünftiger Forderungen zu berücksichtigen. In der Praxis wird dies meist durch die Abtretung von sämtlichen Forderungen eines gewissen Zeitraums erreicht.[303]

Die Zustimmung des Kreditnehmer ist grundsätzlich nicht erforderlich, solange kein gesetzliches oder vertragliches Abtretungsverbot entgegensteht (§ 399 BGB). Dies ist daher essentiell, da der Darlehensgeber meist kein Interesse daran haben wird an der Abtretung mitzuwirken. In solchen Fällen ist diese Art der Übertragung der NPL auch die einzig mögliche.

Vertragsübertragung

Weitergehend als die soeben dargestellte Abtretung einzelner Darlehensforderungen ist die Übertragung des gesamten Darlehensverhältnisses, § 414 f. BGB. Dies setzt jedoch die Zustimmung sämtlicher Vertragspartner voraus, d. h. auch die des Schuldners und wird daher eher selten verfolgt, da meistens keine Zustimmung des Kreditnehmers vorliegen wird, oder diese nicht in planbarer Zeit erlangt werden kann. Gleichwohl kann die Vertragsübernahme in einigen Fällen wünschenswert sein, insbesondere, wenn der Veräußerer dauerhaft aus dem Kreditarrangement insgesamt ausscheiden möchte, etwa, weil der Verkäufer in absehbarer Zeit liquidiert werden soll. Der Aufwand dieser Konstruktion ist ungleich höher, da die Zustimmung des Dritten eingeholt werden muss. Vertraglich kann man für Übergangszeiträume Regelungen vorsehen, wenn eine solche Zustimmung nicht erfolgt. Aber natürlich wird durch diese Regelungen das Ziel der Transaktion, die dauerhafte und endgültige Übertragung des NPL-Portfolios durch den Verkäufer, nicht erreicht.

---

302 *Scharpf*, Risiken des Handels mit notleidenden Krediten, NJW 2009, 3476.

303 *Kirsten/Kreppel*, NPL-Transaktionen aus Sicht der Verkäufer – Risiken und Lösungsansätze, BKR 2005, 123, 124 f.

Übertragung von Sicherheiten

Mit der Darlehensforderung bzw. dem Darlehensvertrag sollen die Sicherheiten mit übertragen werden. Diese stellen stets einen wesentlichen Wert des Darlehens dar und die Übertragung ist daher essentiell.

Wie bereits oben dargestellt gibt es sogenannte akzessorische Sicherheiten, d. h. Sicherheiten, die an das Schicksal der zu Grunde liegenden Forderung geknüpft sind und automatisch bei einer Abtretung der zu Grunde liegenden Darlehensforderung den Eigentümer wechseln, wie z. B. die Verpfändung. Andere Sicherheiten müssen gesondert übertragen werden, wie z. B. die Grundschuld.

Ob die Sicherheit gesondert übertragen werden muss, ist jeweils für jede einzelne Sicherheit zu beurteilen und ist auch in verschiedenen Rechtsordnungen unterschiedlich zu bewerten. Sofern die Prüfung zu dem Ergebnis kommt, dass eine gesonderte Übertragung notwendig ist, ist dies bei der Übertragungsdokumentation entsprechend zu berücksichtigen. Die Notwendigkeit, eine gesonderte Übertragung der Sicherheit vorzunehmen, wirft in jedem Einzelfall zusätzliche Fragen auf: Bedarf es der Zustimmung des Sicherheitengebers zu dieser Übertragung? Wenn ja, wurde diese bei der Sicherheitenbestellung bereits antizipiert und war diese Vorwegnahme wirksam?

Sofern viele Sicherheiten existieren, kann es eine ratsame Struktur sein, diese mit den Darlehensverträgen zunächst abzuspalten, was in der Folge noch eingehender zu beleuchten sein wird.[304] Es stellt sich auch immer die Frage nach der richtigen Form der Übertragung. Die Verpfändung eines Geschäftsanteils an einer Gesellschaft mit beschränkter Haftung in Deutschland muss z. B. vor einem Notar vollzogen werden und grundbuchrechtlich eingetragene Sicherheiten müssen in der Regel auch durch Änderung der Eintragung im Grundbuch übertragen werden.

Je nachdem, in welcher Rechtsordnung der sichernde Vermögensgegenstand belegen ist, mag es zudem sachrechtliche Fragestellungen des anwendbaren Rechts geben, die beantwortet werden müssen, um eine rechtswirksame Übertragung der Sicherheiten zu erreichen.

Im Folgenden betrachten wir den Fall, dass ein grenzüberschreitendes NPL Portfolio, das aus spanischen Solarparks besteht, veräußert werden soll. Die Tab. 3.5 gibt einen Überblick, welche Sicherheiten zu übertragen und welche Anforderungen an die Übertragung zu beachten sind.

Rechtswahl

Die Parteien können das Recht, dem die Verträge zwischen ihnen zur Übertragung der Darlehensforderungen und damit zusammenhängender Rechte unterliegen, grundsätzlich frei wählen.[305] Ausnahmen bestehen jedoch für die Verschaffung des

---

304 Siehe Abschnitt 3.7.5 – Anteilsverkauf.

305 Art. 3 der Verordnung (EG) Nr. 593/2008 des Europäischen Parlaments und des Rates vom 17. Juni 2008 über das auf vertragliche Schuldverhältnisse anzuwendende Recht („Rom I“).

Tab. 3.5: Liste der zu übertragenden Sicherheiten (Beispiel)

Zu übertragende Sicherheit	**Formale Anforderungen an die Übertragung der Sicherheit**	**Kosten der Übertragung der Sicherheit**	**Anwendbares Recht auf die Übertragung der Sicherheit**
Pfandrechte an Bankguthaben mit Ausnahme von AGB-Pfandrechten nach spanischem Recht (*Prenda de derechos de crédito derivados de cuentas Corrientes)*	Nein, aber die notarielle Beurkundung in Spanien wird empfohlen.	Im Falle einer notariellen Beurkundung hängen die Gebühren von mehreren Faktoren ab und sind mit dem Notar zu klären.	Spanisches Recht
Pfandrechte an Gesellschaftsanteilen nach spanischem Recht (*Prenda de participaciones*)	Nein, aber die notarielle Beurkundung in Spanien wird empfohlen.		Spanisches Recht
Andere Pfandrechte an Forderungen nach spanischem Recht (*Otras prendas de derechos*)	Nein, aber die notarielle Beurkundung in Spanien wird empfohlen.		Spanisches Recht
Versprechen der Erteilung von Hypotheken (*Promesa de constitución de hipoteca mobiliaria*)	Nein, aber die notarielle Beurkundung in Spanien wird empfohlen.		Spanisches Recht
Pfandrechte an Gesellschaftsanteilen nach deutschem Recht	Die Übertragung der Verpfändung von GmbH-Geschäftsanteilen einer deutschen GmbH bedarf der notariellen Beurkundung.	Notargebühren für die Verpfändung von GmbH-Geschäftsanteilen abhängig von dem Stammkapital und der Bilanzsumme der Gesellschaft. Teilweise wird aber auch der Wert der zu sichernden Forderung herangezogen. Vorab mit Notar zu besprechen.	Deutsches Recht
Sicherungsübereignungen und Sicherungsabtretungen nach deutschem Recht	Nein.		Deutsches Recht

Sicherungseigentums an gewissen Vermögensgegenständen, so z. B. (Geschäfts-) Anteile oder grundbuchrechtlich registrierte Rechte. Hier fordern die jeweiligen Rechtsordnungen meist, dass der Übertragungsvorgang nach dem jeweils anwendbaren Recht vollzogen wird. Diese Forderung ist aber auf diese Übertragung begrenzt, so dass es durchaus möglich ist, für den Forderungskauf- und –übertragungsvertrag eine abweichende Rechtswahl zu treffen. Insgesamt bietet es sich immer an, soweit als möglich das Recht zur Anwendung zu bringen, mit dem sich die Parteien am vertrautesten fühlen. In der Tabelle 3.5. ist dargestellt, welche Überlegungen bei der Rechtsübertragung bei einem Projekt in Spanien zu beachten sind.

Prozessual bedingen die genannten Ausnahmen in der Freiheit der Rechtswahl, dass bei grenzüberschreitenden Projekten frühzeitig regionale Berater einbezogen werden, die Aussagen dazu treffen, ob die jeweilige Sicherheit wirksam nur nach lokalem Recht übertragbar ist und welche formellen Anforderungen an diese Übertragung zu stellen sind.

Weitere Anforderungen, zusätzlicher Regelungsbedarf

Im Einzelfall können sich diverse sonstige Fragestellungen aus dem spezifischen NPL-Portfolio ergeben, die zu zusätzlichem Regelungsbedarf und zu spezifischen Anforderungen an die Regelungen der Veräußerung des NPL-Portfolios führen. Einige der „Standardfragen" sehen wir uns im Folgenden an.

Bankgeheimnis, Datenschutz

Die Frage, ob das Bankgeheimnis bzw. der Datenschutz der Wirksamkeit der Übertragung eines NPL-Portfolios entgegenstehen kann, wurde in Deutschland lange Zeit in der Literatur und der Rechtsprechung kontrovers beurteilt.[306] Hintergrund ist, dass der Verkäufer notwendiger Weise dem Erwerber eines NPL-Portfolios Informationen zur Verfügung stellt. Sofern dies einen Verstoß gegen das Bankgeheimnis bzw. Datenschutzbestimmungen darstellt, gab es Stimmen, die vertreten haben, dass die Übertragung des NPL-Portfolios im Anschluss an eine solche Verletzung unwirksam ist. Der *Bundesgerichtshof* hat dieser Diskussion mit einer Entscheidung vom 27. Februar 2007[307] ein Ende gesetzt, indem er urteilte, dass: „ Der wirksamen Abtretung von Darlehensforderungen eines Kreditinstitut [...] weder das Bankgeheimnis noch das Bundesdatenschutzgesetz entgegen" stehen. Jedoch verbleiben etwaige Schadensersatzansprüche des jeweiligen Schuldners wegen einer Verletzung des Bankgeheimnisses oder Ordnungswidrigkeitstatbestände nach dem Bundesdatenschutzgesetz, auch wenn diese die Wirksamkeit der Transaktion nicht beeinträchtigen können.

306 *Dick*, Der Verkauf von Non Performing Loans, 2010, S. 114 ff.

307 *BGH*, Urteil vom 27. 2. 2007 – XI ZR 195/05, BKR 2007, 194 ff.

Konsortialkredite

Im Falle eines Konsortialkredites können, unabhängig von dessen Ausgestaltung in der Praxis,[308] vertragliche und gesetzliche Zustimmungserfordernisse der Konsortien für die Übertragung von Darlehensforderungen notwendig sein.[309] Es ist bei der Betrachtung, welche Zustimmungen notwendig sind, strikt zwischen dem Konsortialverhältnis – welches meist als Gesellschaft bürgerlichen Rechts der Konsorten ausgestaltet ist – und dem Darlehensverhältnis zu unterscheiden.[310] Die Übertragung der Beteiligung am Konsortium ist meist bereits durch vertragliche Regelung der Zustimmung der übrigen Konsortien unterworfen.[311] Doch selbst wenn keine vertragliche Regelung existiert, ist in ihrer Abwesenheit für die Gesellschaft bürgerlichen Rechts ein solches Abtretungsverbot bereits gesetzlich in § 717 BGB geregelt. Anders wäre es nur, wenn die Konsortialvereinbarung explizit die Möglichkeit der zustimmungsfreien Übertragung zulässt.

Gleiches würde grundsätzlich für den Konsortialkredit gelten, der nach der gesetzlichen Regelung dem gesamthänderischen Vermögen des Konsortiums zugeordnet wird, § 718 BGB, und damit jedwede Verfügung über ihn gemäß § 719 Abs. 1 BGB, der Zustimmung der Konsorten bedarf, sofern keine andere Regelung getroffen wird. Diese ist aber in marktüblichen Konsortialverträgen in der Form enthalten, dass ein gemeinsames Vermögen durch das Konsortium nicht gebildet wird und somit auch keine Zustimmung der Konsorten für die Veräußerung und die Verfügung über den Kredit notwendig ist.[312] Im Einzelfall kommt es aber auf die Regelung des Konsortialvertrages an.

KfW-refinanzierte Darlehen

Darlehen des Verkäufers, die mit Fördermitteln der Kreditanstalt für Wiederaufbau (KfW) refinanziert sind, was insbesondere bei Darlehen in der Projektfinanzierung von Erneuerbaren-Energien-Projekten relevant ist, unterliegen im Endkreditverhältnis (Verkäufer und Darlehensnehmer) und im Refinanzierungskreditverhältnis (Verkäufer und KfW) den Allgemeinen Geschäftsbedingungen der KfW.[313] Nach den Allgemeinen Geschäftsbedingungen der KfW sind die Darlehensansprüche aus dem Darlehensvertrag zwischen der Bank und dem Schuldner als Sicherheit des

308 Es kommen insbesondere ein Innen- oder Außenkonsortium in Betracht.

309 *Kirsten/Kreppel*, NPL-Transaktionen aus Sicht der Verkäufer – Risiken und Lösungsansätze, BKR 2005, 123 ff., 126.

310 *Kirsten/Kreppel*, NPL-Transaktionen aus Sicht der Verkäufer – Risiken und Lösungsansätze, BKR 2005, 123 ff., 126 f.

311 *Kirsten/Kreppel*, NPL-Transaktionen aus Sicht der Verkäufer – Risiken und Lösungsansätze, BKR 2005, 123 ff., 126 f.

312 *Kirsten / Kreppel*, NPL-Transaktionen aus Sicht der Verkäufer – Risiken und Lösungsansätze, BKR 2005, 123 ff., 127.

313 *Kirsten / Kreppel*, NPL-Transaktionen aus Sicht der Verkäufer – Risiken und Lösungsansätze, BKR 2005, 123 ff., 127.

Refinanzierungskredites der KfW an diese abgetreten. Diese Sicherungsabtretung steht zunächst einer Erfüllung des Portfolio-Kaufvertrages entgegen.[314] Es existieren verschiedene Lösungsansätze für dieses Problem. Welcher im Einzelfall tragbar ist und zur Anwendung kommen kann, ist jeweils im Einzelfall zu beurteilen.

Besondere Herausforderungen

Folgende besondere Herausforderungen ergaben sich im Zusammenhang mit der Transaktion:

1. Durch die Struktur als Vertragsübernahme war die Zustimmung der Darlehensnehmer notwendig.
2. Die Strukturierung als Konsortialkredit in einem Fall erforderte dort die Zustimmung aller Konsorten zur Übertragung des Darlehens.
3. Die Struktur der teilweise in Deutschland belegenen Projektgesellschaften mit den in Spanien befindlichen Solarparks führte zu einer komplexen Sicherheitenstruktur, deren Übertragung eine besondere Herausforderung im Hinblick auf die Koordination darstellte. Für den Forderungskauf- und –übertragungsvertrag wurde deutsches Recht gewählt.

3.7.5 Alternative zum Verkauf von Darlehensforderungen?

Anteilsverkauf

Bei der rechtlichen Strukturierung von NPL-Transaktionen wird in der Regel darauf Wert gelegt, dass ein Einverständnis der betroffenen Kreditnehmer zum Verkauf nicht erforderlich ist und dass etwaige Sicherheiten zusammen mit den Krediten an den Käufer übergehen.[315]

Dabei können Transaktionen entweder als *Asset Deal* abgewickelt werden, das heißt als Abtretung der einzelnen Forderungen oder Rechtsverhältnisse. Es besteht aber auch die Möglichkeit, die Transaktion als Anteilskaufvertrag, als sogenannten *Share Deal*, abzuwickeln.[316] Hierzu spaltet die kreditgebende Bank umwandlungsrechtlich sämtliche Kreditverträge samt Sicherheiten von der kreditgebenden Bank auf eine durch die Abspaltung neu entstehende Tochtergesellschaft ab (§ 123 Abs. 2 Nr. 2 Umwandlungsgesetz) (der „**Carve-Out**") und veräußert die (Geschäfts-)Anteile an dieser, durch die Abspaltung neu gegründeten Gesellschaft an den Investor.[317]

---

314 *Kirsten / Kreppel*, NPL-Transaktionen aus Sicht der Verkäufer – Risiken und Lösungsansätze, BKR 2005, 123 ff., 127.

315 *Dick*, Der Verkauf von Non Performing Loans, 2010, S. 11 f.

316 *Dick*, Der Verkauf von Non Performing Loans, 2010, S. 11 f.

317 *Dick*, Der Verkauf von Non Performing Loans, 2010, S. 11 f.

Grundsätzlich hat der Carve-Out den Vorteil, dass die Strukturierung bzw. die Separierung des Transaktionsgegenstandes, des NPL-Portfolios, im Vorfeld durch den Verkäufer kontrolliert durchgeführt werden kann. Dem zweiten Schritt, der Veräußerung der neu geschaffenen Gesellschaft, wird hierdurch auch ein großes Maß an Komplexität entzogen, was die Transaktion für den Käufer attraktiver machen könnte.

Allerdings entstehen Risiken im Zusammenhang mit dem Carve-Out, die dann oft bei dem Verkäufer verbleiben. Zwar könnte das Bestreben des Verkäufers dahin gehen, diese Risiken dem Käufer im Zuge des (Geschäfts-)Anteilskaufvertrags der neu geschaffenen Gesellschaft zu überbürden. Jedoch würde er sich damit des Vorteils der Verringerung der Komplexität dieses zweiten Transaktionsschrittes berauben, da der Käufer den gesamte Carve-Out nachvollziehen und prüfen müsste, um dessen Wirksamkeit sicherzustellen und die entstandenen Risiken zu verstehen.

Die Herausforderung bei dem Carve-Out liegt insbesondere in der hinreichenden Beschreibung der zu übertragenden Forderungen und Sicherheiten. Diese hat den Anforderungen des Umwandlungsgesetzes und insbesondere des sachenrechtlichen Bestimmtheitsgrundsatz zu entsprechen. Zudem sollten stets die steuerlichen Konsequenzen des Carve-Out beleuchtet werden.

Debt-to-Equity Swap

Eine finanzierende Bank dürfte in der Regel kein Interesse daran haben, ein bestehendes Darlehen in Eigenkapital zu wandeln und somit mittelbar das Eigentum an dem finanzierten Projekt an sich zu ziehen. Erstens ist das Halten und Betreiben von Projekten nicht das Kerngeschäft von Finanzinstituten, so dass diese auch nicht über die personellen und strukturellen Ressourcen verfügen, um ein finanziertes Projekt als Eigentümer fortzuführen. Zudem würde sich bei der Umwandlung von Fremd- in Eigenkapital die Risikosituation der Bank weiter ausdehnen, da die meisten Insolvenzordnungen spezielle, meist nachteilige, Regelungen betreffend Sicherheiten zu Gunsten von Gesellschaftern enthalten und auch Forderungen weitestgehend subordinieren.

Somit ist eine Wandelung von Fremd- in Eigenkapital, weitläufig auch als Debt-to-Equity Swap bezeichnet, in der Regel keine Option für eine Bank. Allerdings kann es zu einer Option im Zusammenhang mit der Veräußerung eines NPL-Portfolios werden. Der Kreis potentieller Käufer von Anteilen an Gesellschaften, die Eigentümer und Betreiber von Projekten sind, ist gegebenenfalls größer und der erzielbare Preis höher. Daher sollte der Kreditgeber und Verkäufer die Alternative eines Debt-to-Equity Swap in Verbindung mit einem Verkauf nicht per se ausschließen. Natürlich stellt sich die Frage, ob sich der Mehraufwand am Ende des Tages bezahlt macht. Es ist zudem sicherzustellen, dass regulative Anforderungen an solche Transaktionen eingehalten werden und dass die zeitlichen Anforderungen an eine solche Struktur zu den Vorstellungen der Beteiligten passen. Die Komplexität erhöht sich durch die parallel durchzuführende Umstrukturierung – in Abstimmung mit dem Käufer – und den Verkauf an den Käufer. Es soll hier auch nicht verschwiegen werden, dass solche Strukturen meist einen Kapitalschnitt durch den Projektfinanzierer notwendig machen.[318]

Im Einzelnen gibt es im Zusammenhang mit einem Debt-to-Equity Swap mannigfaltige Fragestellungen zu beachten, deren abschließende Behandlung über den Umfang dieses Beitrags hinausgeht. Allerdings sollte der Debt-to-Equity Swap im Zusammenhang mit dem Exit eines NPL-Portfolios stets in die Überlegungen einbezogen werden.

3.7.6 Fazit

Die Veräußerung von NPL-Portfolien stellt eine Möglichkeit dar, um das Projektfinanzierungsengagement der Bank zu beenden. Dieser Exit wird in der Regel mit weiteren Einschnitten im Hinblick auf den Wert der Projektfinanzierung verbunden sein und damit mit bilanziellen Abschreibungen. Aber in einer Situation, in der die Belastung aus der Restrukturierung erhebliche Ausmaße annimmt und sich der Kreditgeber lieber auf andere, neue Projekte fokussieren will, kann der Verkauf das „Ende mit Schrecken" sein, das dem „Schrecken ohne Ende" vorzuziehen ist.

Im Zusammenhang mit dem Verkauf gibt es viele Einzelfragen zu bedenken. Diese sind so mannigfaltig, wie die Projekte an sich. Daher konnten in diesem Beitrag nur einige exemplarisch angesprochen werden. Zudem ist es sinnvoll, sich vor der Umsetzung der Verkaufsentscheidung über die verschiedenen Strukturierungsvarianten Gedanken zu machen und das Für und Wider der einzelnen Strukturen abzuwägen.

Literaturverzeichnis

Dick, M, *Der Verkauf von Non Performing Loans*, 1. Aufl., Wiesbaden 2010.

Reul, Dr. A / Heckschen, Prof. Dr. H / Wienberg, Rüdiger, *Insolvenzrecht in der Gestal-tungspraxis*, 1. Aufl., München 2012.

Kirsten, S / Kreppel, U, NPL-Transaktionen aus Sicht der Verkäufer – Risiken und Lösungs-ansätze, *BKR* 2005, 123 ff.

Scharpf, H, Risiken des Handels mit notleidenden Krediten, *NJW* 2009, 3476.

BGH, Urteil vom 27. 2. 2007 – XI ZR 195/05, *BKR* 2007, 194 ff.

318 *Reul*/Heckschen/Wienberg, Insolvenzrecht in der Gestaltungspraxis, 2012, Rn. 198.

3.8 Ökonomische Gestaltungen in der Krise – Anforderungen an das Cashflow-Modell

Dr. Jörg Böttcher

3.8.1 Einleitung

In einer Krisensituation müssen sich alle Beteiligte rasch klar werden, wie es mit dem Vorhaben weitergehen soll und welche Maßnahmen zu treffen sind. Damit die Handlungsoptionen bewertet werden können, müssen diese über ein Cashflow-Modell erfasst werden.

Wir wollen in diesem Kapitel darstellen, welche Funktionen ein Cashflow-Modell allgemein für eine Projektfinanzierung erfüllt (Abschnitt 3.8.2), welche besonderen Funktionen es in einem Stressfall übernimmt (Abschnitt 3.8.3) und welche Kapitalmaßnahmen in Frage kommen, wenn es um die Restrukturierung einer Projektfinanzierung geht (Abschnitt 3.8.4).

Es sei der Hinweis erlaubt, dass eine Bank in einer Krisensituation vor dem Einsatz von finanziellen Mitteln aufgrund von Modellrechnungen des Finanzmodells eine genaue Analyse der wirtschaftlichen Situation des Projektes, der Interessenlage der verschiedenen Stakeholder und der rechtlichen Anforderungen an eine Restrukturierung vorschalten wird.[319]

3.8.2 Allgemeine Funktionen eines Cashflow-Modells

Grundsätzlich erfüllt ein Cashflow-Modell – abhängig vom Zeitablauf und der Betrachtungsweise – leicht unterschiedliche Funktionen, die sich wie folgt beschreiben lassen:

- Es bemisst in der Fertigstellungsphase den Investitionsbedarf inkl. Bauzeitzinsen und leitet hieraus den Finanzierungsbedarf ab, der von den Investoren aus Eigenkapital und von den Banken aus Darlehen erfüllt werden muss.
- Es informiert die Kapitalgeber, wie wirtschaftlich das Projekt sich unter verschiedenen Szenarien darstellt. Damit ermöglicht es eine Investitionsentscheidung, die verschiedene Umweltverläufe abbilden kann.
- Sensitivitätsrechnungen ermöglichen es zu erkennen, welche Parameter einen besonderen Einfluss auf die Wirtschaftlichkeit haben. Dies ist wichtig, wenn es darum geht, die Verträge mit den Projektpartnern auszugestalten.
- Das Modell informiert darüber, welche Partei welchen Nutzen aus der Teilnahme an dem Projekt hat.

---

319 Siehe hierzu etwa die Beiträge von Franz Bernhard Herding (Kapitel 3.3) sowie von Daniel Reichert-Facilides (Kapitel 3.1).

- Das Modell ermöglicht es, abhängig vom erwarteten Cashflow eine angemessene Finanzierungsstruktur zu entwickeln.

Die Risikoquantifizierung nimmt eine zentrale Rolle innerhalb der Ausgestaltung einer Projektfinanzierung ein. Die Risikoquantifizierung erfolgt wesentlich über ein projektspezifisches Cashflow-Modell, das folgende Aufgaben erfüllt:

- Es schafft Transparenz über zu erwartende Höhe, zeitliche Verteilung und Stabilität des Cashflows und ist damit die Grundlage, um die Finanzierbarkeit eines Projektes zu beurteilen.
- Es zeigt die finanziellen Auswirkungen der vereinbarten Vertragsstrukturen.
- Es ermöglicht, die Auswirkungen von Planabweichungen zu ermitteln, um die Robustheit eines Projektes zu testen.
- Es hilft dabei, die Finanzierungsstruktur aus Sicht der Investoren und der finanzierenden Banken zu optimieren.

Um diesen Aufgaben gerecht zu werden, muss das Cashflow-Modell eine Reihe von Kennzahlen zur Verfügung stellen. Da das Procedere und die Kennzahlen für eine Projektfinanzierung zentral sind, sollen sie an dieser Stelle kurz beschrieben werden.

Zunächst geht es darum, eine Projektion aller Zahlungsströme der Projektgesellschaft über die Projektlaufzeit zu ermöglichen. In einem ersten Schritt ist damit das so genannte Mengengerüst des Vorhabens zu erfassen: Dazu gehören etwa die Erfassung der installierten Kapazität, des Jahresenergieertrages bei einem EE-Projekt und der benötigten Mengen von Rohstoffen.[320] In einem zweiten Schritt werden dann die mit dem Mengengerüst zusammenhängenden Einzahlungen und Auszahlungen des Projektes während der Projektlaufzeit erfasst.

In diesem Zusammenhang ist es wichtig sich zu vergegenwärtigen, dass es bestimmte Projektparteien gibt, deren Ansprüche vor denen anderer Projektparteien geleistet werden. So müssen Betriebskosten in jedem Fall geleistet werden, um die Betriebsbereitschaft des Projektes aufrecht zu erhalten. Daher sind etwa diese Ansprüche vor den Ansprüchen der Kapitalgeber zu bedienen. Für diesen Sachverhalt der stufenweisen Erfüllung von Gläubigeransprüchen hat sich der Begriff des „Cashflow-Waterfalls“ eingebürgert. Er beschreibt, dass die Ansprüche eines Projektbeteiligten erst dann erfüllt werden, wenn die Ansprüche aller vorgelagerten Gruppen erfüllt worden sind. Das bedeutet, dass die Projekteinnahmen nach Maßgabe der Finanzierungsverträge in einer vorgegebenen Reihenfolge zu verwenden sind, wie sie in der nachfolgenden Tab. 3.6 dargestellt ist.

320 Dies ist natürlich – abhängig von der Assetklasse und dem Projekt – verschieden: bei einem Mautstraßenprojekt ist etwa insbesondere das Fahrzeugaufkommen interessant, gestaffelt nach Fahrzeugtypen, bei einem Hafenprojekt interessieren die jeweiligen Schiffstypen und deren Verweildauer im Hafen.

Tab. 3.6: Cashflow-Waterfall in einer Projektfinanzierung

Betriebliche Einzahlungen	**Dies sind die Projekterlöse – z. B. Stromerlöse, Wärmeverkauf**
minus Betriebskosten	Hierzu gehören etwa die Kosten für die Wartung, die Betriebsführung, die Versicherung, die Pachtzahlungen
minus Steuern	Hier sind die Vermögens- und die einkommensabhängigen Steuern angesprochen.
Zwischensumme: Cashflow für Schuldendienst (CFADS, Cashflow available for debt service)	Diese Zwischensumme gibt an, wieviel Cashflow zur Verfügung steht, um den Kapitaldienst des Jahres zu decken.
minus Kapitaldienst (der Senior-Darlehen)	Dies sind die Zinsen und Tilgung auf die Projektfazilitäten.
minus Dotierung von Reservekonten	Häufig wird vertraglich vereinbart, dass das Projekt bestimmte Reservekonten vorhalten muss, um ggf. genug Cashflow zur Verfügung zu haben, um etwa Wartungen sofort leisten zu können (Maintenance Reserve Account) oder Cashflow-Defizite decken zu können (Debt Service Reserve Account).
minus Pflichtsondertilgungen (fakultativ)	Bei einzelnen Finanzierungsstrukturen werden auch Sondertilgungen (Cash Sweeps) vereinbart, die dann einsetzen, wenn bestimmte Projektbedingungen erfüllt sind (z. B. besonders gute oder schlechte Projekt-Performance)
minus Kapitaldienst (der nachrangigen Darlehen, fakultativ)	Dies sind Zinsen und Tilgung auf die nachrangigen Darlehen, sofern diese vorliegen.
Freier Cashflow (zur Ausschüttung an die Gesellschafter)	Der verbleibende Betrag steht grundsätzlich für Ausschüttungen an die Sponsoren zur Verfügung.

Für alle Projektbeteiligten ist der Cashflow-Waterfall von zentraler Bedeutung, da er genau beschreibt, an welcher Stelle ihr vertraglicher Anspruch erfüllt wird. Aus Fremdkapitalgebersicht wird damit dem Sachverhalt Rechnung getragen, dass die Kreditgeber bei einer Projektfinanzierung keinen Rückgriff auf den Sponsor haben und der Kredit alleine aus dem Cashflow des Projektes zurückgeführt wird. Entsprechend wird die Projektgesellschaft vertraglich verpflichtet, alle Einnahmen über das bei der finanzierenden Bank geführte Projektkonto zu leiten. Vom Projektkonto werden die Mittel nur entsprechend des Cashflow-Waterfalls freigegeben und Dividenden könnten erst dann gezahlt werden, wenn alle im Cashflow-Waterfall vorrangigen Verpflichtungen durch die Projektgesellschaft vollständig erfüllt wurden.

Der Cashflow-Waterfall hat damit eine erhebliche Bedeutung für den Aufbau des Cashflow-Modells, da je nach Adressatenkreis des Modells die vorrangigen Ansprüche deutlich gemacht und in Abzug gebracht werden müssen.

Wichtig ist nun, sich zu überlegen, inwieweit sich ein Projekt in der Krise von einem Projekt in einem Going-Concern-Zustand unterscheidet: Finanziell lässt sich dies so beschreiben, dass die Spanne zwischen dem CFADS[321] und dem Kapitaldienst geringer ausfällt bzw. der Kapitaldienst nicht oder nicht vollständig gedeckt werden kann. Dies hat im Wesentlichen zwei Konsequenzen: Zum einen ändern sich die Anreizwirkungen – es kann sein, dass die Ausschüttungsfähigkeit so eingeschränkt ist, dass der Investor kein Interesse mehr an dem Vorhaben hat. Zum anderen erfordern die Einschränkungen beim CFADS eine Anpassung oder Ergänzung der bisherigen Tilgungsstruktur, sofern es die Rahmendaten des Projektes zulassen.

3.8.3 Spezielle Funktionen eines Cashflow-Modells in der Krise

Cashflow-Modell als Frühindikator der Krise

Eine erste, ganz zentrale Funktion eines Cashflow-Modells liegt darin, die Kapitalgeber frühzeitig über Planabweichungen zu informieren.[322]

Die Krise äußert sich darin, dass die realisierten Daten unterhalb der prognostizierten Daten liegen. Dies kann entweder bedeuten, dass es Probleme im Rahmen der Fertigstellung gibt oder aber eine negative Entwicklung während der Betriebsphase eingetreten ist.

1. **Probleme während der Fertigstellung:** Ein Fertigstellungsrisiko kann in verschiedenen Ausprägungen auftreten, aber allen Problemen gemeinsam ist, dass die Fertigstellung zu mehr oder weniger hohen Kosten führt. Ein Kostenanstieg während der Fertigstellungsphase muss von den Kapitalgebern finanziert werden und verschlechtert ihre ursprüngliche Wirtschaftlichkeitsbeurteilung des Projektes.
2. **Negative Entwicklung während der Betriebsphase:** Im Verlauf des Projektes stellt sich heraus, dass der CFADS geringer ausfällt als ursprünglich geplant. Damit ist die Kapitaldienstfähigkeit nicht mehr in dem Maße gegeben, wie es der ursprünglichen Planung entsprach. Dies korrespondiert aus Sicht der Investoren damit, dass die Ausschüttungen niedriger ausfallen als geplant oder sogar ganz ausfallen. In der Projektion stellt sich die erstmalige Krisensituation gemäß Abb. 3.9 wie folgt dar:

321 Der CFADS ist der Cashflow, der für die Bedienung des Kapitaldienstes zur Verfügung steht (Cashflow Available for Debt Service).

322 Die frühzeitige Erkenntnis einer Schieflage ist sicher einer der Vorteile einer Projektfinanzierung gegenüber einer Unternehmensfinanzierung: Bei einer Unternehmensfinanzierung steht als Analysewerkzeug lediglich eine Bilanzanalyse zur Verfügung, während bei einer Projektfinanzierung ein Abgleich zwischen Plan- und Istwerten herangezogen werden kann, der frühzeitig über Planänderungen informiert. Siehe hierzu auch die Ausführungen von Daniel Reichert-Facilides in Abschnitt 3.1.

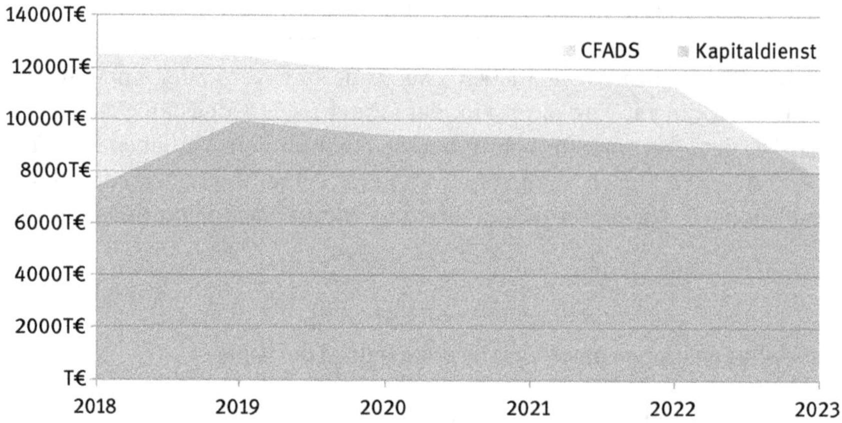

Abb. 3.9: Erstmaliges Auftreten einer Krise

In unserem Beispiel in Abb. 3.9 unterschreitet der CFADS erstmalig in 2023 den Kapitaldienst.[323] Die knifflige Frage ist, ob es sich um ein temporäres oder ein strukturelles Problem handelt. Dies ist insoweit relevant, da die Gegenmaßnahme so ausgestaltet sein sollte, dass sie ursachenadäquat ist. Dazu müssen bei dem Anzeichen einer Planabweichung die Ursachen der Krise analysiert werden. Die Ursachen können dabei sehr unterschiedlich sein und in allen Bereichen der üblichen Risikokategorien liegen (siehe hierzu etwa den Beitrag von Anja Wiebusch).

Die Ursache kann komplex, aber auch einfach sein:

- Eine einfache Ursache liegt etwa dann vor, wenn eine Preiskomponente für das Endprodukt niedriger ausfällt als geplant.
- Als eine recht komplexe Aufgabe erweist es sich hingegen herausfinden zu wollen, was die Ursache für eine geringere Energieproduktion ist: Dies kann auf Mängel in der Fertigstellung zurückzuführen sein, aber auch auf Mängel bei der Betriebsführung (z. B. Kraftwerk) oder ein geringeres Elementarangebot bei einem EE-Projekt.

In unserem Beispiel sei die Ursache schnell ausgemacht: Sie ergibt sich annahmegemäß aus einem Rückgang einer Preiskomponente, des Entgeltes für die Zertifikate. Damit wird auch klar, dass eine ursachenadäquate Lösung nicht funktionieren kann,

323 Häufig wird man bereits zu einem früheren Zeitpunkt tätig werden: Wenn der CFADS so deutlich unter Plan bleibt, dass eine Gefährdung der Bedienung des Kapitaldienstes droht, werden beide Kapitalgeber einen Anreiz haben, wie sie hier gegensteuern können und nicht erst damit warten, bis es zu Leistungsstörungen unter dem Darlehensvertrag kommt.

sondern dass stattdessen die Folgen des Einnahmenrückgangs aufgefangen werden müssen.

Cashflow-Modell als wirtschaftliches Analyseinstrument

Nachdem sich herausgestellt hat, dass es sich um ein strukturelles Problem handelt, stellt sich die Frage, ob das Vorhaben restrukturierungsfähig ist. D. h. ist es sinnvoll, das Vorhaben weiterzuführen oder ökonomisch sinnvoller es einzustellen? Diese Übung wäre dann relativ einfach, wenn man wüsste, wie sich das Projekt nach der Ursachenanalyse und dem angestoßenen Maßnahmenpaket entwickelt, aber die Erkenntnis haben wir im Vorfeld nicht.

3.8.4 Maßnahmen in der Krise

Es ist sicher immer eine gute Idee, über den Tellerrand zu blicken und zu überlegen, ob es Lösungsmöglichkeiten für ähnliche Probleme in anderen Gebieten gibt. Bei der Krise einer Unternehmung wird sich ein Sanierer immer auch mit der Frage beschäftigen, ob er das Geschäftsfeld verändert – sei es in Richtung einer Konzentration auf die Kernkompetenzen, einer Ausweitung des Geschäftsfeldes oder einer anderweitigen Neuausrichtung der betrieblichen Aktivität. Diese Flexibilität der Umgestaltung der betrieblichen Aktivität liegt bei einer Projektfinanzierung – von Ausnahmen abgesehen[324] – im Regelfall nicht vor: Zumeist handelt es sich um hochspezialisierte Investitionsvorhaben, die über ein Asset verfügen, das eine Dienstleistung oder ein Produkt produziert und dass auch nicht einfach verändert werden kann. Projektfinanzierungen zeichnen sich zumeist durch hohe versunkene Kosten aus.

Was sind geeignete Maßnahmen für die Restrukturierung der Finanzierungsstruktur?

Zum einen wird es dabei darum gehen, den verbleibenden Spielraum des CFADS so zu nutzen, dass die Darlehen bestmöglich bedient werden können. Gleichzeitig müssen aber auch die Anforderungen der Investoren berücksichtigt werden. Hier können sich je nach Rechtsordnung bestimmte Anforderungen ergeben, die einen bestimmten Verteilungsschlüssel zwischen den verschiedenen Anspruchsberechtigten vorsehen.

324 In der Literatur werden einzelne Fälle diskutiert: Möglicherweise erlauben Projektfinanzierungen, die eine Produktionsanlage beinhalten, auch, den Schwerpunkt des Verwendungszwecks zu verändern: Viele Kraftwerke können mit einem gewissen Aufwand auch so verändert werden, dass sie grundsätzlich andere Stoffe für die Energieproduktion benutzen können. Aber für das Gros der Projektfinanzierungen gilt: Es wird sehr schwer sein, alternative oder auch nur modifizierte Nutzungsformen zu finden, die eine wirtschaftliche Verbesserung gegenüber der eigentlich vorgesehenen Nutzung erreichen.

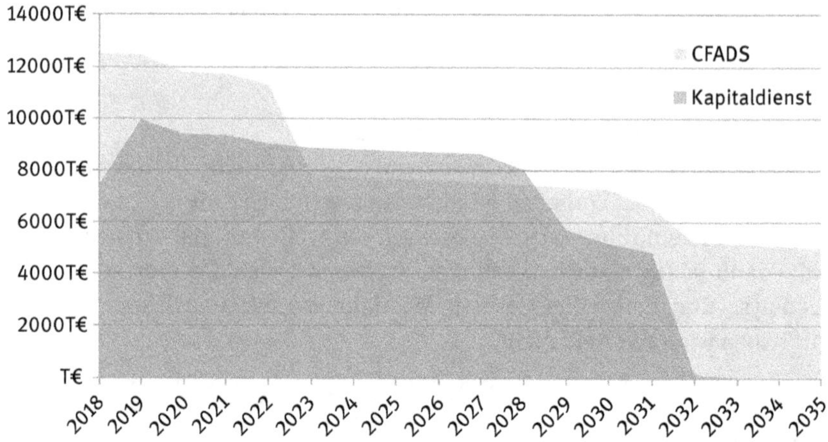

Abb. 3.10: Cashflow-Verlauf in einem Downside-Szenario

Gehen wir zurück zu unserem Beispiel (Abb. 3.9), wobei wir vereinfachend davon ausgehen, dass die künftigen Einnahmen sich auf Basis der zuletzt erzielten Einnahmen fortschreiben lassen.[325] Dann ergibt sich folgendes Bild (Abb. 3.10):

Die Abb. 3.10 gibt eine Reihe von Informationen, die bei dem weiteren Umgang mit dem Engagement zu beachten sind:

- Grundsätzlich zeigt die Projektion den Möglichkeitsraum an, der sich allein aus den Cashflows des Projektes und auf Basis der unveränderten Fortführung des Projektes ergibt. Andere Möglichkeiten werden hier nicht abgebildet. Tatsächlich werden sich aber die Beteiligten Gedanken machen, wie sie die Cashflow-Position des Vorhabens verbessern können. Dazu zählen etwa folgende Maßnahmen (siehe nachfolgende Tab. 3.7):
- Das Vorhaben wird noch eine Anzahl von Jahren nicht in der Lage sein, den Kapitaldienst zu bedienen. Allerdings bessert sich die Kapitaldienstfähigkeit ab dem Jahr 2029, da dann der Kapitaldienst so weit sinkt, dass der CFADS wieder ausreicht, den Kapitaldienst zu decken und auch eine Ausschüttung zu erlauben.
- Die unterlegte Fläche in den Jahren 2023 bis 2028 zeigt das kumulierte Ausmaß der Unterdeckung an und die Differenzfläche CFADS minus Kapitaldienst in den Jahren 2029 bis 2035 den Cashflow, der für etwaige Anpassungsmaßnahmen zur Verfügung steht („Restrukturierungsfläche“).

325 Natürlich steht dann auch hier an, eine Neubewertung der Prognose zu machen. Möglicherweise würde man analysieren müssen, warum die Preiskomponente rückläufig war und wie sie sich in der Zukunft entwickeln wird.

Tab. 3.7: Möglichkeiten der Verbesserung der Cashflow-Position eines Projektes

	Inhalt	Möglichkeiten
Einsparung von operativen Kosten	Hier kann es darum gehen, Zugeständnisse auf Seiten der Contractors zu erreichen	Regelmäßig begrenzt
Verlängerung der wirtschaftlichen Nutzungsdauer des Projektes	Hier geht es darum, die Voraussetzungen dafür zu schaffen, dass das Projekt länger als bislang geplant wirtschaftlich arbeiten kann.	Häufig gegeben
Alternative Nutzung des Projektes	Nutzung anderer Verwendungmöglichkeiten	Sehr selten
Verkauf des Vorhabens an einen Dritten	Möglicherweise ist ein Dritter bereit, einen Kaufpreis zu zahlen, der attraktiver ist als eine sukzessive Fortführung, allerdings wird der fortgeführte CFADS auch für einen Käufer eine wesentliche Leitlinie seines Kaufpreises sein.	Grundsätzlich zu prüfen (siehe auch den Beitrag von Daniel Marhewka, Kapitel 3.7)
Entlastung auf der Schuldenseite (z. B. durch Debt-to-Equity Swap)	Die Forderung der Bank gegenüber dem Projekt erlischt, indem sie in eine Beteiligung an dem Projekt getauscht wird.	Grundsätzlich gegeben

Die Frage ist nun, wie man mit der beschriebenen Situation umgeht. Grundsätzlich stehen einem Fremdkapitalgeber folgende Möglichkeiten zur Verfügung, die natürlich jeweils einen erneuten Kreditbeschluss voraussetzen:[326]

- Einsatz der Reservekonten bzw. Reservefazilitäten,
- Einsatz von weiterem Fremdkapital,
- Stundung von Kapitaldienstbeträgen,
- Streckung des Kapitaldienstes oder
- Debt-to-Equity Swap.

Einsatz von Reservelinien bzw. von Reservefazilitäten

Eine der ersten Maßnahmen bei einer Schieflage wird es sein, einerseits Ausschüttungen formal zu verbieten und die bestehenden Schuldendienstreservekonten bzw. Schuldendienstreservefazilitäten heranzuziehen,[327] um den Kapitaldienst bedienen

326 Siehe hierzu auch die Ausführungen von Daniel Reichert-Facilides in Kapitel 3.1.

327 Ein Schuldendienstreservekonto („SDR") ist ein Konto, dessen Guthaben zur Deckung des Schuldendienstes (Kapitaldienstes) zur Verfügung steht, sofern der operative Cashflow nicht ausreicht, den Kapitaldienst zu decken. Häufig entspricht der Zielwert des SDR der Hälfte des Kapitaldienstes des Folgejahres. Es gibt Transaktionen, in denen das Guthaben aus dem Cashflow des Vorhabens

zu können (siehe hierzu auch Abschnitt 3.2). Dies mag ausreichen, wenn es sich um einen temporären Effekt handelt, greift aber zu kurz, wenn es sich um ein strukturelles Problem handelt. Unbedingt notwendig ist auch hier, dass die Beteiligten analysieren, was die Ursache für die Krise ist, und dann über weitere Maßnahmen entscheiden. Anderenfalls führt ein weiterer Einsatz von finanziellen Mitteln nur dazu, dass das Kreditexposure des Projektes steigt und keine ursachenadäquate Maßnahme zur Krisenbewältigung getroffen wird.

Einsatz von weiterem Fremdkapital

Zunächst einmal mag es überraschend klingen, dass eine Bank in die Situation kommen kann, einem Projekt weitere Mittel zur Verfügung zu stellen, damit langfristig die Kapitaldienstfähigkeit des Vorhabens wiederhergestellt werden kann. Konkret lassen sich folgende Ursachen ausmachen:

- **Probleme während der Fertigstellung des Projektes**: Die ursprünglich im Budget vorgesehenen Eigenmittel und Fremdmittel reichen nicht aus, das Vorhaben vollständig zu finanzieren. Da aber nur ab erfolgter Fertigstellung Cashflows generiert werden können, um die Kapitalanforderungen der Banken und der Investoren zu bedienen, gibt es ab einem bestimmten Grad der Fertigstellung kaum eine wirtschaftliche Alternative zur Fertigstellung und damit der Mobilisierung weiteren Kapitals. Wenn der Sponsor dies entweder nicht will oder nicht kann, wird sich die Bank überlegen müssen, ob sie die fehlenden Mittel zur Verfügung stellt.[328]
- **Kapitalbedarf während der Betriebsphase**: Ein zusätzlicher Kapitalbedarf kann sich aufgrund einer Reihe von Einflussgrößen ergeben.[329]
  - Transaktionskosten: Im Rahmen der Ursachenanalyse müssen häufig Gutachter beauftragt und bezahlt werden, möglicherweise müssen auch einzelne Contractors ausgetauscht werden. Regelmäßig wird ein Sanierungsgutachten zu erstellen sein.
  - Investitionsaufwand: Die Ursachenanalyse kann zur Erkenntnis führen, dass es technische oder prozessuale Mängel an der Anlage gibt, die erst einmal behoben werden müssen.

angespart wird und es gibt Transaktionen, in denen das Konto zu Beginn der Transaktion mit finanziert wird. Eine Schuldendienstreservefazilität erfüllt denselben Zweck wie ein SDR, wird aber dem Vorhaben als eigene Kreditlinie der projektfinanzierenden Bank zur Verfügung gestellt. Der Vorteil aus Investorensicht ist, dass die erwirtschaftete Liquidität des Projektes früher für Ausschüttungen zur Verfügung steht.

328 Siehe hierzu die Ausführungen von *Distler/Schulz* in Abschnitt 3.2.2.

329 Siehe hierzu auch die Ausführungen von *Distler/Schulz* in Abschnitt 3.2.3.

– Breakage Costs: Je nach Wahl des Finanzinstruments müssen ggf. auch bestehende Refinanzierungsvereinbarungen aufgelöst werden, die wiederum zu einem erheblichen Finanzierungsbedarf führen können.

Wirtschaftlich betrachtet mag es Situationen geben, in denen es unumgänglich ist, dass die Bank mit weiteren Mitteln zur Verfügung steht, etwa wenn dies der Sponsor nicht kann oder nicht mehr will, und die Fortführung des Projektes aber gleichwohl wirtschaftlich günstiger erscheint als seine Beendigung. Allerdings muss die Bank auch rechtliche Konsequenzen bedenken, die bei einer Kreditvergabe in einer Krisensituation entstehen können (siehe hierzu z. B. die Beiträge von Daniel Marhewka, Kapitel 3.7 sowie von Franz Bernhard Herding, Abschnitt 3.3.2).

Die folgenden Möglichkeiten der finanziellen Restrukturierung kommen im Rahmen einer Restrukturierung häufig vor.

Konzept der Tilgungsstundung

Die Möglichkeit der Tilgungsstundung würde etwa wie folgt aussehen (siehe Abb. 3.11):

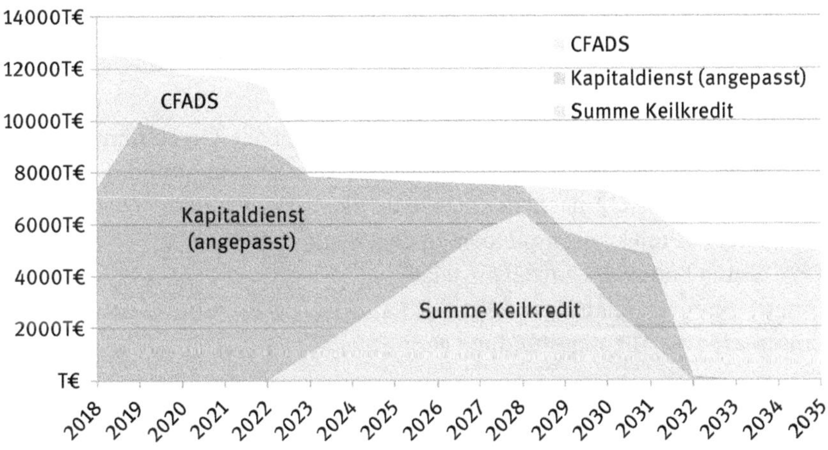

Abb. 3.11: Wirkungsweise einer Stundung von Kapitaldienstbeträgen

Der Keilkredit setzt ein, wenn der operative Cashflow nicht mehr ausreicht, den planmäßigen Kapitaldienst zu bedienen. Der bisherige Kapitaldienst wird – soweit es geht – aus dem CFADS bedient und die verbleibende Lücke aus dem Keilkredit gedeckt, der langsam hochläuft. Auf diesen neuen Kredit fallen Zinsen und Zinseszinsen an. Diese können je nach Dauer, Höhe und Verzinsung der Unterdeckung eine erhebliche Höhe einnehmen und müssen bei der Beurteilung der Tragfähigkeit der neuen Finanzierungsstruktur mit berücksichtigt werden. Sobald der CFADS wieder größer ist als der bisherige Kapitaldienst, kann der Keilkredit sukzessive zurückgeführt werden. Ist dieser vollständig zurückgeführt, können gemäß dem oben beschriebenen Prinzip des Cashflow-Waterfalls auch wieder Ausschüttungen an die Investoren erfolgen.

Die möglichen Ausschüttungen an den Investor haben wir in der folgenden Abb. 3.12 dargestellt:

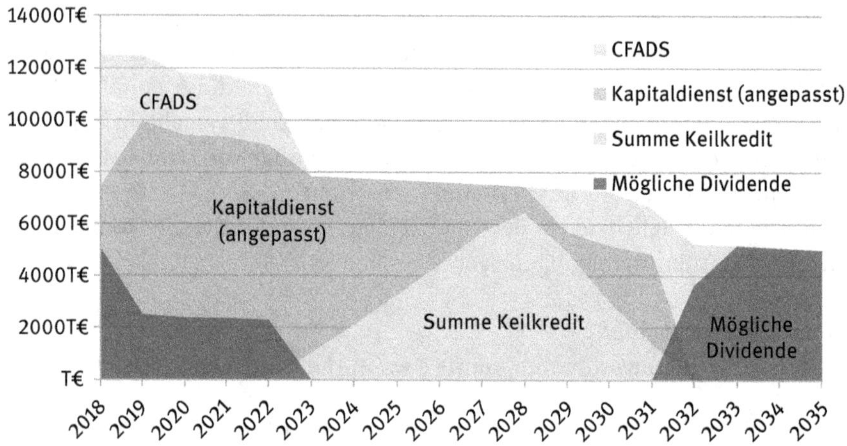

Abb. 3.12: Darstellung von Dividendenzahlungen bei Einsatz eines Keilkredites

In die bereits bekannte Darstellung (Abb. 3.11) sind nunmehr die Zahlungsbeträge eingestellt worden, die an den Investor bei Einbau einer Tilgungsstundung gezahlt werden können. Die Abb. 3.12 macht deutlich, dass der Anreiz für einen Investor, auch in einem gestressten Projekt zu verbleiben, in dem Maße steigt, in dem

- der CFADS zum Ende der Laufzeit ansteigt,
- die Unterdeckung möglichst gering ausfällt und
- der Zinssatz für die Tilgungsstundung gering ausfällt.

Wie ist eine Stundung des Kapitaldienstes aus Sicht der Bank zu beurteilen (siehe nachfolgend Tab. 3.8)?[330]

Eine Voraussetzung, um einen Keilkredit einsetzen zu können, ist ein entsprechender Puffer zwischen dem geplanten Ende der Fremdfinanzierung und der wirtschaftlichen Nutzungsdauer. Um einem Missverständnis vorzubeugen: Auch wenn ein

330 Die Beurteilung dieses und der anderen Instrumente fällt wesentlich schwieriger aus: Letztlich wird ein Investor die Vorteilhaftigkeit anhand des Barwertes der zukünftig zu erwartenden Zahlungsströme bestimmen. Die bis zum Zeitpunkt der Anpassung gemachten Aufwendungen (also der Eigenkapitaleinsatz) und die erfolgten Ausschüttungen sollten bei einem rationalen Entscheider nicht mehr ins Kalkül gezogen werden.

zeitlicher Puffer („*Tail*“) zum Projektende hin einen wichtigen Puffer für die Restrukturierung darstellt, wird es weder immer sinnvoll noch durchsetzbar sein, diesen zu maximieren: Bei der Erststrukturierung werden die Kapitalgeber nicht immer vor Augen haben, dass es zu einer Restrukturierung kommen kann und stattdessen daran interessiert sein, eine möglichst lange Darlehenslaufzeit zu wählen.

Tab. 3.8: Beurteilung der Stundung des Kapitaldienstes aus Sicht der Bank

Flexibilität im Handling	Gut: Die bestehende Refinanzierung für das Darlehen muss nicht angepasst werden, damit fallen keine Breakage Costs an. Der Keilkredit deckt die Cashflow-Defizite je nach Bedarf ab.
Risikobeurteilung	Gut: Das Vorhaben erhält nur insoweit neue Mittel, wie es zur Bedienung der bestehenden Finanzierungsstruktur notwendig ist. Mit einsetzender Verbesserung der Cashflow-Situation kann der Keilkredit sukzessive wieder zurückgeführt werden. Solange der Keilkredit besteht, werden keine Dividenden ausgeschüttet – das ist eine risikogerechte Verteilung der Lasten. Allerdings übernimmt der Keilkredit die kurzfristigen Refinanzierungssätze, was in Zeiten steigender Zinsen problematisch werden kann.
Wirtschaftliche Beurteilung	Insbesondere bei absehbar kurzfristigen Unterdeckungen gut geeignet.

Dies möchten wir anhand der folgenden Überlegung verdeutlichen: Wir haben in der folgenden Abbildung die Wirkung der Variation der Laufzeit aus Sicht der beiden Kapitalgebergruppen abgebildet: Während bei der ursprünglichen Struktur eine Laufzeit von 17 Jahren vorgeschlagen wurde, ist diese nunmehr um zwei Jahre erhöht worden. Damit ergibt sich folgende Abb. 3.13:

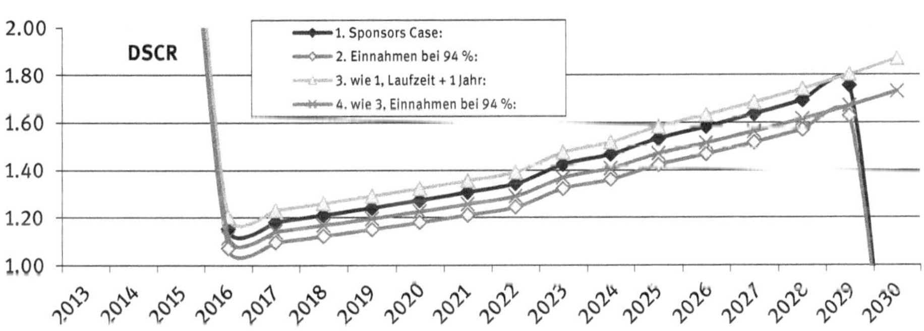

Abb. 3.13: Variation der Laufzeit bei einem Windenergieprojekt

Tab. 3.9: DSCR- und IRR-Werte bei einer Laufzeitvariation

	Min. DSCR	Ø DSCR	IRR[331]
1. Sponsors Case	1,15	1,69	11,70 %
2. Einnahmen bei 91 %:	1,07	1,57	9,03 %
3. Verlängerung um zwei Jahre:	1,20	1,74	12,00 %
4. wie 2, Einnahmen bei 91 %::	1,12	1,62	9,25 %

Tab. 3.9 zeigt, dass der Schuldendienstdeckungsgrad im Sponsors Case durchgängig niedriger ist als bei einer um zwei Jahre längeren Laufzeit. Während die Belastbarkeit im Sponsors Case bei einem Einnahmenniveau von 89,0 % liegt, verbessert sie sich mit Verlängerung der Laufzeit um 3,0 Prozentpunkte auf 86,0 %.[332] Zusätzlich geht die Verbesserung der Belastbarkeit mit einer Erhöhung der internen Rendite einher, und zwar von 11,70 % auf 12,00 %. Bei einer Verkürzung der Laufzeit kehren sich die beschriebenen Effekte spiegelbildlich um.

In einem ersten Schritt könnte man damit denken, dass beide Kapitalgebergruppen ein gleichgerichtetes Interesse an einer möglichst langen Laufzeit der Darlehen haben sollten: Die Eigenkapitalgeber wollen häufig eine längere Laufzeit, weil sie dann früher mehr ausschütten können, was die interne Rendite des Projektes erhöht. Für die Fremdkapitalgeber ergibt sich insofern eine Verbesserung, als die einzelnen Tilgungsbeträge pro Rückzahlungstermin geringer ausfallen, und sich damit der Quotient aus CFADS und Kapitaldienst verbessert. Damit ergeben sich für die Erststrukturierung eines Vorhabens folgende Erkenntnisse:

1. Je länger die Laufzeit gewählt wird, umso höher wird die interne Rendite ausfallen und umso besser werden die Deckungsrelationen sein. Eine leichte Kompensation ergibt sich dadurch, dass mit längerer Laufzeit auch mehr Zinsen gezahlt werden müssen.
2. Es gibt regelmäßig Restriktionen der Banken hinsichtlich einer maximalen Laufzeit des *Term Loans*,[333] die sich wesentlich aus der Laufzeit und Struktur des Regulierungsumfeldes sowie der verwendeten Technik ableiten lassen.

331 Der IRR (Internal Rate of Return) ist die interne Verzinsung. Sie bildet den Zinssatz ab, der zu einem Kapitalwert von Null führt, wenn er für alle Auszahlungen und Einzahlungen als Diskontierungssatz verwandt wird.

332 Dies meint Folgendes: Während im Ausgangsfall die Kapitaldienstfähigkeit noch bei einem simulierten Einnahmenrückgang von 11 % gegeben ist, kann bei einer Verlängerung der Laufzeit sogar ein simulierter Einnahmenrückgang von 14 % verkraftet werden.

333 Der Term Loan ist bei einer Projektfinanzierung der Investitionskredit, der auch Gegenstand der Ausgestaltung der Tilgungsstruktur ist. Zum Term Loan kommen üblicherweise weitere Kreditfazilitäten wie eine Umsatzsteuerzwischenfinanzierung oder die Stellung von Rückbauavalen hinzu, deren Rückführung aber nicht hauptsächlich von dem Cashflow des Vorhabens abhängt.

3. Es lässt sich – für die Erststrukturierung – der allgemeine Hinweis ableiten, die Laufzeit des *Term Loans* so lange zu wählen, wie es die anderen Beteiligten zulassen.

Wenn es dann aber zu einer Restrukturierung kommt, war die lange Laufzeit keine gute Idee, da dann der notwendige Gestaltungsspielraum bereits aufgebraucht worden ist.

Das Konzept der Tilgungsstreckung

Die Möglichkeit der Tilgungsstreckung stellt sich wie folgt dar: Mit Erkennen der Krise – also in unserem Beispiel ab dem 5. Jahr – ist die bisherige Tilgungsstruktur in unserem Beispiel verändert und an den tatsächlichen CFADS angepasst worden. Dazu wurde die Laufzeit des langfristigen Darlehens um drei Jahre verlängert; das ist hier der maximale zeitliche Puffer bis zum Ende der wirtschaftlichen Nutzungsdauer des Projektes. Der Sponsor hat keinen weiteren Beitrag geleistet, allerdings erhöhte sich die Marge für die Kredite um 1 % p. a. Das Beispiel ist insoweit deutlich vereinfacht, als mit dem Auflösen der bestehenden Finanzierung auch die zugrundeliegende Refinanzierung gebrochen werden musste. Das kann – je nach Zinsniveau und Restlaufzeit – einen erheblichen Betrag ausmachen, der dann ebenfalls mitfinanziert werden muss.

Die Abb. 3.14 zeigt, wie sich mit einer Anpassung des Kapitaldienstes die Dividendenmöglichkeiten des Sponsors verändern, wobei hier insbesondere die Phase nach Einsetzen der Krise relevant ist.

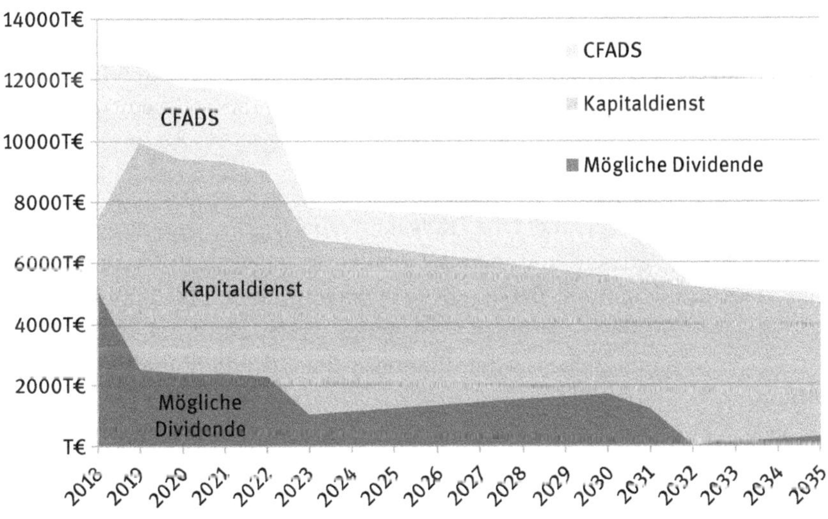

Abb. 3.14: Möglichkeit der Tilgungsstreckung

Was spricht für den Einsatz einer Tilgungsstreckung aus Sicht einer Bank (siehe Tab. 3.10)?

Tab. 3.10: Beurteilung einer Tilgungsstreckung aus Sicht einer Bank

Einfachheit im Handling	Befriedigend bis ausreichend: Die bestehende Refinanzierung für das Darlehen muss gebrochen werden – dies kann je nach Zinsniveau und Höhe zu einer deutlichen Erhöhung der Finanzierung führen. Außerdem wird eine Tilgungsstruktur festgeschrieben. Ändern sich dann noch einmal die Rahmendaten des Projektes, muss wieder angepasst werden. Allerdings ist das Zinsänderungsrisiko dann weitgehend ausgeschlossen.
Risikobeurteilung	Befriedigend: Die Tilgungsstreckung führt zu einer Verbesserung der Belastbarkeit des Vorhabens und ermöglicht möglicherweise wieder volle Kapitaldienstfähigkeit, allerdings auf Kosten des Tails.
Wirtschaftliche Beurteilung	Insbesondere bei deutlicheren Cashflow-Defiziten, bei denen es auch darauf ankommt, das ausstehende Zinsänderungsrisiko klein zu halten, wird dieses Instrument eingesetzt.

Bisher haben wir die einzelnen Finanzierungselemente getrennt dargestellt haben. In der Realität kann es durchaus sein, dass ein gewisser Teil der Finanzierung über eine Tilgungsstreckung dargestellt wird und ein verbleibender Teil über einen Keilkredit. Bei der Austarierung der jeweiligen Elemente wird es jeweils interessieren, ob und inwieweit eine Zinssicherung sinnvoll und notwendig ist – dann kommt für diesen Teil eher die Tilgungsstreckung in Frage – oder inwieweit das Vorhaben hinreichend finanzielle Flexibilität benötigt – dann kommt insoweit eher der Keilkredit in Frage.

Debt-to-Equity Swap

Ein Debt-to-Equity Swap bezeichnet eine Transaktion, bei der die Forderung der Bank gegenüber dem Projekt erlischt und in eine Beteiligung getauscht wird. Dies erfolgt zumeist so, dass die Forderung der Bank – regelmäßig unter Inkaufnahme eines Abschlags – an einen Dritten – z. B. einen Hedgefonds – verkauft wird. Die Anteile am Unternehmen gehen damit nicht auf den Gläubiger über, sondern an den Erwerber der Forderung.

Aus Projektsicht verbessert der Debt-to-Equity Swap die Verschuldung und reduziert den Kapitaldienst. Durch die verbesserte Bonität des Projektes besteht die Möglichkeit, neues Fremdkapital aufzunehmen. Andererseits muss sich der Alt-Investor die zukünftigen Gewinne mit einem Dritten teilen.

Grafisch stellt sich die Situation dann wie folgt dar (siehe Abb. 3.15):

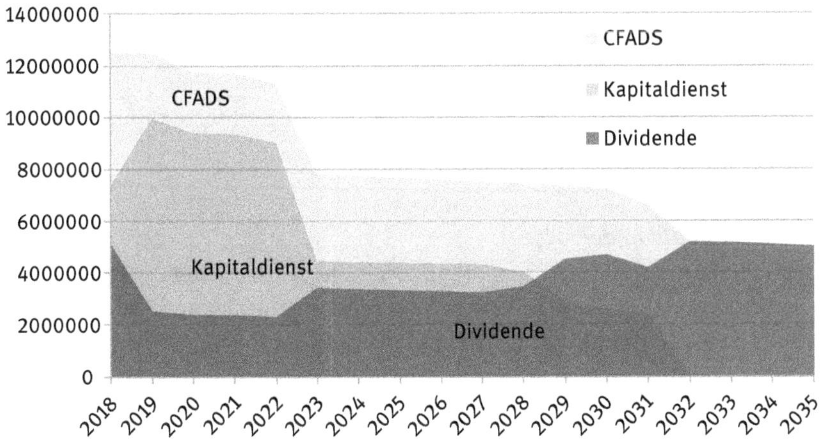

Abb. 3.15: Möglichkeit eines Debt-to-Equity Swaps

Wie der bisherige Investor einen Debt-to-Equity Swap beurteilt, hängt von folgenden Faktoren ab:

- Der Tausch von Fremdmittelanteilen in Eigenkapital mindert den Kapitaldienst, andererseits muss die verbleibende Dividende mit dem neuen Teil-Eigentümer geteilt werden. Ob dies vorteilhaft ist, hängt davon ab, wie die Entschuldung ausfällt und welche Anteile am Unternehmen der neue Eigentümer hat.
- Möglicherweise muss der Alt-Eigentümer die Führungsrolle bei unternehmerischen Entscheidungen an den neuen Teil-Eigentümer abgeben. Dies muss nicht unbedingt kritisch sein, im Gegenteil: Häufig handelt es sich bei dem Erwerber um Unternehmen, die auf die Sanierung von Projekten in Schieflage spezialisiert sind.

Die Bank, die bislang das Vorhaben begleitet hat, wird dieses Instrument wie folgt bewerten (siehe nachfolgend Tab. 3.11):

Tab. 3.11: Beurteilung eines Debt-to-Equity Swaps aus Bankensicht

Einfachheit im Handling	Gut: Sofern ein Investor gefunden werden kann, der in die Transaktion einsteigt, kann die Bank ein Engagement, das sich in der Schieflage befindet, aus den Büchern ausbuchen, was Ressourcen freisetzt. Allerdings wird der Verkäufer bei seinem Due-Diligence-Prozess auch Unterstützung und Informationen von der Bank erwarten können.
Risikobeurteilung	Gut. Wenn der Verkauf gelingt, besteht für die Bank kein Risiko mehr
Wirtschaftliche Beurteilung	Offen: Ob ein Verkauf sinnvoll ist, hängt maßgeblich von dem Kaufpreis ab, mit dem der Neu-Investor die Darlehen abkauft.

Häufig wird es bei Einsatz dieses Instrumentes so sein, dass sämtliche Bankdarlehen verkauft werden, so dass sich die Frage der Kapitaldienstfähigkeit dann erst einmal nicht mehr stellt. Dies kann dann wieder der Fall sein, wenn das Vorhaben soweit stabilisiert worden ist, dass die Aufnahme von neuem Fremdkapital sinnvoll erscheint.

Sonderthema: Liquidität in der Krise

Wie geht man mit Liquidität um, die während des Projektverlaufs dem Vorhaben einmalig zur Verfügung steht? Denkbar ist etwa eine Versicherungsleistung, die als Folge eines Versicherungsschadens gezahlt wird. Es stellt sich die Frage, wie dieser einmalige Mittelzufluss am sinnvollsten verwandt wird – einmal aus Sicht des Eigenkapitalgebers, einmal aus Sicht der finanzierenden Bank.

Aus Sicht des Investors ist die Antwort verhältnismäßig einfach: Sofern er sein Investment aufgrund der Methode des internen Zinssatzes bewertet, unterstellt er implizit, dass sich alle Zahlungsüberschüsse und alle Zahlungsdefizite genau zum internen Zinssatz verzinsen. Bei „normalen" Projekten führt dies dazu, dass der Investor am liebsten eine vollständige Ausschüttung dieses Betrages erreichen will, da er diese ja zum internen Zinssatz wieder anlegen kann – und diese wird regelmäßig höher sein als die Fremdkapitalverzinsung.

Für den Fremdkapitalgeber stellt sich die Frage, ob dieser Geldeingang als Sondertilgung verwandt werden oder stattdessen als – ggf. zusätzliche – Schuldendienstreserve geblockt werden soll. Intuitiv könnte man vermuten, dass eine Bank möglichst schnell ihre risikobehafteten Kredite zurückführen will und daher eine Sondertilgung bevorzugt. Interessanterweise gibt es hier aber keine eindeutige Antwort. Dazu betrachten wir in Tab. 3.12 folgendes Beispiel, wobei wir aus Gründen der Übersichtlichkeit lediglich die Jahre 6 bis 16 abgebildet haben (Angaben – bis auf den DSCR – jeweils in M€):[334]

In dem Ausgangsszenario wird ein stabiler CFADS ausgewiesen, der – bei linearer Tilgung – sukzessive steigende DSCR-Werte ausweist.

In der folgenden Tab. 3.13 wird unter „Neuberechnung" ein externer Schock simuliert, der zu einem deutlichen Rückgang des CFADS ab dem 11. Jahr führt.
Die Absenkung führt dazu, dass der Kapitaldienst nicht mehr vollständig erbracht werden kann – entsprechend werden ab dem Jahr 11 DSCR-Werte von unter 1 ausgewiesen.

334 Wir betrachten hier das Beispiel eines Windparkprojektes in Deutschland, das unter dem EEG 2014 realisiert worden ist.

Tab. 3.12: Vereinfachte Cashflow-Übersicht

	6	7	8	9	10	11	12	13	14	15	16
Ursprungsplan											
CFADS	2,80	2,80	2,80	2,80	2,80	2,80	2,80	2,80	2,80	2,80	2,80
Tilgung	1,67	1,67	1,67	1,67	1,67	1,67	1,67	1,67	1,67	1,67	0,00
Zinsen	0,60	0,53	0,47	0,40	0,33	0,27	0,20	0,13	0,07	0,00	0,00
DSCR	1,24	1,27	1,31	1,35	1,40	1,45	1,50	1,56	1,62	1,68	n.v.

Tab. 3.13: Cashflow-Übersicht bei Preisrückgang

	6	7	8	9	10	11	12	13	14	15	16
Ursprungsplan											
CFADS	2,80	2,80	2,80	2,80	2,80	2,80	2,80	2,80	2,80	2,80	2,80
Tilgung	1,67	1,67	1,67	1,67	1,67	1,67	1,67	1,67	1,67	1,67	0,00
Zinsen	0,60	0,53	0,47	0,40	0,33	0,27	0,20	0,13	0,07	0,00	0,00
DSCR	1,24	1,27	1,31	1,35	1,40	1,45	1,50	1,56	1,62	1,68	n.v.
Neuberechnung											
CFADS	2,80	2,80	2,80	2,80	2,80	0,90	0,90	0,90	0,90	0,90	0,90
Tilgung	1,67	1,67	1,67	1,67	1,67	1,67	1,67	1,67	1,67	1,67	0,00
Zinsen	0,60	0,53	0,47	0,40	0,33	0,27	0,20	0,13	0,07	0,00	0,00
DSCR	1,24	1,27	1,31	1,35	1,40	0,47	0,48	0,50	0,52	0,54	0,00
Restvaluta	16,67	15,00	13,33	11,67	10,00	8,33	6,67	5,00	3,33	1,67	0,00
Freier Cashflow	0,53	0,60	0,67	0,73	0,80	-1,03	-0,97	-0,90	-0,83	-0,77	0,00
Freier Cashflow kumuliert	0,53	1,13	1,80	2,53	3,33	-1,03	-2,00	-2,90	-3,73	-4,50	0,00

Der kumulierte Saldo der Cashflow-Defizite liegt in dem Beispiel bei 4,5 M€. Da in unserem Beispiel dieses Defizit ab dem Jahr 5 recht gut erkennbar ist,[335] wird zwischen der Bank und dem Projekt vereinbart, dass in den Jahren 6 bis 10 die freie Liquidität zunächst angesammelt wird. Sie soll dann eingesetzt werden, wenn der Cashflow nicht ausreicht, den Kapitaldienst zu bedienen. Das entsprechende Szenario haben wir in der Tab. 3.14 dargestellt:

Die Idee des Reservekontos ist, dass es soweit in Anspruch genommen wird, dass der Kapitaldienst auch bei defizitärem Cashflow gerade gedeckt werden kann. Dies gelingt hier in den Jahren 11 bis 13, bis sich in den Jahren 14 und 15 Unterdeckungen

335 Hier sei das Beispiel der Verkürzung der erhöhten Vergütung gemäß EEG 2014 unterstellt. In diesem Fall kennt man nach dem 5. Jahr die Tarifstruktur für die nächsten 15 Jahre und hat ggf. noch Zeit für eine Reaktion. Wenn der Schock unvermittelt kommt, wird diese Möglichkeit auf Projektebene häufig nicht mehr bestehen.

ergeben: der DSCR in den Jahren 14 und 15 ist kleiner als 1,0 und das kumulierte Cashflow-Defizit beider Jahre beträgt 1,17 M€.

Tab. 3.14: Verwendung als Schuldendienstreservekonto

	6	7	8	9	10	11	12	13	14	15	16
CFADS	2,80	2,80	2,80	2,80	2,80	0,90	0,90	0,90	0,90	0,90	0,90
Tilgung	1,67	1,67	1,67	1,67	1,67	1,67	1,67	1,67	1,67	1,67	0,00
Zinsen	0,60	0,53	0,47	0,40	0,33	0,27	0,20	0,13	0,07	0,00	0,00
Unterdeckung	0,00	0,00	0,00	0,00	0,00	-1,03	-0,97	-0,90	-0,83	-0,77	0,00
DSCR (ohne Reserve-konto)	1,24	1,27	1,31	1,35	1,40	0,47	0,48	0,50	0,52	0,54	n.v.
Restvaluta	15,00	13,33	11,67	10,00	8,33	6,67	5,00	3,33	1,67	0,00	0,00
Stand Reservekonto	0,53	1,13	1,80	2,53	3,33	3,33	2,30	1,33	0,43	0,00	0,00
Bedarf zur Deckung KD	0,00	0,00	0,00	0,00	0,00	1,03	0,97	0,90	0,83	0,77	0,00
Mögliche Zuführung	0,00	0,00	0,00	0,00	0,00	1,03	0,97	0,90	0,43	0,00	0,00
Stand Reservekonto nach Ausgleich	0,53	1,13	1,80	2,53	3,33	2,30	1,33	0,43	0,00	0,00	0,00
Adjustierter DSCR	1,24	1,27	1,31	1,35	1,40	1,00	1,00	1,00	0,77	0,54	n.v.
Unterdeckung nach SDR	0,00	0,00	0,00	0,00	0,00	0,00	0,00	0,00	-0,40	-0,77	0,00

Alternativ kann die Bank auf die Idee kommen, die angesparte Liquidität zur einmaligen Tilgung im Jahr 11 zu verwenden. Der Verlauf der Cashflows und der DSCR entwickeln sich dann gemäß Tab. 3.15 wie folgt:

Tab. 3.15: Cashflow-Verlauf bei Sondertilgung

	6	7	8	9	10	11	12	13	14	15	16
CFADS	2,80	2,80	2,80	2,80	2,80	4,23	0,90	0,90	0,90	0,90	0,90
Tilgung	1,67	1,67	1,67	1,67	1,67	1,67	1,09	1,09	1,09	1,09	0,00
Zinsen	0,60	0,53	0,47	0,40	0,33	0,27	0,13	0,09	0,04	0,00	0,00
Sondertilgung	0,00	0,00	0,00	0,00	0,00	2,30	0,00	0,00	0,00	0,00	0,00
DSCR (ohne Sondertilgung)	1,24	1,27	1,31	1,35	1,40	2,19	0,74	0,76	0,79	0,82	n.v.
Restvaluta	15,00	13,33	11,67	10,00	8,33	4,37	3,28	2,18	1,09	0,00	n.v.
Adjustierter DSCR	1,24	1,27	1,31	1,35	1,40	1,00	0,74	0,76	0,79	0,82	n.v.
Unterdeckung	0,00	0,00	0,00	0,00	0,00	0,00	-0,32	-0,28	-0,24	-0,19	0,00

Im Jahr 11 sinkt der CFADS erstmalig auf 0,90 M€, so dass der Kapitaldienst nicht mehr vollständig gedeckt werden kann. Daher wird der in den Jahren 6 bis 10 angesparte Betrag von 3,33 M€ dem Cashflow-Waterfall zugeführt, der damit zunächst von

0,90 M€ auf 4,23 M€ steigt. Mit diesem Betrag ist es möglich, das Cashflow-Defizit von 1,03 M€ im Jahr 11 zu decken und zusätzlich eine Sondertilgung von 2,30 M€ vorzunehmen.[336] Rechnerisch ergibt sich so ein DSCR von 1,00 in diesem Jahr. Der vorher angesparte Betrag von 3,33 M€ ist damit vollständig verbraucht. Ab dem Jahr 12 werden Deckungsrelationen von unter 1,0 ausgewiesen, so dass im Jahr 12 ein Restrukturierungsbedarf entsteht. Der kumulierte Saldo der sich dann ergebenden Cashflow-Defizite liegt bei 1,03 M€ und fällt damit geringer aus als das Defizit von 1,17 M€ bei einer Verwendung als Reservekonto – dies liegt daran, dass durch die Sondertilgung zukünftige Zinsaufwendungen eingespart werden.

Wie sind nun die beiden Möglichkeiten zu bewerten? Die Variante 1 – Verwendung als Reservekonto – hat den Vorteil, dass der Bedarf für eine Restrukturierung später anfällt. Die Variante 2 – Verwendung als sofortige Sondertilgung – hat den Vorteil, dass die Sondertilgung zukünftige Zinszahlungen reduziert und damit zu einem etwas geringeren Cashflow-Defizit durch die Einsparung von Zinsaufwendungen führt. Was jetzt die bessere Lösung aus Projektsicht ist, lässt sich nicht eindeutig beantworten.

Interessant ist aber noch eine weitere Erkenntnis: Die Empfehlungen, die sich aus einem Cashflow-Modell ableiten lassen, können durchaus unterschiedlich ausfallen, je nachdem, ob man auf relative Kennzahlen – hier den DSCR – abstellt oder auf absolute Kennzahlen – wie hier das kumulierte Cashflow-Defizit.

3.8.5 Abschließende Wertung

Ein Cashflow-Modell hat eine zentrale Bedeutung für die Ausgestaltung der Finanzierungsstruktur einer Projektfinanzierung, und zwar unabhängig davon, in welcher Phase sich das Projekt befindet. Es ermöglicht, für die Kapitalgeber zu entscheiden, ob eine Projektfortführung aus ihrer jeweiligen Sicht sinnvoll ist, welche Maßnahme sinnvoll ist und mit welchen monetären Konsequenzen sie verbunden ist. In jedem Fall sind die verschiedenen Optionen in ihren Zahlungskonsequenzen projektspezifisch zu bewerten.

Allerdings hat der Einsatz eines Cashflow-Modells Grenzen: Es ersetzt nicht die eigentliche Ursachenanalyse und die sich daraus ergebenden Handlungsempfehlungen, sondern es kann diese nur in ihren monetären Konsequenzen bewerten. Und es kann selbstverständlich auch nicht auf Optionen hinweisen, die sich etwa durch einen Verkauf des Projektes an Dritte ergeben können.

336 Dass in diesem Beispiel die Sondertilgung separat ausgewiesen wird, hängt einmal damit zusammen, dass die Wirkung der Cash-Zufuhr isoliert gezeigt werden soll. Zum anderen würde sich ein Zirkelbezug ergeben, wenn man versuchen würde, die Sondertilgung so auszutarieren, dass sich ein Zielwert von 1,00 beim DSCR ergäbe.

4 Krisenvermeidung bei Projektfinanzierungen

4.1 Die sozialpsychologische Sicht: Erfolgsfaktor Führung in Projekten

Prof. Dr. Carl Schütte

4.1.1 Einleitung

„Führung bewegt Menschen“[1] in klassischen Organisationsformen wie auch in Projekten. Aktuelle Entwicklungen wie die Globalisierung, zunehmender Wettbewerb sowie beschleunigter wirtschaftlicher und technologischer Wandel erfordern generell entsprechend flexible Organisationstrukturen. Projektarbeit ist eine Antwort darauf. Sie gewinnt deshalb im Vergleich mit dem klassischen „Linienmanagement“ an Bedeutung – und mit ihr die Führung von Menschen unter den besonderen Bedingungen eines Projekts. Viele Autoren nehmen an, dass die Führung der Zukunft vor allem in Projekten und Teilprojekten stattfinden wird.[2] In diesem Kontext wird sie zudem als gleichzeitig „produktives“ Personal-Entwicklungs- und –Diagnoseinstrument genutzt. Sie dient so der Entwicklung und Qualitätssicherung von Potentialträgern, denn die die Personalführung stellt besondere Anforderungen an die Führungsqualitäten. Warum ist das so?

Projekte sind zeitlich begrenzte mehr oder weniger komplexe Vorhaben verschiedener Größenordnungen, in denen Menschen zusammenarbeiten, um Ziele zu erreichen. Die Projektleitung ist neben der organisatorischen und methodischen auch für die Führung auf der zwischenmenschlichen Ebene verantwortlich. Sie beeinflusst mit ihrem Geschick den Projekterfolg. Überall wo Menschen zusammenarbeiten, treffen unterschiedliche Interessen und Sichtweisen aufeinander. Dissonanzen, Missverständnisse, Konflikte bis hin zu Krisen sind eher die Regel als die Ausnahme. Sie sind elementarer Bestandteil von Interaktion. Dabei sind Konflikte nicht grundsätzlich negativ zu bewerten, sie können aber den Projekterfolg gefährden. Das Projektmanagement hat einen entscheidenden Einfluss, wie mit Dissonanzen umgegangen wird und welchen Beitrag sie zum Projekt(miss)erfolg leisten. Dies gilt ganz besonders, wenn der Projektauftrag von außen kommt und viele externe Stakeholder mit hohem Einflusspotential und unterschiedlichen Interessen beteiligt sind.

1 Vgl. Weibler, Jürgen: Personalführung, 2. Aufl., Stuttgart, 2012. Vgl. Raelin, Joseph A.: The end of managerial control? Group & Organization Management, 36(2), 135–160, 2011.

2 Vgl. Raelin, Joseph A.: The end of managerial control? Group & Organization Management, 36(2), 135–160, 2011.

DOI 10.1515/9783110449785-004

Bei den zwangläufig auftretenden Störungen geht es neben der Berücksichtigung der „harten" betriebswirtschaftlichen und rechtlichen Ebenen auch und gerade um den Umgang mit ihnen bzw. den beteiligten Menschen. Diese stellen letztlich das Zentrum und den Ausgangspunkt dar. Deshalb ist es wichtig, die Ursachen und Ansatzpunkte von Krisen zu verstehen. So wird es möglich, „nützliche" Krisen zu erzeugen bzw. in einem „hilfreichen" Bereich zu kontrollieren. Dysfunktionale Konflikte können erkannt, wenn möglich vermieden bzw. früh identifiziert und wirksam bearbeitet werden.

Nachfolgend werden deshalb zunächst die Besonderheiten von Projekten sowie die Aufgaben der Personal-Führung dargestellt. Dabei wird auf die Leitung von interdisziplinären Projekt-Teams eingegangen. Im Mittelpunkt dieses Beitrags steht die Frage, wie das Projektmanagement das Team und die einzelnen Beteiligten führen muss, um Konflikte und Krisen so zu beeinflussen, dass sie die Projektziele unterstützen.

Was kennzeichnet Projekte und was sind die Aufgaben des Projekt-Managements?

Ein Projekt stellt ein Vorhaben dar, welches vor allem durch die Einmaligkeit der Bedingungen in ihrer Gesamtheit gekennzeichnet ist. Zielvorgabe, zeitliche, finanzielle personelle oder andere Begrenzungen und eine projektspezifische Organisation sind hierbei besondere Merkmale, ebenso wie die Zusammenarbeit vieler Beteiligter in „Teams.[3] Der letzte Punkt bezieht sich auf die am Projekt beteiligten Stakeholder, welche durch das Projektmanagement „geführt" werden. Diese Stakeholder sind gerade in externen Projekten unabhängiger, einflussreicher und heterogener in Bezug auf ihre Interessen, was das Projektmanagement vor besondere Herausforderung bei der Wahrnehmung der Führungsaufgabe stellt. Auch die anderen Merkmale wirken auf die Art und Weise, wie wirksam geführt werden kann.

Das Projektmanagement beinhaltet dabei „die Gesamtheit von Führungsaufgaben, organisation, -techniken und -mitteln für die Initialisierung, Definition, Planung, Steuerung und den Abschluss von Projekten".[4] Zu diesen Aufgaben mit seinen ingenieurs- und betriebswirtschaftlichen Wurzeln gehören vor allem

- die Terminplanung,
- die Koordination von Personal,
- die Koordination von Finanzmitteln,
- das Steuern des Kommunikationsflusses und
- die Kontrolle des Projektfortschritts.

3 Vgl. Schelle, Heinz, Ottmann, Roland, & Pfeiffer, Astrid: ProjektManager (2). GPM Deutsche Gesellschaft für Projektmanagement, Nürnberg 2008.

4 Vgl. DIN Deutsches Institut für Normung: DIN 69901. Projektmanagement – Projektmanagementsysteme. Berlin, 2009.

Diese sogenannten indirekten Führungs-Aktivitäten sind Schwerpunkt der Vorgehensmodelle, wie sie in der DIN 69901–2 beschrieben werden.[5] Sie sind Gegenstand der Projektmanagementliteratur und auch wesentlicher Inhalt von Projektmanagement-Ausbildungen.[6] In den letzten Jahren wurde allerdings zunehmend auch auf die direkte Führung von Menschen eingegangen. Die Zusammenarbeit in und das Führen von interdisziplinären Teams und Netzwerken sowie einzelner wichtiger Stakeholder ist insgesamt mehr als nur die „Koordination von Personal". Sie ist eine zentrale Aufgabe des Projektmanagements und Gegenstand dieses Beitrags. Nachfolgend werden die relevanten Begriffe kurz erläutert.

Was bedeutet (Personal-)Führung und wer oder was führt?

Zum Thema Führung gibt es eine immense Anzahl an Zugängen und Positionen. In der einschlägigen Literatur finden sich allein über zweihundert Definitionen des Begriffs. Gemeinsam ist den meisten, dass es **um die Einflussnahme auf das Verhalten von Einzelpersonen oder Gruppen geht, um Ziele zu erreichen.**

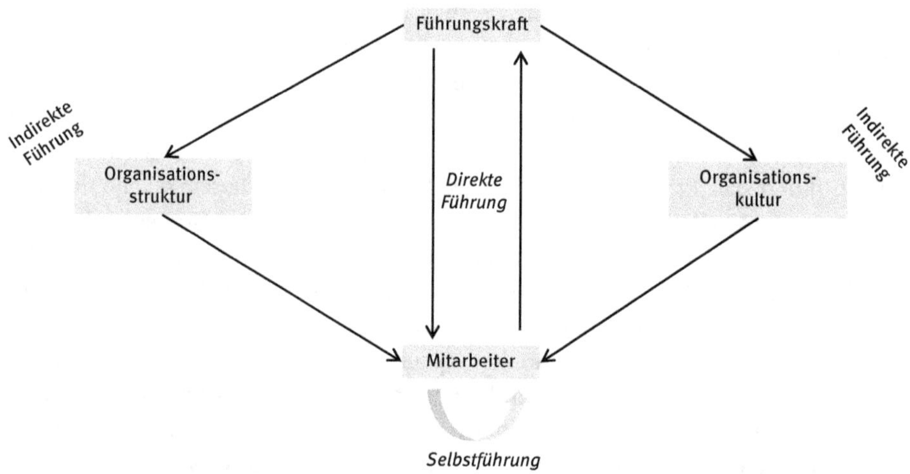

Abb. 4.1: Wer oder was führt?[7]

Zielgerichtete Verhaltensbeeinflussung findet nicht nur durch strukturelle Regelungen statt, sondern auch durch organisationskulturelle Werte. Beide Ansätze sind den

5 Vgl. ebd.

6 Vgl. Wastian, Monika & Braumandl, Isabell & Weisweiler, Silke: Führung und Mikropolitik in Projekten. Der psychologische Faktor, Wiesbaden 2015.

7 Eigene Darstellung in Anlehnung an Lang, Rainhart & Rybnikova, Irma: Verteilte und geteilte Führung: Alle machen mit, in: Aktuelle Führungstheorien und –konzepte, Wiesbaden, 2014.

indirekten Führungsansätzen zuzuordnen. Im Allgemeinen versteht man unter Führung allerdings die direkte zielgerichtete Verhaltensbeeinflussung von Menschen durch unmittelbare Interaktion. Diese Ansätze können auf die spezifische Organisationsform externer Projekte übertragen werden. Sie sind in der Abb. 4.1 visualisiert.

Die Bedeutung indirekter Verhaltensanreize über strukturelle Regelungen einerseits und kulturelle Werte andererseits darf auch in Projekten nicht unterschätzt werden.

Auf der strukturellen Ebene stellen die Vorgehensmodelle des Projektmanagements sowie Ziele (als Vorgabe oder vereinbart) ein wirksames Instrument zum indirekten Führen dar. Gut ausgearbeitete Prozesse sind verbindliche strukturelle Regeln ebenso wie Ergebnisbeiträge, welche alle Projektbeteiligten kennen und beachten müssen.[8] Sie wirken auf das Verhalten der Beteiligten, führen damit indirekt und entlasten die Projektleitung von direkter Führung. Selbstverständlich sind explizite Regelwerke auch durch Manager entwickelt und installiert worden – deshalb die Bezeichnung „indirekte" Führung.

Ein anderer Ansatz, das Verhalten der Stakeholder indirekt und zielgerichtet zu beeinflussen, funktioniert durch die von den Beteiligten akzeptierten Werte. Über die Auswahl, Sozialisation sowie ex- und implizite Anreizsysteme verinnerlichen die Betroffenen Werte und Normen in Bezug auf Verhalten, Leistungen sowie Ergebnisse und richten ihr Verhalten im Sinne einer Selbstführung darauf aus. Von einer starken Organisationskultur spricht man, wenn die Werte von vielen geteilt werden und für sie eine hohe Bedeutung haben.

Beide Formen indirekter Führung können die Projektleitung in Bezug auf die Wahrnehmung direkter Führungsaufgaben entlasten. Dies gilt umso mehr, je umfangreicher und bedeutsamer explizite Regelungen sind und je stärker die Projektkultur ausgeprägt ist.

Das allgemeine Verständnis von Führung bezieht sich auf direkte zielbezogene Verhaltensbeeinflussung der Führungskraft auf Individuen und Teams durch unmittelbare Interaktion. Hier spielt die Kommunikations- und Beziehungsgestaltung durch die Führungskraft eine wesentliche Rolle.

Die direkten und indirekten Verhaltensanreize können die Erreichung der Projektziele unterstützen oder auch behindern. Auch können sich die verschiedenen Anreize gegenseitig verstärken oder blockieren – eine Quelle für Konflikte und Krisen. Das Projektmanagement hat darauf zu achten, die Verhaltens-Anreize auf allen Ebenen für alle Stakeholder funktional auszurichten und zu synchronisieren.

Indirekt strukturelle Führung ist – wie gesagt – der im Projektmanagement dominierende Ansatz. Weniger beachtet werden die indirekte Einflussnahme durch (akzeptierte) Werte und Normen sowie die direkte Führung der Projektbeteiligten durch unmittelbare Interaktion.

8 Vgl. Wastian, Monika & Braumandl, Isabell & Weisweiler, Silke: Führung und Mikropolitik in Projekten. Der psychologische Faktor, Wiesbaden, 2015.

Was kennzeichnet die Führung von Projektteams und Stakeholdern?
Beim Projektmanagement geht es im Rahmen der Führung nicht nur um die einzelnen Beteiligten, sondern auch um das Team als Ganzes. Teams sind nach Kauffeld dadurch gekennzeichnet, dass sie aus mehreren Personen bestehen, die interagieren, voneinander abhängig sind, ein gemeinsames Ziel verfolgen und ein Wir-Gefühl haben.[9] Sie werden darüber hinaus durch andere sowie durch sich selbst als Gruppe wahrgenommen. Projektteams sind – im Gegensatz zu klassischen Arbeitsteams – nicht in eine übergeordnete Organisation eingebettet. Die Führung von Teams stellt die Projektleitung vor zusätzliche, komplexere Herausforderungen als die Führung von Individuen. Parameter, die es bei der Führung von Teams zu beachten gilt, sind generell die Merkmale der am Projekt beteiligten Stakeholder, die Interaktionsprozesse auch innerhalb des Projektteams sowie die Maßstäbe für den Projekterfolg. Generell können die in Teams wirkenden Parameter anhand der Interaktion von den genannten Input-, Prozess- und Output-Faktoren beschrieben werden (siehe Abb. 4.2). Zur Erklärung der Wirkungen in und Wirksamkeit von Teams bedienen sich zahlreiche Studien dieser Modelle.

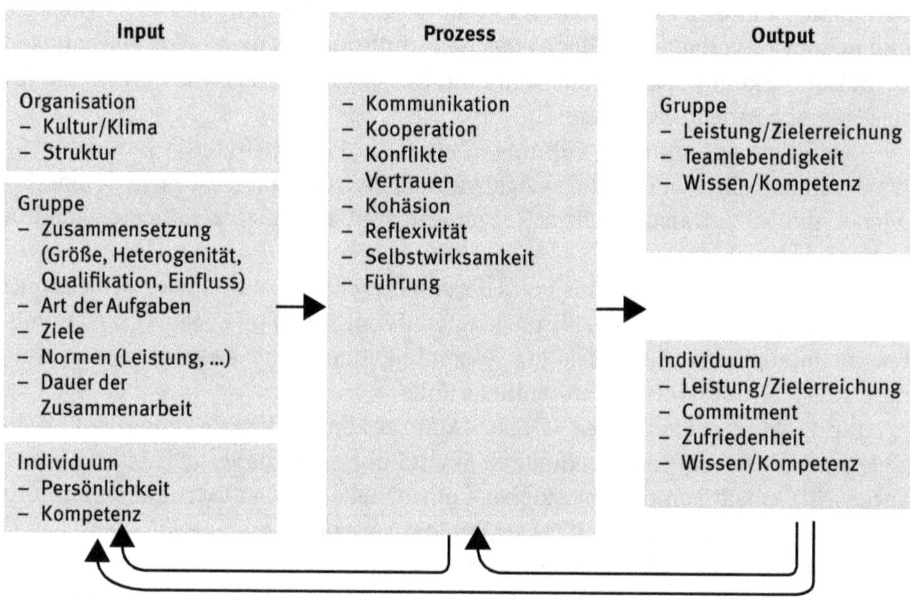

Abb. 4.2: Input-, Prozess- und Output-Variable der Teamarbeit[10]

9 Vgl. Kauffeld, Simone: Arbeits- Organisations- und Personalpsychologie, Heidelberg, 2011.
10 In Anlehnung an ebd.

Unter **Inputfaktoren** werden alle Parameter erfasst, welche die Einbettung der Individuen in Teams und von Teams in einen organisationalen Rahmen betreffen. Auf der Ebene der Organisation sind dies implizite und explizite Werte, Verhaltensnormen und Regeln. Auf der Gruppenebene können Teams z. B. anhand der folgenden Fragen unterschieden werden:

- Wie viele Personen gehören dem Team an?
- Wie homogen/heterogen sind die Teammitglieder hinsichtlich verschiedener Merkmale (z. B. Ausbildung, Herkunft, Interessen, Ziele)?
- Welche Teamziele wurden vereinbart/gesetzt?
- In welchem Ausmaß sind die Teammitglieder voneinander abhängig, um die Ziele zu erreichen?
- Kennen sich die Teammitglieder und wie lange besteht das Team bereits?
- Welche Gruppennormen haben sich etabliert?

Weiterhin werden die Parameter indirekter Führung wie implizite Regeln (Werte und Normen) der Gruppe sowie explizite Regelungen den Inputfaktoren zugerechnet. Faktoren auf der individuellen Ebene sind die verschiedenen Kompetenzen und Persönlichkeiten der Teammitglieder.

Wichtige **Prozessvariablen** sind u. a. die Kommunikation, das Vertrauen[11] unter den Teammitgliedern und der Umgang mit Konflikten. Die meisten der in dieser Kategorie zusammengefassten und auch aufeinander wirkenden Faktoren können durch Führung beeinflusst werden.

Bei den **Output-Variablen** kann einerseits zwischen Individuum und Team sowie andererseits zwischen harten Faktoren wie Zielerreichung und weichen Variablen wie Lerneffekten, Wohlbefinden, usw. unterschieden werden.[12]

Was sind nun die Besonderheiten von Teams externer Projekte? Wie unterscheiden sich die Teammitglieder in Bezug auf Input-, Prozess- und Output-Faktoren von anderen Arbeitsgruppen? Folgende zentrale Unterscheidungsmerkmale sind in Anlehnung an Wastian von Bedeutung:[13]

Input-Faktoren:

- Projektteams müssen häufig komplizierte und neuartige Probleme innerhalb eines beschränkten Zeitfensters lösen.
- Die dafür zur Verfügung stehenden finanziellen Mittel sind begrenzt ebenso wie die zeitliche Verfügbarkeit der Projektmitarbeiter.

---

11 Vgl. Katharina Beyersdorfer und Caroline Krohn in Kapitel 4.2.

12 Vgl. Kauffeld, Simone: Arbeits- Organisations- und Personalpsychologie, Heidelberg, 2011.

13 Vgl. Wastian, Monika & Braumandl, Isabell & Weisweiler, Silke: Führung und Mikropolitik in Projekten. Der psychologische Faktor, Wiesbaden, 2015.

- Die Projektbeteiligten unterscheiden sich häufig stark in Bezug auf Erfahrung, organisationalen Hintergrund, Ausbildung und Kompetenzen ebenso wie in Bezug auf Einfluss.

Prozessfaktoren:
- Häufig arbeiten die Gruppenmitglieder das erste Mal zusammen und sind noch nicht aufeinander eingespielt. Aufgabenschwierigkeit, unklare Rollenerwartungen, Aufbau von Beziehungen und Vertrauen sind spezifische Herausforderungen von Projektteams.
- Projektmitglieder sind oft je nach Kompetenz und/oder Interesse nur zeitlich punktuell am Projekt und in einem bestimmten Projektteam aktiv. Häufig arbeiten sie gleichzeitig auch in anderen Projekten.
- Die Führung von Projektteams ist deshalb anspruchsvoller als die Führung dauerhafter Teams, weil die Projektleiter zwar die Projektverantwortung haben, meist jedoch nicht mit disziplinarischen Befugnissen ausgestattet sind. Um ihre Projektziele zu erreichen, muss es der Projektleitung also gelingen, die Teammitarbeiter anders zu „führen".
- Gleichzeitig konkurrieren sie mit den disziplinarischen Linienvorgesetzten (und evtl. anderen Projektleitern) um begrenzte zeitliche Kapazitäten – aus einer schlechteren Verhandlungsposition heraus.
- Das Projektmanagement muss wissen, wie mit Ängsten und Widerständen in Risiko-, Konflikt- und Entscheidungssituationen umzugehen ist, um das Engagement der Mitarbeiter zu gewinnen.
- Darüber hinaus erlaubt Projektarbeit kein langsames Hineinwachsen in die Führungsrolle. Die zeitliche Begrenztheit in Projekten zwingt zum schnellen Führungserfolg. Knappe Ressourcen und der Kostendruck in vielen Projekten machen die Führung nicht leichter.
- Diese ohnehin schon hohen Anforderungen an die Projektführung werden künftig noch steigen, da mit der Globalisierung sowie neuen Modellen der räumlich-zeitlichen Arbeitsorganisation virtuelle und interkulturelle Projektarbeit an Bedeutung gewinnen wird.

Output-Faktoren
- Die Ergebnisse, anhand derer der jeweilige Status und letztendlich der Erfolg externer Projekte erfasst wird, sind im Gegensatz zum Outcome interner Projektteams i.d.R. eindeutig in Geldeinheiten messbar.
- Dennoch können auch weiche Faktoren auf individueller und Teamebene (z. B. Kompetenzzuwachs, Selbstvertrauen, Kontakte/Netzwerke) wichtige Resultate von Projekten sein.

„Die Projektarbeit erfolgt oft hochgradig vernetzt und stellt hohe Anforderungen an die Anpassungsleistungen der Projektbeteiligten. Nicht nur das Projektteam, sondern auch andere Stakeholder – z. B. Auftraggeber, Management, Fachabteilungen und Stabsstellen, Lieferanten und sonstige Kooperationspartner – beteiligen sich am Projekt oder beeinflussen mit ihren Vorgaben und Erwartungen die Ziele und den Verlauf von Projekten. Die Führung in Projekten begrenzt sich deshalb nicht nur auf die Führung der Projektmitarbeiter, sondern beinhaltet auch Interaktionen mit anderen Stakeholdern des Projekts sowie das Selbstmanagement des Projektleiters.“[14]

Die Führung der am Projekt beteiligten Menschen stellt das Management externer Projekte vor besondere Herausforderungen. Hierzu müssen die Wirkmechanismen der Führung unter Projektbedingungen verstanden werden. Je besser dies gelingt, umso effektiver kann die Projektleitung Konflikte kontrollieren und dysfunktionale Entwicklungen vermeiden, die ansonsten zu einer Krise führen würden.

4.1.2 Wie kann das Projektmanagement das Projekt-Team und einzelne Stakeholder wirksam führen – auch im Umgang mit Konflikten und Krisen?

Projekte sind keine isolierten „Inseln“, sondern vielmehr komplexe Netzwerke mit vielfältigen Stakeholdern, in denen jeder seine eigenen Ziele und Vorteile sichern will. Dies geschieht teilweise taktierend im Verborgenen. Die Auftraggeber von Projekten erwarten die bestmögliche Erfüllung der Projektziele. Andere Stakeholder (z. B. Kapitalgeber, zuarbeitende Dienstleister, Lieferanten und Subunternehmer) verfolgen oft eigene Ziele. Auch stehen häufig Qualitäts- und Kostenziele im Konflikt. Die Projektleitung kann also nicht nach Gutdünken entscheiden und handeln, sondern ist auf eine gute Zusammenarbeit und Kommunikation mit den Stakeholdern angewiesen. Dies gilt umso mehr, je geringer die formale Macht und je größer das Einflusspotential der Stakeholder ist. Der Spielraum für Führungs-Fehler in diesem Kontext ist gering.[15]

Nachfolgend werden Ursachen und Lösungsansätze für Konflikte und Krisen auf der individuellen Ebene und Teamebene vor allem bezogen auf die Fertigstellungsphase von Projekten dargestellt. Das Ziel besteht darin, schädliche Krisen zu vermeiden, sie möglichst früh zu erkennen und wirksam lösen zu können – aber auch darin, nützliche Konflikte zu erzeugen und zu kontrollieren.

Das Stakeholder-Management bildet die Informationsgrundlage für die Führungsansätze

- der indirekten Führung mit Zielen und Prozessen sowie durch Werte und Normen und
- der direkten Führung, durch transaktionale und transformationale Gestaltung der Interaktion, durch Mikropolitik sowie den Umgang mit Konflikten und Krisen.

14 Vgl. Wastian, Monika & Braumandl, Isabell & Weisweiler, Silke: Führung und Mikropolitik in Projekten. Der psychologische Faktor, Wiesbaden, 2015.
15 Vgl. ebd.

Stakeholder-Management als Grundlage

Projekt-Teams sind häufig sehr heterogen, arbeiten nur für die Dauer des Projekts zusammen und lernen sich auch in diesem Rahmen erst kennen. Sie eint in der Bauphase das gemeinsame Ziel der Projektfertigstellung. Gemeinsame Werte und Normen im Umgang miteinander müssen noch etabliert werden. Wichtige Teammitglieder/Stakeholder sind u. a.[16]

- Initiatoren
- Projektgesellschaft/(Projekt-)Management/Geschäftsführung
- Banken
- Auftragnehmer, Subunternehmer (Anlagenbauer, ...)
- Lieferanten
- Abnehmer/Kunden
- Staatliche Institutionen
- Berater/Gutachter
- Interessenverbände
- Projektmitarbeiter

Die Grundlage zur Führung dieser wichtigen Stakeholder ist ein Stakeholder-Management. Damit wichtige Projektbeteiligte ihre Interessen berücksichtigt wissen und Projektaktivitäten nicht behindern, ist es wichtig, dass die Projektleitung deren Motive, Interessen und Erwartungen kennt.[17] Sie sollte darüber hinaus wissen, von wem sie bei Bedarf unterstützt werden kann. Dazu bieten sich sogenannte Stakeholder-Analysen an, wie sie in der Projektmanagement-Literatur dargestellt werden.[18] Zu den bewussten und expliziten Interessen der Stakeholder kommen noch weniger sichtbare Aspekte, welche den Betroffenen gleichwohl bewusst sind (Hidden Agendas) sowie unbewusste Motive, über welche sich die Stakeholder selbst nicht im Klaren sind.[19] Diese individuellen sozialen Realitäten existieren und haben Auswirkungen. Sie machen die hohe Komplexität der Führungsaufgabe deutlich. Je besser es der Projektleitung gelingt, die bewussten und unbewussten verborgenen Motive der Stakeholder zu erfassen, umso besser ist die Grundlage für den rechtzeitigen konstruktiven Umgang mit ihnen. Auch bei der Stakeholder-Analyse ist es sinnvoll, diese

16 Vgl. Beitrag von Anja Wiebusch.

17 Vgl. Wastian, Monika & Braumandl, Isabell & Weisweiler, Silke: Führung und Mikropolitik in Projekten. Der psychologische Faktor, Wiesbaden, 2015.

18 Vgl. z. B. Ellmann, S., Behrend, F. D., Hübner, R. & Weitlander, E.: Interessengruppen / Interessierte Parteien. In M. Gessler (Hrsg.), Kompetenzbasiertes Projektmanagement (PM3). Handbuch für die Projektarbeit, Qualifizierung und Zertifizierung auf Basis der IPMA Competence Baseline Version 3.0 (6. Aufl., S. 67–97). Nürnberg: GPM Deutsche Gesellschaft für Projektmanagement, 2014.

19 Vgl. Brodbeck, F. C., & Guillaume, Y. (2012). Umgang mit Informationen und Meinungsbildung in Projekten. In M. Wastian, I. Braumandl, & von Rosenstiel (Hrsg.), Angewandte Psychologie für das Projektmanagement. Ein Praxisbuch für die erfolgreiche Projektleitung (2. Aufl., S. 41–60). Heidelberg: Springer. 2012.

kontinuierlich zu aktualisieren, weil sich die Zusammensetzung der Stakeholder sowie ihre Interessen im Projektverlauf immer wieder verändert.

Die Stakeholder-Analyse bedeutet deshalb für die Projektführung kontinuierliche Aktivität in allen Projektphasen.[20] Sie umfasst die Identifikation von Stakeholdern, das Einholen und Analysieren ihrer Einstellungen, Betroffenheit, Erwartungen und Einfluss, die Aktivitäten-Planung (z. B. Maßnahmen zur Einbindung von Stakeholdern) und das Monitoring von Veränderungen der Stakeholder-Zusammensetzung und – Interessen im Projektverlauf.[21] Erfahrung der Projektleitung ist hier von Vorteil, Coaching kann eine wertvolle Unterstützung sein.

Je weiter die Projekt-Umsetzung voranschreitet, umso wichtiger wird es, dass die Projektleitung den Erfolg und die Projektergebnisse den Stakeholdern überzeugend kommuniziert. Es reicht nicht, dass das Projekt rund läuft – den wichtigen Stakeholdern ist dies überzeugend zu vermitteln und sie müssen es in Bezug auf ihre eigenen Interessen als relevant erachten. Bei Abweichungen sollten außerdem Lösungsvorschläge gemacht und insbesondere Nachforderungen gut begründet werden. Das Stakeholdermanagement ist in beiden Fällen die Grundlage für kontinuierliche Reflexion der Erwartungen, denn die Stakeholder wollen, dass diese wahrgenommen, erfüllt und Abweichungen zumindest nachvollziehbar und gut begründet werden. Dysfunktionale Störungen auf der Sach- und der Beziehungsebene können so im Ansatz vermieden werden.

Indirekte Führung mit Zielen und Prozessen

Gerade im Projektmanagement mit seinen ingenieurs- und betriebswirtschaftlichen Wurzeln findet ein großer Teil der Führung indirekt durch explizite gesetzte oder vereinbarte Ziele sowie beschriebene Aufgaben, Zuständigkeiten und Vorgehensweisen bzw. Prozesse zur Zielerreichung statt. Die räumliche und vor allem zeitliche Organisation der Planung, Information und Kommunikation sowie Kontrolle des Projektfortschritts wird in verschiedenen Vorgehensmodellen wie z. B. der DIN 69901–2 beschrieben.[22] Solche bewährten, standardisierten Prozesse bilden auch einen Schwerpunkt in der Projektmanagement-Literatur sowie in den Projektmanagement-Ausbildungen. Indirekte Verhaltensbeeinflussung durch kulturelle Werte und Normen oder gar direkte Führung durch unmittelbare Interaktion sind weniger Thema der Führung von und in Projekten. Andererseits darf der Führungs-Einfluss der Prozessmodelle nicht unterschätzt werden. Es geht darum, ergänzend, unterstützend auch die anderen

---

20 Vgl. DIN Deutsches Institut für Normung: DIN 69901. Projektmanagement – Projektmanagementsysteme. Berlin, 2009.

21 Vgl. z. B. Ellmann, S. & Behrend & F. D., Hübner, R. & Weitlander, E.: Interessengruppen / Interessierte Parteien. In M. Gessler (Hrsg.), Kompetenzbasiertes Projektmanagement (PM3). Handbuch für die Projektarbeit, Qualifizierung und Zertifizierung auf Basis der IPMA Competence Baseline Version 3.0 (6. Aufl., S. 67–97). Nürnberg: GPM Deutsche Gesellschaft für Projektmanagement, 2014.

22 Vgl. DIN Deutsches Institut für Normung. DIN 69901. Projektmanagement – Projektmanagementsysteme. Berlin: 2009.

Wege zu nutzen, zu synchronisieren, gegenlaufende und dysfunktionale Einflüsse zu verhindern, um Projektziele zu erreichen.

In Projektphasen, in denen Kreativität erforderlich ist, unterschiedliche Interessen bestehen, wichtige Entscheidungen getroffen werden müssen und das Engagement der Beteiligten nötig ist, können auch Methoden der Moderation (Metaplan- oder Neulandmethode) angewandt werden. Hierbei werden die Gruppenprozesse – nicht die Inhalte oder Ergebnisse – durch die Projektleitung oder besser einen externen Moderator mit Hilfe verschiedener Visualisierungstechniken gesteuert. Bei dieser Art der Prozessgestaltung handelt es sich um eine – wenn professionell angewandt – sehr effektive Führungsmethode, welche die Verantwortung für Inhalte und Ergebnisse in die Hände der beteiligten Stakeholder legt. Die Gestaltung wirksamer Kommunikations- und Abstimmungsprozesse obliegt dem Moderator, dessen Spezialität gerade dies ist. Damit entlastet er die Stakeholder, die sich auf den inhaltlichen Diskurs konzentrieren können. Die Prozess- und Beziehungsebene werden von der Sachebene getrennt – die Verantwortlichkeiten liegen bei den jeweiligen ‚Spezialisten'.

Neben dem Prozessmanagement spielen Ziele als Instrument der indirekt-strukturellen Führung gerade in Projekten eine wichtige Rolle. Ziele finden sich bereits in dem zentralen Management-by-Modell: dem ‚Management by Objectives and Selfcontrol' (MbO).[23] Dieses ist ein normatives Führungsmodell, welches Peter Drucker in den 50er des letzten Jahrhunderts entwickelt hat. Schon damals sagte er:

> Was das Unternehmen braucht, ist ein Grundgesetz für das Management,
> dass der Initiative und dem Verantwortungsbewusstsein des Einzelnen den erforderlichen Spielraum gewährt,
> gleichzeitig aber die einheitliche Ausrichtung aller Gedanken und Tätigkeiten ermöglicht, eine wirkliche Zusammenarbeit begründet und die Einzelziele dem Wohl des Ganzen unterordnet.
> Der einzige Grundsatz, mit dessen Hilfe dieses Ziel sich erreichen lässt, ist ein Management durch Ziele und Selbstkontrolle.

Drucker betont zwei Aspekte von Zielen, welche zentrale Elemente dieses Führungsmodells sind. Zum einen ist dies die Synchronisation aller Aktivitäten bzw. Teilziele, welche auf übergeordnete Ziele ausgerichtet ist und deren Erreichen unterstützen. Zum anderen wird die Selbststeuerung bzw. Selbstführung hervorgehoben, welche durch Ziele ermöglicht wird. Fredmund Malik betont ebenfalls diesen Aspekt von Zielen, in dem er sagt: „Das Ziel soll den Menschen führen – nicht der Chef. Das Ziel soll die Quelle von Autorität, Direktion und Kontrolle sein – nicht ein Vorgesetzter". Daher auch der letzte Teil des Namens dieses Management-Modells, der häufig vergessen wird: die Selbstkontrolle.[24]

---

23 Vgl. Drucker, P., „The Practice of Management", Harper, New York, 1954.

24 Vgl. Malik, Fredmund: Führen, Leisten, Leben. Wirksames Management für eine neue Zeit. Heyne Verlag, München, 2001.

Das Grundprinzip „Führen mit Zielen" ist unbestritten. In zahlreichen Organisationen ist es die einzige Art zu führen. Führen mit Zielen und Selbstkontrollen ist auch in Projekten das zentrale Führungsmodell. Die erste Aufgabe eines wirksamen Projekt-Managements ist es, für Ziele zu sorgen.

Die Wirksamkeit von Zielen wird durch ihre Eigenschaften ermöglicht. Sie sind das Ergebnis eines Prozesses, i. d. R. einer menschlichen Handlung und damit sinnvoller Weise Ausgangs- und Orientierungspunkt für Handlungen, Prozesse und Aktivitäten.[25] Ziele definieren funktionale Erfolgs-/Leistungsmaßstäbe – das, um was es in Projekten letztlich geht: Ergebnisse. Je transparenter, expliziter, vollständiger sie sind, umso eher eignen sie sich zur Orientierung für die Projektbeteiligten.

Ziele bilden auch Anlass und Inhalt der projektinternen Kommunikation. Sie sind die Grundlage für Rückmeldung und machen Beurteilung durch den Betroffenen selbst oder seine Führungskraft objektiver, weil sie anhand beobachtbarer Kriterien überprüfbar sind. Sie werden damit gleichzeitig die Basis für Selbstkontrolle und Selbstführung.

Projekt-Ziele und Teilprojekt-Ziele sind die Grundlage für Art und Ausprägung von Konsequenzen bzw. jede Art materieller und immaterieller Belohnungen und Bestrafungen. Sie stehen damit auf intersubjektiv transparenten und überprüfbaren Füßen.

Zusammenfassend sind Ziele die Maßstäbe für Projekterfolg und damit Grundlage für Orientierung, Statusbeurteilung, notwendige Folgeaktivitäten sowie Belohnungen und Bestrafungen. Die vorgenannten Punkte hängen also zusammen. Hinzu kommt, dass Ziele sich positiv auf die Motivation der für sie Verantwortlichen auswirken können. Die Zusammenhänge werden in der Zielsetzungstheorie von Locke&Latham erklärt (siehe Abb. 4.3).[26] Ihre Forschungsergebnisse sind für die Führung in Projekten hoch bedeutsam. Sie bestätigen, dass die Leistung von Individuen oder Teams von bestimmten Zielmerkmalen abhängt – insbesondere der Genauigkeit der Zielformulierung sowie der Zielschwierigkeit. Ziele sollen möglichst spezifisch sein, da so die Aufmerksamkeit auf zielrelevante Handlungen gelenkt wird. Herausfordernde Ziele fördern die Anstrengungen und Beharrlichkeit bei der Zielverfolgung. Aufmerksamkeitsausrichtung, Anstrengung, Aktivierung und Ausdauer sind Merkmale der Motivation. Insofern wirken Ziele nicht direkt auf Leistung, sondern indirekt über die Erhöhung der Motivation (dem Wollen) – sofern „Können" und „Dürfen" als Mediatoren bzw. Moderatoren ausreichend vorhanden sind. Bei komplexen Aufgaben ist dieser Zusammenhang zwar generell weniger stark ausgeprägt, da es dann darauf ankommt, neue, innovative Vorgehensweisen zur Zielerreichung zu finden – also erst

25 Vgl. Heckhausen, Heinz: Motivation und Handeln. Lehrbuch der Motivationspsychologie. Springer, Berlin, 1980.

26 Vgl. Locke, E.A., Latham, G.P.: A Theory of Goal-Setting and Task Performance. Englewood Cliffs, NJ: Prentice Hall, 1990.

offen und entdeckend zu beginnen statt sofort zu fokussieren. Allerdings wirken spezifische Ziele auch bei komplexen Aufgaben, wenn Lernziele (z. B. geeignete Methoden herausfinden") statt Leistungsziele (z. B. „die Aufgabe spätestens bis Freitag erledigen") vereinbart oder gesetzt werden. Lernziele fördern im Gegensatz zu Leistungszielen das Experimentieren mit neuen Strategien. Eigenes ebenso wie äußeres Feedback zum Fortschritt verstärkt außerdem den Ziel-Leistung-Zusammenhang. Bei schwierigen Zielen kommt es darüber hinaus auf die Zielbindung des Mitarbeiters an. Diese ist umso stärker, je wichtiger das Ziel den Betroffenen ist und je mehr sie sich in der Lage fühlen, Ziele zu erreichen.

Kreativität war stärker ausgeprägt, wenn bei den Zielvorgaben explizit Kreativität gefordert wurde und wenn das Feedback zu kreativen Leistungen informativ und lernorientiert war. Bei Strafen oder Kontrolle wurde die Kreativität hingegen beeinträchtigt.[27]

Die Befunde zur Bedeutung der Partizipation bei der Zielformulierung sind nicht ganz eindeutig. Wichtig scheint vor allem, dass es Ziele gibt. Außerdem gibt es Hinweise, dass vereinbarte Ziele zu höheren Leistungen führen als gesetzte Ziele.

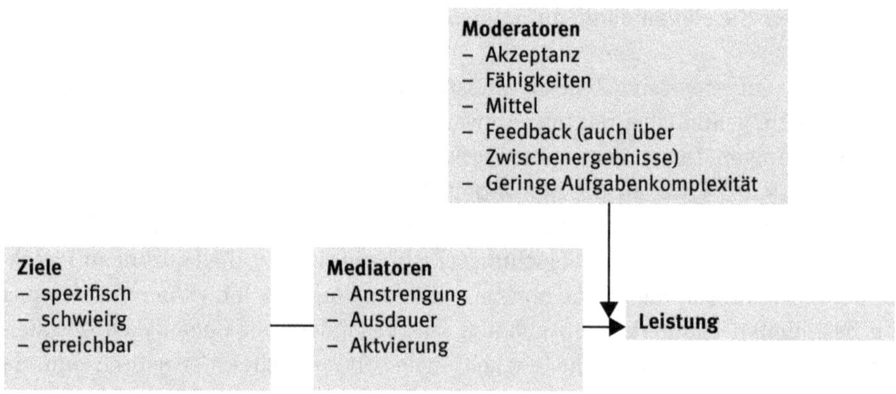

Abb. 4.3: Zielsetzungstheorie nach Locke/Latham[28]

MbO beinhaltet eine Zielhierarchie, in der aus den übergeordneten Projekt-Zielen Teilziele für alle Stakeholder systematisch abgeleitet werden. Gelingt dies, so haben alle Betroffenen sowie die Projektleitung funktionale Maßstäbe und Orientierungsgrößen für Selbst- und Fremdführung, um die Gesamtprojektziele zu erreichen.

---

27 Zusammenfassend vgl.: Shalley, C. E., & Gilson, L. L.: What leaders need to know: A review of social and contextual factors that can foster or hinder creativity. Leadership Quarterly, 15(1), 33–53, 2004.
28 Vgl. Locke, E.A., Latham, G.P.: A Theory of Goal-Setting and Task Performance. Englewood Cliffs, NJ: Prentice Hall, 1990.

MbO enthält als normatives Führungsmodell mindestens ein Führungsinstrument. Früher wurden Ziele top down als Zielvorgabe hierarchisch heruntergebrochen. Seit einigen Jahrzehnten hat sich die Vereinbarungen von Zielen durchgesetzt – und mit ihnen eine Veränderung der Kommunikation. Dieses Führungsinstrument, welches im Rahmen von regelmäßigen Abstimmungsgesprächen eingesetzt wird (in der Linienorganisation häufig Mitarbeiter- oder Zielvereinbarungsgespräch genannt), basiert eher auf Gleichberechtigung und Beteiligung. Es hat die Kommunikation als zentralen Prozess in Organisationen nachhaltig verändert. Da nun die Zustimmung beider Seiten erforderlich ist, sind auch die Kommunikations- und Abstimmungsprozesse deutlich aufwändiger geworden. Das Führungsmodell MbO setzt einen inhaltlichen Rahmen als ein Mittel der indirekten Führung – das Führungsinstrument „Zielvereinbarung" ist ein Mittel der direkten (transaktionalen) Führung.[29]

Bei externen Projekten bildet das zentrale Ziel der planmäßigen Projektfertigstellung eine effektive Grundlage für die Ableitung und Erklärung sämtlicher Teilziele und Projektaktivitäten.

Indirekte Führung durch Organisationskultur

Der Erfolg eines Projekts wird maßgeblich beeinflusst von der Leistungsfähigkeit des Projekt-Teams und diese hängt maßgeblich von der Projekt- oder Teamkultur ab. Eine intakte Projektkultur ist die Basis für Verständnis, Vertrauen und Einigkeit. Sie unterstützt zielgerichtetes, gemeinsames Handeln. Was ist nun Organisations-Kultur und wie wirkt sie? Nach French & Bell sind damit z. B. die Werte, Normen, Empfindungen, Überzeugungen, Einstellungen und Verhaltensweisen der Teammitglieder gemeint.[30] Andere Autoren betonen auch die Wirkungsweise. Im Folgenden werden weitere Definitionen dargestellt, welche auch die Wechselwirkungen von Kultur und Verhalten betrachten:

> Culture is the collective programming of the mind which distinguishes the members of one human group from another.[31]

> Culture is a pattern of basic assumptions – invented, discovered, or developed by a given group as it learns to cope with its problems of external adaption and internal integration – that has worked well enough to be considered valid and, therefore, to be taught to new members as the correct way to perceive, think, and feel in relation to those problems.[32]

> Unternehmenskultur ist das implizite Bewusstsein eines Unternehmens, das sich aus dem Verhalten der Unternehmensmitglieder ergibt und das im Gegenzug das Verhalten der Individuen steuert.[33]

---

29 Vgl. Punkt 2.4.

30 Vgl. French, Wendell C. & Bell, Cecil H.: Organisationsentwicklung. Berlin/Stuttgart/Wien 1994.

31 Hofstede, Geert: Cultures and Organizations: Software of the Mind, Maidenhead, 1991.

32 Schein, Edgar H.: Defining organizational culture. Classics of organization theory, 3. Jg., S. 490–502. 1985.

33 Scholz, Christian, Personalmanagement. Informationsorientierte und verhaltenstheoretische Grundlagen, 2000.

Auch die letzte Definition von Scholz, welche sich auf Unternehmen bezieht, kann auf Projekte übertragen werden. Kultur leitet sich aus dem Verhalten der Individuen ab. Gleichzeitig prägt sie aber auch deren Verhalten. Unternehmens- bzw. Projektkultur entsteht aus dem gelebten Verhalten der Stakeholder, beeinflusst durch die gemeinsam geteilten Werte und Normen und wirkt zurück auf Verhalten. Einen zentralen Einfluss darauf hat das Projektmanagement in seiner Führungsrolle. Die folgende Abb. 4.4 verdeutlicht die Zusammenhänge:

Abb. 4.4: Eisbergmodell[34]

Der formale Teil des Eisbergs steht für die sichtbaren Aspekte eines Projekts. Hierzu gehören die vorstehend beschriebenen Strukturen, Stakeholderkompetenzen, z. B. vertragliche Regeln, Prozesse, Ziele – also alles, was für die Stakeholder explizit und damit sichtbar ist.

Jede Organisationsform – so auch die Projektorganisation – hat ebenso eine informelle, weniger sichtbare implizite Seite. Hiermit sind die genannten kulturellen Aspekte wie Werte, Normen, Einstellungen, Gefühle, Beziehungen, Zuversicht, Vertrauen gemeint. Es handelt sich um subjektive Wirklichkeiten der Projektbeteiligten, welche einen starken Einfluss auf den Projekterfolg haben. Schriftlich fixierte Compliance-Regeln, Führungsgrundsätze oder Ähnliches stellen meist nur

34 In Anlehnung French, Wendell C. & Bell, Cecil H.: Organisationsentwicklung. Berlin/Stuttgart/Wien 1994.

Absichtserklärungen dar. Aus Sicht der Projektführung ist es wichtig, das System der ungeschriebenen, unausgesprochenen Regeln zu dechiffrieren und zu verstehen. Das Projektmanagement sollte die Werte und Normen, welche hilfreich für die Erreichung der Projektziele sind, bewusst gestalten und dysfunktionale zumindest schwächen. Je mehr Projektbeteiligte die funktionalen Werte teilen und je intensiver sie dies tun, umso stärker sind die Wirkung und damit die Entlastung des Managements von direkten Führungsaufgaben. Darüber hinaus können schädliche Konflikte und Krisen vermieden oder zumindest früher erkannt und konstruktiver bearbeitet werden. Das Schaffen einer konstruktiven Projektkultur, welche Selbstführung ermöglicht, gehört zu den größeren Herausforderungen in der Personalführung. Wie kann die Projektleitung positiv auf die Kultur Einfluss nehmen?

Grundsätzlich gibt es bei der Kulturgestaltung drei Hebel, nämlich die Personalauswahl, das Vorbildverhalten des Projektmanagements und die Sozialisation der Projektbeteiligten.[35]

Die Auswahl der Stakeholder für ein externes Projekt ist nur in eingeschränktem Rahmen durch die Projektleitung zu beeinflussen. Kriterien können neben Kompetenzen auch Werte und die persönliche Beziehung (z. B. Erfahrungen und Vertrauen) zu den Beteiligten sein. Daneben können auch im Projektverlauf Aufgaben und Verantwortlichkeiten verändert werden. Solche Personalbewegungs-Entscheidungen machen sichtbar, worauf es der Projektleitung ankommt. Sie werden auf der Grundlage von BeWERTtungsprozessen getroffen und basieren damit auf Werten, welche so für andere erfahrbar werden.

Führung findet (analog zur Kindererziehung) weniger durch explizite Kommunikation als vielmehr durch Vorbildverhalten statt. Führungskräfte werden entsprechend genau beobachtet, wie sie z. B. mit eigenen Fehlern, mit Konflikten oder Erfolgen umgehen. Dieser Wirkung muss sich die Projektleitung bewusst sein – die Selbstführung dafür ist die Grundlage. Als hilfreich hat sich ein offener Umgang mit Fehlern (auch den eigenen) und regelmäßiges konstruktives Feedback erwiesen.

Auch die Sozialisation aller Beteiligten kann hilfreich sein für die Etablierung funktionaler Werte, Gruppen-Normen, Kohäsion, Vertrauen und die Team-Wirksamkeit.[36] Offene Kommunikations- und Rückkopplungsprozesse, hohe Leistungsnormen in Kombination mit einem starken Gruppenzusammenhalt wirken sich positiv auf den Erfolg eines Projektteams aus. Eine Teamentwicklungsmaßnahme zu Projektbeginn kann inhaltlich ausrichten und Vertrauen als wichtige Ressource auch für konfliktreiche Phasen aufbauen. Hierzu ist es wichtig, zielorientiert und partizipativ miteinander zu arbeiten und gleichzeitig nicht zweckbezogen Zeit miteinander zu verbringen.[37]

35 Vgl. Robbins, Stephen P. & Mary Coulter, Mary & Fischer, Ingo: Management: Grundlagen der Unternehmensführung, Halbergmoos, 2014.

36 Vgl. Abb. 2: Input-, Prozess- und Output-Variable der Teamarbeit.

37 Vgl. Katharina Beyersdorfer und Caroline Krohn in diesem Werk.

Direkte Führung: transaktionale und transformationale Führung

Ziele sind nicht nur Mittel der indirekten Führung durch Strukturen und Voraussetzung für die Selbstführung – sie stehen auch im Zentrum der direkten Führung durch die Projektleitung. Sie sind die Basis für Inhalt und Art der Kommunikation zwischen Führung und anderen Projekt-Akteuren als zentralem Prozess in Projekten.

Explizite Leistungsmaßstäbe sind, ob im Rahmen von Zielen[38] oder Mindesterwartungen[39]gesetzt oder vereinbart, die Grundlage eines direkten Führungsstils, der als „transaktionale Führung“ bezeichnet wird. Dieser Stil basiert auf einer Transaktion, also einem Tausch. In einer Zielvereinbarung oder -vorgabe, ist z. B. geregelt, welche Erwartungen an den Mitarbeiter gestellt werden und welche finanziellen oder immateriellen Vorteile (oder Nachteile) er zu erwarten hat, wenn er die Anforderungen erfüllt (oder nicht erfüllt). Gelungene transaktionale Führung, im Sinne expliziter Leistungserwartungen, die im Einklang mit dem Projektziel stehen, können Konflikte auf der Sach- und Prozessebene erkennbar und bearbeitbar machen.

Unabhängig von seiner vielfach belegten Wirkung auf die Leistung von Geführten, wird das Konzept der transaktionalen Führung und darauf aufbauend die transformationalen Führung den Anforderungen an die Führung von Projekten in besonderem Maße gerecht.[40] Die folgende Abb. 4.5 verdeutlicht den Zusammenhang der beiden Führungskonzepte.

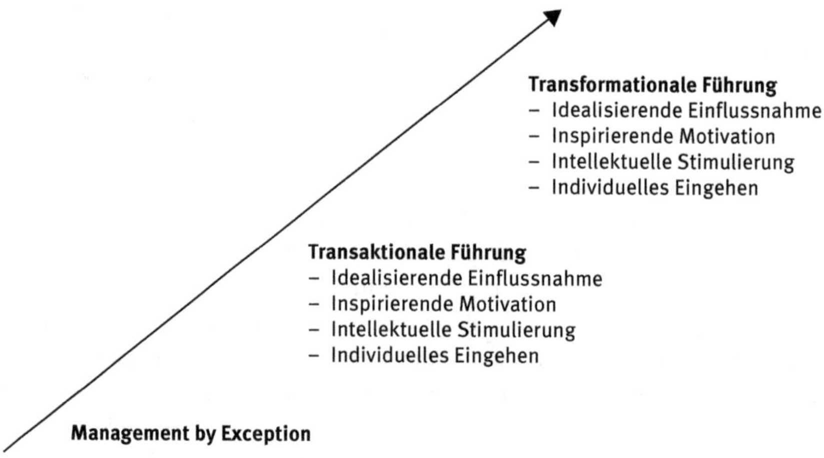

Abb. 4.5: Transformationale Führung nach Bass/Avolio[41]

38 Management by Objectives (MbO).

39 Management by Exception (MbE).

40 Burns, James. M.: Leadership. New York: Harper & Row, 1978.

41 Vgl. Pelz, Waldemar: http://www.transformationale-fuehrung.com/Transformationale-Fuehrung-Definition.html (abgerufen am 22.06.2016).

Ein wirksamer transformationaler Führungsstil basiert auf klaren Vereinbarungen und beschreibt darüber hinaus motivierende Verhaltensweisen einer Führungskraft. Eine transformational führende Projektleitung geht individuell auf Mitarbeiter ein, inspiriert, motiviert und regt zu kreativen Höhenflügen an.

Insofern sind beide Führungsstile abhängig von der Projektphase unterschiedlich wirksam. Innovationsforscher empfehlen, in den kreativen Phasen eines Projektes die transformationale Führung zu betonen, weil sie offener, explorativer angelegt ist und Projektteilnehmer auch zur Kritik anregt.[42] Dies ist ein wichtiger Aspekt, um Konflikte in frühen Phasen offenzulegen. Der transaktionale Ansatz ist eher in der Umsetzung (die Dinge richtig tun) hilfreich und kann in konzeptionellen oder reflexiven Prozessen (die richtigen Dinge tun) hinderlich sein. Allerdings gibt es Befunde, nach denen der transformationale Ansatz die transaktionale Führung in der Umsetzungsphase unterstützt.[43] Gerade die menschlich-persönliche Unterstützung und Motivation im Rahmen der transformationalen Führung durch die Projektleitung erweist sich in Umsetzungsphasen vor allem als sinnvolle Ergänzung. Allerdings nur, wenn die Transaktionen – als Hygienefaktoren – stimmen.

Direkte Führung: Mikropolitik

Mächtige Stakeholder (z. B. Banken oder Investoren) können erheblichen Einfluss auf den Verlauf und den Erfolg von Projekten haben.[44] Dies gilt umso mehr, wenn sie die Entscheidungen und Ressourcen kontrollieren und somit darüber bestimmen, ob ein Projekt überhaupt begonnen oder zu Ende gebracht werden kann. Eine Untersuchung von Lechler & Gemünden zeigte, dass der Einfluss wichtiger Stakeholder auf den Projekterfolg sowie auf das Projekt-Team und andere Erfolgsgrößen in Projekten größer ist als der unmittelbare Einfluss der Projektleitung, deren Macht üblicherweise eingeschränkt ist.

Macht wird verstanden als Einflusspotential, welches nicht angewendet werden muss, um zu wirken, wie z. B. eine Waffe auf andere Einfluss hat, ohne dass der Betreffende sie benutzt. Macht basiert auf der Abhängigkeit von bestimmten Ressourcen, die von Mächtigen kontrolliert werden. Wenn diese Mittel für die Betroffenen wichtig und schwer ersetzbar sind, dann sind sie mehr oder weniger abhängig – die Machtinhaber verfügen über einen entsprechenden Einfluss. Projektleitungen haben i. d. R. keine oder kaum Kontrolle über formale Machtgrundlagen, wie die Belohnung oder Bestrafung

42 Vgl. zusammenfassend Maier, G. W., & Hülsheger, U. R. (2012). Innovation und Kreativität in Projekten. In M. Wastian, I. Braumandl, & L. von Rosenstiel (Hrsg.), Angewandte Psychologie für das Projektmanagement. Ein Praxisbuch für die erfolgreiche Projektleitung (2. Aufl., S. 247–262). Heidelberg: Springer, 2012.
43 Rank, J., Pace, V. L. & Frese, M.: Three avenues for future research on creativity, innovation, and initiative. Applied Psychology: An International Review, 53(4), 518–528, 2004.
44 Vgl. Wastian, Monika & Braumandl, Isabell & Weisweiler, Silke: Führung und Mikropolitik in Projekten. Der psychologische Faktor, Wiesbaden, 2015.

z. B. mit Geld oder Karriere. Ihre Macht basiert auf persönlichen Machtgrundlagen wie Expertenmacht sowie auf ihrer Identifikations- und Beziehungsmacht. Das bedeutet, sie müssen die Verbundenheit, den Respekt und das Vertrauen unabhängiger Teammitglieder sowie anderer Stakeholder durch ihre Expertise, ihre Ausstrahlung und durch gegenseitige Sympathie gewinnen. So können sie ihre fehlende formale Machtposition durch informale persönliche Machtgrundlagen kompensieren.[45]

Je nach Machtgrundlage kann die Projektleitung auf ein entsprechendes Repertoire an Machttaktiken zugreifen. Dabei haben sich das Ausdrücken von Wertschätzung, die rationale Überzeugung sowie eine moderate Selbstpromotion als besonders hilfreich erwiesen. Daneben bieten sich für Projektleitungen noch eine Reihe anderer Macht- bzw. Einflusstaktiken an, um das Projekt günstig zu beeinflussen. Die Projektführung kann Tauschangebote machen (Gefälligkeiten, „eine Hand wäscht die andere"), einflussreiche Stakeholder in die Entscheidungsfindung einbinden (nach Erfahrung des Autors sehr wirkungsvoll), Koalitionen mit einflussreichen Akteuren bilden oder sie schalten bei Krisen höhere Instanzen ein.

Einige dieser Mittel sind in bestimmten Organisationen sogar formal fixiert – z. B. etwa welche Krisen wann und wie eskaliert werden müssen. Es sind jedoch vor allem die mikropolitischen Fähigkeiten der Projektleitung, welche darüber entscheidet, wie häufig und auf welche Art und Weise und wie wirksam die Einflusstaktiken verwendet werden. Mikropolitische Kompetenz beinhaltet die in der folgenden Tab. 4.1 dargestellten vier Kompetenzbereiche.

Tab. 4.1: Mikropolitische Kompetenzen[46]

Soziale Scharfsinnigkeit	Netzwerkfähigkeit	Wahrgenommene Aufrichtigkeit	Interpersonelle Einflussnahme
Die Fähigkeit, das Verhalten anderer richtig zu interpretieren und angemessen darauf reagieren zu können.	Die Fähigkeit, sich selbst positiv zu positionieren, vertrauensvolle Beziehungen zu unterhalten und andere nach dem Gegenseitigkeitsprinzip zu unterstützen.	Die Fähigkeit, so Einfluss zu nehmen, dass es von andren nicht als eigennützig oder manipulativ wahrgenommen wird.	Die Fähigkeit, Einflusstaktiken flexibel und situationsgerecht auszuwählen und anzuwenden. Dadurch kann man seine Umwelt kontrollieren, ohne unfair oder manipulativ zu wirken.

Projektleitungen können ihre Machtgrundlagen stärken, z. B. indem sie sich als Experten profilieren, intensiv Beziehungen pflegen und so ihren Zugang zu Informationen

45 Vgl. zusammenfassend Solga, J., & Blickle, G.: Macht und Einfluss in Projekten. In M. Wastian, I. Braumandl, & L. von Rosenstiel (Hrsg.), Angewandte Psychologie für das Projektmanagement. Ein Praxisbuch für die erfolgreiche Projektleitung (2. Aufl., S. 145–164). Heidelberg: Springer, 2012.
46 Vgl. ebd.

sowie die Teilhabe an Entscheidungen stärken. Auch freiwilliges Engagement wie die Mitarbeit in Gremien kann dabei helfen. Die kontinuierliche Pflege ihrer Netzwerke ermöglicht es Projektleitungen, frühzeitig auf informellen Wegen wichtige Informationen zu erhalten und im Krisenfall zu wissen, wer sie wie unterstützen kann.

Projektleitungen sollten darüber hinaus ihr Repertoire an Einflusstaktiken erweitern und bevorzugt diejenigen einsetzen, die sich als besonders förderlich für den Projektverlauf und auch für die eigene Karriere erwiesen haben. Hier empfehlen sich besonders folgende Taktiken:[47]

– **Rationales Argumentieren**: Hierauf kommt es besonders in verhandlungsintensiven Phasen wie der Definitions- oder der Steuerungsphase an, wenn die Projektleitung konfligierende Interessen und Ziele zusammenbringen, Abstriche „verkaufen", Änderungswünsche begrenzen oder Nachforderungen durchsetzen muss. Genaue Analysen und deren zielgruppengerechte, visuell gestützte Aufbereitung erleichtern die Argumentation. Die Projektleitung sollte Verhandlungsspielraum einplanen, um bei notwendigen Abstrichen Verhandlungsmasse anbieten zu können, Stakeholdern Verhandlungsgewinne zu ermöglichen und sie vor Gesichtsverlust zu schützen. Eine Argumentation auf der Grundlage des gemeinsamen zentralen Ziels aller Stakeholder – nämlich der plangemäßen Projektfertigstellung während der Bauphase – ist möglicherweise der wirkungsvollste Hebel.
– **Tauschangebote**: Sie können das rationale Argumentieren bei den soeben genannten Aushandlungen unterstützen, z. B. indem Alternativvorschläge unterbreitet werden, bei welchen im „Tausch" gegen Abstriche jeweils unterschiedliche Vorteile angeboten werden (z. B. eingeschränkte Funktionalität im Tausch gegen Kosteneinsparungen). Solche Tauschangebote empfehlen sich schon vor oder zum Projektstart oder in der Steuerungsphase, um die notwendigen Ressourcen (z. B. begehrte Mitarbeiter) zu bekommen, zu halten oder aufstocken zu können. Die Tauschangebote müssen für den Empfänger bedeutend und wichtig sein. Die Projektführung sollte also wissen, was der Empfänger sich wünscht oder was er vermeiden möchte, bevor er sein Angebot macht. Grundlage hierfür ist das Stakeholdermanagement.
– **Konsultation einflussreicher Stakeholder**, idealerweise schon vor dem Projektstart im Rahmen eine Teamentwicklungsmaßnahme, spätestens aber beim Festlegen der Projektziele können die Verantwortung für die gemeinsam festgelegten Ziele und Prozesse deutlich erhöhen bzw. Widerstände und Konfliktursachen im Vorfeld verhindern.
– **Bildung von Koalitionen**: Auch Koalitionen mit einflussreichen Stakeholdern bildet man am besten insbesondere möglichst früh und pflegt sie.

47 Vgl. Wastian, Monika & Braumandl, Isabell & Weisweiler, Silke: Führung und Mikropolitik in Projekten. Der psychologische Faktor, Wiesbaden, 2015.

- **Einschalten höherer Instanzen**: Insbesondere bei schwierigen Konflikten, Projektkrisen und wenn Entscheidungen getroffen werden müssen, zu denen die Projektleitung nicht ermächtigt ist, kann das rechtzeitige Einschalten mächtigerer Stakeholder erfolgsentscheidend sein. Grundlegende Eskalationsregeln und – wege sollten schon im Vorfeld geklärt und festgelegt werden, z. B. in Prozessbeschreibungen.
- **Selbstpromotion**: Beispielweise wichtige Präsentationen – in entscheidenden Phasen oder zum Abschluss des Projektes – und Kontakte mit mächtigen Stakeholdern stellen günstige Gelegenheiten zur Selbstpromotion dar.

Rationale Argumentation, Konsultationen, Koalitionen-Bildung und Selbstpromotion stärken darüber hinaus das Vertrauen als zentrale „Währung" in die Projektleitung. Vertrauen und stabile Netzwerke entstehen gerade dann, wenn nicht ein konkreter Anlass Menschen in einem Geschäftsumfeld zusammenführt, sondern dann, wenn der größere Anteil eines Gesprächs zwischen zwei Managern den persönlichem Gedankenaustausch bilden – und das für die überwiegende Anzahl der Gespräche".[48]

Psychologische Projektcoachings, gezielte Trainings oder das Einholen von Feedback (z. B. von vertrauten und erfahrenen Kollegen) können den Projektleiter beim Erlernen und beim Einsatz dieser Einflusstaktiken unterstützen.[49]

In der Praxis lauern etliche Fallstricke und Fehler.[50] So versäumen es unerfahrene Projektleitungen häufig, frühzeitig verbindliche Beziehungen zu schaffen und hilfreiche Koalitionen mit Personen zu schmieden, die im Unternehmen oder darüber hinaus Einfluss haben. Ein weiterer Fehler besteht darin, Beziehungen nur punktuell unter Nutzengesichtspunkten aufzubauen, aber dann nicht mehr angemessen zu pflegen. Häufig werden gerade unter Stress, wie er im laufenden Projekt leicht entstehen kann, soziale Kontakte vernachlässigt. Dies kann dazu führen, dass die Projektführung von potenziellen Unterstützern als manipulativ und nur auf den eigenen Vorteil bedacht wahrgenommen wird. Die Pflege von Netzwerken und Beziehungen sollte deshalb ein dauerhaftes, projektübergreifendes, ehrliches und auf Gegenseitigkeit ausgerichtetes Anliegen sein. Einige Einflusstaktiken sind zudem nicht unproblematisch. So wirken z. B. plumpe Schmeicheleien unglaubwürdig und überzogene Selbstdarstellung produziert leicht Widerstand. Zu viel Selbstpromotion wirkt unglaubwürdig und weckt beim Gegenüber leicht den Eindruck mangelnder Kompetenz.[51]

48 Vgl. Katharina Beyersdorfer und Caroline Krohn in Kapitel 4.2.

49 Vgl. Wastian, Monika & Braumandl, I. & Dost, B.: Projektcoaching als Weg zum erfolgreichen Projekt. In M. Wastian, I. Braumandl, & L. von Rosenstiel (Hrsg.), Angewandte Psychologie für das Projektmanagement. Ein Praxisbuch für die erfolgreiche Projektleitung (2. Aufl., S. 97–117). Heidelberg, 2012.

50 Vgl. Wastian, Monika & Braumandl, Isabell & Weisweiler, Silke: Führung und Mikropolitik in Projekten. Der psychologische Faktor, Wiesbaden, 2015.

51 Solga, J., & Blickle, G. (2012). Macht und Einfluss in Projekten. In M. Wastian, I. Braumandl, & L. von Rosenstiel (Hrsg.), Angewandte Psychologie für das Projektmanagement. Ein Praxisbuch für die erfolgreiche Projektleitung (2. Aufl., S. 145–164). Heidelberg: Springer, 2012.

Nicht nur in der Projektarbeit werden die eigenen Interessen und Motive oftmals durch scheinbar rationales Argumentieren verschleiert. Diese unbewusste oder bewusste Taktik kann sich in Konfliktsituationen verstärken, was die Konfliktbearbeitung erschwert, da die eigentliche Konfliktursache im Dunkeln liegt. Die Projektleitung achtet am besten aufmerksam darauf, ob sich hinter dem rationalen Argumentieren andere Absichten („hidden agendas") verbergen. Solange ein Konflikt die Offenlegung der unterschiedlichen Stakeholder-Motive und – Interessen nicht unbedingt erfordert, sollte die Projektleitung jedoch vermeiden, dass die betroffenen Stakeholder durch die Offenlegung ihrer tatsächlichen Motive das Gesicht verlieren oder für einen Konsens notwendige Abstriche als Verlust empfinden. Tatsächlich hat es sich gerade in Entscheidungsphasen, wenn verschiedene Stakeholder ihre mitunter unvereinbaren Motive durchsetzen wollen, als erfolgreich erwiesen, wenn die Projektleitung „das Spiel mitspielt". Beispielsweise, indem sie die Wünsche und Argumente der Stakeholder aufgreift, die Umsetzbarkeit sorgfältig prüft und notwendige Abstriche zwar durch rationale Argumente begründet – dabei aber ihrerseits „Verhandlungsmasse" einbaut, die es ihr ermöglicht, noch nachzugeben, wenn sie verschiedene Interessen unter einen Hut bringen muss. Auf diese Weise kann es gelingen, die einzelnen Stakeholder selbst dann als Gewinner aus dem Kompromiss hervorgehen zu lassen, wenn deren Erwartungen nicht vollständig erfüllbar sind.

Umgang mit Konflikten und Krisen

Krisen sind im vorliegenden Werk beschrieben als kurzfristige negative Planabweichung. Von einer Schieflage wird gesprochen, wenn dieser Zustand über einen längeren Zeitraum andauert. In anderen Quellen der Projektmanagement-Literatur stellt eine Krise einen Sonderfall des Konflikts dar. Je nach Intensität können wir also unterscheiden zwischen Konflikt, Krise und Schieflage. Konflikte sind in jedem Fall der Ausgangspunkt für die die weitere Eskalation, deshalb wird nachfolgend zunächst hierauf eingegangen.

Konflikte in oder zwischen Gruppen sind für Organisationspraktiker i. d. R. etwas Negatives – sie vermuten als Folge schlechte Leistungen und ungünstige Auswirkungen auf das Projekt-Klima. Im Gegensatz dazu herrscht in soziologischen Schriften gelegentlich eine positive Sichtweise vor. Die unterschiedliche Bewertung sozialer Konflikte durch die Psychologie und Soziologie ist nicht überraschend. Die Psychologie befasst sich ja vor allem mit dem Erleben des Individuums, während es in der Soziologie primär um soziale Systeme geht. Ein zwischenmenschlicher Konflikt z. B. in einem Projekt wird vom Betroffenen häufig als belastend erlebt, während die Auswirkungen auf das Projekt als soziales System durchaus positiv sein können. Rosenstiel verdeutlicht dies in der Metapher einer Autofahrt: Während man ruhig in einem Wagen zu einem bestimmten Ziel fährt, passieren viele Explosionen in den Zylindern des Motors. Diese sind für Kolben und Zylinder „schmerzhaft", während die Fahrt bzw. Zielannährung mit dem Autos selbst wünschenswert erscheint.[52] Übertragen auf Projekte können Konflikte (individuelles Leiden eingeschlossen) durchaus hilfreich – ja notwendig – für das Erreichen der Projektziele sein. Ein „schwieriger" Weg kann letztlich zu einem guten Ergebnis führen, ebenso wie ein über lange Strecken konfliktfreier Prozess in eine Krise oder Schieflage münden kann.

Wann sind Konflikte nun funktional oder dysfunktional? Im Rahmen von Projekten bietet sich die Unterscheidung anhand von zwei Merkmalen an: die Art bzw. Ursache des Konflikts und die Intensität (intensive Konflikte können zu Krisen/Schieflagen führen).

Tab. 4.2: Funktionalität von Konflikten in Abhängigkeit von Ursache und Stärke[53]

<table>
<tr><th></th><th colspan="3">Konfliktstärke</th></tr>
<tr><td></td><td>Niedrig</td><td>Mittel</td><td>Hoch</td></tr>
<tr><td>Konfliktursache</td><td></td><td></td><td></td></tr>
<tr><td>Aufgabe</td><td colspan="2">Funktional</td><td>Dysfunktional</td></tr>
<tr><td>Beziehung</td><td colspan="3">Dysfunktional</td></tr>
<tr><td>Prozess</td><td>Funktional</td><td colspan="2">Dysfunktional</td></tr>
</table>

Aus der obigen Tab. 4.2 wird deutlich, dass

- Aufgaben-Konflikte, welche sich auf die Inhalte der Aufgabe und die Ziele beziehen, können für das Erreichen der Projektziele bei niedriger bis moderater Intensität hilfreich sein.
- Prozess-Konflikte beziehen sich darauf, wie eine Aufgabe erledigt wird. Auch sie können in niedriger Ausprägung funktional sein.
- Beziehungskonflikte gehen von dem Bedürfnis des Einzelnen nach Akzeptanz und Anerkennung durch andere aus. Wird dieses Bedürfnis in der Wahrnehmung des Betroffenen verletzt, so führt dies zu Erlebnissen der Inkompetenz, Machtlosigkeit und Unattraktivität. Als Folge wird eine bessere Beziehung angestrebt, was auch über einen sozialen Konflikt geschehen kann. Diese Art von Konflikten ist i. d. R. dysfunktional.

Konflikte in sozialen Systemen sind eher die Regel als die Ausnahme. Sie können abhängig von Inhalt und Intensität durchaus zum Gelingen des Projekts beitragen. Aufgabe der Projektleitung ist es sogar, kreativ zu „stören" und ein niedriges bis moderates Konfliktniveau in Bezug auf Aufgaben und die Art ihrer Bearbeitung zu erzeugen. Dies ist für den Einzelnen nicht immer angenehm, kann aber der Sache dienen. Beziehungskonflikte sind möglichst zu vermeiden. Sie sollten nicht ignoriert,

52 Vgl. von Rosenstiel, Lutz: Grundlagen der Organisationspsychologie, Stuttgart, 2007.
53 Vgl. Robbins, Stephen & Judge, Timothy A.: Organizational Behavior, Boston, 2012.

sondern in einem möglichst frühen Stadium offen und konstruktiv gelöst werden. Sie nicht zu beachten birgt die Gefahr der Eskalation. Generell hat sich eine Kultur, die den offenen Umgang mit Fehlern fördert, als hilfreich erwiesen. Auch kann ein wertschätzendes Teamklima unterstützend wirken. Die Projektleitung kann entsprechende Impulse setzen, z. B. durch eigenes Vorbild oder indem Projektbeteiligte positive Rückmeldungen auf entsprechendes Verhalten bekommen – und nicht sanktioniert werden.

Nun ist ein Projekt keine Selbsterfahrungsgruppe, sondern eine Zweckgemeinschaft und nicht alles muss ausdiskutiert werden. Generell empfehlen sich unterschiedliche Strategien im Umgang mit Konflikten abhängig von der Situation. Ist die Akzeptanz der Beteiligten wichtig, so empfiehlt sich ein Win-Win-Lösungs-Ansatz. Vermeidung kann bei trivialen Konflikten sinnvoll sein. Liegt man falsch, ist Nachgeben eine gute Strategie, die der Sache dient. Bei gleicher Macht kann das Suchen nach Kompromissen hilfreich sein.

Wastian u. a. haben im Rahmen ihrer Untersuchungen zu Projektverläufen knapp hundert verschiedene Arten von Arbeitssituationen und Aufgaben identifiziert, welche für Projektleitungen typisch sind.[54] Dabei handelt es sich bei etwa der Hälfte um Interaktionssituationen. Als besonders erfolgskritisch erwiesen sich dabei Interaktionssituationen in jenen Projektphasen, in denen die für die Planung notwendigen Daten und Informationen erzeugt bzw. Konzepte abgestimmt und Details geplant werden. Gerade in diesen Phasen finden die entscheidenden Klärungs-, Abstimmungs- und Aushandlungsprozesse mit einflussreichen Stakeholdern statt. Aus der Sicht der Projektleitung sind gerade dies oft Tiefpunkte im Projektverlauf, da es dabei zu zähen Diskussionen und oft verdeckten Machtkonflikten kommt. Stakeholder mit konkurrierenden Interessen stellen evtl. ihre Ist- und Soll-Vorgaben dann verzerrt dar, um eigene Erwartungen durchzusetzen.

In erfolgreichen Projekten wurden diese schwierigen Phasen durchgestanden und die notwendigen Diskussionen geführt, während sich die Leitungen in weniger erfolgreichen Projekten diesen Situationen offenbar nicht stellten. Gerade dieses Vermeidungsverhalten rächte sich jedoch umso stärker im weiteren Projektverlauf, so dass es in den Umsetzungs- und Implementierungsphasen zu regelrechten Einbrüchen kam. Wurden die erforderlichen Klärungen, Abstimmungen und Aushandlungen vermieden oder versäumt, so führte dies zu Fehlern bei der Planung und Realisierung und in der weiteren Folge zu zeitaufwändigen und kostspieligen Nachbesserungen und schlechteren Ergebnissen. Außerdem mussten die versäumten Interaktionen später unter erhöhtem Druck nachgeholt werden. Während in weniger wichtigen Phasen des Projekts oder bei kleineren Konflikten das Vermeiden oder Entgegenkommen eine hilfreiche Lösungsstrategie sein kann, so scheint gerade

54 Vgl. Wastian, Monika & Braumandl, Isabell & Weisweiler, Silke: Führung und Mikropolitik in Projekten. Der psychologische Faktor, Wiesbaden, 2015.

in den erfolgskritischen Phasen ein offener und expliziter Umgang mit Konflikten notwendig.

4.1.3 Fazit

Menschen einzeln und als Team zu führen ist eine komplexe und anspruchsvolle Aufgabe. Dies gilt erst recht für externe Projekte mit vielen unterschiedlichen Stakeholdern und eingeschränkten disziplinarischen Einflussmöglichkeiten. Dieser Beitrag befasst sich mit der Frage, wie das Projektmanagement einzelne Stakeholder sowie das Projekt-Team wirksam führen kann und dabei mit unausweichlichen Konflikten umgehen sollte.

Die Interessen und Motive der Stakeholder zu verstehen, ist die Grundlage für die Führung und den synchronisierten Einsatz verschiedener indirekter und direkter Mittel. Dazu gehören inhaltlich saubere Zielsysteme und Prozessbeschreibungen. Das gemeinsame Ziel der Projektfertigstellung aller Beteiligten während der Bauphase ist dabei ein wichtiger Fixpunkt, aus dem Unterziele und Prozesse abgeleitet werden können. Es kann ebenso den Ausgangspunkt für den Aufbau einer unterstützenden, offenen und wertschätzenden Teamkultur darstellen, in der Konflikte konstruktiv bearbeitet werden können. Die Projektbeteiligten sind zudem – einzeln und als Team – auch durch direkte Interaktion zielgerichtet zu beeinflussen. Dabei bildet eine faire und explizite Leistungserwartung die Grundlage. Darauf aufbauend kann das Projektmanagement – basierend auf den Erkenntnissen der Stakeholderanalyse – individuell auf die Beteiligten eingehen und diese begeisternd motivieren. Insbesondere mächtige Stakeholder können am wirksamsten durch unterschiedliche informelle Machttaktiken beeinflusst werden. Hier bietet sich u. a. die Einbindung in erfolgskritischen Phasen der Entscheidungsfindung an.

Konflikte sind integraler Bestandteil der menschlichen Interaktion. Sie können abhängig von Art und Stärke das Erreichen der Projektziele unterstützen oder behindern. Die Herausforderung für die Projektleitung besteht darin, mit Hilfe des gesamten Arsenals an Führungsmitteln, funktionale Konflikte zu fördern und dysfunktionale Konfliktausprägung zu vermeiden. Als besonders erfolgsfördernd hat es sich erwiesen, die für die Beteiligten unangenehmen Konflikte offenzulegen und durchzustehen. Umgekehrt können sich Konflikte in wichtigen Phasen zu erfolgskritischen Themen, gerade wenn sie nicht bearbeitet werden, zu Krisen oder gar Schieflagen auswachsen. Der Mut und das Können der Projektleitung, diese unangenehmen und leidvollen Herausforderungen anzunehmen, und auf der Klaviatur der verschiedenen Führungsansätze wirksam zu spielen, ist Teil der Stellenbeschreibung und trägt langfristig zum Erfolg des gemeinsamen Projekts bei.

Literaturverzeichnis

Beyersdorfer, Katharina & Krohn Caroline: Relationship Management und Projektfinanzierung, in diesem Werk.

Brodbeck, F. C., & Guillaume, Y.: Umgang mit Informationen und Meinungsbildung in Projekten. In M. Wastian, I. Braumandl, & von Rosenstiel (Hrsg.), *Angewandte Psychologie für das Projektmanagement. Ein Praxisbuch für die erfolgreiche Projektleitung* (2. Aufl., S. 41–60). Heidelberg: Springer. 2012.

Burns, James. M.: *Leadership*. New York: Harper & Row, 1978.

DIN Deutsches Institut für Normung. DIN 69901. Projektmanagement - Projektmanagementsysteme. Berlin: 2009.

Drucker, Peter, "*The Practice of Management*", Harper, New York, 1954

Ellmann, S. & Behrend & F. D., Hübner, R. & Weitlander, E.: Interessengruppen / Interessierte Parteien. In M. Gessler (Hrsg.), *Kompetenzbasiertes Projektmanagement (PM3). Handbuch für die Projektarbeit, Qualifizierung und Zertifizierung auf Basis der IPMA Competence Baseline Version 3.0* (6. Aufl., S. 67-97). Nürnberg: GPM Deutsche Gesellschaft für Projektmanagement, 2014.

French, Wendell C. & Bell, Cecil H.: *Organisationsentwicklung*. Berlin/Stuttgart/Wien 1994

Heckhausen, Heinz: *Motivation und Handeln. Lehrbuch der Motivationspsychologie*. Springer, Berlin, 1980.

Hofstede, Geert: *Cultures and Organizations: Software of the Mind*, Maidenhead, 1991.

Kauffeld, Simone: *Arbeits- Organisations- und Personalpsychologie*, Heidelberg, 2011.

Lang, Rainhart & Rybnikova, Irma: Verteilte und geteilte Führung: Alle machen mit, in: *Aktuelle Führungstheorien und –konzepte*, Wiesbaden, 2014.

Locke, E.A., Latham, G.P.: *A Theory of Goal-Setting and Task Performance*. Englewood Cliffs, NJ: Prentice Hall, 1990.

Maier, G. W., & Hülsheger, U. R.: Innovation und Kreativität in Projekten. In M. Wastian, I. Braumandl, & L. von Rosenstiel (Hrsg.), *Angewandte Psychologie für das Projektmanagement. Ein Praxisbuch für die erfolgreiche Projektleitung* (2. Aufl., S. 247–262). Heidelberg: Springer, 2012.

Malik, Fredmund: *Führen, Leisten, Leben. Wirksames Management für eine neue Zeit*. Heyne Verlag, München, 2001.

Pelz, Waldemar: http://www.transformationale-fuehrung.com/Transformationale-Fuehrung-Definition.html (abgerufen am 22.06.2016)

Kaelin, Joseph A.: *The end of managerial control? Group & Organization Management*, 36(2), 135–160, 2011.

Rank, J., Pace, V. L. & Frese, M.: Three avenues for future research on creativity, innovation, and initiative. *Applied Psychology: An International Review*, 53(4), 518–528, 2004.

Robbins, Stephen & Judge, Timothy A.: *Organizational Behavior*, Boston, 2012.

Robbins, Stephen P. & Mary Coulter, Mary & Fischer, Ingo: *Management: Grundlagen der Unternehmensführung*, Halbergmoos, 2014.

Schein, Edgar H. *Defining organizational culture. Classics of organization theory*, 3. Jg., S. 490-502. 1985.

Schelle, Heinz., Ottmann, Roland., & Pfeiffer, *Astrid: ProjektManager (2). GPM Deutsche Gesellschaft für Projektmanagement*, Nürnberg: 2008.

Scholz, Christian, *Personalmanagement. Informationsorientierte und verhaltenstheoretische* Grundlagen, 2000.

Shalley, C. E., & Gilson, L. L.: What leaders need to know: A review of social and contextual factors that can foster or hinder creativity. *Leadership Quarterly*, 15(1), 33–53, 2004.

Solga, J., & Blickle, G.: Macht und Einfluss in Projekten. In M. Wastian, I. Braumandl, & L. von Rosenstiel (Hrsg.), *Angewandte Psychologie für das Projektmanagement. Ein Praxisbuch für die erfolgreiche Projektleitung* (2. Aufl., S. 145–164). Heidelberg: Springer, 2012.

Von Rosenstiel, Lutz: *Grundlagen der Organisationspsychologie*, Stuttgart, 2007.

Wastian, Monika & Braumandl, I. & Dost, B.: Projektcoaching als Weg zum erfolgreichen Projekt. In M. Wastian, I. Braumandl, & L. von Rosenstiel (Hrsg.), *Angewandte Psychologie für das Projektmanagement. Ein Praxisbuch für die erfolgreiche Projektleitung* (2. Aufl., S. 97–117). Heidelberg, 2012.

Wastian, Monika & Braumandl, Isabell & Weisweiler, Silke: *Führung und Mikropolitik in Projekten*. Der psychologische Faktor, Wiesbaden, 2015.

Weibler, Jürgen: *Personalführung*, 2. Aufl., Stuttgart, 2012.

Wiebusch, Anja: *im Vorwort dieses Werks.*

4.2 Relationship Management und Projektfinanzierung

Katharina Beyersdorfer und Caroline Krohn

4.2.1 Einleitung

In Zeiten, in denen sich ein Unternehmen oder ein Projekt gut entwickelt, liegt der Fokus scheinbar ausschließlich auf Zahlen. Dies ist die Position nicht weniger Manager, die sich täglich mit Wirtschaftlichkeitsanalysen, mit Rentabilitätsprognosen und mit Businessplänen befassen. Die Existenzberechtigung eines Unternehmens liegt diesem Weltbild zufolge ausschließlich in der Gewinnerzielungsabsicht, und die Faustformel lautet: je mehr Gewinn, desto besser. Die Regulation steht gemeinhin im Weg, denn sie zwingt Unternehmen gerade im Finanzsegment allzu oft zur Mäßigung, was nach kapitalistischen Gesichtspunkten widernatürlich anmutet. So schätzen Investoren oft Wachstumsgrenzen nicht und selbst ein gemäßigtes Wachstum, das am Kapitalmarkt selbst Gewinnwarnungen zur Folge hat, darf sich ein Unternehmenslenker nicht allzu oft erlauben.

Dieser Logik folgend sind Profitabilitäts- sowie Liquiditätsengpässe für jede Unternehmung ein unmittelbares Todesurteil.

Zum Glück folgt ein guter Manager dieser Logik nicht. So wie der Homo Oeconomicus als überholt gilt, so scheint es allgemein bekannt, dass Zyklen zu erwarten sind, je länger ein Projekt bzw. eine Unternehmung fortbesteht. Einen konstanten Wachstumskurs gibt es in einem immer schnelleren, dynamischeren, fragmentierteren und damit komplexen Marktumfeld nicht.

In erfolgreichen Zeiten lässt sich problemlos auf den Geschäftserfolg verweisen. Was passiert aber in Zeiten der Flaute? Für den institutionellen Investor dürfte dieser Hinweis fast esoterisch anmuten, doch die Lösung liegt in der Währung „Vertrauen“.[55] Vertrauen entsteht durch Integrität und Glaubwürdigkeit. Es gibt Raum für nachhaltiges Entscheiden und Handeln, weil Nachhaltigkeit in diesem Kontext bedeutet, Entscheidungen und Handlungen zu Ende zu denken und Rückschläge in Kauf zu nehmen, wenn sie in der Konsequenz zum gewünschten Erfolg führen. Vertrauen führt dazu, dass sich Stakeholder mit einer unternehmerischen Entscheidung identifizieren und dieser folgen können; vor allem, wenn das Wissen fehlt, um die Gewissheit zu erlangen, die eine riskante Entscheidung benötigen würde. Wenn eine Entscheidung immer erst dann getroffen werden würde, wenn sämtliche relevante Informationen vorlägen, dann wären die Entscheidungen ab dem Zeitpunkt, an dem man sie treffen könnte, meist bereits überholt. Darum muss ein Urteil oft in einer Situation

---

55 Vgl. Luhmann, Niklas: Vertrauen. Ein Mechanismus der Reduktion sozialer Komplexität, 4. Aufl., Stuttgart 2000.

gefällt werden, in der ein gewisses Maß an Unklarheit/„Unwissenheit“[56] besteht. Das Vertrauen auf Manager, die einen Weg zu einer Lagebewertung und einer Aussicht auf ein anzustrebendes Ergebnis anbieten, ist hierbei als Risikomanagement zu betrachten. Einem Menschen vertraut man selten ohne Erfahrung und ohne die eine oder andere Indikation der Vertrauenswürdigkeit.[57] Blindes Vertrauen ist naiv und irrational. Dennoch darf man sich auch als Manager auf seinen „Coup d'Oeil“[58] verlassen.

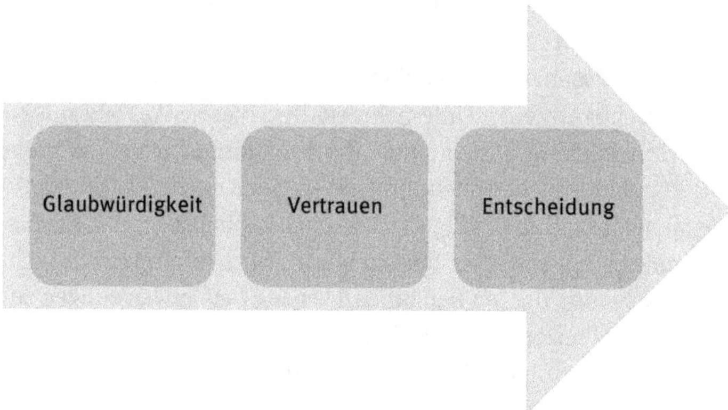

Abb. 4.6: Glaubwürdigkeit, Vertrauen und Entscheidung

Der „Coup d'Oeil“ ist eine Eigenschaft, die bereits der Kriegsphilosoph Carl von Clausewitz im 19. Jahrhundert einem nach seinem Dafürhalten erfolgreichen Feldherrn zuschrieb.[59] In der faktenarmen Situation, in der ein Feldherr eine Entscheidung treffen muss, und von der viele Menschenleben abhängen, verweist er auf ein besonderes Talent, das auch als Instinkt rezipiert werden kann. Dieser entstammt einer Art inneren Kompass, bei dem Intuition mit Erfahrung und einem guten Gefühl für Sicherheit zusammenläuft. Einen solchen „Coup d'Oeil“ benötigt ein Manager, der heute theoretisch über eine Fülle an möglicher Information verfügt, aber gerade deshalb wieder mit einem Mangel an für seine Urteilsfindung relevanter Information zu kämpfen hat. Als vorausschauender Manager kommt man nicht umhin, auf Menschen zu vertrauen, die ihren jeweiligen Anteil leisten, aus einem bestimmten Winkel den Nebel[60] lichten und dabei Orientierung schaffen. Vertrauen zu verlässlichen Menschen hilft in turbulenten Zeiten also, Risiken besser zu bewerten, sie zu vermeiden

56 Vgl. Roth, Gerhard: Persönlichkeit, Entscheidung und Verhalten. Warum es so schwierig ist, sich und andere zu ändern, 6. Aufl., Stuttgart 2011 sowie Fiedler, Klaus: Urteilsbildung als kognitiver Vorgang, München 1980.

57 Vgl. Lotter, Wolf: Deal? Vertrauen ist das Bindeglied der Wissensgesellschaft. Und zu wertvoll, um unverbindlich zu bleiben, in: BrandEins: Alles unter Kontrolle. Schwerpunkt: Vertrauen, Ausgabe 10/2014, Hamburg 2014.

58 Vgl. Clausewitz, Carl von: Vom Kriege, 4. Aufl., Ullstein 2003.

59 Vgl. ebd.

60 Vgl. ebd.

und die eigenen Interessen effektiver zu vertreten (siehe Abb. 4.6). So auch in der Projektfinanzierungsarbeit.

4.2.2 Definition Relationship Management

Beziehungen müssen geführt werden. Dies gilt auch und vor allem für Geschäftsbeziehungen.[61] Ab dem Moment, an dem es einen artikulierten Austausch von geschäftsrelevanten Informationen und Interessen oder eine irgendwie geartete Form geschäftlicher Transaktionen gibt, lässt sich von einer Geschäftsbeziehung sprechen. Je länger die Geschäftsbeziehung andauert, als desto stabiler darf sie gelten. Vertrauen wächst mit der Zeit, nicht mit den Zahlen. Zeigt man sich über einen langen Zeitraum als verlässlich, berechenbar, respektvoll und zugewandt, so ersetzt sich Vertrauen durch die positive Erfahrung und bildet damit ein solides Fundament für geschäftlichen Austausch.

Erfolgreiches Relationship Management manifestiert sich in einer strengen Meritokratie:[62] die Zuversicht, Probleme in einem Geschäftsvorgang artikulieren zu können, gedeiht in einem kontinuierlichen Prozess. Die Belastbarkeit einer Geschäftsbeziehung zeigt sich erst dann, wenn Probleme vorliegen. Läuft alles gut, so wird die Geschäftsbeziehung nicht belastet. Allerdings sind Geschäftsbeziehungen bereits dann aufzubauen, wenn die Geschäftsaktivitäten positiv verlaufen, um von ihnen zu profitieren, wenn Konflikte entstehen.

Geschäftsbeziehungen lassen sich nicht vollständig durch Verträge regeln – dort wird allenfalls formal für den Ernstfall der Konflikteskalation vorgesorgt. Wenn diese Vereinbarungen zum Tragen kommen, kann im Regelfall auch nicht mehr von einer funktionierenden, geschweige denn von einer aussichtsreichen Geschäftsbeziehung die Rede sein. Nachhaltiger ist es also, ein persönliches Fundament zu schaffen, das schwierige Zeiten überdauert.

Was für die Sicherstellung einer dauerhaft stabilen Geschäftsbeziehung notwendig ist, ist eine auf die Bedürfnisse und Interessen der anderen Seite ausgerichtete, bewusste Kommunikation, auch wenn diese zunächst keinem spezifischen Zweck dient. Dies scheint zunächst widersprüchlich, doch ist gerade die Zwecklosigkeit der Kommunikation das Gegenteil von sinnlos. Dient die Kommunikation einem spezifischen Zweck, so steht der Zweck im Vordergrund, nicht die Geschäftsbeziehung. Dies ist grundsätzlich nichts Falsches, aber langfristig die risikoreichere Kommunikation, weil die zweckgebundene Kommunikation für sich allein steht und von

61 Vgl. Krohn, Caroline: Change wird von Menschen gemacht, in: Brand Management Review: Change Management. Vom Stiefkind zum Zukunftsthema, Ausgabe: Juli 2015, Frankfurt 2015.

62 Vgl. Hadjar, Andreas: Meritokratie als Legitimationsprinzip: Die Entwicklung der Akzeptanz sozialer Ungleichheit im Zuge der Bildungsexpansion, Wiesbaden 2008.

keinem gegenseitigen Vertrauen getragen wird. Ist der unmittelbare Geschäftszweck der Anlass der Kommunikation, der sich nach Abschluss des Vorgangs unmittelbar wieder einstellt, so mag dies bei einem erfolgreichen Projekt als höchst effektiv gelten. Im Normalfall läuft ein Projekt oder ein Geschäftsvorgang aber weder isoliert noch reibungslos und schon gar nicht nach dem ursprünglichen Plan ab. Carl von Clausewitz spricht bei diesem Phänomen von „Friktionen“[63] und erklärt: „Friktionen sind das, was den realen Krieg vom Krieg auf dem Papier unterscheidet.“[64]

Dies gilt auch für komplexe Geschäftsvorgänge: am Beginn jedes Projektes sieht dasselbe einfach aus, aber im Verlauf zeigt sich, dass einzelne Vorkommnisse nicht bedacht waren und plötzlich den Erfolg des Projektes gefährden. Ein erfahrener Projektmanager kennt diese Situation: Nicht selten ändert sich seine Rolle im Verlauf eines Projektes vom Projektleiter zu einem Krisenmanager. Besteht in einer solchen Situation kein Vertrauen zwischen den Vertragspartnern, ist die Wahrscheinlichkeit des Scheiterns ungleich höher.

Ähnliches gilt für Vorkommnisse im Anschluss an eine erfolgreiche Transaktion: entpuppt sich ein Projekt im Nachhinein als weniger rentabel, als die Prognosen es vorhergesagt haben, so ist die friedlichste Bereinigung diejenige, bei der man sich zuversichtlich wieder an die ehemaligen Vertragspartner wenden kann, um eine Lösung zu finden, oder das Entgegenkommen im Folgeprojekt einzubauen.

Verträge regeln grundsätzlich das Minimum einer Zusammenarbeit; Flexibilität und Kulanz sind vertraglich kaum zu erfassen. Ein erfahrener Manager weiß, dass selten alles nach Plan verläuft und dass mindestens eine der Seiten, meist aber beide, früher oder später auf den „Good-Will“ der anderen Seite angewiesen sein wird. Darum lohnt es sich in guten Zeiten, für eine solche Situation vorzusorgen und die Kommunikation langfristig, d. h. vertrauensvoll auszurichten.

Was bedeutet es aber, eine Kommunikation, bzw. eine Geschäftsbeziehung langfristig auszurichten und zu pflegen?

Der Schlüssel besteht darin, den Anlass für die Geschäftsbeziehung auf die Geschäftsbeziehung zu reduzieren. Das klingt zunächst widersinnig, doch diese Erkenntnis ist zentral für die Belastbarkeit und vor allem für die Fähigkeit, konstruktive Kritik in einer Geschäftsbeziehung üben zu können. Wenn der Fokus auf der vertrauensvollen Verbindung zweier oder mehrerer Manager liegt, so bestehen die Dauerhaftigkeit und damit die Stabilität unabhängig von der aktuellen Tätigkeit der Akteure, unabhängig von ihren Funktionen im Unternehmen und unabhängig vom aktuellen Auftrag. Das bedeutet nicht, dass man Geschäftsbeziehungen vorsorglich etablieren sollte, für den Fall, dass das Gegenüber einmal einflussreich und berühmt wird. Eine solche Motivation fruchtet selten, denn nicht aufrichtige, rein opportunistische und auch langfristig oder vorsorglich zweckgebundene Geschäftsbeziehungen

63 Vgl. Clausewitz. Carl von: Vom Kriege, 4. Aufl., Ullstein 2003.
64 Clausewitz, Carl von: Vom Kriege, 4. Aufl., Ullstein 2003, S. 86.

sind nicht authentisch und darum nicht belastbar. Umgekehrt aber lässt sich über jahrelange ernsthaft und durch authentisch demonstrierte Wertschätzung und echtem Interesse geführte Geschäftsbeziehungen sehen, dass Geschäfte unverhofft möglich gemacht werden können, weil das Gegenüber den jeweiligen Kraftaufwand, den Kreativität und Findigkeit erfordert, zu erbringen bereit ist. Auf diese Weise profitiert man nicht irgendwann vom Ruhm des Geschäftspartners, sondern ist beteiligt an der Generierung seines persönlichen Erfolgs und damit auch am Profit von seinem Erfolg. Der Erfolg meines Geschäftspartners ist somit auch immer langfristig mein eigener Erfolg – das ist die wirkliche Rationalität einer positiven Zusammenarbeit. Opportunismus ist im Geschäftsleben durchaus relevant, aber opportun zu handeln, ohne auch „richtig" zu handeln, ist meist nicht von Dauer und nur selten wirklich erfolgreich.

Was bedeutet dies nun aber für die tägliche Arbeit an einer langfristig ausgerichteten Geschäftsbeziehung?

Wenn nicht ein konkreter Anlass Menschen in einem Geschäftsumfeld zusammenführt, dann sollte der größere Anteil eines Gesprächs zwischen zwei Managern den persönlichem Gedankenaustausch bilden – und das für die überwiegende Anzahl der Gespräche. Deutschland fällt weltweit mit einer Geschäftskultur auf, in der es angesehen ist, in medias res zu gehen.[65] Persönliche Gesprächsanteile werden als ineffizient wahrgenommen, oft sogar als Zeitverschwendung. Was nicht sachorientiert ist, hat nach dieser Handelskultur im Geschäft keinen Platz. Die Funktion von Small Talk erschließt sich dem deutschen Manager kulturell nicht, darum wird das Betreiben von persönlichem Austausch in kleinem Kreis abgelehnt und je größer der Kreis wird, desto irrelevanter erscheint einem deutschen Manager der Austausch und die Situation eines Empfangs erscheint vollends sinnlos.

Die ehemalige UNO-Übersetzerin Susanne Kilian hat in ihrer Analyse „The English Code" bemerkenswert herausgearbeitet, woher die Aversion des Deutschen gegenüber dem Ästhetischen in der Geschäftskommunikation herrührt[66] und zeigt auf, dass Small Talk in einer Empfangssituation sehr wohl eine Funktion hat – und gibt dem Deutschen Manager darum ein Hilfsmittel mit, das den deutschen Nerv der Pflichterfüllungszuneigung trifft: Die Funktion von Small Talk besteht darin, Gemeinsamkeiten mit dem Gegenüber zu finden und sich so, „aufeinander einzuschwingen". Gemeinsamkeiten integrieren – sie bilden die Voraussetzung für gemeinsame Wege, Strategien, Ideen und Missionen. Und je intensiver diese Gemeinsamkeiten herausgearbeitet werden können, heißt: je kleiner der Kreis der Gesprächsteilnehmer ist und je persönlicher folglich der Austausch ist, desto stärker ist das Verbindungspotenzial zweier Geschäftspartner. Die Investition ist freilich die Preisgabe von Ansichten,

65 Vgl. Hofstede, Geert: Interkulturelle Zusammenarbeit, Wiesbaden 1993.

66 Vgl. Kilian, Susanne: Don't let me be misunderstood. Wie wir weltweit besser verstanden werden. Die „Do's und Don'ts" der internationalen Kommunikation, Genf 2015.

Positionen, Charakteristiken oder auch Emotionen – doch wer sich per Salamitaktik nur zögerlich öffnet, der wird auch kein Vertrauen gewinnen und das Gegenüber dazu veranlassen können, sich ebenfalls zu öffnen und damit Potenzial für eine Verbindung anzubieten.

Weiterhin besteht die nächste Ebene der Investition darin, sich zu beraten und gelegentlich zu unterstützen, Kontakte herzustellen, Einladungen Folge zu leisten und den Geschäftspartner mit der eigenen Anwesenheit auf dessen Veranstaltungen zu würdigen und ihn selbst gelegentlich einzuladen. All diese Maßnahmen sind selbstverständlich immens zeitaufwendig und sie führen auch nicht unmittelbar zu einem Geschäft. Darum ist es legitim, diese Gesten als Investition zu betrachten. Die Investition in die Etablierung der Verbindlichkeit einer Geschäftsbeziehung ist das, was potenziellen Verträgen in der Zukunft an Passagen zur Flexibilität und Kulanz fehlt.

Die Investition in eine Geschäftsbeziehung, wenn man sie akut braucht, kommt zu spät. Die Investition in die Stabilität und Verbindlichkeit einer Geschäftsbeziehung mit dem Ziel, ein belastbares Fundament zu schaffen, ist ein Vorsorgegeschäft mit dem Ziel der Risikominimierung und der Maximierung von Qualität. Sie gibt oberflächlichem Wirtschaften eine Tiefe, die ad hoc nicht entstehen kann. Wenn die schwierigen Zeiten erst die Einsicht bringen, Geschäftsbeziehungen zu initiieren oder zu pflegen, dann kann der Manager gleichsam direkt ansagen, dass er beabsichtigt, seinen Gegenüber auszunutzen und kann nicht zu einer soliden und dauerhaften Geschäftsbeziehung führen.

Geschäftsbeziehungen zu pflegen hat den Sinn, Menschen und ihre Geschäftsideen zu integrieren und dabei Neues, Besseres oder Größeres zu schaffen. Das Vertrauen, das zwischen Geschäftspartnern authentisch und dauerhaft kultiviert wird, dient der Risikominimierung im Geschäft, der Toleranz bei möglichen Engpässen und auch der Aufwandsbereitschaft, die es braucht, um nachhaltige Erfolge bei gemeinsamen Projekten zu erzielen.

4.2.3 Von der Natur einer Geschäftsbeziehung

Manager im Finanzierungsbereich sind grundsätzlich sehr sachorientiert und operieren entlang quantifizierbarer Indikationen von Geschäftsvorgängen zu Belegzwecken und vermeintlicher Objektivierbarkeit von Sachzusammenhängen. Folglich lässt sich in diesem Berufssegment oft die Einschätzung hören: „Stimmen die Zahlen, besteht eine Geschäftsbeziehung – stimmen sie nicht, besteht (vorübergehend) keine Geschäftsbeziehung. Dies scheint auf den ersten Blick folgerichtig. Da Teilnehmer von Geschäftsbeziehungen aber Menschen sind, deren Eigenschaften keinem derart einfachen Algorithmus folgen, greift diese Vorstellung zu kurz und hält einer Realitätsüberprüfung nicht stand.

Dies zeigt sich z. B. bei Unternehmen, die sich über den Kapitalmarkt finanzieren: Stimmte die o.g. These, so würde es ausreichen, Dokumentationspflichten über den Geschäftsverlauf und die Entwicklungsprognosen bei den Kapitalgebern einzureichen und bestenfalls für Rückfragen, bzw. Verständnisfragen zur Verfügung zu stehen. Diese Unternehmen unterhalten aber teilweise sehr umfangreiche Investor-Relations-Abteilungen. Die Tätigkeit ist so komplex, das der Berufsstand sogar einen eigenen Verband unterhält, den DIRK – Deutscher Investor Relations Verband e. V. mit Sitz in Frankfurt am Main. Dieser baut seine Arbeit auf ein Manifest auf, der die Berufsgrundsätze der IR Arbeit definiert. Diese werden in folgenden Selbstverpflichtungen des IR Officers verfasst:

- Sachlichkeit, Glaubwürdigkeit & Zeitnähe – um das Vertrauen des Kapitalmarktes zu bewahren
- Wesentlichkeit und Vollständigkeit – in den kommunizierten Informationen des eigenen Unternehmens
- Kontinuität, Stetigkeit & Vergleichbarkeit in der Kommunikation – unabhängig von der Geschäftslage – um das Vertrauen der Investoren zu erhalten
- Zukunftsorientierung – um am Kapitalmarkt intellektuell vorzusorgen
- Gleichbehandlung – um niemandem einen Informationsvorteil zu verschaffen
- Keine Weitergabe oder Ausnutzung von Informationen – man tut nicht alles, was man tun könnte.

In Investor Relations ist dezidiert das Thema Beziehung genannt. Der Spagat besteht jedoch darin, dass ein Großteil der Vertrauensarbeit gegenüber zumeist institutionellen Investoren in der sorgfältigen Dokumentation besteht. Das Schwierige an einer Geschäftsbeziehung mit Finanziers besteht im Konflikt des „Menschelnden" mit der Sorgfalts- und Compliance – also Regelbefolgungskultur eines Finanztransfergeschäfts. In der Erfassung und Verarbeitung von Finanzdaten herrscht größte Präzision: genaue Zeitpunkte der Veröffentlichung von Zahlen spielen eine ebenso große Rolle wie die zweite Nachkommastelle für die Berechnung von Zinserträgen. Annahmen und Variablen sind der Verhandlungsgegenstand, weil der Effekt einer noch so kleinen Veränderung in der Skalierung unerwartet groß ausfallen kann. Finanzierungsvorhaben sind darum vor allem Rechenaufgaben, die Interessen unterschiedlicher Parteien in Formeln und Zahlen ausdrücken. Darum scheint der Stellenwert von Beziehungen im Umfeld der Zahlenwelt gering. Doch das täuscht.

Die erste Frage, die sich stellt, ist: wer finanziert und warum? Die Ansprache obliegt im besten Fall zunächst der Frage, ob ein Finanzierungspartner sich schon einmal als verlässlich gezeigt und damit bewährt hat, oder ob man ihm vertraut. Natürlich gibt es auch die Situation, dass die Wahl gering ausfällt, denn eine Geschäftsbeziehung ist grundsätzlich reziprok. Man findet sich, wenn Einvernehmen über eine Geschäftsgrundlage besteht und wenn kein Finanzierer mit einem Unternehmen zusammenarbeiten möchte, dann entfällt die Wahlmöglichkeit auch für das Unternehmen. Insofern muss auch ein Unternehmen seine Hausaufgaben machen hinsichtlich der Seriosität, der

Vertrauens- und Glaubwürdigkeit sowie der Professionalität, die sich am Markt herumsprechen. Geschäftsseitig wird über Bonitäts- und Ratingagenturen die Zuverlässigkeit im Regelfall zertifiziert. Auf der Ebene des Geschäftsgebarens dient einem Unternehmen oder mehr noch: seinen Managern der Leumund der Geschäftspartner. Und dieser muss sich immer wieder erkämpfen lassen, wenn keine soliden Geschäftsbeziehungen bestehen. Wer mit Millionenbeträgen jongliert, der möchte mehr als „nur" Vertrauen haben. Die Integrität eines Menschen lässt sich nicht anders bestätigen als durch die Fürsprache eines anderen Menschen, der bereits auf eine langfristige und erfolgreiche Zusammenarbeit blicken kann. Die Erfahrung in Finanzierungsprojekten kann einen durchaus vor unseriösen Maßnahmen, Fallen und Betrug schützen. Doch oft genug sind es Einschätzungen, Zusagen oder Vorschläge, die den Geschäftspartner kompetent und glaubwürdig erscheinen lassen. Dies sind sehr subjektive und individuelle Entscheidungen, die mehr mit dem menschlichen Matching zu tun haben, als mit den reinen Zahlen.

Wenn Menschen einander abgeneigt sind, kann auch ein noch so detailliert berechnetes Projekt nicht erfolgreich werden. Es muss in jeder Vertragssituation ein Mindestmaß an konstruktivem Einigungswillen herrschen, der darauf fußt, der anderen Vertragspartei einen Raum zu geben, seine Interessen in der Einigung wiederzufinden. Insofern ist auch in einer Geschäftsbeziehung eine Due Diligence, also eine mit „gebotener Sorgfalt" durchgeführte Risikoprüfung erforderlich – und die lässt sich oft nicht quantifizieren.

Die Stabilität einer Geschäftsbeziehung kann auch hier Unklarheiten überbrücken und schwierige Kommunikation in der Ermittlung der Interessenslage der Gegenseite durch gegenseitige Verständigungsroutine erleichtern. Hierbei spielt psychologisch die Wechselwirkung des Mittelbaren mit dem Unmittelbaren eine herausragende Rolle: Oft stehen scheinbar Interessen im Vordergrund, die hinterfragt werden können. Zwischen Fremden ist das Vordergründige der explizite Verhandlungsgegenstand, während ein uneindeutiges Gefühl dafür besteht, was das Gegenüber wirklich treibt, vorsichtig oder auch einmal forsch sein lässt. Dies ist in der Verhandlungstaktik unnötig hinderlich: Im Verlauf eines gemeinsamen Projektes kann genau dieser Faktor sogar ein erhebliches Risiko bergen, eine Geschäftsbeziehung und damit das Projekt selbst zum Scheitern zu bringen. Antizipationen entstehen im Regelfall aus einem eigenen Erfahrungshintergrund heraus und dieser deckt sich in nur seltenen Fällen mit dem Erfahrungshintergrund des oder der anderen an dem Projekt beteiligten Personen. Im Verlauf eines Projektes möchte man aber nicht Bekanntschaft mit Faktoren dieser Art machen – im Projekt erwartet man von allen Beteiligten, dass sie in der berechneten und antizipierten Art funktionieren. Menschen funktionieren aber nicht „einfach" – auch dann nicht, wenn um Zahlen verhandelt wird. Es gibt immer irgendwo Handlungs- und Entscheidungsdruck, wenn um Interessensausgleich gerungen wird. Die langfristige Beziehung dient hierbei einem soliden und respektvollen Abfedern der Effekte meist legitimer Anspruchsanmeldungen. Besteht Verständnis für den Hintergrund eines Managers, lässt sich konstruktiver über eine gemeinsame Lösung nachdenken – oder auch den Dissens akzeptieren, ohne dass es zu nachhaltigen Verwerfungen kommt.

Das Management von Business Cases ist nicht vom Beziehungsmanagement der bewusst Beteiligten und auch der bewusst Unbeteiligten zu trennen. Die größte Schwierigkeit in einer komplexen Geschäftsabwicklung ist die Überraschung. Überraschungen und die Enthüllung von Unklarheiten schränken die Möglichkeiten der bedachten Reaktion ein.[67] Reaktionen, die keine Chance haben, sich in einer reflektierten Situation zu entfalten, fallen oft ungewollten Instinkt- und Reflexreaktionen zum Opfer, vor allem dann, wenn der Druck hoch und eine Situation angespannt ist. Eine Kommunikations- und Handlungsentscheidung, die aus einem Reflex entsteht, ist meist eine weniger beständige und eine weniger starke als eine Kommunikations- und Handlungsentscheidung, die in einer souveränen Lage zustande kommt. Darum ist die Reflexreaktion in Folge einer nicht berechneten Konfrontation ein höheres Risiko für das Scheitern einer Verhandlung oder eines Projektes. Insofern ist möglichst viel Bekanntheit, Wissen und Berechenbarkeit eine effektive Risikoreduzierung und deshalb ist außerhalb unmittelbarer Projekte auf den Faktor Beziehungsmanagement zu bauen.

4.2.4 Vertrauen als Währung

Edelman[68] ist eine internationale PR-Agentur, die seit nunmehr 16 Jahren einmal im Jahr das sogenannte Edelman VertrauensBarometer[69] herausgibt. Hierbei wird repräsentativ eine Vielzahl von Menschen nach ihrem Vertrauensempfinden zu Eliten, Institutionen und staatlichen wie nicht-staatlichen Systemen befragt und hieraus leitet das Unternehmen gesellschaftliche Trends ab. Diese können unterschiedlich interpretiert werden, dennoch sind die Feststellungen beachtlich. Beispielsweise zeigt sich seit Jahren eine zunehmende Skepsis gegenüber vertikalen Strukturen, gegenüber konventionellen Autoritäten und gegenüber abstrakten Organisationen und Institutionen. Wer – im übertragenen und tatsächlichen Sinne – auf dem Niveau von Hochglanzbroschüren kommuniziert, kommuniziert geschliffen und im Empfinden der Empfänger steril und anonym. Darum riskiert man im Versuch, perfekt und distanziert zu sein, vor allem Vertrauen, schürt Verunsicherung und minimiert die Zuversicht für Ansprache. Wenn Kommunikation das Vehikel ist, Geschäftsbeziehungen zu führen, dann kommt die Entmutigung der Ansprache einer Sperrung der Zufahrtswege gleich. Die Zeiten, in denen Distanz in Einklang mit Kompetenz stand und Arroganz den Nimbus von monetärem Erfolg vor sich hertrug, sind vorbei. Nahbarkeit darf als neue Pragmatik gesehen werden.

67 Vgl. Clausewitz, Carl von: Vom Kriege, Ullstein 2003.
68 Vgl. http://www.edelman.com/who-we-are/about-us/ (April 2016).
69 Vgl. http://www.edelman.de/de/studien/articles/trust-barometer-2016 (April 2016).

Der Anreiz für berufliche Entwicklung unterliegt einem Trendwechsel weg von Statussymbolen hin zur Sinnstiftung. Dasselbe ist auch zunehmend in der Projektfinanzierung zu beobachten, denn die Frage nach dem inhaltlichen Mehrwert der Finanzierungsgegenstände steigt deutlich. Wer gut ist und sich sein Wirken aussuchen kann, wählt im heutigen Zeitgeist eher nicht die kurzfristig lukrativsten Geschäfte, sondern diejenigen, die langfristige Stabilität, Gesundheit und Wohlstand sichern. Im Zuge dieses Phänomens spielt die Anspruchsgruppe Öffentlichkeit eine zunehmend wichtige Rolle. Wirtschaftswissenschaftlern wird an der Universität vermittelt, dass ein Manager drei Hauptanspruchsgruppen im Auge behalten muss, wenn er eine Unternehmung erfolgreich führen will (siehe Abb. 4.7):

- Er muss immer und zuallererst den **Kunden** zum Maßstab strategischer Betrachtungen machen, denn ohne diesen kann er nichts Weiteres mehr tun.
- Der zweite Blick muss die wichtigste Ressource betrachten, die erforderlich ist, um Kundenwünsche zu erfüllen – und das sind die **Mitarbeiter**.
- Der dritte Blick richtet sich gen **Kapitalgeber**, denn diese finanzieren das qualitative und quantitative Wachstum einer Unternehmung. Der Begriff Unternehmung wird hier dem Begriff Unternehmen vorgezogen, weil die Unternehmung eine Organisation wie auch ein Projekt umfassen kann.

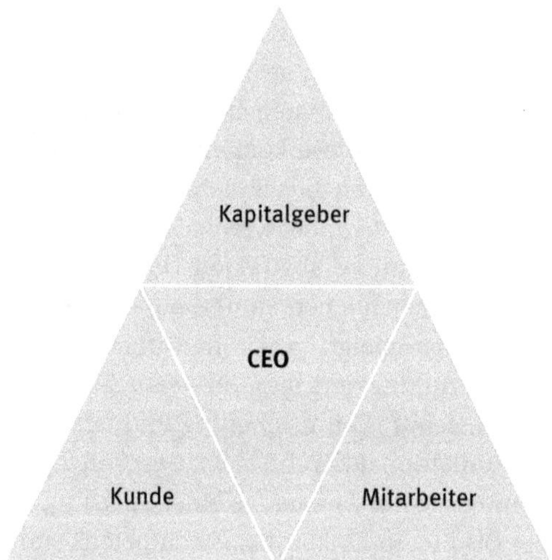

Abb. 4.7: Zentrale Anspruchsgruppen einer Unternehmung

Die Anspruchsgruppe Öffentlichkeit offenbart mehr als jede andere, dass man sich spätestens im Zeitalter der Sozialen Medien der öffentlichen Meinung nicht entziehen kann. Wichtiger ist in diesem Kontext jedoch, dass genau diese Anspruchsgruppe die Begrenztheit der Quantifizierbarkeit offenbart: So kann bis heute glaubhaft weder eine umfassend betrachtete quantifizierte Korrelation, noch eine entsprechende

Kausalität ausgemacht werden zwischen einer positiven Reputation und einer positiven Geschäftsentwicklung. Dass es einen Zusammenhang gibt, leuchtet jedem ein, doch in Zahlen belegbar ist dieses Phänomen allein darum nicht, weil weder die Eigenschaften einer Reputation erfassbar sind, noch die Eigenschaften von Geschäftserfolg, wenn man nicht zu kurz greifen und ausschließlich die Umsatzzahlen, die Verkaufszahlen, den Produktivitätsfaktor oder die Gewinnmargen betrachten möchte. Es gibt noch eine Materialität jenseits der Zahlenwelt, die den gesellschaftlichen Wertbeitrag einer Unternehmung umfasst, die jedoch schwer zu greifen ist. Dies aber lässt sich im großen Umfang für Unternehmen sagen, aber ebenso ist dies ein Phänomen, das das Individuum betrifft. Mehr noch: Die Theorie, dass ein Unternehmen bei einer Anspruchsgruppe Öffentlichkeit Vertrauen gewinnen soll, um effektiver, risikoärmer, nachhaltiger und qualitativ hochwertiger operieren zu können, stellt anheim, dass ein Unternehmen in seinem Wirken auch personalisiert betrachtet werden kann (siehe Abb. 4.8).

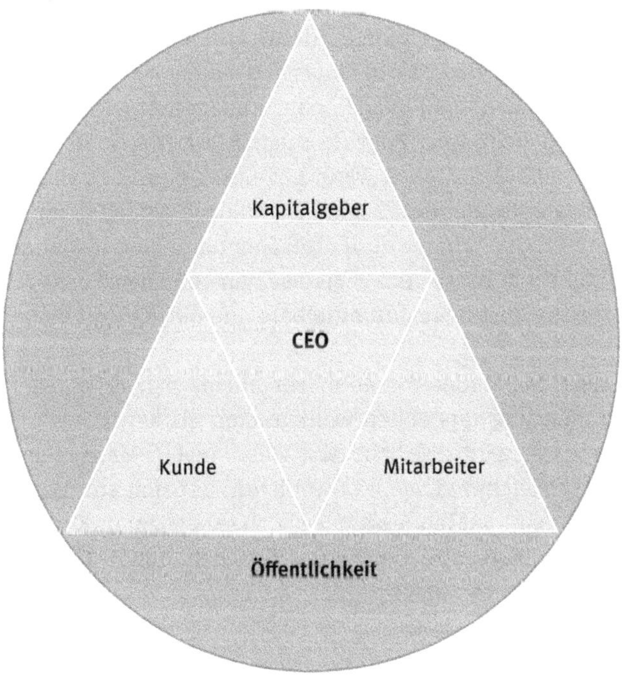

Abb. 4.8: Zentrale Anspruchsgruppen einer Unternehmung unter Einbezug der Öffentlichkeit

Auch hier helfen die Befunde des Edelman VertrauensBarometers:[70] Der Drang nach Individualisierung, „Customization“, Nähe und vor allem Nahbarkeit ist ein Bedürfnis, das vor allem in gesättigten Märkten zu beobachten ist. Das allgemeine Bedürfnis nach größtmöglicher individueller Freiheit obliegt dem Grundgefühl erhöhter Selbstverantwortung jenseits abstrakter systemischer Strukturen, die sich nicht bewährt haben.[71] Dem gegenüber steht ein sich gegenteilig auswirkendes Sicherheitsbedürfnis in sogenannten „Emerging Markets“. Hier gilt Größe als Zuverlässigkeit und Unantastbarkeit. Je größer, distanzierter und unerreichbarer die Organisation, desto systemkonformer wirken sie auf kommunitaristische Mentalitäten.[72] Kredibilität zeigt sich in beiden Fällen als Bonität: Ein öffentliches Grundbedürfnis liefert Resonanz für Märkte und gängige Marktdynamiken.

Ein möglicher Faktor für die Gewinnung von Vertrauen ist beispielsweise die Vermeidung, alles tun zu müssen, was getan werden kann: Verantwortungsvolles Handeln ist vor allem der Respekt vor der Autonomie des Anderen. Eine höhere Kenntnis über mögliche oder tatsächliche Beweggründe der Verhandlungs- oder Kooperationsseite im Geschäft ist gewiss ein Zeugnis guter Verhandlungsfähigkeiten und ist dort auch opportun. Legitimität unterscheidet sich hier jedoch dahingehend von Opportunität, dass ein würdiges Maß gefunden werden muss. Maßhalten zahlt auf den ersten Blick vielleicht nicht in das Optimum der Gewinnmaximierung ein. Der langfristige Effekt besteht hier jedoch darin, dass das Vertrauen, das mit respektvoll-gemäßigtem Verhalten erzielt wird, als Einlage dient. Anders ausgedrückt: der Vorteil, der durch eine Vielzahl gemeinsamer Projekte entsteht, ist größer, als wenn es bei einem gemeinsamen Projekt bleibt, auch wenn bei einem einzelnen Projekt das Maximum für sich erreicht werden konnte. Es lohnt sich, Konzessionen in einem Geschäftsvorgang zuzulassen, weil die Summe der Folgekooperationen mitsamt der durch die Wiederholung und Berechenbarkeit des gemeinsamen Vorgehens im Regelfall lukrativer ist als der kurzfristig ausgelegte, unmittelbare und einseitig maximale Erfolg einer Verhandlung.

Augenhöhe heißt in einer Kooperationssituation vor allem, sich unter Peers gegenseitig zu führen. Wenn Führung verstanden werden kann als bewusstes und zielorientiertes Kommunizieren, so wird deutlich, dass Relationship Management zunächst bedeutet, mögliche Ungleichgewichte zu nivellieren, um sich auf Augenhöhe zu begeben und von hier aus eine auf Interessenausgleich ausgerichtete Kommunikation zu betreiben. Führung bedeutet also explizit die Entscheidung für Klarheit, Zielorientierung, Sachlichkeit und Wertschätzung.[73]

---

70 Vgl. http://www.edelman.de/de/studien/articles/trust-barometer-2016 (April 2016).

71 Vgl. Beck, Ulrich & Beck-Gernsheim, Elisabeth: Riskante Freiheiten. Individualisierung in modernen Gesellschaften, Berlin 1994.

72 Vgl. Hofstede, Geert: Interkulturelle Zusammenarbeit, Wiesbaden 1993.

73 Vgl. Krohn, Caroline: Change wird von Menschen gemacht, in: Brand Management Review: Change Management. Vom Stiefkind zum Zukunftsthema, Ausgabe: Juli 2015, Frankfurt 2015.

4.2.5 Konflikte des Netzwerkens

Viele Menschen betrachten das „Netzwerken" als eine zweckorientierte Geschäftsmaßnahme. Typisch für eine solche Haltung ist es, seinen Gegenüber nach seiner gegenwärtigen Funktion zu beurteilen und nicht nach seiner Persönlichkeit. Menschen werden daher ein Mittel zum Zweck und kein Zweck an sich. Das mag niemand. Jeder weiß, dass Menschen, die sich einer Funktion wegen auf eine zwischenmenschliche Beziehung einlassen, einen sofort wieder fallen lassen, sobald man die Funktion verliert. Die Beziehung mit solchen Menschen zu etablieren und zu pflegen, kann folglich auch für nicht-opportunistische Netzwerker als Zeitverschwendung betrachtet werden. Wer mag es schon, auf seine Funktion reduziert zu werden? Ein weiteres Charakteristikum falschen Netzwerkens ist folglich, dass, wenn es tatsächlich zu Verbindungen kommt, diese nicht selten auch exzessiv „genutzt" werden: Die verbleibende Instanz bei Abwesenheit intuitiver Werteorientierung scheint hier legitimerweise der Regulator, der Staat zu sein. Die opportunistische Nutzenmaximierung eines Netzwerks kann nämlich zu einer so exzessiven Überdrehung führen, dass der Regulierer das Gefühl bekommt, dem Einhalt gebieten zu müssen. Ein Missbrauch zwischenmenschlicher Beziehungen zur einseitigen Vorteilsnahme ist mindestens wettbewerbsverzerrend; die jüngsten Krisen haben aber auch gezeigt, wie das Gemeinwohl darunter leiden kann.

Intuitive Werteorientierung im Tagesgeschäft in einer Organisation, die Gewinne erzielen will, ist zumeist die Selbstmäßigung. Die Selbstmäßigung ist gerade in der Integrität nicht formalisierter Zusammenarbeit von existenzieller Bedeutung: Das ehrliche, nicht per se instrumentelle Netzwerk ist ein „long term asset" und erlaubt, Probleme zu antizipieren und offen und vertrauensvoll zu lösen – sein Missbrauch zur illegitimen Vorteilsnahme dient keiner Seite. Vielmehr sollte ein dichtes und konstruktives Netz solider Geschäftsbeziehungen auch dem Zweck dienen, den der Gesetzgeber durch ein dichtes Netz an Regulation beizukommen versucht. Wer Maß hält und nicht nur respektvoll mit seinem Gegenüber, sondern vor allem auch mit seiner eigenen Rolle, seiner eigenen Funktion und seiner eigenen Aufgabe umgeht und um die Bedeutung des eigenen Tuns im großen Rahmen weiß, sichert die Qualität stabilen Wirtschaftens.

Die Art, wie Regulation jedoch gehandhabt wird, ist die sogenannte Compliance (Regeltreue) innerhalb einer sogenannten Governance (Ordnung & Führung) eines Unternehmens.[74] Compliance ist formal zwar der Versuch, im Tagesgeschäft der Konzerne Rechtskonformität sicherzustellen, beispielsweise indem Prozesse und Regeln

74 Vgl. Benz, Arthur & Dose, Nicolai: Governance. Regieren in komplexen Regelsystemen: Eine Einführung, 2. Aufl., Wiesbaden 2010 sowie Malik, Fredmund: Unternehmenspolitik und Corporate Governance. Wie Organisationen sich selbst organisieren, Frankfurt 2008 sowie Hauschka, Christoph E. & Moosmayer, Klaus & Lösler, Thomas: Corporate Compliance. Handbuch der Haftungsvermeidung im Unternehmen, 3. Aufl., München 2016.

im Unternehmen eingeführt oder angepasst werden. Faktisch ist die Handhabung von Compliance aber vor allem eine Dokumentation, die Haftungsrisiken durch den Nachweis der Pflichterfüllungen minimieren sollen. Dies ist selten nachhaltig.

Für Unternehmen ist Compliance vor allem ein bürokratischer Aufwand. Dieser entwickelt Stilblüten, die ursprünglich gewiss einmal anders gedacht und möglicherweise auch berechtigt waren. Geschenke sind verboten, gemeinsame Essensrechnungen oder Buffetkosten oberhalb eines Steuerfreibetrages auf Neujahrsempfängen, der „Dankeswein" nach dem Vortrag geht nicht mehr, private Mails nicht; Profilfotos im Intranet und Namensnennungen im Impressum müssen stark überdacht werden. Im Bewerbungsgespräch darf man nicht nach der Lieblingsfarbe, dem Sternzeichen oder den Hobbys fragen und dergleichen mehr. Alles was „menschelt" birgt eine potenzielle Gefahr, weil es für Dritte zuweilen nach Wettbewerbsverzerrung oder dergleichen anmuten könnte.

Umfangreiche Regelwerke, die Unternehmungen treffen, haben den Zweck, das Potenzial menschlichen Versagens durch engmaschige Standardisierung zu umgehen. Was dabei jedoch ebenfalls verhindert wird, ist die Manövrierbarkeit einer Unternehmung durch menschliche Komponenten, nämlich der Kommunikation auf entformalisierter Ebene, der sogenannte kurze Dienstweg. Aus lauter Angst vor Mauscheleien und Missbrauch durch Intransparenz, wettbewerbsverzerrende Preisabsprachen oder betrügerische Zinsabsprachen, oder schlicht durch Begünstigungen, die die allgemeine Gleichbehandlung untergraben, hat man das Kind mit dem Bade ausgeschüttet.

4.2.6 Beziehungen als Schlüssel zur Krisenbewältigung

Kaum ein strategisches Projekt gleicht dem anderen – ein erfahrener Manager weiß, dass es zwar Routinen im Vorgehen geben mag, doch je umfangreicher ein Projekt ist und je mehr Menschen daran beteiligt sind, desto höher ist die Zahl der Variablen, die sich im Verlauf einer Unternehmung positiv, oder eben auch negativ entwickeln. Vieles lässt sich bei zunehmender Erfahrung einplanen, aber Komplikationen entstehen oft trotz einer ausgefeilten Vorbereitung. Wir erinnern uns an Clausewitz: „Friktionen sind das, was den realen Krieg vom Krieg auf dem Papier unterscheidet" (s. o.). Der Regelfall und der Zufall lösen einander ab und müssen doch irgendwie gehandhabt werden. Allzu oft ist die Trennung zwischen Ursache und Wirkung nicht ausgeprägt – es kommt zu einer Aneinanderreihung unglücklicher Gegebenheiten und Reaktionen.

Der rettende Anruf ist in Folge unvorhergesehener Herausforderung der, der sich durch eine über Jahre entwickelte vertrauensvolle Zusammenarbeit ergibt. Dieser Anruf kann auf einen Schlag schwelende Konfliktlinien auflösen und pragmatische Lösungen auf Grundlage gegenseitiger Wertschätzung aufzeigen. Die Dividende einer nachhaltigen Stakeholderpolitik zeigt sich also vor allem darin, dass das Gelingen eines Projektes und der Erfolg zu der baldigen Wiederaufnahme neuer Projekte nach Abschluss des erfolgreich Fertiggebrachten führt. Niemand mag es kompliziert. Am wenigsten, wenn Komplikationen vermeidbar sind. Eine positive Kommunikationsebene hilft, Konflikte oder Komplikationen zu vermeiden oder schnell zu beenden.

4.2.7 Relationship Management in Zeiten der Digitalisierung

Ausgewogene und nachhaltige Geschäftsbeziehungen bauen auf dem Prinzip der Symmetrie und der Augenhöhe auf. Die Gegenseitigkeit der Unterstützung und die Ausgewogenheit von Interessen sind Voraussetzung für eine gute, vertrauensvolle und stabile Partnerschaft. In einer sich digitalisierenden Welt bekommt die Pflege von Geschäftspartnerschaften eine völlig neue Dimension. Das eigene Rollenverständnis innerhalb einer singulären Partnerschaft kann sich nur schwer gegen eine andere Rolle in einer anderen Partnerschaft abgrenzen. Es gibt eine virtuelle Öffentlichkeit einer jeden Person, auf die potenziell jeder Geschäftspartner gleichermaßen und zu jeder Zeit Zugriff hat. Dadurch ist es heute nicht mehr möglich, die eigene Haltung und die Kommunikation streng auf die andere Person auszurichten. Wenn es Abweichungen im Verhalten zu unterschiedlichen Personen gibt, fallen diese gerade im digitalen Umfeld früher oder später auf und die Glaubwürdigkeit wird dadurch kompromittiert. Wer findet schon einen Menschen authentisch, der sich einem Menschen gegenüber zugewandt und nahbar gibt, einem anderen Menschen gegenüber jedoch arrogant und unnahbar? Es kann leicht das Gefühl entstehen, dass dieser Mensch einem etwas vormacht. Dies lässt an der Integrität einer Person zweifeln und das Vertrauen zu ihr schwinden.

Die Vektorkommunikation, die ausschließlich auf das Senden von Botschaften ausgerichtet ist, hat sich zudem in einer Erwartungshaltung, die aus der digitalen Interaktion erwächst, ebenfalls überlebt. Kommunikation war schon immer eine reziproke Angelegenheit. Mit den Möglichkeiten der Digitalisierung, in der Gedanken im Virtuellen miteinander verknüpft werden und Hemmschwellen, diese zu artikulieren abgebaut werden, wird dieser Anspruch verstärkt. Wer nur sendet, ohne zu empfangen, marginalisiert sich selbst. Aber auch diese Dualität greift zu kurz: Im Netz gibt es nicht nur Gesprächsteilnehmer, die sich ad hoc beliebig vermehren und verringern können, sondern es gibt auch unschätzbar viele Zuhörer (oder präziser: Zuleser/Zuschauer), die sich nicht unmittelbar beteiligen, aber da sind und auf die die öffentliche Kommunikation mitwirken, man spricht also faktisch nie nur mit dem Menschen, mit dem man im Netz zu sprechen glaubt, sondern man befindet sich bezüglich des Publikums in einer modernen Version des Speaker's Corner am Londoner Hydepark. Was hier hinsichtlich des Relationship Managements zur Disposition steht, ist nichts Geringeres als die Authentizität. Wenn ein Mensch selbstreflektiert ist und sich stringent verhält und kommuniziert, dann ist er für seine Umwelt berechenbar und vertrauenswürdig. Zudem generiert Stringenz Zuversicht, ebenso authentisch und vor allem mit einer souveränen Offenheit auf diesen Menschen zu reagieren, so dass eine Beziehung zueinander entstehen kann.

Nun wird der eine oder andere Leser denken: „Das ist kompliziert; nur gut, dass ich mich nicht auf sozialen Medien aufhalte." – Von sozialen Medien ist bis hierhin jedoch nur marginal die Rede. Der Fußabdruck im Netz ist weit mehr als das, was man selbst von sich auf dezidierten Plattformen preiszugeben bereit ist – auch wenn klar ist, dass das Phänomen der konsistenten Kommunikation über sogenannte soziale Medien besonders deutlich wird. Analog dazu lässt sich sagen, dass es natürlich immer sinnvoll war, Interviews, Beiträge, Artikel, Publikationen, Visitenkarten, Broschüren, etc., die über konventionelle Kanäle veröffentlicht wurden, mit einem konstanten Stil und einer an der Person und der persönlichen Haltung angelehnten Position ausgestattet sein sollten. Die verzögerte zeitliche Taktung und der Umstand, dass es in konventionellen Medien mindestens einen „Gatekeeper" gibt, haben stärker vor Misstrauen durch Inkonsistenz in der Kommunikation geschützt, als es die sozialen Medien tun. Allerdings gibt es auch bei der Wahl, sich nicht an öffentlichen Debatten zu beteiligen und zu positionieren, einen Haken: Engagiert man sich nicht, so verliert man die Kommunikationshoheit über sich und seine Themen im Netz. Die Themen und Ansichten, die einem wichtig sind, werden in der öffentlichen Debatte von anderen vertreten. Das schwierigere Szenario ist jedoch, wenn über einen statt mit einem gesprochen wird – und man das aufgrund selbstgewählter Abwesenheit nicht einmal mitbekommt. Oder ob man durch die selbst gewählte Abwesenheit so marginalisiert ist, dass nicht einmal mehr die eigenen Positionen zum Thema besprochen werden.

Wichtig ist, die Kommunikationshoheit über sich selbst und die wichtigen Themen zu behalten. Das bedeutet freilich nicht, jeden Trend mitmachen zu müssen. Die Kontrolle über einen selbst betreffenden oder für einen selbst relevanten Themen zu behalten, ist jedoch ein bedeutender Vorteil in der Selbstpositionierung und infolgedessen in der Souveränität über das Management der eigenen Geschäftsbeziehungen (siehe Abb. 4.9).

Allem voran ist die große Herausforderung einer sich digitalisierenden Kommunikations- und Lebenskultur die Beständigkeit der eigenen Wertvorstellung und der darauf aufbauenden Selbstpositionierung. Soziale Medien, das sogenannte Web 2.0, die Schnelligkeit und Volatilität des Weltgeschehens, die Nivellierung informationeller und auch geographischer Hürden sind Faktoren, die das persönliche Gravitationszentrum[75] immer wieder auf die Probe stellen. Allzu leicht ist es, die Aufmerksamkeitsspannen an die sich ständig in Transformation befindlichen Umstände anzupassen und sich von kurzfristigen Strömungen mitreißen zu lassen. Dies passiert leicht im Zuge des „Entlanghangelns" von Projektmeilenstein zu Projektmeilenstein. Ein stabiles Netzwerk an Vertrauten, an Menschen, denen man ebenso

75 Vgl. Clausewitz, Carl von: Vom Kriege, 4. Aufl., Ullstein 2003.

vertraut, wie sie einem vertrauen und die eine Beständigkeit im Denken, Urteilen, Entscheiden und Handeln ermöglichen, ist daher zur Bewältigung einer Komplexität in Erfolgen und Risiken unabdingbar.

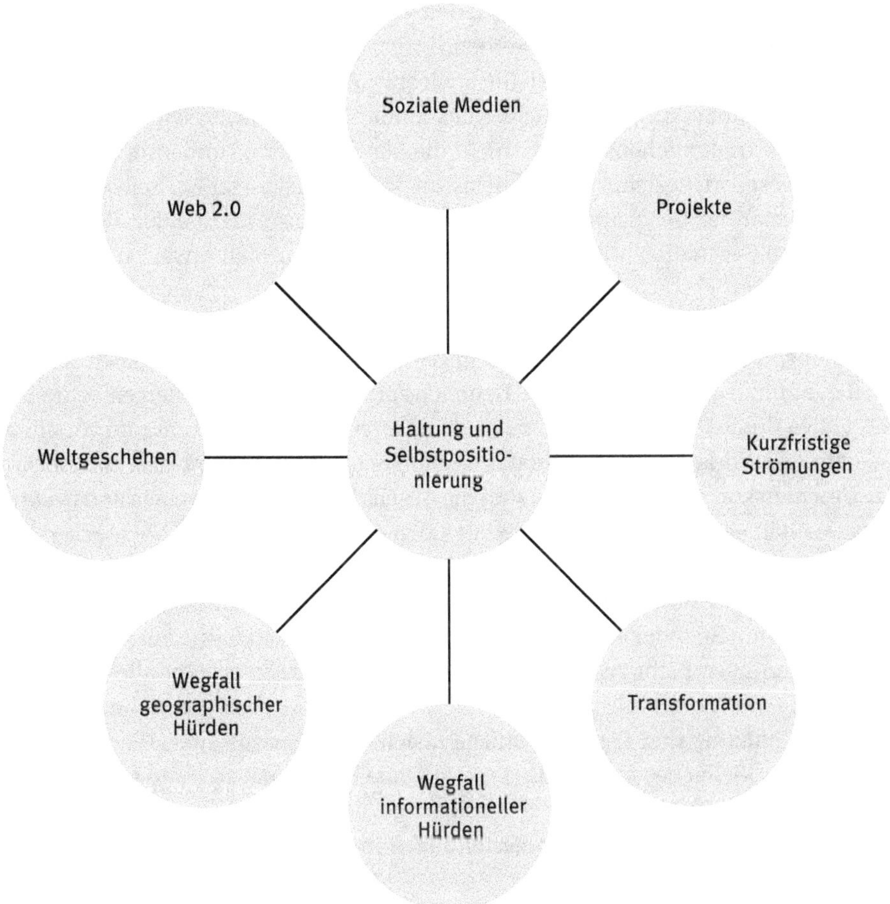

Abb. 4.9: Haltung und Selbst-Positionierung in Zeiten der Digitalisierung

4.2.8 Fazit

Die Fragestellung des vorliegenden Kapitels lautet: Was ist proaktives Relationship Management und inwieweit wirkt dies für die Arbeit in der Projektfinanzierung risikominimierend? Die Wahrheit ist: Relationship Management ist nicht nur dann für einen modernen Manager überlebenswichtig, wenn dieser sich mit Projektmanagement befasst. Professionelles und somit im Ergebnis erfolgreiches Relationship Management wirkt in vielfacher Hinsicht stabilisierend. Es zwingt uns, uns über unsere Haltung, unseren Antrieb und unseren persönlichen Wertekanon nachzudenken, uns entsprechend zu positionieren und uns mit Menschen zu vernetzen, deren Haltung, Antrieb und Werte mit den unseren übereinstimmen. Gelingt dies, können Engpässe, Schwierigkeiten, Herausforderungen und sogar Krisen auf nicht-formalisierte Art, wertschätzend, direkt und auf den gegenseitigen Interessenausgleich ausgerichtet gemeinsam überwunden werden.

In guten Zeiten muss hierbei für schlechte Zeiten vorgesorgt werden. Wenn Geschäftsbeziehungen entstehen, muss das fundamentale Einvernehmen im Vordergrund des Vertrautmachens stehen, nicht die konkrete Herausforderung, bei denen eine enge Geschäftsbeziehung einer Belastungsprobe ausgesetzt ist. Selbstverständlich findet man im Geschäftsleben über konkrete Anlässe zueinander, doch ist es wichtig, eine Geschäftsbeziehung zu konstituieren, bevor man erwarten kann, von ihr zu profitieren.

Die Investition in eine fundierte Geschäftsbeziehung – sowohl in der Phase der Entstehung, als auch in der Phase der Pflege – ist eine Investition, die einen schwierig zu quantifizierenden Nutzen hat. Dennoch zeigt sich über einen langen Zeitraum, dass aktive Geschäftsbeziehungen zu beständigerem, verlässlicherem und vor allem risikoärmeren Wirken führen. Nicht das erfolgreiche Geschäft bringt gute und beständige Geschäftskontakte, sondern es sind die Geschäftskontakte, die gutes und beständiges Geschäft generieren. Darum trügt das sogenannte strategische Netzwerken oft: Meist entstehen Verbindungen im Geschäftsleben unverhofft und sind auf den Elan und die Motivation zurückzuführen, die aufkommen, wenn die handelnden Personen schlicht gern miteinander arbeiten. Wenn die Chemie nicht stimmt, sind gemeinsame Herausforderungen nicht zu bewältigen. Stimmt diese, dann scheint alles bewältigbar, weil die Motivation intrinsisch ist und die Zusammenarbeit durch die Prämisse, dass Wertschätzung und Respekt vorliegen, sich einfacher gestaltet. Die Chance ist damit um ein Vielfaches größer, dass die Aufgabe erfolgreich zu Ende geführt wird. Diese Beständigkeit, die auch durch implizite gegenseitige Ermutigung entsteht, ist essenziell gerade für komplexe Fragestellungen in der Geschäftswelt, wie z. B. eine Projektfinanzierung.

Die Beweisführung für diese These findet sich in der Wertschöpfung eines Projektfinanzierungsvorhabens wieder: Partner zu finden, möchte man nicht ad hoc, wenn ein konkretes Projekt bereits zur Disposition steht. Eine gute Kenntnis über unterschiedliche Marktteilnehmer ist die Voraussetzung für eine qualifizierte Auswahl an Managern, mit denen man sich von Seiten unterschiedlicher Stakeholder an einen Tisch setzen möchte. Im Prozess der Zusammenstellung wichtiger Daten und Projektinformationen ist es unabdingbar, vertrauenswürdige, sorgfältige und vor allem zuverlässige Quellen heranzuziehen. Hier sind selbstverständlich eine Qualitätsprüfung und eine Kontrollsorgfalt geboten, weil immer auch die eigene Reputation zur Debatte steht, wenn man zwischen den operativen Einheiten und den potentiellen Kapitalgebern koordinieren soll. Es ist evident, dass Vertrauen und Kontrolle in proportionalem Verhältnis zueinander stehen müssen. Je sicherer man sich der Integrität und der Fähigkeit seines Gegenübers fühlt, desto weniger kontrolliert man – und umgekehrt.

Der wesentliche Punkt, um den es in der Proportionalität zwischen Vertrauen und Kontrolle geht, ist die Frage nach dem Risiko. Die Frage, die einen erfahrenen Manager bei jedem Geschäft umtreibt, ist die Entscheidung in einer grundsätzlich unklaren Situation, wie er die größtmögliche Chance, oder das geringstmögliche Risiko findet, um ein Geschäft durchzuführen. Die größtmögliche Chance scheint auf den ersten Blick stets die akut größtmögliche Platzierung eigener, meist monetärer Interessen durchzusetzen. Dies ist aber langfristig nicht effektiv und darum auf den zweiten Blick in Summe nicht die absolut größte Chance. Den höchstmöglichen Nutzen erzielt man in der beständigen Stabilisierung einer Interessensausgleichsroutine, die langfristig nicht als Mäßigung, sondern vielmehr als Aufbau eines starken und nachhaltig orientierten Fundaments ausgelegt ist.

Literatur

Beck, Ulrich & Beck-Gernsheim, Elisabeth: *Riskante Freiheiten. Individualisierung in modernen Gesellschaften*, Berlin 1994.

Benz, Arthur & Dose, Nicolai: *Governance. Regieren in komplexen Regelsystemen: Eine Einführung*, 2. Aufl., Wiesbaden 2010

Clausewitz, Carl von: *Vom Kriege*, 4. Aufl., Ullstein 2003

Fiedler, Klaus: *Urteilsbildung als kognitiver Vorgang*, München 1980

Hadjar, Andreas: *Meritokratie als Legitimationsprinzip: Die Entwicklung der Akzeptanz sozialer Ungleichheit im Zuge der Bildungsexpansion*, Wiesbaden 2008.

Hauschka, Christoph E. & Moosmayer, Klaus & Lösler, Thomas: *Corporate Compliance. Handbuch der Haftungsvermeidung im Unternehmen*, 3. Aufl., München 2016.

Hofstede, Geert: *Interkulturelle Zusammenarbeit*, Wiesbaden 1993.

Kilian, Susanne: *Don't let me be misunderstood. Wie wir weltweit besser verstanden werden. Die „Do's und Don'ts" der internationalen Kommunikation*, Genf 2015.

Krohn, Caroline: *Change wird von Menschen gemacht, in: Brand Management Review: Change Management. Vom Stiefkind zum Zukunftsthema*, Ausgabe: Juli 2015, Frankfurt 2015.

Lotter, Wolf: *Deal? Vertrauen ist das Bindeglied der Wissensgesellschaft. Und zu wertvoll, um unverbindlich zu bleiben*, in: BrandEins: Alles unter Kontrolle. Schwerpunkt: Vertrauen, Ausgabe 10/2014, Hamburg 2014

Luhmann, Niklas: *Vertrauen. Ein Mechanismus der Reduktion sozialer Komplexität*, 4. Aufl., Stuttgart 2000

Malik, Fredmund: *Unternehmenspolitik und Corporate Governance. Wie Organisationen sich selbst organisieren*, Frankfurt 2008

Roth, Gerhard: *Persönlichkeit, Entscheidung und Verhalten. Warum es so schwierig ist, sich und andere zu ändern*, 6. Aufl., Stuttgart 2011

http://www.edelman.com/who-we-are/about-us/ (April 2016).

http://www.edelman.de/de/studien/articles/trust-barometer-2016 (April 2016).

4.3 Die ökonomische Sicht: Risikoallokation im Planansatz und in der Krise

Dr. Jörg Böttcher

4.3.1 Die Risikoallokation – zweites konstitutives Merkmal einer Projektfinanzierung

Die Risikoallokation

Die Ausgestaltung der Risikostruktur, also die vertragliche Ausgestaltung der Risikoträgerschaft, ist das zweite, neben der Cashflow-Orientierung zentrale Kriterium einer Projektfinanzierung. Wichtig ist, dass sich das Konzept der Risikoteilung üblicherweise nicht allein auf die Einbindung der Sponsoren bei bestimmten Risiken gegenüber dem Kreditinstitut bezieht, sondern vielmehr auf die Einbindung der zentralen Projektbeteiligten gegenüber der Projektgesellschaft, die sich vertraglich verpflichten, bestimmte Risiken vom Projekt fernzuhalten. Die Risikozuweisung setzt voraus, dass die einzelnen Risiken nach ihrer Risikoursache identifiziert und auf Risikoträger separiert werden, um sie dann durch geeignete vertragliche Regelungen (Risikoinstrumente) den einzelnen Parteien zuzuordnen. Solche Risiken können etwa Fertigstellungsrisiken, Zulieferrisiken, verfahrenstechnische Risiken, Marktrisiken oder Länderrisiken betreffen. Diese Form des Risk Sharings ist für die Projektfinanzierung derart zentral, dass wir uns in den folgenden Abschnitten mit der Risikoidentifizierung und Risikoallokation durch geeignete Verträge beschäftigen werden.

Die Risikoallokation führt regelmäßig gerade nicht zu einer Reduzierung des gesamten Projektrisikos, sondern vielmehr zu einer Verteilung auf verschiedene Projektbeteiligte. Diese Verantwortlichen für ein Risiko können darauf Einfluss nehmen, ob das Risiko eintritt oder nicht. Ein Hersteller kann durch entsprechende Aktivitäten sicherstellen, dass die von ihm gebaute Anlage auch langfristig gut funktioniert. Ein Abnehmer hat über seine Vertriebskanäle besseren Zugang zum Markt für den Projekt-Output, ein Lieferant kann für Liefersicherheit sorgen. Kurz: Risk Sharing zielt darauf ab, Verhaltensanreize so zu setzen, dass alle Projektbeteiligte konsequent das Wohl des Projekts verfolgen.

Für eine Projektfinanzierung ist es wichtig, zwischen einmaligen und mehrfachen Transaktionen zu unterscheiden: Während der Fertigstellung steht die Interaktion mit dem Generalunternehmer im Mittelpunkt, die deshalb so wichtig ist, da das Vorhaben erst mit Inbetriebnahme einen eigenen Cashflow generiert. Während der sich anschließenden Betriebsphase gibt es eine Vielzahl wiederkehrender Transaktionen zwischen dem Projekt und der Bezugs- und Absatzseite (siehe hierzu auch die Kapitel 2.1. und 3.2).

Risikoprämie und Risikotragfähigkeit

Die neoklassische Kapitalmarkttheorie hat sich intensiv mit dem Preis für das Risiko beschäftigt. Ein zentrales Ergebnis ist, dass in einer Welt vollkommener Kapitalmärkte eine vollständige Diversifikation der Investitionen möglich ist. Risiken, die nur auf einen Einzeltitel bezogen sind, haben einen Preis von Null, da sie durch Diversifikation vollständig abgebaut werden können. Einen Preis gibt es in dieser Modellwelt nur für das systematische Risiko, d. h. das Risiko eines vollständig diversifizierten Portfolios, das von der allgemeinen Marktentwicklung getrieben wird.

Die Erkenntnisse dieser Theorie bilden eine wichtige Grundlage des heutigen Verständnisses von der Funktionsweise der Kapitalmärkte. Allerdings sind die Annahmen, unter denen sie abgeleitet werden, kaum realistisch. Märkte funktionieren nicht friktionsfrei, und eine vollkommene Diversifikation ist weder möglich noch sinnvoll erreichbar. Allerdings ist der Grad der Annäherung an dieses Ideal unterschiedlich hoch. Ein Kapitalmarktinvestor, der ein umfängliches freies Vermögen investieren will, kann sehr wohl eine weitgehende Diversifikation erreichen. Ein Unternehmen, dessen Erfolg von dem Erfolg eines Projekts abhängt, ist hingegen schlecht diversifiziert. Für die Übernahme eines zusätzlichen Risikoanteils aus diesem Projekt müsste man demnach diesem Unternehmen einen entsprechend hohen Preis zahlen. Dahinter steht noch ein weiterer Effekt, der in der Modellwelt vollkommener Kapitalmärkte nicht vorgesehen ist: Das Unternehmen möchte das zusätzliche Projektrisiko auch deshalb vermeiden, weil bei Realisation sehr schlechter Ergebnisse – z. B. dem Scheitern des Projekts – über den Verlust aus dem Projekt hinaus weitere Kosten entstehen. Das Unternehmen geht im schlimmsten Fall Konkurs und Folgekosten entstehen. Diese Probleme entstehen nicht für einen Kapitalmarktinvestor, der sein eigenes Geld investiert.

In der Ökonomie wird die Abneigung gegen Risiko als Risikoaversion bezeichnet. Um die Auswirkungen eines risikoaversen Verhaltens zu analysieren, konstruieren Ökonomen individuelle Nutzenfunktionen. Eine Nutzenfunktion ist eine Funktion, die jedem Pay-Off, das ein Individuum erhält, einen bestimmten Nutzenwert zuordnet. Individuen streben an, ihren Nutzenwert zu maximieren. Häufig wissen sie zum Zeitpunkt einer Entscheidung aber nicht, welchen Pay-Off sie später erhalten werden. Können sie die Wahrscheinlichkeit einschätzen, mit der sie die verschiedenen Pay-Offs erhalten, können sie anstelle des Nutzenwertes den Erwartungswert des Nutzenwertes maximieren. Offenkundig lehnen die Individuen Risiken ab, wenn sie statt eines riskanten Zahlungsstroms den Erwartungswert dieses Zahlungsstroms als sichere Zahlung erhalten können. Der Nutzenwert dieses Erwartungswerts ist also bei einem risikoaversen Individuum höher als der Erwartungsnutzen des riskanten Zahlungsstroms. Damit dies für alle denkbaren riskanten Zahlungsströme gewährleistet ist, muss die Nutzenfunktion eines Individuums konkav sein.

Der Gedanke lässt sich an einem einfachen Beispiel veranschaulichen. Ein Projekt kann mit jeweils derselben Wahrscheinlichkeit von 0,5 entweder erfolgreich sein oder scheitern. Ist das Projekt erfolgreich, ergibt sich ein Gewinn von 40 GE. Scheitert es, ist der Gewinn 0. Das Projekt hat also einen erwarteten Gewinn von 20 GE und ist damit lohnend. Ein risikoaverser Investor hätte aber lieber den Erwartungswert von 20 GE als ein Projekt mit gleichem Erwartungswert, das aber auch schief gehen kann. Die konkave Nutzenfunktion veranschaulicht diesen Sachverhalt (Abb. 4.10):

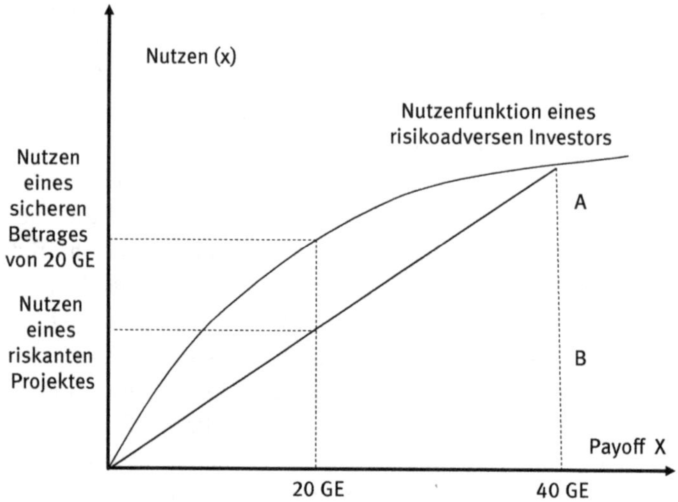

Abb. 4.10: Nutzenfunktion eines risikoaversen Investors

Betrachten wir die Beteiligten einer Projektfinanzierung etwas genauer unter dem Gesichtspunkt, wer hinsichtlich der Diversifikation und möglicher Konkurskosten am besten Risiken übernehmen kann (Tab. 4.3):

Tab. 4.3: Abstufung der Risikotragfähigkeit bei Projektfinanzierungen

	Charakteristika	**Risikotragfähigkeit**
Contractors (Fertigstellungsphase)	Kleinere Contractors sind bezüglich eines einzelnen Projektes wenig differenziert; damit sind Konkurskosten hoch relevant. Bei größeren Contractors besteht eine bessere Diversifikation.	Gering bis mittel
Contractors (Betriebsphase)	Contractors sind zumeist gut differenziert, da sie häufig bei verschiedenen Projekten tätig sind. Konkurskosten haben nur geringen Einfluss.	Mittel bis hoch
Fremdkapitalgeber	Diversifikation ist ein Grundprinzip der Funktionsweise von Banken. Der tatsächliche Grad der Diversifikation hängt vom Geschäftsmodell und der Größe des Vorhabens ab. Eine Mindestdiversifizierung ist gesetzlich vorgegeben. Insbesondere die Eigenkapitalanforderungen sollten die Relevanz von Konkurskosten einschränken.	Mittel bis hoch
Versicherungen	Risikobewertung und –diversifikation sind das Kerngeschäft von Versicherungen. Auch hier sollten die Eigenkapitalanforderungen die Relevanz von Kapitalkosten einschränken. Mögliche Kumulrisiken können über Rückversicherungen abgebaut werden.	Hoch
Kapitalmarktinvestoren	Bei einem Benchmark-Fall: Beliebig gute Diversifikation und gestaltbarer Leverage-Grad, so dass sich im Idealfall nur systematische Risiken ergeben.	Sehr hoch

Bei Projektfinanzierungen ist die Einbindung der Projektbeteiligten in die Projektstruktur von besonderer Bedeutung. Dabei ist im Folgenden zwischen solchen Vertragsparteien zu unterscheiden, die ein Gewerk oder eine Dienstleistung einmalig für die Projektgesellschaft erbringen und solchen, die in mehrmaligen Transaktionen mit der Projektgesellschaft stehen. Die Arbeitshypothese ist, dass bei mehrmaligen Transaktionen durch geringere versunkene Kosten das Risiko für beide Vertragsseiten verringert wird und daher auch andere Anreizstrukturen erforderlich sind. Damit sollte unterschieden werden zwischen der Vertragspartei, die für die Fertigstellung verantwortlich ist und den Projektbeteiligten, die während der Betriebsphase etwa für die Betriebsführung zuständig sind. Wir werden die Darstellung so aufbauen, dass wir zunächst jeweils den Fall einer einmaligen Transaktion durchspielen und im Anschluss überlegen, was sich bei mehrfachen Transaktionen ändert.

Was sind die Konsequenzen dieser Überlegungen für die Risikoallokation bei einer Projektfinanzierung? Stellen wir uns als Beispiel einen Generalunternehmer vor, der für ein Projekt eine genau spezifizierte Anlage im Werte von M€ 4 liefern soll, was auch seinem Anfangsvermögen entspricht. Da das Vorhaben für ihn erkennbar sehr groß ist, sei er risikoavers eingestellt, während die anderen Projektbeteiligten wesentlich besser diversifiziert sind und sich risikoneutral verhalten. Wie sollte der Vertrag mit ihm strukturiert sein?

Die Präferenzen der risikoaversen Vertragspartei sollen durch die Nutzenfunktion $N(X) = X^{0,5}$ beschrieben werden. Dabei sei X das Endvermögen des Contractors. Damit er die Anlage liefert, muss er sich mindestens so gut stellen wie in dem Fall, dass er nicht liefert. Der einfachste Weg wäre, ihm die 4 M€ zu zahlen, die die Anlage kostet. Da die Anlage aber für das Projekt unabdingbar ist, wird ihm regelmäßig auch abverlangt werden, einen Teil des Risikos zu tragen. Ein Weg wäre, ihm eine Beteiligung am Unternehmensgewinn anzubieten. Damit dies für den Contractor attraktiv ist, muss allerdings sein Erwartungsnutzen für ihn genauso attraktiv sein wie die 4 M€, die er für das Bauteil aufwenden muss. Im obigen Beispielsfall erwarten wir, dass das Projekt – mit einer Wahrscheinlichkeit von 20 % (Misserfolg) bzw. 80 % (Erfolg) – einen Gewinn von 0 oder von 30 M€ erwirtschaftet. Im ersten Fall ist die Beteiligung wertlos, im zweiten Fall erhält der Contractor aus seinem Beteiligungsanteil b einen Betrag in Höhe von 30 M€ · b. Sein Erwartungsnutzen $0{,}8 \cdot (b \cdot 30\text{ M€})^{0,5}$ muss also genau so hoch sein wie der Nutzen aus seinem bisherigen Vermögen von $4\text{ M€}^{0,5}$ = 2 M€. Löst man dieses Gleichungssystem auf, erhält man eine erforderliche Beteiligung von ca. 20,84 %. Der Erwartungswert dieser Beteiligung, also 0,2084 · 80 % · 30 M€ = 5,00 M€, ist deutlich größer als das Anfangsvermögen oder das Endvermögen bei einem bloßen Kaufvertrag mit einem Fixpreis. Die Differenz 5,0 M€ minus 4,0 M€ = 1,0 M€ ist die Prämie, die der Contractor für seine Teilhabe am Risiko des Projekts fordert. Diese geht zu Lasten der anderen Beteiligten, für die das Vorhaben entsprechend weniger wertvoll wird. Das heißt, in diesem Beispiel stellt sich der Contractor durch einen Beteiligungsvertrag besser, die anderen Beteiligten aber schlechter.

Abhängig von den obigen Annahmen kann sich die Präferenz des Contractors ändern, allerdings stellen sich die anderen Projektbeteiligten in jedem Fall schlechter.

Diese Ergebnisse lassen sich verallgemeinern. Es ist nicht sinnvoll, risikoaverse Projektbeteiligte mit hohen Risiken zu belasten, nur weil das Prinzip der Risikoteilung dies postuliert. Risiken verschwinden nicht dadurch, dass man sie auf möglichst viele Parteien aufteilt. Vielmehr sollte man die Parteien belasten, die diese Risiken auch gut tragen können. Im Idealfall sollten die Sponsoren an prohibitiv hohen Prämien für eine weitere Risikoübernahme merken, dass sie die Risikotragfähigkeit eines Projektbeteiligten über Gebühr belasten. Es besteht aber auch die Gefahr, dass man über die konsequente Verfolgung des Risikoteilungsprinzips an Projektbeteiligte gerät, denen es bereits so schlecht geht, dass ihnen gar keine andere Wahl bleibt, alles jedes Risiko zu akzeptieren. In jedem Fall ist bei der Risikoteilung Vorsicht geboten, auch wenn es aus Anreizaspekten geboten ist, auch risikoaverse Vertragspartner gezielt am Risiko zu beteiligen. Diese Aspekte betrachten wir in den folgenden Abschnitten.

4.3.2 Risikoübernahme bei asymmetrischer Information

Wie wir an anderer Stelle gezeigt haben, kann es in einem Markt aufgrund von Informationsasymmetrien systematisch zu keinen oder zu suboptimalen Ergebnissen kommen.[76]

Bei Projektfinanzierungen sind die verborgenen Informationen vor Vertragsabschluss aus mindestens drei Gründen von besonderer Bedeutung:

1. Zunächst findet zum Fertigstellungszeitpunkt regelmäßig eine Haftentlassung der Sponsoren statt, die die besondere Bedeutung der fristgerechten und planmäßigen Errichtung des Vorhabens unterstreicht.
2. Weiter handelt es sich bei Projektfinanzierungen in vielen Teilaspekten um einmalige Transaktionen, die eine spätere Korrektur von Verträgen erschweren.
3. Die Tragweite von Fehlentscheidungen ist auch deshalb erheblich, da die Wirtschaftlichkeit einer Projektfinanzierung durch die bilateralen Beziehungen zwischen der Projektgesellschaft und den Projektbeteiligten bedingt ist, und mithin zum Zeitpunkt der Unterschrift unter die jeweiligen Verträge fixiert wird.

Schaut man etwas genauer auf den Ablauf einer Projektfinanzierung, so lässt sich zwischen den Phasen Fertigstellung und Betrieb noch eine Unterscheidung vornehmen: Steht in der Fertigstellungsphase die richtige Auswahl des Generalunternehmers im Vordergrund, der das Projektgewerk zu verantworten hat, so ist es in der Betriebsphase die Sicherstellung des laufenden Betriebs durch die Einbindung geeigneter Contractors. Der Unterschied besteht wesentlich darin, dass eine Fehlentscheidung bei der Contractor-Auswahl für die Fertigstellung erhebliche und nur schwer zu

76 J. Böttcher 2012, S. 52–54.

korrigierende Auswirkungen hat, hingegen in der Betriebsphase die Kontrolle mehrerer Beteiligte erforderlich ist, die relativ schnell ausgetauscht werden können. Die versunkenen Kosten werden regelmäßig im ersten Fall größer sein, so dass die Austauschmöglichkeiten hier auch faktisch eingeschränkt sind.

Qualitätsinformationen sind nur dann über Märkte erhältlich, sofern die Qualität direkt feststellbar ist. Viele Aspekte der Produktqualität lassen sich vor dem Kauf auch nach sorgfältiger Analyse nicht feststellen, sondern die Produkte offenbaren erst nach längerem Gebrauch ihre wahren Eigenschaften; es sind so genannte Erfahrungsgüter. Dies ist gerade bei Projektfinanzierungen ein kritischer Punkt, da ihre Realisierbarkeit ganz wesentlich davon abhängt, dass die Qualitäten und Preise der für die Projekte relevanten Verträge planbar und verlässlich sind.

Der Sachverhalt asymmetrischer Information spielt bei einer Vielzahl von Fragestellungen im Bereich der Projektfinanzierungen eine besondere Bedeutung. Hierzu steht neben der optimalen Ausgestaltung von Risikoübernahme und Anreizsystemen auch die Frage, wer als Risikoträger in Frage kommt und wer nicht. Die erste Fragestellung werden wir in den folgenden Abschnitten betrachten, die zweite Fragestellung unmittelbar folgend. Sie ist der Ausgangspunkt für die Probleme, die sich auf verborgene Informationen vor Vertragsabschluss beziehen.

Das von Akerlof beschriebene Allokationsproblem[77] hat auch für Projektfinanzierungen seine Relevanz. Untersucht wird im Folgenden die Frage, welche Kapitalgebergruppe geeignet ist, bestimmte Risiken eines Projekts zu übernehmen.

Unbeeinflussbare Risiken transparenter Projekte sind am besten am Kapitalmarkt platziert. Sie können dort breit gestreut werden und Kapitalmarktinvestoren können für die Übernahme der Risiken nicht mehr als die Marktrisikoprämie durchsetzen. Werden alle derartigen Risiken solcher Projekte am Kapitalmarkt platziert, weist das Projekt die niedrigsten möglichen Finanzierungskosten auf und erzielt umgekehrt für die Sponsoren den höchsten möglichen Gewinn. Allerdings zeigt die Formulierung auch seine eingeschränkte Anwendung: Welches Projekt ist so transparent, dass es dem breiten Kapitalmarkt angedient werden kann? Welche Risiken können tatsächlich durch die Projektbeteiligten beeinflusst werden?

Zunächst zur Frage der Transparenz. Wenn die Kapitalmarktteilnehmer über den Wert eines Vorhabens nicht hinreichend informiert sind, werden sie eine Risikoprämie verlangen. Stellen wir uns zwei verschiedene Projekte vor, die dem Kapitalmarkt angeboten werden. Dabei weist das erste Vorhaben nach Abzug des Kaufpreises für die Anlage mit gleicher Wahrscheinlichkeit einen Cashflow von 0 M€ oder von 12 M€ auf. Nehmen wir an, das zweite Projekt erwirtschafte einen Cashflow von 2 M€ oder 18 M€. Der Einfachheit halber soll angenommen werden, dass beide Projekte mit gleicher Wahrscheinlichkeit auftreten und die Kapitalmarktinvestoren beide Vorhaben nicht voneinander unterscheiden können. Was wäre der Preis für die Projekte, wenn die risikoneutralen Kapitalmarktinvestoren ihren Erwartungswert maximieren wollen?

77 Siehe hierzu G.Akerlof 1970, S. 488 – 500.

Zunächst erscheint dies als eine einfache Rechnung: Das erste Projekt hat einen Erwartungswert von 6 M€, das zweite von 10 M€. Da beide gleich wahrscheinlich sind, würden risikoneutrale Investoren für eine solche Art der Lotterie maximal 8 M€ zahlen, um den Zuschlag zu bekommen. Die Sponsoren des schlechten Projekts würden 2 M€ mehr verdienen als ihr Vorhaben wert ist. Die Sponsoren des guten Projekts verlieren allerdings 2 M€, die sie als Risikoprämie den Kapitalmarktinvestoren für ihre Bereitschaft, ein intransparentes Risiko zu kaufen, überlassen müssen. Die durchschnittliche Informationsprämie wäre allerdings 0, da die Projekte aufgrund des Informationsstands des Kapitalmarktes fair gepreist sind und die Sponsoren, obwohl sie die tatsächlichen Eigenschaften ihres Vorhabens kennen, keine Konsequenzen ziehen. Dies ist offensichtlich eine unrealistische Annahme.

Nehmen wir weiter an, dass sich für einige Projekte andere Akteure, z. B. bestimmte Sponsoren oder auch Banken und Versicherungen finden, deren Risikoaversion zwar positiv, aber nicht sehr ausgeprägt ist, und die auch darüber informiert sind, ob es sich um das wertvollere oder das weniger wertvolle Projekt handelt. Denken wir uns beispielsweise eine so informierte Versicherung, der man das Projektrisiko auch verkaufen könnte. Für schlechte Projekte ändert sich nichts. Bei guten Projekten könnte man allerdings erwägen, das Risiko dieser Versicherung und nicht den Kapitalmärkten zu übertragen. Nehmen wir z. B. an, dass die Präferenzen dieser besonders wenig risikoaversen Versicherung durch eine Nutzenfunktion $N(X) = X^{0,9}$ dargestellt wird und sie über ein Anfangsvermögen von 10 M€ verfügt. Welchen Preis würde die Versicherung für das Projekt mit dem höheren Wert höchstens zahlen? Ohne diesen Kauf wäre ihr Nutzen aus ihrem Vermögen genau $10^{0,9}$. Kauft sie das Projekt, muss sie aus dem Vermögen den Kaufpreis P aufbringen und erhält den vollen Projekt-Cashflow, also entweder 6 M€ oder 10 M€. Den daraus resultierenden Erwartungsnutzen kann man darstellen als

$$EN = 0,5 \cdot (10 - P + 6)^{0,9} + 0,5 \cdot (10 - P + 10)^{0,9}$$

Dieser Wert muss mindestens so groß sein wie der Nutzen ohne den Kauf des riskanten Projekts, also $10^{0,9}$. Löst man die entsprechende Gleichung auf, findet man heraus, dass die Versicherung bereit ist, bis zu 9,38 M€ für das gute Projekt zu zahlen. Dies ist deutlich mehr als die 8 M€, die man am Kapitalmarkt bekäme. Diese Projekte würden also nicht am Kapitalmarkt angeboten.

Tatsächlich würden alle guten Projekte, für die sich nicht allzu risikoaverse Inside-Investoren finden, nicht mehr auf dem Kapitalmarkt erscheinen. Formuliert man die Nutzenfunktion allgemeiner mit X^a mit a als inversem Maß für die Risikoaversion, würden bei einem Marktpreis von 8 M€ die guten Projekte, die einen informierten Investor mit einem Wert für a größer 0,35 finden können, nicht mehr den uninformierten Kapitalmarktteilnehmern angeboten. Nun tritt aber der Effekt der so genannten Adversen Selektion auf. Die Kapitalmarktinvestoren können zwar nicht gute und schlechte Projekte voneinander unterscheiden, sie wissen aber, dass bei einem Marktpreis von 8 M€ viele gute Projekte nicht mehr am Kapitalmarkt angeboten werden. Nehmen wir z. B. an, dass die guten Projekte hinsichtlich der niedrigsten Risikoaversion (d. h. dem höchsten a) eines Inside-Investors auf dem Intervall von 0 bis 1 gleich verteilt wären. In diesem Fall verblieben bei einem Marktpreis von 8 M€ und damit einem kritischen Wert für a von 0,35 gerade einmal 25,9 % der guten Projekte am Kapitalmarkt. Die Kapitalmarktinvestoren wissen nun, dass nur 35 % / (100 % + 35 %) = 25,9 % der Projekte am Kapitalmarkt den höheren Wert aufweisen. Entsprechend werden sie ihre Zahlungsbereitschaft anpassen. Damit ergibt sich ein neuer, niedrigerer Preis von

$$EN = 0,259 \cdot 10\,\text{M€} + (1 - 0,259) \cdot 6\,\text{M€} = 7,04\,\text{M€}$$

Besonders gravierend ist, dass sich dieser Prozess weiter fortsetzt. Durch den niedrigeren Preis fällt auch der Grenzwert für a, ab dem die guten Projekte am Kapitalmarkt nicht mehr auftreten, in unserem Beispiel auf 0,07. Damit sind aber nur noch 6,5 % der Projekte am Markt vom hohen Wert, und der Marktwert fällt analog zur obigen Überlegung weiter. Dieser Prozess setzt sich so lange fort, bis nur noch schlechte Projekte am Kapitalmarkt angeboten werden und diese zum richtigen Preis von 6 M€. Die Abb. 4.11 veranschaulicht nochmals das Wettbewerbsversagen bei adverser Selektion:

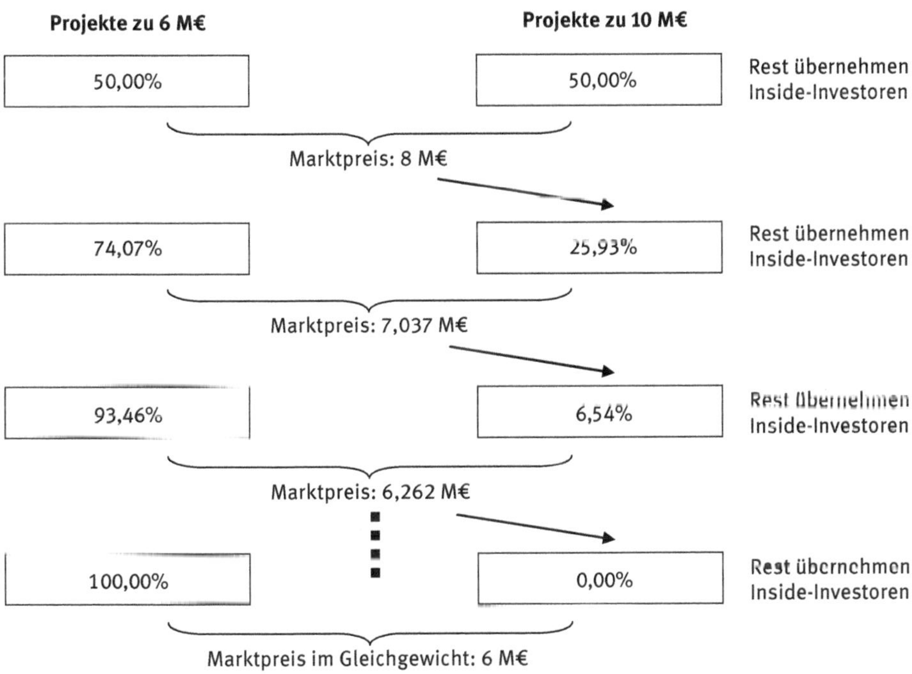

Abb. 4.11: Wettbewerbsversagen bei Adverser Selektion

Die Kapitalmarktfinanzierung guter Projekte scheitert damit vollständig. Dieses Marktversagen weitet sich noch aus, wenn man viele Projekte ganz unterschiedlicher Qualität vorfinden kann. Auch von diesen würden nur die allerschlechtesten am Kapitalmarkt angeboten. Alle anderen würden von Inside-Investoren finanziert. Der Anteil dieser Projekte an dem Markt für Projektfinanzierungen wäre allerdings verschwindend gering.

Auch wenn eine Risikoallokation am Kapitalmarkt aus risikotheoretischer Perspektive vorzuziehen ist – in aller Regel wird sie bei der Projektfinanzierung an Informationsproblemen und den damit verbundenen Problemen adverser Selektion scheitern. Umgekehrt können Projekte nur dann über den öffentlichen Kapitalmarkt finanziert werden, wenn sie für die Kapitalmarktteilnehmer hinreichend transparent sind.

Die Überlegungen zu einer adversen Selektion sind auch aus zwei weiteren Gründen für die Praxis der Projektfinanzierung hilfreich:

Derjenige, dem ein bestimmtes Angebot gemacht wird, kann aus der bloßen Tatsache des Angebotes vor dem Hintergrund der adversen Selektion negative Rückschlüsse auf die Qualität des Angebots ziehen. Diese Problematik stellt sich bei Projektfinanzierungen fortlaufend: Die Einladung, an einer Syndizierung einer Projektfinanzierung teilzunehmen, ist nicht unproblematisch. Warum wird man eingeladen? Hat die syndizierende Bank ein Interesse an einer langfristigen Beziehung, möglicherweise auch an mehreren Syndizierungstransaktionen, und verhält sie sich daher seriös? Ähnliche Fragen können sich bei der Suche nach geeigneten Zulieferern, Herstellern, Betreibern oder Abnehmern ergeben. Es ist alles andere als gleichgültig, von wem die Initiative ausgeht.

Auch wenn das überwiegende Volumen bei Projektfinanzierungen über Banken dargestellt wird, gibt es seit den 90er Jahren einen Markt für Project Bonds. Bei jeder Projektfinanzierung stellt sich aus Sicht der Sponsoren die Frage, ob und wann dieser Weg gangbar ist. Bei Project Bonds sind es zumeist internationale Investoren, die die Bedienung ihrer Mittel aus den Cashflows des spezifischen Projekts erwarten. Vorhaben, die für den Einsatz von Project Bonds in Frage kommen, müssen weitgehend transparent, relativ einfach strukturiert und verhältnismäßig sicher sein. Hinzu kommt: Die Fähigkeit, flexibel auf notwendige Anpassungen von Projekt-, Kredit- oder Sicherheitenverträgen zu reagieren, ist bei Project Bonds eingeschränkt, da regelmäßig nur die Gesamtheit der Bonds-Besitzer über die Vertragsänderungen beschließen kann, was aufgrund von Free Rider-Phänomenen oftmals nur sehr eingeschränkt möglich sein wird.

Projekte, bei denen diese Bedingungen erfüllt sein können, sind insbesondere im Bereich Erneuerbare Energien zu finden, mit der Prioritätenfolge Solarenergie, Windenergie und Biomasse. Sind die Vorhaben erst einmal erfolgreich in Gang gekommen, besteht selten Anpassungsbedarf und die Risiken verlagern sich auf Risikoaspekte, die die Kapitalmarktteilnehmer ebenso gut beurteilen können wie die Sponsoren, etwa die Entwicklung der Energiepreise oder die Abschätzung des Ressourcenrisikos.

In diesem Fall übernehmen die Kapitalmärkte tatsächlich ein relevantes Risikopaket, nur eben nicht bei schlechterem Informationsstand gegenüber dem Risikoverkäufer.

Wie kritisch die Kapitalmärkte hinsichtlich der Erfüllung dieser Bedingungen sind, wird immer auch von der allgemeinen Marktlage abhängen. Während man vor der Finanzkrise vieles über die öffentlichen Kapitalmärkte finanzieren konnte – darunter auch vieles, was sich dafür nicht eignet –, werden heute derartige Aspekte viel kritischer gesehen, so dass es weitaus schwerer ist, Project Bonds zu platzieren.

4.3.3 Risikoallokation und Handlungsanreize

Das Konzept der Risikotragfähigkeit erklärt Teilaspekte der für eine Projektfinanzierung typischen Risikoallokation, und die Probleme asymmetrischer Informationsverteilung verdeutlichen nur, warum man regelmäßig eine Projektfinanzierung nicht den Investoren der öffentlichen Kapitalmärkte andienen kann. Erklärt wird damit allerdings nicht, warum bei einer Projektfinanzierung Risiken auch von Parteien getragen werden, die sich dazu nicht eignen.

Das Grundprinzip eines an Handlungsanreizen orientierten Risk Sharings bei einer Projektfinanzierung ist, der Partei das Risiko zuzuordnen, die den Risikoeintritt am besten beeinflussen kann. Bei risikoaversen Projektbeteiligten ist bei dieser Risikoübertragung allerdings der Trade-Off mit der vom jeweiligen Vertragspartner eingeforderten Risikoprämie zu berücksichtigen. Es gibt Fälle, in denen es sich nicht lohnt, Handlungsanreize zu setzen, weil die Prämie dafür zu hoch wäre. Im Ergebnis kommt es nicht auf einen maximalen, sondern auf einen optimalen Risikotransfer an, der gerade ausreicht, die gewünschten effizienten Handlungsanreize zu setzen.

Für die weitere Diskussion muss zunächst zwischen einer Entlohnung nach Input und einer nach Output unterschieden werden. Die Grundidee outputorientierter Entlohnung besteht darin, dass das Arbeitsentgelt von einer Ergebniskennzahl abhängt, nicht aber von einem Maß an Zeit, das in den Leistungsprozess eingebracht wird. Eine inputbasierte Bezahlung richtet sich hingegen nach der Menge an Zeit, die jemand für eine Aktivität aufgewandt hat. Ein Stundenlohn entlohnt Arbeitnehmer für ihre Anwesenheit am Arbeitsplatz und ihre dort vermutlich erbrachten Arbeitsbemühungen. Eine implizite Annahme ist, dass jemand umso mehr Mühe in seine Arbeit investiert, je mehr Stunden er hierfür aufbringt.

Die mit einem Risikotransfer verbundenen Probleme sollen im Folgenden in einer erweiterten Version des oben eingeführten Modells analysiert werden. Die Erweiterung ermöglicht es auch, sich über die richtige Form der Einbindung der jeweiligen Vertragspartner Gedanken zu machen. Angenommen sei ein Projekt, das im Idealfall einen Cashflow von 30 M€ erwirtschaftet, allerdings sei das Vorhaben auch zwei miteinander unkorrelierten Risiken ausgesetzt. Es kann passieren, dass aus der Produktion des Projekts nicht die gewünschte Menge an den Absatzmärkten verkauft werden kann. In diesem Fall verringert sich der Cashflow auf 10 M€. Andererseits besteht die Gefahr, dass die zu erstellende Produktionsanlage nicht die gewünschte Leistungsfähigkeit erreicht. Auch dies verringert den Cashflow auf 10 M€. Treten beide Risiken zugleich auf, reduziert sich der Cashflow ebenfalls auf 10 M€, da bei schlechter Absatzlage die verringerte Produktionskapazität keinen limitierenden Faktor darstellt. Uns interessiert nunmehr die Frage, wie das Verhältnis zwischen einem Contractor, den Sponsoren und der Projektgesellschaft ausgestaltet ist. Die Annahmen des Modells sind in der folgenden Tab. 4.4 zusammengefasst.

Tab. 4.4: Cashflows in (M€) bei zwei Projektrisiken

	Hohe Leistungsfähigkeit der Produktionsanlage	**Geringe Leistungsfähigkeit der Produktionsanlage**
Gute Marktentwicklung	30	10
Schlechte Marktentwicklung	10	10

Die Produktionsanlage wird von einem Contractor erstellt, der dafür 5 M€ aufwenden muss. Da der Contractor relativ klein ist, verhält er sich sehr risikoavers und maximiert seinen Erwartungsnutzen über sein Endvermögen gemäß der Nutzenfunktion. Unter den Sponsoren finden sich dagegen Financiers, die zu risikolosen Konditionen finanzieren können. Hierbei können nunmehr verschiedene Fälle unterschieden werden.

Risk Sharing ohne Hidden Action

Betrachten wir zunächst den Fall, dass der Contractor den Risikoeintritt nicht beeinflussen kann. Wenn die Produktionsanlage ein Standardprodukt ist, dessen Leistungsmerkmale sich genau spezifizieren lassen und deren Einhaltung sich gerichtsfest nachweisen lässt, bleibt dem Contractor kein Spielraum für eine Manipulation. Man kann ihn durch einen so genannten *Forcing Contract* dazu zwingen, genau die Produktionsanlage zu liefern, die vereinbart ist. Ein solcher Vertrag sähe die Zahlung nur für den Fall vor, dass zum vereinbarten Zeitpunkt die vereinbarte Anlage geliefert wird. Sicherheitshalber lässt sich auch noch ein Schadenersatz vereinbaren und einklagen, für den Fall, dass nicht geliefert wird. Weitere Anreize sind dann für den Contractor nicht notwendig: Er ist ruiniert, wenn er nicht leistet, also wird er leisten, da er es nachweislich kann. In diesem Fall wäre es nicht sinnvoll, ihn mit Risiken zu belasten, für die er dann noch eine Risikoprämie einfordern würde, die aber keinen zusätzlichen Absicherungseffekt entfaltet.

Tatsächlich ist in einer solchen Situation ein einfacher Kaufvertrag mit Fixpreis die beste Lösung. Der Vollständigkeit halber sei angenommen, dass die Wahrscheinlichkeit des Risikoeintritts der beiden unkorrelierten Risiken jeweils 0,5 sei. Die Eintrittswahrscheinlichkeit der durch die beiden Risiken gekennzeichneten vier

Umweltzustände ist demnach 0,25. Bei einem Kaufvertrag mit Fixpreis ergibt sich die folgende Pay-Off-Tabelle für das Endvermögen (Tab. 4.5):

Tab. 4.5: Pay-Off (in M€) bei Kaufpreis mit Fixpreis

Umweltzustand	Wahrscheinlichkeit	Projekt-Cashflow	Pay-Off Contractor	Pay-Off Sponsor
Gute Marktentwicklung, hohe Leistungsfähigkeit	0,25	30	5	25
Gute Marktentwicklung, geringe Leistungsfähigkeit	0,25	10	5	5
Schlechte Marktentwicklung, hohe Leistungsfähigkeit	0,25	10	5	5
Schlechte Marktentwicklung, geringe Leistungsfähigkeit	0,25	10	5	5

Die Sponsoren erhalten einen erwarteten Überschuss von $E(X_{Sponsor}) = \frac{1}{4} \cdot 25 + \frac{3}{4} \cdot 5 = 10$ M€, und da sie risikoneutral sind, kann man diesen Wert auch als gültigen Wert ihres Erwartungsnutzens sehen.

Für den realistischeren Fall, dass alle beteiligten Parteien einen gewissen Grad der Risikoaversion aufweisen, wird die Lösung komplizierter. In diesem Fall muss die Aufteilung der Cashflows so erfolgen, dass die Grenzraten der Substitution zwischen den Pay-Offs der einzelnen Umweltzustände gleich groß sind. Als Nebenbedingung ist zu berücksichtigen, dass alle Beteiligten mindestens ihren Reservationsnutzen realisieren. In unserem Beispiel wäre dies für den Contractor der Nutzen aus seinem Anfangsvermögen, das er ja behält, wenn er sich nicht an dem Projekt beteiligt. Diese Ausprägung der Problematik einer optimalen Risikoallokation hat mit den Einzelrisiken allerdings nichts zu tun und kann durch eine Teilung des gesamten Zahlungsstroms erreicht werden.

Das Konzept hat einen entscheidenden Nachteil: Das Bestreben, für ein konkretes Vorhaben eine optimale Risikoallokation zu berechnen, ist aussichtslos. Wesentliche Eingangsgrößen, wie z. B. die Nutzenfunktionen der Beteiligten, sind nicht bekannt. Zudem sind bei einem realen Projekt viel mehr Parteien beteiligt als in diesem einfachen Modell und die Zahlungsströme sind viel komplexer. In der Praxis nähert man sich einer optimalen Risikoallokation durch eine Art entgeltlicher Steuerung an: Ausgehend von dem Leitgedanken, so viele Risiken wie möglich vom Projekt fernzuhalten, werden die Risiken so lange Dritten angedient, bis diese anfangen sich zu wehren und dafür Risikoprämien verlangen, die eine weitere Belastung mit Risiken verbieten. Dabei ist neben der Berufung auf vorangegangene Transaktionen sehr stark Versuch und Irrtum die Grundlage. Möglicherweise findet man aus der Überlegung der Handlungsanreize auch Parteien, an die man zuvor gar nicht gedacht hat und denen man zu Gunsten des Projekts Risiken andienen kann.

Das Thema der Risikoallokation in der Projektfinanzierung ist mit der Frage nach dem Kriterium der Risikotragfähigkeit oder des Grades der Risikoaversion aber noch nicht erschöpfend behandelt. Es fehlt noch der wichtigste Baustein, die Anreizwirkung der Risikoallokation auf das Verhalten der beteiligten Parteien.

Risk Sharing mit Hidden Action mit verifizierbarem Risikoeintritt

Hidden Action ist ein Begriff aus der Principal-Agent-Theorie. Die Grundvorstellung dieser Theorie ist, dass ein Auftraggeber (Principal) einen Auftragnehmer (Agent) damit beauftragt, etwas für ihn zu tun. Im Rahmen dieser Principal-Agent-Beziehung hat der Agent einen Wissensvorsprung, der es ihm erlaubt, bei der Auftragsdurchführung zu Lasten des Principals verborgene Handlungen vorzunehmen.

In unserem Beispiel würde etwa die Projektgesellschaft den Contractor beauftragen, für sie die Produktionsanlage zu erstellen. Eine Situation mit Hidden Action liegt vor, wenn der Auftraggeber nicht beobachten kann, wie der Agent seinen Auftrag ausführt. Der Agent kann sich anstrengen oder nicht, er kann gewissenhaft sein oder schlampig arbeiten, hohe Risiken in Kauf nehmen oder sie vermeiden. Der Auftraggeber kann – da eine Überwachung des Auftragnehmers nicht kostenlos möglich ist – letztlich nur das Ergebnis dieser Aktivitäten sehen. Da dieses Ergebnis aber auch durch den Zufall bestimmt wird, kann aus einem Ergebnis nicht eindeutig auf das Verhalten des Agenten geschlossen werden. So könnte der Agent zwar schlampig gearbeitet haben, die von ihm erstellte Anlage gleichwohl gut funktionieren.

Aus einer Ex-post-Perspektive mag es dem Principal gleichgültig sein, wie ein gutes Ergebnis erzielt wurde. Ex ante möchte er aber die Wahrscheinlichkeit eines guten Ergebnisses erhöhen, und das kann er nur, indem er Einfluss auf das Verhalten des Agenten nimmt. Könnte er ihn beobachten, würde er ihn durch entsprechende Anweisungen zu dem gewünschten Verhalten zwingen. Dies läuft in der Situation einer Hidden Action ins Leere. Der Principal kann nicht kostenlos kontrollieren, ob seine Anweisungen befolgt wurden. Wesentlich ist, dem Agenten ein Anreizschema zu geben, das ihn aus eigenem Interesse zu dem gewünschten Verhalten bringt. Dafür muss er in aller Regel am Erfolg und damit auch am Risiko des jeweiligen Vorhabens beteiligt werden, und zwar unabhängig davon, über welche Risikotragfähigkeit er verfügt.

Damit haben wir den Kern der Risikoallokation bei Projektfinanzierungen erreicht. Die Vereinbarungen zur Risikoallokation bilden ein komplexes Anreizschema, das die Interessen der Projektbeteiligten harmonisieren und auf den Erfolg des Projekts ausrichten soll. Danach noch verbleibende Risiken können nach dem Kriterium der Risikotragfähigkeit verteilt werden, also z. B. an Versicherungen ausgelagert werden oder bei den Financiers verbleiben. Zunächst kommt es aber darauf an, eine Vertragsstruktur zu finden, bei der sich alle Beteiligten für das Projekt einsetzen. Welche Verträge sich hierfür eignen, hängt davon ab, was zum Verhalten der einzelnen Parteien gerichtsfest feststellbar ist.

Im vorhergehenden Abschnitt hatten wir die weitgehende Annahme getroffen, dass die Bereitstellung einer genau bezeichneten Produktionsanlage überprüft werden kann und dem Auftragnehmer – hier dem Contractor – kein weiterer Handlungsspielraum verbleibt. Damit waren alle relevanten Dimensionen beobachtbar und aus Anreizgesichtspunkten musste man dem Contractor daher keine Risiken übertragen. Die Situation ändert sich, wenn wir realistischerweise annehmen, dass der Contractor durch sein (unbeobachtbares) Verhalten Einfluss auf den Erfolg des Projekts hat. Zunächst sei der Fall betrachtet, dass nur das Gesamtergebnis sichtbar ist, nicht aber der Eintritt eines konkreten Risikos.

Bleiben wir bei dem bisher schon betrachteten Beispiel (Tab. 4.5), nehmen aber nun an, dass der Contractor durch eine größere Sorgfalt bei der Erstellung der Produktionsanlage die Wahrscheinlichkeit, dass diese eine hohe Leistungsfähigkeit aufweist, auf 90 % anheben kann. Damit ergeben sich neue Wahrscheinlichkeiten für den Eintritt der vier bereits eingeführten Umweltzustände, so beispielsweise für den gewinnträchtigen Umweltzustand die Eintrittswahrscheinlichkeit 0,9 · 0,5 = 0,45. Der Contractor bewertet diese zusätzliche Anstrengung negativ. Der Einfachheit halber unterstellen wir, dass dieser negative Nutzen entgeltlich abgegolten werden kann, und zwar über einen angenommenen Betrag von 1 M€. Nun gilt es abzuwägen, ob sich der Aufwand lohnt: Das Projekt hat ohne das zusätzliche Bemühen des Contractors für einen risikoneutralen Sponsor – wie oben gezeigt – einen Wert von 10 M€.

Bei großer Sorgfalt des Contractors ändern sich einerseits die Wahrscheinlichkeiten, andererseits muss dem Contractor in jedem Fall eine zusätzliche Kompensation von 1 M€ gezahlt werden (Tab. 4.6).

Tab. 4.6: Pay-Off (in M€) bei Entlohnung des Contractors gemäß dem Risikoeintritt

Umweltzustand	Wahrscheinlichkeit	Projekt-Cashflow	Pay-Off Contractor	Zusatzvergütung Contractor	Pay-Off Sponsor
Gute Marktentwicklung, hohe Leistungsfähigkeit	0,45	30	5	1	24
Gute Marktentwicklung, geringe Leistungsfähigkeit	0,05	10	5	1	4
Schlechte Marktentwicklung, hohe Leistungsfähigkeit	0,45	10	5	1	4
Schlechte Marktentwicklung, geringe Leistungsfähigkeit	0,05	10	5	1	4

Der theoretische Gesamtwert des Projekts erhöht sich auf

$$0,45 * 24\,\text{M€} + 0,55 * 4\,\text{M€} = 13\,\text{M€}.$$

Es könnte damit sinnvoll sein, den Contractor zu mehr Sorgfalt zu veranlassen, wenn dabei keine zu hohen Kosten entstehen. Das Niveau seiner Sorgfalt kann dabei annahmegemäß von Dritten nicht beobachtet werden. Eine bessere Bezahlung durch einen Pauschalbetrag von 1 M€ würde ihn damit zunächst nur dazu veranlassen, sich als Free Rider zu verhalten, das zusätzliche Geld zu kassieren und den Aufwand einer zusätzlichen Sorgfalt zu vermeiden. Dabei nützt es den Sponsoren wenig, wenn sie selbst das Verhalten des Contractors beobachten können, diese Beobachtung aber Dritten nicht beweiskräftig vermitteln können.

Nehmen wir aber an, dass sich durch Expertisen Dritter im Rahmen von Probeläufen oder während der Betriebszeit nachweisen lässt, ob die Anlage über eine hohe oder niedrige Leistungsfähigkeit verfügt. Damit ist zwar nicht gesagt, dass der Contractor sorgfältig oder wenig sorgfältig gearbeitet hat. Aber dies ist genau das Risiko, auf das der Contractor Einfluss hat. Da der Contractor auch nur auf dieses Risiko Einfluss hat und sonst keinen Einfluss auf das Gesamtergebnis, muss ein effizienter Vertrag die Zahlungen an den Contractor allein dazu anzupassen. Oder anders formuliert: Gesucht sind die Beträge, die dem Contractor in Abhängigkeit von einer hohen oder niedrigen Leistungsfähigkeit des Projekts für die Erstellung der Produktionsanlage zu zahlen sind und die die folgenden Bedingungen erfüllen müssen:

- Für den Contractor muss es besser sein, ein hohes Sorgfaltsniveau zu wählen (Effizienz- oder Anreiznebenbedingung).
- Es muss für den Contractor besser sein, an dem Projekt teilzunehmen, als darauf zu verzichten (Partizipationsnebenbedingung).

Beide Nebenbedingungen lassen sich in Gleichungen fassen und sind nur mit Gleichheit zu erfüllen, denn schließlich soll der Contractor auch nicht mehr erhalten, als für die gewünschte Leistung in der gewünschten Qualität gezahlt werden muss. Sind beide Nebenbedingungen mit Gleichheit erfüllt, lässt sich die Partizipationsbedingung auch schreiben als

$$X_{high} = X_{low} = X(N_{Verzicht})$$

$$0,5 \cdot (X_{high})^{0,5} + 0,5 \cdot (X_{low})^{0,5} = 4^{0,5}$$

Dies lässt sich auflösen nach

$$X_{high} = (4 - X_{low}{}^{0,5})^2$$

und dieser Term wiederum in die Anreiznebenbedingung einsetzen, die dann etwas länger ausfällt:

$$0,5 \cdot X_{high}{}^{0,5} + 0,5 \cdot X_{low}{}^{0,5} = 0,9 \cdot (X_{high} - 1)^{0,5} + 0,1 \cdot (X_{low} - 1)^{0,5}$$

dies ergibt

$$0,5 \cdot (4 - X_{low}{}^{0,5})^2 + 0,5 \cdot X_{low}{}^{0,5} = 0,9 \cdot (4 - X_{low}{}^{0,5})^2 + 0,1 \cdot (X_{low} - 1)^{0,5}$$

Diese Gleichung löst man am besten numerisch nach X_{low} und erhält hieraus und aus der Anreiznebenbedingung X_{low} = 2,896 M€ und X_{high} = 5,282 M€. Entsprechend ergeben sich die folgenden Cashflows für die Beteiligten (Tab. 4.7):

Tab. 4.7: Pay-Off (in M€) bei Entlohnung des Contractors in Abhängigkeit von dem Risikoeintritt

Umweltzustand	Wahrscheinlichkeit	Projekt-Cashflow	Pay-Off Contractor	Pay-Off Sponsor
Gute Marktentwicklung, hohe Leistungsfähigkeit	0,45	30	5,282	24,718
Gute Marktentwicklung, geringe Leistungsfähigkeit	0,05	10	2,896	7,104
Schlechte Marktentwicklung, hohe Leistungsfähigkeit	0,45	10	5,282	4,718
Schlechte Marktentwicklung, geringe Leistungsfähigkeit	0,05	10	2,896	7,104
Gesamtwert Sponsor				13,95687

Der Contractor ist nun indifferent zwischen seinem Ergebnis bei hoher und geringer Sorgfalt (in der Praxis wird man ihm für die größere Sorgfalt bei hoher Leistungsfähigkeit der Produktionsanlage noch etwas mehr zahlen, damit er auch sicher diese Option wählt). Dabei muss er allerdings auch Risiken übernehmen und verlangt dafür eine Prämie. Die Prämie sollte natürlich nur so hoch sein, dass es sich für die Sponsoren lohnt, diese zusätzlichen Anreize zu setzen. In unserem Beispielsfall bedeutet das für die Sponsoren:

$$0,45 \cdot 24,718 \text{ M€} + 0,1 \cdot 7,104 \text{ M€} + 0,45 \cdot 4,718 \text{ M€} = 13,95687 \text{ M€}$$

und damit 3,95687 M€ mehr als bei einem Vertrag ohne Anreiz zur Sorgfalt. Die Risikoprämie, die dem Contractor dafür gezahlt werden muss, ist mit 1 M€ noch recht moderat.

Die Frage ist nun, wie man diese Anreizwirkungen vertraglich umsetzen kann. Man kann eine Art Prämienvertrag vereinbaren, der dem Contractor einen sicheren

Kaufpreis von 2,9 M€ zubilligt und ihm eine zusätzliche Prämie von 2,382 M€ auszahlen, wenn die Produktionsanlage eine hohe Leistungsfähigkeit aufweist. Diese Prämie wäre dann in 90 % aller Fälle zu zahlen. In der Realität dürften aber Gewährleistungen und Garantien häufiger auftreten, die auch der Vorstellung von Risiko als einer unerwünschten negativen Abweichung vom Plan eher entsprechen. Danach erhält der Contractor einen fixen Kaufpreis von 5,282 M€, garantiert aber zugleich eine hohe Leistungsfähigkeit der Produktionsanlage und ist zu einer Strafzahlung über 2,386 M€ verpflichtet, wenn er dieser Anforderung nicht gerecht wird. Dieser Fall tritt in unserem Beispiel mit einer Wahrscheinlichkeit von 10 % ein. Beide Konzepte verbinden sich, wenn zwar ein Kaufpreis von 5,282 M€ vereinbart wird, dieser jedoch in zwei Raten von 2,896 M€ und 2,386 M€ zu zahlen ist, von denen die letzte nur dann fällig ist, wenn der Contractor eine hohe Leistungsfähigkeit nachweisen kann. Alle drei Konzepte kommen im Rahmen einer Projektfinanzierung regelmäßig vor.

Interessant ist auch die Frage, welche Vereinbarung sich hier nicht findet: Dies ist eine vollkommene Freistellung des Contractors vom Risiko, die angesichts eines risikoneutralen Sponsors und eines risikoaversen Contractors eigentlich geboten gewesen wäre. Dies wäre allerdings für eine Projektfinanzierung auch sehr untypisch.

Es wäre aber auch nicht sinnvoll, das Risiko vollständig auf den Contractor zu übertragen. Den Schaden für das Projekt kann man daran bemessen, wie viel weniger das Projekt mit geringer Leistungsfähigkeit wert ist im Vergleich zu einer Anlage mit höherer Leistung. In unserem Beispiel ist die Anlage mit hoher Leistungsfähigkeit immerhin

$$0,45 \cdot 30\,\text{M€} + 0,45 \cdot 10\,\text{M€} = 18\,\text{M€}$$

wert, bei niedriger Leistungsfähigkeit ergibt sich hingegen ein Wert von nur 1 M€. Damit liegt ein Schaden in Höhe der Differenz vor, also 17 M€. Man könnte sich zwar vorstellen, dass der Contractor zu vollem Schadenersatz verpflichtet wird, doch würde dies sein Verhalten aus Anreizgesichtspunkten nicht ändern.

Insgesamt können wir aus diesen Beispielen eine Reihe wichtiger Erkenntnisse für die Risikoallokation ableiten. Risikoallokation bedeutet zunächst, Risiken den Parteien zuzuordnen, die sie am besten beeinflussen können. Eine optimale Risikoallokation bedeutet aber nicht, sie damit uneingeschränkt zu belasten. Vielmehr kommt es darauf an, den richtigen Trade–Off zwischen Risikoprämie für die Risikoübertragung auf die betreffende Partei und den gewünschten Handlungsanreizen zu finden. Dies ist in der Praxis schwieriger als in der Theorie. Gleichwohl lohnt es auch in der Praxis, sich immer wieder die entscheidenden Parameter vor Augen zu führen:

Durch wie viel Risikotragfähigkeit bzw. Risikoaversion ist der jeweilige Contractor gekennzeichnet? Im eigentlichen Sinne wird das Ausmaß der Risikoneigung nicht messbar sein; allerdings kann es gelingen, durch die Vorlage geeigneter Verträge zur Self-Selection geeignete Contractors herauszufiltern.
- Wie stark müssen die Handlungsanreize sein, um das Projekt erfolgreich voranzubringen?
- Welchen Aufwand hat der Contractor, wenn er den Handlungsanreizen entspricht?

Eine optimale Risikoallokation entsteht aus einem Abwägungsprozess zwischen den gewünschten Handlungen, den dafür erforderlichen Anreizen sowie der Risikotragfähigkeit der verpflichteten Partei. Eine effiziente Lösung wird normalerweise nicht den vollständigen Transfer eines Risikos auf eine bestimmte Partei beinhalten, kann aber auch den Verzicht auf die gewünschte Handlung bei Einsparung der dafür erforderlichen Anreize bedeuten. Anreize kosten immer Geld und müssen daher – auch bei einer Projektfinanzierung – wohldosiert zum Einsatz kommen.

Risikoallokation bei Hidden Action mit nicht-überprüfbarem Risikoeintritt

Der kritische Punkt bei den oben diskutierten Verträgen ist der Nachweis des Risikoeintritts. Nochmals zu unserem obigem Beispiel: Hier könnte man sich vorstellen, neutrale Experten hinzuzuziehen, die die Leistungsfähigkeit der Anlage überprüfen. Denkbar wäre auch ein vorab standardisierter Probelauf, dessen Ergebnis über die Erfüllung des Kriteriums Aufschluss geben soll. Die Auswertung müsste allerdings wieder durch einen unabhängigen Experten erfolgen. Schließlich könnte man auf die Leistungsfähigkeit der Anlage in den ersten Monaten oder sogar Jahren abstellen.

Bisher haben wir nur einen relativ gut bestimmbaren Sachverhalt analysiert. Denken wir uns z. B. als Leistung eines Partners die Unterstützung beim Aufbau einer positiven Reputation oder Marktstimmung für ein Produkt oder die Unterstützung des Projekts im politischen Raum oder der Schutz gegen eine nachträgliche Veränderung der regulatorischen Rahmenbedingungen eines Projekts. Es gehört schon viel Fantasie dazu, einen hinreichend bestimmten Vertrag auf den konkreten Risikoeintritt zu entwerfen, und ob dieser dann vor Gericht Bestand hat, ist zweifelhaft, da auch Bereiche angesprochen werden, die besser nicht vertraglich geregelt werden.

Dabei ist das Problem der Durchsetzung von Verträgen bei einer Projektfinanzierung besonders gravierend, weil auch die Durchführung von Projekten ausgesprochen zeitkritisch ist. Häufig müssen bestimmte Teilleistungen ausgeführt werden, bevor weitere Arbeiten vorgenommen werden können, ansonsten droht ein erhebliches Fertigstellungsrisiko. Damit bekommt der jeweilige Leistungsverpflichtete ein erhebliches Druckmittel in die Hand, die Sponsoren zu Eingeständnissen über das vertragliche Geregelte hinaus zu zwingen. Einen solchen Vertragsbruch nennt man in der wissenschaftlichen Theorie einen Hold-up oder räuberischen Überfall. Solch ein Überfall ist überall da möglich, wo Verträge nicht, nicht mit vertretbarem Aufwand oder innerhalb der verfügbaren Zeit durchgesetzt werden können oder wo ihre Durchsetzung aufgrund einer Veränderung der Umwelt nicht mehr sinnvoll ist. Die Verträge sind in diesem Sinne unvollständig. Die Unvollständigkeit von Verträgen führt zu einer Wiederverhandlung, in der die bisherigen Vertragskonditionen keine Bedeutung mehr haben. Ausschlaggebend für das Verhandlungsergebnis ist einerseits, wie geschickt die Parteien verhandeln. Andererseits ist für das Verhandlungsergebnis relevant, welche Position die Parteien einnehmen, wenn die Verhandlungen scheitern, und über welches Drohpotential sie demnach verfügen. Dies bezeichnet man als Drohpunkt einer Partei, und rational handelnde Parteien werden sich auch bei stärkster Verhandlungsmacht der Gegenpartei nicht hinter diesen Drohpunkt drücken lassen.

Bei wiederkehrenden Transaktionen sind regelmäßig die Möglichkeiten eines Hold-Ups deutlich eingeschränkt, da die negativ betroffene Partei die Möglichkeit hat, der anderen Partei zu kündigen und durch eine andere Partei zu ersetzen. Das Wissen um diese Sanktionsmöglichkeit sollte dazu führen, dass beide Parteien diszipliniert werden und ein Hold-up an Relevanz verliert.

Über die Verteilung von Verhandlungsmacht bei der Projektfinanzierung kann man unterschiedlich denken: Die Bedrohung folgt vor allem daraus, dass sich mit der Durchführung spezifischer Investitionen der Drohpunkt der Projektgesellschaft immer weiter verschlechtert. Das Projekt muss einfach zum Erfolg geführt werden, sonst sind alle Investitionen verloren. In der Praxis der Projektfinanzierungen haben derartige Wiederverhandlungen eine große Bedeutung. Wo sie nicht vermieden werden können, sind sie durch eine entsprechende Regelung, etwa durch Bildung eines Schiedsgerichts, zu institutionalisieren. Viele Regelungen in der Projektfinanzierung sind aber darauf ausgerichtet, eine Wiederverhandlung zu vermeiden, indem man möglichst unbedingte Leistungsversprechen vereinbart. Beispiele sind etwa Take-or-Pay- oder Tolling-Agreements, die die Zahlung von der tatsächlichen Annahme der Ware oder Leistung abhängig machen, oder der Versuch, Versicherungsverträge mit möglichst wenig Einschränkungen und damit auch möglichst wenig potentiellen Diskussionspunkten abzuschließen.

Im Folgenden sei angenommen, dass ein auf den Risikoeintritt konditionierter Vertrag aufgrund der damit verbundenen vertraglichen Unvollständigkeit nicht möglich ist. Unser Beispiel ist so konstruiert, dass man aus dem Ergebnis keine Schlussfolgerungen über die Ursachen ziehen kann. Ein Ergebnis von 5 M€ kann entstehen, weil der Contractor nicht sorgfältig gearbeitet oder aber sich der Markt schlecht entwickelt hat. Wenn aber die Risikoursache nicht mehr beobachtbar ist, bleibt nur noch, die Entlohnung des Contractors vom beobachtbaren Gesamtergebnis abhängig zu machen. Auch so könnte man den Contractor dazu gewinnen, sorgfältig zu arbeiten und die Wahrscheinlichkeit auf eine Produktionsanlage mit hoher Leistungsfähigkeit zu erhöhen. Allerdings wirken diese Verhaltensanreize weniger unmittelbar auf das Verhalten des Contractors ein. Daher ist zu prüfen, ob sich dies unter den neuen Bedingungen noch lohnt.

Die Vorgehensweise zur Ermittlung des besten Vertrags zur Implementierung eines hohen Sorgfaltsniveaus entspricht der Vorgehensweise, wie sie im vorherigen Kapitel beschrieben wurde. Die Zahlungen an den Contractor können sich allerdings nur noch daran orientieren, ob ein gutes Ergebnis von 30 M€ oder ein schlechtes Ergebnis von 10 M€ erzielt wurde, ohne dass die Ursache zur Aussteuerung herangezogen werden kann. Auch hier bestehen eine Partizipations- und eine Anreiznebenbedingung, die beide in Gleichheit erfüllt sein müssen. Dementsprechend lässt sich die Partizipationsbedingung schreiben als

$$X_{high} = X_{low} = X(N_{Verzicht}) = 0,25 \cdot X_{high}{}^{0,5} + 0,75 \cdot X_{low}{}^{0,5} = 4^{0,5}$$

Dies lässt sich auflösen nach

$$X_{high} = (8-3 \cdot X_{low}{}^{0,5})^2$$

und dieser Term wiederum in die Anreiznebenbedingung einsetzen:

$$0,25 \cdot X_{high}{}^{0,5} + 0,75 \cdot X_{low}{}^{0,5} = 0,45 \cdot (X_{high} - 1)^{0,5} + 0,55 \cdot (X_{low} - 1)^{0,5}$$

dies ergibt

$$0,5 \cdot (8-3 \cdot X_{low}{}^{0,5}) + 0,75 \cdot X_{low}{}^{0,5} = 0,45 \cdot (8-3 \cdot X_{low}{}^{0,5})^2 - 1)^{0,5} + 0,55 \cdot (X_{low} - 1)^{0,5}$$

Die Lösung ergibt sich wiederum numerisch am schnellsten, und es ergibt sich X_{high} = 8,8546 M€ sowie X_{low} = 2,8049 M€. Entsprechend ergeben sich die folgenden Pay-Offs für alle Beteiligten (Tab. 4.8):

Tab. 4.8: Pay-Offs (in M€) bei Entlohnung des Contractors in Abhängigkeit von dem Projekterfolg

Umweltzustand	Wahrscheinlichkeit	Projekt-Cashflow	Pay-Off Contractor	Pay-Off Sponsor
Gute Marktentwicklung, hohe Leistungsfähigkeit	0,45	30	8,8546	21,1454
Gute Marktentwicklung, geringe Leistungsfähigkeit	0,05	10	2,8049	7,1951
Schlechte Marktentwicklung, hohe Leistungsfähigkeit	0,45	10	2,8049	7,1951
Schlechte Marktentwicklung, geringe Leistungsfähigkeit	0,05	10	2,8049	7,1951
Gesamtwert Sponsor				13,4727

Der Contractor benötigt eine deutliche Gewinnbeteiligung, die er sich mit einer deutlichen Risikoübernahme erkauft. Die Sponsoren erhalten einen Erwartungswert von 0,45 · 21,1454 M€ + 0,55 · 7,1951 M€ = 13,4727 M€ und damit immer noch mehr als 3,47 M€ mehr als ohne besondere Sorgfalt des Contractors. Allerdings erhalten die Sponsoren nunmehr 483,5 T€ weniger als bei verifizierbarem Risikoeintritt.

Es kommt die Sponsoren also teurer zu stehen als im Falle eines überprüfbaren Risikoeintritts, das gewünschte Verhalten zu implementieren. Damit erhält man aber auch einen Hinweis darauf, um wie viel teurer die Gestaltung eines Vertrages mit einem Zahlungsschema sein darf, das auf den Risikoeintritt konditioniert ist.

Zusammenfassend: Sofern es aufgrund von vertraglichen Unvollständigkeiten nicht möglich ist, einen Anreizvertrag auf den konkreten Risikoeintritt zu gestalten, können als Second-Best-Lösung angemessene Verhaltensanreize ersatzweise über eine Beteiligung am Unternehmensergebnis erreicht werden. Allerdings wirkt ein derartiges Anreizschema ungenauer und ineffizienter, was sich etwa darin niederschlägt, dass eine höhere Risikoprämie gezahlt werden muss, um einen bestimmten Anreiz zu setzen.

Welche Vertragsform verbirgt sich hinter dem obigen Anreizschema? Eine Möglichkeit wäre, dass der Contractor die Produktionsanlage für 2,8049 M€ veräußert und zusätzlich eine Option auf den Cashflow des Projekts mit einem Strike-Preis bei 23,9524 M€ erhält. Diese Option müsste man ihm bei einem Projekt-Cashflow von 30 M€ zu einem Preis von 6,0476 M€ abkaufen, während sie bei einem Projekt-Cashflow von 10 M€ wertlos ist und verfällt. Diese Lösung hat immerhin den Vorteil, dass der Contractor bis zur Ausübung der Option keinen Anteil an der Projektgesellschaft hat und die Sponsoren bis dahin recht frei agieren können. Allerdings wird der Contractor befürchten, dass Cashflows dem Projekt entzogen werden und er dies nicht wirksam verhindern kann.

Allgemein gilt, dass die Probleme unvollständiger Verträge sich am besten über eine Mitunternehmerschaft der betroffenen Partner lösen lassen. Wer wesentliche, aber nicht überprüfbare Leistungen für das Projekt erbringen soll, dessen Interessen müssen mit denen des Projekts gut harmonisieren. Bei der Entscheidung, wer Sponsor oder wesentlicher Projektbeteiligter eines Projekts wird, kommt es weniger auf den Betrag an als auf seinen Charakter. Parteien, die einen sehr teuren, aber eindeutig beschreibbaren Beitrag leisten, brauchen keine Eigentümerstellung. Für diesen Beitrag lassen sich vertragliche Regelungen finden, die eine an den Bedürfnissen des Projekts orientierte Leistung gewährleisten. Kleine, vertraglich aber nicht gut beschreibbare Beiträge können dagegen ein Anknüpfungspunkt für eine Sponsorenschaft des jeweiligen Leistungserbringers sein.

4.3.4 Auswahl der Vertragspartner: Screening bei Hidden Action und Hidden Characteristics

Ein wesentliches Problem jeder Projektfinanzierung ist die Wahl der geeigneten Vertragspartner. Die Überprüfung der Referenzen, der wirtschaftlichen und technologischen Leistungsfähigkeit und Seriosität potentieller Auftragnehmer nimmt einen erheblichen Raum in der Vorbereitung einer Projektfinanzierung ein und verursacht nicht unerhebliche Transaktionskosten. In diesem Abschnitt soll dargestellt werden, dass auch die Gestaltung der Verträge eine wichtige Rolle bei dieser Auswahl spielen kann.

In der bisherigen Betrachtung wurden zwei Typen eines Contractors analysiert: Solche, die durch höhere Sorgfalt die Wahrscheinlichkeit erhöhen können, dass die Produktionsanlage eine hohe Leistungsfähigkeit aufweist, und andere, die darauf keinen Einfluss nehmen können. Die Analyse erfolgt jeweils separat mit dem Ergebnis, dass man den letztgenannten Typ von jedem Risiko freistellen sollte, während man mit dem erstgenannten Typ einen Anreizvertrag schließen sollte, der ihn zu größerer Sorgfalt anhält. Jeder Contractor, der danach gefragt wird, welcher Typ er denn sei, wird sich selbstredend zu den „Guten" zählen, aber dies mag nicht der Wahrheit entsprechen.

Zumeist wird man in dieser Situation die Vertragspartner sehr sorgfältig untersuchen, um Anzeichen dafür zu finden, dass diese Aussage auch stimmt. Leider lässt sich dies aber nicht immer zweifelsfrei feststellen. Bei der Fähigkeit zu besonderer Sorgfalt handelt es sich um eine so genannte Hidden Characteristic, eine Eigenschaft eines Vertragspartners, die zwar zentral für die Vertragsbeziehung ist, aber auch nur dem Vertragspartner selbst bekannt ist. Die Folgen, die eine derartige Informationsasymmetrie haben kann, haben wir weiter oben dargestellt.

Das Mittel, mit dem damit verbundenen Informationsproblem umzugehen, ist die richtige Gestaltung einer Ausschreibung. Diese muss so aussehen, dass sich die Parteien durch ihr Verhalten selbst offenbaren. Die Gestaltung einer Ausschreibung erfüllt also eine doppelte Funktion: Sie soll nicht nur potentielle Vertragspartner über das Projekt und ihre mögliche Einbindung informieren, sondern auch die ausschreibende Partei darüber aufklären, welche Typen von Vertragspartnern zur Verfügung stehen.

In unserem Fall bietet es sich an, die potentiellen Vertragspartner danach zu unterscheiden, wie sie sich zum Risiko des Projekts stellen. Die „Guten" können durch sorgfältiges Arbeiten die Auswirkung des Risikos auf ihren Nutzen verringern. Sie können daher ein riskanteres Vertragsmodell zu günstigeren Konditionen akzeptieren als potentielle Vertragspartner ohne diese Befähigung. Betrachten wir dazu nochmals die Situation eines Vertrages, dessen Entgelt gegenüber dem Contractor vom Risikoeintritt abhängig ist (Tab. 4.9).

Tab. 4.9: (wiederholt): Pay-Offs (in M€) bei Entlohnung des Contractors in Abhängigkeit von dem Risikoeintritt

Umweltzustand	Wahrscheinlichkeit	Projekt-Cash-flow	Pay-Off Contractor	Pay-Off Sponsor
Gute Marktentwicklung, hohe Leistungsfähigkeit	0,45	30	5,282	24,718
Gute Marktentwicklung, geringe Leistungsfähigkeit	0,05	10	2,896	7,104
Schlechte Marktentwicklung, hohe Leistungsfähigkeit	0,45	10	5,282	4,718
Schlechte Marktentwicklung, geringe Leistungsfähigkeit	0,05	10	2,896	7,104
Gesamtwert Sponsor				13,95687

Um den Vertrag mit einem Anreiz zu sorgfältigem Verhalten zu konstruieren, sind sowohl die Partizipations- als auch die Anreizbedingung zu erfüllen. Der Contractor erhält dazu bei Risikoeintritt nur 2,90 M€, sonst aber 5,28 M€. Zu diesen Konditionen stellen sich beide Contractor-Typen auch beim Anreizvertrag gleich gut. Eine Differenzierung ist hier nicht möglich, da auch ein Contractor, der keine Sorgfalt walten lassen kann, diesen Vertrag annimmt, der ihm den gleichen Nutzen verspricht wie ein Vertrag mit fixem Anspruch.

Dies ändert sich jedoch, wenn man dem Contractor zusätzliches Risiko anbietet, etwa bei Risikoeintritt nur eine Entlohnung von 2,7 M€. Damit die Partizipationsbedingung eines fähigen Contractors dadurch nicht verletzt wird, muss man zum Ausgleich die Zahlung bei Nichteintritt des Risikos auf etwa 5,5 M€ erhöhen. Damit ist die Anreiznebenbedingung übererfüllt, da der Contractor stärker unter dem zusätzlichen Risiko leidet, wenn er keine Sorgfalt walten lässt. Dies impliziert aber auch, und darauf kommt es an dieser Stelle an, dass für einen Contractor ohne besondere Befähigung die Partizipationsbedingung verletzt wird. Sein Nutzen aus einem solchen Vertrag fällt unter den Wert 2, den er als Reservationsnutzen aus seinem Anfangsvermögen erhalten könnte. Einen solchen Vertrag würde daher ein Contractor ohne Fähigkeit zu sorgfältiger Arbeit niemals annehmen. Ein Contractor, der diesen Vertrag annimmt, sollte daher über diese besondere Fähigkeit verfügen.

Wie verhält es sich nun, wenn niemand den angebotenen Vertrag annimmt, womöglich, weil niemand über die erforderlichen Fähigkeiten verfügt? In diesem Fall ist offenbar ein Vertrag mit Fixpreis optimal, den man nun anbieten kann. Alternativ könnte man von Anfang an eine Auswahl an Verträgen anbieten und die Bewerber selbst auswählen lassen, welchen Vertrag sie vorziehen. Selbstverständlich würde man auf den Vertrag mit Festpreis nur zurückgreifen, wenn sich kein Partner findet, der durch Wahl des riskanten Vertrages seine besondere Befähigung beweist. Wir erreichen die so genannte Self-Selection, d. h. die Auswahl geeigneter Vertragspartner durch ein geeignetes Testverfahren, hier durch die Vorgabe einer geeigneten Auswahl von Verträgen.

Die Komplexität einer solchen Auswahl lässt sich weiter erhöhen, wenn man berücksichtigt, dass die potentiellen Vertragspartner unterschiedlich risikoavers sein könnten. Vermutet man, dass es potentielle Vertragspartner mit sehr geringer Risikoaversion gibt, sollte man diesen neben dem auf den Risikoeintritt konditionierten Vertrag auch ein Beteiligungsrisiko anbieten. Auch hier gilt der Grundsatz, dass das Vertragsangebot so ausgestaltet sein muss, dass es von dafür ungeeigneten Kandidaten, in diesem Fall von Kandidaten mit hoher Risikoaversion, abgelehnt werden muss, weil es ihre Partizipationsnebenbedingung verletzt. Es genügt nicht, dass ein alternativer, auf ihre Eigenschaften abgestimmter Vertrag für sie günstiger ist als ein Vertrag mit höherem Risiko. Denn auch die Bewerber werden sich Gedanken darüber machen, warum ihnen eine ganze Auswahl von Verträgen angeboten wird, und im Zweifel das Verhalten eines besser geeigneten Bewerbers imitieren. Eine solche Tarnung ist nur dann auszuschließen, wenn sie bei der Wahl des nicht auf ihren Typ ausgerichteten Vertrages tatsächlich Verluste machen. Daher sind bei einer Ausschreibung mit alternativen Vertragsangeboten diese nicht nur maßzuschneidern auf den jeweiligen Typ; sie müssen auch relativ knapp gefasst sein, damit keiner der Bewerber die für ihn falsche Lösung wählt. Denn wenn dies geschieht, hat die Projektgesellschaft einem unfähigen Contractor eine Risikoprämie gezahlt, ohne irgendetwas dafür zu erhalten. Die modellhafte Umsetzung dieser Anforderung ist dabei wiederum leichter als in der Praxis, die wesentlich komplexer ist und in der viele benötigte Informationen gar nicht oder nur schätzweise vorliegen. Dennoch liegt eine Kernaufgabe bei der Ausgestaltung einer Projektfinanzierung genau darin, in diesem Sinne maßgeschneiderte Verträge ausgestalten zu können. Die Theorie kann immerhin Hinweise geben, welche Faktoren hierfür maßgeblich sind.

4.3.5 Anreizsysteme in der Krise

In den bisherigen Abschnitten dieses Kapitels haben wir beschrieben, welche ökonomischen Grundsätze bei der Auswahl von Vertragspartnern und der Ausgestaltung von Verträgen im Rahmen des ursprünglichen Set-Ups einer Projektfinanzierung gelten sollten. Dass ist wichtig, um von Anfang an die richtigen Anreize zu setzen, um Schieflagen zu vermeiden. Trotzdem können Schieflagen entstehen – sei es, weil die Anreizmechanismen nicht greifen oder sei es, weil endogene Risiken schlagend werden. Im Unterschied zu unserer bisherigen Analyse hat sich die Ausgangslage in der Schieflage gegenüber der bisherigen Planung wesentlich verändert: Die Cashflows fallen geringer aus, so dass sich die Sponsoren mit geringeren Ausschüttungen begnügen müssen und die Banken befürchten müssen, dass der Kapitaldienst nicht mehr vollständig erbracht werden kann. Dies hat Auswirkungen auf die Anreizstruktur, wie wir im Folgenden zeigen werden.

Wir müssen unterscheiden in die Fertigstellungsphase und die Betriebsphase. Zunächst betrachten wir die Fertigstellungsphase.

Dazu beziehen wir uns auf Tab. 4.7, die insoweit verändert wurde, dass eine gute Anlagenperformance nicht mehr erreicht werden kann (siehe Tab. 4.10). Dieser Fall tritt ein, obwohl der Anlagenliefervertrag zwischen Projekt und dem Anlagenlieferanten schon so ausgestaltet war, dass die möglichen positiven Anreizwirkungen bereits ausgeschöpft worden sind.

Tab. 4.10: Anreizschema bei schlechter Leistungsfähigkeit (anreizkompatibler Vertrag)

Umweltzustand	Wahrscheinlichkeit	Projekt-Cashflow	Pay-Off Contractor	Pay-Off Sponsor
Gute Marktentwicklung, hohe Leistungsfähigkeit	0	30	5,282	24,718
Gute Marktentwicklung, geringe Leistungsfähigkeit	0,50	10	0	10,000
Schlechte Marktentwicklung, hohe Leistungsfähigkeit	0	10	5,282	4,718
Schlechte Marktentwicklung, geringe Leistungsfähigkeit	0,5	10	0	10,000
Gesamtwert Sponsor				10,000

Aus Sicht des Sponsors verschlechtert sich die Wirtschaftlichkeit des Vorhabens deutlich: Während er bei einer funktionierenden Anlage noch einen Gesamtwert des Projektes von 13,96 M€ erzielen konnte (Tab. 4.7), sind es nunmehr nur noch 10,00 M€. Da sein Erwartungsnutzen aber immer noch positiv ist, besteht für ihn immer noch der Anreiz, das Vorhaben weiter zu begleiten.

Was passiert, wenn statt des anreizkompatiblen Vertrags ein Fixpreisvertrag vorliegt? In diesem Fall ändert sich die Anreizsituation wie in Tab. 4.11 dargestellt:

Tab. 4.11: Anreizsituation bei Fixpreisverträgen

Umweltzustand	Wahrscheinlichkeit	Projekt-Cashflow	Pay-Off Contractor	Pay-Off Sponsor
Gute Marktentwicklung, hohe Leistungsfähigkeit	0	30	5,000	25,000
Gute Marktentwicklung, geringe Leistungsfähigkeit	0,5	10	5,000	5,000
Schlechte Marktentwicklung, hohe Leistungsfähigkeit	0	10	5,000	5,000
Schlechte Marktentwicklung, geringe Leistungsfähigkeit	0,5	10	5,000	5,000
Gesamtwert Sponsor				5,000

Die Sponsoren erhalten einen erwarteten Überschuss von $E(X_{Sponsor}) = \frac{1}{2} \cdot 5 \cdot 2 = 5$ M€. Auch in diesem Fall ergibt sich noch ein positiver Erwartungsnutzen, der aber nochmals niedriger ausfällt. Das Beispiel macht deutlich, dass ein Vertragssystem, das dem Generalunternehmer geeignete Anreize setzt, auch in einem Krisenfall günstiger ist.

Wenn wir das Beispiel weiter verändern, so dass der Gesamtwert für den Sponsor negativ wird, wird dieser – sofern ihn nicht andere Überlegungen daran hindern[78] – von dem Vorhaben zurücktreten. Auch wenn es sich bei Projektfinanzierungen regelmäßig um Non-Recourse-Finanzierungen handelt, bei denen die Sponsoren gegenüber den fremdfinanzierenden Banken keine weitere Verpflichtung als die Einbringung des Eigenkapitals haben, ist die Realität doch oft differenzierter: Die Sponsoren werden häufig Personal abgestellt haben, das in der Projektgesellschaft tätig ist, oder aber einen Betriebsführungsvertrag mit der Projektgesellschaft abgeschlossen haben. Ein Ausfall des Sponsors wird damit regelmäßig die reibungslose Fortführung des Projektes behindern und zu vorher nicht eingeplanten Transaktions- und Suchkosten führen.

Für die Fremdkapitalgeber ergibt sich damit potentiell eine kritische Situation: Die Darlehen werden während der Fertigstellung sukzessive ausgezahlt sein und eine Rückführung der Darlehen ist nur dann möglich, wenn das Vorhaben fertiggestellt worden ist und einen eigenen Cashflow generiert. Alternative Rückzahlungsszenarien gibt es praktisch nicht: Der Liefervertrag mit dem Anlagenlieferanten ist meistens so ausgestaltet, dass es eine gewisse Strafzahlung des Anlagenlieferanten geben kann, die aber nicht ausreichen wird, die Darlehen auch nur in größeren Teilen zurückzuführen. Und die Option, Anlagen abzubauen und an einem anderen Ort zu verwenden, besteht entweder anlagenbedingt gar nicht oder würde zu erheblichen Verlusten führen.

4.3.6 Auswahl eines geeigneten Contractors bei mehrfachen Transaktionen

Bislang hatten wir bei der Auswahl eines geeigneten Contractors jeweils eine einmalige Transaktion unterstellt und dies am Beispiel des Fertigstellungsrisikos deutlich gemacht. Dieser Aspekt ist für eine Projektfinanzierung auch zentral, da an der Fertigstellung einerseits der Haftungsübergang festgemacht wird und sich andererseits die ökonomische Vorteilhaftigkeit dieser Finanzierungsmethode aus Sicht der Sponsoren manifestiert.

Nunmehr wollen wir untersuchen, inwieweit sich Änderungen bei der Partnerwahl ergeben, wenn wir es mit wiederholten Transaktionen innerhalb einer Projektfinanzierung zu tun haben. Dies ist regelmäßig bei Beziehungen in der Betriebsphase der Fall, wenn es zu wiederholten Austauschbeziehungen zwischen der Projektgesellschaft und den anderen Projektbeteiligten kommt, sei es auf der Bezugsseite oder der Absatzseite.

78 Dies können etwa Reputationsschäden sein, die auf andere Geschäfte wirken und monetär nur schwer zu quantifizieren sind.

Angenommen sei, dass die Projektgesellschaft die Wahl zwischen zwei Contractors habe, die z. B. für die Wartung des Projekts zuständig seien. Bei dem ersten Contractor (WHITEWATER) lassen sich die Kosten mit 500 T€ pro Jahr recht gut prognostizieren. Der andere Contractor (SCARAMANGA) sei weniger gut kalkulierbar und verursache entweder Kosten von nur 250 T€ oder von 750 T€ jährlich. Wenn wir annehmen, dass beide Szenarien mit gleicher Wahrscheinlichkeit eintreten, ist das erwartete Ergebnis bei SCARAMANGA ebenfalls 500 T€. Welche der beiden Wartungsunternehmen soll nun vertraglich eingebunden werden? Auch wenn es der Intuition widersprechen mag, sollte der riskantere Partner eingebunden werden, und zwar mit folgender Begründung: Nehmen wir an, dass das Projekt eine Projektdauer von 20 Jahren aufweise und es ein Jahr dauere festzustellen, ob SCARAMANGA nun Kosten von 250 T€ oder 750 T€ verursache.

Wenn WHITEWATER verpflichtet wird, entstehen über 20 Jahre Kosten von 10 M€. Alternativ könnte SCARAMANGA als Wartungsunternehmen verpflichtet werden. Mit einer Wahrscheinlichkeit von 50 % wird er jährliche Kosten von 250 T€ verursachen, wodurch das Projekt für 20 Jahre Kosten von nur 5 M€ zu tragen hat. Mit derselben Wahrscheinlichkeit könnte er auch jährliche Kosten in Höhe von 750 T€ verursachen, würde aber auch nur für ein Jahr beschäftigt sein, da ihm dann gekündigt würde. Der Erwartungswert von SCARAMANGA liegt dennoch weitaus höher als der von WHITEWATER. Dessen Kosten liegen bei 10 M€, aber der von SCARAMANGA bei

$$0{,}5 \cdot (20 \cdot 500\ \text{T€}) + 0{,}5 \cdot (1 \cdot 750\ \text{T€}) = 2.825\ \text{T€}.$$

Die erwarteten Kosten von SCARAMANGA sind damit um ein Vielfaches niedriger als die von WHITEWATER.

Obwohl die erwarteten Kosten für das erste Jahr für beide Unternehmen identisch sind, ist SCARAMANGA letztlich viel versprechender. Denn da die Projektgesellschaft ihn behalten kann, wenn er sich gut entwickelt, aber entlassen kann, wenn er seinen Aufgaben nicht gewachsen ist, ist der langfristige Wert von SCARAMANGA, dem riskanteren Unternehmen, höher. Weil die Projektgesellschaft sich von schlechten Unternehmen ja auch wieder trennen kann, lohnt es sich, riskanteren Unternehmen eine Chance zu geben.

Weisen zwei Unternehmen denselben Erwartungswert auf und generieren sie dieselben Kosten, lohnt es sich, den riskanteren zu verpflichten. Schlechte Ergebnisse können durch Entlassung gemildert werden und gute durch fortgesetzte Beschäftigung über die gesamte Projektlaufzeit verstärkt werden. Der Wert dieses Glückspiels ist häufig so groß, dass es auch dann die bessere Strategie sein kann, wenn das sichere Unternehmen geringere Kosten pro Jahr aufweist.

SCARAMANGA ist WHITEWATER vorzuziehen, weil die Kosten eines schlechten Jahres durch die Chance auf viele gute Jahre überkompensiert werden. Entsprechend nimmt der Wert eines riskanten Kandidaten mit geringerer Projektlaufzeit ab: Sofern keine hinreichende Zeit verbleibt, die Risiken über die Zeit einzuspielen, sinkt der Wert der Risikoübernahme. Je länger die Projektlaufzeit ist, umso höher ist der Wert der Option. Deshalb sind Überlegungen über den Wert riskanter Kandidaten besonders relevant, wenn dies in einer frühen Projektphase stattfindet und die Projektlaufzeit lang ist.

Die Möglichkeit, schlechte Unternehmen zu entlassen, ist so wertvoll für die Projektgesellschaft, dass es – solange sie besteht – sehr unwahrscheinlich ist, dass der sichere Kandidat der attraktivere wird.

Weiter gilt: Je weniger Zeit benötigt wird, um die Produktivität des verpflichteten Unternehmens festzustellen, desto wertvoller wird das riskante Unternehmen. Dies kann man sich wie folgt vorstellen: Wenn es etwa 19 von 20 Jahren dauern würde, die Produktivität von SCARAMANGA zu ermitteln, sänke sein Wert erheblich. In diesem Fall müsste die Projektgesellschaft ihn über 19 Jahre behalten, um seine Produktivität festzustellen. In diesem Fall kann die Projektgesellschaft ihn auch gleich 19 Jahre behalten. Denn da die Produktivität vorher nicht offenbart wurde, muss es, wenn es eine gute Idee war, ihn zu kontrahieren, auch eine gute Idee sein, ihn bis zur Enthüllung der Information zu behalten. Aber unter diesen Bedingungen ist es weder eine gute Idee, SCARAMANGA einzustellen, noch ihn zu behalten. Mit den angenommenen Werten wäre der Erwartungswert der Kosten über die Projektlaufzeit beispielsweise

$$0,5 \cdot [19 \cdot (750\ \text{T€})] + 0,5 \cdot [20 \cdot 250\ \text{T€}] = 9.625\ \text{T€}.$$

Weil er 19 Jahre lang verpflichtet ist, während der SCARAMANGA jeweils jährliche Kosten von 750 T€ verursacht, ist er ein potentiell sehr teurer Kandidat. Der Wert der Option, ihn zu verpflichten und schnell zu kündigen, wenn er sich als Verlustbringer erweist, ist gering, weil er erst gekündigt werden kann, nachdem er bereits erhebliche Kosten verursacht hat.

Dies leitet zu einem verwandten Thema über. Selbst bei hohen Entlassungskosten ist die Rekrutierung des riskanteren Unternehmens noch attraktiv, solange das erwartete jährliche Ergebnis nicht unter das des sicheren Unternehmens fällt. Dazu ein Extrembeispiel: Angenommen sei, Entlassungen seien unmöglich. Wenn die Projektgesellschaft nun WHITEWATER einstellt, wird WHITEWATER diese Rolle über die gesamte Projektlaufzeit ausfüllen. Aber wenn seine erwarteten Kosten bei T€ 500 liegen, ist er im Durchschnitt genau so gut wie SCARAMANGA. Auch wenn WHITEWATER nicht entlassen werden kann, ist SCARAMANGA aber keineswegs vorzuziehen. Weil er mit ebenso großer Wahrscheinlichkeit einen Nettoverlust von T€ 500 erbringt, ist sein zu erwartendes jährliches Ergebnis ebenso hoch wie das von WHITEWATER.

Die Argumente für die Einstellung von riskanten Vertragspartnern sind so stark, dass sie häufig auch für Projektgesellschaften mit einer starken Abneigung gegen Risiko Bestand haben. Weil der Nettogewinn aus der Verpflichtung des riskanteren Kandidaten so viel höher ist als der des sicheren, kann sich die Einstellung des

Risikobewerbers für fast alle Projektgesellschaften lohnen. Selbst Projektgesellschaften mit einer starken Risikoaversion können diese Strategie hinreichend profitabel finden, um ihre Bedenken zu überwinden.

4.3.7 Entlohnungssysteme bei mehrfachen Transaktionen

Wir hatten weiter oben beschrieben, wie Entlohnungssysteme ausgestaltet werden sollten, wenn es sich um einmalige, nicht wiederkehrende Transaktionen handelt (Kapitel 4). Was ändert sich, wenn Transaktionen mehrfach zwischen den Parteien stattfinden? Zu diesem Zweck sollte zwischen inputbasierten und outputbasierten Verträgen unterschieden werden. Wenn eine Partei nach ihrem Output bezahlt wird, spielt die Zeit, die sie hierfür aufwendet, keine Rolle (output-basierter Vertrag). Bei einer input-basierten Bezahlung erfolgt die Entlohnung hingegen nach der Menge der Zeit, die jemand für eine Aktivität aufgewandt hat.

Eine Bezahlung auf Basis von Arbeitsergebnissen bietet mindestens zwei Vorteile: Zum einen motiviert eine ergebnisabhängige Bezahlung die guten Contractors zum Verbleib und die schlechten zum Ausscheiden aus der Projektstruktur. Zum anderen hält eine solche Entlohnung die Contractors zu intensiverem Arbeitseinsatz an. Die jeweiligen Vorteile und Nachteile sehen wir uns im Folgenden an.

Outputbasierte Entlohnungsschemata bewegen ineffiziente Vertragspartner zum Kündigen ihrer Verträge. Werden sie exakt nach ihrem Output bezahlt, kündigen sie, sobald ihr Entgelt unter die Entlohnung des nächstbesten für sie erreichbaren Arbeitsplatzes fällt. Umgekehrt bleiben alle Vertragspartner, die mehr verdienen als ihre Outside Option, mit der Projektgesellschaft verbunden. Im Folgenden seien zwei mögliche Entlohnungsschemata dargestellt (siehe Abb. 4.12).

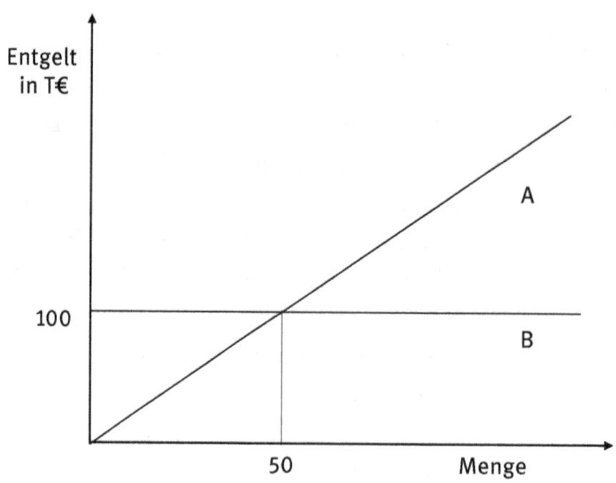

Abb. 4.12: Entlohnung von Contractors (e.D.)

Die mit A gekennzeichnete Linie beschreibt ein Entgeltsystem, das bei 0 beginnt und dann 2.000 € pro Leistungseinheit vorsieht (inputbasierte Entlohnung). Ein Contractor, der in einem Monat 50 Leistungseinheiten erbringt, kommt auf einen Monatslohn von 100 T€. Die mit B gekennzeichnete Linie stellt ein System dar, das ein monatliches Fixgehalt von 100 T€ vorsieht (outputbasierte Entlohnung). Verkäufer mit einem Leistungsoutput von 40 Leistungseinheiten erhalten ebenso 100 T€ wie solche, die 80 Leistungseinheiten produzieren.

Welches System ist nun für eine Projektgesellschaft vorteilhaft? Dies hängt davon ab, welchen Typ eines Contractors man vorfindet. Unterstellen wir zunächst zwei Projektgesellschaften, die die beiden obigen Entlohnungssysteme anbieten. Die Projektgesellschaft DINGUS verdient an allen Contractoren, die mehr als 50 Leistungseinheiten erbringen. Denn ein Contractor, der beispielsweise 100 Leistungseinheiten produziert, kostet sie nur 100 T€, was Stückkosten von 1.000 € entspricht. Derselbe Contractor würde die Projektgesellschaft MALLARD 200 T€ kosten, was Stückkosten von 2.000 € entspricht.

Dies ist allerdings eine rein statische Betrachtung. Tatsächlich werden die Contractors, die mehr als 50 Leistungseinheiten erbringen, nicht bei DINGUS bleiben, sondern zu MALLARD wechseln, wo sie mehr Geld verdienen. Demnach wird DINGUS nur die Contractors halten können, die 50 Leitungseinheiten oder weniger erbringen können. Über welches Entlohnungssystem stehen die Projektgesellschaften nun besser dar? Eindeutig bei MALLARD. Bei DINGUS erzeugt der beste Contractor 50 Leistungseinheiten pro Monat, der schlechteste keine einzige, so dass der Durchschnitt unter 50 Leistungseinheiten liegen wird. Liegen diese im Durchschnitt bei 40 Leistungseinheiten, ergeben sich bei Gesamtkosten von 100 T€ durchschnittliche Stückkosten von 2.500 € pro Leistungseinheit. Alle besonders leistungsfähigen Contractors gehen zu MALLARD und produzieren dort mehr als 50 Leistungseinheiten pro Monat, z. B. 75 Leistungseinheiten. Allerdings beeinflusst die umgesetzte Menge nicht die Stückkosten von MALLARD, da diese auf 1.000 € festgelegt sind. Für MALLARD ist es egal, ob ein Contractor einen Output von 80 Leistungseinheiten oder fünf Contractor einen Output von jeweils 16 Leistungseinheiten erbringen. Die gesamten Entgeltkosten sind in beiden Fällen mit 80 T€ gleich, was durchschnittlichen Stückkosten von 1.000 € entspricht. MALLARDS Durchschnittsentgelt für die erbrachte Leistung ist mit 2.000 € deutlich unter dem von DINGUS mit 2.500 €, weil sich die Contractors mit niedriger Produktivität systematisch zu DINGUS orientieren.

Daraus ergibt sich ein wesentlicher Grund für die Bevorzugung eines Ergebnis abhängigen Entlohnungssystems: Es bewegt die produktiveren Contractors zur Kooperation mit der Projektgesellschaft und belässt die weniger produktiven Contractors bei den Fixlohn zahlenden Konkurrenten. Eine variable Entlohnung hilft demnach, das Adverse Selection-Risiko zu begrenzen. Der zweite Grund für den Einsatz Ergebnis abhängiger Entlohnungssysteme hängt mit ihrer Anreizwirkung zusammen, wie wir es bereits weiter oben in Abschnitt 4.3.2 beschrieben haben. Der dritte Grund für ein vom Ergebnis abhängiges Entlohnungssystem ergibt sich aus der Mechanik der gängigen Ratingverfahren, mit denen Projektfinanzierungen beurteilt werden.

In diesem Kapitel haben wir dargestellt, welche Konsequenzen sich aus einem Marktversagenstatbestand, dem der asymmetrischen Information, auf die Auswahl der Projektbeteiligten und die Ausgestaltung der Projektverträge ergeben.

Literaturverzeichnis

Akerlof, G.: The Market for Lemons, in: *Quarterly Journal of Economics*, 1970, S. 488–500

Böttcher, J: *Möglichkeiten einer Projektfinanzierung bei CSP-Vorhaben*, Frankfurt am Main 2012

Autorenverzeichnis

Michael Baur ist Co-Head der globalen und europäischen Turnaround & Restructuring Practice von AlixPartners. Er hat sowohl als Berater als auch als operativ verantwortlicher Manager umfangreiche Erfahrung bei der Restrukturierung und Effizienzsteigerung von Unter-nehmen gesammelt. Beispielsweise war von 2012 bis 2014 Interim-CEO der auf die Planung und Errichtung von Offshore-Windparks sowie die Produktion von Offshore-Windkraftanlagen spezialisierten Bard-Gruppe. Vor seinem Engagement bei AlixPartners war Michael Baur Mitglied des Vorstands der edel AG, einer börsennotierten europäischen Mediengruppe. Davor war er Partner bei Roland Berger Strategy Consultants im Competence Center Restrukturierung.

Katharina Ariane Beyersdorfer ist Senior Manager Stakeholder Relations & Strategie beim DIRK – Deutscher Investor Relations Verband. Sie studierte Betriebswirtschaftslehre in Frankfurt und Valencia. Ihre berufliche Laufbahn begann sie bei Sal. Oppenheim im Bereich Equity Sales und Fresenius Medical Care in der Abteilung Investor Relations. Katharina Beyersdorfer koordiniert und verantwortet sämtliche Projekte in der DIRK-Geschäftsstelle. Schwerpunkte in Ihrer Arbeit liegen in der Kommunikation mit sämtlichen Anspruchsgruppen (on- und offline), Gremienarbeit, der Weiterentwicklung des Verbands und im Bereich Nachhaltigkeit. Zudem publiziert, moderiert und doziert sie regelmäßig.

Dr. Jörg Böttcher studierte Wirtschaftswissenschaften an der Ruhr-Universität Bochum und promovierte 2011 an der Justus-Liebig-Universität Gießen. Seit 1995 ist er bei der HSH Nordbank AG tätig. Als Senior Structured Finance Analyst ist er dort mit der Strukturierung und dem Risikomanagement von Projekten im Bereich Erneuerbare Energien befasst. Er hat in den letzten Jahren eine Reihe von Publikationen zu den Themen Erneuerbare Energien und Projektfinanzierung veröffentlicht. Er ist Lehrbeauftragter an der Frankfurt School of Finance und seit 2014 Redakteur Finanzierung beim German Renewable Energy Law Online Journal (www.lexegese.de), dem Online-Magazin für das Recht der Erneuerbaren Energien.

Prof. Andreas Crone studierte an der Universität des Saarlandes, Saarbrücken, Allgemeine Betriebswirtschaftslehre mit Schwerpunkt Steuerrecht und Revisions- und Treuhandwesen. Nach seinem Berufseinstieg im Bereich der Wirtschaftsprüfung bei Arthur Andersen absolvierte er das Steuerberater- und Wirtschaftsprüferexamen. Zuletzt war Herr Prof. Crone Leiter der Restrukturierungsabteilung Mannheim/Stuttgart bei EY. Seit 2013 ist er in eigener Praxis als Restrukturierungsexperte tätig. Als Berater von Banken, Investoren, Unternehmen und Insolvenzverwaltern berät er schwerpunktmäßig rund um das Thema „Sanierung und Insolvenz". Prof. Crone lehrt an der SRH Hochschule Heidelberg und ist Mitherausgeber und Autor verschiedener sanierungsspezifischer Publikationen und Veröffentlichungen.

Dr. Wolfram Distler ist Rechtsanwalt und Partner im Frankfurter Büro der internationalen Anwaltskanzlei DLA Piper LLP. Er beschäftigt sich seit 2003 schwerpunktmäßig mit Finanzierungen im Energie- und Infrastruktursektor, und hier insbesondere mit der Finanzierung von Erneuerbare-Energien-Projekten. Zu seinen Mandanten zählen deutsche und internationale Projektentwickler, Energieversorger, Netzbetreiber, Finanzinvestoren, Infrastrukturfonds, kommerzielle Banken und öffentliche Förderbanken. Er hat Finanzierungen von Energieprojekten in Deutschland, Frankreich, Italien, Spanien, Kroatien, Polen, Bulgarien, Ungarn, im Vereinigten Königreich und Indien beraten.

Dr. Franz Bernhard Herding ist Rechtsanwalt im Frankfurter Büro der internationalen Kanzlei Allen & Overy LLP im Bereich Banking & Finance. Er verfügt über umfassende Erfahrungen im Bank- und Kreditrecht, insbesondere auch im Bereich der Restrukturierung und des Insolvenzrechts. Als Berater von Banken, Investoren und Unternehmen berät er in den Bereichen Leveraged und Corporate Finance und hat dazu einen Schwerpunkt im Bereich komplexer gerichtlicher und außergerichtlicher Restrukturierungen oder Distressed-Debt-Investitionen sowie langjährige Erfahrung mit grenzüberschreitenden Insolvenzverfahren. Er hält regelmäßig Vorträge und veröffentlicht Artikel zu den obigen Themen, so bspw. in den letzten Jahren im Rahmen des M&A Summer Course der Universität Münster oder des Master-Programms an der Bucerius Law School in Hamburg.

Patrik Sven Jacob ist Director bei AlixPartners im Bereich Restrukturierung. Er verfügt über mehr als 18 Jahre Erfahrung in der Konzeption und Umsetzung von Restrukturierungen sowohl in mittelständischen Unternehmen als auch in Konzernen. Nach einer Ausbildung zum Industriekaufmann bei der AEG und dem Studium der Rechtswissenschaften an der Universität zu Köln war er zunächst als Assistent des Vorstandssprechers bei einem börsennotierten Unternehmen im Bereich Maschinenbau und anschließend für Roland Berger Strategy Consultants im Competence Center Restrukturierung tätig. Im Rahmen seiner Tätigkeit für AlixPartners hat er zahlreiche Restrukturierungen begleitet, u. a. auch als Interimmanager, z. B. als HR-Director einer börsennotierten englischen Gesellschaft.

Caroline Krohn ist Corporate Relations Managerin bei der NetFederation und Inhaberin der Wirtschaftsdiplomaten Krohn & Partner in Frankfurt. Davor war sie für politische Größen wie den ehemaligen Bundesverteidigungsminister Rudolf Scharping und den ehemaligen Bundeskanzleramtsminister Prof. Dr. Dr. h. c. Horst M. Teltschik sowie für Vorstände in der Wirtschaft u. a. für die juwi AG und für die Boeing International Corporation in Stabsfunktionen tätig. Das heutige Tätigkeitsfeld umfasst in unterschiedlichen Schwerpunktfeldern Business Development und Kommunikation. Caroline Krohn spricht fünf Sprachen und hat diverse Lehraufträge, u. a. an der Fresenius Hochschule in Köln und an der European Business School in Oestrich-Winkel.

Daniel Marhewka ist Rechtsanwalt und Partner im Münchener Büro von Fieldfisher LLP. Er berät schwerpunktmäßig im Gesellschafts- und Energierecht. Seine besondere Expertise liegt in der Beratung von Transaktionen in den Bereichen Energie und Infrastruktur. Darüber hinaus begleitet er regelmäßig M&A-, Private Equity-, Venture Capital- und Immobilientransaktionen. Hierbei handelt es sich meist um internationale, grenzüberschreitende Projekte. Im Bereich der Erneuerbaren Energien, den Herr Marhewka in der Kanzlei Fieldfisher weltweit leitet, hat er bereits über 1.500 MW Solar- und Windprojekte in Europa und international begleitet. Zu seinen Mandanten zählen in- und ausländische Investoren, Finanzinstitute, Unternehmen und Familienunternehmen. Er veröffentlicht regelmäßig Artikel zu gesellschafts- und energierechtlichen Fragestellungen. So ist Herr Marhewka u. a. Autor der Heidelberger Musterverträge zur oHG und hat sich in dem Buch „Geothermie-Vorhaben: Tiefe Geothermie“ mit dem deutschen Regulierungssystem für tiefe Geothermie befasst. Im Jahr 2014 wurde Herr Marhewka von FinanceMonthly mit dem *Deal Maker of the Year Award* ausgezeichnet. Im Jahr 2015 erhielt er den *Client Choice Award* für Energy & Natural Resources Germany.

Andreas Polk ist Professor für Volkswirtschaftslehre, insbesondere Industrieökonomik, an der Hochschule für Wirtschaft und Recht Berlin. Seine Forschungsschwerpunkte sind die Wettbewerbs- und Regulierungspolitik, sowie die Analyse des Lobbyismus. Er promovierte an der Universität Zürich und war mehrere Jahre im Bundeskartellamt im Bereich der deutschen und europäischen Wettbewerbspolitik tätig. Er publiziert regelmäßig in internationalen peer-reviewed Journals, sowie in Fach- und Publikumszeitschriften. Neben seiner Tätigkeit in Forschung und Lehre arbeitet er regelmäßig in internationalen Akkreditierungsteams in Kroatien mit und berät die GIZ zu Fragen der Energiemarktreform in Vietnam. Zudem war bzw. ist Andreas Polk als Gastprofessor in Vietnam, Thailand und Japan tätig. Aktuelle und detaillierte Informationen finden sich unter: http://www.hwr-berlin.de/en/prof/andreas-polk

Dr. Daniel Reichert-Facilides ist seit 1994 als Rechtsanwalt bei Freshfields Bruckhaus Deringer LLP und deren Vorgängersozietäten tätig. Den Schwerpunkt seiner Praxis bilden die Beratung von Projektfinanzierungen und deren Restrukturierung. Er ist Vorsitzender der deutschen Sektion der International Project Finance Association.

Prof. Dr. Alexander Reuter ist Rechtsanwalt, Attorney-at-Law (New York) und Partner bei GÖRG Rechtsanwälte. Seine Tätigkeitsschwerpunkte liegen in den Bereichen Infrastruktur und Projektfinanzierung einschließlich aller damit verbundenen regulatorischen Fragen sowie im projektbezogenen Transaktionsgeschäft. Er verfügt auch über umfassende Erfahrung mit Restrukturierungen, in der vertraglichen Gestaltung projektbezogener Vorgänge aller Art und bei der Führung von Prozessen und Schiedsverfahren (auch als Schiedsrichter). Vor seiner Tätigkeit als Rechtsanwalt war Herr Reuter 11 Jahre als Justiziar im ThyssenKrupp-Konzern tätig, zuletzt als Leiter der Rechtsabteilung der ThyssenKrupp Stahl AG. Seit dieser Zeit ist er mit beihilferechtlichen Fragestellungen aller Art befasst. Herr Reuter ist Lehrbeauftragter und Honorarprofessor an der Ruhr-Universität Bochum für die Bereiche Projektgeschäft sowie internationales Handels- und Gesellschaftsrecht und Verfasser zahlreicher Veröffentlichungen zu den genannten Rechtsbereichen.

Professor Dr. Bernd Romeike studierte Betriebswirtschaft an der Universität Rostock. In Lehre und Forschung ist er seit 1973 an unterschiedlichen Hochschulen und Universitäten im In- und Ausland auf dem Gebiet der Makroökonomie tätig. Als Senior Consultant bei Ecovis befasst er sich seit Mitte der 90iger Jahre insbesondere mit Projekten im Bereich der Erneuerbaren Energien. Er hat in den letzten Jahren insbesondere Projekte im Offshore-Bereich und in der Bioenergie begleitet. In der Lehre vertritt er aktuell die Gebiete Projektfinanzierung im Bereich Erneuerbarer Energien und Sanierungsmanagement.

Carl Schütte ist Professor für Allgemeine Betriebswirtschaftslehre, Personalmanagement und Organizational Behavior an der Fachhochschule Kiel. Seine Forschungsschwerpunkte sind Wandel, Organisationskultur und Führung. Zu diesen Themen berät er auch private und öffentliche Organisationen inhaltlich-konzeptionell sowie bei der Umsetzung.

Dr. Dietmar Schulz ist Rechtsanwalt und Partner bei DLA Piper und leitet dort die deutsche Praxisgruppe Restrukturierung. Er berät im Schwerpunkt Banken und Finanzinvestoren sowie Unternehmen. Seine Tätigkeit umfasst alle bei der Restrukturierung von Kreditverbindlichkeiten und/oder Unternehmen anfallenden Fragestellungen. Dazu zählen insolvenzrechtlichen Fragestellungen wie bspw. betreffend den Ablauf von Insolvenzverfahren oder zur Insolvenzanfechtung ebenso wie Gutachten zur Risikoabschirmung und die Beratung beim Verkauf aus oder vor der Insolvenz. Zu seiner Expertise gehören weiter alle Fragen und Facetten beim Verkauf und Erwerb notleidender Kreditforderungen (NPL), egal ob Einzelforderungen oder Portfolien, insbesondere grenzüberschreitend.

Professor Dr. jur. Tobias Schulze, LL.M studierte Rechtswissenschaft an der Universität Leipzig und der Dalhousie University in Halifax, Canada, wo er den Master of Laws erwarb. Seit 1982 ist er an verschiedenen Universitäten und Hochschulen in Forschung und Lehre tätig. Dabei war er unter anderem mit Projekten für die UNCTAD im Bereich des Seerechts befasst. Als Partner in der Ecovis Unternehmensgruppe berät er als Rechtsanwalt mittelständische Unternehmen und wird seit 1993 regelmäßig als Insolvenzverwalter bestellt. Im Jahre 2014 verlieh ihm die Hochschule Wismar University of Applied Science den Titel eines Honorarprofessors für Unternehmenssanierung. Er hat in den letzten Jahren insbesondere interdisziplinäre Projekte im Bereich der Finanzierung und Sanierung von Projekten auf dem Gebiet der Erneuerbaren Energien begleitet. In der Lehre vertritt er aktuell die Gebiete Rechtliche Gestaltung von Projektfinanzierung im Bereich Erneuerbarer Energien und Sanierungsmanagement.

Anja Wiebusch ist Professorin für Finanzierungslehre und Allgemeiner Betriebswirtschaftslehre am Fachbereich Wirtschaft der Fachhochschule Kiel. Ihre Forschungsschwerpunkte sind Projektfinanzierung und Corporate Treasury.

www.ingramcontent.com/pod-product-compliance
Lightning Source LLC
LaVergne TN
LVHW060627300926
849162LV00008B/1732
9783110447453